审图号：韶S(2017) 5号

武江年鉴

2020（总第13卷）

武江年鉴编纂委员会　编

方志出版社
Publishing House of Loca Records

图书在版编目（CIP）数据

武江年鉴 . 2020 / 武江年鉴编纂委员会编 .—北京：方志出版社，2020.12
ISBN 978-7-5144-4428-5

Ⅰ. ①武… Ⅱ. ①武… Ⅲ. ①武江区—2020—年鉴 Ⅳ. ①Z526.54

中国版本图书馆CIP数据核字（2020）第242111号

武江年鉴（2020）

编　　者：武江年鉴编纂委员会
责任编辑：刘方圆
出 版 者：方志出版社
地址　北京市朝阳区潘家园东里9号（国家方志馆4层）
邮编　100021
网址　http：//www.zgfzcb.cn
发　　行：方志出版社图书经销中心
电话（010）67110500
经　　销：各地新华书店
印　　刷：韶关市新华宏达印务有限公司
开　　本：889×1194　1/16
印　　张：24.5
字　　数：748千字
版　　次：2020年12月第1版　2020年12月第1次印刷
印　　数：001~500册
ISBN 978-7-5144-4428-5　定价：260.00元

编辑说明

一、《武江年鉴》以马克思列宁主义、毛泽东思想、邓小平理论、“三个代表”重要思想、科学发展观、习近平新时代中国特色社会主义思想为指导，坚持辩证唯物主义和历史唯物主义的立场、观点和方法，全面、系统、准确地反映武江区自然、政治、经济、文化、社会等方面的基本情况，为读者了解和研究武江区提供基本资料。

二、《武江年鉴（2020）》采用分类编辑法。主体内容设类目、分目、条目三个结构层次，以条目为表现内容的基本形式。全书条目的标题统一用黑体加【 】表示，少数包含多方面资料的条目则在文内用楷体标题标明各段资料的主题。

三、《武江年鉴（2020）》着重反映2019年武江区各项事业发展的基本情况。全书分正文和彩页两大部分。正文内容由特载、2019年武江区大事记、概况、行业专文、镇（街）概况、人物荣誉、社会经济统计资料、附录等组成，共 27个类目134个分目1033个条目；彩页主要反映年内全区政务要事、重要会议、城乡新貌、文化生活。

四、《武江年鉴（2020）》在保持基本框架相对稳定的前提下，对部分内容进行调整、充实，突出武江特色，并增加少量条目，使篇目更加科学和完整。其中，“特载”类目内容全部更新。“军事”类目下新设“退役军人事务”分目。“经济”类目合并“工商行政管理”“食品药品监督管理”分目为“市场监督管理”分目；原“国土矿产资源管理”分目易名为“自然资源管理”；原“安全生产监督管理”分目易名为“应急管理”。原类目“城乡建设·公路”易名为“城乡建设·信息·公路”，新设“‘数字政府’建设”分目。原“文化”类目易名为“文化·旅游·体育”，新设“旅游”分目，调入原“卫生·体育”类目下的“体育”分目。原“卫生·体育”类目易名为“卫生健康”。“社会生活”类目下新增“医疗保障”“消防救援”分目。

五、本年鉴的统计数据采用法定计量单位（少量计量单位仍用“亩”“公里”“吨”），统计数据以武江区统计局提供的数据为准，统计局无此数据的则使用单位统计数据。

六、本年鉴撰稿人姓名在文末标出，部分特殊内容的作者在标题下方标出。

照片提供：

单　位： 区纪委　区法院　区政协办　西河镇　区委组织部　区委宣传部

区委统战部　区工信局　韶关市公安局武江分局　区民政局

区自然资源局　区住建局　区退役军人事务局　区市场监管局　区城管局

拍摄者：（按姓氏笔画为序）

邝桂莲　刘华华　刘侃莹　刘建强　刘嘉健　李　炜　邱海燕　邹启凡　陈　励

陈　建　陈勇胜　欧宇帆　罗健民　温　鑫　谢　焘　谢悦彬　蔡晓红

撰稿人员：（按姓氏笔画为序）

王龙树　王晓姣　邓　力　邓培君　田　萌　白玉婷　冯　洁　成志军

朱　琴　朱玉娟　华　伟　刘　强　刘　媛　刘　璇　刘志琳　刘秀静

刘甜妹　许　靖　严志全　李　琪　李　婷　李　磊　李　毅　李素芬

肖　婧　肖　燕　吴　鹏　何茂梅　何欣苗　何厥方　余丹丹　邹启凡

邹佳奇　汪慧慧　张　远　陈　戈　陈　琳　陈伦锋　陈于兵　陈文利

陈兴运　陈志豪　陈勇胜　陈敏琳　林雪丽　罗　伟　罗昊涛　岳经龙

金　晶　周剑雄　郑曼玲　赵益耀　胡敬东　钟卫娜　钟志敏　钟喜梅

侯芊彤　侯家良　桂顺风　郭一诺　郭莹斌　唐俊鹏　涂智婷　黄　鑫

黄文勇　黄学源　黄韶辉　梁　竣　梁程铭　董素梅　韩　星　曾伟虾

曾丽明　温超颖　谢珍环　谢悦彬　蔡利欢　廖　亮　谭冬连　谭学怡

武江数字 2019

土地面积 678 平方千米

年末户籍人口 284805 人

年末常住人口 32.42 万人

人口自然增长率 5.65‰

地区生产总值 2680717 万元

第一产业增加值 69622 万元

第二产业增加值 1129689 万元

全部工业增加值 836536 万元

规模以上工业总产值 1563725 万元

第三产业增加值 1481407 万元

第一、第二、第三产业构成 2.6 ∶ 42.1 ∶ 55.3

人均地区生产总值 83420 元

社会固定资产投资总额 1445231 万元

社会消费品零售总额 733117 万元

外贸进口总额 1763.2 万美元

外贸出口总额 2775.6 万美元

实际利用外商直接投资 23 万美元

地方公共财政预算收入（含工业园）69408 万元

地方公共财政预算支出 183412 万元

国内税收收入 696630 万元

城镇单位在岗职工年末人数 72056 人

城镇单位在岗职工年人均工资 84232 元

城镇常住居民人均可支配收入 39391 元

农村常住居民人均可支配收入 20420 元

农林牧渔业总产值 118480 万元

耕地面积 6826.35 公顷

粮食播种面积 3676.93 公顷

粮食产量 23104 吨

林地面积 48693.07 公顷

森林覆盖率 70.24%

森林蓄积量 33583.88 立方米

2019年10月19日，市、区相关领导一行到武江区政务服务中心办税服务厅开展工作调研

（陈建　摄）

2019年7月26日，市、区相关领导一行到武江区西河镇调研党风廉政建设和反腐败工作

（区纪委　供图）

2019年3月6日，省、市、区相关领导一行调研武江区乡村振兴培训实践中心项目推进和建设情况

（陈励　摄）

2019年2月25日，市、区相关领导一行调研韶州公园建设情况　（陈励　摄）

2019年11月5日，武江区领导干部一行在红军长征粤北纪念馆内学习参观　（陈励　摄）

2019年4月24日，中国共产党枫合汇楼宇联合总支部委员会成立　（区委宣传部　供图）

2019年10月22日，武江区领导干部参观“不忘初心、牢记使命”主题教育档案文献展　（陈励　摄）

2019年2月15日，武江区人大代表集体参观重阳镇万侯村　（陈励　摄）

2019年1月16日，市、区人大代表调研武江区中小企业发展状况 （蔡晓红 摄）

2019年2月14日，区政协委员集体参观韶州公园 （谢焘 摄）

2019年12月31日，韶关市武江区消防救援大队揭牌 （区消防大队 供图）

2019年11月7日，武江区检察院12309检察服务中心正式揭牌 （李炜 摄）

2019年6月27日，上海电气智能化PC装备生产基地建设项目在武江区甘棠园区举行开工仪式　（陈励　摄）

2019年12月27日，广东微生物研究所项目在武江区举行开工仪式　（陈励　摄）

2019年1月18日，中共韶关市武江区第九届委员会第六次全体会议召开　（谢焘　摄）

2019年2月18日，中国共产党武江区第九届委员会第七次全体会议召开　（陈励　摄）

2019年8月24日，中共韶关市武江区第九届委员会第八次全体会议召开　（陈励　摄）

2019年2月15日，韶关市武江区第九届人民代表大会第四次会议召开　（陈励　摄）

2019年2月15日，中国人民政治协商会议韶关市武江区第九届委员会第四次会议召开

（区委宣传部　供图）

2019年2月25日，中国共产党韶关市武江区第九届纪律检查委员会第四次全体会议召开

（区委宣传部　供图）

2019年2月19日，武江区召开全区“担当落实、走在前列”干部大会　（区委宣传部　供图）

2019年10月8日，武江区召开“不忘初心、牢记使命”主题教育警示教育会暨全区2019年领导干部党章党规党纪教育培训班　（区委宣传部　供图）

武江大道沿线绿树成荫　（陈励　摄）

碧水蓝天下的武江迸发出城市魅力　（陈励　摄）

江湾湖光山色 （陈励 摄）

江湾镇湖洋村党群服务中心 （区委宣传部 供图）

龙归镇冲下村油菜花海 （陈励 摄）

武江区乡村振兴培训实践中心（原龙归粮仓） （陈励 摄）

武江区乡村振兴培训实践中心 （陈励 摄）

武江区乡村振兴培训实践中心内景 （陈励 摄）

武江区迷人夜景　（陈励　摄）

韶乐广场　（陈励　摄）

改造后的惠民南路断面和局部立面　（区城管局　供图）

国道G323线及完成硬底化的支路路口　（陈励　摄）

美丽的龙归河道　（区委宣传部　供图）

江湾镇榕树广场　（陈励　摄）

龙归镇社主村桥头公园 （陈励 摄）

龙归镇社主村格桑花花海 （区委宣传部 供图）

鸟瞰龙归镇冲下村 （陈励 摄）

龙归—江湾精品线路上的山水田园风光 （区委宣传部 供图）

市级红色村重阳镇万侯村侯屋村炮楼　（陈励　摄）

秋收时节，重阳镇万侯村稻田一片金黄　（陈励　摄）

西河风光 （谢焘 摄）

西联镇整洁大方的芙蓉新村与棚改安置房 （陈励 摄）

江湾镇倒流水村“梦里荷香”景观 （区委宣传部 供图）

龙归镇风田村南岸瀑布 （区委宣传部 供图）

2019年1月30日，武江区新时代文明实践中心建设工作启动仪式暨韶州公园开园仪式举行　（陈励　摄）

2019年6月1日，重阳镇水口村龙舟队在2019年韶关市“云门山杯”龙舟赛中夺得第一名

（重阳镇　供图）

2019年4月3日上午，武江区税务局在韶关高铁站举办“便民办税春风行 减税降费添动力”主题税宣活动

（区委宣传部　供图）

2019年11月3日，全国“五一”劳动奖章获得者张泽磊在武江区召开“不忘初心、牢记使命”主题教育先进事迹报告会上分享奋斗事迹　（陈励　摄）

2019年11月4日，武江区第二十四届中小学生田径运动会在西河体育中心举行 （谢悦彬 摄）

2019年10月13日，武江区“小手牵大手 文明一起走”主题活动之“杜绝车窗抛物 文明从我做起“在东岗小学举行 （邝桂莲 摄）

2019年4月28日，武江区戏曲进校园活动走进至和汤邓淑芳纪念学校，学生上台感受“舞春牛”

（陈励　摄）

2019年6月5日，武江区举办2019年端午节群众文艺演出暨“非遗”展演活动，武江区非遗项目《纸马舞》搬上舞台　（陈励　摄）

2019年8月13日，全国高校大学生乡村规划方案竞赛调研启动仪式在武江区龙归镇冲下村举行　（陈励　摄）

2019年7月29日，广东省青少年跆拳道锦标赛在北江中学举办　（陈励　摄）

2019年9月23日，农民丰收节群众水塘抓鱼体验农事现场　（区委宣传部　供图）

2019年9月23日，武江区2019年“中国农民丰收节”暨生态农业博览会主会场　（陈励　摄）

2019年12月30日，东岗太阳城小学低年级部建成启用　（刘嘉健　摄）

2019年12月30日，御龙湾小学建成启用　（刘华华　摄）

2019年9月24日，武江区税务局成功打造“全省首个标杆办税服务厅“，创新设立智能办税体验区
（刘侃莹　摄）

2019年9月28日，武江区芙蓉新区社区卫生服务中心正式投入使用　（陈励　摄）

2019年9月28日，武江区新华街沙洲尾社区卫生服务中心正式投入使用　（陈励　摄）

2019年3月1日，武江区政务服务中心正式投入使用　（罗健民　摄）

2019年9月29日，武江区文化馆（新时代文明实践中心）揭牌开馆　（谢焘　摄）

2019年12月31日，武江区图书馆开馆　（邓汝娟　摄）

2019年9月29日，武江区举行庆祝中华人民共和国成立70周年文艺晚会，武江区四套班子领导、处级以上干部带来大合唱《没有共产党就没有新中国》 （陈励 摄）

2019年9月29日，武江区举行庆祝中华人民共和国成立70周年文艺晚会，图为《少年儿童团》节目表演 （陈励 摄）

目 录

中国共产党韶关市武江区委员会

韶关市武江区人民代表大会

韶关市武江区人民政府

中国人民政治协商会议韶关市武江区委员会

纪检·监察

民主党派

人民团体

军 事

法　治

经济管理

工业·科技

农·林·水

商业·贸易

财政·税务

城乡建设·信息·公路

教　育

文化·旅游·体育

卫生健康

社会生活

镇（街道）

先进单位·个人

统计资料

文件辑录

附　录

索　引

特　载

乡村振兴战略加快实施

2019年，武江区认真贯彻落实中央、省和市关于实施乡村振兴战略的决策部署，以构建城乡融合高质量发展格局为总目标，以“美丽镇村”建设为总抓手，坚持把实施乡村振兴战略作为解决武江不平衡不充分问题的战略举措，以前所未有的政治高度、工作强度、投入力度全面实施乡村振兴战略。现将主要工作情况报告如下：

一、围绕产业振兴，加快现代农业产业培育步伐

一是全力打造现代农业产业园区。为补齐产业短板，聘请省农科院，围绕“一区一园、一镇一业、一村一品”，制定“五朵金花”特色农业产业规划，以西河北郊、重阳为重点，谋划建设5个1000—2000亩的特色农业示范基地，力争成为对接粤港澳大湾区的“菜篮子”“果盘子”“米袋子”。武江食用菌产业园入选2019年粤东西北第二批省级现代产业园，并依托广东环凯生物公司建设1个食用菌研发推广中心。二是全力创建特色农业品牌。全力推进重阳丝茅姜、西瓜，龙归淮山、韭菜，江湾灵芝、木耳等特色鲜明的镇村主导农业产业品牌创建，其中龙归镇龙安村淮山项目和西河镇黄塱村无花果项目列入2019年省级“一村一品、一镇一业”入库项目和第三批全国名特优新农产品名录。三是全力培育新型经营主体。全力培育新增国家级农业龙头企业1家，省级“一村一品、一镇一业”项目2个，大湾区“菜篮子”生产基地3个。四是全力引进现代农业项目。成功引进深圳诺普信公司、博恩集团等农业龙头企业，百香果省级现代农业产业园、阳光玫瑰葡萄种植基地、千亩稻田养虾基地、龙归冲下350亩鱼米之乡等在武江落地。

二、围绕生态振兴，加快美丽镇村建设步伐

一是扎实推进农村人居环境整治。对标“三清三拆三整治”要求，先后开展村庄清洁行动春季战役、夏季战役和秋冬战役。12月又开展“迎新春、大扫除”行动，主要经验做法在省实施乡村振兴战略工作简报刊登推广。全区干净整洁村完成比例达到80.39%。7个省定贫困村和江湾精品镇村人居环境整治提升工程全面完成，龙归江湾精品线和冲下样板村建设加快推进。扎实开展农村破旧泥砖房拆除工作，拆除农村破旧泥砖房2.19万间63.62万平方米。重阳镇成为全市无泥砖房示范镇。二是扎实推进农村垃圾和生活污水处理。全区51个行政村266个自然村实现保洁员配备和生活垃圾常态化处理实现全覆盖；梯次推进镇村污水设施建设，投入资金1.34亿元，3个镇级污水处理厂主体工程建设和省定贫困村内的32个村级污水处理设施已完成，铺设配套管网121.8公里；全面推进“厕所革命”，完成无害化卫生户厕改造193户，新建公厕101座。开展“南粤河更美”专项行动，投入资金186万余元，累计清理水体垃圾5.36万吨，河湖治理取得明显成效。三是扎实推进“龙归—江湾”和“西河—重阳”走廊建设。以桑葚基地、龙归粮仓等十大重要节点为发展核心，将龙归—江湾乡村精品线打造一条具有新时代文明实践、乡村生活体验、历史文化熏陶等特色功能的美丽乡村精品线；以南岸门户、欧屋红色基地、侯屋徐屋碉楼等三大特色标志节点，将西河—重阳乡村精品线打造一条具有红色元素、民俗文化的美丽乡村精品线。

三、围绕组织振兴，加快基层组织力提升步伐

一是强阵地。针对以往基层党建阵地“旧”“陋”“小”等问题，从2018年起计划用三年的时间完成全区51个村党群服务中心改造提升，建成建筑面积不得低于300平方米，集公共服务平台、办公场所、活动场所、服务群众场所于一体的村级党群服务中心。已完成36个，其中7个省定贫困村基层党建阵地已全面完成。二是强队伍。建立党组织书记年度考核述职、个人重大事项备案管理、因私出国（境）申报管理、任期审计等四项制度。开展2期村党组织书记培训班；选拔2名优秀的村党组织书记进入公务员队伍。建立全区154名书记后备干部队伍。农村三个职务“一肩挑”比例大幅提升到90.2%。三是抓示范样板打造。以建设全区样板村契机，着力将龙归镇冲下村打造成“四强”农村党组织市级示范点。梳理提炼红色革命资源，将重阳镇万侯村建设成为市级红色村党建示范点；同时，创新基层社会治理，2019年获得“全国乡村治理示范村”荣誉称号。针对贫困村、软弱涣散村“两种类型”，按照党建阵地规范化建设标准进行提升改造，努力把龙归镇山前村、江湾镇湖洋村打造成为软件硬件兼备的党建示范点。组建基层党建、农村经济发展、群防群治三支特派员队伍，精准整顿软弱涣散村党组织。2个软弱涣散村已整顿出列，其中龙归镇山前村在市的验收中确定为优秀等次。

四、围绕人才振兴，加快农村实用人才培养步伐

一是重点打造武江乡村振兴培训实践中心。以乡村振兴培训实践中心为重点，形成三个平台（现代农业创新创业平台、名特农产品展览展销平台、乡村特色资源与企业资本对接平台），与各地高校资源对接，打造“院地”共享共建模式，实现人才培养和项目推广，积极培养一批种养殖、民宿、旅游、餐饮服务等行业的接地气、本土化的专业人才。二是大力开展各类技能培训。开办新型职业农民培训班2期，培训新型职业农民176人，促进一批种养大户成为一支精于管理，勇于创业，善于带领群众共同发展的领军型农民科技致富带头人队伍。在武江区多次开展多层次“粤菜师傅”技能培训。其中，培训200人次以上，其中29名贫困户参加。三是出台政策鼓励和支持返乡人才创业就业。在龙归镇和重阳镇共举办2场“精准扶贫”专场招聘会，共有78家企业进场，为当地建档立卡的贫困人员提供3111个岗位。2019年促进全区创业207人，完成年度目标任务104%，带动425人就业。其中，扶持返乡人员创业33人，完成年度目标任务110%，带动141人就业，完成年度目标任务104%。建立创业孵化基地1个，新农业·创新创业园累计进驻企业102家，带动就业3468人次。

五、围绕文化振兴，加快乡村文明提升步伐

一是坚持规划引领。借助韶关学院文学院专业力量编制规划，确立“文明实践引领文化振兴”的思路，即以项目为抓手，着力提升农村先进文化阵地建设，打造红色文化、历史文化、农耕文化三大特色文化，创新乡村文化振兴工作机制。二是推进新时代文明实践中心市级试点建设。创新实行“城市+农村”双擎驱动模式，抓好城乡2个实践中心、7个实践所、21个实践站、5个实践点的试点建设工作，建立12支队伍共204人的志愿服务团队，7个类别共135个项目的志愿服务“菜单”，开展各类乡村文明实践主题活动110余场。同时，整合全区文化资源，加快推进以该区文化馆、图书馆为总馆，镇文化站为分馆，以村综合性文化服务中心为服务点的总分馆制体系建设，形成垂直连线、覆盖全区的共建共享文化网络。三是加强农村精神文明建设。突出抓好两镇、五村文明村创建，其中7个省定贫困村达标。开展主题宣传教育活动40余场。推动全区5个乡镇51个行政村组织修订完善村规民约。广泛开展星级文明户、文明家庭、身边好人等推荐评选活动。四是挖掘本土乡村文化资源。开展文化资源调查，共收集红色文化资源、历史古迹（文物）、文化传承等十个方面的数据和影像资料2300多条。精心包装“向阳舞纸马”“瑞牛闹春耕”“龙归后坪客家山歌”等特色民俗文化，其中“涂式水车技艺”被列入韶关市非遗名录。

六、坚持以上率下，压实“三级书记”责任

一是坚持以上率下。武江区委主要领导率先示范，对乡村振兴重大问题亲自研究、难点事项亲自协调、任务落实亲自过问。先后主持召开5次领导小组会议、13次书记专题会议、40次武江区委常委会会议研究推进工作；经常深入村组，实地调研和督导人居环境整治、农村破旧泥砖房清拆、产业振兴发展、党建阵地提升等重要工作。针对泥砖房清拆存量大、进度慢的龙归镇，实施区镇两级领导干部深入村组蹲点制，制定“一村一制度”“一户一办法”。二是强化组织保障。组建乡村振兴区镇村三级工作队，其中，成立武江区委书记任总指挥的总队；镇成立由武江区党政班子成员任总指挥的大队；村成立由镇党政班子成员任总指挥的中队，进一步明确各级工作职责、任务。同时，实行武江区委常委班子包镇、武江区政府班子包行业制度，协调解决人居环境整治工作中的实际困难和突出问题。三是压实层级责任。武江区领导定期到乡镇住夜指导，推进乡村振兴工作。从严管理乡镇和驻村干部，狠抓五天四夜住镇驻村工作生活要求的落实，确保乡镇和驻村干部坚守岗位，不出现“走读式、挂名式”等现象。

七、注重借智借力，高标准推进美丽镇村建设

在推进农村人居环境整治过程中，聘请华南理工大学建筑学院作为武江乡村振兴顾问单位，成立广东省村镇可持续发展研究中心武江分中心。华工团队在倪阳、冼剑雄、叶红等一批知名教授的带领下进驻武江，为规划武江因地制宜走城乡融合发展之路构建美好蓝图。2019年，已高标准完成城乡融合发展总体规划和龙归东部片区、武广高铁沿线两条走廊，龙归、重阳、江湾三个美丽镇村规划建设及村庄整体规划编制，破解城乡二元结构，提升城乡融合发展质量。对标创建省级城乡融合县（市、区）试点，制定《武江区乡村振兴战略规划（2018—2022年）》，明确五大振兴专项规划，坚持以项目为抓手，实实在在推动乡村振兴工作。成功举办2019年度全国高等院校大学生乡村规划方案竞赛和全国乡建年会，41支大学生设计团队为冲下村“量体裁衣”，助力乡村振兴发展。

八、加强宣传引导，充分调动各方积极因素

一是创新宣传方式。武江区委主要领导带头，武江区党政领导班子成员和镇班子成员定期到镇村开展一天一夜驻镇办公和民情夜访活动，倾听群众对家乡建设的想法和意见，将村民的意志融入乡村建设当中，有力地促进村民参与积极性和创造性。针对村民、帮扶责任人、镇分管领导、驻村干部和村委干部五种类型，分类制作乡村振兴和脱贫攻坚“应知应会”手册，既增强领导干部实施乡村振兴战略的本领能力，又增强村民参与乡村建设参与度。着力抓好并建强村民理事会理事管事、协调矛盾纠纷、模范带头的作用，激发村民自我管理和自我服务的热情，让理事会、村民真正投入到新农村建设当中，形成推动乡村振兴的强大合力。重阳镇青暖村在开展“三清三拆三整治”和农村破旧泥砖房拆除中，发动村民投工投劳，共同参与村庄环境整治，取得很好的整治效果。二是发挥样板示范作用。重点打造冲下市级样板村，从武江区的层面成立冲下村创建韶关样板村工作领导小组，下设八个专责小组，从党建提升、产业培育、群团发动、建设监管等八个方面，全方位推动韶关样板村创建工作，为全面推进美丽镇村建设提供示范样板和创建经验。三是动员社会各界支持和参与。多层次召开企业、商会、乡贤、外出工作人员座谈会，推介武江乡村振兴规划，鼓励和引导社会各方力量参与人居环境整治工作。如山前村饶氏乡贤筹集150多万元用于规划设计、危旧房改造和书院等建设；龙归镇发动14个驻镇企业，聘请24名人员组成龙归镇企业志愿服务队参与国、省道沿线村庄人居环境整治、扬尘整治等工作。

九、加强资金保障，强力推动项目建设

一是加大资金投入。2019年乡村振兴投入资金4.46亿元，较去年增加21.19%；新增专项债券资金3500万元中，安排2000万元用于农村人居环境综合整治提升项目；2019上级下拨的土地出让收入3270万元，安排2525万元用于农业农村发展建设。二是加强项目建设。创新成立武江区项目建设指挥部，建立“6+4”领导干部带头抓项目机制，对项目实现从策划包装、引进争取、联审联办到落地建设的“全流程”服务。2019年，共谋划并开工建设三批投资项目61个，建成49个，农业产业发展取得重大进展，新增国家级农业龙头企业1家、省级现代农业产业园1家、省级“一镇一业、一村一品”项目2个、大湾区“菜篮子”生产基地和流通企业3个。

十、加强督导问责，严抓工作整改落实

一是促“担当落实，走在前列”。对标《武江区关于对标三年取得重大进展硬任务扎实推动乡村振兴的实施方案》和省、市考核方案，结合《武江区推动“担当落实、走在前列”十条意见（试行）》精神，通过设立年度攻坚克难奖和创新创优奖和实行季度流动红黄旗等制度，推动各级领导干部拿出真办法和硬举措，见行动、见实效。二是组织开展“6+2”回头看专项行动。成立6个行业部门“回头看”工作组和2个督导组，对照考核要求和存在问题，高标准、严要求，跟踪督导各镇和区直行业部门整改落实情况。三是实施“三个一”制度。每月召开工作例会，分析研判工作推进中存在的困难，部署下一步工作安排。同时，实行红黄旗综合考评，重点对精准扶贫、“三清三拆三整治”、厕所革命、生活垃圾处理和污水处理等工作进行考评，建立首末位实施红黄旗制度，形成比学赶超、进位争先的浓厚工作氛围。

（区农业农村局）

全新政务服务大厅投入使用

2019年3月1日，武江区政务服务大厅正式投入运行。大厅位于韶关市武江区沐阳东路8号威尼广场三楼，总面积8300多平方米，设有106个办事窗口，进驻工作人员195人，进驻大厅的单位32个，其中11个单位进驻单体（专业）窗口，17个单位进驻综合窗口，并进驻3家供能企业（港华燃气、韶关供电、自来水公司）和1家刻章公司。大厅提供工程建设项目审批、市政公用服务、政策兑现、企业开办“一窗”受理等专窗服务。大厅建立和完善中心岗位责任制度、首问责任制度、AB岗位制度、一次性告知制度、限时办结制度、服务承诺制度等前台和后台工作机制，规范“一门式一网式”平台运作，日均受理业务量超过2000人次，到2019年年底，办理各类业务30万余件。

武江区政务服务中心全面推行“马上办、网上办、就近办、一次办”，有几项工作在全市乃至全省都走在前列。一是按照省、市高起点、高标准的要求在武江区政务服务中心建设全市公安机关第一个集合户政、治安、交警、禁毒、网警等多类业务的综合办证大厅。依托“数字政府”建设，投资200多万元建设全市最先进的档案管理系统，实现户籍档案电子化和信息化，大大地方便群众的查档需求。同时，还推出容缺受理、异地办证、绿色通道、临时身份证零材料审批等一系列便民举措，降低群众的办事成本。二是武江区政务服务中心税务专区是全省第一个完全按照管理规范打造的标杆示范厅。省税务局在武江区政务服务中心税务专区召开标杆示范厅发布会，标志着广东省税务服务的“规范化、标准化、一体化”建设，率先在韶关落地。为提升办税效率，办税厅设计三条办税动线，分别是自助办税动线、简易业务动线以及窗口办税动线。其中自助办税动线，配备智能办税体验区、电子文书台、智能导税台、自助办税终端以及电子税务局，纳税人可以方便体验自助办税带来的便利。三是武江区政务服务中心在全市率先启用效能监察系统，通过效能监察系统实时地显示大厅的整体状态，显示窗口业务办理的实况、大厅办件当前的状态、热点事项排行、平均办理时长排行、满意度排行等指标。通过数据分析，作为评选“服务之星”和“党员先锋岗”窗口的重要指标和依据，有效改善窗口人员的办事效率。四是率先在政务服务大厅组建联合党总支，全面统筹大厅建管工作，实现内部资源整合、优势互补。充分发挥窗口党员的示范引领和先锋模范作用，实现对来自不同部门、不同窗口工作力量的价值引领和共同凝聚。以党组织为纽带全面加强中心与部门、部门与部门的合力，切实优化服务流程、提升服务质量，打造群众满意的服务窗口。五是设置企业开办绿色通道，在全市范围内第一个实现开办企业半日内办结，较好地提升企业开办便利度。

大厅按照智慧化政务服务中心的目标定位，配置政务专网、政务外网、互联网和部门业务专网四路网线，以及查询机、叫号机、自助终端机等智能化设备，建成以信息发布、智能引导、排队叫号、视频监控、自助服务、互动评价、语音广播、电子范例、综合受理、效能监察等12项系统为主的一体化网络政务服务平台。大厅设置有学雷锋志愿者服务岗咨询台、自助终端机、调解室、残疾人卫生间、母婴室等，改造电梯和无障碍设施，配置导服人员、提供免费复印打印、饮水、雨伞、老花镜等便民服务，为群众和企业提供便利舒适的办事环境。

武江区政务服务中心根据“前台综合受理、后台分类审批、统一窗口出件”政务服务的要求，建成集行政权力事项、公共服务、“12345”热线处理、政务公开、效能监察等多功能于一体的综合性政务服务平台，真正实现“一网、一门、一次”的政务服务模式，全方位凸显武江新窗口、新形象、新名片，切实提高群众的办事效率，提升该区的营商环境，增强群众获得感和幸福感。

（区政务服务数据局）

机构改革高标准高质量完成

2019年，武江区委深入贯彻落实中央决策部署以及省委、市委工作要求，聚焦关键环节，紧凑有序推进机构改革工作，率先在全市各县（市、区）中高质量完成机构改革任务。改革工作受到省、市的肯定，10月14日，在全市深化机构改革总结会议上，武江区作为县（市、区）的唯一代表在会上作经验交流发言。

一、加强领导，压实改革主体责任

成立武江区委深化机构改革工作领导小组，由武江区委书记任组长，加大“统”的力度、明确“改”的章法。一是领导以上率下。机构改革工作开展以来，武江区委书记抓总责，先后主持召开4次武江区委常委会议、5次领导小组会议和4次书记专题会议，讨论研究部署机构改革相关事宜，将任务分工落实到每一个区党政领导班子成员和区直部门负责人，明确区领导对分管部门的机构改革工作负主导责任，部门主要领导负主体责任。同时，武江区委副书记负责统筹改革中的各项工作推进。组织部长负责领导小组办公室日常工作协调。二是制定工作流程。制定“区直部门机构改革”工作时间安排一览表、机构改革专项小组主要工作时间安排表等。建立机构改革工作每周情况汇报制度、半月联席会议制度、台账销账制度、审稿会审制度，武江区委督导室、武江区纪委监委、武江区审计局等单位全程督导，层层压实责任。将各项工作的具体内容及完成时间节点进行细化，落实到相关责任单位，要求每个责任单位对自己的工作任务要制定细致的工作指引和工作流程，严格按照工作任务和时间节点逐一推进。通过建立机构改革工作微信群、明确部门“三员”（单位责任人、分管领导、联络员）联系方式、制定“三定”规定审核分工等方式，多渠道、多方位指导、解答各部门机构改革问题。三是及时解决问题。武江区委副书记和组织部长定期召开会议，讨论研究机构改革推进中的各项工作安排，针对推进过程中遇到的瓶颈问题，制定解决办法，并及时向武江区委主要领导汇报。武江区委书记定期听取改革各项工作的推进情况，随时掌握改革动态，充分解改革过程中遇到的问题，及时召开各专题会议予以解决，为改革各项工作顺利推进保驾护航。

二、因地制宜，科学制定改革方案

在机构改革前期准备阶段中，武江区密切关注党中央和省委有关改革的精神和动向，主动谋划，提前调研，结合市与市辖区权责关系改革，武江区委编办重点走访农业、住建、城管、工商、食药等拟改革部门和相关区领导，征求意见，摸清部门职能和运行现状，并形成相关调研报告提交武江区委、武江区政府作决策参考。2018年12月，根据《广东省关于市县机构改革的总体意见》等有关文件精神，武江区草拟《韶关市武江区机构改革方案》，并在省、市机构编制部门精心指导下，不断修改完善，在完成21个规定设置动作的基础上，与中央和省级机构基本对应设置区工业和信息化局等6个部门和机构，因地制宜设置城市管理和综合执法局等4个部门和机构。2019年1月28日，武江区改革方案经省委批准，正式印发。

三、充分酝酿，选优配强领导班子

一是充分酝酿研究。为选好配强武江区直单位领导班子，多次召开武江区委书记专题会，对机构改革中的干部配备工作进行研究。坚持德才兼备、以德为先，严格按照“先定规矩后定人”的原则，以事择人、因岗择人，尤其是对新成立的单位，认真研究分析其职能，根据其岗位需求，谨慎安排有关人选，确保新成立单位各项工作顺利开展。二是加大优秀年轻干部提拔使用力度。结合机构改革，将6名培养成熟的优秀年轻干部提拔到领导岗位上，占同批次提拔人数的33.3%。三是优化领导班子结构。合理配备各单位领导班子，优先保障新成立单位的领导班子运作。做到老中青搭配，专业、经历、特长、个性等方面互补，切实优化领导班子结构。

四、把握节奏，高效推进改革工作

通过抓好措施落实，武江区机构改革各项工作高效稳步有序推进。2019年2月18日，召开武江区委九届七次全体会议，正式全面铺开区直机关各项机构改革工作。2月22日前，16个配套文件全部印发。2月21日至3月1日，完成27个部门的办公用房调整并配备好新成立单位基本办公设备。3月1日，涉改部门主要领导全部到位，相关职责同步划转。3月5日，武江区29个区直机构改革部门和8个群团机关、6个武江区委议事协调机构办公室均顺利完成挂牌，实现集中办公并正式运转。3月8日前，所有部门按规定时间领取新公章并启用。3月13日和18日，分两批完成人员转隶工作。3月19日，武江区45个行政事业单位“三定”规定和调整文件全部经武江区委深化机构改革工作领导小组审定，并按程序报相关部门印发。6个武江区委议事协调机构文件也由武江区委办按程序同步印发。

通过改革，党的全面领导体制机制得到进一步加强和完善，优化协调高效的机构职能体系初步建立，机构编制资源配置更加科学合理，政府与市场关系进一步理顺，民生保障力度进一步加大，政务服务效能也得到有效提升，为武江区建设成为生态品质中心城区提供坚实体制机制保障。

（区委编办）

打造新时代文明实践中心建设“武江模式”

2019年以来，武江区以习近平新时代中国特色社会主义思想为指引，按照中央、省、市有关部署要求，积极推进新时代文明实践中心市级试点建设工作，坚持城乡并重、资源整合、因地制宜的原则，努力探索具有武江特色的新时代文明实践中心建设路径。

一、高位推动、创新机制，汇聚新时代文明实践强大合力

一是坚持书记举旗抓推进。成立区委书记任组长的新时代文明实践中心工作领导小组，明确各级试点单位党组织书记为第一责任人，加强统筹指导和工作调度。成立由区委书记、区长任总队长的新时代文明实践中心志愿服务总队，有效带动广大干部积极参与。以区委名义制定下发试点建设工作实施方案，明确工作时间表、线路图。

二是建立“双擎驱动”活动机制。结合武江作为市辖区的实际，打破原来活动主要面向农村开展的局限性，创新实行“城市+农村”双擎驱动机制，打造区、镇（街）、村（社区）三级试点格局。在区级设立城市、农村2个实践中心（区文化馆、实践

武江区乡村振兴培训实践中心内景　　（区委宣传部　供图）

培训中心）及若干个实践点，在各镇（街）建设7个实践所，在试点村（社区）建设21个实践站，实现城乡三级覆盖。

三是推行“菜单式”运作模式。创新建立了武江区新时代文明实践活动“菜单”，通过群众“点单”的方式，将“菜品”送到群众身边，实现精准解决问题、满足需求。全区各级试点已建立82支队伍共500余人的志愿服务团队，7种类别共135个项目的“菜单”，开展了主题新时代文明实践点活动230余场。

四是创立独特品牌标识。武江区新时代文明实践中心品牌标识由“火炬、WJ（武江拼音）”等元素构成，寓意着文明武江、薪火相传，也是武江区新时代文明实践中心宣传群众、教育群众、服务群众、凝聚群众的象征。独特的品牌标识有效提升了武江文明实践的传播力度和建设工作质量，被广泛运用于各级阵地建设和主题活动之中。

二、分类抓好阵地建设，构建多层次新时代文明实践体系

统筹整合全区宣传、文化、教育等各条战线资源，制定详细建设工作指引，着力确保文明实践工作有平台、有资源、有落实。一是在“点”上深入挖掘。破解区级实践中心场所未完成建设的工作难题，精心打造区税务局、区教育局、区行政服务中心、区财政局、区卫健局等一批区级实践点，建立辐射乡村、社区、机关、校园、企业等基层单位的活动平台。二是在“线”上精心组建。在7个镇（街）建设实践所，在21个试点村（社区）建设实践站，均成立领导机构，统一建设规范。同时，为进一步强化建设指导，在各镇街分别选择一个示范点，由区级统一标准集中打造，着力打造一批样板村镇。三是在“面”上全面铺开。充分利用基层党群服务中心、综合性文化服务中心、文体活动广场等阵地资源，配套完善新时代文明实践讲堂、广场、宣传长廊等文明设施，在榕树下、池塘边、家门口不拘形式开展各类文明实践活动。

三、精准对接群众需求，打造新时代文明实践特色品牌

新时代文明实践中心的主体力量是志愿者，主要活动方式是志愿服务。一是培养一批志愿服务队伍。在前期建立12支队伍共204人的区级实践中心志愿服务团队基础上，进一步挖掘武江区志愿服务资源，邀请民间民俗队伍加入文艺志愿者队伍参与文艺会演、建立“老兵”志愿服务队、“社工+志愿者”、“巾帼”志愿服务队等新鲜队伍，有效丰富新时代文明实践内容形式。二是推出一本志愿服务“菜单”。不断完善该区文明实践“菜单式”运作模式，统筹市、区、镇（街）、村（社区）四级志愿服务资源，注重收集群众意见建议，定期动态调整“菜单”内容，组织开展群众点单的主题宣讲、广场舞大赛、巡回文艺演出，还针对特定人群推出了“文明新实践、点亮微心愿”党员志愿服务、“清洁乡村是我家”志愿服务活动等主题活动。三是整合各方活动资源。开展新时代文明实践活动，不能区级一头热，更重要的是借力措势，整合多方资源丰满活动形式，并通过线上宣传扩大传播力和影响力，让新时代文明实践之花花开遍园。除了整合税务、教育和政务服务中心新时代文明实践点活动资源以外，区文旅体局、区委组织部、团区委、妇联、工会和各镇（街）也积极开展大量主题活动，成为全区新时代文明实践活动的重要组成部分。四是打造系列文明实践活动品牌。今年以来，结合新时代文明实践要求，着力打造了“莺歌燕舞”文艺惠民、“在希望的田野上”基层理论宣讲、“百花放映”送电影下乡、“假期前的一课”、“讲好人故事建善美之城”道德模范故事汇等一批品牌活动，通过品牌活动来打造属于武江新时代文明实践活动的特色名片和精品项目。据统计，今年以来参与区新时代文明实践活动的群众人数达到两万余人次，新时代文明实践活动的群众知晓度不断提升。

（区委宣传部）

光明巷景观提升和“微改造”

一、光明巷历史介绍

武江区的光明巷，原称叶圩街，原是一块有半个足球场那么宽阔的荒地，清朝末年被开辟为蔬菜贸易集市。每日天未亮，附近的菜农便采摘自种的蔬菜在这里批发，市区和周边镇的菜贩同时到来采购，称之为“趁天光圩”。后随着集市的日渐兴旺，两旁先后盖上了饭食店铺、居民住宅，发展到建成了一条长达200米的街道，俗称“叶圩街”。光明巷有一座天主教堂，附设孤儿院。解放后，1951年6月，人民政府接管该孤儿院，建设为“韶关市福利院”，收容、抚养社会上孤寡的残疾者，包括眼部残疾人，希望他们能重见光明、温暖幸福。故而将叶圩街改名为“光明巷”。

二、光明巷现状

光明巷主巷全长280米，一端接粤北医院围墙，另一端通惠民南路二横巷。沿街私宅36栋，商户48家，另有村民文化室、童星幼儿园、红星五金厂、残疾人宿舍等7处单位建筑。该处连接向阳小区等，日通行人流量巨大，形成车水马龙住商并处的市井景象。但同时老旧街巷路面破旧、排污无序、房屋建筑外墙斑驳的情况较严重。

三、光明巷改造计划

2019年，武江区政府以“微改造”的方式，撬动群众住户参与整治提升光明巷人居环境。地面及地下部分由市政施工建设，房屋可视部分的修整由政府、村居委会、房主经营户商定样式改造，整理榕树休闲座、还原天主教堂局部风貌、增添沿巷音响系统，提炼和保留光明巷的休闲气息。在对光明巷整治提升中，武江区注重保留光明巷市井味道，还原天主教堂历史韵味，讲好朱德率起义军曾驻扎在此的红色故事，发掘光明巷历史，融入小手工小文旅休闲体验商业元素，提升品质，激发活力。

改建后的光明巷 （西河镇 供图）

光明巷整治提升工作主要是分五方面进行：一是对地面的市政设施这一块，按照城市管理的要求进行提升和修整，对道路、缺损窨井盖进行修缮和更换，交警部门增设机动；二是联合工信局统一部署，约谈“三线”各单位积极开展对空中管线、附墙管线进行整改，清除废电杆、废电箱及废管线，对空中的“三线”乱脏挂等问题统一进行整治；三是对未设置和残缺的路灯着手设置和补缺；四是对街巷口袋公园增彩添绿，增加绿化点缀；五是对房屋的外立面，在征求群众的意见基础上做“微改造”，进行简单的“穿衣戴帽”，务求使老街巷有一个新活力的感觉。

四、提升改造内容

2019年，在武江区委区政府的指导下，武江区城市管理和综合执法局全力推进光明巷净化美化整治提升工作，力争将光明巷打造成武江历史文化名街。工作中坚持三个基本原则：一是增绿添景，努力拓展巷道绿色空间。让公共区域能绿则绿，缺植补栽，多元增绿，以乔木为主，实现花木相宜、绿化成景。背街小巷整治与以见缝插绿、退硬还绿、拆墙透绿、治违建绿等措施为主的全城增绿相结合。二是便民、惠民、不扰民。施工过程充分考虑居民生活出行的实际，采取分批分期改造模式，做到科学安排进度，严格现场管理，将工程对周边居民生活的影响降到最低。三是在“精”“细”上下功夫，高标准打造街巷环境。所有环节都要按照准确的进度流程，统一调度，有序进行。整修残墙断壁，粉饰建筑物外立面，墙体整洁、色调一致，实现墙体无乱涂乱画、无张贴非法小广告。

光明巷整治提升项目起点为威尼斯道路，终点粤北医院后门，施工期间为2019年8月至2019年11月，该项目投入约60万元，改造内容为道路“白改黑”410平方米，道路硬化616平方米，铺设鹅卵石路面102平方米，贴大理石砖15平方米，砖砌筑树池2个；修复人行道彩色方块砖158平方米，维修大理石侧石72平方米；水沟清淤64米，更换水沟盖板64米；增设牌坊1座，大理石圆桌1张、凳子4张，成品仿铜公园凳4张，成品仿木纹公园凳6张。

五、建立长效管理机制

为切实落实光明巷整治效果，杜绝违章现象反弹，武江区城市管理和综合执法局进一步健全管理制度，加强日常车辆巡逻管理力度，对市容环境差的重点地段，采取定人、定岗值勤，逐步形成长效管理机制。对照标准整改薄弱环节，集中力量着重解决，对一些节点问题，加强进一步协调，督促有关部门配合、落实，确保全面完成既定的目标和任务。

武江区城市管理和综合执法局着眼于增强市民的文明意识、卫生意识和环境意识，对大到违章搭建、占道经营，小到乱扔垃圾、乱倒污水，利用广播、电视、报纸、宣传车等媒体，开展广泛的宣传教育，不断地提高市民的文明素质。

六、“微改造”成效

如今，沿着光明巷一路向前走，道路平坦整洁，可以看到沿街灯带和商铺的牌匾非常有特色，墙上还挂有户外音响系统，可一边休闲散步一边聆听轻音乐放松心情。沿路还有零星的绿化陶罐点缀，“三线”都重新规整绑扎并缠绕了人造绿叶红花，让人心旷神怡，耳目一新。武江区通过对小街巷开展净化美化整治提升，为民办实事，以实实在在的“微改造”不断提升城市宜居品质。

（区城管局）

大气污染防治攻坚战

一、大气污染防治攻坚工作

（一）露天焚烧

制定《武江区贯彻落实〈韶关市野外用火管理条例〉工作实施方案》，实行“属地管理、分级负责、分区管理、综合治理”的原则，协调各相关部门对乱焚烧垃圾和污染企业进行整治，通过购买服务的方式加强巡查，通过宣传教育的方式制止焚烧行为。

（二）施工工地和运输扬尘管理

1. 加强建筑工地、“三场”管控，及时处理扬尘督单及做好月度扬尘检查工作。重点加强对施工单位工地及“三场”出入口是否硬化、冲洗设备是否完善等情况进行检查，从源头上减少扬尘污染的发生。对扬尘措施不到位的单位责令限期整改，对“三场”达不到市扬尘整治办相关建设要求的砂石场一律采取关停清场搬迁处理。自开展扬尘整治工作以来，共排查城区（老城区及龙归、重阳）砂石（堆）场26家，城区砂石场、堆场已全部关停、搬迁、整改完毕。共排查城区停车场5家，均已整改完毕。排查城区3家学车场，2家学车场已按要求进行出入口及场地硬化，绿化整治及配置车辆冲洗装置等相应措施，1家因场地不符合开设标准，已关停清场。全年处理扬尘相关工作问题清单215起，所有涉及扬尘整治问题清单均在规定上级部门规定期限完成整治，完成率100%。2019年自开展扬尘检查考核以来，认真做好月度扬尘考核工作，扬尘考核在市辖三区中整体排名位列首位。

积极开展工地扬尘污染专项检查工作，要求施工方严格落实文明施工六个100%要求，规范渣土运输车辆，杜绝渣土车辆未密闭运输、遗撒、抛洒等违规行为，确保渣土运输文明、安全、规范。通过制定《武江区住建局大气污染防治和扬尘治理工作方案》，并召开扬尘整治工作动员大会，成立工作领导小组，明确工作任务、检查重点、行动步骤，将责任落实到人。组织工作人员到各工地、挂牌出让土地地块开展扬尘专项检查，检查过程中，能够立即整改的问题，要求企业立行立改；没有办法立即完成整改的，明确整改期限，要求企业限期完成整改。建筑工地方面，主要检查各工地落实“6个100%”的情况，共检查建筑工地35处，发现问题23个，已完成整改23个，整改完成率100%。

2. 加强相关法律法规宣传，提高思想意识。在渣土、扬尘整治工作中，加大宣传教育力度，在整治工作中向司机及辖区各在建工地传达扬尘整治相关文件精神，要求各在建单位完善相关配套设施，做好运输车辆清洗、工地防尘、降尘等源头治理工地。对辖区建筑工地、砂石场、堆场等单位开展排查工作，逐一查找存在的扬尘问题，告知责任单位正确认识当前扬尘工作的重要性及紧迫性，责令相关单位做好覆盖及运输车辆设置防护措施等。

3. 建立扬尘整治车辆清洗点、常态化督促车辆进城清洗。结合武江区道路扬尘治理特点，经过各部门的共同商议、科学选址，在国道323线奥园路口及甘棠村委会路口建立两个扬尘整治车辆清洗点（奥园执勤点因国道323线9月份道路改造工作已暂停），安排交通执法、公安交警及城管执法人员组成联合执法小组开展常态化扬尘整治车辆清洗检查行动。执勤清洗点不断优化配置，科学安排执勤时间，加大对过往车辆冒装撒漏、无证运输、未按规定时间线路运输建筑垃圾、带泥上路等违章行为进行查处力度。

4. 强化联合执法，开展常态化巡查监管。由武江区住建局牵头，联合各相关部门对武江区国、省道沿线的砂石场（堆）开展全面整治行动，严厉查处运砂车辆违法超限行为。并建立工作长效机制，全面排查摸清国道G240线、G323线沿线砂石场，取缔关停8家，1家已按规定要求整改完毕，切实把国省道沿线砂石场整治同沿线环境及扬尘治理工作结合一起抓，在考核中排名全市第一。

加强自卸货车及变型拖拉机的管控、对工程运输车、货车、拖拉机超载、超限、飘洒等违法行为进行查处。对货物运输车辆，交通执法、武江区交警大队及城管部门参照市区渣土运输密闭车的要求实施密闭运输，坚决查处超载、飘洒污染物等行为。交通执法、公安交警、城管联合执法采取流动巡查、固定检查及错峰巡查等方式开展，重点对该区国道323线、省道253线、韶关大道、百旺大道等路段进行执法，2019年，城管执法与交警、交通执法、农机等部门开展联合对辖区车辆进行检查共联合执法190余次，出动执法力量2100余人次，执法车辆485辆次，检查车辆2450余辆次，查处违章车辆820余台次，73.5万余元（具体相关数据以公安交警、交通执法统计为准）。武江区住建局处理、处罚建筑工地、施工单位8起、渣土运输公司5家，对渣土、扬尘及砂石场（违法行为处罚合计罚款12.5万元），起到查处一批、震慑一片的效果，车辆撒漏现象得到一定的遏制。

5. 智能科技创新，强化执法监控。针对渣土车等运输车辆的扬尘问题，武江区城管局建立百旺路渣土车智能监控系统。根据武江区城市管理和综合执法局发布的《关于使用百旺路路面监控设备作为行政综合执法取证依据的公告》，武江区城管局智慧城市指挥中心利用智能监控系统及工地视频监控系统对百旺路的运输车辆以及辖区内各施工工地、沙场等场所实施全天候的管控，重拳整治面源扬尘污染问题。联合相关执法部门对多次违规的车辆进行停运整顿处理，要求违规车辆所属部门、工地、沙场进行停业整顿。

（区住建局）

以“五抓增五感”，共创平安新武江

2019年，武江区坚持以习近平新时代中国特色社会主义思想为指导，以推进扫黑除恶专项斗争工作为重点，以提高“平安三率”为着力点，以推进社会治安综合治理创新、维护社会稳定为动力，以“五抓增五感”，共创平安新武江。

一、抓责任担当，增强综合治理责任感

发展是第一要务、稳定是第一责任，武江区委、武江区政府高度重视平安武江创建工作，多次召开武江区委常委会、政府常务会议，研究和解决平安创建工作中遇到的困难和突出问题。为加强对平安武江创建工作的领导，成立由武江区委书记任组长，武江区委副书记任常务副组长，武江区委常委、政法委书记等任副组长的“平安武江”创建工作领导小组；认真执行区直单位行业部门平安创建工作责任和综治联系点工作制度，严格落实属地责任，确保实现保一方平安、维护一方稳定；广泛动员辖区社会各界力量积极参与到平安武江建设，实现全民参与的良好局面。

二、抓基层服务，增强辖区群众安全感

习近平总书记在十九大报告中指出，“中国共产党人的初心和使命，就是为中国人民谋幸福，为中华民族谋复兴。”推动联系服务群众常态化是党中央提出的明确要求，是一项长期而艰巨的任务，该区坚持抓基层打基础，多级联动为基层服务。

一是全面推进“中心+网格化+信息化”建设。完善镇（街）综治中心规范化建设，对全区391个网格实现统一编码管理，2019年，网格员通过综治e通手机APP共上报流转网格事件9550件，办结9547件，办结率99.97%。

二是全面提升平安武江建设智能化水平。武江区共投资189万元，在各县（市、区）中率先完成雪亮工程区级综治分平台建设；并完成30个点位的综治视联网建设，覆盖率达100%。

三是全面开展“红袖章”平安志愿者工作。推行“红袖章”治安联防组织“三个一”工作机制，广泛动员群众参与群防群治。2019年，全区“红袖章”平安志愿者队伍共9271人，参与巡防11万余次，化解或协助化解矛盾纠纷2000余起，协助抓获嫌疑人52名，服务群众3万余次。

四是全面推行基层派出所规范化建设。自开展“八个一”勤务机制以来，全区接刑事警情同比下降35.07%，治安警情同比下降15.65%。通过加强智慧新警务建设，全区派出所规范化建设水平得到进一步提升。

五是全面打造创建无医闹城区、无校园欺凌城区、无传销城区等十大“平安共同体”，深化平安细胞建设，扩大平安创建覆盖面，助推该区加快生态宜居美丽乡村建设和乡村振兴发展，使人民群众的幸福感、安全感得到进一步提升。

三、抓重点领域，增强政法队伍使命感

针对干部群众反映和关心的热点和难点，采取一系列的实招、硬招，注重抓好重点领域，紧盯重点环节，出重拳打击。

一是深入开展“飓风2019”专项行动。武江区公安分局以智慧新警务为依托，全面提升打击突出违法犯罪效能，突出打击关乎民生的两抢一盗、电信诈骗、黄赌毒以及经济类等违法犯罪。

二是扎实推进全民禁毒工程建设。全民禁毒工程各项指标排全市第一，“两打两控”毒品打击各项数据全市第一；社会面吸毒人员分类分级管控率达100%。

三是全力推进创建“无邪教”示范区工作。强化组织领导和统筹协调，强力推动创建工作落实，于2019年6月顺利通过省的考核验收，成功创建韶关市首个“无邪教”示范区。

四是做好铁路护路联防工作。建立健全路地协调联动机制，扎实开展高铁沿线安全隐患排查整治工作，共协调涉路矛盾纠纷24次，整治安全隐患点22个，确保高铁运行安全。

五是强化社会面整体防控。加强路地协同联防，在韶关高铁站每天安排警力与铁路部门开展联勤联防巡逻工作；在武江城区每天安排一组巡逻民警，确保及时响应，严防发生各类治安事件。

六是强化特殊人群管控。为全区781名严重精神障碍患者发放监护补贴70余万元，发放救治救助金18.4万元，全区未发生一起严重精神障碍患者肇事肇祸案件；加强对社区服刑人员的日常监管，实现全区133名社区服刑人员无一人重新犯罪。

七是做好重大活动、重点项目安保维稳工作。坚持想早想细、做足预案，坚决杜绝影响重大活动顺利召开、重点项目顺利推进的各类问题和风险隐患，全力保障全区破旧泥砖房拆除、首届韶商大会、乡村年会等重大项目活动的顺利实施。

四、抓扫黑除恶，增强人民群众归属感

民为邦本，本固邦宁。安全是人民群众追求美好生活的基础，人民安全是国家安全的基石和归宿，武江区着力围绕“三个强化”，全方位抓紧、抓实、抓牢扫黑除恶专项斗争。

一是强化政治意识，在压实领导责任上持续发力。为打赢扫黑除恶这场攻坚仗，先后出台12项制度、措施，广泛宣传和严格执行群众举报奖励办法，召开新闻发布会和群众举报奖励会，发放举报奖励金3.2万元。用制度治乱源，以上率下推动全区扫黑除恶专项斗争向纵深发展。

二是强化打击效能，在侦办大案要案上精准发力。全面完成2018年线索案件清零工作，办结率100%，扫黑除恶专项斗争工作取得阶段性成效，掌握线索总数、打掉涉恶犯罪团伙、破获刑事案件数、刑拘犯罪嫌疑人数、查封扣押冻结涉案资产等数据均排全市第一。

三是强化社会治理，在综合治理上重点发力。坚持高标准严要求，围绕基层社会治理工作狠抓执行，强化基层战斗堡垒作用，推动从“以打击为主”向“打击整治并重”转变，逐步建立健全行业长效机制，不断提升辖区人民群众获得感、幸福感、安全感。

五、抓宣传发动，增强社会大众认同感

全面开展提升“平安三率”宣传活动。充分发挥网络新媒体受众广的宣传优势，制作微信推文和短视频向辖区30余万微信用户进行推送；利用网络新媒体与传统媒体相结合的模式，开展送戏下乡、警民互动嘉年华、“小手拉大手”校园宣传、发放平安武江宣传小红帽等活动，加强与群众互动交流；营造浓厚的平安创建氛围，让“武江平安建设，我知道、我参与、我满意”这句话家喻户晓、人人皆知。

2019年，武江区平安建设各项工作成绩喜人，圆满完成各类重大政治活动和敏感节点的维稳安保工作，确保全区社会大局稳定，提高社会大众对平安武江创建的认同感。

社会治安社会治，综合治理综合抓。2020年，武江区将继续深入贯彻落实中共十九届四中全会精神，坚持以人民为中心的发展思想，以新目标开启新征程，以新思路打造新模式，不断推进社会治理体系和治理能力现代化，努力在新的起点上开创平安武江创建工作新局面，为武江主动融入粤港澳大湾区建设，加快建设生态品质中心城区，争当韶关改革发展排头兵贡献力量。

（区委政法委）

决战决胜脱贫攻坚

2019年，武江区认真贯彻落实中央、省、市有关精准扶贫会议精神，严格落实脱贫攻坚责任制，精准施策、聚焦发力，以前所未有的政治高度、工作强度、投入力度全面推进脱贫攻坚，取得了明显成效。

一、基本情况

武江区下辖5个镇51个村委会，新时期精准扶贫工作有省核定相对贫困村7个，相对贫困人口755户1788人（其中：有劳动能力贫困户339户1182人，无劳动能力贫困户416户606人；一般贫困户269户958人，低保贫困户444户788人，五保贫困户42户42人）。在全力攻坚下，2019年武江区省定贫困村和相对贫困人口全部有序稳妥退出。在2019年12月全市脱贫攻坚主要任务指标通报中，在17个考核指标中武江区有16个指标排名全市第一。

二、工作成效

（一）“两不愁”全面夯实

武江区着力提高贫困人口和贫困村集体经济收入，全面夯实贫困户的生活质量，稳定实现“两不愁”工作目标。一是贫困人口年人均可支配收入明显提高。全区贫困人口年人均可支配收入从2015年的3373.83元提高到2019年的13497元，增长了300%，其中有劳动能力贫困人口达到15233.9元，无劳动能力贫困人口达到10027.45元。二是贫困村集体经济收入大幅提高。全区7个贫困村年集体经济收入从2015年的1.18万元提高到2019年的13.09万元，且均在8万元以上；村民年人均可支配收入从2015年的7238.24元提高到2019年的15840.1元，增长了119%。

（二）“三保障”全面落实

武江区把落实好“三保障”放在重中之重，不断加大投入。一是加大教育扶贫力度，切实做到志智双扶。落实学杂费减免和生活补助政策，全区2018年秋季贫困户子女教育补助人数339人，2019年春季335人，全部足额发放教育补助。二是加强健康扶贫力度，做好兜底保障服务。全额资助建档立卡的贫困户1788人参加基本医疗保险，全部纳入基本医疗保险范围和救助范围，并采取“一站式”结算；全面完成了7个省定贫困村农村标准化卫生站建设，全部实现医保即时结算，真正实现了小病不出镇村。三是加强住房保障力度，切实改善居住环境。2016—2019年期间，

260户贫困户通过危房改造住进了新房。

（三）“八个有”全面达标

武江区贫困人口“八有”全面达标。一是有稳定收入来源或落实最低生活保障。有劳动力贫困户2019年度人均可支配收入全部达到8266元以上；符合低保条件的建档立卡无劳动能力的贫困户416户606人全部纳入最低生活保障，人均可支配收入全部达到5808元以上。二是有安全饮水。7个省定贫困村20户以上自然村100%完成了安全饮水工程建设，建档立卡贫困户使用的饮用水全部达到了安全饮用水标准。三是义务教育有保障。贫困村内7—15岁的贫困户子女279人，100%接受义务教育。四是基本医疗有保障。该区建档立卡贫困人口全部参与基本医疗保险；666人次全部享受医疗救助，并通过提高合规医疗报销比例，由规定的不低于80%提高到90%，合规医疗费用共46.64万元，医疗救助39.71万元，防止贫困户因病返贫。五是安全住房有保障。通过危房改造，武江区确保建档立卡贫困人口均有安全住房。六是有电用。建档立卡贫困户家庭用电全部接入了农村电网，并能确保正常使用。七是有电视信号覆盖。相对贫困村中20户以上自然村的相对贫困户家庭全部接入统一铺设的有线电视网络，并能正常使用。八是有网络信号覆盖。建档立卡贫困户家庭全部有接入互联网网络，网络信号正常。

三、主要做法

（一）坚持党建引领，压实“三级书记”责任

武江区认真落实脱贫攻坚“一把手”负责制，形成区、镇、村三级书记抓脱贫的工作格局。一是突出书记抓扶贫，形成“头雁效应”。区领导实行“挂镇包村”制度，构建区四套班子齐抓共管、挂镇包村的工作局面。特别是区委书记，发挥了示范引领作用，先后在龙归、重阳、江湾召开脱贫攻坚现场推进会，15次在书记专题会议和区委常委会会议上研究推进工作；严格落实一把手遍访贫困村制度，经常深入村组，实地调研和督导精准扶贫工作。针对扶贫开发和创建示范村工作中的短板弱项，又谋划和实施了脱贫攻坚“回头看”补短板强弱项集中攻坚行动。2019年，将9—10月定为“回头看”补短板强弱项月，11—12月定为普查验收月，集中用4个月时间，全面补齐短板弱项。为加强乡镇党委对脱贫攻坚工作的领导，印发了《关于进一步加强乡镇党委对脱贫攻坚工作、农村破旧泥砖房拆除工作领导的通知》，要求镇级一把手负总责全面统筹，分管党建工作的副书记具体抓，副镇长全面跟进抓落实，组织委员协助抓，共同做好脱贫攻坚和农村党建工作。村支部书记担任本村扶贫工作直接责任人，把扶贫责任真正落到实处。二是整合工作力量，强化一线攻坚。为确保全区脱贫攻坚工作如期完成，组织开展“6+2”回头看专项行动，成立了6个行业部门“回头看”工作组和2个督导组，督促镇和行业部门落实整改工作。6个行业部门“回头看”工作组就党建、产业、就业、教育扶贫、“三保障”等方面每月至少一次深入镇村“回头看”。三是发挥两个作用，推动示范引领。一方面发挥基层党组织战斗堡垒作用。创新“支部建在产业上”党建模式，建立区、镇、村三级产业党组织体系，以党建促产业发展，全力推进“一镇一业、一村一品”产业发展，如龙归镇龙安村“两委”干部利用水清地美的资源禀赋，流转30多亩土地，合资探索建立龙安养殖小龙虾产业实验基地，走出一条龙安“清水小龙虾”产业新路。2020年年初，由1000公斤虾苗成功养成3000公斤成品虾，计划带动当地农户及贫困户养殖小龙虾，发展农业特色产业。另一方面充分发挥了党员领导干部的先锋模范作用，尤其是发挥村支部书记和第一书记的头雁效应，引领武江区农业产业建设取得新突破。如重阳镇黄岸村支部书记积极带领党员、群众流转1000多亩土地，配合区、镇引进深圳诺普信农化股份有限公司牵头实施百香果省级现代农业产业园建设。

（二）紧盯两个关键，产业就业提质增效

坚持把产业扶贫和就业扶贫作为主攻方向，着力增强“造血”功能。一是因地制宜谋划产业。推行农户产业脱贫举措，根据各地发展优势，因人因户制定“产业扶贫套餐”，重点发展黄岸玉米、方田优质稻、万侯生猪、山前韭菜、龙安桑叶、湖洋番薯、西河无公害蔬菜等特色产业，不断壮大生产规模，培育示范基地，建立了“企业+基地+合作社+贫困户”的利益衔接机制，形成“一镇一业、一村一品”联动发展格局。实现联农带农产业发展模式，其中2019年带动全区在家务农的贫困户97户，户均增收2129元。同时，运用和推广“互联网+精准扶贫”的有效形式，打造品牌，使贫困对象脱贫有支撑、致富可持续。如江湾镇湖洋村通过农村淘宝店带动番薯产业发展，改变了过去由于地处偏远导致农产品销售渠道不畅通的问题，现在每年销售红薯均在1万斤以上。二是统筹谋划现代农业集聚发展。制定“五朵金花”特色农业产业规划，以西河北郊、重阳为重点，谋划建设5个1000—2000亩的特色农业示范基地，打造“特色明、效益好、农民富”的现代农业产业集聚区，力争成为对接粤港澳大湾区的“菜篮子”“果盘子”“米袋子”。龙归镇龙安淮山、山前香蜜薯和江湾镇湖洋红薯获得省级“一村一品”称号，其中龙安淮山和山前香蜜薯还纳入了“全国名特优新农产品”名录；武江乡村家庭农场入选粤港澳大湾区“菜篮子”生产基地；雪印集团入选粤港澳大

湾区“菜篮子”流通企业。三是发挥中心城区优势，加大消费扶贫力度。针对贫困户生产批量较大的农副产品，通过党政机关、企事业单位、学校的食堂采购，解决销售问题；针对贫困户因受疫情影响滞销的少量农副产品，通过“蚂蚁搬家”的模式，由帮扶干部牵线搭桥，借助朋友圈、微信群等平台，及时将贫困户滞销的农副产品销往城区，确保贫困户既增产又增收，2019年以来武江区消费扶贫总额达到40.4万元。四是做细做实就业和培训服务。开展“一对一”就业服务，充分利用区位优势，积极对接甘棠园和莞韶园企业。2016年以来，累计组织贫困劳动力参加技能培训576人次，累计实现就业1154人次。针对受疫情影响，贫困户就业务工不稳定的问题，一方面由区人社局会同工信、住建等部门协调联系相关企业安排适当工作。另一方面，由各镇安排贫困户从事防疫宣传、卫生消杀、保洁等公益性岗位。全区有劳动能力的贫困人口475人已全部实现复工，确保了贫困户稳定增收。

（三）加强资金统筹，确保各项政策落实落地

武江区不断加强扶贫资金统筹，切实提高扶贫资金使用效益，确保所有扶贫资金用在刀刃上。一是聚焦项目库，精准使用扶贫资金。截至2019年12月，该区累计使用各类扶贫资金5907.12万元，支出进度为100%，主要用于光伏发电、太阳能路灯、道路和文体设施建设、党建配套建设等。二是围绕管理制度，规范使用扶贫资金。制定了《韶关市武江区精准扶贫开发资金筹集和使用监管细则》，严格落实扶贫资金筹集使用管理和项目实施情况“一律公开”和“一律公告公示”制度，加强扶贫资金项目绩效管理，简化审批审核流程，用好用活扶贫资金。三是加强监管，安全使用扶贫资金。通过开展扶贫领域专项巡察“回头看”，加大对扶贫资金、项目安排监督检查力度，确保扶贫政策、项目、资金安全落地。同时对扶贫领域资金的审计监督，着力发现深层性问题线索，及时发现低保、项目建设等扶贫领域违规违纪苗头性问题。

（四）开展专项整治，农村面貌全面改善

通过开展村庄清洁春节战役、春季战役、夏季战役、秋冬战役、破旧泥砖房拆除、厕所革命、垃圾分类等系列整治工作，改善了村容村貌，群众生产生活条件明显好转。一是贫困村基础设施和公共服务设施进一步健全。7个省定贫困村农村生活垃圾常态化保洁实现全覆盖，全面完成了村内道路硬底化、雨污分流、集中供水、标准化公厕、卫生站等基础设施建设和公共服务设施建设，达到整治村标准。二是健全长效机制。全区51个行政村266个自然村实现了保洁员配备全覆盖，共聘请保洁员276名，不断健全和完善长效保洁机制，形成“镇村主抓，人人动手”的清洁行动浓厚氛围，村庄环境卫生得到全面改善。三是逐步推进三个精品镇村建设。从2019年起计划用3年时间推进龙归、重阳、江湾三个美丽镇村建设，其中江湾精品镇村建设初具规模。

（五）强化督导问责，确保问题整改全面到位

一是抓作风提改。以《武江区“担当落实、走在前列”进行时》常态化通报制度、流动红黄旗制度和年度攻坚克难奖、创新创优奖评比为抓手，全面改进干部作风，确保扶贫工作务实、脱贫过程扎实、脱贫结果真实。二是抓督导督查。充分发挥人大、政协、纪检、审计、媒体、社会等全方位监督作用，督导督查各镇村、各行业落实扶贫责任、政策、工作“三落实”情况。三是抓问题整改。对省、市、区脱贫攻坚专项巡查中发现问题的整改落实情况开展“回头看”，7个省定贫困村巡察排查问题线索22条，立案10宗，诫勉谈话、批评教育等问责处理3人，督促完善制度3个。

（区农业农村局）

“不忘初心、牢记使命”主题教育

根据党的十九大精神和党中央部署，“不忘初心、牢记使命”主题教育从2019年5月底开始，在全党自上而下分两批进行，2020年1月上旬基本结束。2019年9月至2020年1月，按照中央和省委、市委的部署，武江区484个基层党组织，11000多名党员，其中32名县处级领导干部参加了第二批主题教育。在市委第四指导组的悉心指导下，武江区开展主题教育始终突出“不忘初心、牢记使命”这个主题，聚焦深入学习贯彻习近平新时代中国特色社会主义思想这个根本任务，贯彻“守初心、担使命，找差距、抓落实”这个总要求，突出县处级以上领导班子和领导干部这个重点，一体推进学习教育、调查研究、检视问题、整改落实4项重点措施，达到了理论学习有收获、思想政治受洗礼、干事创业敢担当、为民服务解难题、清正廉洁作表率的预期目标。武江区主题教育得到省委第五巡回指导组、市委第四指导组的充分肯定和高度评价，相关经验做法被地市级以上媒体公开报道81篇，其中省部级11篇，地市级70篇。

一、精心谋划部署，强化组织领导

（一）高位推进，压实责任早部署

区委坚持将开展主题教育作为重要政治任务，及时召开区委常委会会议，传达学习贯彻习近平总

书记在中央主题教育工作会议上的重要讲话精神，以及全省、全市主题教育工作会议精神，对全区开展主题教育进行研究部署。区委书记颜亮认真履行“第一责任人”职责，坚持书记抓、抓书记，具体抓、抓具体，先后多次主持召开区委常委会会议、领导小组会议、主题教育推进会、专项整治推进会等，从全局上谋划推进全区主题教育工作；坚持发挥“头雁”示范带头作用，深入挂点镇（街）、村（社区）等基层党组织指导开展主题教育。其他区委常委坚决落实“九个带头”（带头开展学习教育，带头深入基层调查研究，带头讲好专题党课，带头广泛听取意见，带头开展检视反思，带头抓好整改落实，带头开好民主生活会，带头开展批评和自我批评，带头健全制度），既抓自身、又抓分管领域，既抓本级、又抓基层，时时处处做示范、当表率，层层传导压力，推动主题教育部署要求迅速落实到基层。各镇（街）党（工）委、区直各单位党委（党组）主要负责同志严格执行区委主题教育有关工作部署，带头制定并落实主题教育方案计划，发挥“头雁”作用引领本单位掀起学习教育热潮。9月10日全市召开部署会议后，武江区于9月11日率先在各县（市、区）中召开主题教育部署会议，对全区主题教育进行部署。7个镇（街）、50个区直单位一周内完成了工作部署。

（二）精心设计，周密组织保落实

区委认真学习领会中央和省委、市委有关会议精神，以及中央关于开展第二批主题教育的指导意见和省委、市委第二批主题教育工作安排，结合武江实际，制定主题教育“1+4”方案和8个专项整治方案。对照《开展“不忘初心、牢记使命”主题教育防止形式主义负面清单》，制定调查研究、检视问题、整改落实工作指引，细化工作任务，明确责任要求，指导全区各党委（党组）把4项重点措施抓实抓细抓出成效。成立由区委书记颜亮为组长的区委主题教育领导小组，下设办公室，抽调精干人员集中办公，分设综合组、秘书组、宣传组、专项整治协调组等7个工作组，明确工作职责，加强分工协作。区委主题教育领导小组各成员单位积极发挥职能作用，形成齐抓共管合力。

（三）分类指导，加强统筹细落地

对表对标中央和省委、市委部署要求，结合武江实际，对不同层次、不同对象的学习内容和整改重点提出不同要求。制定区委领导以及镇（街）、村（社区）、区直单位、“两新”组织党组织书记等五份责任清单，从“学、查、改、建”四个方面细化主题教育工作职责，充分发挥基层党组织书记示范带头作用。制定《村（社区）党组织主题教育工作指引》，指导村（社区）党组织从学习讨论、化解群众反映矛盾、解决历史遗留问题等三个方面开展主题教育。成立5个区委指导组，对全区各单位开展主题教育进行督促指导。建立区委主题教育办与各指导组每周联席会议制度，以区委主题教育办及各指导组为纽带，将区委与各基层党组织紧密联结起来，通过上下沟通联动、跟进学习部署等举措，加快信息传达效率，为区委主题教育办制定相关指引及制度文件提供有力支持。

（四）强化引导，广泛宣传造氛围

结合庆祝中华人民共和国成立70周年，开展升国旗仪式、举办“不忘初心·与国同梦”文艺会演等活动，进一步引导广大党员干部坚定理想信念，强化宗旨意识。充分发挥主流媒体和新兴媒体作用，在韶关日报、韶关广播电视台、“南方+”、韶关发布、韶关先锋、武江发布等媒体刊发文章，深入学习宣传习近平新时代中国特色社会主义思想，及时反映全区主题教育进展成效，营造家喻户晓的宣传氛围。

二、聚焦主题主线，深化学习教育

（一）以上率下，处级领导示范带头

区委常委会会议坚持把学习习近平新时代中国特色社会主义思想作为第一议题，专题学习习近平总书记系列重要讲话和对广东工作重要指示批示精神30次（其中6月以来19次），区委理论学习中心组开展专题学习研讨13次（其中6月以来10次）。主题教育期间，区四套班子领导集中7天时间、围绕7个专题开展学习研讨，开动脑筋思考，认真交流发言，在此基础上，增设了晚上观看《增强忧患意识，防范风险挑战》《七十年的守望》等专题教育片环节，在反面警示、正面典型中检视自我、坚定信念。同时，为实现学习研讨上下联动、有效衔接，分批邀请部分区直单位、镇（街）、村（社区）党组织书记列席。坚持跟进学习，集中学习研讨结束后，每周召开区委常委会及时跟进学习了党的十九届四中全会精神，习近平总书记在内蒙古、甘肃、河南等地考察并指导开展主题教育时的重要讲话精神，习近平总书记在中央政治局第十五次集体学习时的重要讲话精神，习近平总书记在中央政治局第十五次集体学习时的重要讲话精神，习近平总书记在庆祝中华人民共和国成立70周年大会上的重要讲话精神等。整体学习把握，一体贯彻落实。全区处级党员领导干部充分发挥“头雁”作用，带头领学、带头研学、带头讲学、带头督学、带头考学，推动全区形成上行下效的整体效应。

（二）创新形式，基层党员学深悟透

针对村（社区）党员普遍年龄大、学历偏低

的特点，编制简单易懂的“口袋书”即《“不忘初心、牢记使命”主题教育农村、社区党组织学习手册》。深入偏远农村和老旧小区，运用“口袋书”，结合当地实际，开展“金句”微课堂，建立“党的十九届四中全会精神”宣讲团，创新运用“家门口的党课”、党支部微信群等形式，把主题教育开展到田间地头、屋前树下、小区楼宇、互联网中，确保学习教育全覆盖、无死角。建立区四套班子党员领导干部、先进村（社区）党组织和机关单位党组织与薄弱或重点村（社区）党组织“一对一”结对共建机制。共发放“口袋书”约6000本，村（社区）党组织围绕“口袋书”开展专题学习279次；通过结对机制共联合开展“三会一课”、主题党日等219次，查找问题128个，解决问题110个。

（三）统筹推进，“四个教育”抓实抓细

开展革命传统教育，区委常委及各基层党组织参观红军长征粤北纪念馆、韶关市博物馆主题教育档案文献展、重阳镇南岸村原中共南方工委交通站遗址和万侯红色村红色教育基地等，缅怀革命先烈，弘扬爱国主义精神。开展先进典型教育，组建包含农村干部、社区干部、学校教师、企业人员、机关干部等五类人员的先模事迹报告团，共面向全区领导干部和青年干部举办2场区级报告会，7场镇（街）报告会，并组织区直各单位、村（社区）党组织全体党员通过“三会一课”、主题党日等形式观看学习先模事迹报告会视频。开展形势政策教育，深入学习贯彻习近平总书记在党的十九届四中全会上的重要讲话及《粤港澳大湾区发展规划纲要》《中共中央国务院关于支持深圳建设中国特色社会主义先行示范区的意见》等政策文件，引导党员干部正确认识形势，进一步把思想和行动统一到党中央决策部署上来。开展廉政警示教育，坚持以案为镜，举办主题教育警示教育会暨党章党规党纪培训班，教育党员知敬畏、存戒惧、守底线。结合学习党章党规和党史、新中国史，积极组织党员干部参与全市主题教育知识竞赛，参考比例和平均分两项指标均在全市排名第一。坚持用“学习强国”、志愿服务等群众喜闻乐见的形式，营造群众参与主题教育的浓厚氛围。

三、坚持问题导向，深入调查研究

（一）深入一线，听民意谋发展

区四套班子领导同志紧紧围绕“六个有没有”要求（在贯彻习近平新时代中国特色社会主义思想的过程中有没有偏差，贯彻习近平新时代中国特色社会主义思想的过程中有没有与实际相结合，工作中有没有贯彻落实中央和上级有关重大决策部署，群众反映的热点、难点、历史遗留问题有没有解决到位，推动发展有没有尊重规律和尊重民意，领导干部的作风有没有真改到位），认真开展调查研究工作。区领导同志严格落实领导干部夜访制度和定期到镇村联系点指导工作制度，大力弘扬“脚上有土、心中有谱”的务实作风，深入一线调研，带动全区上下形成走基层、重调研的风气。区四套领导班子成员分别牵头开展关于加强党的领导和党的建设、主动融入和服务粤港澳大湾区建设、推进乡村振兴等11个方面32个课题调研，了解实情、找准问题，形成了32篇高质量调研报告。围绕学习贯彻党的十九届四中全会精神，提出14个方面54项重要制度进行深调研。全区各单位参照区委做法，围绕201个课题开展调研，形成调研报告203份。

（二）交流成果，集众智解难题

召开区领导同志调研成果交流会，带动全区上下对照“守初心、担使命，找差距、抓落实”总要求，交流调研成果，做好调研成果转化运用的“后半篇文章”，实行“目标任务化、任务项目化、项目清单化”，努力把调研成果转化为推动工作、解决问题的具体行动。同时，加强对调研成果的分类汇总，在转化运用、解决问题和改进工作上狠下功夫，切实把好经验好做法固化为长效机制，推动全区各项工作上新台阶，确保主题教育取得实实在在成效。全区各单位共召开调研成果交流会46场次。

（三）讲好党课，强信念增信心

区委书记颜亮带头讲党课，勉励党员干部铭记共产党人的初心和使命，强调要认真锤炼党员干部自身的政治忠诚、政治品格，从处理烦事、难事去磨炼工作水平和能力，从细枝末节去锤炼工作作风，从一点一滴去严于修身，树立求真务实的工作作风，切实提高工作能力水平；激励全区领导干部要继续发扬斗争精神，切实增强斗争本领，奋力推动武江高质量发展。其他区四套领导班子成员分别到所联系单位、分管领域或基层党组织上党课，突出针对性，重点讲学习习近平新时代中国特色社会主义思想的认识体会，讲存在的差距和不足，讲指导实践、改进工作的思路举措。全区科级以上党员领导干部共讲专题党课268场次，基层党支部书记共讲专题党课624场次。

四、突出找准查实，深挖问题根源

（一）“敞开大门”听取意见

全区各级领导干部坚持开门搞教育，广开言路、畅通渠道。采取个别访谈、召开座谈会、设立意见箱、发放征求意见表、接访下访、新媒体留言等多种方式，充分收集基层党员群众、工作服务对象的意见建议。用好谈心谈话方式，领导班子成员之间，班子成员与分管部门负责同志之间、与本人组织关系所在党支部党员代表深入开展谈心谈话，切实做到直面问题、开诚布公、坦诚交流。同时，对上级党组织在巡视巡察、干部考察、工作考核中反馈的问题和提出的意见进行全面梳理，按照职责分工逐条认领。

（二）“台账清单”查摆问题

针对调研发现的问题、征求反馈的问题、个人查摆的问题等，建立工作台账，实行清单化管理，列出具体问题，细化整改措施，明确整改责任和时限。区四套领导班子及其成员建立“一台账两清单”，共检视问题291个，列出整改措施310条；各镇（街）、区直各单位领导班子及其成员建立“两清单”，共检视问题1738个，列出整改措施1855条；村（社区）建立问题清单，共收集群众反映的矛盾问题453个、已化解398个，共梳理历史遗留问题105个、已解决79个。

（三）专题会议剖析根源

2019年11月11日，区委召开领导班子对照党章党规找差距专题会议。区委领导班子重温了党章、《准则》和《条例》，对照党章党规“18个是否”，坚持把自己摆进去、把职责摆进去、把工作摆进去，认真进行自我检查、深刻剖析，以对同志高度负责的态度相互提醒警醒。2019年12月13日，区委召开“不忘初心、牢记使命”专题民主生活会，按照习近平总书记关于“四个对照”“四个找一找”要求，以正视问题的自觉和刀刃向内的勇气，从5个方面检视剖析了区委领导班子存在的问题，深挖问题根源，明确努力方向和整改措施。会上，区委书记颜亮以身作则，带头开展个人检视剖析，主动接受批评。同时，区委书记颜亮带头参加区委办党支部专题组织生活会，其他区领导分别参加所在党支部的专题组织生活会，并指导挂钩联系基层党支部的专题组织生活会。在区委领导班子示范引领和5个区委指导组全程跟进指导下，各镇（街）、区直各单位严肃认真地召开了对照党章党规找差距专题会议、专题民主生活会，各基层党组织召开了专题组织生活会，深刻剖析、整改提高。

五、勇于自我革命，狠抓整改落实

（一）力求实效，抓好专项整治

严格对表对标中央和省委、市委有关要求，强力推进8项专项整治工作，并及时增加“景观亮化工程”过度化等“政绩工程”“面子工程”问题专项整治，明确责任领导、责任部门和完成时限，实行项目化推进，一件一件整改到位。召开专项整治推进会议，建立边研究边整治的工作机制，推动专项整治取得实效，着力把“问题清单”转化为“成效清单”。坚持上下联动抓好专项整治，区纪委监委、区委办公室、区委组织部、区委政法委等四个牵头单位和相关责任单位，紧密与上级主管部门沟通衔接，在主动配合、承接落实上级整改任务的同时，积极反映需要上级部门协调的问题，上下联动、一体整改。认真落实“基层减负年”要求，通过减少会议数量，控制会议规模，提高会议效率，严肃会议纪律，提高发文质量等一系列措施，全区机关作风建设水平得到全面提升，2019年全区性会议数量较2018年精简10%以上，清理撤销无明确政策法规依据的“责任状”3项，合并1项，梳理规范13项。结合“担当落实、走在前列”，大力整治干部精气神不足的问题，排查区管干部中存在不担当不作为等相关问题线索3条，对5名干部采取组织处理措施。结合推进基层党建三年行动计划，加大软弱涣散基层党组织整顿力度，全区7个软弱涣散村（社区）党组织已完成整顿出列4个，其中3个评为优秀，1个评为达标。

（二）聚焦民生，抓实全面整改

认真践行为民服务宗旨，瞄准人民群众普遍关心、反映强烈的突出问题，扎实推进全面整改工作，切实增强人民群众的获得感、幸福感、安全感。针对创文难点问题，区委下决心对光明巷、津头岭、邹屋村、蓝屋村、武江桥西桥头北侧以及针织厂、仪表厂关停并转企业等历年来创文巩卫问题最为集中的区域进行综合整治，取得明显成效。其中，光明巷整治改造在市辖三区城市管理现场会上受到市委主要领导表扬。针对“停车难”问题，在惠民路、工业路、亨泰路、芙蓉东路和东岗小学等重点区域建成停车场17个，提供新增停车位约2500个，任务完成率达到167%，其中电化厂停车场已打造成广受居民欢迎的集停车、娱乐、运动、生态绿化为一体的公园型停车场。聚焦群众急难愁盼等民生问题，启动御龙湾小学等7个新建扩建项目建设，全年新增2700个优质学位；10个农村学校改造提升项目全面完工。沙洲尾、芙蓉新区2个社区卫生服务中心建成并启用。完成新华社区、惠民街社区、沙洲社区、龙归镇4个康园中心建设。区图书馆、区文化馆顺利建成。完成水口桥、高头坑2座危桥改造。医保即时结算服务延伸到村。率先在全市完成6个长者饭堂配建。深入推进扬尘整治专项行动，完成城区35家建筑工地整改；整治裸露土地180处约16.34万平方米；市政道路硬化32处约2.24万平方米，基本消灭市区泥土路和裸露地。全面推进河长制，深入开展“南粤河更美”专项行动。完成龙归万里碧道3宗10.4公里建设。完成2.2平方公里水土流失治理工作。完成矿山石场治理复绿10公顷。完成碳汇造林项目500亩；义务植树40万株。全面开展农村破旧泥砖房清拆工作，全区共拆除农村破旧泥砖房2.19万间，63.64万平方米，分别占应拆间数的94.81%，应拆面积的95.37%，并做好拆后管护利用工作。成功承办2019全国乡村规划与建设年会。全面实施“139工程”建设行动，首批试点镇（龙归镇、江湾镇）九大基础设施建设工作已基本完成。完成23个新建、合建农村公厕。完成62个标准垃圾处理设施点建设，实现全区农村生活垃圾常态化处理全覆盖。加快推进龙归、江湾、重阳3个污水处理厂建设，完成省定贫困村26个村级污水设施建设。龙归粮仓乡村振兴培训实践中心完成主体建设，冲下样板村初具雏形。开展各类文明实践主题活动260余场。大力实施加强基层党建三年行动计划，深入开展创建“四强”基层党组织、创建模范机关等基层党组织达标创优活动。打造枫合汇“党建+楼宇”、世纪新城“党建+商圈”党建示范点；按照“一社区一主题”原则打造党建示范社区8个；改造提升党群服务中心30个，解决3个社区办公场所缺失、1个社区异地办公、26个村（社区）办公场所破旧小问题。不折不扣执行落实“八个一”勤务工作机制，认真实施基层派出所三年提升计划，全力推进“雪亮工程”，深化智慧新警务建设工作，社会治安明显好转，全区刑事警情数同比下降21.7%，“两抢一盗”案件数同比下降23.2%，抓获在逃人员数同比上升90%。建成并启用区级“一门式一网式”政务服务平台，整合事项网上可办率达99%；实现“开办企业半日内办成”，企业开办便利度居全市首位；在全市首个推行政务服务中心周末半天服务模式，树立武江为民服务窗口新形象，其中税务专区打造成全省第一个完全按照管理规范建设的标杆示范厅。主动扛起建设粤北生态屏障武江责任，推进森林城市创建，支持江湾镇申报广东省生态旅游森林特色小镇。深入开展“七五”普法，创新设立人民调解“百米服务圈”，有效预防和化解社会矛盾纠纷。开展主题教育以来，全区各级为民办实事好事493件，让群众感受到主题教育带来的实实在在的好处和成果。

（三）改建结合，形成长效机制

坚持“当下改”和“长久立”相结合，将实践中行之有效的做法上升为制度，形成常态长效，巩固深化整改落实成果。聚焦干部队伍作风建设，研究出台《武江区推动“担当落实、走在前列”十条意见（试行）》《武江区关于开展“镇（街）村（居）点单，干部报到”活动的实施方案》，建立《武江区“担当落实、走在前列”进行时》常态化通报制度、流动红黄旗制度，设立年度攻坚克难奖和创新创优奖，建立以实干实战实绩为评判核心的绩效评价体系，在全区营造比学赶超的干事创业氛围。聚焦项目建设，建立“6+4”党员领导干部带头抓重点项目机制。成立区项目建设指挥部，下设6个功能组和4个发展组团，建立“月清单、周任务”、三级调度等系列运行机制，全流程服务项目组织建设，使全区项目建设得到提质提速提效，2019年全区共启动建设政府投资项目36个，完成固定资产投资128.57亿元，同比增长21.7%，固定资产投资总量、增速均排在全市第一。聚焦营商环境建设，制定出台《2019年武江区工业稳增长激励实施细则》《武江区关于重点楼宇培育与扶持办法》等4项扶持政策，充分吸引民营企业参与武江建设。聚焦民生改善，深入总结为民服务解难题的经验做法，出台《武江区关于对标三年取得重大进展硬任务扎实推动乡村振兴的实施方案》《武江区创建第十一届广东省双拥模范城工作实施意见》等文件，建立武江区智慧城市指挥中心，借助“大数据”平台和信息化手段对市容市貌、城市秩序进行全方位监控，大大提高了城市管理效率。聚焦社会治理，出台《武江区推进城市安全发展的实施方案》《武江区加强平安志愿者队伍建设的实施意见》，进一步完善“中心+网格化+信息化”建设工作，推行“432”城市管理创新机制，建立四级网格化工作机制，大力推行“红袖章”治安联防组织“三个一”工作机制，广泛动员人民群众参与社会治安群防群治，为营造和谐稳定的社会环境提供制度和机制保障。聚焦基层党组织建设，制定出台《武江区2019年基层党建“补短板强弱项”提升行动方案》，通过补短板、强弱项，全面提升基层党建工作。坚持实行“党建+征拆”工作模式，推动征拆工作团队高效运作。

（区委组织部）

2019年武江区大事记

1月

1日　武江区30间村卫生站开通医保即时结算服务，群众就医更便捷。

4日　广东省高级人民法院党组成员、政治部主任苏茂荣一行到武江区人民法院对文化标识和文化环境布设整改工作进行检查，韶关市中级人民法院院长叶向荣陪同。

5日　武江区委副书记、区长郑伟平和副区长黄燕斌率队到龙归镇中心卫生院调研。

8日　武江区委常委、区委组织部部长沈中伟带队到西河镇红星村开展基层党建工作专题调研。

9日　东莞市吉尚装饰设计工程有限公司向武江区龙归镇安村小学献爱心捐赠仪式在安村小学举行。

10日　武江区在韶关市第九中学召开创建广东省社区教育实验区工作布置会。

13日　由广东省书法家协会、韶关市委宣传部、市文学艺术界联合会指导，武江区委宣传部、市书法家协会、西联镇人民政府主办的“红色文艺轻骑兵，韶关文艺界新春走基层——书法家送万福进万家志愿服务公益活动”走进西联镇西联村，韶关市书法协会的30名书法家现场挥笔书写2000多幅春联赠送村民。

17日　武江区工商、食药监、公安等部门联合开展整治“保健”市场乱象专项整治行动。

是日　西联村、芙蓉村、阳山村被广东省爱国卫生运动委员会授予“广东省卫生村”称号。

18日　韶关市政协提案专委会游北灵委员在武江区政协办陈汉荣的陪同下，到武江区西河镇糖寮村慰问70周岁以上老人55人，并送上慰问金11000元和捐资200元给该村委会作为办公费用。

21日　武江区教育局召开创建模范机关工作推进会。

22日　韶关市扶贫开发工作考核组到西河镇考核2018年度扶贫开发工作。

23日　韶关市委常委、副市长万卓培到甘棠工业园源昊住工调研，对企业二期建设用地进行现场查看。

是日　武江区2018年度区直机关党支部书记抓基层党建述职评议会议召开。

24日　韶关市副市长陈磊在市市场监督管理局局长欧新全及副区长欧伟强陪同下，到嘉晖市场、西河全民健身广场调研节前市场监管工作。

是日　韶关市委常委、副市长、市政府党组副书记万卓培，市委常委、韶关军分区政委黄星会一行在区委书记颜亮、区委常委彭波、副区长黄燕斌等区领导的陪同下，到西河镇敬老院看望慰问老人，为敬老院老人们送去慰问金和慰问品。

25日　武江区人大组织召开退休党员干部迎新春座谈会。

29日　武江区人社局劳动保障监察综合执法大队协调处理富利建设集团有限公司拖欠工人工资案件，为11名工人追回拖欠工资39.9万元。

30日　龙归镇召开2018年度党员领导干部民主生活会，区委书记颜亮出席会议。

31日　武江区人大常委会组织韶关市、武江区两级部分人大代表深入辖区内派出所，实地调研基层派出所规范化建设情况。

2月

1日　武江区税务局举行新时代文明实践点揭牌仪式，韶关市委宣传部副部长、市文明办主任王明志，市委宣传部副部长夏娟，武江区委副书记、区长郑伟平等领导莅临指导。

3日　2018年度武江区委领导班子民主生活会召开。

5日　武江区委宣传部、区文明办在西河健身广场举办“金猪贺岁闹新春”群众文化活动，营造良好节日氛围。

9日　区委书记颜亮、区长郑伟平、副区长欧伟强带队到甘棠工业园、枫合汇走访，就甘棠工业园建设及楼宇经济发展进行调研。

14日　中国人民政治协商会议韶关市武江区第九届委员会第四次会议开幕。

是日　武江区政协全体委员157人到韶州公

园、重阳镇黄岸村和万侯村视察，了解重点项目的建设情况。

是日　韶关市武江区文化馆、图书馆建设项目举行开工仪式，“两馆”建设正式开工。

14—16日　武江区九届人民代表大会第四次会议胜利召开，听取、审议并通过关于区人民政府、人大常委会、人民法院、人民检察院、计划、财政等6个工作报告的决议，选举产生区九届人大常委会委员邓武、刘尚周、林基乐。

15日　中国人民政治协商会议韶关市武江区第九届委员会第四次会议圆满落下帷幕。

16日　武江区委宣传部、区文明办在新华街惠民西社区组织开展“欢乐闹元宵”活动。

19日　武江区人社局成功创建2个市级充分就业星级社区（惠民街道办群立社区、新华街道办工业中社区）。

22日　武江区妇联三届执委（扩大）会议召开，区委常委、组织部长沈中伟，区委常委、常务副区长陈雪，区政协副主席林健等领导出席会议。

25日　中国共产党韶关市武江区第九届纪律检查委员会第四次全体会议在区政府大楼七楼会议厅召开。肖建红代表区纪委常委会作了题为《主动担当落实忠诚履职尽责，为争当韶关改革发展排头兵提供坚强纪律保证》的工作报告，区委书记颜亮参加会议，并作了讲话。江湾镇、惠民街、经信局、卫计局四个党（工）委（党组）主要负责人向区纪委委员进行了述责述廉并接受现场评议。

28日　武江区人大常委会组织市、区两级人大代表对区水环境安全保护监督“河长制”实施情况及区小水电站安全运行和山塘水库隐患排查整治工作情况进行专项视察。

3月

1日　武江区政务服务中心于正式投入运行。

是日　武江区税务局办税服务厅整体搬迁入驻区政务服务中心，占地面积3300平方米，成为粤北地区进驻政务中心最大的办税服务厅。

是日　韶关市总工会副主席钟山红带队到区工业园企业韶瑞重工有限公司对全国“五一”劳动奖章候选人张泽磊进行考察。

5日　韶关市政协副主席王德雄带领爱心企业到武江区新华街道爱心超市开展捐款活动。

是日　在全市各县（市、区）中武江区率先完成机构改革工作，建立优化协同高效的机构职能体系。

是日　区长郑伟平、区人大常委会副主任聂平南为武江区自然资源局揭牌。

是日　韶关市武江区应急管理局挂牌成立。

是日　武江区委巡察工作领导小组办公室正式挂牌。

是日　区委副书记、区长郑伟平出席中共韶关市武江区审计委员会办公室和韶关市武江区审计局揭牌仪式。

是日　韶关市武江区退役军人事务局挂牌成立。

是日　武江区成立“一中心两站”服务保障体系，即建立武江区退役军人服务中心1个、核定事业编制3名；乡镇（街道）退役军人服务站7个、各镇（街）退役军人服务站核定事业编制2名，村（社区）退役军人服务站87个。

是日　武江区教育局举行揭牌仪式。

是日　韶关市武江区市场监督管理局（韶关市武江区知识产权局）在武江区惠民北路11号挂牌成立。

是日　武江区税务局党委委员、副局长陈丹荣获第六届“广东志愿服务铜奖”。

是日　武江区医保局挂牌成立。

是日　韶关市武江区政务服务数据管理局挂牌成立，下辖武江区行政服务中心和武江区人民政府信息中心。

是日　西河镇启动防汛Ⅳ级应急预案，镇村干部迅速行动，排查低洼地、山塘水库、地质灾害点等安全隐患点，并走访低保户、五保户等困难群众，落实好各项防汛应急措施，以保障人民群众生命财产安全。

是日　韶关市武江区文化旅游体育局正式挂牌成立。

6日　武江区民政局举行揭牌仪式。

是日　广东省政协农业和农村委员会主任陈祖煌一行率队到龙归镇考察武江区新时代文明实践中心项目推进和建设情况，并在该中心召开座谈会。韶关市政协主席王青西，区委书记颜亮，区委副书记、区长郑伟平等陪同调研。

7日　武江区妇联联合新华街道党工委在益华百货一楼中庭举办“礼赞新中国唱响新时代‘三八’国际妇女节”纪念活动。

8日　武江区总工会组织第二届委员会委员召开武江区工会第三届二次全委会议。会议主要内容选举区人大常委会副主任谭木初为第三届工会主席。

10日　新华街合成氨厂和织布厂宿舍小区完成老旧小区改造，并设立党群连心室。

12日　武江区组织开展2019年区直机关义务植树活动。区四套班子领导、区直各单位主要领导及志愿者共200余人参加此次活动

13日　开展武江区2019年危险化学品和烟花爆

竹领域安全生产专项整治行动。

是日　广东上萃新材料有限公司项目开工仪式在甘棠工业园举行。

15日　武江区甘棠工业园区企业广东乾佳乐生物科技有限公司举办与华南农业大学、广东省生物农药创制与应用重点实验室签署合作协议仪式。

是日　中共韶关市武江区委宣传部、武江区精神文明建设委员会办公室、武江区市场监督管理局牵头在武江区西桥公园举行2019年“3·15”国际消费权益日周年活动。

19日　韶关市副市长陈磊陪同广东省专项督导组一行前往爱心医药集团调研保健食品销售管理工作。

是日　区委书记颜亮等一行到区税务局办税服务厅进行走访调研，实地察看办税服务厅各区域设置、人员配置、自助办税以及社会保险费征收等情况。

是日　区委书记颜亮到区政务服务数据管理局调研指导工作。

20日　韶关市中级人民法院院长叶向荣到武江区法院调研指导工作。

21日　武江区红十字会组织区困难家庭先心病患儿参加市红十字会举办先心病患儿术前筛查活动。

22日　区委书记颜亮调研中海投、恒大综合体、保利综合体等项目开工建设情况及视察黄沙村打击违建情况。

是日　韶关市妇联主席汪波带队到武江区西联镇芙蓉村、重阳镇侯屋村调研“妇女之家”创建工作。

是日　区委书记颜亮到芙蓉新区调研指导教育重点项目建设。芙蓉新城管委会、韶关市代建局、区教育局等部门有关负责人参加调研。

26日　区人大常委会主任孙理鸣带领省、市、区、镇四级人大代表一行近20人对韶关市疾控中心关于季节性流行病的预防和控制工作进行视察。

27日　区人大常委会组织部分市、区人大代表对区“飓风”专项行动工作开展情况进行视察。

是日　广东省税务局党委委员、副局长梁世桃等一行4人到区税务局调研指导，查看了办税服务厅、“四个之家”和文化展厅等场所，对区税务局以“微聚力”党建品牌为引领，深化志愿服务活动给予了高度评价。

是日　区政协主席彭波、副主席林健率教科文卫体专委委员视察韶州公园一、二期工程建设情况并召开座谈会，委员们就该项目建设情况积极建言献策。

28日　在西河健身广场举行由韶关市人民政府主办、武江区人民政府承办的“为烈属、军属和退役军人等家庭悬挂光荣牌”启动仪式。

4月

1日　田家炳基金会董事会主席田庆先参观田家炳小学、田家炳沙湖绿洲小学。

3日　武江区在龙归镇健身文化广场举行扫黑除恶专项斗争誓师大会。

是日　武江区举行全区扫黑除恶专项斗争攻坚誓师大会。同日，召开全区扫黑除恶专项斗争新闻发布会。

是日　武江区在龙归镇文化健康广场举行扫黑除恶专项斗争攻坚誓师大会。韶关市公安局武江分局指挥中心、国保大队、刑侦大队、治安大队、禁毒大队结合警种职能一并开展了户外宣传活动。

4日　武江区设立韶关市武江区应急处置中心

是日　区委书记颜亮、副区长欧伟强一行到甘棠工业园调研，重点参观了上海电气研砼源昊等企业。

是日　召开区委审计委员会第一次全体会议，区委书记颜亮主持并讲话。韶关综合频道报道了会议召开情况。

5日　区委书记颜亮到西河镇北片各村检查清明期间森林防火工作，并实地查看下坑村党群服务中心建设情况

8日　区委常委、常务副区长陈雪率区财政局局长刘江平、副局长邓明晖到区教育局调研教育工作。

10日　龙归镇禁毒主题公园正式启用，该公园位于社主桥南水河畔南岸，由河堤、堆沙场等原址改造而成。

11日　龙归镇联合韶关市公安局武江分局、区城管局对龙归粮所范围内所需拆除建筑全部依法拆除完毕，清理后移交用地给建设方，加快传习所施工建设。

13日　武江区全面完成第四次全国经济普查数据上报工作。

17日　韶关市军分区处长池金城率全市专武干部集训队到西河镇观摩指导基层武装部建设工作，区人武部主要领导陪同

18日　武江区在龙归镇举行扫黑除恶专项斗争专班驻龙归办公点揭牌仪式

19日　区委书记颜亮前往龙归镇调研辖区扬尘治理工作情况，听取有关部门对道路环境和扬尘整治工作的情况汇报。对调研中发现路面破损、存在散乱污企业等问题，现场立即提出整改意见。

19日　区应急管理局开展“五一”节前安全生产大检查。

24日　中国共产党枫合汇楼宇联合总支部委员会

成立，市委常委、组织部部长肖展欣出席揭牌仪式，武江区在全市首个探索“党建+楼宇”工作模式。

是日　区政协主席彭波、常务副区长陈雪陪同广东省政协农业和农村委员会副主任陆华忠、韶关市政协副主席吴春腾到武江区开展“城乡基本公共服务均等化”专题调研。

是日　武江区人民法院与中共韶关市委党校共建依法行政教育实践基地揭牌仪式在龙归人民法庭举行，韶关市中级人民法院副院长刘斌、韶关市委党校副校长杨斌、武江法院院长唐永华等领导及2019年中青年干部培训一班学员参加。

27日　区委书记颜亮与华南理工大学团队到龙归镇冲下村管屋、曾屋，调研指导村庄建设规划，镇主要领导陪同调研。

28日　由区总工会推荐的全国五一劳动奖章候选人张泽磊、广东省五一劳动奖章候选人陈春明参加广东省总工会庆“五一”国际劳动节暨劳模表彰大会。

是日　韶关市委书记李红军带队到龙归镇调研乡村振兴工作，到龙归粮仓参观。

29日　区总工会举办“爱我中华·劳动追梦”庆“五一”职工文艺会演。

5月

6日　副区长欧伟强带队参加粤港澳经济技术贸易合作交流会。

是日　“红十字博爱周”期间，区政府钟爱明副区长在区红十字会专职副会长侯芊彤的陪同下，先后走访慰问了先心病患儿、白血病患儿等。

8日　武江区第四届中小学生乒乓球竞赛在武江区体育馆乒乓球馆举行。此次比赛由武江区文化旅游体育局、武江区教育局主办，由武江区体育总会承办，按小学城区组、小学城郊组、中学组分别进行，共有39个代表队，130余名中小学生参加比赛。

10日　区九届人大常委会第二十九次会议，决定任命侯志军为韶关市武江区人民政府副区长。

11日　区税务局建立粤北地区首个24小时无人值守自助办税服务厅，让纳税人、缴费人实现“刷脸办税”，享受“24小时不打烊”便捷服务。

18日　武江公安分局“创建平安武江你我携手前行”主题开放日活动在韶州公园韶月广场隆重举行，5000余名市民到现场参加活动。

22日　甘棠村被广东省妇女联合会命名为第八批广东省“儿童友好示范社区”

23日　区长郑伟平带队参加韶关市对接粤港澳大湾区（广州）城市发展推介会，会上与广州朗圣药业有限公司签约，项目入驻甘棠工业园。

27日　区市场监管局驻武江区政务服务中心窗口推“开办企业一日内办成”，韶关市东南西北物业服务有限公司成为全市首家“一日内办成”的企业。

29日　韶关市市长殷焕明率慰问组分别到武江区龙归镇中心幼儿园、重阳镇万侯村“儿童之家”开展“六一”慰问活动。市教育局局长张立江、市妇联主席汪波以及区委书记颜亮、区妇联主席龚耿岚、区教育局局长汤应辉一同参加慰问。

是日　韶关旭日国际有限公司“六一”爱心捐赠仪式在武江区贝尔长城世家幼儿园举行。

是日　韶关市副市长高冬瑞一行到芙蓉村石脚下督导巩卫工作。

30日　区委副书记陈刚率区妇联、区教育局工作人员前往龙归镇中心小学、新华街道芙蓉北社区“儿童之家”开展“六一”慰问活动。

是日　广东省税务局纳税服务处党支部与区税务局机关第一支部举行党建共建协议签署仪式，省税务局纳税服务处处长潘启平，韶关市税务局党委书记、局长林晓等领导出席该仪式。

31日　区委副书记、区长郑伟平到区教育局、镇泰小学调研指导工作。

是日　西联镇关心下一代工作委员会揭牌，区委副书记陈刚、镇党委书记粟健、副书记曹吾林参加揭牌。

6月

1日　区委书记颜亮到国道G323线龙归路段、马渡新村、冲下村、龙归粮仓等地开展乡村建设调研并对周边道路环境及扬尘整治工作进行督导检查，对相关工作提出具体要求。

3日　区委书记、芙蓉新区管委会党组书记颜亮在芙蓉新城管委会主持召开会议，调研指导韶关市风度小学（原车头小学异地重建）项目建设工作。

4日　武江区开展全区地质灾害隐患大排查专项整治。

5日　区委书记颜亮到国道G323线龙归路段、社主到白土路段等地研究贯彻落实市区周边道路环境及扬尘整治“回头看”工作部署要求，对相关工作提出具体要求。

6日　韶关市政协主席王青西到武江辖区韶关市妇幼保健中心、滨江商务中心、红色教育基地和江湾大桥土地调研扬尘治理工作。

10日　区委书记颜亮到国道G323线甘棠至龙归

段、冲下村等地调研国、省道环境整治和乡村振兴工作，对相关工作提出具体要求。

11日　区委书记颜亮到重阳学校调研指导学生食堂管理工作。

12日　区政府召开武江区创建广东省社区教育实验区工作推进会。

是日　武江区作为首批项目示范县参与韶关学院“四维一体”县域教师队伍整体提升工程启动签约仪式，区委常委、常务副区长陈雪出席并讲话。

13日　区工信局、韶关市科技局、韶关市莞委会科创局联合在摩尔城假日酒店举办综合性科技政策宣讲会，对科技人才政策、高企奖励政策、税收优惠政策、研发机构奖补政策等进行宣讲辅导，辖区60多家企业140多人参加了宣讲会。

城市碧道的韶乐亲水平台　　（陈励　摄）

15日　围绕“防风险、除隐患、遏事故”的活动主题，武江区在韶州公园北门广场举行全国第18个“安全生产月”和“安全生产万里行”活动启动仪式暨安全生产诚信宣传活动。

20日　区长郑伟平带队参加韶关市对接粤港澳大湾区（深圳）城市发展推介会，会上与深圳市龙华同胜股份合作公司签订项目投资意向书。

20日　区人大常委会组织市、区人大代表对区政府水环境安全保护监督“河长制”实施情况及区小水电站安全运行和山塘水库隐患排查整治工作进行视察调研。

是日　区委常委、常务副区长陈雪到韶关市第九中学视察中考考务工作，2019年全区中考设考点4个，八年级有考场75个、考生2188人，九年级有考场62个、考生1802名。

25日　区人大常委会组织市、区人大代表对武江区教育基础设施建设情况及教师队伍现状进行专项调研。

是日　韶关市政府副秘书长卢春燕、市教育局局长张立江一行到武江调研城区基础教育资源优化整合工作。

26日　武江区自然资源局联合江湾镇政府在江湾镇大榕树广场举办“6·25”全国土地日大型综合宣传活动，宣传主题为“筑牢粤北生态屏障，推动经济协调发展”。宣传教育的主要内容为：自然资源系列法律法规，全国土地日宣传主题，土地管理和执法监察、地灾防治基本政策及国土资源节约集约利用、森林防火、野生动植物保护等有关政策。

27日　上海电气研砼源昊（韶关）重工科技有限公司项目开工仪式在甘棠工业园区举行。

28日　区教育工委召开庆祝中国共产党建党98周年暨“七一”表彰大会，表彰教育系统7个先进基层党组织、26名优秀党务工作者、75名优秀共产党员。

是日　区人大常委会党组联合挂点新华街道芙蓉北社区党支部和重阳镇大夫前村党支部，组织开展庆祝建党98周年“七一”座谈暨“支部共建”活动。区人大常委会党组书记、主任孙理鸣作题为《创新城市基层党建工作巩固党长期执政的组织基础》《全力提升基层党建工作质量》的党课报告。

29日　武江区召开庆祝中国共产党成立98周年暨“七一”表彰大会，共表彰先进基层党组织20个、优秀共产党员59名、优秀党务工作者20名。

7月

1日　武江区民政局牵头，联合区消防大队、区应急管理局、区卫健局等部门在龙归镇敬老院开展养老机构消防安全演练，各镇（街）分管领导及各镇敬老院负责人参加了观摩。

是日　上海电气智能化PC装备生产基地建设项目在武江区甘棠园区举行开工仪式。

4日　武江区在重阳派出所召开派出所规范化建设第一次现场会议。

11日　韶关市委书记李红军调研武江公安分局派出所规范化建设工作，详细了解分局新华派出所建设的基本情况以及社会治安防控工作的开展情况，听取派出所落实“八个一”勤务工作机制和红袖章治安联防组织“三个一”工作机制的相关情况汇报、存在的问题和困难以及下一步的工作措施和计划等。韶关市委常委、政法委书记李安平，市委常委、秘书长颜玉明，副市长、市公安局局长刘清生，区委书记颜亮以及区相关领导陪同调研。

12日　区红十字会联合区无偿献血委员在武江区政府办公大楼七楼会议厅，组织机关干部、职工们开展无偿献血活动，活动共有225人参加献血，采血量达65100毫升。

15日　《韶关市委常委会会议议定事项通知》（〔2019〕89号）明确将西联镇由武江区委托给“两区”（韶关新区）管理。

17日　区委书记颜亮一行到区行政服务中心调研指导工作。

18日　区长郑伟平带队参加韶关市对接粤港澳大湾区（佛山）城市发展推介会。

19日　武江区与广东省微生物研究所科技成果转化项目签约，在甘棠工业园引入食药用菌高活性功能分子基料制造项目、经济动植物靶向精准营养的微生物制造高技术产业化项目。

是日　韶关市武江区社区学院在韶关开放大学正式挂牌成立。区委常委、常务副区长陈雪和韶关开放大学校长钟永红揭牌。

22日　罗定职业技术学院与武江区人民政府校地共建实践育人基地揭牌仪式在龙归镇中心小学举行。

23日　武江区在西联镇芙蓉村建立全市第一家村级中医馆。

25日　区委书记颜亮率调研组一行前往龙归镇山前村党群服务中心、山前新村、水流坪村等地就乡村振兴、破旧泥砖房拆除工作开展调研。

26日　韶关市委常委、纪委书记、监委代主任冯国华到武江区西河镇、区纪检监察机关调研党风廉政建设和反腐败工作。区委常委、纪委书记、监委主任肖建红陪同调研。区纪委监委全体班子成员、派驻纪检监察组组长参加了专题座谈会。

是日　区市场监管局举行2018年度广东省“守合同重信用”企业牌匾颁发仪式，加强“守合同重信用”企业公示活动的参与面，打造“信用武江”。辖区荣获“2018年度守合同重信用企业”称号的50余位企业代表参加仪式，副区长欧伟强出席仪式并讲话。

是日　区委宣传部组织召开区委理论学习中心组学习（扩大）会，邀请华南农业大学马克思主义学院教授、院长张丰清作《习近平新时代中国特色社会主义思想学习纲要》专题辅导。

8月

2日　区委书记颜亮带领区农业农村局、住建局、自然资源局，到龙归镇调研泥砖房拆除、冲下样板村、龙归粮仓建设等情况，查看双头连片拆除现场、冲下样板村污水处理施工现场，在冲下村委会召开座谈会，对冲下村旱改水、租地等工作进行研究。

3—4日　韶关市第十一中学派出10名武术队队员参加广东省第十二届武术精英比赛，取得18枚金牌、2枚银牌的优异成绩。

4—9日　区人大常委会组织区、镇两级人大代表42人赴贵州遵义红花岗区委党校“不忘初心、牢记使命”主题教育学习培训。

8日　龙归镇综合农贸市场完成装修，投入使用。该项目自6月起开工装修，重新铺设地板、台面等，总投资约400万元。

13日　由中国城市规划学会乡村规划与建设学术委员会主办、华南理工大学承办、武江区人民政府等单位协办的“2019年度全国高等院校大学生乡村规划方案竞赛”在武江区龙归镇冲下村举行启动仪式。副市长高冬瑞、区委书记颜亮等领导参加活动。

19日　区委常委、常务副区长陈雪到区教育局调研教育工作，并组织召开座谈会。

23日　在西河全民健身广场举行“我志愿我参与向建国70周年献礼”为主题的武江区“红袖章”平安志愿服务活动启动仪式。

24日　在区政府大楼七楼会议厅，召开区委九届八次全体会议。

26日　中国共产党世纪新城商圈联合支部委员会成立，武江区在全市首个探索“党建+商圈”工作模式。

9月

2日　武江区民政局完成武江区风采长者饭堂建设项目，6间长者饭堂正式运营。

5日　广东省高级人民法院党组成员、副院长胡鹰一行到韶关市武江区人民法院调研指导工作。

8日　区长郑伟带领区政府办、城管、住建、公路部门到龙归镇检查指导、督促镇域提升“139”项目、国省道路域环境整治、龙归至江湾精品线路工作进展情况，提出具体工作要求。

是日　武江区教育大会隆重召开。区委书记颜亮、市教育局局长张立江出席会议并分别讲话，区长郑伟平主持会议，区领导孙理鸣、彭波、卢建成、肖建红、沈中伟、陈雪等出席，会议提出实施武江教育“四大工程”，即教育资源优化配置项目工程、名校长名教师名班主任培育工程、思政课创新实践工程、师德师风建设提升工程，补短板、强弱项，以务实举措推动武江教育高质量发展。

12日　武江区召开区委人大工作会议，深入学习贯彻习近平新时代中国特色社会主义思想，全面落实省委、市委人大工作会议精神，研究加强和改善党（工）委对人大工作的领导，支持和保证人大依法履职，推动新时代武江人大工作再上新台阶，为粤港澳大湾区建设，发挥“武江所能”。会议由区委副书记、区长郑伟平主持。会上，重阳镇、新华街道党（工）委依次作了人大工作经验介绍，区委颜亮书记作重要讲话。区委，区人大常委会，区政府有关领导，两院主要负责人，区人大常委会其他组成人员，区人大机关正科级以上干部，各镇（街）党（工）委书记、人大主席（工委主任）和人大常委会主任，区委有关部门一名副职、区直各单位一位主要负责人参加会议。

是日　韶关市常务副市长华旭初到上庙背村检查指导消防安全工作。

19日　韶关市委书记李红军一行到武江区政务服务中心办税服务厅开展工作调研，详细了解智能化办税服务设施建设、便民办税举措等情况，并充分肯定了区税务局打造全省标杆办税服务厅的工作成效。

是日　区委宣传部、区文明办在金福园小学举行“小手拉大手，文明一起走”——新时代文明实践活动暨网格化管理宣传活动。

23日　区市场监管局联合相关单位在西桥公园开展以“共创中国质量建设质量强国”为主题的“质量月”宣传活动。

24日　区税务局打造“广东省首个标杆办税服务厅”。

26日　区委副书记、区关工委主任陈刚，市、区关工委领导及各镇关工委负责人员、其他相关人员到甘棠村参加“五好”关工委工作经验交流现场推进会。

是日　原民盟中央委员、广东省政协常委彭洁开莅临武江区政协视察指导工作。

28日　武江区新建沙洲尾社区卫生服务中心和芙蓉社区卫生服务中心正式营业，为辖区约12万名居民提供基础医疗和基本公共卫生服务。

是日　龙归镇第二届农民丰收节在文化广场举行，镇长刘武讲话，现场展示特色农产品，开展冲下抓禾花鱼活动。

是日　韶关市公安局武江分局举行“韶关市公安局武江分局交通警察大队车辆管理所”揭牌仪式。

29日　区人大常委会主任孙理鸣带领部分区人大代表先后到南水河龙归段、龙归水江湾段、实习水电站，了解区河长制实施情况、小水电安全运营落实情况及存在问题和下一步举措，广泛听取代表意见建议，区住建局、自然资源局相关领导陪同调研。

是日　韶关市武江区文化馆建成开馆。

30日　区长郑伟平到武江水泥厂地块进行实地调研，谋划武江区新材料产业园选址工作。

10月

1日　为庆祝中华人民共和国成立70周年，武江区政府机关在大院举行升国旗仪式，并组织全体干部观看中华人民共和国成立70周年大会电视直播。

7日　区长郑伟平、副区长欧伟强到区政务服务中心调研，详细了解公共服务工作现场会筹办情况，并提出指导性意见。

8日　武江区“不忘初心、牢记使命”主题教育警示教育会暨全区2019年领导干部党章党规党纪教育培训班在韶关市委党校举行，区委常委、区纪委书记、监委主任肖建红作警示教育辅导，区委书记颜亮讲话，全区470多名领导干参加。

9日　韶关市人大常委会常务副主任杨小明、市人大常委会秘书长高振忠一行5人到武江区开展“不忘初心、牢记使命”主题教育专题调研，区委书记颜亮出席会议，人大机关全体领导干部参加会议。

14日　韶关市纪委专项检查组对武江区纪检监察机关开展专项检查动员部署会召开，检查组组长温强、副组长卢彬及组员刘传新、刘玉娟、赖鼎贤、林勇、龙柏金到会。

15日　韶关市公安局武江分局在西河全民健身广场举行“飓风2019”专项行动追缴赃物返还暨防范电信诈骗宣传活动。

16日　韶关市委“不忘初心、牢记使命”主题教育第四指导组组长刘剑军，副组长钟全球，武江区委常委、组织部部长沈中伟一行到红星村调研指导“不忘初心、牢记使命”主题教育工作。

是日　韶关市检查组对西联镇创建省级卫生镇及沐溪村、车头村创建省级卫生村进行现场评审。

17日　武江区启动西河镇卫生院建设工作。

18日至19日　市辖三区城市管理及公共服务工作现场会在浈江区、武江区、曲江区召开。市委书记李红军率队全面察看城市管理（巩卫创文）、老旧小区改造、社区公共服务、停车场建设、路域环境及扬尘治理等工作。视察中，李红军对武江区沿江路电化厂小公园在景观提升、沙洲尾社区卫生服务中心模式、光明巷和向阳小区社区综合治理等工作取得的成绩，给予充分肯定；并得到了与会人员好评。通过现场观摩、问卷测评打分，武江区以优异成绩排列三区第一。

24日　区委书记颜亮到龙归镇社主村、龙归村、冲下村、龙归农贸市场等地调研破旧泥砖房拆除、农贸市场整治、样板村建设等情况，对有关工作提出具体要求。

25日　2019年“戏曲进乡村”群众文化会演活动在西河镇黄塱村文化广场举行，原韶关市政协主席李飞，区委常委、宣传部部长卢建成，区委宣传部副部长侯广平，区文旅体局副局长彭先国，市乒协副主席张耀新，韶关市京剧爱好者协会与黄塱村村民一同参加。

28日　组织举办首届韶商大会武江区分会场招商引资推荐活动。

是日　参加首次韶商大会武江分会场的企业家到龙归公园、乡村振兴实践培训中心开展经贸考察交流工作，共同探索城乡融合发展新途径。

31日　第六届中小学、幼儿园现场书画、篆刻大赛在至和汤邓淑芳纪念学校举行。

11月

1日　区人大常委会组织代表对武江区禁毒工作进行专项调研，调研组由区人大常委会副主任聂平南带队，先后到惠民街道社区戒毒（康复）工作站、龙归阳光康复工作站，了解武江“全民禁毒工程”工作开展情况。

2日　华南理工大学党委副书记陶韶菁带队，建筑学院党委书记司聚民、副书记陈莹、副院长彭长歆、副教授叶红组成调研组，考察建筑学院乡村规划设计团队跟进实施的项目基地建设情况，区委书记颜亮陪同调研。

4日　武江区教育局、区文旅体局联合主办的“韶关市武江区第二十四届中小学生田径运动会”在西河体育中心开幕。韶关市教育局副局长曾楚清，区委常委、常务副区长陈雪，区教育局、团区委、区文旅体局相关负责人出席开幕式。

7日　武江区人民检察院“12309”服务中心揭牌。

8日　副区长侯志军带队参加第二届中国国际进口博览会。

13日　广东省检察院党组成员、副检察长金波一行到武江区检察院调研指导工作。

是日　韶关市公安局武江分局西河派出所花城警务室被广东省公安厅评为“岭南标杆警务室”。

14日　区人大常委会副主任李学源、区应急局局长黄勇到西河镇大村村指导农村破旧泥砖房拆除工作。

18日　广东省司法厅党委书记陈旭东到韶关市武江区司法局新华司法所调研基层司法行政工作。

19日　区委书记颜亮，区委常委、常务副区长陈雪，区委常委、副区长欧伟强一行调研教育资源优化项目建设。

27日　区检察院组织全体人员前往仁化县红军长征粤北纪念馆，了解长征历史，接受红色洗礼。

28日　武江区政协委员联系群众工作室在惠民街新华北社区党群服务中心正式挂牌。

12月

5日　韶关市市场监管局、市住管局、市教育局、市人社局组成联合验收小组对武江区校园周边食品安全示范区创建工作进行验收，武江区创建工作得到验收小组的肯定，全区35所大中小学通过验收。

7—8日　由华南理工大学承办的中国城市规划协会乡村规划与建设委员会年会在武江龙归镇乡村振兴实践培训中心（原武江龙归粮仓）、江湾镇举办。

9日　乳源与曲江交界处的夹水村发生森林火灾，山火蔓延至武江区江湾镇。武江区委、区政府高度重视，立即成立指挥部，区领导连夜赶赴火场，靠前指挥。区应急管理局、区消防大队等区相关部门迅速反应，主动作为，奋战火场一线，为“12·9”山火快速有效扑灭作出贡献。10日下午5时许，江湾镇方向明火基本扑灭，火势得到控制。11日下午6时许火场返火点及烟点均已扑灭。

12日　韶关市委常委、宣传部部长刘启宇到武江区文化馆调研。

17日　韶关市关工委常务副主任黄其振一行到西河镇下坑村检查关工小组工作，区委副书记、区关工委主任陈刚等领导陪同检查。

24日　韶关市土地矿产卫片执法监督检查工作领导小组到武江区开展2018年度土地矿产卫片执法监督检查验收工作。

25日　区委组织召开区委理论学习中心组学习（扩大）会，邀请市委党校校务委员、市委宣讲团成员、政治学副教授赵倩倩作《增强制度自信书写“中国之治”新篇章》学习贯彻党的十九届四中全会精神专题辅导。

是日　武江区西河镇社区戒毒社区康复工作

站建成投入使用。副区长、区禁毒委副主任、禁毒办主任、公安分局局长余志强，区禁毒办常务副主任、公安分局副局长张为民等人参加工作站挂牌揭幕仪式。

26日　韶关市武江区城市综合管理局被广东省爱国卫生运动委员会评为2018年度广东省无烟单位。

27日　西联镇被韶关市精神文明建设委员会命名为2018—2019年度韶关市文明镇。

是日　区人大常委会组织部分市、区两级人大代表对区基层派出所规范化创级建设情况进行专题调研，实地查看新华派出所（正在创建一级派出所），详细了解其办公环境、软硬件基础设施、问询室等规范化建设情况。

是日　广东省环凯生物技术有限公司在甘棠工业园举行“微生物安全快速检测与高效控制高技术产品”项目开工典礼暨奠基仪式。

是日　武江区第二届机关工作技能大赛在武江区工业中路汇展酒店一楼大厅举行。

29日　区委书记颜亮一行前往龙归镇走访慰问挂点贫困户，提前送去节日的祝福和问候。当天，颜亮还实地查看了山前村党群服务中心建设情况。

30日　龙归镇新建社区戒毒社区康复工作站和武江区禁毒协会龙归分会双双举行挂牌揭幕仪式。韶关市公安局副局长谢玉田，武江区副区长、公安分局局长余志强为龙归镇新建社区戒毒社区康复工作站挂牌揭幕。

是日　全区完成16间村卫生站规范化建设工作，全部安排乡医入驻。

31日　韶关市武江区图书馆开馆试运行。

（区年鉴编辑部）

2019年10月29日，惠民路道路断面提升改造工程完工　　（区城管局　供图）

概 况

建置沿革

【简述】 武江区因珠江水系北江上游武江流经境内而得名，另因地域处于武江（河）以西，故又俗称“西河”。

【南朝以前建置】 春秋时期武江境内为百越地。战国时期为楚国属地。秦始皇三十三年（前214年），统一岭南，设南海郡，郡治在番禺，辖区属南海郡管辖。赵佗立南越国后，又为南越国属地。

汉武帝元鼎六年（前111年）平定南越，本境设置曲江县，属桂阳郡，郡治在郴州，隶于荆州。元封五年（前106年），武帝置十三刺史部（亦称州、时为监察区），桂阳郡曲江县受荆州刺史部监察。西汉末年王莽新朝时，桂阳郡改称南平郡。东汉初复称桂阳郡。东汉后期，在桂阳郡南部地区设始兴都尉，以加强对曲江县的管辖。三国吴甘露元年（265年），在桂阳郡南部分设始兴郡，郡治设在曲江县城（今浈江区莲花山），隶属荆州。

西晋太康元年（280年）三月，武帝平吴，始兴郡移属广州。曲江县治从莲花山迁往安聂邑（今武江境内西河），西河成为曲江县政治、经济、文化中心。东晋末（419年），曲江县治迁往官滩（今浈江境内南郊）。

南北朝梁承圣（552—555年）中，于始兴郡置东衡州，州治在曲江，州县治所迁西河。

【隋、唐、五代十国时期建置】 隋开皇九年（589年），改东衡州为韶州，州县治所回迁莲花山。开皇十一年，撤销韶州，曲江并入广州。唐武德初年（618年），曲江县治再迁西河。武德四年，把广州属的曲江设置为番州，不久更名东衡州。

唐贞观（627—633年）中，改东衡州为韶州。五代时期，后梁乾化元年（911年），刘岩发兵破韶州，州县治所迁往中洲（今浈江境内小岛），本境仍一直是韶州、曲江县的城区部分。

五代十国时期，先属后梁，后属南汉，以韶州辖曲江县，辖区属曲江县。

【宋、元、明、清时期建置】 宋初仍以岭南东道韶州辖曲江县。未久撤道改称州，曲江县隶属韶州。至道三年（997年），又于州上置路（半行政半监察性质），曲江县隶属广南东路韶州管辖。

元朝以行省为地方最高行政区，下设道（省派出机构）、路、县三级。至元十五年（1278年）岭南平定后，曲江县隶属海北广东道韶州路（此间又在韶州路置录事司，以管理城乡居民；一说至元二十三年置，又称新民官司）。至顺元年（1330），属江西行省广东道韶州路管辖。

明洪武元年（1368年），改韶州路为韶州府（同年罢新民官司）。洪武二年升广东道为广东行中书省；洪武八年又改称广东承宣布政使司（简称广东布政司，习惯上称广东省），曲江县均隶属韶州府。

清初仍称广东布政司，未久定称广东省，省下设道（省的派出机构）、府、县，曲江县隶属广东省南韶连道韶州府管辖。

【民国时期建置】 民国元年（1912年），撤销道、府，曲江县隶属广东省。民国3年复设道，曲江县隶广东省南韶连道（未久改称岭南道）。民国9年，又撤销道，未久设北区善后督办，性质与道同。此后屡设屡废，民国14年设北江行政区，民国15年撤销北江行政区。民国17年设北江善后委员会。民国21年改为北江绥靖区。民国25年改设第二行政督察区，性质与善后委员会、行政区、绥靖区同，均为省派出机构，曲江县仍属之。民国29年改称北江行政区。民国30年复称第二行政督察区，曲江县仍属之。民国32年11月，在曲江县城置韶关市，升格为省直辖市。民国34年1月，韶关被日军占领，市的建制自行解体。民国36年再次调整全省行政区，曲江县隶属第三专署行政督察区。武江境内隶属韶关市和曲江县管辖。

【中华人民共和国时期建置】 1949年10月7日，韶关市区武江境内解放。是日，成立韶关市人民政府。10月10日，宣告成立曲江县人民政府。武江境内隶属曲江县管辖。1951年6月1日，恢复韶关市建制；武江境内属韶关市管辖。韶关市设立郊区办事处，境内设西厢乡。1952年11月9日，撤销北江专署，改设粤北行政公署，辖曲江等19个县1个市。是年，撤销西厢乡，改称西河街道办事处，属韶关市管辖。1956年3月1日，改置韶关专员公署，辖曲江等17县1市。是年，西河街道办事处并入韶关市和平街道办事处。武江境内西河、西联隶属韶关市管辖。1959年1月，韶关市郊区办事处、曲江县、仁化县和乳源县合并（时称三县一市合并），武江境内西河、西联农村归蔬菜公社（后改称环市公社）管辖。1961年1月17日，撤销韶关市大郊区，恢复韶关市建制。武江境内西河、西联仍归韶关市管辖。1965年8月，环市公社分出西联公社，归属韶关地区示范农场管理。1969年，西联公社并入环市公社，归属韶关市管辖。1971年，韶关市区划分东河、南郊、中区、南区、北区、西河等6个区，武江境内城区设西河区街道革命委员会。1972年，环市公社从南郊迁入武江境内五祖路。1975年3月，恢复韶关市郊区建制。7月，新韶公社分出芙蓉公社。11月，韶关市城区6个区合并为西河等3个区。西河区街道革命委员会，改称武江区革命委员会，为韶关市的派出机构。1977年1月，韶关市升格为省直辖市。武江境内西河、西联属韶关市。1978年7月，撤销韶关市革命委员会，改置韶关市人民政府。武江境内西河、西联隶属韶关市。1983年6月，韶关地区与韶关市合并为地级市，统称韶关市。武江境内西河、西联仍属韶关市。

1984年9月，经广东省人民政府批准，撤销原武江区和韶关市郊区（原市政府派出机构），成立武江区，为韶关市辖县级行政区，辖西河、芙蓉、新华3个街道办事处，16个（新华北、武江北、新村、新村二、工业中、东岗、黄田坝、群立街、工业西、工业东、芙蓉北、光明巷、狗头山、沙湖、武江南、新华南）居委会，13个（西河、黄田坝、马停脚、白芒、下坑、黄塱、田心、车头、阳山、沐溪、西联、甘棠、芙蓉）村级乡和塘湾、山蕉2个场。区人民政府驻所在西河五祖路（原市郊区办公楼）。1994年9月28日，迁往韶关市惠民南路128号。2004年8月，韶关市部分行政区域调整，原曲江县龙归、江湾、重阳3个镇划入武江区。2019年，武江区辖西河、西联、龙归、江湾和重阳5个镇，惠民、新华2个街道。

（区年鉴编辑部）

自然地理

【位置　范围　面积】　武江区位于广东省北部，韶关市境内的武江、北江河以西。坐标北纬24° 42′ 00″ —24° 48′ 00″ ，东经113° 06′ 00″ —113° 34′ 00″ 。东与浈江区隔河相望，南与曲江区白土镇接壤，西与乳源瑶族自治县大布、东坪、乳城、一六镇毗邻，北与乳源桂头镇相连。辖区总面积678平方千米。

【地质　地貌】　武江区域内的地质地层属于沉积岩地层为主。受粤北“山”字形地质构造的影响，区内褶皱和断裂极其发育，褶皱主要由古生代地层形成紧密式之背斜核部，以北北东向构造为主，次级构造亦较为发育。褶皱构造有北部的大岗头向斜，中部的天子岭背斜和南部的芙蓉山向斜。均为断褶带内曲江复向斜的次褶皱带。地貌以丘陵地带和冲积小平原及高山奇峰为主。区境地势北高南低，西高东低，海拔多在55—200米，坡度约30度左右。江湾镇境内的大东山主峰海拔1390米，是武江区最高山峰；依次有江湾镇枫岭头海拔1100米，龙归镇凤田黄茂堂海拔941米，西河镇境内的圆子背肩山海拔1125.5米、大岗山海拔406米、天子岭海拔357米、芙蓉山海拔282米。最低武江河河床处海拔55米。

【地形面积】　武江区地处南岭山脉南麓的盆地之中，其地形犹如一只卧狮，东西长、南北窄成不规则多边形。区境东起市区武江河中心，西至江湾镇武洞、白石村，长56.75千米，南至曲江交界的圆子背肩山，北至重阳镇大夫前村，宽17.8千米。

【河流】　武江区主要河流有武江、北江、南水河、重阳河、锅溪河、韶西水、沐溪水、芙蓉水、沙山水。其中武江历史上曾称虎溪、武溪，发源于湖南省临武县三峰岭，途经坪石、乐昌、桂头，由浈江区犁市镇上朗流入该区重阳镇水口村，至北江桥下与浈江河汇合成北江河。武江河全长260千米，河床坡降0.906‰，在该区河段约16千米，河面宽150—200米，为Ⅶ级航道，境内河段通航能力为300吨级船舶。含武江在内的韶关市区最高洪水位57.21米，最大洪流量9460立方米/秒，发生于1994年6月18日。最低水位0.7—1米，枯水流量12.3立方米/秒，发生于1966年9月24日。北江河古称“溱水”“肄水”“始兴大江”，发源于江西省信丰县石碣大茅山和湖南省临武县三峰岭，上游分别称“浈江”“武江”。北江流至佛山市三水区思贤滘与西江汇合，全长468千米，河床坡降0.398‰，多年平均流量1080立方米/秒。北江流经武江区西河、西联境内约12千米。河面宽150—350米，可通航为Ⅶ级航道，通航能力为300吨级船舶。西联镇下胡村、赤水村有煤运码头常年水运，可直抵珠江三角洲及连接西江水道。

【气候与灾害】 武江区地处北回归线以北，属亚热带气候为主的湿润性季风气候，日照充足，雨量充沛，冬季多干冷的偏北风，夏季多偏南的暖湿气候。年平均气温20.3℃（其中年平均最高气温25.4℃、最低气温16.8℃），年平均湿度为52%，年平均日照时数1858小时，年太阳总辐射111.5千卡/平方厘米，年平均雨量为1537.4毫米。入汛期为每年4月中旬至7月下旬。春季冷暖季风交替频繁，多为低温阴雨天气，日照最少；夏季火热酷暑，雨量多且集中；秋季秋高气爽，昼夜温差较大，降水量少；冬季雨量减少，天气寒冷，年无霜冻期305天。2005年秋旱严重；2006年7月15日，遭百年一遇的洪灾；2008年1月，遭遇80年一遇的雨雪冰灾；2013年5月16日、8月15日，武江大部地区遭遇重大洪涝灾害。

（区年鉴编辑部）

资源物产

【土地资源】 至2019年末，武江区耕地面积6826.35公顷（水田3987.84公顷，旱地2342.85公顷，水浇地495.66公顷），园地641.91公顷，林地48693.07公顷，草地1581.99公顷，城镇村及工矿用地5281.19公顷，交通运输用地958.90公顷，水域及水利设施用地2898.35公顷，其他土地896.05公顷（设施农用地102.19公顷，田坎283.55公顷，裸地510.31公顷）。

【矿产资源】 辖区矿产资源较为丰富，但储量较少，共生、伴生矿较多。主要有煤矿、铁矿、铅锌矿、锡矿、钨矿、金矿、银矿、石灰石、高岭土、萤石矿等。铅锌矿（小型）主要分布在重阳镇；石灰石储量丰富，品质好，主要分布在西联镇、龙归镇、西河镇。萤石矿主要分布在龙归镇续源、江湾镇架锦坑。陶瓷矿（高岭土）主要分布在重阳镇、龙归镇。煤炭矿区有芙蓉山、田心、车角岭煤区（已停采）。

【动植物资源】 武江区内野生动物种类繁多，主要分布于山区和丘陵地带，体型较大的野兽多栖息在西北山区，一般兽类出没于平川、丘陵。主要野生动物有：哺乳类、鸟类、鱼类、甲壳类、两栖、爬行类、昆虫类等。主要野生植物有：维管束植物2349种，分隶207科877属。水果类38种、野生药用植物135种。内陆水域中常见的浮游生物共14门120多属。

【旅游资源】 武江区是粤北古邑，韶关博物馆珍藏有武江境内出土的汉代、三国、西晋、东晋文物。自然景观有广东韶关芙蓉山国家矿山公园、芙蓉山公园、芙蓉仙洞、沐溪水库、石背窝水库和江湾温泉等。人文景观主要有唐朝宰相张九龄家族墓、宋朝尚书余靖墓和蓉山古刹。有南昌起义军朱德部队旧址、八路军驻韶关办事处旧址、抗战时期中共广东省委遗址、青水塘和李子园炮楼等革命遗址。有荷花园酒店、湖心宾馆、倚山酒店、汇展酒店、碧桂园·太阳城凤凰酒店等一批旅游酒店。

（区年鉴编辑部）

环境质量

【大气环境】 2019年，全区空气质量保持良好，全年空气质量指数优、良天数为338天，优良率92.6%。空气中二氧化硫、二氧化氮、可吸入颗粒物年均浓度分别为0.01毫克/立方米、0.024毫克/立方米、0.043毫克/立方米，细颗粒物年平均浓度值为0.029毫克/立方米，一氧化碳日均值第95百分位数平均值为1.3毫克/立方米，臭氧日最大8小时均值第90百分位数平均值为0.145毫克/立方米，均未超过国家二级标准。市区降尘年均浓度为1.51吨/平方千米·月。全年降水pH年平均值为5.88，高于酸雨暂行标准5.6。

【水环境】 2019年，武江、南水、北江河水质状况保持良好，水环境质量与上年相比无显著变化。饮用水源地水质达标率为100%，十里亭断面水质为II类，达标水量8366.6万立方米。

【声环境】 2019年，武江区昼间道路交通声环境平均等效声级范围在55.6—69.7分贝之间，道路交通噪声强度为一级，道路交通噪声声环境质量好；市区昼间区域声环境质量昼间平均等效声级53.4分贝。各功能区声环境基本达标。

人口·语言

【人口】 2019年，全区年末户籍总人口284805人，其中：城镇人口216647人，乡村人口68158人；男性142261人，女性142544人。全区常住人口32.42万人，其中：城镇人口28.23万人，城镇化率87.07%，农村人口4.19万人。全区常住出生人口3291人，人口出生率11.38‰；死亡人口1658人，人口死亡率5.73‰；自然增长人口1633人，人口自然增长率5.65‰。

【语言】 武江区方言复杂，有粤语、客家话、虱婆声、连滩话、船民话、瑶族勉语等方言。还有潮汕、清远、河源、梅州、湖南、四川、河南等地方言。粤语区域面积、人口均占全区的绝大部分，城乡流行。客家方言主要分布在龙归等5个镇的大部分地区。虱婆声主要分布在重阳、西联镇大部分农村、龙归镇后坪村和西河镇向阳、村头、大村等。连滩话主要分布在西河镇什石园下坝村、黄塱中坝村。江湾镇瑶族村村民讲瑶族勉语。

（区年鉴编辑部）

民族·宗教

【民族】 2019年，武江区居民以汉族为主，少数民族25个，超过100人的少数民族有4个，主要有瑶族、维吾尔族、回族，其中，瑶族人口最多，主要集中在江湾镇瑶族村，该村2019年有瑶族人口119户、660人。

【宗教】 2019年，武江区宗教主要有佛教、基督教，依法正式登记宗教活动场所3个，分别为韶关市芙蓉禅寺、韶关市居士林、韶关市武江区基督教龙归聚会点，批准筹建的宗教场所1个，为九归禅寺。全区信仰宗教教徒约480人，约占全区户籍人口0.15%，其中：佛教教徒约410人、基督教教徒约70人。全区有宗教教职人员19人，其中：佛教僧尼18人。

交通设施

武江区位于韶关市西部，交通便利，区位优势明显。位于武江区的武广高铁站，距离中心城区约16千米，使城区进入广州一小时经济圈。京港澳高速公路西联镇互通立交贯通四方。境内的高速公路有京港澳高速公路、乐广高速公路、韶关北环高速公路；国道有 G240线（原省道S253线升级）、G323线；省道有 S246线（原县道X322线升级）、S520线（原县道X318线升级）；县道有X313线、X314线，形成完善的城乡交通骨干网络。2019年，全区公路总里程729.71千米，其中：高速公路34千米，国道28千米，省道49千米，农村公路升省道46千米，县道24千米，乡道333千米，村道80千米，乡村小道135.71千米。全区公路密度为80千米/百平方千米。农村公路桥梁共计43座1498.3延米。

（区年鉴编辑部）

行政区域

2019年，韶关市武江区辖西河、西联、龙归、江湾、重阳5个镇和惠民、新华2个街道。西河镇辖14个村。西联镇辖8个村、2个社区。龙归镇辖15个村、1个社区。江湾镇辖6个村、1个社区。重阳镇辖8个村、1个社区。惠民街道辖14个社区，新华街道辖17个社区。

（区民政局）

2019年度武江区行政区划简表

表1

镇（街）	村（社区）
西河镇	红星村、向阳村、前进村、朝阳村、塘湾村、大村村、什石园村、糖寮村、马屋村、下坑村、黄塱村、田心村、村头村、山蕉村
西联镇	西联村、芙蓉村、下胡村、甘棠村、赤水村、车头村、阳山村、沐溪村、碧桂园·太阳城第一社区、恒大社区
龙归镇	凤田村、续源村、社主村、龙归村、奇石村、冲下村、山前村、方田村、坳头村、马渡村、寺前村、盘村村、留村村、龙安村、后坪村、龙归街社区
江湾镇	梁屋村、瑶族村、锅溪村、湖洋村、胡屋村、围坪村、江湾街社区
重阳镇	大夫前村、九联村、青暖村、重阳村、水口村、黄岸村、万侯村、妙联村、重阳街社区
惠民街道	沙湖社区、冷水坑社区、群康社区、新华北社区、群立社区、武江北社区、黄田坝社区、侨新社区、惠民北社区、东岗岭社区、新村社区、沐阳东社区、幸福社区、长城社区
新华街道	乳韶社区、工业西社区、工业中社区、芙蓉北社区、沙洲社区、金洲社区、芙蓉东社区、惠民东社区、惠民西社区、五祖路社区、工业东社区、武江南社区、新华南社区、红尾坑社区、花城社区、利民社区、御龙湾社区

经济建设

【经济运行总体平稳】 2019年，武江区地区生产总值完成268.07亿，同比（下同）增长4.6%，高出年初目标0.6个百分点。其中，第一产业增长5.7%，第二产业增长1.3%，第三产业增长7.2%。三次产业结构比例为

2.6∶42.1∶55.3。地方一般公共预算收入6.85亿元，增长10.7%，高出年初目标4.7个百分点；固定资产投资增长18.4%，高出年初目标12.4个百分点。

【农业】 2019年，农林牧渔业增加值增长5.7%。全区共培育家庭农场12家、农民专业合作社2家；成功申报国家级农业龙头企业1家、市级农业龙头企业1家、省级家庭农场2家、市级示范家庭农场3家。龙安淮山、黄塱无花果成功申报列为2019年第三批全国名特优新农产品名录；联旺家庭农场、武江乡村家庭农场入选粤港澳大湾区“菜篮子”生产基地；食用菌产业园项目成功申报入选省农业农村厅发布的2019年粤东西北地区第二批省级现代农业产业园。武江区被确定为2019年省级农村集体产权制度改革试点县。引进深圳诺普信农化股份有限公司打造百香果现代农业产业园，项目前期工作有序推进；配合省农科院规划建设食用菌种养基地；谋划推动“一镇一业、一村一品”布局，打造武江特色农产品。

【工业】 2019年，规上工业增加值78.68亿元，同比增长1.7%。新增规上工业企业11家，其中，上海电气研砼源昊（韶关）重工科技有限公司、韶关市环智实业有限公司、韶关市和荣化工有限公司等3家企业当年建成投产上规，规模以下转规模以上企业8家。新蓝天纺织、环凯微生物等重大产业项目开工建设。全区完成工业投资16.03亿元、技改投资6.52亿元。莞韶产业园武江片区规上工业增加值4.06亿元，同比增长43.8%。新签约优质项目19个，估算总投资103.27亿元，其中广州朗圣药业有限公司生产基地建设项目估算总投资13亿元。

【商贸】 2019年，社会消费品零售总额增长9.5%。批发业销售额增长11.6%；零售业销售额增长8.7%；住宿业营业额增长5.5%；餐饮业营业额增长8.4%。金沅汽车、安正丰田等4家车企公司积极参加汽车消费节活动，益华百货、沃尔玛超市等商家积极开展节日促销活动。世邦幸福商业广场建成运营，摩尔城假日酒店、汇展酒店营业额稳定增长，荷花园酒店装修提升重新开业，曼哈顿酒店开门营业。

【财税】 2019年，财政税收持续增长。完成地方一般公共预算收入6.85亿元，增长10.7%。其中，税收收入5.1亿元，增长7.2%。一般公共预算支出完成18.34亿元，增长22%。

【创新驱动】 2019年，新增专利申请量1244件，授权量739件，增长量均居全市首位。新增高新技术企业25家，国家高新技术企业拥有数达到60家，新增数及总数均列全市第一。

【项目建设】 2019年，推动新蓝天高端纺织材料生产项目、环凯微生物安全快速检测与高效控制产品项目开工建设，武江区江湾精品镇村人居环境整治提升项目、武江区乡村振兴传习所项目加快建设；北江桥西桥头整治项目、武江区金福园小学教学综合楼工程建成，广州发展韶关武江光伏发电项目、广东正邦重阳种养基地等项目建成投产。

政治建设

【坚持把政治建设摆在首位】 严守党的政治纪律和政治规矩，严肃党内政治生活，营造了风清气正政治生态。全面落实意识形态工作责任制，建立每日舆情信息报告制度和五级应对处置机制，处置各类涉武江舆情436起。充分发挥领导核心作用，支持人大、政协依法依章履行职能，巩固和加强爱国统一战线，加强工青妇等群团组织和国防动员、军民融合工作。深入实施基层党组织建设三年行动计划，整顿软弱涣散村（社区）党组织7个，整顿出列4个，农村三个职务“一肩挑”比例大幅提升到90.2%，成功创建一批省市级示范点和8个特色党建示范社区，“红色楼长”得到市委高度肯定。开展干部培训“十百千”工程，组织培训42期，培训党员干部5059人次。树立实干实绩用人导向，提拔年轻干部29人、一线干部26人。持之以恒正风肃纪，认真落实中央八项规定精神，扎实开展形式主义、官僚主义专项整治。探索实施巡察与审计联动工作机制，先后开展4轮常规巡察，发现问题164个，移交问题线索8条。保持惩治腐败高压态势，党纪政务处分114人，政治生态不断净化优化。

【抓好自身改革激发内生动力】 率先在全市完成机构改革工作，建立优化协同高效的机构职能体系。启动了区属国有企业改革，城区环卫保洁市场化改革让城市卫生水平明显提升。建立以实干实战实绩为核心的绩效评价体系，提振了领导干部以上率下抓落实的务实作风。开展“镇（街）村（社区）点单、干部报到”活动，收集点单事项115项，推动解决了103项基层问题。广泛开展“五必访五必谈”联系群众活动，强化领导干部服务基层意识和一线解决问题的能力。建立健全防范化解重大风险工作机制，针对各类风险隐患，建立相应的工作机制和工作专班，推动风险问题快速反应、及时化解。建立每周汇报、流动红黄旗常态化通报制度，全年印发《武江区“担当落实、走在前列”进行时》12期，表扬169项、点名道姓曝光18项。

【政务公开】 2019年，武江区按照党中央、国务院和省、市关于全面推进政务公开工作的部署，认真学习贯彻《中华人民共和国政府信息公开条例》，紧紧围绕经济社会发展和群众关注关切，大力推进政务公开工作取得实效。根据省、市“数字政府”改革建设工作部署，推进武江区政府网站集约化到省平台，实现统一标准规范、统一技术平台、统一安全防护、统一运维监管。关停23个区政府直属单位开设的微信公众号、微博等政务新媒体账号，新开设全区统一对外的“武江发布”微信公众号，进一步规范武江区政务新媒体发布平台。充分利用现有渠道做好政务公开工作，全年通过区政府门户网站主动公开政府信息4199条，其中规章0条、规范性文件3条、区政府工作报告1条、财政预决算信息41条、政务动态类信息1889条；收到和办理依申请公开件0宗；信息公开类行政复议0起，诉讼0起；发布政策解读稿件37篇，同期增长23%。

【廉政建设】 2019年，区委切实增强“四个意识”（政治意识、大局意识、核心意识、看齐意识）、坚定“四个自信”（中国特色社会主义道路自信、理论自信、制度自信、文化自信）、做到“两个维护”（坚决维护总书记在党中央和全党的核心地位、坚决维护党中央权威和集中统一领导），推进全面从严治党和作风建设向纵深发展。坚持把政治建设摆在首位，围绕征地拆迁、脱贫攻坚、乡村振兴、扫黑除恶等加强监督检查，确保中央和省委、市委重大决策部署落到实处。突出政治巡察，组织开展4轮常规巡察，协助市委巡察办开展对2个党组织的交叉巡察，推动全面从严治党向基层延伸。重点查处“三类人”、重点领域和基层“微腐败”，全年纪检监察机关立案审查违纪案件85件，保持惩治腐败的高压态势。

精神文明建设

【简述】 2019年，武江区坚持以习近平新时代中国特色社会主义思想特别是习近平总书记关于精神文明建设的重要论述为指导，把加强精神文明建设作为重要政治任务，群众性精神文明创建活动蓬勃开展，积极培育良好社会风尚，城乡文明环境进一步优化，社会文明程度不断提升，高扬主旋律、汇聚正能量、树立新风尚，为武江争当韶关改革发展排头兵、在城乡融合高质量发展上走在北部生态发展区前列提供良好的社会环境和强大的道德支撑。

【强化核心价值观宣传教育】 2019年，把社会主义核心价值观建设贯穿到精神文明建设全过程。擦亮“善美韶关·魅力武江”品牌，融入群众生产生活、学习工作和行为习惯。开展关爱空巢老人、留守儿童等志愿服务活动300余场、中华优秀传统文化教育主题活动300余场、“学习雷锋，做美德少年”、日行一善、中华经典诵读等主题教育活动600余场、“传承家风家训，践行核心价值观”宣传教育活动100余场。深入实施“1+X”建设工程，积极推进核心价值观主题场所建设，融入城乡环境景观。深入推进主题公益广告宣传，提升城市格调品位。

【深化公民思想道德建设】 2019年，一是强化道德模范选树宣传。扎实开展道德模范推荐评选、道德模范事迹宣传等工作，龙归镇龙安村村民叶建平获评2019年第七届“感动韶关十佳道德模范”（提名奖）。二是广泛开展各类道德实践主题活动。积极举办全国公民道德宣传日系列活动，在机关、学校、企业等基层单位开展道德模范“故事汇”及“基层宣讲”“专题展览”等活动。三是深化未成年人思想道德建设工作。全面推进文明校园创建，广泛开展“新时代好少年”学习宣传活动、“传承红色基因”系列教育活动、中华优秀传统文化传承活动，开展校园周边环境综合整治，整治行动成效明显。

【推进基层精神文明创建】 2019年，坚持“以城带乡、三级联创”的思路，提高创建覆盖面，扎实推进文明村镇、文明单位、文明校园、文明家庭等创建工作。完成市级文明镇村申报工作，西联镇、重阳镇获“2018—2019年度韶关市文明镇”称号，江湾镇梁屋村、重阳镇黄岸村、西河镇向阳村获“2018—2019年度韶关市文明村”称号。完成2018—2019年度武江区精神文明建设先进集体评选命名，命名区文明单位16个，区文明镇3个，区文明村15个，区文明社区8个，区文明示范窗口6个，区未成年人思想道德建设先进活动基地6个，区精神文明创建活动创新奖项目6个，区文明家庭160个。

【全力攻坚推动创文工作】 2019年，武江区围绕市容市貌、基础设施建设、公共秩序等创文重点项目和短板问题，开展创文实地专项整治行动，协调推进各镇街、各单位开展环境卫生保洁、渣土扬尘、“牛皮癣”、占道经营、“三线”、乱搭乱建、交通秩序等专项整治，完成实地测评专项整治各项任务，环境质量和公共秩序有效提升。全力做好创文网上申报材料工作，按时完成全区材料收集、整理、报送工作。全年集中开展4次“五个一”创文入户宣传活动，组织400余名干部职工和志愿者对4000多户居民进行入户宣传。

【新时代文明实践中心试点建设】 2019年，武江区持续推进新时代文明实践站点建设，创新采取“城市+农村”双擎驱动模式，实行“菜单式”运作机制，组建12支队伍共204人的志愿服务团队，七大类别共135个项目的志愿服务“菜单”。创新采取“城市+农村”双擎驱动模式，着力做好区、镇、村三级试点建设工作，实现新时代文明实践站在全区81个村居“全覆盖”。通过进一步整合资源，建立完善文明实践志愿服务工作长效机制，打造有特色、有影响的志愿活动品牌，真正让文明实践中心建设各项活动聚人气、有活力、可持续。

（梁丽婷）

社会建设

【社会发展环境持续优化】 创新成立区项目建设指挥部，建立“6+4”领导干部带头抓项目机制，共谋划区级投资项目3批48个，新开工项目36个，建成24个。先后制定工业、建筑业、农业和楼宇经济等系列培育及扶持政策，进一步提升经济高质量发展动力。大力优化税收营商环境，落实更大规模的减税政策，全年合计减税额达4.5亿元以上。积极推进“放管服”改革，深化“数字政府”和政务服务改革，政务服务事项网上可办率达92%，申办材料减少30%以上。加强信用体系建设，制定诚信“红黑榜”发布制度，基本实现“一网通查”。积极落实“两区融合”改革；加快推动区属国有企业改革。深化社会治理体系改革，推进平安武江建设，进一步推广人民调解“百米服务圈”模式，共设立25个矛盾纠纷受理点。扎实推进派出所规范化建设，持续深入开展扫黑除恶、“飓风2019”、全民禁毒等专项工作，实现刑事、治安警情、命案“三下降”，群众安全感、满意度、知晓率排名全市前列。进一步加强食品、药品、生产、消防等安全工作，全年未发生较大及以上安全事故。

【推进平安武江建设】 率先在全市通过省级无邪教示范区验收，全面实施派出所规范化建设工程，组建“红袖章”治安联防队，完成中华人民共和国成立70周年大庆等特防期安保维稳工作；强力开展扫黑除恶，全年“九类涉恶”立案81宗，刑拘174人，群众安全感进一步增强。全面推进“中心+网格化+信息化”建设。完善镇（街）综治中心规范化建设，对全区391个网格实现统一编码管理。开展提升“平安三率”宣传活动。充分发挥网络新媒体受众广的宣传优势，制作微信推文和短视频向辖区30余万微信用户进行推送；利用网络新媒体与传统媒体相结合的模式，开展送戏下乡、警民互动嘉年华、“小手拉大手”校园宣传、发放平安武江宣传小红帽等活动，加强与群众互动交流；营造浓厚的平安创建氛围。

【推动优质教育资源均衡配置】 推动优质教育资源均衡配置，启动实施武江教育“四大工程”，御龙湾小学、东岗太阳城小学低年级部校区、金福园小学教学综合楼等新建、扩建项目全面完成；10个农村学校改造提升项目全面完工；在全市率先完成36所中小学校厕所改造。

【着力补齐卫生短板】 完善城乡医疗服务网络，投入1900万元加强基层公共卫生设施建设，招聘医技人才34人，医保即时结算服务延伸到村；沙洲尾、芙蓉新区2个社区卫生服务中心建成并启用；完成16个规范化村卫生站建设。成功创建省卫生镇2个、省市卫生村23个，顺利通过国家卫生城市复审。

【改善和保障民生】 顺利建成3个康园中心。在全市率先配建6个长者饭堂。大力开展双拥优抚工作，完成退役军人“两站一中心”建设。城乡居民基本医疗保险参保缴费完成率达98%以上。实施“粤菜师傅”等技能就业培训工程，新增城镇就业2205人、城镇失业再就业2010人，城镇登记失业率为2.7%。此外，民族宗教、国防教育、人民防空、职工帮扶、志愿服务、妇女儿童、残疾人、红十字会等事业均取得新发展。

生态文明建设

【自然地理】 至2019年年末，武江区耕地面积6826.35公顷（水田3987.84公顷，旱地2342.85公顷，水浇地495.66公顷），园地641.91公顷，林地48693.07公顷，草地1581.99公顷，城镇村及工矿用地5281.19公顷，交通运输用地958.9公顷，水域及水利设施用地2898.35公顷，其他土地896.05公顷（设施农用地102.19公顷，田坎283.55公顷，裸地510.31公顷）。

【资源物产】 2019年，辖区矿产资源较为丰富，但储量较少，共生、伴生矿较多。主要有煤矿、铁矿、铅锌矿、锡矿、钨矿、金矿、银矿、石灰石、高岭土、萤石矿等。铅锌矿（小型）主要分布在重阳镇；石灰石储量丰富，品质好，主要分布在西联镇、龙归镇、西河镇。萤石矿主要分布在龙归镇续源、江湾镇架锦坑。陶瓷矿（高岭土）主要分布在重阳镇、龙归镇。煤炭矿区有芙蓉山、田心、车角岭煤区（已停采）。

【义务植树】 2019年3月12日，组织开展2019年区直机关义务植树活动。区四套班子领导、区直各单位主要领导及志愿者参加此次活动。全区实际参加义务植树适龄人数11.97万人，义务植树尽责率达95%，义务植树总株数63.5万株。

【造林绿化】 2019年，武江区完成碳汇造林面积33.33公顷，任务完成率100%；完成人工造林面积106.67公顷，任务完成率100%；封山育林面积96.67公顷，任务完成率100%。

【重点林业生态工程】 2019年，重点推进绿美古树乡村建设，主要以乡村绿化美化为基础，在重阳镇万候村建设“万候绿美古树乡村”古树公园。2018年中央森林抚育项目面积33.33公顷，任务完成率100%；2019年省级碳汇造林抚育项目266.67公顷，任务完成率100%。

2019年8月2日，武江区龙归镇龙归樟树公园建成启用

（区住建局　供图）

【提升城乡生态品质】 加大城乡补短板投入，全年累计投入8.13亿元，增长23.9%，惠民路、沙湖路改造提升和韶州公园、林桥公园等一批市政基础工程建成投入使用，完成电化厂、针织厂、仪表厂等11处关停并转企业综合整治，净化　美化30条小街小巷，新建停车位2500个。7个省定贫困村和江湾精品镇村人居环境整治提升工程全面完成，龙归江湾精品线和冲下样板村建设加快推进，“四好农村路”建设整治19公里，新建、改建农村公厕101个，完成标准垃圾处理设施点建设62个，农村生活垃圾常态化处理实现全覆盖。扎实开展农村破旧泥砖房拆除、村庄清洁战役等系列乡村整治工作，拆除农村破旧泥砖房2.19万间，拆出了安全、拆出了美丽、拆出了发展新空间。扎实推进城乡文明创建，开展34个三级新时代文明实践示范点建设，探索推进“432”创文常态化工作机制，创新建立“数字城管”平台，深入落实网格化治理，城乡文明风尚进一步提升。

（汪慧慧）

中国共产党韶关市武江区委员会

综　述

【概况】 2019年，在党中央和省委、市委的坚强领导下，中共韶关市武江区委坚持以习近平新时代中国特色社会主义思想为指导，全面贯彻落实中共十九大和十九届二中、三中、四中全会精神，深入学习贯彻习近平总书记对广东重要讲话和重要指示批示精神，以开展“不忘初心、牢记使命”主题教育为动力，认真落实省委“1+1+9”决策部署和市委工作要求，坚持稳中求进工作总基调，主动抢抓“双区”建设重大历史机遇，推动经济社会发展各项事业取得积极进展。

中共韶关市武江区委设置工作部门15个。分别是：纪律检查委员会监察委员会机关、办公室、组织部、宣传部、统一战线工作部、政法委员会、全面深化改革委员会办公室（设在办公室）、全面依法治区委员会办公室（设在区司法局）、国家安全委员会办公室（设在办公室）、网络安全和信息化委员会办公室（设在宣传部）、机构编制委员会办公室、审计委员会办公室（设在区审计局）、农村工作办公室（设在区农业农村局）、直属机关工作委员会、巡查工作领导小组办公室。韶关市武江区委设置纪检监察机关1个，计入机构限额的工作机关8个（设在相关部门的区委议事协调机构的办事机构不计入机构限额）。其中，纪律检查委员会与监察委员会合署办公，实行一套工作机构、两个机关名称；办公室挂保密委员会办公室、区国家保密局、机要局、区密码管理局、区档案局牌子；组织部挂老干局，区公务员牌子；宣传部挂区政府新闻办公室、区精神文明建设委员会办公室、区新闻出版局（区版权局）、区互联网信息办公室牌子；统一战线工作部挂区民族宗教事务局、区台港澳事务局牌子。

区委下属10个基层党（工）委：西河镇党委、西联镇党委、龙归镇党委、江湾镇党委、重阳镇党委、惠民街党工委、新华街党工委、武江区直属机关党工委、公安分局党委、武江区委教育工委。

主要工作成效

【经济实现高质量发展】 2019年，武江区GDP总量、人均GDP继续保持全市第一。经济发展综合指数全市第一，固定资产投资、城乡居民人均可支配收入、高新技术企业数量、万人发明专利拥有量等11个关键经济指标稳居全市第一。区级一般公共预算收入增长位居全市第三，来源于税收收入占比全市第一，高出全市平均占比16.42个百分点，财税收入质量持续提升。新增高新技术企业26家，招商引资总额突破100亿元，新蓝天高端纺织、广东环凯微生物（院士项目）等8个产业项目开工建设，天源施莱特等5家企业建成投产，新增四上企业42家，产业园规上增加值增速全市第一。农业产业发展取得重大进展，新增国家级农业龙头企业1家、省级现代农业产业园1家、省级“一镇一业、一村一品”项目2个、大湾区“菜篮子”生产基地和流通企业3个。营商环境和服务质量不断提升，普惠性税收减免超过4.5亿元。

【城乡生态品质不断提升】 2019年，武江区加大城乡补短板投入，全年累计投入8.13亿元，增长23.9%，惠民路、沙湖路改造提升和韶州公园、林桥公园等一批市政基础工程建成投入使用，完成电化厂、针织厂、仪表厂等11处关停并转企业综合整治，净化美化30条小街小巷，新建停车位2500个。7个省定贫困村和江湾精品镇村人居环境整治提升工程全面完成，龙归江湾精品线和冲下样板村建设加快推进，“四好农村路”建设整治19千米，新建、改建农村公厕101个，完成标准垃圾处理设施点建设62个，农村生活垃圾常态化处理实现全覆盖。扎实开展农村破旧泥砖房拆除、村庄清洁战役等系列乡村整治工作，拆除农村破旧泥砖房2.19万间，扎实推进城乡文明创建，开展34个三级新时代文明实践示范点建设，探索推进“432”创文常态化工作机制，创新建立“数字城管”平台，深入落实网格化治理，城乡文明风尚进一步提升。

【抓好改革激发内生动力】 2019年，武江区率先在全市完成机构改革工作，建立优化协同高效的机构职能体系。启动区属国有企业改革，城区环卫保洁市场化改革让城市卫生水平明显提升。建立以实干实战实绩为核心的绩效评价体系，提振领导干部以上率下抓落实的务实作风。开展“镇（街）村（社区）点单、干部报到”活动，收集点单事项115项，推动解决103项基层问题。广泛开展“五必访五必谈”联系群众活动，强化领导干部服务基层意识和一线解决问题的能力。建立健全防范化解重大风险工作机制，针对各类风险隐患，建立相应的工作机制和工作专班，推动风险问题快速反应、及时化解。建立每周汇报、流动红黄旗常态化通报制度，全年印发《武江区“担当落实、走在前列”进行时》12期，表扬169项、点名道姓曝光18项。

【重点改善和保障民生】 2019年，武江区启动实施武江教育“四大工程”，御龙湾小学、东岗太阳城小学等新建、扩建项目完工，全区新增优质学位2700个。建成2个社区卫生服务中心，16个规范化村卫生站。武江区文化馆、图书馆投入使用，4个康园中心、6个长者饭堂建成启用。城乡居民人均可支配收入增长9%左右，城镇登记失业率控制在2.7%以内。脱贫攻坚17个考核指标16项全市第一。实施“粤菜师傅”等技能就业培训工程，新增城镇就业2205人。扬尘整治效果显著，空气综合指数位列市辖三区第一。平安创建知晓率和政法工作满意度位居全市前列，刑事案发率下降21.7%，社会大局保持和谐稳定。

【坚持学习常态化制度化】 2019年，武江区委始终把学习贯彻习近平新时代中国特色社会主义思想作为首要政治任务，区委常委会会议“第一议题”51次专题学习总书记重要讲话和批示指示精神，区委理论中心组13次开展集中学习，组织6期专题培训班开展学习研讨，推动全区上下进一步树牢“四个意识”、坚定“四个自信”、做到“两个维护”。扎实开展“不忘初心、牢记使命”主题教育，把学习教育、调查研究、检视问题、整改落实贯穿主题教育全过程，区领导带头开展主题教育，以上率下推动主题教育抓严抓实。制定5项责任清单压实各级党组织书记责任，编印“口袋书”、开办“金句”微课堂增强学习针对性，推进学习教育全覆盖，得到省、市指导组充分肯定。始终做到边学边改解难题，推动化解群众矛盾问题398个，解决历史遗留问题79个，提升群众获得感。深入推进“大学习、深调研、真落实”工作，开展4轮89个课题“深调研”，形成新时代武江工作思路举措，更好更实推动武江各项事业发展进步。

【加强党的领导和党的建设】 2019年，武江区坚持把政治建设摆在首位，严守党的政治纪律和政治规矩，严肃党内政治生活，营造风清气正政治生态。全面落实意识形态工作责任制，建立每日舆情信息报告制度和五级应对处置机制，处置各类涉武江舆情436起。充分发挥领导核心作用，支持人大、政协依法依章履行职能，巩固和加强爱国统一战线，加强工青妇等群团组织和国防动员工作。深入实施基层党组织建设三年行动计划，整顿软弱涣散村（社区）党组织7个，整顿出列4个，农村三个职务“一肩挑”比例大幅提升到90.2%，成功创建一批省市级示范点和8个特色党建示范社区，“红色楼长”得到市委高度肯定。开展干部培训“十百千”工程，组织培训42期，培训党员干部5059人次。树立实干实绩用人导向，提拔年轻干部29人、一线干部26人。持之以恒正风肃纪，认真落实中央八项规定精神，扎实开展形式主义、官僚主义专项整治。探索实施巡察与审计联动工作机制，先后开展4轮常规巡察，发现问题164个，移交问题线索8条。保持惩治腐败高压态势，党纪政务处分114人，政治生态不断净化优化。

重要会议

【区委九届六次全体会议】 2019年1月18日，武江区委九届六次全会召开。区委书记颜亮代表区委常委会作工作报告。会议期间，与会委员们分组讨论全会报告，并表决通过《中国共产党韶关市武江区第九届委员会第六次全体全会决议》。

全会要求，2019年武江区要围绕社会发展预期目标，深入贯彻落实省委、市委决策部署，着重推进全面深化改革、谋划推动新动能项目、加快提升中心城区首位度、实施乡村振兴战略、抓好三大重点民生和打好三大攻坚战、加强党的领导和党的建设等七个方面的工作，奋力实施“六大行动”，坚定不移走城乡融合的高质量发展之路，主动担负起韶关争当北部生态发展区高质量发展排头兵的武江责任。

【区委九届七次全体会议】 2019年2月18日，中国共产党武江区第九届委员会第七次全体会议召开。全会由区委常委会主持。全会的主要任务是全面贯彻落实中央、省委、市委关于机构改革的部署要求，对全区深化机构改革工作进行动员部署、推动落实。区委书记颜亮就《韶关市武江区机构改革方案》向全会作说明，就机构改革工作专题讲话。全会认为，地方机构改革是深化党和国家机构改革的重要组成部分，是推进国家治理体系和治理能力现代化的重要环节，必须完成好此项重大政治任务。改革后，武江区共设置区级党政机构30个，其中，区委机构9个、区政府机构21个。

【区委九届八次全体会议】 2019年8月24日召开中共韶关市武江区第九届委员会第八次全体会议。全会全面贯彻落实省委十二届七次全会和市委十二届十次全会精神，区委书记颜亮以《抢抓机遇 担当实干 加快建设生态品质中心城区》为题向全会作报告。全会指出，粤港澳大湾区建设是习近平总书记亲自谋划、亲自部署、亲自推动的重大国家战略。今年上半年以来，武江把主动融入和服务大湾区建设贯穿到全区经济社会发展的各个领域和层次，引进一批优质的大湾区企业进驻，为武江加快发展注入新动力，全区GDP同比增长（下同）5.3%，完成固定资产投资61.06亿元、增长17.6%，地方一般公共预算收入3.73亿元、增长14.5%，经济发展综合指数位列全市第一。全会认为，当前市委深入推动两区融合改革，提出把韶关新区打造为对接大湾区先行区。武江毗邻韶关新区，地处韶关“东进、南拓、西融、北优”城市发展战略的重要区域，在主动融入和服务大湾区建设中必将迎来前所未有的叠加优势，需要进一步加快城市提升步伐，凸显武江宜居宜业宜游优势。

区委常委会议

2019年1月7日上午召开区委九届第73次常委会会议，传达学习习近平总书记在中央政治局第十一次集体学习时的重要讲话精神、省委十二届六次全会精神和李希书记在广东省庆祝改革开放40周年大会上的讲话精神，听取区人大党组、区政府党组、区政协党组工作情况汇报以及区政府2018年法治政府建设情况报告。

1月14日上午召开区委九届第74次常委会会议，传达学习习近平总书记在中央政治局民主生活会上的重要讲话精神和市委常委会有关工作部署要求，听取区法院党组、区检察院党组2018年工作情况汇报，审议并原则通过关于召开区委九届六次全会、区九届人大四次会议和区政协九届四次会议的有关工作安排。

1月17日上午召开区委九届第76次常委会会议，传达学习市委十二届九次全会精神，审议并原则通过《区委九届六次全会报告》《区委常委会2018年工作总结》《2018年抓党建工作情况报告》《区政府工作报告》《武江区2018年国民经济和社会发展计划执行情况及2019年计划草案的报告》《武江区2018年预算执行情况和2019年预算草案的报告》《武江区人民代表大会常务委员会工作报告》《中国人民政治协商会议韶关市武江区第九届委员会常务委员会工作报告》。

2月2日下午召开区委九届第79次常委会会议，传达学习贯彻习近平总书记在省部级主要领导干部坚持底线思维着力防范化解重大风险专题研讨班上的重要讲话精神、省“两会”精神、市委十二届第117次常委会会议意见、省、市加强非洲猪瘟防控工作会议精神，听取全区非洲猪瘟防控工作情况汇报、全区脱贫攻坚工作情况汇报，研究部署该区春节前、节日期间及节后工作安排。

2月27日晚上召开区委九届第84次常委会会议，传达学习习近平总书记对信访工作的重要批示精神、《中国共产党党内关怀帮扶办法》、《市委常委会会议决定事项通知》（〔2019〕13号）、广东省第三批第一环境督察组督察韶关市反馈会精神和《关于进一步严明工作纪律切实整治县镇领导干部“走读”问题的通知》（韶纪发〔2019〕2号）文件要求，研究该区贯彻落实意见，听取2018年度区综治工作（平安建设）、信访工作考评情况汇报，原则通过《区党政领导落实机构改革部门班子集体谈话分工安排》等机构改革近期主要工作安排。

3月5日下午召开区委九届第85次常委会会议，传达学习贯彻习近平总书记关于“三农”工作重要论述精神、全省乡村振兴战略工作推进会精神、全国推进“大棚房”问题专项清理整治行动电视电话会议精神、全省推进粤港澳大湾区建设工作会议精神，省环保督察组对韶关市督察情况反馈会议精神、市委李红军书记关于做好近期强对流天气防御工作的批示精神以及市委政法工作会议、市扫黑除恶领导小组全体成员会议精神，研究全区政法工作会议暨扫黑除恶领导小组全体成员会议有关事宜以及《韶关市武江区扬尘整治百日攻坚行动方案》，审议并原则通过《关于建立科级领导干部廉政档案工作方案》《2019年以区委或区委、区政府名义召开的全区性会议和全区重要政务活动安排》。

3月21日上午召开区委九届第86次常委会会议，学习贯彻习近平总书记在中央政治局第十三次集体学习时的重要讲话精神、市委主要领导到武江区调研指示精神、市委主要领导关于做好强对流天气防御工作的指示要求，并研究贯彻落实意见，听取九届区纪委四次全会述责述廉情况报告，审议并原则通过《武江区关于整治区镇领导干部“走读”问题的通知》《关于修改〈中共韶关市武江区委关于全面开展巡察工作的实施意见〉》《2018年度区委领导班子民主生活会整改落实方案》以及老城区环卫作业服务市场化有关事项。

4月1日下午召开区委九届第87次常委会会议，传达学习习近平总书记对江苏响水天嘉宜化工有限公司“3·21”爆炸事故作出的重要指示精神和李克强总理的批示要求，并研究贯彻落实意见，传达学习全省农村人居环境整治现场推进会精神、省市组织工作会议精神、全省禁毒工作会议精神，中央、省、市领导对关工委工作的批示精神和省、市关工委工作会议精神，听取区关工委工作情况汇报，研究近期扫黑除恶专项斗争工作，审议并原则通过《武江区防范化解重大风险隐患责任分工表》，听取区委办公室关于3月“镇街点单、部门报到”落实情况及区党政班子驻镇驻村一线解决问题情况报告。

4月18日晚上召开区委九届第89次常委会会议，传达学习习近平总书记在2019年春季学期中央党校（国家行政学院）中青年干部培训班开班式上的重要讲话精神，学习《中国共产党农村基层组织工作条例》《广东省各级党组织一把手开展党内谈话实施办法》，听取河湖清“四乱”工作进展情况汇报，审议并原则通过《2019年第一批政府计划投资项目》《韶关市武江区农村人居环境整治村庄清洁行动春季战役方案》《区领导班子成员及区直部门挂点联系重点企业安排表》。

5月5日下午召开区委九届第91次常委会会议，学习《中国共产党重大事项请示报告条例》，传达学习市委李红军书记4月28日到武江调研指示精神，听取区司法局关于信访维稳化解矛盾纠纷领导包案工作情况汇报，区生态环境保护工作情况汇报，审议并原则通过《韶关市武江区打好污染防治攻坚战三年行动计划（2018—2020年）》《武江区2019年实施河长制工作要点》《武江区打赢蓝天保卫战2019年工作方案》《武江区水污染防治攻坚战2019年实施方案》《武江区山水林田湖草生态环境保护修复工程工作方案》《韶关市武江区创建国家森林城市实施方案（2018—2021年）》等生态环境保护有关文件以及《中共韶关市武江区委关于调整区委常委分工的通知》。

5月23日晚上召开区委九届第93次常委会会议，学习市委李红军书记署名文章《实施东进南拓西融北优城市发展战略奋力建设北部生态发展区核心城市——关于韶关中心城区发展的战略思考》。

6月29日上午召开区委九届第99次常委会会议，审议并通过《中共韶关市武江区委关于表彰先进基层党组织、优秀共产党员和优秀党务工作者的决定》。

7月11日下午召开区委九届第100次常委会会议，传达学习贯彻习近平总书记在全国公安工作会议上的重要讲话精神、李希在全省县（市、区）委书记“守初心担使命暨抓基层党建促乡村振兴”研讨班上的讲话精神、市委主要领导在韶关日报2019年7月8日第12009号A2版《担当落实走在前列创造征拆“武江速度”》上的批示精神，审议并原则通过《关于加快推动武江区2019年下半年县域发展的工作方案》和《武江区实施公务员职务与职级并行制度工作方案》，听取全区职业年金清算补征工作情况报告，审议并原则同意《2019年政府计划投资第二批申报项目》和《武江区“担当落实、走在前列”进行时》（〔2019〕第6期）。

7月24日下午召开区委九届第101次常委会会议，传达学习中央有关力戒形式主义、官僚主义通报精神、全国违建别墅问题清查整治专项行动电视电话会议精神、黄力在第三期全省巡察干部培训班结业式上的讲话精神、全市破旧泥砖房清拆工作会议和全市公安工作会议精神，听取武江区2019年上半年经济运行情况报告、上半年武江区财政预算收支执行情况报告，审议并原则通过《关于进一步加强和规范我区因公临时赴港澳管理工作的实施意见》。

7月31日下午召开区委九届第102次常委会会议，传达学习贯彻省委十二届七次精神、市委主要领导关于城市管理工作指示精神、市纪委主要领导到武江调研指示精神，听取2019年上半年区委区政府重点工作任务完成情况报告、上半年信访维稳工作情况报告、重阳镇革命老区（含镇区）公共基础设施建设项目由政府购买转为政府投资及整改情况报告，审议并原则通过《韶关市武江区2019年公开选调公务员方案》。

8月13日上午召开区委九届第103次常委会会议，传达学习贯彻习近平总书记在深化党和国家机构改革总结会议上的重要讲话精神、全省“不忘初心、牢记使命”主题教育专项整治工作推进会会议精神、书记李红军对《中共韶关市武江区委关于加强干部队伍作风建设的情况报告》的批示精神、市文明委2019年第一次全体成员会议精神、市拆除破旧泥砖房现场会议精神，学习新修订的《中国共产党党组工作条例》，审议并原则通过《武江区网格化管理工作实施细则（试行）》《2019年武江区开展创文实地专项整治“百日行动”方案》《武江区关于开展“市容环境大扫除干干净净迎国庆”专项整治行动方案》。

8月20日上午召开区委九届第104次常委会会议，传达学习贯彻习近平总书记在中央和国家机关党的建设工作会议上的重要讲话精神、市委十二届十次全会精神、中央、省、市关于涉农资金统筹整合改革工作有关要求、《中共广东省委农村工作办公室 广东省农业农村厅关于2019年上半年广东省农村人居环境整治进展情况的通报》和《关于全市脱贫攻坚主要任务指标进展情况的通报》，审议并原则通过关于召开区委九届八次全会有关工作安排及《区委九届八次全会报告》《关于加强和规范执行公务员（参公人员）、事业单位工作人员纪律处分决定的通知》《武江区纪检监察信访举报失实澄清工作实施方案》。

9月10日上午召开区委九届第108次常委会会议，传达学习贯彻习近平总书记在中央全面深化改革委员会第九次会议上的重要讲话精神、全省“不忘初心、牢记使命”主题教育第一批总结暨第二批部署会议精神、广东省委省政府《关于认真学习贯彻〈中共中央国务院关于支持深圳建设中国特色社会主义先行示范区的意见〉的通知》要求，审议并原则通过《落实区委九届八次全会工作要点责任分工方案》《落实市委十二届十次全会重点工作武江牵头任务责任分工方案》，听取区委组织部2018年度选人用人工作民主评议结果、新提拔干部民主评议结果情况汇报。

9月17日上午召开区委九届第110次常委会会议，传达学习贯彻习近平总书记对全国道德模范表彰活动作出的重要指示精神，审议并原则通过《2019年武江镇（街）和部门绩效评价实施方案》以及《区委常委同志集中学习研讨工作方案》《区领导同志开展调查研究工作方案》《区委领导班子及其成员参加“不忘初心、牢记使命”主题教育20项工作责任清单》《区直单位党委（党组）书记参加“不忘初心、牢记使命”主题教育15项工作责任清单》《镇（街）党（工）委书记参加“不忘初心、牢记使命”主题教育12项工作责任清单》《农村、社区党组织书记参加“不忘初心、牢记使命”主题教育10项工作责任清单》《“两新”组织党组织书记参加“不忘初心、牢记使命”主题教育10项工作责任清单》等区委“不忘初心、牢记使命”主题教育相关材料。

9月27日上午召开区委九届第112次常委会会议，传达学习贯彻习近平总书记在中央政治局第十五次集体学习时的重要讲话精神、省委常委（扩大）会议和市委专题会议精神、市委主要领导关于莞韶产业园龙归片区的批示精神和市政府专题会议精神、《韶关市推进城市安全发展的实施意见》《韶关市落实党政领导干部安全生产责任制的实施意见》以及市“不忘初心、牢记使命”主题教育警示教育会暨全市2019年领导干部党章党规党纪教育培训班精神，审议并原则通过《武江区“不忘初心、牢记使命”主题教育警示教育会暨全区2019年领导干部党章党规党纪教育培训班工作方案》《区委领导班子和成员检视问题工作方案》和《区委领导班子和成员整改落实工作方案》，听取近期区委“不忘初心、牢记使命”主题教育工作进展情况汇报。

10月10日上午召开区委九届第113次常委会会议，传达学习贯彻习近平总书记在庆祝中华人民共和国成立70周年大会上的重要讲话精神、市委十二届第142次、第145次常委会有关部署要求，学习《习近平关于“三农”工作论述摘编》《中国共产党农村工作条例》，听取武江区乡村振兴和脱贫攻坚工作情况汇报、机构改革部门“三定”方案报备审查修改有关情况汇报，审议并原则通过《韶关市武江区贯彻落实〈2019—2023年广东省干部教育培训规划〉的实施方案》和《武江区“担当落实、走在前列”进行时》(〔2019〕第9期)。

10月25日上午召开区委九届第114次常委会会议，传达学习习近平总书记重要文章《推进党的建设新的伟大工程要一以贯之》、《中国共产党机构编制工作条例》、全省和全市扫黑除恶专项斗争视频会议精神、市辖三区城市管理及公共服务工作现场会议精神，审议并原则同意《武江区关于重点楼宇和特色楼宇培育和扶持办法》《关于稳定全区工业经济增长的工作措施》《武江区扶持建筑业加快发展的若干措施》《武江区加快现代农业产业发展的扶持政策》，听取武江区落实市委市政府主要领导调研、会议、批示、交办任务进展情况报告。

11月5日上午召开区委九届第115次常委会会议，传达学习贯彻中国共产党第十九届中央委员会第四次全体会议精神以及新修订的《中国共产党问责条例》，听取全区“不忘初心、牢记使命”主题教育工作进展情况汇报，传达学习市委常委会关于推进“厕所革命”工作有关部署要求，听取全区推进“厕所革命”工作情况汇报、武江区“七五”普法工作情况汇报，听取全区前三季度经济运行情况汇报，研究部署第四季度经济工作。

11月21日下午召开区委九届第118次常委会会议，学习贯彻习近平总书记在内蒙古、河南考察并指导开展主题教育时的重要讲话精神，听取区扶贫办关于武江区相对贫困人口和相对贫困村退出情况汇报。

12月13日下午召开区委九届第121次常委会会议，学习《中共中央国务院关于深化改革加强食品安全工作的意见》和《地方党政领导干部食品安全责任制规定》、新修订的《党政领导干部选拔任用工作条例》、省委李希书记关于森林防灭火工作的有关批示精神以及市委李红军书记在全市森林防灭火工作视频会议上的讲话精神，听取区属国有企业改革推进情况汇报，观看市纪委暗访片《韶关市2019年系列暗访片（扶贫领域篇）》，并就进一步做好精准扶贫工作进行研究部署，听取区法院党组、区检察院党组工作情况汇报。

12月23日上午召开区委九届第122次常委会会议，传达学习贯彻习近平总书记重要讲话、中央经济工作会议精神，听取区自然资源局关于国家战略储备林项目有关情况的汇报，审议并原则通过《关于围绕学习贯彻党的十九届四中全会精神开展调研的工作方案》《韶关市武江区生活特殊困难离退休干部帮扶实施方案（试行）》。

其他重要会议

【“担当落实、走在前列”干部大会】　2019年2月19日，区委区政府召开全区推动“担当落实、走在前列”干部大会，以习近平新时代中国特色社会主义思想为指导，动员全区广大党员干部，弘扬奋斗精神，崇尚真抓实干，奋力开创新时代武江改革发展新局面。全区副科实职以上领导干部、村（社区）党支部书记、村（居）委会主任，驻区单位领导班子成员等400多人参加会议。区委书记颜亮，区委副书记、区长郑伟平讲话。会议指出，在过去一年里，全区紧紧围绕“转作风抓落实”，大力促进干部思想解放、大力推动机制创新，全区各项工作取得较大进展和突破。在当前新形势下，武江要争当韶关改革发展排头兵，必须以再出发的勇气，担当新使命、把握新优势、迎接新挑战。

【2019年集中拆违动员誓师大会】　2019年2月29日，为有效打击工业园区违法抢建行为，维护工业园区征拆工作的公平公正，顺利推进“双十项目”征收攻坚行动，武江区联合市、区各有关部门在西联镇甘棠村委扁石村组织开展跨区拆违行动暨2019年集中拆违动员誓师大会，打响2019年市区拆违整治第一仗。副市长李欣参加大会。

【扫黑除恶专项斗争誓师大会】　2019年4月3日，武江区在龙归镇健身文化广场举行扫黑除恶专项斗争誓师大会。会上，武江区公安机关作为主力军进行宣誓。区公安分局的特警展示擒敌拳、警犬搜毒追捕等科目。伴随警鸣声，由冲锋车、装甲车、运警车、装备车等组成的武装巡游方队，在广大市民的瞩目中进行巡游，展现武江强力扫黑、铁腕惩恶，坚决打赢扫黑除恶攻坚战，暂保武江和谐稳定的信心和决心。

【“不忘初心、牢记使命”主题教育部署会议】　2019年9月11日，武江区召开“不忘初心、牢记使命”主题教育部署会议。会议认真贯彻落实省委、市委“不忘初心、牢记使命”主题教育工作会议精神，对武江区开展“不忘初心、牢记使命”主题教育进行动员部署。区委书记颜亮作动员讲话，韶关市委主题教育第四指导组组长刘剑军出席会议并讲话，武江区区长郑伟平主持会议。

【主题教育警示教育会】　2019年10月8日，武江区召开“不忘初心、牢记使命”主题教育警示教育会暨全区2019年领导干部党章党规党纪教育培训班，区委主要领导出席会议并讲话。会议分析当前区党风廉政建设和反腐败的形势，深刻检视当前干部队伍中存在的信念不过硬、政治不过硬、责任不过硬、作风不过硬等“四个不过硬”问题，强调全区党员干部要正确认识“全面从严治党永远在路上”，时刻以自我革命的品格守初心、担使命，要在主题教育中，直面问题，同一切影响党的先进性、弱化党的纯洁性的问题作坚决斗争，努力把中国共产党建设得更加坚强有力。

【区文明委2019年全体成员（扩大）会议】　2019年8月15日，武江区文明委2019年全体成员（扩大）会议暨创文巩卫攻坚大会召开，区委书记颜亮强调，文明创建要先解决思想导向问题。他提出，武江区要以“创建为民”理念贯穿于文明城市创建的全过程，解决问题以民意为先，落实诉求以民声为要，常态推进以民情为本，立足为人民管理城市、管好城市为人民，着重整治群众最关心、最迫切需要解决的城市顽疾，提高城市管理的精细度，逐步建立起常态长效的创建机制。

【区文明委2019年第二次全体成员（扩大）会议】　2019年11月20日，武江区召开文明委2019年第二次全体成员（扩大）会议，贯彻落实市文明委相关会议精神，动员全区上下齐心协力，打好文明创建攻坚战。武江区委书记颜亮出席会议并讲话，区长郑伟平主持会议。区委书记颜亮强调，要从“两个方面”认识当前创文工作形势。一是大势不可违。创建全国文明城市是一项惠民、为民的民生工程，当前全省各地都十分重视文明城市创建工作，市委也提出明确的创建目标，武江区作为市辖区，必须充分认识创文工作的必要性，切实担负创建责任。二是局势不能丢。近年来，武江区围绕争当韶关改革发展排头兵的工作目标，在城市管理、创文巩卫工作方面做出不少有益探索，解决一批城市热点、难点问题，取得一定的成绩。下一步要继续以“担当落实、走在前列”的奋斗姿态，在韶关创建全国文明城市工作中贡献武江力量。

重要活动

【韶州公园开园】 2019年2月1日上午，武江区新时代文明实践中心建设工作启动仪式暨韶州公园开园仪式顺利举行，标志韶州公园沙湖片区的北入口和西入口正式向广大市民开放。韶关市委常委、宣传部部长刘启宇为武江区新时代文明实践中心授牌，市、区领导为西河镇、西联镇、龙归镇、江湾镇、重阳镇、惠民街、新华街等7个武江区新时代文明实践所授牌，并为武江区新时代文明实践中心12支志愿服务队授旗。韶关市委宣传部副部长、市文明办主任王明志为武江区税务局新时代文明实践点揭牌。

【举办“三八”妇女节庆祝活动】 2019年3月7日上午，武江区新华街党工委联合区妇联在益华百货举办“礼赞新中国唱响新时代‘三八’国际妇女节庆祝活动”。区人大党组书记、区人大常委会主任孙理鸣，区委常委、副书记陈刚，区委常委、组织部部长沈中伟，区政协副主席林健、区妇联主席龚耿岚出席本次活动。活动充分展示武江各界妇女牢记使命、坚守担当、团结向上、砥砺奋进的良好精神风貌和新时代风采，彰显广大妇女建功新时代、扬帆新征程，坚定不移听党话、跟党走的信心和决心。

【省领导实地调研美丽乡村建设】 2019年3月6日上午，省政协农业和农村委员会主任陈祖煌一行率队到武江区，就“农村建筑形态如何体现岭南特色”专题进行实地调研。韶关市政协主席王青西，武江区委书记颜亮，区委副书记、区长郑伟平等陪同调研。陈祖煌一行先后到省定贫困村——重阳镇南岸村、万候村等地实地调研相关农村工作，并与镇、村干部群众亲切交谈，详细了解该镇在脱贫攻坚的经验做法。对武江区精准扶贫精准脱贫工作及省定贫困村创建社会主义新农村示范村工作，陈祖煌予以充分肯定。

【枫合汇楼宇联合党总支挂牌】 2019年4月24日上午，在武江区枫合汇举行中共枫合汇楼宇联合总支部挂牌仪式，市委常委、组织部部长肖展欣一行出席今天挂牌仪式，武江区委常委、组织部部长沈中伟主持仪式。肖展欣、市委组织部副部长涂为群、武江区委副书记陈刚、枫合汇楼宇联合党总支部书记段玉芬共同为枫合汇楼宇联合党总支部委员会揭牌。枫合汇楼宇联合党总支的建立，是武江区街道“支部建在楼宇上”党建模式的新探索，将有效凝聚和促进党员融入楼宇、融入社区、服务群众，对于丰富城市基层党建内涵、扩大党在新兴领域的影响力和号召力具有积极意义。

【中国农民丰收节】 2019年9月23日，武江区举办2019年“中国农民丰收节”庆祝活动暨武江区第二届生态农业博览会。农民丰收节活动以“吾爱武江美，粤北悦丰收”为主题。活动主会场设在重阳镇万候村，西河镇黄塱村卓康合作社果园基地、龙归镇冲下村、江湾镇榕树广场作为活动分会场，同步举办形式多样的庆丰收系列活动。丰收节将紧扣中华人民共和国成立70周年、乡村振兴和脱贫攻坚等主题，除开展名特优农产品展销会、农事体验、非遗文化展等一系列主会场节庆活动外，各分会场充分结合当地特色，精心安排采摘、生态自驾游、乡间绘画摄影、捕鱼农事体验等各式活动。

【韶商大会武江分会】 2019年10月28日，首届韶商大会武江分会场举办“魅力武江精彩有你”招商项目推介大会。武江区四套班子成员、170多名韶商代表和本地优秀企业家等出席大会。此次会议上，武江区工信局、区住建局、区农业农村局从多个方面就武江区营商环境及招商项目进行推介，韶商代表也上台作交流发言，以亲身经历为武江“拉票”，希望更多人参与和支持武江建设。武江区制定三条考察路线：“城市建设考察线路”为前进国际建材城—韶关大道北片区，“城乡融合发展考察线路”为莞韶城三期—龙归粮仓乡村振兴实践培训中心，“乡村振兴考察线路”为重阳镇水口村—重阳镇南岸村供客商进行参观考察。

【武江区举办乡建年会】 2019年12月7日，由华南理工大学承办的中国城市规划协会乡村规划与建设委员会年会在韶关市武江区举办。年会以“乡村振兴·美好家园”为主题，设置“村庄规划的法定性和实施性”“设计下乡与村庄建设”“乡村产业振兴与运营”“乡村治理与乡风文明”四个议题，汇聚同济大学、中国人民大学、华南理工大学、南京大学、西安建筑科技大学、天津大学等知名高校的专家与学者，围绕乡村振兴战略全面实施进程中如何发挥规划的引领作用、如何发挥专业团队的支持作用、如何提升乡村的现代治理水平、如何为乡村发展注入新动能等重要议题进行深度对话。华南理工大学党委副书记陶韶菁，广东省农业农村厅巡视员陈央，广东省住房和城乡建设厅副厅长刘耿辉，广东省自然资源厅、韶关市人民政府等部门领导及专家学者共计300余人参会。

中共韶关市武江区委员会

书　记：颜　亮

区委副书记：郑伟平

陈　刚

常　委：曹　锢（女）

彭　波（—2019.2）

卢建成

肖建红

沈中伟

陈　雪（女）

黄向阳

杜　亚

张伟俊（挂职）

欧伟强（2019.10—）

（刘志琳）

区委办工作

【概况】　2019年，中共韶关市武江区委办公室是协助区委领导处理区委日常工作的部门，挂区保密委员会办公室、区国家保密局、机要局、区密码管理局、区档案局、中共韶关市武江区委全面深化改革领导小组办公室、武江区委国家安全委员会办公室设在区委办公室。

2019年，武江区委办坚持以习近平新时代中国特色社会主义思想为指导，全面贯彻落实中共十九大和十九届二中、三中、四中全会精神，深入学习贯彻习近平总书记对广东重要讲话和重要指示批示精神，紧紧围绕区委中心工作，全面提升“三服务”水平，圆满完成各项任务。

【文稿起草】　2019年，区委办把高质量起草区委、区委领导的各类文稿作为实现以文辅政的重要载体，强化精品意识，倡导优良文风，起草、修改好每一份文稿。优质高效地完成区委九届六次、七次、八次全会等重要会议材料和重要文稿的撰写、审核工作，同时认真起草领导讲话及综合材料和工作汇报材料等重要文稿材料。深入推进“大学习、深调研、真落实”工作，开展4轮89个课题“深调研”，形成新时代武江工作思路举措，更好更实推动武江各项事业发展进步。

【信息报送】　2019年，区委办在信息工作上，坚持“求快、求真、求全、求精”，明确全区区直部门和乡镇、街道的信息报送人员，以完善的信息网络及时收集基层信息、第一手信息，全年结合“不忘初心、牢记使命”主题教育为群众服务活动、民生、信访、“三农”工作、巩卫创文、创平等重点热点问题，组织常规工作的阶段性情况、重点工作的开展情况、新的工作思路和政策建议等信息做好上报工作，共上报市委信息科信息120篇。

【公文办理】　2019年，区委办在文稿的校核、签发上，按照程序规范核发、登记、印刷、分发环节，开展控制各类文件简报和内部刊物专项行动，充分发挥办公OA系统平台的作用，减少纸质版文件的印发，严把行文关、格式关、语言文字关、收发关，以科学、严谨的态度制发每一份文件。要求全区各部门参考文件格式标准印制文件，进一步提高发文质量。

【督查督办事项】　2019年，区委办在督查工作上，围绕市委交办的事项、区委主要领导指示和全区中心工作和群众反映热点、难点问题，保质保量地完成督查任务。在督查方式上，根据工作需要和武江实际，以区委督查室牵头的方式，充分发挥人大、政协、纪检、组织等部门的作用，采取听汇报、现场督查、跟踪督查、专项督查等多种灵活方式，有力地促进工作落实，及时将督查结果形成报告反馈领导，确保领导批示件和批转件件件有着落、事事有结果。全年共完成区委区政府2019年工作任务清单中99项任务督查，实地督查32个单位，形成简报、通报（专报）11期。

【保密工作】　2019年，区委办全面加强机要、保密工作，认真履行机要和保密工作职责，建立健全机要、保密工作的各项规章制度，确保各级来文来电的接收、传递、转达、办理“零差错”，严格履行查阅、登记、签收制度，做到无一差错，为确保核心政令及时畅通发挥积极作用，实现全区机要、保密工作“优质、高效、保密、无事故”的目的。

发展和改革办工作

【概况】　2019年，武江区紧紧围绕中央、省委和市委部署的改革任务，以习近平新时代中国特色社会主义思想为指导，全面贯彻中央、省委和市委全面深化改革委员会历次会议精神，对接中央、省委、市委改革部署要求，深入学习贯彻习近平总书记关于全面深化改革的重要论述，结合实际把今年确定为思想解放“实践年”，紧紧围绕武江改革发展的重点项目推动、瓶颈问题突破和试点亮点创建三大领域作为检验思想是否解放、思维是否变换、能力是否提升的试金石，推动全区改革工作抓紧抓实。

【统筹全区改革向纵深推进】 2019年，区发展和改革办遵循中央、省委和市委的改革部署，完成区级机构改革后立即成立区委全面深化改革委员会以及10个改革专项小组，明确领导小组成员分工、规范专项小组设置。区委书记颜亮以上率下，切实担负起全面深化改革工作第一责任人职责，研究制定《区委全面深化改革委员会2019年工作要点》，部署实施深化国资国企改革、商事制度改革、“一门式一网式”政务服务改革、农村综合改革和基础教育资源均衡配置专项改革等49项重点改革任务，通过重点领域和关键环节攻坚突破，进一步增强武江发展活力。全年召开3次区委全面深化改革委员会会议，审议《武江区进一步扶持建筑业发展的若干措施》《武江区关于重点楼宇和特色楼宇及优质楼宇培育扶持办法（试行）》《武江区国有资产监督管理委员会组建方案》等15份重要改革文件，专题听取各部门改革重点任务推进情况6次。

【强化学习研究】 2019年，区发展和改革办认真学习总书记在中央全面深化改革委员会历次会议上的重要讲话、指示批示精神以及《习近平关于全面深化改革论述摘编》等原文原著，深入学习领会中央、省、市全面深化改革委员会会议精神，准确把握上级重大改革部署的工作思路和具体要求，深入调研、认真谋划，组团攻坚、群策群力，全力破除制约武江发展的机制体制障碍。结合“不忘初心、牢记使命”主题教育，围绕建设生态品质中心城区、优化营商环境、乡村振兴、城乡文明创建、干部作风等主题，由区领导牵头开展32个全区性课题调研，各镇（街）、区直各单位广泛围绕工作实际开展研究讨论，形成一批高质量调研成果，着眼解决实际问题做到出实招、有实效。

【推动改革任务落地见效】 2019年，区发改办坚持全面贯彻落实中央、省和市部署的改革重点任务，同步出台改革方案和具体的实施措施。一方面抓好自身改革，在全市率先完成机构改革工作并挂牌运转，同时，结合市职权下放工作，进一步明晰部门权责清单。按照编制向涉及民生重点工作、经济建设及基层一线倾斜的原则进一步优化事业单位资源配置，提高基层社会治理和服务群众的能力。另一方面加快提升优质服务水平，构建武江开放包容发展新格局。3月建成和启用区级“一门式一网式”政务服务平台，整合事项网上可办率达到99%。大力推进商事制度改革，提供开办企业绿色通道服务，实现“开办企业半日内办成”。

【加快形成武江发展新优势】 2019年，区发改办用好改革开放关键一招，突破内生动力不足瓶颈，研究印发《武江区“担当落实、走在前列”十条意见（试行）》。通过出台和施行《武江区建立“6+4”领导干部带头抓项目机制实施意见》《武江区关于开展“镇（街）村（社区）点单，干部报到”活动的实施方案》等8套配套方案，在全区形成聚焦以上率下，狠抓关键少数，让头雁作用强起来；聚焦问题导向，坚持干在一线，让基层服务实起来；聚焦重点发力，注重结果说话，让比学赶超真起来；聚焦干字当头，激励约束并重，让实干作风兴起来的浓厚氛围，干部作风、项目建设、基层党建等各项工作得到有效促进。

【完善工作机制深化改革】 2019年，区发展和改革办对区委确定的重点改革事项建立工作台账，实行销号作战。各专项小组认真做好规划统筹、任务分解，实行动态管理，做到每个季度都有上级改革事项的落实，每个季度都有自身改革方案的出台；区党政班子领导切实发挥作用，对分管部门和领域的改革任务亲自部署推进、亲自督察落实，做到分管部门和领域每个季度都有一项改革任务落实或自我改革措施出台。把各级各部门的改革探索、落实上级改革部署和本级改革任务的结果作为实绩档案、考验性管理、绩效评价的重要依据，有力确保各项改革任务的顺利推进。

组织工作

【概况】 2019年，武江区委组织部是区委主管组织、干部、人才、公务员和离退休干部等工作的职能部门，为正科级单位，加挂武江区委老干部局，对外加挂武江区公务员局牌子。

至2019年年底，武江区辖5个镇（西河、西联、龙归、江湾、重阳）2个街（惠民、新华），共51个行政村、37个社区。现有党的基层组织487个，其中基层党（工）委10个（五镇两街、教育、公安、直工委），下辖党委4个，党总支63个，党支部410个；党组27个。党员11011名，其中，35岁以下党员2293名、占20.8%，60岁以上党员4136名、占

37.6%，平均年龄52.6岁；大专及以上学历党员4989名、占45.3%；女党员4021名、占36.5%；少数民族党员93名、占0.8%。

【干部选拔任用】 2019年，区委组织部认真贯彻执行新修订的《党政领导干部选拔任用工作条例》《中华人民共和国公务员法》和新颁布的《公务员职务与职级并行规定》等法规，结合实际制定《武江区股级干部选拔任用工作指引》《武江区关于区管以下干部职级晋升的工作指引》，进一步规范全区干部选拔任用和职级晋升工作。坚持干部选拔任用工作不研判不启动，实行廉政鉴定“双签字”，从严落实“凡提四必”，坚决防止“带病提拔”。坚持实干实战实绩的用人导向，突出重点工作、基层一线使用干部，及时提拔26名在项目建设、扫黑除恶专项斗争等重点工作中表现突出的干部到领导岗位上来，提拔使用18名在乡镇（街道）一线中实绩突出、表现优秀的干部。加大优秀年轻干部选拔任用力度，全年提拔年轻干部29人，占提拔总人数的41.4%。

【领导干部“头雁”作用测评】 2019年，根据《武江区推动“担当落实、走在前列”十条意见》要求，区委组织部制定《武江区领导干部担当落实、创先争优“头雁作用”民主测评实施方案（试行）》。把全区正科职以上领导干部纳入同一考评体系，聚焦领导干部“是否敢担当、真落实”“是否创先争优”，发挥“头雁”作用，对测评结果排名靠前的给予表扬和激励，排名靠后的进行谈话提醒且当年不予评先评优。测评实施方案出台后，全区各级领导干部请示答复效率、会议决定事项落实效率明显提高。武江区委表彰2019年领导干部担当落实创先争优“头雁作用”先进个人17名。

【落实关爱干部措施】 2019年，区委组织部认真贯彻中央《关于进一步激励广大干部新时代新担当新作为的意见》，落实《武江区干部关爱机制20条措施（试行）》。围绕武江区改革发展“六大行动”，深入重点工作、重大项目、重要任务一线考察识别干部，将89名表现突出的干部列入实绩档案。认真执行武江区直机关事业单位工作人员带薪年休假制度，落实应休未休年假补贴。交流调整若干名家庭难以照顾的乡镇（街道）班子成员到区直机关工作；协调区直有关部门，调整夫妻双方均在基层一线、难以照顾家庭的公安干警家属工作，切实解决基层一线干部实际困难和后顾之忧。针对龙归、江湾、重阳3个乡镇干部住宿条件不完善、配套设施不齐全等问题，积极协调财政部门和有关乡镇，改造更新陈旧老化住房，配齐基本生活设施，有效改善乡镇干部的生活条件。

【干部监督】 2019年，区委组织部坚持实施区管干部预警监督“三示三书”制度，以任职提示、勤廉提示、温馨提示、函询通知书、提醒通知书、诫勉通知书等“三示三书”为抓手，充分发挥提醒、函询、诫勉等干部监督管理方式的作用，把纪律挺在前面，对干部的轻微问题及时提醒，加强跟踪问效，防止小毛病演变成大问题。2019年，区委组织部发出“三示三书”共115份。加强干部因私出国（境）管理工作，切实做到信息应备尽备、证照应交尽交、审批应审尽审；分批次对镇（街）、区直单位干部因私出国（境）备案、证照集中保管、审批流程等情况开展调研，并向全区通报有关情况，进一步完善出国（境）管理制度。

【公务员管理】 2019年，武江区开展公务员职务与职级并行工作，全区综合管理类公务员职级套转共502人，首次职级晋升共14人。开展公务员招录工作，全区录用公务员（含参公人员）50人。办理转任33人，公务员登记8人。接收安置军队转业干部1人、随军家属1人。举办武江区公务员学习贯彻新修订的《中华人民共和国公务员法》全员培训班，培训1124人。做好原韶关市工商局工业园区分局长乐工商所和原韶关市社会保险服务管理局武江分局的人员接收工作，审查接收人员档案31份。

【人才工作】 2019年，武江区认真落实《韶关市武江区机关事业单位人才资源开发与配置三年规划实施方案（2018—2020年）》，大力引进各类人才，全年招录公务员（含选调生、参公人员）44人，招聘医技人才28人、教师87人、综合类事业单位人员49人。积极配合实施全市“丹霞英才”计划。充分发挥人才驿站柔性引才作用，累计组织各类人才活动26场，其中柔性引才活动10场，邀请区外专家42人次。

【“七一”表彰】 2019年6月29日，武江区委召开庆祝中国共产党成立98周年暨“七一”表彰大会。全区共表彰先进基层党组织20个、优秀共产党员59名、优秀党务工作者20名。

【优化基层党组织设置】 2019年，武江区在典型老城开放式向阳小区建立“红色楼长”工作制，以楼栋为单位由居民推选党员或热心群众担任楼长，成立“红色楼长”自治组织，在此基础上成立向阳小区党支部，进一步加强党组织对“红色楼长”及“红袖章”及社工等基层组织的领导。在农业产业发展链上建立农业特色产业发展党总支，助推产业振兴，以党建引领推动制定“五朵金花”农业特色产业规划。深入推进非公企业党建摸排和组织建设“双同步”工作，9个非公企业、2个社会组织新成立党组织。

【推进城乡党建互联共建】　2019年，武江区建立西河、西联镇7个城中、城郊先进村结对帮扶龙归、江湾、重阳镇7个省定贫困村机制，围绕基层党建、经济发展、社会治理等开展城乡互联共建，助推精准扶贫和乡村振兴。建立机关单位蹲点制度，强化区、镇、村党支部引领、党员带头作用，助推农村破旧泥砖房拆除，重阳镇成为全市第一个彻底拆除农村破旧泥砖房的示范镇。

【探索党建引领基层治理新模式】　2019年，武江区在花城社区开展“两参与、三带头”党员先锋活动，发挥在职党员在社区治理中的示范带头作用，引领社区群众共建共治共享。向阳村党总支在光明巷推动创平“红袖章”志愿者巡防和“百米调解圈”全覆盖，老旧小区无人管、脏乱差现象得到明显改变。在全区51个村设立矛盾调解、护林防火、治安联防“红袖章”等服务岗位41个，1033名农村无职党员认岗履职，党员在社会共建共治中的作用进一步显现。开展“镇村点单、部门报到”活动，共收集镇（街）点单交办事项115项，其中解决78项。

【管好村级党组织书记队伍】　2019年，武江区探索建立村（社区）党组织书记年度考核述职、个人重大事项备案管理、因私出国（境）申报管理、任期审计等四项制度。举办村（社区）党组织书记培训班2期，培训170人次。建立176名书记后备干部队伍，打造西河镇村级“青苗”培养工程示范点。强力推进农村三个职务“一肩挑”。

【精准整顿软弱涣散村（社区）党组织】　2019年，区委组织部从党群、农业农村、政法信访部门抽调10余名干部，组建基层党建、农村经济发展、群防群治3支特派员队伍。7个软弱涣散村（社区）党组织，整顿出列4个，其中3个被市评定为优秀等次。

【完善基层阵地建设】　2019年，区委组织部制定《村（社区）党群服务中心建设参考指引》，统一规范党建阵地内部装饰标准，武江区财政投入1500万元解决4个社区无办公场所和26个村（社区）办公场所破旧小等问题。用好市级“百人讲师团”成员库资源，提升镇街党校培训能力，开展学习培训137期，党员培训覆盖率98.66%。

【开展“补短板、强弱项”提升行动】　2019年，武江区对标省、市基层党建三年行动计划工作要点，开展“补短板、强弱项”提升行动，以11条硬措施着力补齐武江区基层党建短板。制定《农村（社区）党支部任务清单》和《党支部书记履职指引》，从区级层面规范基层党组织具体要“建什么”“怎么建”。

【组工调研信息宣传】　2019年，区委组织部加大向上级党刊报送稿件力度，全年向市级以上党刊投稿105篇，被市级以上媒体刊物宣传报道93篇。组织网宣员跟帖发贴、撰写网评文章，全年发布原创网评文章46篇，申报影响力文章18篇。结合“不忘初心、牢记使命”主题教育、“大学习、深调研、真落实”以及防范化解重大风险等工作，深入开展调查研究。2019年，武江区委组织部《全面加强基层党组织建设质量问题研究》获省党建研究会“2018年度调研课题优秀成果重点课题”三等奖。

2019年12月27日，区委组织部、区直属机关工委联合举办武江区第二届机关工作技能大赛　（区委组织部　供图）

【组织部门自身建设】　2019年，区委组织部围绕讲政治、重公道、业务精、作风好的要求建设模范部门，扎实开展部机关“不忘初心、牢记使命”主题教育和模范机关创建活动。全年开展“双周讲坛”13期、参与293人次，在南昌大学举办全区组工干部业务能力暨作风提改专题培训班，切实提升组工干部业务能力和干事创业精气神。带头践行“担当落实、走在前列”，武江区组织系统党支部被区委授予“先进基层党组织”荣誉称号，被市委组织部、市直机关工委评为2019年全市“双争双促”主题实践活动“先进党组织”，系各县（市、区）中唯一获评党组织。

区委组织部领导名录

部　长：沈中伟

副部长：黄维民

覃　婷（女，壮族，2019.11—）

陈志坚（—2019.8）

陈　艳（女，2019.2—）

（温超颖　余丹丹　唐俊鹏　肖　燕）

区直属机关工委工作

【概况】　2019年3月19日，中共韶关市武江区委办公室印发《中共韶关市武江区直属机关工作委员会职能配置、内设机构和人员编制规定》，明确区直属机关工作委员会是区委派出机构，统一领导区直机关各部门党的工作，为正科级，列区委派出机关序列。核定行政编制5名。设书记1名，副书记2名；内设机构领导职数2名。内设机构2个：办公室、组织股。

2019年，在武江区委的坚强领导和市直工委的精心指导下，武江区直工委按照年初制定的总体工作思路和年度党建目标，坚持以习近平新时代中国特色社会主义思想为指导，全面贯彻落实中央、省、市、区机关党的建设工作会议精神，结合“不忘初心、牢记使命”主题教育，以“组织力提升”为主题，加强机关政治、思想、组织、作风、纪律和制度建设，以深化机关党组织规范化建设、全面提升机关党的建设质量为重点，为全区经济社会发展提供强有力组织保障。

【明确机关党建工作要点】　2019年，区直工委按照市直机关工委党建工作部署，在总结2018年区直机关党建工作的基础上，认真规划2019年的工作任务，印发《韶关市武江区2019年机关党建工作要点》，确定2019年全区机关党的工作总体思路：以习近平新时代中国特色社会主义思想为指导，全面贯彻落实习近平总书记对广东重要讲话和重要指示批示精神，以《广东省加强党的基层组织建设三年行动计划（2018—2020年）》为着力点，坚持以“党建+”为引领，以“连心、强基、模范”三大工程为抓手，加强机关党员思想教育，夯实基层组织建设，加强和规范党内政治生活，持续转作风提效率，强化党建责任落实，不断推动全面从严治党向基层延伸，提高机关党建服务振兴发展水平，为武江争当韶关生态发展区高质量发展排头兵提供坚强有力的组织保障和政治保证。

【支部管理工作】　2019年，为更好地发挥党对全区各项工作的指导作用，保障机构改革后党支部能够有效运行，区直工委在机构改革期间及时跟进各涉改单位的党的建设工作，协助指导完成下属56个支部建立、改选、补选工作，配齐配强区直机关各级党组织成员。同时抓好各项党内政治生活制度的正常化、规范化，保障机构改革和党建工作同步进行，为机构改革的顺利完成提供坚实的组织保障。

【组织机关工作创新创优竞赛】　2019年，根据省、市有关“先锋杯”工作技能大赛的文件要求，区直工委积极组织区直属各单位参与竞赛。区城管、税务、人社等7个单位报送的8个作品参与韶关市第三届机关工作创新创优竞赛中。区直工委荣获市“优秀组织奖”的荣誉称号。

举办韶关市武江区第二届机关工作技能大赛。经过前期组织动员，区直属机关工委共收到来自各机关党组织的13个参赛作品，涵盖歌舞、小品、快板、舞台剧等多种表演形式，以突出“围绕中心、服务大局”的机关定位，集中展现“不忘初心、牢记使命”主题教育成果。区自然资源局党支部作品《“生态修复+”，绘好山水画，逐梦绿富美》获得一等奖，区财政局党支部和区党群党总支获得二等奖，区委教育工委、区人民法院机关党委、区税务局机关党委获得三等奖。

【党建阵地提升工程】　2019年，在武江区直机关单位党组织中打造2个特色鲜明、硬件完善、软件规范的党建工作示范点，树立标杆、以点带面、示范带动，全面提升区机关党建整体水平。年初，区直工委以走访实地调研的方式对政务服务数据管理局党支部、财政局党支部、应急管理局党支部、退役军人事务局党支部等下属8个支部进行党建阵地打造指导工作，同时，组织区直机关党支部到区级党建示范点实地参观学习。

【打造政务服务平台】　2019年，为解决区行政服务中心各驻点党组织各自为战、资源散、难共享的问题，区直工委牵头相关部门研究探索以联合党总支形式打造党建资源共建共享旗舰项目，成立政务服务中心联合党总支部委员会，隶属区直属机关工委，下设六个党支部，进一步加强进驻单位的沟通协调，以及党员干部队伍的管理与统筹，强化党组织书记履行“第一责任人”职责，切实抓好服务质量，把工作抓具体、抓深入，让业务水平和服务水平都得到全面提升。

【调整挂钩联系工作制度】 2019年，为进一步增强武江区直机关各级党组织工作效能，强化上级党组织对下级党组织的指导，该工委在机构改革后，及时对区直机关党组织挂钩联系工作制度进行调整。原则上，工作制度安排区直机关工委委员挂钩各党总支部和直属党支部，各党总支部委员挂钩本党总支下辖的一到两个党支部。通过上级党组织成员挂钩联系下级党组织，参加下级党组织组织生活、和党员谈心谈话的方式，加强各级党组织对党的各项制度的落实、加强对习近平新时代中国特色社会主义思想和中共十九大精神的宣传教育、加强对全体党员的思想教育，进一步强化上级党组织与下级党组织的工作协同效应。

【主题教育】 2019年，区直工委按照中央、省、市、区关于开展“不忘初心、牢记使命”主题教育要求，深入学习贯彻习近平新时代中国特色社会主义思想，锤炼忠诚干净担当的政治品格，举办武江区直机关各党（总）支部书记主题教育培训班，组织全区67位机关党组织书记参加“不忘初心、牢记使命”主题教育培训班，邀请市委党校副校长杨斌、市直工委组织科科长赖志君进行专题授课，强化各基层支部的理论武装水平。

【开展“双周讲坛”】 2019年，区直工委按照市委组织部、市直机关工委的统一部署和工作要求，结合区实际，制定《中共韶关市武江区委组织部中共韶关市武江区直机关工委关于落实“双周讲坛”活动的通知》，积极动员全区各单位参与到活动中来，定期收集、调研活动开展情况，确保活动取得成效。自6月“双周讲坛”活动开展以来，全区以“强业务提效能优服务”为主题，开展“双周讲坛”活动628次，参与人数达16311人次。

【党员发展及教育管理工作】 2019年，区直工委严格落实“控制总量、优化结构、提高质量、发挥作用”的发展党员总要求，通过开展前期摸查工作，组织武江区直机关各党支部符合条件的21名发展对象参加区2019年党员发展对象培训班。并安排工委副书记对21名发展对象进行逐一谈话，严格审核发展党员的各项资料档案，指导下属各支部做好发展党员规范工作。2019年，区直机关的21名发展对象均已由各所属支部党员大会接收为预备党员，另有12名预备党员如期完成转正手续，成为正式党员。

【党建考核工作】 2019年，制定《2019年民主评议政风行风工作方案》，组织实施2019年度区直机关各党支部书记抓基层党建述职暨政风行风民主评议会，邀请区直机关工委委员以及党员干部代表对10个现场述职党支部、10个重点评议单位政风行风建设情况做出客观、公正的评价。

【调整机关党组织架构】 2019年，区直工委为全面了解在机构改革后各区直机关党支部的运行情况，结合“不忘初心、牢记使命”主题教育，对下属46个区直机关党支部开展走访调研。坚持以问题为导向，及时发现问题、解决问题，形成调研报告并在工委会上进行集体研讨。在充分做好前期调研、征求下属各机关党（总）支部意见的基础上，重新调整武江区机关党组织架构，按照规范化建设要求，由原有的“2党委8总支”细分为“2党委13总支”架构，为保障发挥好党的领导作用提供坚实保障。

区直属机关工委领导名录：

书　记：覃　婷（女，壮族，2019.2—）

副书记：张永祥（2019.2—）

林玉辉（女，2019.5—）

（梁　竣）

老干部工作

【概况】 截至2019年年底，武江区离退休干部共计1332人，其中机关单位465人，事业单位867人。由区委老干部局直管的离休干部共有3人，年龄最大的达91岁，按享受的待遇划分，正处级2人，副处级1人；按参加革命时期划分，抗日战争时期2人，解放战争时期1人；按所在单位性质划分，行政机关3人，事业单位0人。区委老干部局直管的退休干部共有45人，其中正处级（含享受正处）23人，副处级22人。

【离退休干部党建】 2019年，区委老干局深入学习贯彻习近平新时代中国特色社会主义思想，坚持以党的政治建设为统领，加强离退休干部思想政治建设和组织建设。结合“不忘初心、牢记使命”主题教育，组织开展专题辅导、集中培训、支部学习等活动，引导退休干部常学常新、常悟常进。主动适应机构改革后的新形势，大力加强离退休干部工作的组织领导，推进离退休干部党支部标准化规范化建设，积极发挥离退休干部党支部战斗堡垒作用和党员先锋模范作用，不断提高离退休干部党组织建设质量。全年组织开展主题党日活动3次，其中，7月赴红色教育基地始兴红围参观学习，10月到江湾镇参观精品镇村建设，12月前往红军长征粤北纪念馆参观。

【落实离退休干部政治待遇】 2019年，区委、区政府向离退休干部通报工作情况2场次；组织召开离退休干部学习会、座谈会、支部活动等12场次，发放各类学习资料1200余册；上门走访慰问离退休干部177人次；接待离退休干部来电、来访50余人次；探望生病住院、卧病在床离退休干部23人次。

【落实离退休干部生活待遇】 2019年，区老干局严格按照文件精神，按时足额发放离休干部的离休费和专项经费。全年支付离退休干部工资、补贴、房屋维修基金等费用共计124.6万元，按时足额发放率继续保持100%；支付离休干部门诊、住院费16.9万余元，兑现率达到100%；发放慰问金、慰问品20.9万余元；订购报刊杂志1.3万元；外出参观考察1.7万元；增发离休干部一个月生活补贴2.5万元。制定《韶关市武江区生活特殊困难离退休干部帮扶实施方案（试行）》，进一步加大对生活特殊困难离退休干部的帮扶力度。

区委老干部局领导名录

局　长：覃　婷（女，壮族，2019.2—）

副局长：刘　丽（女，—2019.2）

张永祥（2019.3—）

（冯　洁）

非公有制经济组织和社会组织党建

【概况】 2019年，根据《关于成立区委非公有制经济组织和社会组织党工委的批复》（韶武委〔2012〕8号）精神，设立中共韶关市武江区非公有制经济组织和社会组织工作委员会（以下简称“两新”组织党工委）。武江区“两新”组织党工委是区委的派出机构，专门负责非公有制经济组织和社会组织党建工作，设在区委组织部。

【推进“双同步”工作】 2019年，区“两新”组织党工委深入推进非公企业、社会组织党建摸排和组织建设“双同步”工作，摸排走访4000多家非公企业和社会组织，与税务、市场监管、工商联等有关部门形成合力，精准识别党员分布情况，有效推进“两新”组织党的建设工作。2019年，9个非公企业、2个社会组织新成立党组织。

【打造“两新”党建示范点】 2019年，武江区在全市打造首个枫合汇“党建+楼宇”、世纪新城“党建+商圈”党组织，建立党员驿站，围绕“共驻共建共享共融”的目标，通过主题党日、“每月讲堂”等载体，定期组织楼宇党员和商圈党员融入社区、服务群众。在2018年创优工作经验基础上，继续开展“两新”组织党组织达标创优工作，推动全区“两新”组织党组织争创服务党员群众、服务“两新”组织，推动党组织和党的工作覆盖、推动党组织生活创新、推动单位健康发展的优秀党组织。2019年，中共韶关市武江区中英文幼儿园支部委员会成功创建为市级创优示范点。

区“两新”组织党工委领导名录

书　记：黄维民（兼）

副书记：刘军辉（2019.5—）

（余丹丹）

党校工作

【概况】 根据《韶关市武江区事业单位分类改革实施方案》（韶武府〔2014〕5号）文件精神，设立中共韶关市武江区委党校，为武江区委直属正科级公益一类事业单位。

【干部教育培训】 2019年，武江区坚持以习近平新时代中国特色社会主义思想为指导，深入学习贯彻中共十九大和十九届二中、三中、四中全会精神，切实抓好干部教育培训工作。全面落实第一议题学习制度，持续开展“大学习、深调研、真落实”工作，通过中心组学习、专题培训、集中交流研讨等方式，引导广大党员干部增强“四个意识”、坚定“四个自信”、做到“两个维护”，推动学习贯彻习近平新时代中国特色社会主义思想往深里走、往心里走、往实里走。积极实施“十百千”干部培训工程，坚持每年选派20名以上领导干部参加省市各类组织调训，举办培训班培训科级以上领导干部300人次以上、基层党员干部1000人次以上。全年共选派领导干部参加省市各类组织调训21人次，举办各类培训班42期，培训各类干部5059人次。依托远程教育平台抓好党员干部现代远程教育工作，组织干部参加网络培训，全区网络培训完成率97.68%。

区委党校领导名录

校　长：沈中伟（兼）

副校长：黄维民（兼）

（余丹丹）

宣传工作

【概况】 2019年，根据《韶关市武江区机构改革方案》（韶武发〔2019〕1号），设置武江区委宣传部，对外加挂武江区政府新闻办公室、武江区精神文明建设委员会办公室、武江区新闻出版局（武江区版权局）、武江区互联网信息办公室牌子，下属事业单位2个（武江区委宣传部讲师团、武江区文明实践中心）。区委网络安全和信息化委员会办公室设在区宣传部。

2019年，武江区委宣传部积极作为、守正创新，自觉承担起举旗帜、聚民心、育新人、兴文化、展形象的使命任务，促进该区理论武装工作扎实推进，文明创建成绩显著，新闻宣传有声有色，意识形态工作落地落实，网络综合治理能力不断增强。

【意识形态工作】 2019年，武江区意识形态领域安全平稳，全年未发生意识形态责任事故。全面落实意识形态工作责任制，全区形成“一盘棋”格局，坚持“月研判、季联席”，研究化解涉意识形态风险隐患；在扫黄打非中，开展五大专项行动，加大部门间协调联动，清扫网络文化垃圾，排查整改辖区内相关场所；不断强化网络舆情监测处置，推出《武江舆情》，对各单位提供线索监测，提前预判风险，按职能范围、属地管理等原则交办处理涉武舆情近百起。

【理论武装工作】 2019年，武江区深入学习宣传贯彻习近平新时代中国特色社会主义思想，加强理论武装。区委理论学习中心组示范表率，开展《习近平新时代中国特色社会主义思想学习纲要》等主题集中学习、“融入珠三角，服务大湾区”及“增强忧患意识、防范风险挑战”等主题研讨交流14次，自学天数人均近15天，合计参学近2000人次。深入基层开展“在希望的田野上”“坚信中国之治，讲好武江故事”等“1+1”“六进”基层理论宣讲活动。积极推广“学习强国”平台，引导广大党员干部随时随地学习。

【“创文”“巩卫”工作】 2019年，武江区围绕市容市貌、基础设施建设、公共秩序等创文重点项目和短板问题，开展创文实地专项整治行动，协调推进各镇街、各单位开展环境卫生保洁、渣土扬尘、“牛皮癣”、占道经营、“三线”、乱搭乱建、交通秩序等专项整治，完成实地测评专项整治各项任务，环境质量和公共秩序有效提升。全力做好创文网上申报材料工作，按时完成全区材料收集、整理、报送工作。全年集中开展4次“五个一”创文入户宣传活动，组织400余名干部职工和志愿者对4000多户居民进行入户宣传。

【文化建设】 2019年，武江区组织策划“不忘初心·与国同梦”庆祝中华人民共和国成立70周年文艺演出。积极推进新时代文明实践中心市级试点建设，基层新时代文明实践站所从零到全覆盖。打造“善美韶关·魅力武江”品牌，策划组织开展“我们的节日”、基层文明实践等系列群众文化活动近80场。完成《武江区乡村振兴战略规划（2018—2022年）》”文化振兴“部分编制。完成乡村振兴培训实践中心乡村振兴文化馆布置。对50家发行单位及18家印刷发行企业进行年度核验。积极组建队伍参加全市“百歌颂中华”歌咏活动并荣获三等奖，武江区荣获“优秀组织奖”。完成市下发农村公益电影放映任务612场。

【新闻宣传和舆论引导工作】 2019年，武江区在中央、省、市主流媒体平台相继推出精品力作，刊发各类新闻稿件共2000余篇。在庆祝中华人民共和国成立70周年期间推出“壮丽70年·奋斗新时代”——地标·巨变专题，展示武江人居环境变化。为新时代文明实践活动精心策划配套报道，武江成为全市继乳源国家级试点县外首个被《南方日报》报道的县区；高质量完成韶商大会、全国乡建武江年会、“不忘初心、牢记使命”主题教育等重要活动的宣传报道；增加一线采写镜头，推出《文明武江，我们一直在路上》《唱响国歌、礼赞新时代》《脚上有土、心中有谱》《不一样的风景》等微视频；利用新媒体打造“乡村振兴培训实践中心”“南水河畔樟树公园”“冲下村水田”等多处“网红打卡点”；在广东乡村短视频大赛中，选送的8个作品全部被“学习强国”平台采用展播，其中《龙归猪肚》获省三等奖。

区委宣传部领导名录

部　长：卢建成

副部长：刘　枫（—2019.2）

　　　　李新健（—2019.2）

　　　　侯广平（2019.5—）

　　　　杨长虹（2019.2—）

　　　　田千山（挂职，苗族，2019.7—）

区精神文明建设委员会办公室
主　任：刘　枫（—2019.2）

区新闻出版局（区版权局）
局　长：侯广平（2019.6—）

区委宣传部讲师团
团　长：（空缺）

（张　远）

统战工作

【概况】　2019年，区委统战部以习近平新时代中国特色社会主义思想为指导，深入学习贯彻中共十九大、十九届四中全会精神，深入学习习近平总书记系列重要讲话精神，积极开展“不忘初心、牢记使命”主题教育，贯彻落实《中国共产党统一战线工作条例（试行）》，牢牢把握大团结大联合主题，坚持围绕中心、服务大局，着力凝聚人心、汇聚力量，扎实推进全区统一战线各领域工作深入开展。

【港澳台工作】　2019年，区委统战部严格按照上级部署要求，依托香港武江各界联谊会，扎实推进香港联谊交友工作。认真筹备并成立澳门武江联谊会，选举产生第一届理事会，在澳门搭建联谊交友工作平台。主动对接香港同乡总会义工团到龙归中、小学开展捐资助教活动，香港同乡总会义工团为武江60名贫困学生和10名教师发放助学金、慰问金共计12万元。开展台情调查摸底和涉台婚姻摸查统计工作，开展化解涉台纠纷专项工作，跟进1宗涉台纠纷案件处理，切实维护台企台胞台属合法权益。

【民主党派工作】　2019年，区委统战部积极支持民主党派参政议政，召开全区民主党派代表人士2019春节座谈会，区委书记颜亮出席会议并讲话。加强民主党派思想政治引领，组织统战部党支部党员、各民主党派基层委员会骨干到清远连江口联合开展爱国主义教育活动。认真做好全国“两会”建言工作，积极向辖区各民主党派约稿，选送各民主党派提交的5篇“两会”建言信息上报省、市。充分发挥组织部、统战部党外干部工作联席会议制度作用，共同做好民主党派成员培训教育工作，选送3名武江民主党派新成员参加2019年韶关民主党派新成员培训班。

【港澳侨事务工作】　2019年，区委统战部承接原武江区外事侨务局的1项行政审批事项、3项行政确认事项、1项其他行政权力事项等职能，完成区民宗局、区台港澳事务局67项行政事项划转至区委统战部相关工作，并将全部事项录入广东政务服务网实现网上办理。承接原武江区外事侨务局因公赴港澳手续办理工作，全年共办理7宗18人次因公赴港澳手续。

【区委、区政府中心工作】　2019年，区委统战部、区工商联、区工信局作为承办单位，积极筹备并成功举办韶商大会武江分会场活动，共有175名客商参加活动，新收集12个意向投资项目，进一步充实武江区招商引资项目库，受到区委表彰。按照省市区关于“6·30”广东扶贫济困日工作部署，积极发动全区工商联会员企业及个人、宗教界人士、归侨侨眷捐款，共募集善款50.4万元，占全区体制外捐款总额的79%，受到区委表彰。全力以赴推进挂点的龙归镇凤田村拆除泥砖房工作，全年共拆除350间。认真做好创文巩卫工作，聘请保洁人员支持东岗岭社区迎检工作，安排干部职工到社区值班，确保东岗岭创文巩卫迎检工作有序开展。完成统战系统机构改革工作。根据区机构改革工作部署安排，按照时间节点要求陆续完成三定方案编制、办公室调整、人员转隶、经费划转、机构挂牌等工作。区委统战部挂区民宗局、区台港澳事务局牌子，区工商联与区委统战部合署办公，区委统战部管理区侨联，机构改革

2019年3月5日，区委统战系统相关部门举行集中揭牌仪式
（区委统战部　供图）

完成后，全区统战系统各部门有序运作。

【民族工作】 2019年，区委统战部认真贯彻落实《关于推动我市民族地区加快高质量发展的实施意见》，牵头协调推动武江区江湾镇瑶族村高质量发展工作，形成专题调研报告提交区委决策参考。积极争取中央、省少数民族发展资金34万元支持江湾镇瑶族村建设，指导江湾镇瑶族村实施机耕路项目建设。认真帮助江湾镇瑶族村少数民族大学生申报省少数民族聚集区大学生资助资金，做好辖区少数民族中考生加分审核工作，协助解决来韶工作的外来少数民族子女上学问题。配合区相关部门引导来武江区经商的少数民族同胞文明经商。

【宗教工作】 2019年，区委统战部积极围绕全区宗教领域7个方面存在的问题，通过落实31项措施进行全面整改。扎实推进宗教“四进”工作，开展宗教场所骨灰存放服务专项整治，对辖区兰州拉面馆开设情况进行全面摸底。针对宗教领域风险隐患进行专题调研，形成调研报告提交区委决策参考。加强宗教活动场所规范化管理，于农历春节期间、重阳节期间牵头组织协调相关单位人员到韶关芙蓉禅寺现场值班，确保芙蓉禅寺春节、重阳节祈福活动安全有序进行；多次到辖区各宗教场所开展安全生产检查，收缴2批次涉宗教非法出版物123册。持续推动芙蓉禅寺历史遗留问题的解决，协调有关单位将芙蓉禅寺11870平方米土地由国家二级生态公益林调整为非林地，解决芙蓉禅寺占用林地的历史遗留问题。全力配合市有关部门做好南华禅寺海峡两岸交流基地挂牌暨禅宗文化交流活动。

【机构设置】 区委统战部是区委主管统一战线的工作部门，挂区民族宗教事务局、区台港澳事务局牌子。

区委统战部领导名录

部　长：曹　镅（女）
副部长：邱洲才（2019.1—2019.2）
　　　　姜蕴芝（女，2019.1—）
常务副部长：邱洲才（2019.2—）

区台港澳事务局领导名录

局　长：姜蕴芝（女，2019.3—）

区民族宗教事务局领导名录

局　长：邱洲才
副局长：麦燕玲（女，—2019.2）

（黄学源）

信访工作

【概况】 2019年，武江区信访局在区委、区政府的领导下，切实履行信访工作职责，积极开展矛盾纠纷排查化解，把信访维稳工作为第一要务，牢固树立“稳定压倒一切”的思想，把维护社会稳定放在首要位置，统揽全区信访工作，把信访维稳工作抓实、抓细、抓到位，为构建和谐平安武江付出极大努力。

【健全工作机制】 2019年，武江区信访局进一步完善区信访联席会议制度；完善健全矛盾纠纷排查调处制度；完善信访重点案件协调制度；完善健全领导包案调处重大信访问题制度；完善健全领导干部信访工作接待日制度；完善初信初访和首问责任制度；完善信访督导工作制度等。

【群众来信来访】 2019年，武江区信访局共受理群众各级来信来访共259批688人次，其中进京访2批2人次；到省访24批42人次，其中集体访1批5人次；到市访31批313人次；到区访74批128人次。归纳起来主要涉及征地补偿、物业纠纷、山林（土地）权属纠纷、欠薪劳资纠纷及城建领域等。

【化解信访积案】 2019年，武江区信访局接中央联席办交办案件2宗，省联系办交办案件8宗，市交办案件2宗，均已按照上级要求和时限办结，结案率为100%。

【信访矛盾化解攻坚专项行动】 2019年，武江区信访局制定区矛盾化解攻坚方案，将涉房地产、集资融资、农业农村、脱贫攻坚、劳动社保、环境保护等六大重点领域信访事项纳入专项治理范围。其中武江区自行交办重点案件3宗，区信访局对交办的案件定期督查、督办，限期化解，通过矛盾化解攻坚行动达到“案结事，事心双结”效果。

【开展“最多访一次”活动】 2019年，武江区信访局作为全市开展让群众“最多访一次”的试点单位，根据市的要求并结合武江实际，制定《武江区关于开展让群众“最多访一次”的实施方案》，各部门严格执行，进一步提高信访事项办理效率和质量，推动有权处理机关依法及时就地解决合理诉求，有效减少群众“访累”。

【做好信访复查工作】 2019年，武江区信访局高度重视信访复查工作，共办理复查案件9件14人次，出具复查意见书5件，不予受理4件，按期复查率100%。信访案件通过走完三级终结程序，消化信访存量，遏制信访增量。

【开展主题教育领导包案工作】2019年，武江区信访局梳理事关群众切身利益的信访突出问题30宗列入“不忘初心、牢记使命”主题教育领导包案，化解率达到100%，集中化解一批“钉子案”、“骨头案”、陈年旧案。

区信访局领导名录

局　长：韩伟强（—2019.3）
　　　　茹伟杰（2019.3—）
副局长：杨伟波

（韩　星）

机构编制

【概况】 2019年，根据《中共韶关市武江区委韶关市武江区人民政府关于印发〈韶关市武江区机构改革方案〉的通知》（韶武发〔2019〕1号）文件精神，2019年3月，韶关市武江区机构编制委员会改为中共韶关市武江区委机构编制委员会，作为区委议事协调机构。中共韶关市武江区委机构编制委员会办公室为区委机构编制委员会的办事机构，承担区委机构编制委员会日常工作，归口区委组织部管理。

2019年，区委编办坚持以习近平新时代中国特色社会主义思想为指导，紧紧围绕持续完善党和国家机构职能体系这一新时代机构编制工作总体目标，以加强党的全面领导为统领，以深化改革为主线，坚持以人民为中心的工作导向，坚持按优化协同高效原则，坚持科学化规范化法定化要求，按照区委和市委编办工作部署狠抓落实，担当尽责，扎实做好行政体制改革和机构编制管理工作，为武江高质量发展提供有力的体制机制保障。

【机构机制改革和编制管理】 2019年，为贯彻落实中央深化党和国家机构改革精神，在省、市委统一部署以及武江区党委的高度重视和统一领导下，区委编办从2018年年底着手准备改革各项前期工作，提前谋划，于2019年3月中旬提前完成区直部门机构改革工作，并同步推进区级人大、政协机关，群团组织以及区委区政府直属事业单位和承担行政职能事业单位改革深化。在区直各部门的大力配合下，从2月18日区委九届七次全体会议召开到3月19日部门“三定”（定职能、定机构、定编制）规定印发，全区在一个月内完成办公用房调整、机构挂牌，刻制公章、人员转隶、印发“三定”规定以及部门资金、资产的划转和档案的移交等等一系列规定动作。全区机构改革工作取得较好成效，受到省、市的肯定，其中由编办撰写《韶关市武江区完善城市管理体制破解“城市病”提升管理服务能力》作为改革亮点刊登在9月3日的《南方日报》的广东深化机构改革取得新成效特刊上发表。为做好改革后续工作，巩固深化改革成果，4月，区委编办开展机构改革职能落实情况书面调研，对全区机构改革后各部门职能划转落实情况进行首轮全面调查摸底，收集各部门改革后的职能运行情况和存在的问题。5—6月，在前期书面调研的基础上，聚焦问题，对涉改部门进行全面走访，了解区各部门改革后职能运行情况，对部门存在的问题提出一些解决建议，并向区委编委会专题报告，提出调整优化方案。为严肃工作纪律，强化机构编制刚性约束，区委编办加大管理力度。一是拟订《韶关市武江区机关事业单位工作人员列（减）编规定（试行）》。进一步规范区机关事业单位工作人员列（减）编审批程序，严格人员进出管控，明确相关部门职责分工，建立机构编制管理协调机制，立规矩，强纪律。二是调整机构编制实名制系统。对机构改革后各部门的机构设置、编制进行调整、更新，按程序划转人员，确保系统信息准确，并定期向市委编办报送相关报表，建立机构编制动态监管机制。三是开展机构编制信息核查。9月，区委编办先后印发《关于做好全区机构编制实名制管理系统信息更新完善工作的通知》和《关于开展机构编制监督检查和事业单位法人公示信息抽查等工作的通知》（韶武机编办〔2019〕27号），进一步规范系统账号和管理员，更新完善各单位系统信息。除全面核查系统，9月30日，区委编办还通过双随机抽取武江区住建局、档案馆等4个部门和单位作为实地监督核查对象，以现场查阅文件资料及比对实名制系统的方式进行检查。

【事业单位机构编制资源配置】 2019年，为提高事业单位机构编制管理水平，盘活用好现有事业编制资源，武江区委编办严格按照区委编委部署，对该区改革后部分事业单位只能编制资源进一步优化调整。新增设区婚姻登记中心、区图书馆、博物馆镇街退役军人服务站等事业单位。区业余体育运动学校加挂区体育馆牌子。各镇计生专业服务队由独立设置的事业单位调整为在镇农村综合服务站挂牌。撤销武江区教育局教学研究室和武江区教育局电教仪器站两个正股级事业单位，成立武江区教师发展中心。调整部分事业单位机构级别，将武江区环境卫生管理所、武江区市政管理中心整合为一个正科级事业单位，将武江区农机管理总站由正科级调整为副科级事业单位，将武江区机关事务服务中心由副科级升格为正科级事业单位，将武江区文化馆由正股级升格为副科级事业单位。

继续推进“县管校聘”改革工作。对全区29所学校的编制进行调整。同时按照武江区教育局《关于理顺交流教师人事关系的决定》，对228名区公办中小学校交流且累计交流年限满3年及以上的教师进行人事关系理顺，确保区属各学校教师资源的及时合理调配。针对区教职员编制严重不足问题，2019年8月，区委编办在全区事业编制非常紧缺的情况下，通过各种途径加大事业编制内部挖潜力度，调整增加小学教职员编制12名用于成立该区御龙湾小学。

【事业单位登记管理】 2019年，武江区以事业单位登记管理、网上名称管理、统一社会信用代码证书核发工作为载体，规范和加强对事业单位的监管。2019年，全区应报送事业单位法人年度报告的事业单位共有92个，全部于3月31日前在网上公开报送完毕，按时报送率达100%。

2019年8月，武江区事业单位登记管理业务正式入驻区政务服务大厅，顺利与综合服务窗口完成工作交接。当年在综合窗口成功办理设立登记4宗、变更登记52宗、拟注销公告2宗。真正实现“一门式一网式”业务办理。2019年8月29日，完成该区政务和公益机构域名注册管理中心共187个单位的缴费工作，缴费率为100%。

区委机构编制委员会领导名录

主　任：颜　亮（2019.4—）
　　　　郑伟平（—2019.4）
副主任：郑伟平（2019.4—）
　　　　陈　刚（2019.4—）
　　　　沈中伟（—2019.4）
委　员：沈中伟（2019.4—）
　　　　刘宗华（—2019.11）
　　　　段锋刚（2019.4—）
　　　　林小夏（女）
　　　　张羽忠（2019.4—）

区委机构编制委员会办公室领导名录

主　任：林小夏（女）
副主任：刘　琼（女）

（刘　璇）

保密工作

【概况】 2019年，武江区保密工作在区委、区政府的领导和市保密局的具体指导下，认真贯彻落实上级有关保密规定和保密工作精神，围绕区中心工作做好保密工作。全年全区无发生一起泄密事件，有效维护全区稳定、团结和安全，为全区各项重要工作的顺利开展保驾护航。

【加强组织领导】 2019年，武江区把保密工作摆上重要议事日程，认真贯彻落实上级有关保密工作的方针、政策、指示，严格按照区委有关文件精神，认真落实领导干部保密工作责任制，各层级的领导干部签订《武江区领导干部保密工作责任告知书》和《保密承诺书》。同时，副处级以上领导干部在个人述职、参加民主生活会时，将履行保密工作责任制情况列为述职和报告内容。全年区保密委召开1次的专题会议研究保密工作，并将任务分解细化，为保密工作提供强有力的组织保证。

【强化保密管理】 2019年，抓好武江区政府信息公开网站和区委网站的保密审查，严格监控武江区域电子政务信息资料的发布情况，2019年对武江区政府信息公开网和广东省政务服务事项标准梳理系统的所公开的信息进行2次抽查，并未发现泄密的内容；认真做好各类文件和资料的清退销毁工作，抓好《涉密文件、资料定期上报制度》和《定点销毁规定》的工作落实；强化监督检查，2019年配合市保密局对全区各机关单位进行保密专项检查，全区各机关单位在近3年内均未发生泄密事件。

【保密宣传教育】 2019年，加强保密宣传，通过召开专题讲座，发放学习资料、集中观看保密教育警示片等形式，进一步增强全区干部职工保密意识，2019年，组织全区各保密成员单位征订保密宣传书籍、光盘、海报等600多份资料，全区干部职工的保密意识进一步增强。

区保密局领导名录

局　长：刘　薇（女，2019.8—）

（刘志琳）

韶关市武江区人民代表大会

综　述

根据韶武办发〔2019〕20号中共韶关市武江区委办公室关于印发《韶关市武江区人民代表大会常务委员会机关职能配置、内设机构和人员编制规定》，区人民代表大会常务委员会（以下简称区人大常委会）是区人民代表大会的常设机关，对本级人民代表大会负责并报告工作。人大常委会机关内设机构为“一室五委”分别是：人大常委会办公室、法制工作委员会、财政经济工作委员会、城乡建设环境与资源保护工作委员会、教育科学文化卫生工作委员会、选举联络人事任免工作委员会，机关行政编制10名。办公室主任1名、副主任2名，工委主任5名。

2019年，在区委的坚强领导下，区人大常委会坚持以习近平新时代中国特色社会主义思想为指导，深入学习贯彻中共十九大精神和习近平总书记对广东重要讲话和重要指示批示精神，紧紧围绕区委中心工作大局和区人大常委会2019年议事和监督检查工作安排，依法履职，加强监督，改进服务。2019年，区人大常委会共召开14次常委会，听取和审议专项工作报告23个，做出决议决定11项，组织人大代表视察调研活动26次，选举人大常委会委员3人，补选市人大代表2名，任免国家机关工作人员79名，办理代表建议23件，较好完成2019年的各项工作任务。

重要会议及决议

1月7日，区九届人大常委会召开第二十二次会议，审议批准《韶关市武江区国民经济和社会发展第十三个五年规划纲要实施情况中期评估报告》；补选文宏福、刘东为韶关市第十四届人民代表大会代表。

1月17日，区九届人大常委会召开第二十三次会议，对区人民政府、区人大常委会、区人民法院、区人民检察院、计划、财政工作报告（稿）进行意见征求；审议通过区第九届人民代表大会第四次会议有关事项。

1月24日，区九届人大常委会召开第二十四次会议，决定韶关市武江区第九届人民代表大会第四次会议时间调整为2月14日至16日。

2月3日，区九届人大常委会召开第二十五次会议，决定任命钟爱明为韶关市武江区人民政府副区长；徐霞为韶关市武江区人民检察院检察员。

2月14日至16日，区九届人民代表大会第四次会议胜利召开，听取、审议并表决通过关于区人民政府、人大常委会、人民法院、人民检察院、计划、财政等6个工作报告的决议，选举产生区九届人大常委会委员邓武、刘尚周、林基乐。

3月1日，区九届人大常委会召开第二十六次会议，决定免去曾文英的武江区人大常委会选联任工委主任职务，任命黄碧贞为武江区人大常委会选联任工委主任。

是日，区九届人大常委会第二十六次会议，决定任命：张思建为韶关市武江区工业和信息化局局长；邱洲才为韶关市武江区民族宗教事务局局长；邱江为韶关市武江区民政局局长；茹伟杰为韶关市武江区司法局局长；刘江平为韶关市武江区财政局局长；黄艺顺为韶关市武江区住房和城乡建设局局长；朱冬生为韶关市武江区农业农村局局长；刘枫为韶关市武江区文化旅游体育局局长；刘敏为韶关市武江区卫生健康局局长；肖大清为韶关市武江区退役军人事务局局长；黄勇为韶关市武江区应急管理局局长；古寿英为韶关市武江区市场监督管理局局长；李惠歆为韶关市武江区医疗保障局局长；洪维陶为韶关市武江区城市管理和综合执法局局长；叶文辉为韶关市武江区政务服务数据管理局局长。

是日，区九届人大常委会第二十六次会议，决定任命梁增有、刘文娟为韶关市武江区人民法院审判员，李小青、林辉良、卢华红为韶关市武江区人民陪审员。

是日，区九届人大常委会第二十六次会议，决定免去巫韶玲的韶关市武江区人民检察院检察员职务。

3月8日，区九届人大常委会召开第二十七次会议，审议批准《区亿兆公司关于镇泰公司资产收购、开发、运营方案》和《中心血站及周边地块的三旧改造项目涉及丹霞药业资产收购方案》。

4月4日，区九届人大常委会

第二十八次会议，审议批准武江区人民政府《关于实施老城区环卫保洁服务市场化》的议案。

是日，区九届人大常委会第二十八次会议，决定免去：黄向阳的韶关市武江区人民政府副区长，韶关市公安局武江分局局长职务；刘宗华的韶关市武江区人民政府办公室主任职务。任命：余志强为韶关市武江区人民政府副区长，韶关市公安局武江分局局长；段锋刚为韶关市武江区人民政府办公室主任；任命吴韶华为韶关市武江区自然资源局（林业局）局长。

是日，区九届人大常委会第二十八次会议，决定任命邓桂清为韶关市武江区人民陪审员。

是日，区九届人大常委会第二十八次会议，决定任命赵宋明为韶关市武江区人民检察院副检察长；蔡梅英为韶关市武江区人民检察院副检察长。

5月10日，区九届人大常委会第二十九次会议，决定任命侯志军为韶关市武江区人民政府副区长。

6月26日，区九届人大常委会第三十次会议，会议听取和审议2019年武江区人民政府为民办实事项目进展情况报告，区人民政府水环境安全保护监督“河长制”实施情况及区小水电站安全运行和山塘水库隐患排查整治工作情况报告，区教育基础设施建设及教育系统临聘老师现状情况报告。

是日，区九届人大常委会第三十次会议，决定任命：刘文正为韶关市武江区人民法院副院长、审判委员会委员、审判员；舒粤平为韶关市武江区人民法院副院长、审判委员会委员、审判员；陈扬广为韶关市武江区人民法院副院长、审判委员会委员、审判员；谭裕敏为韶关市武江区人民法院审判员。

是日，区九届人大常委会第三十次会议，决定免去：胡小波的韶关市武江区人民法院副院长职务；李琼宇的韶关市武江区人民法院副院长、审判委员会委员、审判员职务；汤恍的韶关市武江区人民法院副院长、审判委员会委员、审判员职务。

8月28日，区九届人大常委会第三十一次会议，会议听取武江区人民政府关于区“2019年上半年国民经济和社会发展计划执行情况的报告”、区人民政府关于“2019年上半年财政预算执行情况报告和下半年工作计划”、区人民政府关于本区国有资产管理的情况报告；听取和审议区人民政府“2018年本级财政决算草案的报告”“2018年区本级财政预算执行和其他财政收支的审计工作报告”；审议并通过武江区第九届人民代表大会常务委员会关于批准2018年区本级财政决算的决议（草案）；听取区人民法院2019年上半年工作情况报告；区人民检察院2019年上半年工作情况报告；听取区人大常委会法工委关于区九届人大四次会议代表建议、意见办理情况的调研报告、区人大常委会财经工委关于“推动‘民营经济十条’‘实体经济新十条’落实，促进该区经济加快发展”情况的调研报告、区人大常委会教科文卫工委关于“加强农产品质量安全工作”情况的调研报告。

是日，区九届人大常委会第三十一次会议，决定免去杨岚的韶关市武江区惠民街人大工作委员会专职主任职务，任命：钟爱民为韶关市武江区人大常委会城乡建设环境与资源保护工作委员会主任；陈志坚为韶关市武江区惠民街人大工作委员会专职主任。

是日，区九届人大常委会第三十一次会议，决定任命林棋昇为韶关市武江区人力资源和社会保障局局长。

是日，区九届人大常委会第三十一次会议，决定免去叶贤治的韶关市武江区监察委员会委员职务；任命黄芬芳为韶关市武江区监察委员会委员。

是日，区九届人大常委会第三十一次会议，决定免去：黄雪玲的韶关市武江区人民法院刑庭庭长职务；余艺涛的韶关市武江区人民法院审判监督庭庭长职务；刘明洲的韶关市武江区人民法院执行局副局长职务；谢毅飞的韶关市武江区人民法院刑事审判庭副庭长职务；李劲的韶关市武江区人民法院龙归法庭副庭长职务。

是日，区九届人大常委会第三十一次会议，决定任命：余艺涛为韶关市武江区人民法院民事审判庭庭长；谭裕敏为韶关市武江区人民法院审判管理办公室（研究室）主任；朱琴为韶关市武江区人民法院审判委员会委员；刘明洲为韶关市武江区人民法院执行局局长；谢毅飞为韶关市武江区人民法院刑事审判庭庭长、审判委员会委员；李劲为韶关市武江区人民法院龙归法庭庭长。

10月22日，区九届人大常委会第三十二次会议，会议听取区人民政府“七五”普法工作情况报告、区人大常委会财经工委关于武江区河长制实施情况和小水电站安全运营的调研报告（书面）、区人大常委会城建工委关于贯彻《韶关市野外用火管理条例》实施情况专题调研报告（书面）。

是日，区九届人大常委会第三十二次会议，决定免去黄雪玲的韶关市武江区人民法院审判委员会委员、审判员职务。

是日，区九届人大常委会第三十二次会议，决定接受王韶林、曾文英、杨岚、刘枫、黄勇、古寿英、陈雪延、欧阳建国辞去韶关市武江区第九届人民代表大会代表职务的请求。

是日，区九届人大常委会第三十二次会议，审议通过《韶关市武江区人民代表大会常务委员会关于接受王韶林等辞职请求的决定（草案）》。

12月9日，区九届人大常委会第三十三次会议，审议通过《关于接受陈坤明辞去韶关市武江区第九届人民代表大会代表职务的请求》《关于接受刘薇辞去韶关市武江区第九届人民代表大会代表职务的请求》《关于接受林晓东辞去韶关市武江区第九届人民代表大会代表职务的请求》《关于接受刘芷伊辞去韶关市武江区第九届人民代表大会代表职务的请求》及《韶关市武江区人民代表大会常务委员会关于接受陈坤明等辞职请求的决定（草案）》。

12月25日，区九届人大常委会第三十四次会议，听取区人民政府2019年承诺为民办好8件民生实事的办理情况报告、区人民政府2019年代表建议办理情况报告，审议通过《韶关市武江区人民代表大会常务委员会关于调整代表资格审查委员会组成人员的决定（草案）》。

是日，区九届人大常委会第三十四次会议，决定免去：周江婷的韶关市武江区人民法院立案庭副庭长职务；朱建祥的韶关市武江区人民法院刑事审判庭副庭长职务；张明华的韶关市武江区人民法院民事审判第一庭副庭长职务；张步云的韶关市武江区人民法院民事审判第一庭副庭长职务；赖小平的韶关市武江区人民法院民事审判第一庭副庭长职务；张贵生的韶关市武江区人民法院执行局副局长职务；谢鸿飞的韶关市武江区人民法院审判管理办公室副主任职务。

是日，区九届人大常委会第三十四次会议，决定任命：成燕萍为韶关市武江区人民法院立案庭（诉讼服务中心）副庭长（副主任）；彭丹丹为韶关市武江区人民法院刑事审判庭副庭长；周江婷为韶关市武江区人民法院民事审判庭副庭长；张明华为韶关市武江区人民法院民事审判庭副庭长；梁增有为韶关市武江区人民法院民事审判庭副庭长；刘三瑞为韶关市武江区人民法院行政审判庭副庭长；朱建祥为韶关市武江区人民法院执行局副局长；谢祥军为韶关市武江区人民法院执行局副局长；吴放为韶关市武江区人民法院龙归人民法庭副庭长；李智敏为韶关市武江区人民法院审判员。

是日，区九届人大常委会第三十四次会议，决定免去：黄芬芳的韶关市武江区人民检察院检察员职务；廖建新的韶关市武江区人民检察院检察员职务；陈晓华的韶关市武江区人民检察院检察员职务。

12月30日，区九届人大常委会第三十五次会议，听取和审议武江区人民政府关于武江区2019年财政预算调整方案的报告、关于武江区2019年总预算收支调整情况的报告及关于武江区2019年新增地方政府债券分配方案的报告。同意批准武江区2019年财政预算调整方案。

是日，区九届人大常委会第三十五次会议，听取韶关市武江区第九届人民代表大会代表资格审查委员会的《关于补选韶关市武江区第九届人大代表的代表资格审查报告》。

主要工作

【概述】 2019年，区人大常委会紧紧围绕区委中心工作，切实履行宪法和法律赋予的职权，在监督工作上注重全局性，在监督力度上保持连续性，在监督手段上实现多样性，在代表作用发挥上突出主动性，扎实推进人大各项工作顺利进行。

【围绕区委部署，落实各项中心工作】 2019年按照区委统一安排，区人大常委会领导班子成员勇于担当、积极作为，分别担任重大项目组长、副组长，扎实推进新华街老城区拆迁，西河镇南片、北部、中部拆迁攻坚、西联大会战、龙归莞韶三期等重大项目的建设；根据区委脱贫攻坚工作任务安排，区人大常委会领导班子及机关工作人员联系重阳镇及西联镇一对一结对帮扶28户贫困户，做到一户一台账、一户一脱贫计划、一户一帮扶措施，确保脱贫攻坚工作取得阶段性成果；认真指导挂点社区创文巩卫工作，主动到社区到户协助开展清洁大扫除、环境卫生整治和入户宣传行动；人大机关“红袖章”志愿者在传统节日到挂点社区和村委开展平安建设宣传教育，营造人人参与平安建设的良好氛围。

【加强监督实效，工作更加有力高效】 2019年，区人大常委会综合运用多种监督方式，加强对基层派出所规范化建设、水环境安全保护监督和河长制落实、小水电站安全运行监督及山塘水库隐患排查整治、季节性流行病的预防及控制、禁毒、教育基础设施、农产品质量安全、民生实事工程、民营实体经济发展、脱贫攻坚、乡村振兴及农村人居环境综合整治等多项重点中心工作的监督。精心组织召开区九届人大四次会议，圆满完成各项会议拟定事项；召开区人大常委会会议14次，主任会议18次，听取审议“一府两院”专项工作报告14项；组织各类视察调研、执法检查活动20余次，代表参与人数共

180人次。

【加强和改善党委对人大工作的领导】 2019年9月12日，武江区召开区委人大工作会议，深入学习贯彻习近平新时代中国特色社会主义思想，全面落实省委、市委人大工作会议精神，研究加强和改善党（工）委对人大工作的领导，支持和保证人大依法履职，推动新时代武江人大工作再上新台阶，为粤港澳大湾区建设，发挥“武江所能”。会议由区委副书记、区长郑伟平主持。重阳镇、新华街道党（工）委依次作人大工作经验介绍，区委书记颜亮作重要讲话。区委，区人大常委会，区政府有关领导，两院主要负责人，区人大常委会其他组成人员，区人大机关正科级以上干部，各镇（街）党（工）委书记、人大主席（工委主任）和人大办主任，区委有关部门一名副职、区直各单位主要负责人参加会议。

【扎实开展“不忘初心、牢记使命”主题教育】 2019年9月17日，武江区动员部署会议拉开为期3个月的“不忘初心、牢记使命”主题教育，区人大常委会党组以深化理论学习为基础，以抓调查研究为载体，以深入检视问题为契机，以狠抓落实为动力，聚焦“不忘初心、牢记使命”主题，坚持读原著、学原文、悟原理；坚持把学习教育贯穿始终；坚持把调查研究贯彻始终；坚持把检视问题贯穿始终；坚持把整改落实贯穿始终。紧密结合人大工作实际，从思想、政治、作风、能力、廉政等方面剖析问题的根源，明确今后努力方向或改进措施。整个主题教育，真正达到理论学习有收获、思想政治受洗礼、干事创业敢担当、为民服务解难题、清正廉洁作表率的目标。

代表工作

【《粤港澳大湾区发展规划纲要》专题学习】 2019年5月29日，区人大常委会在区政府机关办公大楼七楼会议厅举办《粤港澳大湾区发展规划纲要》专题学习培训班，邀请市委党校副教授、市委宣讲团成员秦娜教授进行精彩的专题授课，约180名区、镇两级人大代表参加学习。

【代表履职培训班视频同步学习】 2019年5月29日至30日，广东省人大常委会举办省人大代表履职学习班，区人大常委会组织区、镇两级人大代表通过在线交流平台远程同步参加学习。

【召开“更好发挥人大代表作用”工作推进会】 2019年7月12日，区人大常委会召开“更好发挥人大代表作用”工作推进会。会议由区人大常委会党组副书记、副主任王韶林主持，区人大常委会各工委主任、五镇两街人大主席（主任）及相关工作人员参加会议。7月，全区各级人大开展以“我为民、我履职、我行动”的“更好发挥人大代表作用”主题活动。会议要求，各镇（街）人大要积极组织好本次专题活动，切实抓好主题活动月的各项工作，为全区人大工作的开展积累更多经验、探索更多模式、作出更大贡献，切实推动新时代人大工作高质量发展。

【推动代表联络站规范化建设】 2019年7月，区人大常委会组织区、镇285名人大代表集中开展“我为民、我履职、我行动”代表主题实践活动和代表接待日活动。各镇（街）人大代表用实际行动践行职责使命，通过听取和收集群众的意见，开展代表询问、专题接访日活动，推动解决一批涉及人民群众切身利益的热点难点问题。

【扎实做好代表履职能力提升培训工作】 2019年8月4日至9日，区人大常委会组织区、镇两级人大代表赴贵州遵义红花岗区委党校“不忘初心、牢记使命”主题教育学习培训；9月19日至27日组织驻区的市人大代表、区人大常委会组成人员和相关工作人员赴全国人大北戴河培训基地学习培训；12月13日至14日，组织市、区部分人大代表到翁源县江尾镇连溪村参观学习乡村振兴、新农村建设工作。

监督工作

【督导派出所规范化建设】 为贯彻落实市委书记李红军重要批示精神做好公安派出所工作情况专项监督检查工作，区人大常委会分别于2019年1月31日、6月28日、9月27日、12月27日，组织市、区两级人大代表深入辖区西河、芙蓉山、新华、龙归派出所，实地调研基层派出所规范化建设情况。详细了解区派出所及警务室规范化建设情况，包括派出所队伍、硬件设施建设及规范化执法等情况，并对新华派出所“创一级所”工作进行专题调研。

【小水电站库坝设施安全运行情况联动监督】 根据市人大要求，区人大常委会分别于2019年2月28日，6月20日，9月29日，组织市、区两级人大代表对区水环境安全保护监督“河长制”实施情况及区小水电站安全运行和山塘水库隐患排查整治工作情况进行专项视察。视察组查看南水河（龙归段）社主桥头边1.6千米河面污染物漂浮情况和岸边河堤绿化及污水管网建设情况；韶关市第四污水处理厂建设点规划选址情况；龙归镇台板水电站视察安全生产及上游库区山塘水库的综合治理、环境保护情况。

【“季节性流行病预防和控制工作”专题调研】 2019年3月26日，区人大常委会主任孙理鸣带领省、市、区、镇四级人大代表一行近20人对市疾控中心关于季节性流行病的预防和控制工作进行视察。市疾控中心主任刘国生携疾控中心领导班子及相关科室负责人、区卫生健康局局长刘敏陪同视察。视察组对市疾控中心季节性流行病的预防和控制工作给予充分肯定，孙理鸣、龚小倩等市代表就加强疾控中心建设、提升卫生应急能力、加强重点单位的防控和监测、加强宣传预防等提出意见和建议。

【调研教育基础设施建设情况及教师队伍现状】 2019年6月25日，区人大常委会组织市、区人大代表对区教育基础设施建设情况及教师队伍现状进行专项调研。先后实地查看在建的太阳城配套第二小学（天麓山）、御龙湾小学、金福园小学综合楼及华泰小学的教学园区建设情况，详细了解该区中小学的办学情况及教育系统教师队伍的现状。

2019年1月31日，武江区人大代表视察派出所规范化建设工作
（区委宣传部　供图）

【“基本解决执行难”工作专题调研】 2019年7月17日，区人大常委会组织人大代表对区法院“基本解决执行难”工作进行专题调研，区法院院长唐永华、副院长刘文正和陈扬广、执行局负责人刘明洲等陪同调研。调研组对区法院“基本解决执行难”工作给予高度评价，认为该院“互联网+司法拍卖”模式、“执行+保险”联动破解执行难新举措等创新工作方式方法极大维护当事人的合法权益。

【加强农产品质量安全专题调研】 2019年7月18日，区人大常委会组织区人大代表对农产品质量安全工作进展情况进行专题调研。区农业农村局、市场监督管理局等相关部门负责人陪同调研。调研组一行深入龙归镇社主村委丁洞村蔬菜种植基地实地查看，详细了解农产品种植、加工、检测工作开展情况，并召开工作座谈会，听取区农业农村局、市场监督管理局相关工作汇报。

【调研民营实体经济发展情况】 2019年7月19日，区人大常委会组织部分市、区两级人大代表调研区民营实体经济发展情况，了解省“民营经济十条”“实体经济新

2019年3月26日，省、市、区、镇四级人大代表视察区季节性流行病预防和控制工作
（区委宣传部　供图）

2019年6月25日，武江区人大常委会组织市、区人大代表视察区教育基础建设情况　　（蔡晓红　摄）

十条”落实情况。区人大常委会副主任王韶林、谭木初和区工信局相关负责人参加调研。调研组一行先后到光华塑胶玩具厂和天源重机厂，与企业负责人交流，了解企业发展现状和“民营经济十条”等各项扶持政策落实情况。

【《韶关市野外用火管理条例》执法检查】 区人大常委会分别于2019年10月18日，11月22日组织代表开展《韶关市野外用火管理条例》贯彻实施情况执法检查。先后到江湾镇锅溪、龙归镇桥头岭粮仓、龙归镇篮球场等路口实地查看有无固定宣传牌、横幅、标语、野外违规用火、人员配备等相关情况。西河镇下坑村、田心村及重阳镇重阳村白石岭的森林防火宣传、巡查防护情况等等。

【专题调研“禁毒”工作】 2019年11月1日，区人大常委会组织代表对武江区禁毒工作进行专项调研，调研组由区人大常委会副主任聂平南带队，先后到惠民街道社区戒毒（康复）工作站、龙归阳光康复工作站，了解武江“全民禁毒工程”工作开展情况。

【“12309”检察服务中心建设情况专项调研】 2019年11月7日，区人大常委会副主任聂平南率领部分区人大代表到区人民检察院调研“12309”检察服务中心建设情况，市检察院党组成员、副检察长李亚军，区委常委、政法委书记黄向阳陪同调研。“12309”检察服务中心整合优化案件受理、控申接访、赔偿救助、律师阅卷等检察服务职能，并统一设立服务平台受理群众信访问题、法律咨询、案件查询等工作，实现电话、传真、网络、视频、新媒体五位一体的检务综合受理平台，实现“一个窗口”对外，提供“一站式”检察服务，让人民群众“只进一个门”就能办成事。

【“脱贫攻坚”“乡村振兴”专题调研】 2019年11月29日，区人大常委会副主任曾宏带领部分区人大代表到重阳镇黄岸村、万侯村、龙归镇社主村调研脱贫攻坚和乡村振兴工作。详细了解当前泥砖房、危房拆除情况，贫困户现状，村集体收入等情况。强调要做到真脱贫、脱真贫。要在助力乡村振兴、决战脱贫攻坚上继续发力，要对农村实行人居环境整治、基础设施建设、提升公共服务水平、加快乡村产业等工作，切实抓好落实。

区人大常委会领导名录

主　任：孙理鸣
副主任：王韶林（—2019.9）
　　　　李学源
　　　　潘歧亮
　　　　谭木初
　　　　聂平南
　　　　曾　宏

区人大常委会办公室

主　任：成振铭
副主任：张峰莹（女）
　　　　谭冬连（女）

区人大常委会法制工作委员会

主　任：林卫国

区人大常委会财政经济工作委员会

主　任：黄伟和

区人大常委会城乡建设环境与资源保护工作委员会

主　任：钟爱民（2019.8—）

区人大常委会教科文卫工作委员会

主　任：许忠财

区人大常委会选举联络人事任免工作委员会

主　任：曾文英（女，—2019.3）
　　　　黄碧贞（女，2019.3—）

（谭冬连）

韶关市武江区人民政府

综 述

韶关市武江区人民政府设置工作部门21个。分别是：办公室、发展和改革局、教育局、工业和信息化局、民政局、司法局、财政局、人力资源和社会保障局、自然资源局、住房和城乡建设局、农业农村局、文化旅游体育局、卫生健康局、退役军人事务局、应急管理局、审计局、市场监督管理局、统计局、医疗保障局、城市管理和综合执法局、政务服务数据管理局。其中，办公室挂外事局、信访局牌子；发展和改革局挂粮食和物资储备局牌子；工业和信息化局挂科学技术局、商务局牌子；自然资源局挂林业局牌子；住房和城乡建设局挂人民防空办公室、交通运输局、水务局牌子；农业农村局挂扶贫开发办公室牌子；市场监督管理局挂知识产权局牌子。民族宗教事务局列入政府工作部门序列，不计入机构限额。

2019年，在韶关市委、市政府和武江区委的正确领导下，在武江区人大及其常委会和区政协的大力支持下，武江区人民政府以习近平新时代中国特色社会主义思想为指导，全面贯彻中共十九大和十九届二中、三中、四中全会精神，全面落实中央、省、市和区委的各项工作部署。以奋力争当韶关改革发展排头兵为总体目标，集中用力实施武江区振兴发展“六大行动”，保持经济持续健康发展和社会大局和谐稳定。

2019年，地区生产总值268.07亿元，同比（下同）增长4.6%。固定资产投资增长18.4%。地方一般公共预算收入6.85亿元，增长10.68%，增速全市第三，其中税收收入5.1亿元，增长7.22%，收入质量全市最优。全年共新增“四上”企业42家，有力支撑经济加快发展。获批为国家和省级农村集体产权制度改革试点县；做好新型经营主体培育工作，全年共培育家庭农场12家，成功申报省级食用菌现代农业产业园；百香果现代农业产业园项目落户重阳镇；雪印集团成功创建为国家级农业龙头企业；武江联旺家庭农场、武江乡村家庭农场成功创建为粤港澳大湾区“菜篮子”生产基地。积极参加韶关在广州、深圳、佛山等地举办的招商推介会，成功举办韶商大会武江分会场推介会，全年新签约广州朗圣药业等优质项目20个，计划总投资达103.57亿元，引进资金创历史新高。世邦幸福商业广场建成运营，摩尔城酒店顺利开业，荷花园酒店完成改造升级，恒大酒店、保利商业综合体等项目建设稳步推进。组织举办“我们的节日”等系列群众文化活动64场；大型体育活动、赛事20场，系列文化体育赛事带动三产蓬勃发展。消费需求稳步增长，社会消费品零售总额增长9.5%，限上零售业销售额增长17.2%，增速均列全市第一。

城市建设总支出3.67亿元。完成惠民路、亨泰路、沙湖路等5条主次干道改造提升，光明巷和津头岭面貌焕然一新。韶州公园、林桥公园先后向市民开放。首批“139工程”试点镇龙归镇、江湾镇的九大基础设施建设工程基本完成。万侯村获评“全国乡村治理示范村”。深入开展扬尘专项整治，完成裸露土地整治180处约15.3万平方米；市政道路硬化32处约2.24万平方米。完成龙归镇万里碧道建设10.4千米；水土流失治理2.2平方千米。完成矿山石场治理复绿10公顷；碳汇造林33.33公顷；义务植树40万株，森林覆盖率达70%。辖区空气质量优良率达91.7%；考核断面水质全面达标优良比例达100%，被省列为第四批节水型社会建设县区。

全区民生投入13.78亿元、增长20.23%，占财政总支出75.11%。城乡居民人均可支配收入36413元，同比增长9%。城乡居民基本医疗保险参保缴费完成率达98%以上。新增城镇就业2205人、城镇失业再就业2010人，城镇登记失业率为2.7%。教育资源均衡配置不断优化，御龙湾小学、东岗太阳城小学低年级部校区、金福园小学教学综合楼等新建、扩建项目全面完成，新增学位2700个。高标准建成并启用建筑面积达8000多平方米的区级“一门式一网式”政务服务大厅。设立开办企业“一窗通办”绿色通道，企业开办时间压缩至

0.5个工作日，企业开办便利度居全市首位，营商环境便利度综合排名全市第二。脱贫攻坚取得新成效，脱贫攻坚主要任务指标17个考核指标中16个指标排名全市第一；7个省定贫困村和755户1788相对贫困人口全部有序稳妥退出。

区政府常务会议

2019年，区政府共召开政府常务会议20次。

1月25日上午，区长郑伟平在区政府310会议室主持召开区政府常务会议。会议讨论龙归镇续源老罗坑荣杵脉石英矿场采矿权延续申请事宜，审议并原则通过《关于支持农民工等人员返乡下乡创业工作的实施方案（送审稿）》《关于进一步引导和鼓励高校毕业生到基层工作的实施方案》《新建教育路幼儿园项目建议书》，审议并原则同意亿兆公司收购镇泰公司韶关厂区和中心血站及周边地块三旧改造项目涉及丹霞药业资产收购相关事宜。

2月1日下午，区长郑伟平在区政府310会议室主持召开区政府常务会议。会议传达学习全省加强非洲猪瘟防控工作和全国、全省安全生产电视电话会议精神，研究部署春运工作。

3月7日上午，区长郑伟平在区政府办公楼310会议室主持召开区政府常务会议。会议传达学习上级有关"大棚房"问题专项清理整治行动会议、文件精神及省、市关于省环保督察组对韶关市督察情况反馈意见的相关文件精神，听取全区"大棚房"整治有关工作情况报告，研究部署涉农资金统筹整合有关工作，研究收购镇泰公司、丹霞药业资产及区政府向亿兆公司注资等有关事宜。

3月19日下午，区长郑伟平在区政府办公楼310会议室主持召开区政府常务会议。会议研究讨论区法院、区检察院司法辅助人员经费保障标准，武江区2019年招聘中小学、幼儿园教师，武江老城区环卫作业服务市场化相关事宜。

4月15日下午，区长郑伟平在区政府办公楼310会议室主持召开区政府常务会议。会议审议2019年政府计划投资第一批项目和《武江区农村集体产权制度改革试点工作实施方案》，研究西联镇增设社区居委会、韶关市芙蓉禅寺占用林地处置和升级财政一体化信息管理系统事宜，研究部署武江区河湖"四乱"清理整治工作。

5月7日上午，区长郑伟平在区政府办公楼310会议室主持召开区政府常务会议。会议审议《武江区争取上级政策、资金项目实施方案》《武江区农村人居环境整治村庄清洁行动春季战役奖补激励办法》及武江城区环卫作业市场化项目方案及相关文件。

6月1日下午，区长郑伟平在区政府办公楼310会议室主持召开区政府常务会议。会议传达学习习近平总书记在国家综合性消防救援队伍授旗仪式的训词精神，研究部署近期全区防汛防灾工作，审议并原则通过《武江区网格化管理工作实施细则（试行）》《韶关市武江区"路长制"实施方案（送审稿）》《2019年全区经济增长指标任务分解》《武江区处置在市委、市政府机关及周边地区非正常上访人员处置方案》，研究规范辖区洗车场（点）行为事宜，研究并同意新增招录30名警务辅助人员事宜，会议听取全区扫黑除恶专项斗争工作情况。

6月23日上午，区长郑伟平在区政府办公楼310会议室主持召开区政府常务会议。会议审议2019年政府投资第二批申报项目和《韶关市武江区贯彻落实职业年金清算补征工作方案》，传达学习市委书记李红军在《坚持市场化改革、打赢蓝天保卫战——关于在韶关市区环卫作业市场化工作情况报告》批示精神，听取重阳镇拆旧复垦资金相关情况报告，全区1—5月经济运行情况、财政收支情况报告，研究调整补发机关事业单位在职和离退休人员住房改革补贴、2019年事业单位招聘和区政务服务中心工作时间调整事宜，研究部署近期重点工作。

6月28日下午，区长郑伟平在区政府办公楼310会议室主持召开区政府常务会议。会议学习《政府投资条例》（国务院令第712号），研究向市莞韶园借款用于甘棠工业园扁石村、石角村及部分分散户房屋拆迁，落实人民警察职务序列改革工资政策、建立执法勤务警员和警务技术人民警察津贴补贴，社主村至冲下村精品线路、冲下样板村相关事宜，通报国家应急管理明察暗访组对韶关企业突击检查情况。

7月6日下午，区长郑伟平在区政府办公楼310会议室主持召开区政府常务会议。会议研究2019年机关事业单位退休人员基本养老金、重阳镇革命老区（含镇区）公共基础设施建设项目整改事宜、重阳镇革命老区（含镇区）公共基础设施建设项目由政府购买转为政府投资事宜，审议2019年新增地方债券分配方案，学习传达市政府第75次常务会议专题宣讲土地管理政策精神。

7月20日下午，区长郑伟平在区政府办公楼310会议室主持召开区政府常务会议。会议研究讨论武江区第二批拆旧复垦资金分配，区政府投资项目可行性研究报告评估、初步设计审查、投资概算审查直接选取相关中介服务机构，甘棠工业园控制性详细规划实施评估及修编直接选取相关中介服务机构和五所新建、改扩建学校更名及命名事宜，研究批准韶关市武江区重阳镇总体规划（2014—2030）镇区局部调整论据报告事宜，审议《2019年度武江区推进供给侧结构性改革系列工作方案》，听取武江区2019年上半年经济运行情况报告，分析2019年上半年武江区财政预算收支执行情况。

8月5日晚上，区长郑伟平在区政府办公楼310会议室主持召开区政府常务会议。会议传达学习全市上半年经济形势研判会精神及《2019年韶关市“争先进位”绩效评价（考核）评分办法》，研究部署武江区落实韶关市环保督查整改工作，研究讨论关于申请追加原民办教师和原代课教师生活困难补助资金，武江区2019年公开选聘教师，甘棠工业园2018年绩效考核和亿兆公司向区财政借款事宜，审议并原则通过《韶关市武江区专利资助管理办法》《韶关市武江区专利资助管理办法实施细则》，审议《区政府向区人大常委会报告国有资金管理情况的任务分解方案》《武江区关于送一步加强审计整改工作的实施意见》，集体学习全面依法治国专题讲座。

8月24日下午，区长郑伟平在区政府办公楼310会议室主持召开区政府常务会议。会议研究《韶关市武江区省级涉农转移支付资金统筹整合实施方案（第一、二批资金）》和亿兆公司补缴国有资产的土地使用税及滞纳金有关事宜，研究并原则同意武江区第二届“中国农民丰收节”暨生态农业博览会有关工作，审议并原则通过《韶关市武江区加强公安派出所建设工作方案》《韶关市武江区人民政府办公室关于明确预算资金审批范围和程序的通知》《关于韶关市武江区2018年财政决算（草案）的报告》《武江区2019年上半年国民经济和社会发展计划执行情况报告》，听取武江区区属国有企业经营管理情况和武江区2019年上半年预算执行情况报告。

10月15日上午，区长郑伟平在区政府办公楼310会议室主持召开区政府常务会议。会议审议并原则通过《武江区促消费行动实施方案（2019—2020）》《关于成立韶关市武江区“十四五”规划编制工作领导小组的通知》《韶关市武江区“十四五”规划编制工作方案》《武江区非法集资举报奖励暂行办法》《武江区关于村庄保洁员队伍管理的实施方案》，审议《关于2019年省定贫困村创建社会主义新农村示范村资金的使用计划》《关于2019年市级涉农资金（农村人居环境整治类）的使用计划》《关于2019年市级涉农资金（农村人居环境整治第二批）的使用计划》，研究西河镇卫生院建设、西河镇改善百旺桥头片区公共服务设施、教育信息化项目建设和机关事务服务中心租赁南枫物业房屋有关事宜，研究部署近期有关工作。

10月25日上午，区长郑伟平在区政府办公楼310会议室主持召开区政府常务会议。会议审议并原则通过《韶关市武江区机关事业单位养老保险基金清算工作办法》《武江区进一步扶持建筑业发展的若干措施》《武江区关于重点楼宇和特色楼宇培育与扶持办法》《稳定全区工业经济增长的工作措施》《武江区推进现代农业发展优惠政策》，研究讨论关于申请2019年10—12月机关事业单位养老保险财政补贴资金相关事宜。

11月8日，区长郑伟平在区政府办公楼310会议室召开区政府常务会议。会议审议并原则通过《重阳镇永业石场采矿权变更范围网上公开挂牌出让方案》《韶关市武江区违建别墅问题清查整治专项行动实施方案》《武江区人民政府履行教育职责整改提升工作方案》《武江区公办中小学（幼儿园）班主任工作绩效实施方案》《关于深化区级预算编制执行监督管理改革的实施意见》，研究讨论2018年武江区老旧区改造试点项目相关事宜，听取全面推行河长制工作进展情况汇报，审议《武江区2019年度河湖管理范围划定实施方案》，审议并原则通过武江区2019年政府计划投资第三批申报项目事宜，部署武江区2019年第三批、2020年第一批政府专项债券项目申报有关工作，研究部署武江区“十四五”规划纲要及重点专项规划编制有关工作，听取武江区公安分局扫黑除恶专项斗争工作、武江区公安分局全民禁毒工程工作和武江区涉农资金统筹整合情况汇报。

11月20日，区长郑伟平在区政府办公楼610会议室召开区政府常务会议。会议审议并原则通过《武江区关于相对贫困人口和相对贫困村退出的请示》《武江区教育资源均衡配置工程三年行动方案》《武江区名校长名教师名班主任培育三年行动方案》《武江区师德师风建设提升工程三年行动方案》。

12月8日，区长郑伟平在区政府办公楼310会议室召开区政府常务会议。会议研究部署武江区禁烧秸秆、森林防火及岁末年初安全生产工作和武江区乡村振兴、精准扶贫工作，审议并原则通过“关于积极推行政府购买服务加强基层社会救助经办服务能力”相关事宜、武江区劳动人事争议仲裁委员会办案补助事项和《2020年武江区公务员招录计划》《亿兆公司职业经理人招聘方案》，审议《关于要求履行法院判决的请示》并原则同意按照《广东省韶关市中级人民法院民事判决书》（〔2019〕粤02民终1347号）执行相关决定，强调2019年12月区政府有关工作。

12月22日下午，区长郑伟平在区政府办公楼310会议室主持召开区政府常务会议。会议审议并原则通过《韶关市武江区严重精神障碍患者救治救助资金使用管理意见》，听取武江区落实省民生实事推进医疗机构升级建设项目的情况报告，传达学习全省深化涉农资金统筹整合改革会议精神和《广东省地级以上人民政府耕地保护责任目标考核办法》，研究讨论韶关市武江区国家储备林项目、龙归江湾乡村精品线总体规划直接选取相关中介服务机构和征收西河镇黄塱茗苑教学点运动场地块有关事宜。

12月31日下午，区长郑伟平在区政府办公楼310会议室主持召开区政府常务会议。会议审议并原则通过《武江区政府关于购买2019年普惠性幼儿园学位的方案》《韶关市武江区人民政府与广东股权交易中心股份有限公司战略合作协议》，研究讨论韶关新区小学、幼儿园及教师发展中心改扩建项目相关事宜和市二院终止托管新华社区卫生服务中心有关事项，传达学习《重大行政决策程序暂行条例》精神。

区长办公会议

2019年，武江区人民政府共召开区长办公会议36次。

1月8日上午，区长郑伟平在区政府办公楼310会议室主持召开区长办公会议，专题研究2018年主要经济指标预计完成情况及2019年主要经济指标计划。会议听取2018年主要经济指标预计完成情况，各经济部门对2019年涉及本部门经济领域运行情况的研判分析，并明确相关工作要求。

1月30日下午，区长郑伟平在区政府办公楼302会议室主持召开区长办公会议，专题研究棕榈湾地块拆违工作，会议听取当前棕榈湾地块拆违工作进展、案件处置、信访维稳等情况，并对下一步有关工作进行部署。

2月21日下午，区长郑伟平在区政府办公楼302会议室主持召开区长办公会议，围绕当前防汛工作部署应急值班有关工作。会议对值班值守及应急处置事宜做出相关工作部署，要求相关单位加强沟通衔接，做好值班值守、灾害预防和突发事故处置工作。

2月28日下午，区长郑伟平在区政府办公楼302会议室主持召开区长办公会议，会议听取2019年武江区工业、商贸业运行总体情况以及招商引资、园区建设等方面的情况汇报，对工业园区建设、商贸业发展、招商引资及工作谋划等方面做出有关工作部署。

3月2日上午，区长郑伟平在区政府办公楼302会议室主持召开区长办公会议，专题研究2019年武江区土地收储和出让工作。会议传达市有关会议精神和工作要求，明确有关单位责任分工；研究已收储地块地证注销问题（水泥厂地块、韶南大道七公里西侧地块）、南郊七公里西侧地块浈江区村民违法占用土地问题、村头村和狮公岩地块内杨梅园山庄等土地承租户的处理问题、芙蓉新城西京路加油站对面地块存在临时建筑物问题、上饶路周边地块塘湾和朝阳两村留用地事宜、狮公岩地块李屋村小组征收补偿诉求问题及塘湾二期项目九号和十一号地块韦德土石方公司未清理问题，并部署有关工作。

3月12日下午，区长郑伟平在区政府办公楼316会议室主持召开区长办公会议，专题研究讨论巩卫迎接复检有关工作。会议对省、市暗访中通报问题及做好复检工作提出相关工作要求。

3月24日上午，区长郑伟平在重阳镇政府三楼会议室主持召开区长办公会议，专题研究重阳镇重点项目推进相关事宜。会议研究讨论重阳镇观音山地质灾害点整村搬迁、拆旧复垦、污水处理设施建设、村村通自来水建设、湿地公园、现代农业产业园、敬老院修缮工程等项目有关事宜，并对推进各项目作出有关工作部署。

4月11日下午，区长郑伟平在区征收中心主持召开老城区征拆工作会议，研究解决老城区征拆推进中遇到的困难和问题。会议对项目征拆涉及的资金问题进行研究，并就加快推进项目征拆提出相关工作要求。

4月15日，区长郑伟平在区政府办公楼302会议室主持召开区长办公会议，专题研究区属国有企业负责的相关项目推进事宜。会议审议并原则通过中核锦原大厦招商方案和粤北工程机械交易市场招商方案，研究讨论中核锦原大厦子项工程完善及润恒公司租赁朝阳村四个地块相关事宜，并部署有关工作。

4月18日上午，区长郑伟平在区政府办公楼410会议室主持召开区长办公会，专题研究提高全区第四次全国经济普查数据质量相关工作。会议听取全区经济普查数据质量情况报告，并对提高全区第四次全国经济普查数据质量相关工作提出具体要求。

4月23日下午，区长郑伟平在龙归镇政府会议室召开区长办公会议，专题研究河湖“清四乱”、过境国省道环境治理和龙归镇域范围扬尘治理工作，并部署有关工作。

5月16日上午，区长郑伟平在区政府办公楼302会议室主持召开区长办公会议，专题研究武江区部分土地收储和出让项目推进中存在的问题。会议对塘湾二期（11号）地块、武江科技园3号地块、武江水泥厂地块、狮公岩地块、村头村地块、长者公寓对面地块、韶南大道七公里西侧地块、武江区农业局地块、保利地产项目3号地块（保利E8-01）和上饶路地块等项目地块有关事宜进行研究，并部署下一步工作。

5月17日上午，区长郑伟平在区政府办公楼302会议室主持召开区长办公会议，专题研究推进韶关武江新时代文明实践中心一期工程相关工作。会议听取韶关武江新时代文明实践中心一期工程推进情况及存在的主要问题，并明确有关事宜。

5月24日上午，区长郑伟平在区政府办公楼302会议室主持召开区长办公会议。会议围绕当前区政府重点工作进行研究部署，并就完善财政资金审批流程和加快推进民政重点工作等相关事宜提出相关工作要求。

5月27日上午，区长郑伟平在重阳镇政府三楼会议室主持召开区长办公会，专题研究部署重阳镇重点项目推进事宜。会议听取重阳镇汇报重阳桥头至临时市场河堤道路扩（改）建项目征地资金测算方案及建设推进中存在问题，原则同意重阳镇对镇政府门口至污水厂地块（3.93公顷）进行土地流转收储，并对重阳镇敬老院扩建收储地块及融资项目等相关工作作出工作部署。

5月29日下午，区长郑伟平在区征收办会议室召开区长办公会议，专题研究解决武江区市政工程项目征拆工作中的存在问题。会议对征拆工作经费、征拆补偿资金、村头村刘自云五小化工厂权属暂管等问题进行研究，明确暂缓实施新兴路、机场快线、十里亭互通和北江桥头等项目，并议定有关工作。

6月5日晚上，区长郑伟平在区政府办公楼302会议室主持召开区长办公会议。会议通报近期武江区范围内出现的生猪养殖异常情况及疑似炒猪团作案事件，并对下一步防控工作进行部署。

6月24日晚上，区长郑伟平在区政府办公楼302会议室主持召开区长办公会议，专题研究冲下样板村项目和甘棠至冲下村精品线路项目有关工作。会议研究讨论冲下样板村项目库、关于甘棠至冲下精品路线整治提升项目库调整事宜，并明确项目推进有关要求。

6月27日下午，区长郑伟平主持召开征拆工作专题会议，研究解决2019年出让项目征拆工作中的存在问题。会议对长者公寓对面地块清表、亨泰路项目资金缺口、处理土地收储相关问题及上饶路储备地块征收工作事宜进行研究讨论，并议定有关事项，提出相关工作要求。

7月6日上午，区长郑伟平在区政府办公楼302会议室主持召开区长办公会，专题研究部署“全市县域发展现场会”准备工作。为做好全市县域发展现场会相关准备工作，会议围绕城市管理（巩卫创文）、路域环境及扬尘整治、乡镇（镇街）提升139工作、农村人居环境整治示范村建设（含铁路沿线村庄）、农业产业园建设和工业园区建设等6个方面重点事项布置有关工作任务，并明确职责分工。

7月13日下午，区长郑伟平在区政府办公楼310会议室主持召开会议，专题研究韶关学院学生感染“诺如”病毒相关处置工作。会议听取韶关学院学生感染“诺如”病毒具体情况报告及区各相关职能单位应急处置工作情况，对相关应急处置工作作进一步部署。

8月20日上午，区长郑伟平在重阳镇政府会议室主持召开区长办公会议，专题听取重阳镇项目推进和新农村建设工作情况报告，并对重阳镇镇级污水处理厂项目、村委杉木冲新村建设工作、敬老院周边地块征收工作、2018年镇街提升项目资金缺口问题、镇拆旧复垦成本下拨问题和村级党组织阵地建设预算超配套资金标准问题等进行研究讨论，部署有关工作。

8月26日下午，区长郑伟平在区政府办公楼三楼302会议室主持召开区长办公会议。会议听取8月重点工作开展情况，对9月重点工作进行具体部署，明确相关单位重点工作任务。

9月3日上午，区长郑伟平在区政府办公楼323会议室主持召开区长办公会议，专题研究武江区2019年定向培养农村卫生人才事宜。会议通报武江区2019年定向培养农村卫生人才有关情况，研究并议定做好定向培养医疗卫生人才有关工作。

9月7日上午，区长郑伟平在区政府办公楼310会议室主持召开专题工作会议，研究部署武江区巩卫工作，区委书记颜亮参加会议并讲话。会议通报巩卫迎国检工作有关情况，观看区市巩卫工作的暗访视频，学习传达市巩卫迎国检工作会议精神及市委、市政府主要领导关于巩卫迎国检工作的批示、指示精神，通报武江区在巩卫工作中存在的问题，强调并部署武江区巩卫迎国检有关工作。

9月24日下午，区长郑伟平在区政府办公楼302会议室主持召开区长办公会，研究部署政府债、专项资金支出和涉农资金统筹整合等工作。

10月2日下午，区长郑伟平

在区政府办公楼302会议室主持召开区长办公会议。会议研究部署武江区无军籍退休退职职工各类补贴待遇、森林公安派出所民警法定工作日之外加班补贴和执勤岗位津贴发放、2019年武江区4类重点对象危房改造户21户配套补助资金、2018年武江区老旧小区改造试点改造项目变更费用、龙归江湾乡村精品线路规划、武江区交通劝导站交通安全劝导员工作经费、国道G240线和G323线龙归段扬尘治理硬底化改造奖补、涉农资金统筹整合及武江区第三批专项债券申报等相关事宜。

10月4日下午，区长郑伟平在区政府办公楼三楼302会议室主持召开区长办公会议，会议传达学习《韶关市产业园项目落地情况专题调研报告》，研究产业园区建设、工业投资及技改、工业稳增长、招商引资评估及决策、楼宇经济发展等工作事宜，并对有关工作进行部署。

10月5日下午，区长郑伟平在区政府办公楼三楼302会议室主持召开区长办公会议。会议研究部署武江区卫片执法图斑整改和违法用地整治、松材线虫病检疫执法、河长制考核责任落实以及2018年及以前高标农田建设整改等工作，并通报有关情况；研究武江区水库移民项目实施和专项资金使用事宜和2019年山水林田湖草生态修复试点工程中央奖补资金支持项目，并通报有关情况；研究武江支持建筑业发展若干措施。

10月6日上午，区长郑伟平在区政府办公楼三楼310会议室主持召开区长办公会议，研究农业农村、民政有关工作。会议研究武江区精准扶贫指标完成情况及审计发现问题整改事宜、武江区土地流转实施方案和武江区现代农业产业园优惠政策，研究部署武江区农村集体产权制度改革工作、武江区现代农业产业园创建事宜和武江区流浪乞讨人员救助管理工作，强调重阳节山火防控及孤寡老人慰问等相关工作。

10月8日上午，区长郑伟平在区政府办公楼三楼302会议室主持召开区长办公会议，听取9月重点工作开展情况，并研究部署区政府党组“不忘初心，牢记使命”主题教育工作；对10月重点工作进行具体部署，明确相关单位工作任务及工作重点事项。

10月11日上午，区长郑伟平在区政府办公楼三楼310会议室主持召开区长办公会议，研究部署涉农资金管理、清理拖欠民营企业中小企业账款和红工六矿地块规划设计等工作。会议讨论2019年省定贫困村创建社会主义新农村示范村资金、市级涉农资金（农村人居环境整治类）和市级涉农资金（农村人居环境整治类第二批）使用计划，并进一步研究涉农资金管理相关事宜；研究清理拖欠民营企业中小企业账款工作及红工六矿地块规划设计相关事宜，并对相关工作作出部署要求。

10月29日下午，区长郑伟平在区政府办公楼310会议室主持召开工作会议，专题研究地方政府债券项目申报有关事宜。会议听取武江区专项债券申报情况，并传达学习专项债券申报有关要求；研究讨论并部署武江区工业园项目、基础教育项目、城市公共服务项目、基层医疗机构建设项目、村村通自来水工程项目、龙舟文化文体基础设施建设项目、省道520沿线农村人居环境综合整治及综合开发利用项目等各项专项债券申报工作。

11月6日上午，区长郑伟平在区政府办公楼302会议室主持召开区长办公会议，专题研究武江区“厕所革命”有关工作。会议研究部署武江区农村“厕所革命”及学校“厕所革命”有关工作，通报有关工作开展情况，并对下一步工作进行部署。

11月8日上午，区长郑伟平在区政府办公楼三楼302会议室主持召开区长办公会议，专题研究涉农资金统筹整合及使用管理工作。会议通报武江区涉农资金支出情况，并对涉农资金使用提出要求。

12月15日下午，区长郑伟平在区政府办公楼302会议室主持召开区长办公会，专题研究国家储备林项目推进工作相关事宜。会议听取国家储备林项目相关情况报告，为确保武江区国家储备林项目的顺利实施，部署有关工作。

区政府工作会议

2019年，武江区政府共召开政府重点工作会议66次。

1月4日上午，副区长欧伟强在十五中会议室主持召开关于解决该校地质灾害安全隐患工作会议。会议传达副市长高冬瑞于2019年1月4日上午到十五中调研时的指示精神，研究十五中当前存在的地质灾害安全隐患情况，并提出相关工作要求。

1月8日下午，副区长欧伟强在区政府办公楼310会议室主持召开会议，专题研究龙归80兆瓦光伏电站项目推进工作相关事宜。会议听取广发集团在项目推进过程中存在的问题及各相关部门的意见建议，并对项目推进的具体事宜进行部署。

1月17日下午，副区长欧伟强在区政府办公楼610会议室主持召开会议，专题研究协调解决田家炳小学家长代表诉求相关事宜。会议听取田家炳小学家长代表相关诉求具体情况及各相关部门根据自身职责提出的意见、建议，对协调解决田家炳小学家长代表诉求具体问题进行部署。

1月28日下午，副区长黄燕斌在区政府办公楼610会议室主持召开农业农村重点工作推进会。会议传达学习《转发关于进一步做好“大棚房”问题清理整治工作的通知》，通报武江区“大棚房”清理工作的基本情况，研究部署武江区“大棚房”清理整治、武江区河长制和2019年小水电站安全运行管理工作，听取各镇（街）“五清”及“十日清”工作进展情况，并部署相关工作。

1月31日上午，副区长黄燕斌在区政府办公楼302会议室主持召开武江区春节前森林防火工作会议，会议对全区近期森林防火工作情况进行通报，对2019年春节期间的森林防火工作进行部署，听取各镇对近期森林防火工作存在问题的汇报，并针对当前高火险期森林防火工作进行工作部署。

1月31日上午，副区长黄燕斌在区政府办公楼302会议室主持召开武江区非洲猪瘟防控工作会议。会议听取各单位对近期工作开展情况，并对下一步防控工作提出具体要求。

2月13日上午，区委常委、常务副区长陈雪在区政府办公楼302会议室主持召开全区地区生产总值核算联席会议。会议传达2019年1月30日全市召开地区生产总值核算联席会议精神，听取2019年一季度经济增长预期目标与建议，对武江区2019年第一季度经济实现“开门红”工作进行强调和部署。

2月14日下午，区委常委、常务副区长陈雪在区征收办会议室主持召开芙蓉新城征拆项目审计查出问题整改工作部署会议。会议听取区审计局关于芙蓉新城征拆项目审查情况的汇报，并围绕审查中存在的合同签订不完善和存在重大隐患、内控制度缺失、征拆补偿款存折发放和领取未办理手续、会计核算上未开展定期或不定期抽查及征拆过程中损坏其他附属物赔偿支付依据单一等问题整改工作进行讨论研究，议定相关整改措施。

2月20日上午，副区长欧伟强在区政府办公楼220会议室召开工作会议，专题研究加快推进区级政务服务中心建设相关事宜。会议听取各单位相关工作开展及存在主要问题等情况汇报，研究部分额外增加建设工程相关事宜，对有关工作进行部署。

3月20日下午，副区长钟爱明在区政府办公楼302会议室组织召开工作会议，专题研究重阳镇敬老院修缮工程办理消防设计审核和备案手续相关事宜。会议通报重阳镇敬老院修缮工程有关情况，听取市自然资源局相关指导意见，并部署有关工作。

3月22日上午，市人大常委会副主任陈曦在莞韶大厦615会议室主持召开挂点联系重点项目调度会，专题研究加快甘棠园区环凯生物项目报建审批手续相关事宜，副区长欧伟强、区工信局局长张思建等参加会议。会议听取环凯公司环凯生物项目进展情况、项目推进过程中存在的问题及各相关单位的意见、建议，并对推进环凯生物项目提出相关工作要求。

3月22日下午，副区长黄燕斌在区政府办公楼610会议室主持召开区政府工作会议，专题研究民政重点工作。会议研究讨论敬老院管理工作事宜，听取区民政局近期对敬老院安全管理方面督查的情况通报，省市福利彩票公益金项目、村民小组“五有”规范化和理事会建设、扫黑除恶、残疾人两项补贴、城乡低保及清明文明祭祀等民政重点工作，研究讨论民政重点工作、西联镇增设社区居委会和芙蓉新城恒大二期后山违建坟墓整改等事宜。

3月29日下午，副区长钟爱明在区政府办公楼610会议室主持召开工作会议，专题研究部署武江区2019年卫生健康重点工作。会议部署武江区2019年各镇（街）、相关部门卫生和计划生育工作任务，对下一步工作提出相关要求。

4月11日下午，副区长钟爱明在区政府办公楼610会议室组织召开专家评审会议，专题研究审议武江区图书馆、文化馆智能化管理系统设备设计方案的相关事宜。会议通报武江区图书馆、文化馆智能化管理系统建设相关情况，审议并原则同意文化“两馆”智能化管理系统设计方案，对相关工作提出具体要求。

4月18日上午，副区长欧伟强在区政府办公楼510会议室召开工作会议，研究推进第二、三批市场升级改造工作相关事宜。会议通报第二批升改市场验收评级及奖补清算工作推进情况，听取第三批城区农贸市场升级改造工作推进情况，原则同意龙归市场、重阳市场、江湾市场、佳信市场、群康市场、沐溪市场、甘棠市场等7个市场纳入武江区第三批市场升级改造范围，并对下一步农贸市场升级改造工作作出部署。

4月19日上午，副区长黄燕斌在区政府办公楼610会议室主持召开2019年流浪乞讨人员救助联席会议，专题研究流浪乞讨人员护送工作流程、流浪乞讨人员救助联席会议成员单位职责及工作机制等事项。会议对流浪乞讨人员救助管理相关工作内容进行详细解读，研究流浪乞讨人员护送工作流程，明确流浪乞讨人员救助联席会议成员单位职责及工作机制，原则同意调整韶关市武江区流浪乞讨人员救助管理工作联席会议制度，并明确成员单位职责及工作机制。

4月22日下午，副区长欧伟强与市供销社副主任张元展在区工信局233会议室就共同做好电商精准扶贫工作有关事宜召开专题会议。会议传达《广东省商务厅关于进一步做好电商精准扶贫工作的通知》（粤商务电函〔2019〕5号）文件精神，研究部署武江区电商精准扶贫工作，明确其他有关事项。

4月25日下午，副区长欧伟强在武江工业园管委会201会议室主持召开会议，专题研究协调武江光伏项目车辆途经莞韶园道路使用事宜。会议听取武江光伏项目进展情况及当前存在的主要问题，为确保武江光伏项目顺利推进，明确有关工作要求。

5月8日，副区长刘拥军主持召开工作会议，讨论研究西河镇向阳村委会群康路明星实验幼儿园如何办理消防设计审核和备案手续的问题。会议听取西河镇向阳村委会群康路明星实验幼儿园办理消防设计审核和备案手续基本情况，研究有关事项，并议定向阳村民委员会可凭区政府会议纪要向主管部门申请办理建设工程消防设计审核和备案手续及其他相关事项。

5月30日上午，副区长钟爱明在区政府办公楼610会议室主持召开工作会议，专题研究沙洲尾、芙蓉新区社区卫生服务中心项目建设事宜。会议研究讨论沙洲尾社区卫生服务中心项目新增建设面积事宜，议定有关事项，并明确沙洲尾社区卫生服务中心新增面积场地租赁和物业管理费用支付问题及芙蓉新区社区卫生服务中心物业管理费用支付问题。

6月5日上午，副区长欧伟强在区政府办公楼323会议室召开工作会议，专题研究韶关市韶瑞重工有限公司综合楼改建相关事宜。会议听取韶关市韶瑞重工有限公司关于闲置综合楼改建酒店相关情况汇报，原则同意在符合现行法律法规的条件下，相关职能部门给予该企业必要的指导意见，为做好改建工作，会议对相关工作进一步明确。

6月5日下午，副区长钟爱明在区政府办公楼410会议室主持召开工作会议，专题研究韶州公园项目建设中有关问题，会议通报韶州公园项目建设有关情况，研究讨论支付施工单位工程款项事宜，并明确有关事项。

6月6日下午，副区长欧伟强在区政府办公楼310会议室召开工作会议，专题协调解决韶关市益华百货公司儿童游艺项目行政审批相关事宜。会议听取韶关市益华百货公司儿童游艺项目进展情况及存在的主要问题汇报，并对相关工作作出部署。

6月11日上午，区委常委、常务副区长陈雪在区政府办公楼302会议室主持召开武江区审计整改专题会议。会议通报《韶关市人民政府办公室关于认真做好省级财政支持实体经济发展5个专题审计以及社会保险基金预算执行审计发现问题整改工作的通知》和韶关市人民政府办公室交办通知《关于“放管服”改革专项审计发现问题整改工作的进展情况》《韶关市“放管服”改革和企业用能营商环境优化情况跟踪审计调查情况的报告的提醒函》涉及武江区的有关问题和注意事项，听取相关单位对审计发现问题整改工作情况的汇报，并对做好审计整改工作做出相关部署。

6月13日，副区长刘拥军在区政府办公楼610会议室主持召开全区土地矿产卫片监督检查工作会议，部署推进武江区2018年度土地矿产卫片整改工作。会议通报全区违法违规用地情况，提出具体整改措施，解读卫片监督检查工作的政策文件，并提出工作要求。

6月18日下午，区委常委、常务副区长陈雪在区政府办公楼302会议室召开会议，专题研究部署城镇小区配套幼儿园治理工作相关事宜。会议传达学习《广东省人民政府办公厅关于印发城镇小区配套幼儿园治理工作方案的通知》（粤办函〔2019〕124号）等相关文件精神，听取城镇小区配套幼儿园前期摸排情况报告及相关部门意见、建议。

6月19日下午，区政协主席、韶州公园项目建设工作指挥部常务副指挥彭波在区政府办公楼510会议室主持召开项目建设工作会议，专题研究项目建设推进有关事宜，副区长钟爱明参加会议。会议通报调整后的韶州公园项目建设工作指挥部组成人员名单，听取项目建设施工方、设计方、监理方以及相关职能单位推进项目建设工作情况报告，对建设过程中存在的问题进行讨论研究，并提出相关工作要求。

6月21日上午，区委常委、常务副区长陈雪在区政府办公楼302会议室主持召开区政府投资项目联席会议，专题研究寄宿制学校专项资金项目立项、龙归中心幼儿园工程项目结算初审意见、华泰小学教学楼工程结算审核超合同价等有关事宜。会议研究并原则同意寄宿制学校专项建设资金766万元的项目安排与资金使用计划，听取华泰小学综合教学楼工程结算审核超合同价的情况说明，广东至衡工程管理有限公司出具的《关于韶关市武江区龙归中心幼儿园工程结算审核的报告》，原则同意区财政局投资评审中心《关于韶关市武江区龙归中心幼儿园项目工程结算初步审核意见》（韶武财评审〔2019〕006号），并提出相关工作要求。

7月2日下午，副区长钟爱明在区政府办公楼302会议室主持召开韶州公园项目建设工作会议，专题研究项目征拆资金拨付程序事宜。会议听取韶州公园项目征地拆迁资金使用情况报告，对征拆资金拨付程序进行讨论研究，并议定有关事项。

7月4日下午，副区长钟爱明在区政府办公楼302会议室主持召开工作会议，专题研究区图书馆、区文化馆建设有关事宜。会议听取区图书馆、区文化馆建设进展工作情况报告，对建设中存在的重点难点问题进行研究讨论，并提出相关解决措施，明确9月1日开馆运行。

7月5日下午，副区长刘拥军在区征收办三楼会议室主持召开协调韶关市富凯房地产开发有限公司办理建筑工程施工许可证问题工作会议。会议听取韶关市富凯房地产开发有限公司对富康广场（一期）项目的情况介绍，对有关工作作出部署。

7月9日上午，副区长刘拥军在区政府办公楼310会议室主持召开重点行业生产安全事故防范工作会议。会议通报深圳体育中心拆除项目坍塌事件，强调有关工作事项，并就做好重点行业安全生产工作明确有关要求。

7月10日上午，副区长欧伟强在区政务服务中心会议室召开工作会议，研究政务服务共管共建共享及企业开办绿色通道相关事宜。会议研讨设置中共韶关市武江区政务服务中心联合党支部架构及为企业开办绿色通道等相关事宜，并部署有关工作。

7月10日下午，副区长钟爱明在区政府办公楼302会议室主持召开工作会议，专题研究讨论小阳山建筑垃圾消纳场3号填土区项目建设事宜。会议听取小阳山建筑垃圾消纳场3号填土区建设项目基本情况、前期工作进展情况，研究讨论项目推进过程遇到重点难点问题，明确小阳山建筑垃圾消纳场3号填土区建设项目有关事宜，研究讨论小阳山建筑垃圾消纳场3号填土区建设项目用地涉及林地树木的补偿事宜。

7月12日上午，副区长欧伟强在区政府办公楼302会议室召开工作会议，专题研究推进园区规划调整工作相关事宜。会议听取韶关市城乡规划市政设计研究院关于韶关市甘棠工业园控制性详细规划修编情况汇报，并提出相关工作要求。

7月18日下午，副区长黄燕斌在区政府办公楼610会议室主持召开会议，研究讨论民政领域近期重点工作。会议研究讨论完善流浪乞讨人员管理工作机制、敬老院提升改造相关遗留问题和特困人员供养及管理工作等相关事宜，听取各镇对敬老院提升改造进展情况汇报，并对相关工作作出部署。

7月18日下午，副区长黄燕斌在区政府办公楼610会议室主持召开会议，研究讨论韶关市武江区康辉颐养服务中心办理消防设计审核和备案手续的问题。会议介绍韶关市武江区康辉颐养服务中心办理消防设计审核和备案手续的基本情况，并议定有关工作。

7月20日下午，区长郑伟平在区政府办公楼310会议室主持召开区2019年上半年经济形势分析会议。会议通报2019年上半年全区经济运行情况，对全区经济形势进行系统分析，研究部署下半年全区经济稳增长工作。

7月29日上午，副区长欧伟强在区政府办公楼310会议室召开工作会议，专题研究推进武江80兆瓦光伏项目110千伏输电线路工程相关事宜。会议听取武江80兆瓦光伏项目110千伏输电线路工程施工情况报告，指出当前工程推进过程中存在的主要问题，并对下一步工作进行部署。

8月5号下午3点，副区长欧伟强在甘棠工业园管委会2楼会议室召开工作会议，专题研究武江80兆瓦光伏项目110千伏输电线路工程推进工作相关事宜。会议听取武江80兆瓦光伏项目110千伏输电线路工程推进工作报告，并议定有关工作事项。

8月6日下午，副区长刘拥军在区城市管理和综合执法局二楼会议室主持召开工作会议，专题研究讨论部分城市提升项目电力迁改问题。会议研究讨论烟厂内涝点整治工程（含福林路改扩建）电力迁改、沙湖路口及周边道路渠化改造工程问题，并议定有关工作。

8月8日下午，副区长钟爱明在区政府办公楼302会议室主持召开工作会议，专题研究区图书馆、文化馆装饰工程项目办理消防设计审核和备案手续有关事宜。会议通报区图书馆、文化馆装饰工程项目有关情况，部署区图书馆、文化馆装饰工程项目有关工作。

8月25日上午，副区长欧伟强在区政府办公楼302会议室召开工作会议，专题研究解决韶关市武江区电子政务内网光纤电路租用等费用相关工作。会议听取韶关市武江区电子政务内网光纤电路租用等费用相关情况，议定有关事项。

8月28日上午，区委常委、常务副区长陈雪在区政府办公楼610会议室主持召开武江区开展职业年金补缴工作会议。会议传达省、市工作部署安排，听取武江区开展职业年金补缴工作报告，议定有关事项。

9月2日下午，副区长黄燕斌在区政府办公大楼610会议室主持召开精准扶贫工作会议。会议听取各镇、有关部门的工作汇报，指出武江区在产业扶贫和就业扶贫工作中存在的问题，并部署下一步工作。

9月2日下午，副区长钟爱明在区政府办公楼410会议室主持召开工作会议，专题研究武江区停车场建设运营管理工作有关事宜。会议通报武江区停车场建设运营管理工作有关情况，研究分析存在的问题，并对有关工作进行部署。

9月3日中午，副区长钟爱明在区城市管理和综合执法局会议室主持召开工作会议，专题研究韶州公园项目建设特殊材料认质认价有关事宜。会议通报韶州公园项目建设特殊材料认质认价有关情况，研究讨论存在的问题，并对有关工作进行部署。

9月6日下午，副区长欧伟强在区政务服务中心会议室召开工作会议，专题研究区政务服务中心建设费用支付相关事宜。会议研究区政务服务中心一楼门楼建设费用，区税务局增加网络线路、区公安分局阁楼建设及增加网络线路等工程费用有关事宜，并提出相关工作要求。

9月11日上午，副区长黄燕斌在区政府办公楼610会议室主持召开会议，专题研究推进2019年“中国农民丰收节”暨武江第二届生态农业博览会有关工作。会议通报武江区2019年“中国农民丰收节”暨第二届生态农业博览会筹备工作情况，研究讨论2019年“中国农民丰收节”暨武江第二届生态农业博览会工作安排。

9月11日上午，为有效推进武江区农村集体产权制度改革试点工作，副区长黄燕斌在区政府办公楼610会议室主持召开会议，专题研究区农村集体产权制度改革试点工作。会议强调有关工作，并作出有关工作部署。

9月23日下午，副区长钟爱明在区政府办公楼302会议室主持召开工作会议，专题研究部署协助保障2019年韶关市畅游北江活动有关事宜。会议通报2019年韶关市畅游北江活动有关工作情况，传达学习《2019年韶关市畅游北江活动方案》，听取武江区参加畅游北江活动准备工作进展情况，研究部署武江区协助保障畅游北江活动有关工作，并明确在畅游北江活动中武江区相关单位工作职责。

9月26日上午，区委常委、常务副区长陈雪在区政府办公楼410会议室召开2018年度政府履行教育职责评价工作联席会暨迎评工作布置会。会议听取区教育局关于2018年度政府履行教育职责评价的工作情况报告，提出相关工作要求，对迎评工作进行部署。

10月14日上午，副区长黄燕斌、钟爱明在区文旅体局主持召开工作会议，专题研究武江区文化馆、图书馆、博物馆（以下简称“三馆”）运行管理有关事宜。会议通报“三馆”运行管理有关工作情况，研究分析存在的问题，议定有关工作。

10月27日下午，区委常委、常务副区长陈雪在区政府办公楼610会议室主持召开韶关新区小学、幼儿园及教师发展中心建设项目联席会议。会议研究韶关新区内阳山小学和沐溪小学扩建项目、韶关新区内阳山幼儿园新建项目和武江区教师发展中心新建项目的概念设计方案。经讨论研究，要求进一步完善阳山小学与沐溪小学建设项目的概念设计方案。

10月30日下午，副区长黄燕斌在区政府办公楼302会议室主持召开会议，专题研究武江区“厕所革命”推进工作。会议传达学习《中共广东省委农村工作办公室等8个部门关于印发〈广东省农村改厕问题排查整改方案〉的通知》精神，研究部署武江区农村“厕所”革命有关工作。

11月4日上午，副区长钟爱明在区政府办公楼302会议室主持召开工作会议，专题研究武江区西河镇卫生院建设有关事宜。会议通报武江区西河镇卫生院建设进展情况，研究讨论建设工作中存在的问题，并议定有关事项。

11月6日下午，副区长刘拥军在区政府办公楼302会议室主持召武江区高铁沿线环境安全综合整治工作推进会。会议传达省、市高铁沿线环境安全综合整治工作会议精神，并对武江区下一步高铁沿线环境安全综合整治工作进行部署。

11月7日上午，副区长钟爱明在区政府办公楼302会议室主持召开工作会议，专题研究部署保障2019年环丹霞山自行车赛、韶关马拉松赛、徒步穿越丹霞山活动、丹霞山国际山地马拉松赛（以下简称“韶关市2019年四大重点赛事”）有关事宜。会议通报韶关市2019年四大重点赛事有关工作情况，学习传达市政府关于办好韶关市2019年四大重点赛事会议精神，研究部署武江区保障韶关市2019年四大重点赛事有关工作，对涉及武江区的2019年韶关马拉松赛保障工作进行重点部署，明确各相关单位的职责分工。

11月14日上午，副区长钟爱明在区城市管理和综合执法局会议室主持召开工作会议，专题研究武江区相关市政建设项目有关事宜。会议通报武江桥头人居环境综合提质改造项目等13个市政建设项目情况，研究分析存在问题，部署下一步工作，明确资金来源。

11月14日下午，区委常委、副区长欧伟强在区政府办公楼302会议室召开工作会议，专题研究筹备开通“武江发布”公众号工作相关事宜。会议听取区各相关职能部门对开通“武江发布”公众号工作的相关意见、建议，明确区相关部门要紧密合作，确保在2019年12月30日前完成“武江发布”公众号试运行，并于2020年1月1日正式投入使用。

11月25日下午，副区长钟爱明在区政府办公楼302会议室主持召开工作会议，专题研究部署2020年涉嫌违建排查有关工作。会议通报涉嫌违建排查工作的基本情况，学习传达市整治办关于做好2020年涉嫌违建排查工作的文件精神，研究分析武江区涉嫌违建的有关情况，部署武江区2020年涉嫌违建排查工作。

11月30日上午，副区长刘拥军在区政府办公楼302会议室主持召开武江区ETC（电子不停车收费系统）安装工作推进会。会议通报武江区ETC安装进度情况，并部署有关工作。

12月20日上午，副区长钟爱明在区政府办公楼302会议室主持召开工作会议，专题研究校园周边环境综合整治工作。会议通报开展校园周边环境综合整治有关情况，传达学习市国卫办关于开展校园周边环境综合整治工作会议精神，充分肯定各责任单位2019年巩卫工作的成绩及经验做法。为深入推进校园周边环境综合整治工作，确保取得实效，会议明确相关单位工作职责，并提出相关工作要求。

12月23日下午，区委常委、常务副区长陈雪在区政府办公楼302会议室召开专题会议，研究推进基础教育项目建设工作相关事宜。会议研究韶关新区小学改扩建、韶关新区幼儿园和武江区教师发展中心新建项目选取设计单位相关事宜。为确保完成项目建设任务，原则同意区教育局根据《韶关市中介超市管理暂行办法》，依法依规从武江市中介超市选取“服务优、评价好、信誉高”的相关设计单位。会议对加快全区基础教育项目建设工作提出具体要求。

12月24日下午，副区长黄燕斌在区政府办公楼510会议室主持召开2019年第三次民政工作会议，研究讨论民政领域近期重点工作。会议研究讨论并原则同意《韶关市武江区人民政府办公室关于建立武江区农村留守儿童关爱保护和困境儿童保障工作联席会议制度的通知》《韶关市武江区关于加强农村留守儿童和困境儿童关爱保护工作的实施方案》，明确成立武江区未成年人救助保护中心管理机构事宜研究讨论重阳镇、新华街道、惠民街道流浪在外地的乞讨人员安置经费问题，并明确有关事项，研究部署岁末年初民政重点工作。

12月29日晚上，区长郑伟平在区政府办公楼302会议室主持召开森林防火紧急工作会议。会议对市委主要领导在全市森林防灭火工作视频会议讲话精神进行再学习、再强调，并对全区森林防灭火工作进行再部署。当日中午，旭日公司后山发生火情并得到及时处置。

区人民政府领导名录

区　长：郑伟平

常务副区长：陈　雪（女）

副区长：黄向阳（—2019.4）

欧伟强

余志强（2019.4—）

刘拥军

黄燕斌

钟爱明（2019.2—）

侯志军（2019.5—）

（桂顺凤）

区政府办公室工作

【概况】　武江区政府办公室是韶关市武江区人民政府的综合部门，负责推动区政府决策部署的落实，按照区政府要求协调有关方面开展工作，承担区政府运行保障具体事务，为正科级。加挂武江区外事局、武江区信访局牌子。武江区政府办公室贯彻落实党中央和省委、市委、区委关于区工作的方针政策和决策部署，在履行职责过程中坚持和加强党对区政府办工作的集中统一领导。

【统筹安排政务工作】　2019年，区政府办公室牢固树立责任意识、大局意识，紧扣中心，围绕重点工作，主动攻坚克难，坚持督办检查和联络协调紧抓不懈，不断提高政府各项工作实效。加强与区直各职能部门的联系，及时掌握全区经济建设、社会发展和重大事件等方面的情况，为区政府领导科学决策提供可靠的依据。认真做好全区重要会议、重要活动安排、组织和服务工作，会前对区政府常务会议、区政府党组会议、区长办公会等政府常规性会议材料进行收集、整理并逐级核稿、审核，保障会议材料规范，承办政府常务会议20次，区长办公会议36次，政府重点工作会议66次，起草各类会议纪要112期。

【做好办文工作】　2019年，区政府办规范公文高效运行，做到公文运转及时、准确、安全、保密；强化规范性文件的管理，规范公文处理程序，做到各类文件由拟稿人全程跟踪负责，特别是对重要材料，严把政策关、时效关、公文格式关，确保文件质量，全面实行规范性文件统一登记、统一编号、统一发布，制发政府及政府办各类公文388件。围绕全区的中心工作，增强信息工作的敏锐性，多角度挖掘信息，有效拓展信息源，高质量为区政府领导起草各种会议讲话、汇报材料等稿件及政府工作报告。

【做好干部职工作风建设】　2019年，区政府办严格落实“一岗双责”，抓牢主体责任，坚持问题导向，制定个性化责任清单，提出具体工作举措，明确完成时限，形成责任全覆盖的格局。开展党风廉政建设，严格执行八项规定，落实党风廉政建设责任制，认真开展纪律教育月活动，加强干部教育和管理。积极开展“不忘初心、牢记使命”主题教育，重点加强习近平新时代中国特色社会主义思想和党章、准则、条例等党内法规学习，树牢全心全意为人民服务的宗旨意识。

区人民政府办公室领导名录

主　任：刘宗华（—2019.4）
　　　　段锋刚（2019.4—）
副主任：邱　江（—2019.3）
　　　　刁海燕（女）
　　　　朱　唯（2019.3—）
　　　　纪曼娜（女，2019.5—）

（刘　强）

外事工作

【概况】　根据武江区委、区政府机构改革工作的统一部署，武江区外事局（区外事局）挂牌武江区人民政府办公室，于2019年3月5日正式挂牌和运作。武江区政府办公室内设外事办，设正股级领导职数1名。

其主要任务是：研究制定区外事工作的政策规定和发展规划，并组织实施；负责因公出国管理工作，承办审批、审核本区因公出国和邀请外国人来区访问的有关事项；负责因公出国人员护照的颁发和管理工作；监督执行外事纪律，协助有关部门处理涉外事件；承办区政府及市外事局交办的其他事项。

【外事签证及管理】　2019年，根据中央八项规定精神和省有关控制并降低总量的要求，区外事局严格按照“因事定人，人事相符”的原则，坚持从规范着手，以高效、务实出访为目的，严明出访纪律，坚决制止一般性考察和照顾性出访，强化外事管理职能，推动因公出访提质增效。2019年，无因公出国组团任务，无安排照顾性和无实质性内容的一般性出访和考察。

（侯芊彤）

信访工作

【信访突出问题化解】　2019年，武江区信访局（区信访局）制定区矛盾化解攻坚方案，将涉房地产、集资融资、农业农村、脱贫攻坚、劳动社保和环境保护等六大重点领域突出信访事项纳入专项治理范围。梳理将53宗重点突出信访问题列入区领导包案，将维稳类案件与化解类案件分开，化解案件着重化解，维稳案件突出重点时期稳控。在中华人民共和国成立70周年和开展“不忘初心、牢记使命”主题教育期间，两次调整区领导包案工作，化解一批重点难点信访突出问题。

【信访渠道】　2019年，信访人可通过区人民政府公布的信访工作机构通信地址、电子信箱、投诉电话，以走访或者来电形式提出信访诉求；也可通过武江区人民政府网站公布的接待日和接待地点当面反映信访事项；还可通过投递信件或对外公布的网站反映信访事项。

【信访秩序】　2019年，信访工作在区委、区政府的正确领导下，以“不忘初心、牢记使命”主题教育为契机，坚定不移推进信访工作制度改革，推动信访矛盾纠纷排查化解，推动信访工作规范化建设，取得较好成效。全区群众到国家、省、市、区四级信访总量为259批688人次，与2018年同期相比批次持平、人次下降20%，信访形势平稳向好，信访秩序进一步好转。

（韩　星）

机关事务

【推动机关事务管理制度化】　2019年，武江区机关事务局（区机关事务局）以厉行勤俭节约、反对

维修好外墙的区政府大楼　　（邱海燕　摄）

铺张浪费，提质提效为目标和重点，建立健全区政府保安人员、车队驾驶员、机关食堂服务人员及机关后勤人员日常管理和绩效考核办法等制度，完善办公用房分配、公务用车、会务保障、机关食堂管理及其他接待活动等工作有关规定，切实将中央“八项规定”及实施细则落到实处。

【统筹办公用房分配】 2019年，区机关事务局根据区机构改革方案和办公用房实际，制定办公用房调整分配方案，妥善调配各单位办公用房，解决新组建区退役军人事务局等6个单位办公用房及办公设备。根据实际需要对区政府办公大楼外墙瓷砖大面积脱落、板底渗水及墙梁交接处开裂等问题进行维护修缮。全面提升机关大院环境，改造提升大院绿化、围墙，对前院路面铺设沥青，重新规划停车位，增设升旗台。

【公务接待】 2019年，区机关事务局严格按照中央“八项规定”要求执行公务接待，严格控制公务接待范围、陪餐人数，杜绝超标、超范围接待。在大型会务接待上，充分利用现有设备和条件开展接待工作，减少各项经费支出。充分挖掘武江本地特色，提供武江本土食材，创新塑造有武江特色的接待文化。2019年，大部分公务接待活动用餐均安排在机关食堂，提供会议及公务接待用餐1200余人次。

【后勤服务】 2019年，区机关事务局全力做好武江区政府大院的保洁工作。按照定人员、定楼层、定标准“三定”标准，督促保洁人员做好机关大楼保洁，定期对区政府大院进行消杀、清洗，为干部职工提供一个干净整洁的办公环境。全力做好水电等各项物业维修服务，定期对区政府大院用水用电设备进行维修检查，有效预防和排除各类安全隐患。做好突发事件的后勤保障工作，在处置江湾镇山火等突发事件中，及时响应，全力为灭火救援提供公务用车及后勤物资保障工作。

【公务车辆管理】 2019年，武江区落实公务用车派车单、统一喷涂标识等制度，启用广东省公务用车管理信息平台，对全区106台公务用车安装车载北斗卫星定位终端设备，实现在平台上管理及使用公务用车，提高公务用车管理智能化水平，有效杜绝违规用车、公车私用等违规现象。大力推进公务用车安装ETC工作，规范公务用车通行费支付方式。严格落实账单报销制度，要求司机尽可能节约使用汽油。加强行车安全教育，全力保障重大会议、公务接待活动等用车，全年保障公务用车3700余次，安全行驶31万余千米无发生较大交通责任事故。

【机关食堂】 2019年，区机关事务局健全食堂内部管理制度，严格执行食品安全标准，提高用餐安全和用餐服务质量。根据干部职工实际用餐需要，机关食堂于3月增设晚餐，并对食堂消费系统进行智能化升级改造，使用指纹机打卡消费，使用餐更为便捷。克服物价上涨等难题，合理搭配菜谱，为干部职工提供更为营养健康的饮食，全年提供餐饮服务保障约13万余人次。

【会务服务】 2019年，区机关事务局全面做好重大会务活动后勤服务保障工作，积极改善会务环境，提高会务服务质量，圆满完成“两会”、乡镇扶贫现场会及“不忘初心、牢记使命”主题教育等重要会议活动的会务保障工作，全年累计提供会议服务1700余场次。

【机关安全保卫】 2019年，区政府大院实行24小时值班巡逻，全年值班巡逻累计约3000次。定人定岗，对重点区域、重点部位实行智能监控、昼夜巡查，严格落实外来人员来访登记制度，全年询问登记外来办事人员900余人次。加强对信访人员的疏导，坚持文明执勤，有效地保障武江区政府大院的安全。

【资产管理】 2019年，区机关事务局加强办公用房和区属固定资产未房改的房屋管理工作，开展全区党政机关办公用房和技术业务用房信息统计工作，及时按要求将办公和技术业务用房上报党政机关办公用房管理信息系统，推动办公用房统一集中管理，做到合理规范使用办公用房，杜绝办公用房违规使用现象。对全区区属固定资产未房改的房屋开展摸排核查工作，对17间房屋的使用情况进行核查，强化区属固定资产未房改的房屋管理。

（刘　强）

政务服务

【政务服务平台管理】 2019年3月1日，武江区政务服务中心正式投入运行，大厅设有106个办事窗口，进驻单位32个，工作人员195人，可办理全区依申请政务服务事项944多项，并提供工程建设项目审批、市政公用服务、政策兑现、企业开办“一窗”受理等专窗服务。大厅按照智慧化政务服务中心的目标定位，配备智能化设备，提供免费复印打印、饮水、雨伞、老花镜等多项便民服务。中心全面推行“前台综合受理、后台分类审批、统一窗口出件”政务服务模式，建成由自助服务、综合受理、效能监察等12项系统为主的一体化网络政务服务平台，真正实现“一网、一门、一次”的政务服务模式。其中，税务专区是全省唯一一个完全按照办税服务厅管理规范打造的标杆示范厅，也是粤北地区进驻政务中心最大的一个办税服务厅；公安专区拥有全市最先进的档案管理系统，是全市公安机关第一个集户政、治安、交警、禁毒、网警等多类业务于一体的综合办证大厅。同时，效能监察系统的启用、政务大厅联合党总支的组建，企业开办半日内办结绿色通道等多项工作均走在全市前列。高效、智能、便捷的政务服务中心全方位凸显武江新窗口、新形象、新名片，切实提高群众办事效率，提升企业办事便利度，使武江区营商环境得到持续优化，增强群众获得感和幸福感，为加快推动武江在城乡融合高质量发展上走在前列提供强大助力。

【政务服务热线】 2019年，武江区严格按照市政府“12345”政府服务热线（含网络问政）转承工作要求，始终坚持为人民服务为宗旨，以人民满意为目标，积极配合市“12345”政府服务热线（含网络问政）做好工单转发及回复处置工作，及时回应群众热切关注，不断规范办理程序，逐步提高办理时效，高质量完成“12345”政府服务热线（含网络问政）工作。全年共承接“12345”政府服务热线（含网络问政）转派工单数6769件，为全市之最。在办理的工单中没有出现红黄牌，工单满意度达到90%以上。

（胡敬东　陈志豪　赵益耀）

2019年3月1日，武江区政务服务大厅正式投入使用　　（罗健民　摄）

中国人民政治协商会议韶关市武江区委员会

综 述

【概况】 2019年，政协韶关市武江区委员会设常务委员会，由主席、副主席、秘书长和常务委员组成。设主席1名，副主席5名，秘书长1名。设经济、农业和农村、社会和法制、提案、教科文卫体、港澳台侨6个专门委员会。政协机关设办公室、组织联络科、宣教提案科［根据韶机编办发〔2019〕123号文件精神，宣传教育科（提案科）更名为宣教提案科］。原有行政编制6名，根据韶武机编〔2019〕46号文件精神，2019年6月，增加行政编制1名，政协机关共有行政编制7名，实有行政人员6人。

2019年重新修订《武江区委员会委员履职工作规则》。制定《武江区政协委员进村助推乡村振兴活动工作方案》。5月28日召开武江区关于加强扬尘整治工作专题议政会上，为武江区扬尘整治工作诊脉开方，助力武江区开展扬尘整治百日攻坚行动取得成效，空气优良综合指数得到提升，位列市辖三区第一；区政协积极参加市委关于加强市区扬尘整治工作专题协商会，作为县（区）唯一代表，在大会上作了《关于当前我市扬尘整治工作的难点及建议》的发言，有关建议被吸纳到市委关于扬尘整治工作“21条”要求中。撰写《充分发挥政协职能作用，进一步推动政协工作提质增效》《关于加强市区扬尘整治工作的报告》《以办理重点提案为推手，推动提案工作提质增效》等一批高质量的调研文章，得到市直有关部门的重视采纳。2019年共开展二十六批次的视察调研活动。成功举办区政协九届四次会议和区委政协工作会议。在韶关学院举办武江区政协委员履职能力提升暨爱国主义教育培训班。

区政协对相关镇村开展农村乡村振兴和脱贫攻坚工作进行民主监督，分成两个监督小组，由政协副主席担任组长带队对西河镇、重阳镇农村破旧泥砖房排查拆除情况进行民主监督，监督小组共开展36次专项民主监督。

重要会议

【九届四次会议】 2019年2月13—15日，区政协九届四次会议召开。会议听取中共韶关市武江区委书记颜亮讲话；听取和审议九届政协常委会工作报告和提案工作报告举行委员大会即席发言；参观区重点项目；列席区人大九届四次会议，听取并讨论《政府工作报告》和其他报告；补选政协韶关市武江区第九届委员会主席；通过《中国人民政治协商会议武江区第九届委员会第四次会议决议》。

【区委政协工作会议】 2019年12月19日，区委政协工作会议召开。会议紧密结合贯彻落实中共十九届四中全会精神，抓好省委、市委政协工作会议精神落实，以改革创新精神全面提升政协履职能力，着力推动新时代武江政协事业新发展。区委书记颜亮，区人大常委会主任孙理鸣，区政协主席彭波等四套班子成员

2019年2月13—15日，武江区政协九届四次会议召开

（区政协办 供图）

2019年2月15日，区委书记颜亮向新当选区政协主席彭波颁发当选证书 （谢焘 摄）

参加会议。

【党组会议】 1月8日，区政协召开党组（扩大）会议。会议传达区委常委会会议精神；研究讨论政协党组向区委汇报2018年党组工作总结情况及2019年工作计划；对2018年提案工作和质量进行详细分析总结；研究讨论关于召开民主生活会会前准备工作；研究2019年度“三个一批”重要工作事项；研究专题协商会议会前准备。

1月16日，区政协召开党组会议。会议审议通过政协九届四次会议议程；审议通过政协九届四次会议日程；审议通过政协韶关市武江区第九届委员会第四次会议工作报告（征求意见稿）；审议通过政协韶关市武江区第九届委员会第四次会议提案工作报告（征求意见稿）；审议通过政协委员分组名单；审议通过政协委员韩承兵请辞申请；审议通过新增补3名委员：彭波、黄碧贞、李强。

2月19日，区政协召开九届第33次党组（扩大）会议。会议传达学习《关于学习贯彻习近平总书记重要批示精神加强党委（党组）领导班子建设的通知》；传达学习区委九届第七次全会会议精神和武江区2019年“担当落实、走在前列”干部大会会议精神；研究讨论2019年政协工作要点；研究政协韶关市武江区委员会机关机构编制、人员方案。

3月4日，区政协召开九届第34次党组（扩大）会议。会议通报区政协领导班子成员分工；研究讨论区政协2019年重点工作安排；传达学习《中国共产党重大事项请示报告条例》。

3月11日，区政协召开九届第35次党组会议。会议传达学习李希书记在省政协第十二届二次会议联组会上的讲话；研究政协机关人员分工及专委会主任、副主任分工。

3月25日，区政协召开九届第36次党组会议。会议传达学习贯彻全国两会精神；研究扬尘治理调研工作；研究布置第一季度专委视察工作安排。

4月2日，区政协召开九届第37次党组会议。会议传达学习武江区关于整治区镇领导干部“走读”问题；通报区政协九届四次会议经费使用问题。

4月4日上午，区政协召开九届第38次党组（扩大）会议。会议学习贯彻《粤港澳大湾区发展规划纲要》精神；学习全国政协十三届二次会议精神传达提纲；传达学习中共韶关市武江区委关于修改《中共韶关市武江区委关于全面开展巡察工作的实施意见》；关于区政协领导带队督导武江区迎接国家卫生城市复审工作。

4月12日上午，区政协召开九届第39次党组（扩大）会议。传达学习市政协第十二届第11次常委会会议精神；传达区委九届第88次常委会精神；学习贯彻落实机关作风建设有关规定。

5月8日，区政协召开九届第40次党组（扩大）会。会议传达学习区委九届91次常委会会议精神；研究政协机关2019年度重点考核项目；研究2019年武江区政协正、副主席跟进提案办理安排表；研究谈心谈话工作；研究讨论确定参加市政协系统干部和政协委员能力提升班的人员名单。

5月27日，区政协召开九届41次党组（扩大）会议。会议传达学习市委书记李红军署名文章《实施东进南拓西融北优城市发展战略 奋力建设北部生态发展区核心城市——关于韶关中心城区发展的战略思考》；传达学习省财政厅《关于树立过紧日子思想 严控一般性支出的意见》；传达学习《关于做好巡察整改有关工作的实施意见》；传达学习全市政协系统工作座谈会会议精神。

6月10日，区政协召开九届第42次党组会议。会议审议区政协委员相关管理办法。

7月5日上午，区政协召开九届第43次党组会议。会议研究中共韶关市武江区政协党组2019年上半年工作情况报告。

7月12日上午，区政协召开九届44次党组（扩大）会议。会议学习中共中央政治局常委、全国政协主席汪洋在全国政协主席会议成员务虚会的讲话精神；传达学习韶纪办《关于3起形式主义、官僚主义典型问题的通报》和区纪委《关于违反会风会纪问题的通报》；传达学习《关于严明纪律确保公务员职务与职级并行顺利实施的通知》和《关于印发〈武江区领导干部担当落实、创先争优“头雁作用”民主测评实施方案（试行）〉的通知》。

7月31日，区政协召开九届第45次党组（扩大）会议。会议传达学习汪洋在部分省区市政协主要负责同志座谈会上的讲话精神；传达学习《习近平新时代中国特色社会主义思想学习纲要》学习宣传宣讲工作计划的通知；传达学习《区委“不忘初心、牢记使命”主题教育领导小组组成人员主要职责及工作制度》的通知。

8月5日上午，区政协召开九届46次党组会议。会议传达学习市委书记李红军关于《中共韶关市武江区委关于加强干部队伍作风建设的情况报告》的批示；讨论政协委员助推乡村振兴方案；讨论建立镇、街政协工作委员会方案。

8月19日上午，区政协召开九届第47次党组（扩大）会议。会议传达学习新修订的《中国共产党党组工作条例》。

8月26日上午，区政协召开九届第48次党组（扩大）会议。会议传达学习区委九届八次全会精神；“双周讲坛”学习《全面加强党的领导和党的建设——全面增强党的执政本领》。

9月12日，区政协召开九届49次党组会议。会议传达学习区委“不忘初心、牢记使命”主题教育部署会会议精神；研究确定区政协党组“不忘初心、牢记使命”主题教育有关事项。

10月14日，区政协召开九届50次党组会议。会议传达区委常委会会议精神。

10月28日，区政协召开九届51次党组会议。会议讨论区政协党组工作情况报告；讨论2020年县（市、区）处级及以下干部因公赴港澳年度计划；研究政协委员培训有关事宜。

11月18日，区政协召开九届第52次党组（扩大）会议。会议传达学习习近平总书记重要文章；传达学习党的十九届四中全会精神；传达学习贯彻省委政协工作会议精神；传达学习《领导干部因私出国（境）的通知》；研究区政协委员履职能力提升培训班的有关事项。

11月25日，区政协召开九届第53次党组（扩大）会议。传达学习贯彻《中国共产党机构编制工作条例》的通知；传达学习王荣在省政协庆祝人民政协成立70周年理论研讨会上的讲话；研究近期工作：民主生活会、组织生活会（对党员民主测评），党支部换届工作，对重点单位进行民主评议。

12月4日，区政协九届54次党组（扩大）会议。会议研究召开政协党组民主生活会有关事项；研究召开区委政协工作会议有关事项。

12月6日，区政协召开九届第55次党组（扩大）会议。会议传达学习《省委第五巡回指导组反馈意见整改落实清单》的通知；传达学习贯彻《广东省政协系统学习宣传贯彻省委十二届八次全会和省委政协工作会议精神工作方案》的通知；传达学习贯彻全市政协工作会议精神。

12月18日，区政协召开九届56次党组会议。会议传达学习《中国共产党党内法规制定条例》、《中国共产党党内法规和规范性文件备案审查规定》、《中国共产党党内法规执行责任制规定（试行）》三部党内法规；讨论区委政协工作会议材料；研究精准扶贫和政协委员助推乡村振兴工作；通报2019年全年资金结余情况；讨论职级晋升人选事宜。

12月23日，区政协召开九届57次党组会议。会议传达学习《广东省政协系统学习宣传贯彻省委十二届八次全会和省委政协工作会议精神工作方案》通知精神；研究意识形态工作，学习《坚持总体国家安全观，提高法治思维和法治方式防范化解重大风险的能力》；传达学习十九届四中全会精神；研究优秀政协委员人选条件和优秀政协提案人选条件。

12月30日，区政协召开九届58次党组（扩大）会议。会议研究讨论党组年度报告。

【民主生活会】 1月31日下午，区政协党组召开2018年度民主生活会，党组成员认真开展批评与自我批评，区委副书记陈刚到会指导并做点评，对政协提出四点建议：要旗帜鲜明讲政治，树牢“四个意识”，坚持“四个自信”；要持之以恒讲学习，抓学习，作学习表率；要凝心聚力讲落实，抓落实；要坚定不移抓党建，在区委领导下参政议政。

12月13日下午，区政协党组召开“不忘初心、牢记使命”专题民主生活会。区政协党组书记、主席彭波主持会议并讲话。市委主题教育第四指导组、区委组织部到会指导。会上彭波汇报专题民主生活会会前准备情况，并代表区政协党组班子进行对照检视剖析，带头开展个人检视剖析，其他政协党组成员逐一作个人对照检查，开展批评和自我批评。

【常委会会议】 2019年1月16日，区政协主席主持召开区政协九届十次常委会会议，会议审议通过政协九届四次会议议程；审议通过政协九届四次会议日程；审议通过政协韶关市武江区第九届委员会第四次会议工作报告（征求意见稿）；审议通过政协韶关市武江区第九届委员会第四次会议政协提案工作报告（征求意见稿）；审议通过各专委会委员分组；审议政协委员韩承兵请辞申请；审议通过新增补选委员。

2月15日，区政协召开九届第11次常委会。

3月14日下午，区政协主席彭波主持召开区政协九届第12次常委会，会议传达学习全国政协十三届二次会议精神，审议通过武江区政协委员2019年提案。

6月25日，区政协召开九届第13次常委会会议，并到龙归镇冲下村视察乡村振兴精品样板村创建工作。

10月12上午，武江区政协召开政协九届第14次常委会，会议传达学习《中央政协工作会议》精神，审议通过《武江政协委员履职工作规则》和《武江区政协委员进村助推乡村振兴活动工作方案》。

重要活动

【上级领导调研】 2019年3月5日下午，市政协副主席王德雄带领爱心企业到武江区新华街爱心超市开展捐款活动。

3月6日上午，市政协主席王青西陪同省政协农业和农村委员会陈祖煌主任一行到武江区重阳镇南岸村、万侯村，龙归镇新时代文明实践中心，开展乡村振兴专题调研。

4月12日下午，市政协张文铭副主席到武江民革党员之家调研。

4月24日上午，区政协主席彭波、常务副区长陈雪陪同省政协农业和农村委员会副主任陆华忠、市政协副主席吴春腾到该区进行“城乡基本公共服务均等化”专题调研。

4月26日，区政协副主席谭浩托陪同乳源县政协副主席黄寿生一行，到江湾镇调研邝姓瑶民有关历史。

6月6日上午，市政协王青西主席到武江辖区市妇幼保健中心、滨江商务中心、红色教育基地和江湾大桥土地调研扬尘治理工作。

7月16日上午，市政协主席王青西到武江区调研落实市委书记李红军关于扬尘整治工作“21条”要求情况。

8月21日，区政协领导对接市政协领导到责任路段开展“市容环境大扫除，干干净净迎国庆”专项整治行动。

8月29日下午，市政协副主席刘大济到西河镇调研创文巩卫网格工作。

9月26日下午，原民盟中央委员、省政协常委彭洁开莅临武江区政协视察指导工作。

12月4日下午，市政协领导刘大济到武江区政协调研工作。

12月18日上午，市政协副主席周伟源到武江区政协调研。

【交流学习】 2019年3月7日下午，区政协主席彭波率区政协全体干部职工一行共10人到浈江区政协进行学习交流。

【学习考察】 2019年9月5—7日，区政协组织部分政协委员到湛江学习考察。

11月21日，区政协精心组织政协系统开展学习培训活动，在韶关学院举办武江区政协委员履职能力提升暨爱国主义教育培训班，使委员进一步把握政协性质定位，不断加深对人民政协的认识和理解，坚定政治方向，站稳政治立场，提升委员和政协干部政策理论水平、履职能力和爱国热情。

2019年4月24日，广东省政协专题调研组陆华忠一行到武江区龙归镇中心幼儿园了解办学情况 （陈励 摄）

政治协商

2019年，区政协紧扣全区发展大局，经过协商和讨论，将“加强市区扬尘整治工作”确定为政府专题协商会议议题，组成课题调研组，深入有关部门交流座谈，广泛征集界别委员意见，形成高质量调研报告，于2019年5月28日召开武江区关于加强扬尘整治工作专题协商会上，为武江区扬尘整治工作诊脉开方，助力武江区开展扬尘整治百日攻坚行动取得成效，空气优良综合指数得到提升，位列市辖三区第一。此外，武江区政协积极参加市委关于加强市区扬尘整治工作专题协商会，作为县（区）唯一代表，在大会上作《关于当前我市扬尘整治工作的难点及建议》的发言，有关建议被吸纳到市委关于扬尘整治工作“21条”要求中。

2019年11月21日，“武江区政协委员履职能力提升暨爱国主义教育”培训班在韶关学院举办　　（区政协办　供图）

民主监督

【民主监督评议】　2019年，区政协认真贯彻落实新发展理念，按照高质量发展要求，组织政协委员到韶州公园、区政务服务中心、区文化馆、龙归冲下乡村振兴精品样板村、重阳镇黄岸村文化健身广场、万侯村市级红色村等地开展视察监督，为加快项目建设建言献策，助推区市政基础工程建成投入使用、精品镇村人居环境整治提升工程项目建设提速提效；紧扣乡村振兴、脱贫攻坚、创建平安武江等中心工作议政建言；围绕城市建设、发展楼宇经济和电子商务、社区居家养老服务、基层公共卫生服务、基层综合性文化服务中心提升、区人社劳动仲裁案件审理等方面献计出力；围绕“十大最差路段”“市区扬尘整治”等开展“回头看”专项视察，巩固整改成果；社会与法制专委参与区检察院“检查开放日”活动、见证区法院执行局强制执行工作、视察禁毒办开展“创建平安武江”活动，参观龙归镇的国家级阳光康复工作站和功能室，深入社区戒毒康复工作站了解吸毒人员管控工作情况，助推武江区法治工作制度化、规范化、透明化建设，平安创建知晓率和政法工作满意度位居全市前列，刑事案发率下降21.7%，社会大局保持和谐稳定。同时，委员们用心把脉该区实现快速发展的有利形势和存在问题，撰写《充分发挥政协职能作用，进一步推动政协工作提质增效》《关于加强市区扬尘整治工作的报告》《以办理重点提案为推手，推动提案工作提质增效》等一批高质量的调研文章，得到市直有关部门的重视采纳。2019年11月，区政协还组织政协委员对机构改革后的涉改部门和新成立的部门区自然资源局、区应急管理局、区退役军人事务局等部门实施民主评议和监督，有效地促进政府职能部门政风、行风建设。

区政协认真按照区的分工安排，积极参与做好挂点联系重点企业、重点项目、拆除破旧泥砖房、巩卫创文网格化管理、森林防灭火、农村人居环境“迎新春、大扫除”行动等工作。2019年，区政协班子领导分别多次分赴各地各单位，深入相关镇村、街道社区、企业、项目建设现场，密切加强与企业经营方、区直有关部门的沟通协调，实地认真细致开展督导、检查、指导工作，并提出中肯的意见和建议。据不完全统计，2019年，区政协领导带队到挂点重点项目调研达38次，到挂点联系企业调研达36次。经过多方的积极配合和共同努力，解决项目建设遇到的实际困难，有力地推进韶州公园、华宇广场等重点项目建设，使韶州公园成为市民休闲游玩的网红打卡点。

【社情民意】　2019年，区政协在履行好政协“三大职能”的基础上，多次到龙归镇、江湾镇、重阳镇、西河镇等地开展精准扶贫工作，走访贫困户，大力实施消费扶贫，倡议政协委员大兴善举，慷慨解囊，助力公益事业，回馈社会。农业专委洪能联委员出资捐赠3.8万元与其他爱心人士共同为龙归镇山前村铺设1.4千米的“求知路”，解决困扰当地学生和村民的出行困难；2019年11

月30日，在得知江湾镇部分学生生活困难的情况后，农业专委部分委员到江湾镇开展“慰问贫困学生、助推乡村振兴”活动，为5名贫困家庭学生送去1万元助学金及学习用品。经济专委汪美委员到江湾镇梁屋村、瑶族村慰问贫困户，并捐资3万元为瑶族村贫困户赵春梅家修缮房屋；江美裘委员为重阳镇重阳社区居民破旧泥砖房拆除临时安置点捐赠1万元资金，解决拆迁户安装水电等基础生活设施费用。提案专委携手爱尔眼科医院到阳山小学为200多名学生进行视力检查及建档并送去价值约1200元的学习用品。教科文卫体专委关心社区卫生服务中心建设，组织委员医生为芙蓉新区和沙洲尾社区卫生服务中心医务人员传授交流医技。提案专委黄丽忠委员联合教科文卫体专委郑锦棠委员在中秋节前到区残疾人康复中心开展慰问活动，向50多位残疾朋友捐赠中秋月饼等。港澳委员关心教育事业，举办韶澳青少年科普教育交流活动周。为支持武江区贫困村的人居环境整治、生态宜居美丽乡村建设，助力乡村振兴，广大政协委员积极响应区委区政府倡议，各专委及时召开座谈会动员研究参与武江区“广东扶贫济困日”活动，共计捐款473373元，涓涓细流汇成爱的海洋，帮扶农村贫困群众解决困难。

深入贯彻习近平总书记参加广东代表团审议时的重要讲话精神，为实现广东在“四个走在全国前列”的目标，按照“产业兴旺、生态宜居、乡风文明、治理有效、生活富裕”的总要求，主动参与上级关于实施乡村振兴战略决策部署，制定《韶关市武江区政协委员进村助推乡村振兴活动工作方案》，充分发挥政协联系广泛、协调关系、凝聚力量的优势，从2019年至2021年，由区政协统筹安排部分驻武江的市政协委员和区政协委员分组联系除西联镇外的43个行政村，为助推武江乡村振兴和经济社会全面发展贡献政协的力量和智慧，并初见成效。经济专委刘东委员捐资25万元，为龙安至盘村路段沿线开展基础设施建设并安装56盏路灯，助推龙归江湾精品线路建设项目。组织农业专委会委员为龙归镇社主至冲下公路及后坪村村道捐助价值8.5万元绿化苗木建设美丽乡村，美化亮化有如高标准的城市道路，推动乡村规划，引领乡村振兴发展。

【提案工作】 2019年，区政协九届四次会议期间，共收到委员提案43件，涉及城市建设与管理20件，经济建设5件，农业农村建设4件，教科文卫体类12件，社会和法制类2件。严格执行重点提案制度，2019年6件重点提案，分别由区委、区政府和区政协主要领导牵头督办，同时还积极邀请部分委员参与办理，倾听委员意见，使重点提案的办理真正取得实实在在的效果，从而助推其他提案有效办理。提案交办以来，在区委、区政府高度重视下，各承办单位密切配合，多方协商，办理工作取得较好成效。2019年，43件提案均如期办理，委员对办理工作满意率为100%。不少意见建议被落实或体现到区委、区政府相关政策、发展规划和部门工作中，为推动武江区经济社会发展作出积极贡献。

参政议政

2019年，常委会聚焦区委、区政府中心工作，围绕推动武江高质量发展要务，精心选择综合性、战略性、前瞻性课题，积极履职尽责。2019年，共召开议政性常委会会议5次，开展20批次视察调研活动。

区政协按照省市有关工作安排，认真策划组织好相关调研活动。陪同省政协农业和农村委员会主任陈祖煌、副主任陆华忠等领导到武江区重阳镇南岸村、万侯村，龙归镇新时代文明实践中心等地开展“农村建筑形态如何体现岭南特色”“城乡基本公共服务均等化”等专题调研。认真筹划市政协主要领导及其班子成员先后到武江区民革党员之家、西河镇、龙归镇、新华街等地开展扬尘整治、创文巩卫网格、爱心超市捐款和座谈等各项调研视察工作。组织开好原民盟中央委员、省政协常委彭洁开一行到武江区政协视察指导座谈会。

区政协领导名录

主　席：陈坤明（—2019.2）
　　　　彭　波（2019.2—）
副主席：谭浩托
　　　　何　岚
　　　　罗元月
　　　　林　健（女）
　　　　钟爱明（—2019.2）
秘书长：刘立文（女）

区政协办公室

主　任：刘立文（女）
副主任：郭莹斌（女，2019.8—）

组织联络科

科　长：黄碧贞（女，—2019.2）
　　　　赵建军（2019.2—）
副科长：陈汉荣

宣教提案科

科　长：赖　德

（郭莹斌　何茂梅）

纪检·监察

综 述

2019年，在市纪委和区委的坚强领导下，区纪检监察机关坚持以习近平新时代中国特色社会主义思想为指导，不忘初心、牢记使命，认真学习贯彻中共十九届二中、三中、四中全会精神，紧紧围绕区委区政府中心工作，持续加大监督执纪问责力度，正风肃纪，全区党风廉政建设和反腐败工作取得新成效。

重要会议

【民主生活会】 2019年1月31日上午，在区政府610会议室召开区纪委监委2018年度民主生活会，市监委委员雷能福，市纪委第一监督检查室负责人陈冰到会进行监督点评。

【武江区九届纪委四次全会】 2019年2月25日上午，在区政府大楼七楼会议厅召开中国共产党韶关市武江区第九届纪律检查委员会第四次全体会议。区纪委书记、区监委主任肖建红代表区纪委常委会作题为《主动担当落实忠诚履职尽责，为争当韶关改革发展排头兵提供坚强纪律保证》的工作报告，区委书记颜亮参加会议，并作讲话。江湾镇、惠民街、经信局、卫计局四个党（工）委（党组）主要负责人向区纪委委员进行述责述廉并接受现场评议。

【“不忘初心、牢记使命”主题教育动员部署会】 2019年9月17日，在区政府610会议室召开区纪委监委“不忘初心、牢记使命”主题教育动员部署会，区委“不忘初心、牢记使命”主题教育第三指导组副组长刘梨秀、组员周卫平到会指导。

【主题教育警示教育会】 2019年10月8日，武江区“不忘初心、牢记使命”主题教育警示教育会暨全区2019年领导干部党章党规党纪教育培训班在市委党校召开，区纪委书记、区监委主任肖建红作警示教育辅导，区委书记颜亮讲话，全区470多名领导干部参加。

【市纪委专项检查动员部署会】 2019年10月14日，在区政府大楼七楼会议厅召开市纪委专项检查组对武江区纪检监察机关开展专项检查动员部署会，检查组组长温强、副组长卢彬及组员刘传新、刘玉娟、赖鼎贤、林勇、龙柏金到会。

【主题教育调研成果交流会】 2019年11月21日，在区政府610会议室召开区纪委监委“不忘初心、牢记使命”主题教育调研成果交流会、区纪委监委领导班子对照党章党规找差距专题会，区委“不忘初心、牢记使命”主题教育第三指导组组长邱四英、副组长刘梨秀、组员周卫平到会指导。

【主题教育专题民主生活会】 2019

2019年10月14日，韶关市纪委对武江区纪检监察机关开展专项检查工作动员大会在区政府大楼7楼会议室召开 （区纪委监委 供图）

年12月13日，在区政府610会议室召开区纪委监委领导班子“不忘初心、牢记使命”主题教育专题民主生活会，区委“不忘初心、牢记使命”主题教育第三指导组组长邱四英、副组长刘梨秀、组员周卫平到会点评。

纪　检

【强化政治责任感】　2019年，区纪委监委组织纪检监察机关干部认真学习贯彻习近平新时代中国特色社会主义思想和中共十九届四中全会精神，认真学习贯彻习近平总书记在十九届中央纪委三次全会上的重要讲话和十九届中央纪委三次全会精神、习近平总书记对广东重要讲话和重要指示批示精神等，深刻领会习近平新时代中国特色社会主义思想的精神实质和实践要求，领会中共十九届四中全会关于推进新时代党的建设、坚定不移全面从严治党的战略部署，切实把思想统一到中央关于党风廉政建设和反腐败斗争的形势判断和决策部署上来，增强维护核心、保持一致的思想和行动自觉，激发做好纪检监察工作的政治责任感。

【正风肃纪】　2019年，区纪委监委发挥纪检监察部门职能作用，坚持把监督检查中央“八项规定”精神落实情况作为一项经常性工作抓紧抓好，全面落实区委关于“作风提改”的决策部署，建立常态化监督检查机制，强化监督执纪问责。全年共查处违反中央“八项规定”精神问题7起，给予党纪政务处分19人，给予组织处理1人；查处形式主义官僚主义问题3个，处理8人。制定和建立《武江区纪委监委明察暗访工作规范》《值班督查制度》，不定期通过明察暗访或电话抽查形式进行督查。加强对各镇（街）和区直有关单位落实“住夜”值班制度情况监督检查，有效规范镇（街）干部“走读”问题，促进基层干部作风的好转。

【执纪审查】　2019年，全区纪检监察机关受理群众信访举报158件，同比增长9.0%。处置问题线索164条，同比增长25.2%。立案85件，同比增长3.7%，其中涉及科级干部6人。结案130件（含上一年度结转），同比增长113.1%；给予党纪政务处分115人，同比增长91.7%。采取留置措施3人，移送检察机关2人。重点查处西河派出所原副所长何某龙违纪违法案件。通过办案挽回经济损失177.85万元。深化运用监督执纪“四种形态”处理183人次，同比增长84.85%，“四种形态”占比分别为36.6%、45.4%、12.6%、5.5%，“四种形态”结构趋于合理。

加强基层执纪审查指导，建立监督检查和审查调查室分片指导办案工作机制，有效提升办案力度和质量，全年区纪检监察机关自办案件49件，占57.6%；镇街纪委办案件34件，占40%。坚守办案安全底线，依规依纪依法安全文明办案。坚持“惩前毖后、治病救人”方针，探索设立“唤醒初心”教育模块，把思想政治工作贯穿监督检查和审查调查始终。规范执纪审查工作程序，强化对下级纪检监察部门案件审理工作指导，率先在全市建立案件处置工作规程，提升案件审查效率。

坚持人民群众反对什么、痛恨什么，就坚决防范和纠正什么。深入开展基层正风反腐三年行动，查处群众身边的不正之风和腐败问题27个，给予党纪政务处分40人。受理涉黑涉恶和“保护伞”问题线索2条，立案5件。结合“不忘初心、牢记使命”主题教育，深入开展违反中央八项规定精神突出问题、侵害群众利益突出问题、利用职权或职务影响为他人经商办企业谋取非法利益问题3项专项整治，推动主管部门深化治理行政执法、服务群众方面存在的形式主义、官僚主义，违规使用“三公”经费、发放津补贴等问题，以维护群众切身利益的扎实成效取信于民。

【巡察工作】　2019年，区纪委监委深化政治巡察，牢牢把握“两个维护”根本任务，聚焦“六个围绕一个加强”总体要求，紧盯被巡察党组织政治建设、政治责任落实情况，查找和纠正政治偏差。健全工作机制，修订完善全面开展巡察工作的实施意见，制定出台巡察工作领导小组、巡察组、巡察办工作规程，强化工作规范。建立部门联合协调机制，加强巡察与审计、组织等部门的联动配合，增强巡察工作合力。完善人员抽调机制，将新提拔科级领导干部列入巡察工作人才库，推动巡察工作和干部队伍建设“双提升”。开展巡察质量提升年活动，统筹推进村级党组织巡察。全年完成4轮对17个党组织的巡察，协助市委巡察办开展对2个党组织的交叉巡察，发现问题164个，移交问题线索8条。实现上级下达“两个60%”的任务目标，其中常规巡察覆盖率为61.7%，村级党组织巡察覆盖率为65.5%。扎实做好巡察“后半篇文章”，制定印发《关于做好巡察整改有关工作的实施意见》，落实巡察情况“四通报”机制，探索开展反馈前约谈，压实巡察整改主体责任。充分运用巡察成果，对巡察发现的普遍性、倾向性问题归纳总结形成专报，对整改不力的单位进行通报，推动“未巡先改”。

【宣传教育】 2019年，武江区扎实开展廉政宣传教育活动，以领导干部为重点对象，以党纪法规为主要内容，在“不忘初心、牢记使命”主题教育中开展纪律教育学习月活动，指导督促各单位开展警示教育、抓好纪律处分条例学习等，筑牢思想防线。强化警示教育，举办“不忘初心、牢记使命”主题教育警示教育会议暨全区2019年领导干部党章党规党纪教育培训班，对区、镇、村三级逾470多名党员干部进行警示教育。加强任前教育防范，组织7批次69人参加任前廉政法规知识考试、签订廉洁从政承诺书。率先在全市完成367名区管干部的廉政档案建立工作。牵头开展廉政家访活动，对17名科级领导干部进行家访。开展“家庭助廉”活动，组织全区50多名正科实职以上领导干部配偶开展廉洁教育。推进派驻纪检监察机构改革，协助区委制定深化区纪委监委派驻机构改革的实施方案，聚焦全区重点工作、重大工程项目和便民工程，开展监督检查，主动发挥“探头”作用，增强监督执纪问责的工作实效。

【队伍建设】 2019年，武江区纪委监委扎实开展第二批“不忘初心、牢记使命”主题教育，领导班子坚持把学习教育、调查研究、检视问题、整改落实贯穿主题教育全过程、一体推进。高质量推进全员培训，把加强队伍能力建设作为固本强基工程，采取送出去、以案代训、传帮带等形式，增强培训实效。组织区纪检监察机关干部和镇街纪委书记、挂职副书记到湖南大学开展作风提改和综合能力提升专题培训；选派机关干部17人次参加上级纪检监察业务培训；围绕查办案件、派驻巡察、宣传教育等薄弱环节，有针对性的开办5期“监督大课堂”。强化内部监督，创新开展区纪委监委日志活动，提升队伍工作质效。以市纪委专项检查为契机，提升区纪检监察工作发展质量，对反馈问题实行“清单化”销账，促进纪检监察干部自觉接受监督，在克己慎行、严于律己上作表率，打造忠诚坚定、担当尽责、遵纪守法、清正廉洁的纪检监察铁军。

监　察

【体制改革】 2019年，区纪委监委一体推进“三项改革”，总结经验做法，研究解决存在突出问题，切实把改革成果转化为治理效能。协助党委完善全面从严治党制度，落实全面从严治党责任制度，促进管党治党主体责任和监督责任贯通联动，重点完善对各级主要领导干部监督制度和领导班子内部监督制度，着力破解对一把手监督和同级监督难题。加强对下级纪检监察的组织领导和业务指导，加强下级纪检监察组织班子建设，督促镇（街）纪委持续深化“三转”，进一步提升镇村监督质效。健全派驻机构与武江区纪委监委协作机制，补齐监督短板，提高派驻监督实效，充分发挥派驻监督“派”的权威和“驻”的优势。完善纪律监督、监察监督、派驻监督、巡察监督统筹衔接制度，强化纪委监委监督的协助引导推动功能，促进党内监督与人大监督、民主监督、行政监督、司法监督、审计监督、统计监督、群众监督和舆论监督贯通融合、协调协同。

区纪委领导名录

书　记：肖建红
副书记：朱旭东
　　　　张耀雄
常　委：黄韶娟（女）
　　　　叶贤治（—2019.8）
　　　　黄　平
　　　　林基乐
　　　　黄芬芳（女，2019.8—）

区监察委领导名录

主　任：肖建红
副主任：朱旭东
　　　　张耀雄
委　员：黄韶娟（女）
　　　　叶贤治（—2019.8）
　　　　黄　平
　　　　陈鸿南
　　　　黄芬芳（女，2019.8—）

派驻机构领导名录

组　长：叶贤治（—2019.8）
　　　　杨　岚（女，2019.8—）
　　　　曾文英（女，2019.2—）
　　　　黄育辉（—2019.8）
　　　　罗宝阳（2019.8—）

区委巡察机构领导名录

主　任：林基乐
组　长：李力克（—2019.8）
　　　　黄育辉（2019. 8 —）
　　　　潘康武

（全　晶）

民主党派

民革武江区基层组织

【概况】 2019年，中国国民党革命委员会（简称“民革”）韶关市委员会在武江区境有民革区基层委员会（武江区第一支部、武江区第二支部、武江区第三支部、武江区第四支部、武江区第五支部和粤北人民医院支部）。是年，发展新党员4人，共有民革党员137人。

【政治建设】 2019年是民革思想政治建设年，民革区各支部高举习近平新时代中国特色社会主义思想伟大旗帜，坚持在支委会议、支部会议上开展专题学习，组织广大成员认真学习中共十九大和十九届二中、三中、四中全会精神，以民革十三届二中、三中全会有关文件精神，积极践行“四新”“三好”要求，旗帜鲜明讲政治、坚定不移重团结、兢兢业业干实事，推动各项工作开创新局面。支持新党员参加市委统战部在市社会主义学院举办新成员培训班，深入了解中国共产党领导的多党合作和政治协商这一基本政治制度，加深对统战理论、民革党史党章的认识，不断提高政治理论水平和履行参政议政、民主监督、政治协商职能的能力。为庆祝中华人民共和国成立70周年和多党合作制度确立70周年及民革韶关市委成立60周年，各支部积极参加民革市委会举办的演讲比赛、征文比赛、书画展览和“观故旧，走多党合作之路”活动。参加“不忘合作初心，继续携手前进”主题教育，不断加深对民革初心的理解和认识，增强政治责任感和历史使命感，增进对中国共产党和中国特色社会主义的政治认同，夯实共同思想政治基础。

【参加主题演讲比赛】 2019年6月20日，民革韶关市委在市区小岛饭店举办纪念中共中央发布“五一口号”70周年和民革成立70周年主题演讲比赛。全区有5个民革组织的选手参加活动。在一个半小时的演讲比赛中，来自民革韶关全市组织的8名选手围绕纪念中共中央发布“五一口号”70周年和民革成立70周年主题，用饱含深情的语言回顾中国共产党与各民主党派风雨同舟的光辉历程，讴歌民革前辈与中国共产党亲密合作的优良传统，表达广大民革党员一心跟中国共产党走的坚定信念和炙热的爱国情怀，展示民革党员积极进取、团结和谐、奋发向上的精神风貌。专职副主委娄平担任评委。经过一番紧张的角逐，比赛共评出前三名，武江三支部的刘琼获得第一名成绩。

【组织建设】 2019年，民革武江区基层组织以组织建设为基础，坚持组织建设为基础。积极推进示范支部创建活动。以示范支部创建为加强和改进民革基层组织建设工作的重要抓手，不断探索民革基层组织建设规范化的工作路径和方法。各基层组织对标指标体系，完善、创新支部工作，进一步明确作为参政党基层组织的政治定位和履职方向。努力加强领导班子建设。坚持民主集中制原则，实行集体领导和分工负责制，认真执行支委议事规则，定期召开支委会、支部会，研究和部署各项工作；主委和领导班子带头讲团结，讲格局，小事讲风格、大事讲原则，形成心往一处想、劲儿往一处使的强大合力；领导班子严格遵守法律的规范，坚守道德和法律底线，以上率下，并接受全体党员的监督。推进民革党员之家建设。注重争取中共党委、政府，特别是统战部门的重视和支持，不断完善民革区党员之家建设，不断提升组织凝聚力。

【参政议政】 2019年，民革党员中的各级人大代表、政协委员深入学习中共十九大和十九届二中、三中、四中全会精神及民革十三届二中全会精神，寻找参政履职的切入点，围绕推进粤港澳大湾区发展、生态文明建设、保障和改善民生、历史文化保护、乡村振兴和脱贫攻坚、文化教育医疗卫生事业改革发展等重大问题，立足本职，选择熟悉的领域和问题进行深入调查和分析，积极建言献策。2019年韶关市“两会”期间，武江二支部党员、市委会委员詹三毛作即席发言。武江民革党员中的市政协委员向市政协第十二届三次会议提交并通过立案的提案13件，4件转来信处理。《关于加强学校心理健康教育工作的建议》提案被评为2018年度优秀提案。娄平、詹三毛在2018年度履职考核中被市政协评为优秀等次。在区两会上，武江区基层委员会主委邓献良提交的《关于促进武江区装备制造产业发展，争当全市振兴发展排头兵的建议》提案被区政协立案。

【社会服务】 2019年，武江民革围绕改善民生努力开展一系列服务社会工作。

一是开展送医送药下乡系列活动。2019年6月30日，市政协副主席、民革市委主委张文铭带领武江五支部和医疗工作组，赴区犁市镇下陂村开展送医送药下乡活动，接诊群众共200多人次，发放各类宣传资料1000余份，发放价值6000多元的家庭常用药。粤北医院的民革党员医务人员前往仁化县的长江镇开展送医送药活动。二是捐资助学。各支部积极发动党员助力捐资助学活动。如武江区基层委员会为武江区江湾镇6名贫困家庭学生捐款15900元；区一支部陈彩凤创办的幼儿园2019年免除2名贫困家庭幼儿学费上万元，多年来先后免除8名贫困家庭幼儿学费，累计超过10万元；武江四支部的罗少健2019年为西藏贫困地区儿童捐赠学习用品价值约5000元；区五支部的欧桂善为该区江湾小学捐赠200床学生床上用品，为华泰小学全体学生捐赠校服，价值十几万元。粤北人民医院支部为仁化县长江镇的4位品学兼优的困难家庭学生捐资8000元和价值1800元的生活、学习用品一批。三是助残活动。武江区第五支部联合武江区委统战部、区工商联、区残联向辖区内部分贫困残疾家庭送去中秋月饼50多份及慰问金1200元；杨泳带领韶关爱尔眼科医院，积极联合东莞市残疾人福利基金会、广东一心公益基金会、广东狮子会、深圳狮子会等各慈善组织，开展慈善光明行活动，为韶关市百余名贫困白内障患者实施救助手术；联合广东省一心公益基金会前往青海玉树开展千里送光明活动，为玉树藏族同胞进行眼疾检查并捐赠爱心包，价值16000元。2019年5月16日，杨泳出席第六届全国自强模范暨助残先进表彰大会，荣获第六届“全国助残先进个人”，接受习近平总书记、李克强总理等中央领导人的亲切会见。

民革武江区基层组织主委名录

民革武江区基层委员会：邓献良
民革武江区第一支部：
　卢春娇（—2019.8）
　潘　雷（2019.8—）
民革武江区第二支部：赵高凌
民革武江区第三支部：林叶水
民革武江区第四支部：余　硕
民革武江区第五支部：曹永宝
民革粤北人民医院支部：钟永红

（王龙树）

民盟武江区基层组织

【概况】 2019年，民盟区基层委员会下辖6个支部：北江中学支部、田家炳中学支部、区科技教育支部、医卫支部、粤北医院支部和文体机关二支部，盟员总数118人。盟员主要来自教育、医卫、科技、文化、政府机关等界别。

【思想建设】 2019年，民盟武江基层组织坚持把思想政治建设放在首要位置，以习近平新时代中国特色社会主义思想为指导，深入开展“不忘合作初心，继续携手前进”主题教育。认真学习中共十九大、十九届四中全会精神和习近平总书记重要讲话精神，贯彻落实民盟十二届二中、三中全会和民盟省委十五届三次全会精神。将主题教育与中华人民共和国成立70周年、中国共产党领导的多党合作和政治协商制度确立70周年等庆祝活动相结合，通过座谈会、学习会、参观交流、现场会等形式，组织开展形式多样的活动，重温多党合作历史，弘扬优良传统，引导广大盟员牢固树立“四个意识”，坚定“四个自信”，做到“两个维护”，提高政治站位，不断夯实多党合作共同思想政治基础。文体机关二支部1月25日召开座谈学习会，传达学习“两会”精神，9月8日组织盟员到翁源江尾镇韶关盟史馆，开展“不忘合作初心，继续携手前进”主题教育；北中支部4月11日召开会议，传达学习全国“两会”精神、盟费管理规定等文件精神，9月11日召开主题教育部署会议，11月2日组织盟员到韶关盟史馆参观学习；武江区科技教育支部7月23日组织盟员参加该区统战部组织的到英德连江口镇参观学习乡村振兴工作，开展爱国主义教育活动，11月3日召开座谈学习会，研讨主题教育有关活动开展；组织部分支部负责人、盟务骨干参加12月初举办的全市统一战线学习宣传贯彻中共十九届四中全会精神宣讲会、在翁源举行的韶关盟史馆揭牌仪式及盟省委主题教育现场会。

【组织建设】 2019年，民盟武江基层组织深入贯彻落实“人才强盟”“人才兴盟”战略，大力推进坚持固本强基工程，推动民盟组织工作高质量发展。坚持以政治交接为主线，切实加强领导班子思想建设；贯彻落实民主集中制原则为重点，进一步加强领导班子的制度建设；以民主、团结、奉献为出发点，进一步加强领导班子的作风建设。严把盟员素质关，努力吸纳政治素质高、参政议政能力强的人才加入民盟，2019年共发展6名新盟员。盟员范元葵参加盟省委在中央社院举办的盟务骨干培训班；盟员陈胜鸿参加韶关市党外中青年干部培训班；组织各支部负责人参加盟市委10月30日组织的，参观红军长征粤北纪念馆活动。在民盟韶关市委员会2019年工作总结大会上，文体机关二支部荣获民盟韶关市委“2019年盟务工作先进集体”称号，王巧玲、邓晓芳、谢佳等被评为“2019年盟务工作先进个人”。

【参政议政】 2019年，在武江区的盟员中，有市人大代表1名、市政协委员10名、武江区政协委员4名，这些盟员在“两会”召开期间积极履职，展现民盟风采。市政协会议期间，盟员曾敏青提交提案2个、欧阳翰3个、陈胜鸿2个、张国平1个、卢定新提交1个、曹佳良提交提案1个，尹德英提交1个、戴朝福1个。在1月10日召开的武江区党派人士迎春座谈会上，陈胜鸿、周伟二位盟员围绕城市经济发展及民生实事积极发言，获得武江区委主要领导的重视及区统战部的好评。组织骨干盟员积极参加民盟韶关市委的各项调研活动：参加“义务教育达标后农村中小学教师发展”调研组，7月、8月、9月分别在市内、前往安徽铜陵、芜湖开展专题调研。11月，多个支部负责人参加盟市委与市教育局的对口联系座谈会，围绕盟市委调研报告进行深入交流探讨。12月，各支部积极开展“一支部一议”“一人一议”活动，为参政议政提供素材。在民盟韶关市委员会2019年工作总结大会上，王巧玲、邓晓芳、谢佳等被评为“2019年盟务工作先进个人”。

【社会服务】 2019年，各支部盟员积极参加“6·30”广东扶贫济困日活动，捐款捐物献爱心，捐款金额1万余元。11月初，组织北中支部盟员骨干教师前往翁源县翁源中学开展送教活动，进行示范课教研教学、评课等交流，还与县教育局教研室的负责人进行教育改革探讨。医卫支部盟员曹春梅参加盟市委组织的“送医送药送文化”三下乡活动，前往南雄市黄坑中学开展心理健康教育、卫生保健知识讲座。

民盟武江区基层组织委员会领导名录

主任委员：陈胜鸿

副主任委员：左之滨
张国平

委　员：周　樱（女）
聂树养
沈　坚
谢　佳（女）

（陈于兵）

民建武江区基层组织

【概况】 2019年，民建在武江区设有1个基层委员会，武江区基层委员会下设5个支部，共有会员132人，其中武江一支部17人，武江二支部28人，武江三支部29人，武江四支部28人，武江五支部30人。会员主要由驻区和区政府机关经济界人士组成。

【思想建设】 2019年，民建武江区基层委员会围绕“不忘合作初心，继续携手前进”主题教育，组织广大会员学习习近平总书记在中央政协工作会议暨庆祝中国人民政治协商会议成立70周年大会及庆祝中华人民共和国成立70周年大会上的重要讲话精神，在党外人士座谈会上的讲话精神；学习中共广东省委十二届七次全会和中共韶关市委十二届九次、十次全会精神。组织会员参与民建上级组织的专题辅导学习、参观爱国主义教育基地等实践活动，切实提高会员的政治思想素质。组织会员参与理论研究和主题征文，武江四支部会员严志全撰写的《新时代参政党基层组织思想建设路径探索》获得2018年度民建省委理论研究优秀成果二等奖。

【组织建设】 2019年，民建武江区基层委员会共发展9名新会员，为组织增添生机和活力。2月3日，民建韶关市委副主委钟爱明被任命为武江区人民政府副区长，6月13日，民建韶关市委副主委胡湘泉被韶关市监察委员会聘为特约监察员。有多名会员分别参加韶关市各民主党派新成员培训班和党外中青干部培训班学习。全年来，各支部围绕“不忘合作初心，继续携手前进”主题教育，积极开展形式多样的学习实践活动。如武江二支部组织会员到红军长征粤北纪念馆和铜鼓岭红军烈士纪念碑参观学习；武江四支部组织会员拍摄快闪小视频，庆祝祖国70华诞；武江五支部组织会员到始兴红围和古塘秋月国防军事教育基地开展爱国主义和革命传统教育。各支部及会员在会务工作中取得新成绩。如武江四支部获民建韶关市委2019年度先进基层组织称号；李军前、林友财、吴国营、黄丽忠、黄建斌、黄志津、翁泽创等人被民建广东省委评为2018年度社会服务工作优秀个人；黄永忠、徐喆获民建韶关市委2019年度参政议政工作优秀个人称号；周威明、林开华、李华峰、谢志强、严志全、张丽丽、龚小梅等人获民建韶关市委2019年度优秀会员表彰。

【参政议政】 2019年，民建武江区基层委员会广大会员积极向有关部门提交建言献策材料，认真履行职责，全年被各级人大、政协、统战部门、上级民建组织等部门采用的材料共35件。多件材料得到重视和表彰，如，陈曦提交的《关于加强小学生校外“托管”管理的建议》被评为2018年广东省政协优秀提案；徐喆撰写的《关于加强互联网游戏监管的建议》被采用为广东省政协重点督办提案；黄永忠撰写的《宣传媒体应引导国内民众理性务实看待中美贸易摩擦争端》被采用为民建中央社情民意信息，《建议将〈保障农民工工资支付条例〉修改为〈保障劳动者工资支付条例〉》和《网约车地方实施细则设置门槛过高亟待修正》被采用为民建广东省委社情民意信息；谢崇天撰写的《建议全国人大尽快制定〈中国人民政治协商会议组织法〉》被采用为民建广东省委社情民意信息；林开华撰写的《关于发展我市民宿旅游产业的建议》被采用为韶关市政协重点督办提案；曹剑提交题为《关于加强华南先进装备产业园招商引资的建议》的市政协大会即席发言。

【社会服务】 2019年，民建武江区基层委员会组织动员各支部及广大会员积极开展和参与各项公益活动。林友财、翁则创、黄建斌、龚小梅、苏运娣等会员积极捐款并参与民建韶关市委组织的“八一”建军节慰问老复员军人、残疾军人和生活困难的退伍军人活动；黄丽忠等会员积极响应武江区委统战部倡议，积极参与“广东扶贫济困日”捐款。

民建武江区基层组织主委名录

民建武江区基层委员会主委：
张南生
民建武江一支部主委：曾庆堪

2019年8月13日，韶关市人大常委会副主任、民建市委主委陈曦带队走访武江区委统战部，调研推进民建武江基层委员会工作

（区委统战部　供图）

民建武江二支部主委：何　勇
民建武江三支部主委：曹　剑
民建武江四支部主委：
陈　明（女）
民建武江五支部主委：黄艺顺

（严志全）

民进武江区基层组织

【概况】 2019年，韶关民进区基层组织共有武江区基层委员会1个，支部5个，总计会员109人，其中武江区联合支部26人，武江区小教支部26人，五中支部25人，武江大专支部16人，芙蓉新区支部16人。会员主要来自教育、文化、医卫、经济等界别。

【思想建设】 民进区基层组织坚持定期开展学习活动，重点学习中共十九大和十九届二中、三中、四中全会及民进十二大精神，认真领会习近平总书记在“不忘初心、牢记使命”主题教育工作会议、党外人士座谈会、中央政协工作会议暨庆祝中国人民政治协商会议成立70周年大会、庆祝中华人民共和国成立70周年大会上的重要讲话精神等，全面开展“不忘合作初心，继续携手前进”主题教育，继续深入开展“我身边的先进”宣讲活动，树立“伟大出于平凡，先进就在身边”的理念。各支部积极宣传会员中的优秀典型，他们包括当选为广东省妇女第十三次代表大会代表的芙蓉新区支部主委蔡红燕；武江大专支部荣获“韶关学院教书育人先进工作者”的庄东明和朱建高；武江区小教支部荣获“区优秀辅导员”称号的黄秀华和担任武江区教育学会小学数学教研会理事邓娟等等。通过对身边优秀典型的宣传，激发广大会员在本职工作和会务工作中建功立业的积极性。

【组织建设】 2019年，民进区各基层组织紧扣“基层组织建设年”的工作要求，以制度建设为切入点，完善基层工作机制。一是组织建设工作开展得有声有色。民进五中支部被评为“广东民进基层组织建设先进组织”。二是助力会员成长。通过优化会员结构、强化学习培训、推荐实职任用等方式，努力提升会员的自身素质和能力水平。全年吸纳高学历、高职称、高素质的优秀人才加入民进，包括能法律师事务所律师廖进流、武江区教育局干部徐世丹和郭文婕等。在强化学习培训方面，推荐芙蓉新区支部廖进流新会员参加2019年韶关市各民主党派新成员培训班；推荐章程参加由市委组织部和统战部联合举办的党外中青年干部培训班。在推荐实职任用方面，刘旭被提拔为武江区发展和改革局副局长。三是定期组织退休会员开展集体活动，丰富退休会员业余文化生活。以重阳节为契机，组织退休会员举行茶话座谈会；继续推行退休会员“逢五逢十”生日慰问制度，为他们送上生日问候和生日礼金；坚持重大节日慰问制度和生病住院探望制度，及时发现退休会员生活上的困难并努力帮助解决。

【参政议政】 民进武江基层组织会员当中，蔡红燕担任市政协常委，温荣华担任市政协委员，闫世鹏担任武江区政协常委，雷名珠、欧俊锋、彭智坚担任武江区政协委员。民进武江区各支部和担任武江区政协委员的会员紧紧围绕区委、区政府中心工作，积极参政议政。2019年“两会”期间，会内各级政协委员积极履职，总计提交提案9件，其中芙蓉新区支部副主委刘旭撰写的韶关民进集体提案《关于以粤北生态特别保护区建设为契机加快我市山水林田湖草生态修护的提案》获得市长殷焕明领衔督办；武江区基层委员会副主委、芙蓉新区支部主委蔡红燕被市政协评为“优秀政协委员”。

【社会服务】 民进武江区各支部凝聚广大会员的爱心和力量，发挥自身优势，创新工作思路，继续做强社会服务品牌，树立民进良好的社会形象。五中支部继续做强“爱心基金”品牌，2019年总计资助41名困难学生，金额11万元；武江区联合支部卢路定和周旭萍多次参加重要节日的义诊、医疗保健知识讲座、咨询服务活动、文明共建活动等；五中支部刘江敏、华艳、周捷3位作为风度书房文化志愿者，积极参与文化惠民活动，并通过韶关电视台向市民介绍“粤港澳”共读公益事业。

民进武江区基层委员会领导名录

主任委员：温荣华（女）

副主任委员：雷名珠

欧俊锋

麦振中

吕　伟

蔡红燕（女）

民进武江区各支部主任名录

民进武江区联合支部主任：

雷名珠

民进武江区小教支部主任：

欧俊锋

民进五中支部主任：麦振中

民进武江大专支部主任：吕　伟

民进芙蓉新区支部主任：

蔡红燕（女）

（朱玉娟）

农工党武江区基层组织

【概况】 2019年，农工党韶关市武江区共有1个基层委员会，1个总支，9个支部，1个小组，党员182人。其中粤北人民医院总支71人（一支部24人，二支部26人，三支部21人），市医卫支部17人，粤北第二人民医院支部14人，市中医院支部17人，市职防院支部14人，韶关学院医学院支部24人，市科技支部18人，市妇幼保健院小组7人。成员主要分布在驻区医药卫生、教育和科技系统。农工党粤北人民医院二支部副主委、泌尿外二科主任曹正国博士，农工党粤北第二人民医院支部主委、中医康复痛症科主任江成林荣获“韶关名医”称号。

2019年11月17日，农工党粤北人民医院总支前往南雄市乌迳镇开展送医送药下乡义诊活动 （陈勇胜　摄）

【思想建设】 2019年，农工党武江区各基层组织以开展“不忘合作初心，继续携手前进”主题教育为统领，持续深入学习贯彻习近平新时代中国特色社会主义思想、中共十九大和习近平总书记系列重要讲话精神，筑牢新时代团结奋斗的共同思想政治基础。2月21—22日，农工党武江区5名骨干党员参加农工党韶关市委组织的学习考察组，赴深圳、东莞考察参观“大潮起珠江—广东改革开放40周年展览”和“粤港澳深度合作示范区和城市新中心”前海及国家级高新区松山湖，学习习近平总书记视察广东重要讲话精神和在庆祝改革开放40周年大会上的重要讲话精神。3月27日，各支部主委参加农工党韶关市委组织的学习贯彻习近平总书记重要讲话精神和全国两会精神会议。8月29日，各支部班子成员、骨干党员参加农工党韶关市委组织的主题教育，听取省政协副主席、农工党广东省委主委马光瑜教授讲授的《新时代民主党派思想政治建设》专题党课。11月9—10日，武江区17名新党员参加农工党韶关市委在惠州开展的主题教育，参观农工党党史教育基地邓演达纪念园。11月14—16日，5名骨干党员参加农工党韶关市委在佛山、肇庆开展的主题教育，借鉴学习两市开展主题教育的经验和做法，参观农工党党史教育基地彭泽民故居和彭泽民纪念室。12月21日，各支部班子成员、骨干党员参加农工党韶关市委召开的学习中共十九届四中全会精神报告会，听取市委宣讲团专家组成员、市委党校副校长杨斌教授讲授的《中国之治——学习中共十九届四中全会精神》专题报告。

【组织建设】 2019年，农工党武江区各支部进一步加强组织发展，切实推进基层组织建设，全年发展新党员7人。6名新党员参加市委组织部、市委统战部在市社会主义学院举办的2019年市民主党派新成员培训班，2名党员参加2019年韶关市党外中青年干部培训班，1名党员参加农工党广东省委江门举办的2019年社情民意信息工作培训班。根据农工党韶关市委的要求，各支部继续组织开展基层组织创优、“星级支部”创建活动，年终，市科技支部被农工党韶关市委评为五星级支部，韶关学院医学院支部、粤北第二人民医院支部、市医卫支部、市职防院支部被评为四星级支部。

【参政议政】 2019年，农工党武江区各支部紧紧围绕区委、区政府的中心工作，切实履行政治协商、民主监督、参政议政职能。农工党武江区党员向市、区人大和政协提交提案和建议案13件。韶关学院医学院支部陈勇胜撰写的集体提案《加强城市扬尘整治，营造干净整洁的市容环境的建议》，被市政协并案列为2019年10件重点提案之一，由市委书记李红军领衔督办。市科技支部连金养撰写的《力推北江航道扩能升级上延工程，建设粤北绿色水上黄金通道》被农工党韶关市委采用，作为在市政协十二届三次会议上的大会发言。2名党员在市政协2018年度委员履职考核中被评为优秀等次，荣获表彰。在“市委出题，党派调研”工作中，市医卫支部陈晓聪参加农工党韶关市委组织的调研，撰写《关于筑牢粤北生态屏障的对策建议》报告上报中共韶关市委。9月26日，市医卫支部邱韶东参加市政协议政会，并作《重建韶关特色建筑——浮桥的建议》发言。在反映社情民意信息工作中，粤北第二人民医院支部唐蒙轩《关于进一步加强对抗菌药物临床使用监管的提案》被农工党广东省委采用。市科技支部连金养《关于进一步促进韶关“银税互动”的建议》被市政协反映社情民意信息专报采用。市职防院支部廖祥彦《关于落实分级诊疗制度的几点建议》被市统战信息采用。

【社会服务】 农工党武江区各支部发挥自身优势和特点，积极开展各种社会服务活动。广大党员积极为“广东扶贫日”、广东“同心圆”工程捐款。结合主题教育，粤北人民医院总支、市中医院支部、市妇幼保健院支部、韶关学院医学院支部、粤北第二人民医院支部、市职防院支部等组织党员专家参加农工党韶关市委与省委统战部驻村工作队在仁化县周田镇平甫村开展的“送法送文化同心送健康”活动，接受群众义诊咨询300多人次，赠送药品价值1万多元，现场发放急救知识和法律宣传资料200多份。粤北第二人民医院支部、市职防院支部组织党员专家参加农工党韶关市委与市退役军人事务局在西联镇、重阳镇开展的“关爱功臣送医送药”活动，为164名重点优抚对象进行健康诊疗，免费送出药品价值8.2万元。粤北人民医院总支、粤北第二人民医院支部先后组织3批医疗队前往南雄市乌迳镇、乳源瑶族自治县政府广场、武江区西联镇小阳山市场开展送医送药和健康咨询活动，共发放健康教育和医疗防病宣传材料300多份，接受群众义诊咨询400多人次，免费发放药品价值5000多元。

农工党武江区基层组织主委名录

武江区基层委员会主委：邱韶东
粤北人民医院总支主委：黄　文
粤北人民医院一支部主委：黄　文
粤北人民医院二支部主委：张　涛

粤北人民医院三支部主委：
阳纯兵
市医卫支部主委：谢广宁
粤北第二人民医院支部主委：
江成林
市中医院支部主委：付晓民
市职防院支部主委：蔡艺苹
韶关学院医学院支部主委：
王　萌（女）
市科技支部主委：黄得慧
市妇幼保健院小组组长：李颖芳

（陈勇胜）

九三学社武江区基层组织

【概况】　2019年，九三学社武江区各基层组织以习近平新时代中国特色社会主义思想为指导，坚持走中国特色社会主义政治道路，深入开展“不忘合作初心，继续携手前进”主题教育，围绕区委、区政府的工作重点积极履行新时代参政党职能，为促进武江区经济社会发展作出积极贡献。李少鸿创建的韶关市粤北中小企业服务中心荣获“国家级中小企业公共服务示范平台”称号；徐晓南、陈斌、杨丽萍入选2019年《岭南名医录》。

截至2019年年底，武江区共发展新社员4名，九三学社在武江区有基层委员会2个、基层支社11个，有社员125人。其中，粤北医院基层委员会24人、武江一支社15人、武江二支社12人、武江三支社13人、武江四支社14人、武江五支社14人、开发区支社13人、供电支社10人、韶关医学院支社10人。

【思想建设】　2019年，各基层组织坚持把政治思想建设作为自身建设的首要任务，分别以主委会议、基层委委员会议、各支社全体社员会议等形式，深入学习习近平新时代中国特色社会主义思想、全国“两会”精神、习近平在纪念“五四”运动100周年大会上的重要讲话、习近平总书记在中央政协工作会议暨庆祝中国人民政治协商会议成立70周年大会上的重要讲话、中共十九届四中全会精神等，进一步增进社员对中国共产党和中国特色社会主义的政治认同、思想认同、理论认同、情感认同。

根据社中央、社省委的统一部署，各基层组织结合实际深入开展“不忘合作初心，继续携手前进”主题教育。7月，赴江西省九江、景德镇开展社史传承及中国共产党革命历史教育学习。9月，举行庆祝中华人民共和国成立70周年暨多党合作和政治协商制度确立70周年大会。9月，医学院支社、武江二支社、武江一支社、粤北医院基层委员会、武江四支社、供电支社分别举行“不忘合作初心，继续携手前进”主题教育学习会暨纪念九三学社建社74周年活动。10月，社市委组织社员参加市委宣传部举办的升国旗仪式和“唱响国歌”快闪活动，武江区社员共计30人参加活动。11月，组织社员瞻仰铜鼓岭“红军烈士纪念碑”，参观“红军长征粤北纪念馆”“红军街”等系列重走红军路活动。11月，武江五支社、武江一支社联合邀请战斗英雄孙英培和功臣张德俊为社员们作主题为“英模事迹与爱国情怀”的交流分享。11月，粤北医院基层委员会、医学院支社、浈江二支社联合到汝城县沙洲村开展“不忘合作初心，继续携手前进”重走长征路红色教育活动。12月，武江三支社、韶关新区支社召开“不忘合作初心，继续携手前进”主题教育专题民主生活会。

继续推进“韶关九三讲学堂”活动，邀请社省委原主委姚志彬作《让人文照亮医学》的授课，市委统战部副部长廖雨婷作《新时代统一战线》的授课。武江各支社合计开讲4期。

2019年，武江基层委员会社员向《广东九三》《韶关日报》《韶关政协》等刊物投稿13篇。向社省委、市政协和市委统战部等提交信息46件，被市委统战部采用5件。

【组织建设】　九三学社韶关市委坚持领导班子联系基层制度，高度重视各基层组织建设，不断加大对各基层组织工作的指导力度，对基层班子实行动态管理，2019年共对8个支社进行届中调整。继续对各基层组织实施支社年度社务工作目标管理考评。武江区有3个支社被考评为九三学社韶关市委员会2019年度先进集体。2019年10月开发区支社更名为韶关新区支社。

社韶关市委分赴江西九江、景德镇，湖北荆门、荆州等地，与当地九三学社组织交流学习。武江区共有7位社员参加。3月，九三学社区委员会开展学习全国“两会”精神活动。4月，区社员胡金和、张兰天、王小清参加中共市委组织部、市委统战部在市委党校联合举办的“2019年韶关市民主党派新成员培训班”。5月，区基层委员会主委、区政协副主席罗元月参加韶关市区和芙蓉新区管委会领导干部能力提升培训班。7月，区社员曾凯、胡金和参加2019年党外中青年干部培训班。7月，武江基层委员会主委罗元月及武江基层委社员参加该区统战部组织的“不忘合作初心，继续携手前进”主题教育学习。

2019年，区各基层组织开展或联合开展活动共37次，其中，该区基层委员会开展主题实践教育、学习会议精神、公益植树、与兄弟组织联谊、参政议政座谈会、慰问退休社员等各类活动32次；粤北医院基层委员会开展主题实践教育、学习会议精神、送医送药等各类活动5次。

【参政议政】 2019年，武江区社员参加武江区委、区人大、区政府和区政协组织召开的专题协商会、情况通报会、征求意见座谈会，对重大决策、经济建设和社会发展提出意见建议。

2019年，成绍强、李再丰、罗元月、罗燕、徐晓南、罗伟、雷东山、梁利球、李少鸿、梁喜阳、邓丽山、刘斯琪、杨姗姗等先后参加各类参政议政会议和视察活动达22人次。社市委先后召开参政议政专委专题会议6次，组织开展各类调研活动5次，武江基层委员会参与社员19人次。6月，武江四支社到南雄茶叶生产基地调研特色农业产业。11月，韶关新区支社、韶钢基层委员会联合到韶关市蓝耀智能科技有限公司开展促进高科技企业发展调研活动。

2019年，在武江区的社员中有市政协委员7人（常委3人）、市人大代表2人、武江区人大常委2人、武江区政协委员6人（副主席1人）；向市、区两会上提交议案、提案、意见和建议22件。其中，由武江区社员曾凯主笔撰写的社市委集体《关于多措并举治理扬尘污染，打好蓝天保卫战的建议》被确定为市政协重点提案，中共韶关市委书记李红军领衔督办该提案。由市政协委员罗元月撰写的《关于完善浈江工业园基础设施及公共服务设施建设的建议》、市政协委员罗伟撰写的《关于进一步加快我市成立、完善和发展业主委员会的提案》被选为2019年市政协优秀提案。

【社会服务】 2019年，九三学社区组织开展社会服务活动8次。3月，粤北基层委员会和浈江二支社联合市铁路医院组织开展主题为“关爱空巢老人健康”的活动，为周田镇瑶溪村空巢老人送去温暖。4月和9月，供电支社探望家境贫困的犁市大为中学初二级饶连连同学，为饶连连同学共捐助4000元的助学金。4月，粤北医院基层委员会与丹霞山支社在仁化夏富村举办“关爱丹霞山乡村居民健康义诊”活动。6月，社韶关市委组织社员参与“扶贫济困一日捐”活动。6月，医学院支社联合、浈江一支社、浈江二支社到仁化县城口镇东坑村开展关爱乡村老人、儿童健康活动。11月，武江区委员会、韶关新区支社、医学院支社联合到莞韶企业园开展义诊活动。12月，武江四支社联合韶关市中医院在重阳镇黄岸村开展义诊活动。

2019年，九三学社韶关市委、韶关市卫健局联合中华健康快车眼科中心（韶关市铁路医院）继续开展韶关市“乡村健康快车”行动。武江区社员参与韶关市“乡村健康快车”行动30多人次，武江三支社社员捐款1150元。韶关市“乡村健康快车”项目在第二届韶关市公益慈善项目评选活动中获优秀奖，并被推荐参加第十一届“中华慈善奖”评选活动。

九三学社武江区基层组织主委名录

武江区基层委员会主委：罗元月
武江区一支社主委：
　雷东山（—2019.11）
　胡金和（2019.11—）
武江区二支社主委：罗　燕
武江区三支社主委：
　周招萍（2019.9—）
　谢华美（2019.9—）
武江区四支社主委：
　周建雄（—2019.9）
　刘斯琪（2019.9—）
武江区五支社主委：罗　伟
供电支社主委：邓丽山
韶关新区支社主委：李少鸿
韶关医学院支社主委：梁利球
粤北医院基层委员会主委：
　徐晓南
粤北医院一支社主委：徐晓南
粤北医院二支社主委：陈　斌
粤北医院三支社主委：
　朱飞奇（—2019.11）
　谢　斌（2019.11—）

（成志军）

人民团体

武江区总工会

【概况】 武江区总工会是区委领导下的负责工会工作的群团组织。区总工会是各镇、街工会和区直各机关工会及辖区企事业工会组织的领导机关，主要职责是：负责贯彻党的路线、方针和政策，围绕党的中心任务和党的工运方针，制定区总工会工作计划，并组织实施，指导全区工会工作。区总工会行政编制3名，设主席1名（由区领导兼任，不占编制），副主席2名（其中分管日常工作的副主席1名，正科级），正股级领导职数1名。区总工会下属事业单位区总工会职工服务中心，核定编制2名，设主任1名。

【工会干部队伍建设】 2019年，区总工会完成创建“三个一批”省级示范点工作。先后对工联会进行改选，调整班子，并吸收7家企业加入工联会，新增会员约600人，加强队伍建设，充实队伍规模，提高工联会实力。区总工会2019年完成组建企业工会24家，其中，100人以上的企业7家，同比增长300%，发展会员2734人，同比增长500%。区总工会结合工作实际，多层次多渠道组织基层工会开展专题学习习近平总书记系列重要讲话精神、劳动法知识、维护职工合法权益、工资集体协商、数据统计、禁毒健康人生、安全节能用电等方面的学习，选送基层工会干部到省总工会、市总工会参加专业培训。2019年5月—11月，武江区总工会举办工会干部专题培训班，提高工会干部理论水平及业务能力。

【关爱关心干部】 2019年，武江区关爱干部20条措施试行以来，区总工会不定期举办心理健康专题讲座，建立节日慰问福利（节日慰问）制度、集体活动方案、干部体检制度、干部因病住院探望制度、干部职工医疗互助保障机制、困难干部职工救济机制等各项人性化保障机制和人文关怀机制，从精神上、身体上、生活上关心关爱干部，发挥工会组织“娘家人”“贴心人”作用。

【重要会议】 2019年3月8日，区总工会召开武江区总工会第三届全体委员二次会议，会议选举区人大常委会副主任谭木初为武江区总工会主席。2019年6月6日，区总工会召开武江区总工会第三届全体委员会议，会议增补选举陈献平为区总工会委员会委员、区总工会副主席。

【职工活动】 2019年，区总工会组织开展“四季歌”为主题的四大品牌工会活动。开展“贯彻十九大情暖回家路”为主题的“暖流行动”，春节前夕在武广高铁韶关站设立工会服务点，为返乡务工人员提供休息场地、免费热茶及食品以及各项咨询服务。夏季在全区基层工会开展“夏送清凉”活动，慰问市政园林、环卫所、交警等在高温一线的工作人员，送去清凉饮料和防暑物资一批。秋季实施“金秋助学”行动，对全区49名困难职工就读子女发放助学金，发放资金共20.9万元。同时，注重开展丰富的职工文体活动，主要有“安康杯”安全生产竞赛、知识问答送电影票、女职工插花花艺培训、“同饮一江水”广东打工者歌唱大赛（武江赛区）大型文艺演出晚会、离退休老干部“九九重阳健步走·健康快乐到永久”活动、“爱我中华·劳动追梦”庆“五一”大型职工文艺会演、庆祝中华人民共和国成立70周年“中国梦劳动美”主题宣传、联合武江区文体旅局举行武江区第四届职工篮球赛体育竞技活动等。

【困难职工服务】 2019年，区总工会认真贯彻执行上级关于困难职工解困脱困的政策，对照职工面临大病（医疗）救助、生活困难救助、金秋助学三种类型困难情况，建立健全职工扶贫脱困档案管理制度，逐户建档立卡、规范管理，落实困难职工帮扶脱困。辖区现有在册在档困难职工77名，其中全国级14名，省级16名，市级38名，区级9名。2019年对77名困难职工发放帮扶资金37.5万元，其中：生活救助14人、发放资金5.2万元；医疗救助14人、发放资金11.4万元；子女助学救助49人、发放资金20.9万元。2019年，武江区总工会推荐10名符合标准的困难职工参加广东省总工会的“医爱一公里”困难职工大病关爱韶关站公益活动，推动解决困难职工看病就医“最后一公里”的难题。

【职工维权服务】 2019年，武江区总工会联合区人力资源和社会保障局积极开展企业用工制度执法检查、安全生产检查，从源头上维护职工合法权益，落实职工生产安全防护规定。截至2019年12月，已有4家企业设立工会法律服务站，由律师定期到法律服务站坐班接受职工的法律咨询。区总工会对来自“12351”工单、工情在线每日快报、广东省总工会网络舆情日报3个网络系统转发的信访件及时进行协调处理，及时回复处理意见和反馈协调情况，切实维护职工合法权益。

【乡村振兴助力脱贫】 2019年，武江区总工会动员辖区企业工会参与该区消费扶贫助力乡村振兴工作。2019年12月20日，区总工会组织韶关市合众化工有限公司工会到省级贫困村龙归镇山前村走访慰问31户贫困户，为他们送去棉被和食品一批。韶关市合众化工有限公司设立专门的企业帮扶基金，帮扶本地区、本企业的贫困户和困难职工。

【表彰情况】 2019年，武江区总工会被韶关市总工会评为“2019年度韶关市工会工作先进单位”。辖区基层工会：韶关市振华中等职业学校工会委员会被广东省总工会评为“广东省模范职工之家”；韶关市韶瑞重工有限公司张泽磊被中华全国总工会授予全国“五一”劳动奖章，黄志雄被广东省总工会授予广东省优秀工会工作者称号；韶关市宏大爆破工程有限公司陈春明被广东省总工会授予广东省“五一”劳动奖章。

区总工会领导名录

主　席：谭木初（2019.3—）

常务副主席：梁嘉金

副主席：陈献平（2019.6—）

（刘秀静）

共青团武江区委员会

【概况】 2019年，共青团武江区委员会（简称团区委）未设内设机构，区属基层团委15个，团工委3个，团总支15个，团支部186个，团员2935个，其中专职团干部3人，兼职团干部336人。

【强化团组织力量】 2019年，团区委以社会主义核心价值体系教育和引导全区团干团员，聚焦服务党政大局，广泛动员广大团干团员在深化改革开放、促进经济社会发展中发挥生力军作用，为武江区争当韶关改革发展排头兵贡献青春力量。严格团员发展程序。将武江区内8所中学的团员比例控制在30%以内。严格开展团费收缴使用管理工作，全区团组织利用智慧团建平台，定期通知团员足额及时缴纳团费。加强团员、团干交流培训。7月开展“我是旗手”团支部书记业务能力大赛，8月举办基层团干业务知识讲座。开展表彰评比，增强团干团员荣誉感。5月组织开展主题为“青春心向党建功新时代”武江区纪念“五四”运动100周年集中入团仪式暨表彰大会，组织新团员集中宣誓，由武江区委副书记陈刚派发团章，并对先进集体和个人进行表彰。同时与区教育局联合推选一批优秀少先队员和优秀辅导员参加省、市有关评比，其中6名个人和组织获得省级荣誉称号。联合武江区教育局、武江区文明办共同开展第四届“最美南粤少年”评比活动，共有1名学生获得省级荣誉，9名学生获得市级荣誉。

【开展志愿服务活动】 2019年，团区委积极开展学雷锋活动。3月在辖区内创业广场开展以“当新时代雷锋，树新青年新风”为主题的学雷锋纪念日志愿服务活动，在现场派发学雷锋志愿活动倡议书，并由各单位志愿服务队、志愿者提供义诊、义修、义剪、普法宣传、政策咨询、禁毒宣传等便民服务。定期开展关爱特殊群体的阳光行动。到辖区内的残疾人综合服务中心、偏远学校开展助残“阳光行动”“七彩课堂”等志愿服务活动。为进一步增强留守儿童的团结力和凝聚力，让留守儿童感受到社会大家庭的温暖，“六一”前夕，组织多名大学生志愿者，前往重阳镇万侯教学点开展关爱留守儿童活动，为他们带去节日礼物和节日的祝福。暑假期间，联合罗定职业技术学院团委启动2019年“三下乡”社会实践教育活动，帮助留守儿童度过一个有意义的暑假。

【联合开展助学、助医、助困活动】 2019年，团区委联合韶关医学院大学生志愿者、区卫计局团支部，定期下乡开展助医活动，为偏远地区的群众开展义诊和康复等志愿服务活动。联合区教育局、区工商联，定期前往辖区内敬老院开展“善美圈”敬老爱老慰问活动。年初还与区教育团工委联合，组织开展“‘青春志愿行奉献新时代’送福送春联活动”，组织辖区内擅长书法写作的中小学生前往重阳镇政府附近为过往群众写春联和福字。联合武江区总工会、碧桂园·太阳城等，组织50余名青年志愿者在武广高铁站与西河汽车站内开展春运志愿者服务活动。定时深入辖区贫困和残疾青少年家中开展走访慰问。

【“展翅计划”实习活动】 2019年，团区委以“展翅计划”为平台，积极沟通各镇街、区直有关单位，在暑假期间面向大学生提供包括区委宣传部、区教育局、区司法局等单位在内的实习岗位，20多名大学生通过双向选择在上述单位进行实习，有效丰富大学生社会经验。

【举办青年交友联谊活动】 2019年，团区委联合区民政局、市农信社以及碧桂园·太阳城举办“缘定七夕浪漫一夏”2019年韶关市武江区青年交友联谊活动，来自各单位各行业的100多名单身青年参加本次活动。举行国庆献礼片观影活动。为庆祝中华人民共和国成立70周年，培养青年的爱国主义情怀，团区委于9月底举行庆祝中华人民共和国成立70周年国庆献礼片观影活动，号召各位青年爱国爱党、坚定信念、勇于作为，立足自身岗位、积极投身实践，为实现中华民族伟大复兴的“中国梦”贡献青春力量。

【围绕中心大局开展服务活动】 2019年，团区委组织青少年群体开展绿色环保活动。3月，利用植树节的契机，组织惠民街团工委、韶关城区供电局团委等团组织的志愿者开展以“争当河小青 共筑生态屏障”为主题的植树活动，结合河长制工作要求，组织开展“河小青”培训活动，定时组织“河小青”开展巡河护河志愿服务活动。清明节前夕，结合森林防火宣传活动，组织学生志愿者前往龙归镇开展主题为“文明祭扫绿色清明”的宣传活动。组织开展“乡村振兴青年有责”座谈会，利用青年返乡探亲的契机，在西联镇、江湾镇组织返乡青年开展“乡村振兴青年有责”座谈会，号召青年用返乡创业、向家人宣讲政策等方式支持乡村振兴工作，发挥团组织联系青年服务青年的作用。

【开展青少年禁毒宣传活动】 结合团区委工作实际，鉴于青少年群体在面对毒品和艾滋病时的高风险和易受伤害状况，团区委与区禁毒办充分利用节日、法定假日、纪念日等合适时机，有针对性地开展青少年禁毒、防艾宣传等活动，通过主题活动、志愿服务等方式在广大青少年中，深入开展禁毒和预防艾滋病等各类宣传教育。以6月3日虎门销烟180周年纪念日为契机，联合区禁毒办，组织开展“传承销烟精神共享无毒生活”纪念虎门销烟180周年宣传活动，通过宣传，加深辖区青少年对禁毒知识的解，引导青少年敢于、勇于与毒品作斗争，营造全民禁毒、全民防毒的良好氛围。

【志愿者注册和培训工作】 2019年，团区委鼓励和引导各级团组织和志愿者服务队积极参与志愿服务，加强志愿者注册登记、时长录入等业务的指导力度，用好用活“i志愿”服务平台，规范志愿者招募及志愿团体注册流程，按照省市要求，规范志愿服务时长录入工作，要求各志愿服务队进一步完善录入工作，健全完善志愿服务时长录入机制。同时，为进一步完善社会志愿服务体系，健全志愿服务激励保障机制，推动志愿服务活动常态化，与有关单位协调，联合评选辖区内一至三星志愿者。结合创文工作要求，监督辖区内村居、窗口单位按照“九有”标准，进一步完善志愿服务站建设。结合区中心工作开展创文创平、森林防火等志愿服务活动和志愿者反馈激历活动。

【做好公共文明引导志愿服务工作】 2019年，团区委配合区创文办做好全区各单位、各镇（街）的公共文明行为引导志愿服务活动的组织安排及服务工作，在全区范围内营造良好的公共文明行为氛围。在韶州公园开园之际，按照主要领导指示，组织志愿者从年三十到元宵期间，在韶州公园内开展秩序维护志愿服务活动，受到区领导和群众的一致认可。9月开展创文巩卫宣传志愿服务活动，组织志愿者在香槟小城路段、武江北社区、惠民西社区、惠民南路、新华北路等地开展创文巩卫宣传，派发500余份创文巩卫宣传资料，对路上乱扔垃圾、乱穿马路等不文明行为进行劝阻，用实际行动为创文巩卫工作贡献青春力量。

【结合乡村振兴做好精准扶贫工作】 2019年，团区委紧紧围绕区委、区政府精准扶贫工作部署，与武江区妇联、武江区工会一起定期深入龙归镇冲下村、山前村开展精准扶贫工作，及时解挂钩贫困户的情况，做到帮扶思路清晰、帮扶方法到位，定期为贫困户送上扶贫慰问金和慰问品，鼓励他们积极克服生活困难，早日脱贫。5月，通过沟通协调，联合中建五局华南公司粤北联合团支部，前往冲下村扶贫挂钩户家中，为其修理日久失修的电线以及漏水的屋顶。与武江区农业局、武江区人社局加强沟通，选送一批具有带领农村脱贫致富能力的农业农村创业青年到省、市参加培训，选派年轻待业青年参加“粤菜师傅”培训工程，提高他们的脱贫致富的能力水平。

【协助做好综治维稳工作】 2019年，团区委充分发挥志愿者、团员青年作用，配合协助区直有关单位和部门，开展重点青少年群体排查摸底工作、预防青少年违法犯罪工作、严重精神障碍患者救治救助、青少年禁毒宣传等工作，为保障和改善民生、建设平安武江贡献力量。6月结合创平工作需要，招募“创平”宣传志愿者进行培训，组织志愿者前往辖区内主要路段开展“平安三率”宣传工作。国庆期间，开展韶州公园平安志愿服务活动，协助武江区委、区政府加强韶州公园管理，维护国庆期间的园区秩序，保障游客安全，提升群众对创建平安武江的满意度。

共青团区委领导名录

书　记：陈秉丞

副书记：林雪丽（女，2019.5—）

　　　　钟伟平（挂职，2019.5—）

（林雪丽）

武江区妇女联合会

【概况】　武江区妇女联合会（简称区妇联）是中共武江区委领导下的群团组织，负责领导团结全区妇女和妇联组织，服务广大妇女群众，内设机构办公室。武江区妇女儿童工作委员会办公室设在区妇联，接受武江区妇女儿童工作委员会的直接领导，承担委员会具体工作。行政编制3名，设主席1名，专职副主席1名，正股级领导职数1名。

2019年，全区建有镇（街）妇联7个，执委人数175人，镇（街）妇联区域化建设改革覆盖率达到100%；建有村（社区）妇联87个，会改联后新增村（社区）妇联执委数量957人，“妇女之家”87个，创建率100%，“儿童之家”85个，创建率97%。党的建设和各项工作更加规范更加扎实有效，被评为2019年度“韶关市妇女之家建设工作先进典型单位”“韶关市三八红旗集体”。

【强化政治引领】　2019年，区妇联将学习宣传、贯彻落实习近平总书记重要讲话精神作为头等大事和重大政治任务，不断提升干事创业的精气神，引导妇联组织和妇联干部自觉坚持党的领导，保持和增强政治性先进性群众性，自觉承担起引导妇女听党话、跟党走的政治任务。

以武江区委第一巡察组对区妇联巡察为契机，进一步推进妇儿事业发展。自2019年1月7日起，武江区委第一巡察组对区工青妇进行为期1个月的集中巡察，区妇联根据巡察组反馈的问题和提出的意见、建议，坚持高标准、严要求，统一思想认识，落实任务分工，逐项狠抓整改，确保件件有落实，如期完成阶段性任务。

继续开展“不忘初心，牢记使命”主题教育，努力建设服务型妇联组织。将“学习教育、调查研究、检视问题，落实整改”贯穿全过程，结合“双周论坛”，班子带头分别到5个镇2个街开展“下基层，访妇情”活动，就基层组织建设、妇女儿童之家、巾帼驿站等阵地建设、妇女后备干部人选、巾帼创业就业、村振兴巾帼行动等内容进行深入调研20多次，撰写完成《深化新时期家庭建设》《加强农村女性进“两委”班子工作》《发挥巾帼力量，助力乡村振兴》等4个课题调研报告。在“七一”建党98周年之际，组织各镇（街）、村（社区）妇联开展“不忘初心、牢记使命重走长征路”主题党日活动和文艺会演活动，筑牢听党话、跟党走的坚定信念。

【主题宣传教育活动】　紧扣中华人民共和国成立70周年主线，精心策划组织开展系列主题宣传教育活动。以“礼赞新中国唱响新时代”“童心向党”为主题，在“三八”节、母亲节、儿童节、国庆节等重要节庆日，组织举办“庆三八·善美韶关幸福武江”摄影大赛、维权周宣传、才艺表演、“巧手七夕节”插花、中秋节慰问老人、“我与祖国共庆佳节”迎国庆游园、重阳节关爱老人健康讲座和慰问活动等纪念活动，激发广大妇女群众爱党爱国爱社会主义的巨大热情和奋勇前进的动力。采取线上线下相结合的方式，部署在各镇（街）、村（居）妇联以及区直机关妇委会、团体会员组织开展“我和我的祖国”“奋进新时代”等主题“巾帼大宣讲”活动。共开展中共十九大精神、习近平总书记重要讲话精神和中国妇女十二大精神、《粤港澳大湾武江区规划纲要》、省委市委区委全会等有关会议精神等各类学习宣讲活动186场次，参与群众4200多人次。激励广大妇女深刻领会习近平新时代中国特色社会主义思想的精神实质和丰富内涵，筑牢理想信念，增强与时代共奋进的历史使命感和责任感。

【夯实组织基础】　2019年，区妇联认真落实《武江区加强党的基层组织建设三年行动计划（2018—2020年）》要求，以“提升组织力”为主题，全面巩固2018年以来村（居）会改联和镇（街）妇联组织区域化建设改革成果，将基层在改革推进过程中探索、实践和创新的经验和上级的要求，转变成妇联改革向纵深推进的新制度或新机制。

一是统筹协调财政解决镇（街道）妇联、村（社区）妇联组织工作经费不足的问题，大力推行基层妇联亮牌服务，制定实施机关干部下基层、妇女需求调研、建立基层联系点、执委值班服务妇女儿童等一系列制度，使妇联组织和妇联工作在妇女群众身边有形化、常态化。

二是抓好区级妇联机构改革，认真修订编制三定方案，争取区委区政府的重视，落实增加行政编制1名和区妇儿工委办工作人员2名，解决该区妇联多年来机构不健全、人员不足的短板。组织对机构改革后的区直机关妇委会进行重新组建和调整，指导区直21个单位完成妇委会调整和重新组建。同时，拟定新一届区妇联执委初步人选，为下一步换届工作作好准备。并按照上级关于“广建妇联”的精神，在“两新”组织中新建妇女组织6个，不断拓展新领域新业态新阶层新群体中的妇联组织覆盖面，巩固党执政的妇女群众基础。

三是立足妇女群众需求，强化阵地服务功能，扎实深入开展各级“妇女之家”“儿童之家”创建工作。2019年，创建2个省“妇女之家”示范点、2个市“妇女之家”示范点；3个市“儿童之家”，并在此基础上建立10个“巾帼驿站”。同时，强化对创建示范点的管理和指导，指导基层积极创新服务模式，增强服务功能，常态化开展宣传教育、协商沟通、咨询指导、心理疏导、救助帮扶、文体活动等妇女群众欢迎和乐于参加的工作，实现基层妇联组织的工作和活动在“妇女之家”“儿童之家”普遍开展。

韶关市巾帼文明岗

表2

序 号	单 位	授予单位
1	中共韶关市武江区委统一战线工作部	韶关市妇联
2	武江区重阳学校英语教研组	韶关市妇联
3	武江区沐溪小学语文教研组	韶关市妇联
4	武江区审计局办公室	韶关市妇联
5	武江区花城社区居委会	韶关市妇联
6	武江区工业西社区居委会	韶关市妇联
7	武江区乳韶社区居委会	韶关市妇联
8	韶关市南枫碧水花城物业服务中心	韶关市妇联
9	韶关市红星小学大队部	韶关市妇联
10	武江区残联《中国残疾人证》办证岗	韶关市妇联
11	韶关市武江区外商投资和中小企业服务中心	韶关市妇联
12	武江区西联镇计划生育办公室	韶关市妇联

韶关市“巾帼驿站”示范点

表3

序 号	单 位	授予单位
1	武江区重阳镇万侯村	韶关市妇联
2	龙归镇社主村	韶关市妇联

韶关市“家粤美，粤幸福”工作示范村

表4

序 号	单 位	授予单位
1	武江区西联镇西联村	韶关市妇联

【干部素质提升】 2019年，区妇联加大各级妇联干部培训力度，打造一支信念坚定、执行有力、敢于担当、奋发有为的妇联干部队伍。一是全年分6批次选送区、镇（街）、村（居）级妇联主席、副主席、业务骨干，“妇女之家”项目负责人、农村女创业能手40多人次，参加省、市、区组织的干部提升能力、妇女维权、两纲规划监测评估、妇女之家建设、妇女创业创新等学习培训。二是第三季度，组织开展“她力量”基层妇女骨干培训班共5场，培训基层妇联干部、妇女干部、村（居）民妇女500多人。三是12月27日，举办全区镇（街）、村（社区）妇联主席培训班，提高各级妇联干部围绕中心、服务大局、服务妇女的业务能力。

【推进两纲规划】 2019年，区妇儿工委办、区统计局联手加强对全区32个成员单位统计人员的培训，组织对年度指标任务完成情况数据进行上报、汇总和监测、评估。推进妇女儿童发展规划重点指标提标专题工作，关注重点难点，细致分析精准发力，对该区7个领域71项可比量化指标中，2018年度尚未达标的23项指标进行原因分析，并提出具体实施推进意见，促进武江区妇女（儿童）发展规划（2011—2020）难点指标如期达标。

【妇女儿童维权】 2019年，区妇联深入推进“巾帼维权”行动，在维护社会和谐稳定中彰显优势。

一是持续开展“三八”维权周和“建设法治中国，巾帼在行动”法律宣传教育活动。联合区委政法委、区普法办、区禁毒办等部门，分别到镇（街）、村（社区）、企业、学校组织举办“建设善美之城，巾帼在行动”“不让毒品进我家”为主题的宣传教育活动11次，“律师伴我行，维权在身边”主题讲座12场，大力宣传《中华人民共和国婚姻法》《中华人民共和国妇女权益保障法》《中华人民共和国反家庭暴力法》，以及禁毒、反邪教和防拐防艾防性侵等法律知识，发放各类宣传资料1万多份，进一步增强广大妇女群众法律意识和自我维权能力，营造共同维护妇女权益的良好氛围。

二是参与武江区第二届国家机关“谁执法谁普法”履职评议，通过自查自评、网上评议、实地考查、查阅资料、听取履职报告、现场评议和互评、媒体公示、社会评议等环节，武江区妇联作为被评议单位之一，总得分获得优秀等次，进一步压实普法教育责任，促进普法责任制落实。

三是做好群众来电来访和舆情信息工作，化解矛盾纠纷，维护社会稳定。利用婚调委、“12338”热线电话和接访日，耐心细致为妇女儿童、群众提供法律咨询、法律援助、心理疏导、婚姻家庭矛盾调解、咨询等服务。同时，积极做好妇女儿童网络舆情信息工作，促进社会秩序良好平稳。2019年，接待来电来访人员32人次，完成韶关市妇联权益部交办舆情跟进案件3宗，有效解决难题，促进家庭和谐、社会稳定。

【做好“家”字文章】 2019年，区妇联深入贯彻落实习近平总书记“注重家庭、注重家教、注重家风”重要讲话精神，充分发挥家庭在社会中的特殊作用，教育引导群众共同建设法治韶关、平安韶关、善美韶关、幸福武江。部署各级妇联组织开展“家庭助廉”“传承传统文明祭祀”“我们的节日”“爱在身边暖人心”“安全是第一你我要牢记”等主题活动，共同营造和谐文明的良好社会氛围。

一是联合武江区纪委监委抓好家庭廉洁教育宣传工作。组织开展“家庭助廉”征文活动和举办“家庭助廉”讲座，向武江区直单位正科级领导干部家属发放宣传书册，放映警示片，从家庭入手，共同筑牢廉洁防线；二是发出通知，动员城乡广大妇女迅速参与“迎新春清洁美”行动；结合《森林火灾消防常识》《韶关市野外用火条例》宣传，号召广大妇妇女群众做好清明文明祭祀；三是印刷垃圾分类宣传册子2000册，组织举办垃圾分类宣传家庭亲子活动，广泛宣传绿色环保、科学文明意识；四是布置五镇两街所有“社区家庭教育指导服务站”，积极开展“书香飘万家”亲子阅读、诗词大赛和“传家训立家规扬家风”“家教进社区”活动，为社广大居民提供培训、指导服务。五是依托“妇女之家”“儿童之家”平台，积极举办“家庭教育大讲堂”家风家训专题公益讲座，为农村广大妇女群众提供家庭教育培训、指导服务。11月11日—15日，在新华街道、龙归镇社主村、西联镇芙蓉村、重阳镇万侯村等市级“妇女之家”，惠民街道沙湖社区、西河镇向阳村等省级“妇女之家”举办家风家训讲座共6场。

韶关市“平安家庭”先进示范户

表5

序　号	家　庭	授予单位
1	王　丽	韶关市委政法委 韶关市妇联
2	刘娅姬	韶关市委政法委 韶关市妇联
3	董泽文	韶关市委政法委 韶关市妇联
4	欧振健	韶关市委政法委 韶关市妇联
5	毛海花	韶关市委政法委 韶关市妇联
6	谭克志	韶关市委政法委 韶关市妇联
7	杨祖玲	韶关市委政法委 韶关市妇联
8	赖德开	韶关市委政法委 韶关市妇联
9	龚　若	韶关市委政法委 韶关市妇联

韶关市“十大优秀书香之家”

表6

序　号	家　庭	授予单位
1	周慧怡	韶关市妇联
2	葛晓娟	韶关市妇联
3	周建民	韶关市妇联
4	白晶晶	韶关市妇联
5	黄晓莹	韶关市妇联
6	莫芬芬	韶关市妇联

韶关市“优秀书香家庭”

表7

序　号	家　庭	授予单位
1	原　典	韶关市妇联
2	邹振兴	韶关市妇联

续表7

序　号	家　庭	授予单位
3	郁　扬	韶关市妇联
4	欧　伟	韶关市妇联
5	毛长春	韶关市妇联
6	廖洪亮	韶关市妇联
7	高良吉	韶关市妇联
8	程　健	韶关市妇联
9	曾柏权	韶关市妇联
10	朱顺有	韶关市妇联
11	王　蕤	韶关市妇联
12	林　琳	韶关市妇联
13	何淑萍	韶关市妇联
14	邓志远	韶关市妇联
15	吴韵婷	韶关市妇联
16	廖　霞	韶关市妇联
17	古燕华	韶关市妇联
18	刁俊新	韶关市妇联

韶关市“美丽家园”示范户

表8

序　号	家　庭	授予单位
1	江　珍	韶关市妇联
2	梁　惠	韶关市妇联
3	廖洪亮	韶关市妇联
4	吴冠楠	韶关市妇联
5	邹振兴	韶关市妇联
6	陈均新	韶关市妇联
7	蓝亚践	韶关市妇联
8	黄　春	韶关市妇联
9	蒋　芸	韶关市妇联
10	李　霜	韶关市妇联

续表8

序　号	家　庭	授予单位
11	刘文娟	韶关市妇联
12	苏美清	韶关市妇联
13	吴日昌	韶关市妇联

韶关市“文明家庭”

表9

序　号	家　庭	授予单位
1	黄素芸	韶关市妇联 韶关市文明办
2	朱艳玲	韶关市妇联 韶关市文明办
3	江　珍	韶关市妇联 韶关市文明办
4	黄丽香	韶关市妇联 韶关市文明办
5	陈　丹	韶关市妇联 韶关市文明办
6	何远韶	韶关市妇联 韶关市文明办
7	余　聪	韶关市妇联 韶关市文明办
8	侯福清	韶关市妇联 韶关市文明办
9	徐海华	韶关市妇联 韶关市文明办
10	陈　秋	韶关市妇联 韶关市文明办
11	龚莉莉	韶关市妇联 韶关市文明办
12	邝剑锋	韶关市妇联 韶关市文明办
13	刘付凡尘	韶关市妇联 韶关市文明办
14	罗瑞芳	韶关市妇联 韶关市文明办

续表9

序 号	家 庭	授予单位
15	欧起飘	韶关市妇联 韶关市文明办
16	吴枭章	韶关市妇联 韶关市文明办
17	杨雪花	韶关市妇联 韶关市文明办
18	杨慧娟	韶关市妇联 韶关市文明办
19	胡电明	韶关市妇联 韶关市文明办
20	梁昌雄	韶关市妇联 韶关市文明办
21	涂耀兵	韶关市妇联 韶关市文明办
22	胡言辉	韶关市妇联 韶关市文明办
23	胡汤新	韶关市妇联 韶关市文明办
24	丘苑丽	韶关市妇联 韶关市文明办
25	林玉辉	韶关市妇联 韶关市文明办
26	沈 静	韶关市妇联 韶关市文明办
27	陈眉间	韶关市妇联 韶关市文明办
28	蔡梅英	韶关市妇联 韶关市文明办
29	林雪丽	韶关市妇联 韶关市文明办
30	潘少芬	韶关市妇联 韶关市文明办

【惠民关爱帮扶】 2019年，区妇联积极开展“巾帼暖人心”行动，积极发动社会，整合各界资源，针对辖区内贫困母亲、困难妇女、留守（流动）妇女儿童、孤残病患儿童，广泛开展“与爱同行”巾帼志愿服务主题活动。走访慰问单亲困难母亲、病患残疾妇女儿童、困难留守妇女（儿童）家庭300多人次。

开展精准扶贫，助力贫困妇女家庭。积极争取上级资金，指导帮助龙归镇山前村开展2019年“十百帮扶贫困妇女精准脱贫项目”，带动帮扶10名贫困妇女及其家庭；为20名城乡贫困妇女购买“百万医疗保险”；申请市级财政资金9万元区资金7.2万元，为3户符合条件的贫困单亲母亲建设“安居房”。联合区卫健局开展妇女“两癌”筛查和健康便民宣传服务。联合区卫健局召开会议、发动组织开展城乡妇女“两癌”筛查和社区健康便民宣传服务，完成西联镇、西河两镇妇女两癌筛查1725例。组织摸排辖区内贫困妇女、残障妇女儿童、留守妇女儿童、单亲特困母亲等重点群体，特别是残智儿童特殊群体，更新工作台账。做到情况清晰、信息对称、心中有数。

【服务中心任务】 2019年，区妇联聚焦武江改革和中心工作，提升妇女参与经济社会能力，动员妇女投身“乡村振兴巾帼行动”。积极鼓励、扶持、指导、促进城乡妇女创业就业，联合区人社局、农业农村局、科技等部门，到西联镇、工业园、龙归镇冲下村等地开展妇女创业就业培训、招聘、推荐工作。同时，积极推荐、选送优秀农村女性创业负责人代表朱细华、欧雪妹等参加全省举办的创业培训班。积极牵线搭桥，联系韶大英东生物系教授专家为重阳镇六记兰花基地把脉，进行技术指导，促进合作共赢。联合武江区人社局到重阳镇夏娃农场和六记兰花基地，向巾帼创业基地宣传资金扶持政策，让更多利民政策惠泽民营企业，助力乡村振兴发展。发出《致广大妇女的倡议书》《关于“促乡村振兴创韶关样板”的倡议书》，广泛发动广大妇女、村民群众积极投身武江乡村振兴、三清三拆一促、创建韶关样板村工作，发动妇女群众开展“星级文明户”“四美家庭”“美丽庭院”创建工作，推动乡风文明建设。助力完成冲下村创建韶关样板村工作、重点项目推进和挂钩联系村（居）龙归镇马渡村的主题教育、党建、综治维稳、泥砖房拆除、计生、扶贫、创文以及到社区服务报到等中心工作。

【选树先进典型】 2019年，区妇联以寻找“最美家庭”为载体，继续擦亮“五好文明家庭”“平安家庭”“书香之家”以及“家教、好家风家训进社区”“书香阅读”等现有工作品牌，培育选树一批先进典型。其中：武江区重阳镇夏娃农业有限公司被评为“全国巾帼文明岗”，公司负责人朱细华荣获“广东百名最美乡村女能手”称号；龙归镇郑双秀家庭荣获“全国最美家庭”称号；新华北社区入选为“广东省家庭文明示范点”，西联镇甘棠村被评为“广东省儿童之家示范村”；新华幼儿园园长黄建荣被评为“广东省三八红旗手”；此外，还有一批单位、个人分别荣获“韶关市巾帼文明岗”“韶关市三八红旗集体（手）”“韶关市优秀妇女之家”“韶关市优秀儿童之家”“韶关市平安家庭创建活动先进示范村（户）”“韶关市五好文明家庭”“韶关市基层组织阵地建设优秀指导单位”“韶关市优秀书香之家”“韶关市十大好军嫂”等荣誉，评选表彰1814户区级星级文明户。

区妇联领导名录

主　席：龚耿岚（女）
副主席：钟喜梅（女）
副主席：曾细娥（女，挂职，
　　—2019.8）

（钟喜梅）

武江区归国华侨联合会

【概况】 2019年，武江区归国华侨联合会（以下简称区侨联）划入武江区委统战部管理，是武江区委领导的由归侨、侨眷组成人民团体。

【政治理论学习】 2019年，区侨联始终高度重视政治理论学习，自觉以习近平新时代中国特色社会主义思想为指导，深入学习贯彻党的十九大精神，高举中国特色社会主义伟大旗帜，坚持走中国特色社会主义道路的信念不动摇。扎实开展“不忘初心、牢记使命”主题教育，组织传达学习中国侨联“十代会”精神，集中统一学习题为《坚持为侨服务宗旨凝聚侨心侨力同心共圆中国梦》的课件。

【主题教育】 2019年11月16日，区侨联联合区委统战部党支部，组织侨联班子和小组长到仁化城口粤北红军长征纪念馆参观学习，加强政治引领，画好侨界团结最大同心圆。

【机构改革工作】 2019年3月，机构改革后，区侨联由区委统战部管理，定编1人，设区侨联主席1名，由区委统战部分管日常工作的副部长兼任，专职副主席1名。

【侨联换届选举工作】 2019年6月18日，区侨联成功召开第五届归侨侨眷代表大会，选举产生新一届侨联委员会，邱洲才当选武江区侨联主席，麦燕玲当选武江区侨联专职副主席，谢文彦当选武江区侨联秘书长，申小芳、戴丽姬当选武江区侨联常委。设置配备1名主席和1名专职副主席（编制1名），进一步配齐干部、建强队伍，改变多年以来侨联没有编制，主席、副主席和干部均为兼职的局面，也为新时期更好地开展侨联工作提供有力保障。

【服务地方经济社会发展】 2019年，区侨联紧紧围绕区委、区政府的中心工作谋划自身工作，充分发挥侨联的独特优势，大力宣传武江的投资政策、投资环境，宣传家乡近年来的发展变化，鼓励海外侨胞回家乡考察、投资，为地方经济发展作出积极贡献。紧紧围绕区委、区政府的重大决策部署，积极投身武江建设，集中力量做大做强韶关市的中心城区，讲好武江故事，传播武江好声音，当好同心共筑中国梦的坚定实践者。

【完善为侨服务机制】 2019年，区侨联进一步完善学习、走访等相关制度，充分发挥广大归侨侨眷和海外侨胞的智慧和力量，在武江争当北部生态发展区高质量发展排头兵、建设北部生态发展武江区核心城市征程中体现新担当、展现新作为。

【调研、深调研工作】 2019年3月以来，区侨联结合该区实际，切实开展全区归侨侨眷侨情调查和出国留学人员乡情普查两项大型专题摸底调查工作，为顺应大侨务的新时代工作格局，下一步筹备成立相关联谊会奠定良好基础。

【“送温暖、献爱心”活动】 2019年，围绕春节、中秋、重阳等重大节日，武江区侨联积极组织开展“送温暖、献爱心”活动，深入到年事已高、行动不便的困难归侨家中，解他们身体状况、生活情况，听取他们的意见和建议，协助归侨侨眷了解决当前面临的生活难题，并送上慰问金，把党、政府的关心传递给他们。据统计，2019年，共走访慰问去世老归侨6名，发放慰问金1806元，走访慰问困难归侨和70—90岁以上归侨76人33200元，发放贫困归侨侨眷扶贫救助补助金4万元。

【文艺演出】 2019年，区侨联组织侨界群众开展形式多样的文艺演出活动，丰富他们的业余生活。2019年9月14日，组织侨界群众120多人积极参加市侨联举办的全市侨界群众庆祝建国70周年文艺汇演，区侨联共有6个参演节目，节目品质有一定的提升。在这6个节目当中，特别选送配乐诗朗诵《中华颂》节目代表区委统战部参加区庆祝中华人民共和国成立70周年文艺演出，并获得领导和群众的一致好评。

【机构设置】 2019年，根据机构改革后机构编制方案，武江区侨联核定专职副主席编制1名。无内设机构。

区侨联领导名录

主　席：邱洲才（兼，2019.6—）

副主席：麦燕玲（女，2019.6—）

（黄学源）

武江区工商业联合会

【概况】 武江区工商业联合会（商会）是区委领导的以非公有制企业和非公有制经济人士为主体，具有统战性、经济性、民间性有机统一基本特征的人民团体和商会组织。

【基层商会成立工作】 2019年，区工商联继续推动基层商会组织向街道延伸，筹备成立惠民商会、新华商会，分别于9月29日、10月11日召开成立大会选举产生商会第一届领导班子。至此，武江区辖区五镇两街全部成立基层商会，工商联基层组织实现镇街全覆盖。

【理想信念教育】 2019年4月，区工商联组织执委班子及基层商会骨干40余人赴重庆大学开展理想信念教育，赴重庆红岩村、渣滓洞、白公馆以及成都汶川地震遗址等地开展爱国主义教育，进一步增强全区民营企业家的爱国心、报国志。

【全国“五好”工商联和省“四好”商会创建工作】 2019年，区工商联继续积极开展全国“五好”县级工商联创建，经过三年的不懈努力，区工商联成功通过全联的复核，被确认为全国“五好”县级工商联。积极组织和指导龙归镇商会创建广东省“四好”商会，龙归镇商会成功通过省工商联复核，被确认为省工商联系统“四好”商会。

【“万企帮万村”工作】 2019年，区工商联启动新一轮“万企帮万村”工作。5月30日，区工商联召开五届四次执委扩大会议，会上举行新一轮“万企帮万村”签约仪式，区工商联及5个乡镇商会与全区7个行政村签订协议，开展“万企帮万村”结对帮扶。据统计，2019年区工商联在开展“万企帮万村”行动中，共发动企业投入资金120余万元。

【机构设置】 2019年，根据机构改革后机构编制方案，武江区工商联核定事业编制1名。内设机构1个：办公室。

区工商联领导名录

党组书记：姜蕴芝（女）

主　席：刘　东

副主席：姜蕴芝（女）

（黄学源）

武江区残疾人联合会

【概况】 2019年，武江区残疾人联合会（简称区残联）由区政府领导，业务上接受市残联指导。原核定编制2人，其中正、副理事长各一名，根据深化机构改革工作部署安排和《中共韶关市武江区委机构编制委员会关于印发〈韶关市武江区残疾人联合会职能配置、内设机构和人员编制的规定〉的通知》规定（韶武机编〔2019〕92号），现核定事业编制4名，设理事长1名、副理事长1名和正股级领导职数2名。

2019年，区残联在区委、区政府的正确领导和市残联的精心指导下，认真贯彻中共十九大和十九大二中、三中、四中全会精神，结合“不忘初心、牢记使命”主题教育，按照市残联和区委、区政府工作部署，紧紧围绕加快残疾人小康进程工作目标，充分发挥残联“代表·服务·管理”职能，坚持把改善残疾人民生，促进残疾人全面发展作为工作的出发点和落脚点，着力解决残疾人最关心、最直接、最现实的问题，认真落实各项任务，较好完成年初制定各项工作任务，全力推动残疾人同步小康。

武江区2019年残疾人办证情况统计表

表10

在册残疾人数	视力残疾人数	听力残疾人数	言语残疾人数	肢体残疾人数	智力残疾人数	精神残疾人数	综合残疾人数
4344	391	234	46	2041	636	630	366

【康复工作】 2019年，区残联督促协调有关部门解决严重精神病患者残疾等级评定难问题及免费医治和服药政策的落地；为困难残疾人提供康复评估、康复训练、辅具适配、咨询转介等康复服务，共为贫困残疾人免费发放辅助器具333件；投入23.8万元为50户建档立卡户或低保户且有需求的贫困残疾人家庭进行居家无障碍改造（2019年省市下达该区贫困残疾人居家无障碍改造任务40户，调配2018年贫困重度残疾人家庭无障碍改造结余资金，按照资金额度增加10户贫困重度残疾人家庭无障碍改造项目，共完成50户改造项目，圆满完成省市下达给该区的任务）；督促完成惠民街、江湾镇社区康园中心的建设运营工作；举办4家民办康复机构教师培训班，培训50人；联合东莞市残疾人福利基金会和韶关市爱尔眼科医院举办“助视助行助力脱贫”—韶关光明行联合服务启动揭纱暨爱心轮椅维修部捐赠仪式，东莞市残疾人福利基金会资助3万元在龙归和市区设立2个爱心轮椅免费维修部；组织辖区113名困难白内障患者参加由爱尔眼科医院会同东莞市残疾人福利基金会开展的白内障患者免费治疗活动。

【残疾人社会保障工作】 2019年，区残联配合区民政局做好残疾人两项补贴的发放审核，发放困难残疾人生活补贴695人次、重度残疾人护理补贴2866人次；协助市人社局武江分局分别为2741名和1124名符合条件的残疾人办理城乡基本医疗保险和养老保险；为86名使用机动轮椅车的残疾人发放燃油补贴，共计2.236万元；牵头协调卫健、扶贫等部门开展贫困户疑似残疾人评残办证服务，为172名疑似残疾人提供上门评残及办理残疾人证服务，让贫困残疾人及时享受残疾人优惠政策；积极配合住建部门开展2019年残疾人精准扶贫户危房改造筛查工作，从全区五镇共排查出危房贫困户21户，其中建档立卡贫困户3户，低保户14户，农村分散供养五保户4户，贫困户残疾人家庭8户。

【残疾人就业扶持工作】 2019年，区残联累计完成按比例安排残疾人就业年审的用人单位共206家；联合区人社局等有关部门举行4场困难残疾人专场招聘会；组织13名困难残疾人参加市残疾人专场招聘会；完成残疾人文化扫盲任务4人；举办建档立贫困户残疾人农村实用技术培训班，培训50人；5—6月，选送该区11个残疾人创业项目参加残疾人“众创杯”创业创业新比赛工作，8个项目进入复赛，居全市各县（市、区）之首，并有3个项目分别获得韶关市“众创杯”创业创新大赛金、银、铜奖；8月，组织五镇两街分管领导、理事长和镇（街）、村（居）残疾人专职委员共106人开展区全国残疾人服务状况和需求信息数据动态更新工作入户培训；10月，对全区4654名持证残疾人进行基本服务状况和需求信息数据动态更新工作入户调查，全面掌握残疾人基本服务状况和需求；认真落实市委书记李红军专题调研韶关旭日国际公司时作出的解决安置残疾人就业及缴纳残疾人就业保障金困难等问题的指示精神，建设龙归、新华、沙洲社区康园中心旭日爱心车间，积极推荐安排残疾人就业，为该企业安排残疾人就业166人，其中重度残疾人57人，帮助区贫困残疾人解决就业问题；残疾人张丽娟取得国家知识产权而颁发的瓜子剥壳装置发明实用新型专利证书。

【扶残助学帮困工作】 2019年，春节期间，区残联开展辖区内贫困残疾人“普惠”慰问活动，对城镇低保户中的残疾人每人给予200元的慰问金（农村建档立卡户区扶贫办已专项支付），共慰问337人次，慰问金共6.74万元；4月，深入村（社区）慰问14户特困残疾人家庭；5月，慰问武江区东岗小学和武江区至和汤邓淑芳纪念学校的特教班27名智障儿童；9月，牵头组织工商联及爱心企业举办关爱残疾人庆中秋活动，共为300户困难残疾人家庭送上节日的问候和爱心物资（月饼）；12月，为23名家庭贫困的残疾学生提供助学金共6.86万元，为26名3—6岁残疾儿童发放学前教育补贴每人1000元，共计发放2.6万元。

【残疾人信访工作】 2019年，区残联固定每周二上午在区残疾人综合服务中心接访，共接访100余人次，处理涉及低保、住院救助、助学、扶养、住房等问题，及时与相关部门沟通协调，尽力为残疾人排忧解难，如：号召山东商会为拖拉机厂“一户多残”特困残疾人家庭侯敬东捐款19400余元解决燃眉之急和协调解决残疾群众关心的残疾人三轮摩托车上牌及加油问题，以实际行动得到残疾群众的认可，把问题解决在萌芽状态，全年没有发生残疾人集体上访、越级上访等恶性事件。

【残疾人宣传文体工作】 2019年，区残联以“全国助残日”和“国际助残日”为契机，组织残疾人开展或参加各种文体活动，使残疾人能早日融入社会，感受到党和政府对他们关爱之情；协调配合粤北医院康复科不定期到新华街康园中心开展助残志愿服务活动，增加残疾人参与社会活动的机会；区残联代表队参加2019年韶关市残疾人专职委员业务知识竞赛荣获三等奖；区残联刘存友参加市委组织部举办的“不忘初心践誓言，牢记使命勇担当”主题征文活动荣获一等奖；区残联代表队参加2019年第二届韶关“狮爱杯”残疾人象棋交流赛上荣获二等奖；专职委员邝永华参加广东省自强模范暨扶残助残先进集体和个人表彰大会，荣获广东省残联系统先进工作者称号，并受到省委书记李希和中国残联领导的亲切接见等。

【残疾人证发放工作】 2019年，区残联共发放残疾人证370本。

【机构设置】 2019年，区残联编制4人，实有2人；下设残疾人综合服务中心，工作人员5人；辖区5个专门协会，分别是：武江区肢体残疾人协会：主席班建华，武江区盲人协会：主席吴羽庭，武江区聋人协会：主席温建文，武江区智力残疾人及亲友协会：主席温雪梅，武江区精神残疾人及亲友协会：主席蓝松娣。

区残联领导名录

区残联主席团

主　席：黄燕斌（瑶族，—2019.8）
副主席：刘存友
　　　　班建华

区残联理事会

理事长：刘存友
副理事长：陈献平（—2019.6）
　　　　　刘芷伊（女，2019.6—）

（何欣苗）

武江区红十字会

【概况】 武江区红十字会是区政府领导下负责从事人道主义工作的社会救助团体。区红十字会核定事业编制1名。设会长1名（由武江区政府领导兼任，不占编制），专职副会长1名（韶武办发〔2019〕25号）。

【理论学习】 2019年，区红十字会深入学习贯彻中共十九大精神、习近平新时代中国特色社会主义思想和《中华人民共和国红十字会法》，深入学习贯彻习近平新时代中国特色社会主义思想和习近平总书记在“不忘初心、牢记使命”主题教育工作会议上的重要讲话精神，依法履职。武江区红十字会始终坚持党对红十字工作的领导，牢牢把握红十字事业发展正确方向，牢固树立“四个意识”，增强“四个自信”，切实增强红十字会工作人员的责任感和紧迫感，对促进和规范今后红十字会工作发挥积极作用。

【红十字宣传工作】 2019年，武江区红十字会深入社区开展红十字宣传工作。“5·12”防震减灾日，参加由区安委办在沙洲社区举办“提高灾害防治能力，构筑生命安全防线”主题宣传活动。在活动现场，为居民详细讲解当发生晕厥、交通事故、地震、台风等意外伤害和灾害事件时，如何进行自救互救、减轻伤痛，现场示范创伤止血包扎和心肺复苏等应急救护知识和技能，进一步提高群众的应急救护知识和技能，并向过往群众发放家庭急救手册、造血干细胞捐献等宣传资料约500份。6月15日，参加由区安委办、西河镇人民政府在韶州公园举办的以“防风险除隐患遏事故”为主题的“安全生产月”和“安全生产万里行”活动启动仪式暨安全生产诚信宣传活动。活动现场，为群众普及应急救护、安全检查与隐患排查等安全生产相关知识，提高群众的安全防范意识，保障生命财产安全。

【红十字博爱送温暖活动】 2019年，武江区红十字会深入基层开展红十字博爱送温暖慰问活动。1月，在春节来临之际，开展2019年春节“红十字博爱送温暖”慰问活动，为武江城区的困难群众送去慰问款物共计1.88万元。走访慰问单亲家庭、孤寡老人、地贫病患儿童等困难家庭，认真倾听困难群众的诉求和建议，鼓励他们要坚定信心，保持乐观的心态，积极地面对生活，为每户困难家庭送去花生油、毛毯、羊毛大衣、儿童棉衣等慰问品，并送上慰问金和新春的祝福，让他们度过一个温暖、祥和的新春佳节。5月6—12日，在“红十字博爱周”期间，专职副会长侯芊彤陪同区政府副区长钟爱明，走访慰问该区困难家庭白血病和先心病患儿童，为他们带去党和政府的关怀和温暖，并送上慰问金、慰问品。先后走访慰问先心病患儿洪宇辰、谭天豪和邓求佳、岑浩中等白血病患儿。9月8日，在中秋佳节来临之际，区红十字会专职副会长侯芊彤组织红十字志愿者一行前往武江区重阳镇敬老院，关心慰问孤寡老人，给他们送去最真挚的节日祝福和问候。在敬老院，红十字志愿者们仔细打扫庭院卫生，清理墙上的蜘蛛网，帮老人们晾晒衣物，对老人的居室进行打扫整理。与老人们亲切交流时，细心了解他们在敬老院的衣食住行等生活情况，并嘱咐老人们在季节变化时注意自身的身体保暖，行动要注意安全，让老人们充分感受到党和政府的关怀和社会大家庭的温暖。

【开展青少年水上安全知识教育活动】 2019年4月，武江区红十字会开展青少年水上安全知识教育活动，构筑生命安全防护线。邀请市红十字水上救援大队队长邵国强老师分别在江湾镇中心小学、市第十一中学、阳山小学、龙归中学、龙归镇中心小学5所中小学开展青少年水上安全教育讲座主题活动，宣讲活动共有2000多名师生参加，发放水上安全知识手册4000多份，获得该区广大师生的一致好评，取得良好的宣讲效果。

【开展应急救护知识和技能讲座活动】 2019年7月26日，武江区红十字会在新华南社区居委会举办应急救护知识和技能讲座活动，邀请韶关市红十字会资深讲师李恒老师到现场授课，为社区群众宣传和普及红十字应急救护知识及技能。9月6日，在市政中心（武江环卫所），开展2019年“世界急救日”主题宣传活动——“急救，关注易受损群体”，邀请韶关市红十字会资深讲师李恒老师到区环卫所开展应急救护知识和技能讲座活动，为100余名环卫工人普及心肺复苏、高温中暑救护、交通事故意外伤害及突发事件等急救知识和救护技能，进一步提高环卫工人自救互救的能力，切实增强环卫工人的安全生产意识，为进一步提高社区干部和居民群众应急处置各种意外伤害和突发急症的能力，让群众学习和掌握基本的应急救护知识和技能，切实增强社区干部和居民群众自救互救意识和应对突发事故的能力。11月8日，联合惠民街道办事处，在群立社区居委会，举办应急救护知识和技能讲座活动，邀请韶关市红十字会资深讲师李恒老师到现场授课，为社区干部和居民群众宣传和普及应急救护知识及技能，为建设平安社区和创建平安武江贡献力量。

【开展困难家庭救助活动】 2019年，武江区共有1名贫困先天性心脏病患儿获得免费救治；武江区红十字会为6名患大病困难家庭申请救助，每人各获得1000元的助学金。

【参与开展无偿献血活动】 2019年7月12日，武江区红十字会联合区无偿献血委员会组织机关干部、职工们在区政府办公大楼七楼会议厅开展无偿献血活动。在献血活动现场，红十字志愿者们为献血人员认真填写无偿献血登记表，积极配合血站工作人员完成体检、化验和采血，约230名干部职工参加活动，累计献血65100毫升。

区红十字会领导名录

会　长：（空缺）
专职副会长：侯芊彤（女）

（侯芊彤）

军　事

武江区人民武装部

【概况】　2019年，武江区人民武装部（区人武部）组建于1986年6月，为地方建制，属副处级编制。1996年4月1日，收归军队建制，升格为正团级，隶属韶关军分区领导。按照党管武装的原则，由武江区委书记兼任武江区人武部党委第一书记，区人武部一名主官兼任区委常委，另外一名主官兼任区政府党组成员。2017年7月1日，根据军队编制改革调整方案，区人武部下设军事科、政治工作科、保障科三个科室。

【武装工作会议】　2019年3月25日，区武装工作会议在人武部五楼会议室召开，会议传达学习上级党委全会精神，总结2018年武装工作情况，部署2019年武装工作任务，通报表彰2018年度武装工作先进单位和个人，区委书记、人武部党委第一书记颜亮作讲话。会议上还组织镇（街）党（工）委书记党管武装述职。会议由人武部政委杜亚主持。

【广东省军区政委王守信检查指导】　2019年4月8日，广东省军区政委王守信到人武部检查指导工作，军分区政委黄星会、政治工作处主任闫振一、武江区委副书记、区长郑伟平，副区长余志强等领导陪同。

【理论学习】　2019年，区人武部突出用习近平新时代中国特色社会主义思想和强军思想武装头脑，抓好党委中心组理论学习，为每名党员购置并组织学习《习近平中国特色社会主义思想学习纲要》《三十讲》《论述摘编》等理论学习书籍。

【政治教育】　2019年，区人武部注重将“不忘初心，牢记使命”主题教育和“传承红色基因，担当强军重任”主题教育有机结合起来，扎实抓好经常性思想教育，推进“两学一做”学习教育常态化制度化。贯彻落实军委基层建设会议精神，围绕巡视巡察问题整改，扎实开展党的纪律教育、禁酒令学习干部职工稳心定神干工作、凝心聚力搞建设的意识逐步增强。

【主题实践活动】　2019年，区人武部开展“重走长征路、担好强军责”主题实践活动，组织参观始兴“红围”省委机关旧址，重温革命历史和入党誓词，干部职工“四个意识”不断增强，“四个自信”更加坚定，“两个维护”和贯彻军委主席负责制更加自觉。

【专武干部训练】　2019年，区人武部为提高专武干部队伍的素质和完成任务的能力，人武部于4月8日至19日组织辖区基层武装部长参加军分区组织的集中训练，其中新华街道办事处武装部部长饶佳运通过考核评定为专武干部训练尖子。

【现役军官和文职人员的日常训练】　2019年，区人武部按照军分区要求，严格落实现役干部每周二、四的早操制度，重点抓现役干部的军事技能和体能训练，积极参加军分区组织的半年军事考核和干部、文职人员集中训练，通过训练和考核，现役军官体能提高明显，军事基本技能操作科目达到良好以上水平，3人被评为优秀。

【民兵组织整顿工作检查】　2019年5月6日，韶关市联合工作组检查指导民兵组织整顿工作开展及落实情况，军分区副司令员冯振鹏带队，军分区机关、市委办、组织部、公安局等部门相关人员参加。

【轻舟分队集训】　2019年5月7—14日，武江区组织相关骨干参加市第一期轻舟分队集训，由区人武部副部长刘仁平带队，全区参训11人，其中西河3人，新华、惠民、龙归各2人，西联、重阳各1人。大部分参训单位能够按照要求送训参训，全体参训人员认真积极、遵守集训队规定，掌握冲锋舟驾驶技能。集训中，部长李庆、政委杜亚多次电话了解、现场指导集训活动的开展情况，到训练场对队员进行慰问鼓气，武江区应急管理局黄勇局长、各镇街武装部负责人也分别代表所在单位党（工）委看望参训民兵。在结业考核中，武江获得总分第一的好成绩，被评为训练先进单位。马梅生、马家俊被评为先进个人。5月16—23日，组织人员参加第二期集训，由人武部职工李海飞带队。

【民兵应急分队集训】　2019年，根据年度军事训练计划安排，区人武部于6月21日至6月28日在韶关市国防教育训练基地组织开展民兵应急连、排骨干集训，6月28日单独组织民兵应急连进行授旗仪式。

【专武干部例会制度】　2019年，武江区人武部坚持把专武干部队伍建设摆上重要议事日程，每月坚持召开专武干部例会，分析工作形势，指出存在问题，制定对策措施，为兵役登记、民兵组织整顿、征兵工作、国防动员潜力核查及演练、精准扶贫等工作圆满完成打下良好基础。

【征兵工作】　2019年，区人武部坚持早谋划、早部署、早展开，狠抓兵役登记落实，2019年网上兵役，登记率100%；注重搞好征兵宣传，采取面上宣传与重点宣传相结合的方式，协调学校利用高考志愿填报指导会的时机，对辖区高中应届毕业生的针对性宣传发动；严密组织新兵役前训练，组织预定新兵参加役前训练；在韶关医学院隆重召开新兵入伍欢送会，区长郑伟平到会欢送新兵入伍，大力营造参军光荣的深厚氛围；坚持阳光征兵、廉洁征兵，全区未发现有违反征兵纪律规定的人和事；注重做好跟踪教育，做好与部队的沟通协调，通过终极鉴定，成功化解1起退兵事件。

【公寓住房清理整治、留存名贵特产类物品及家底经费专项清理工作】　2019年，区人武部及时召开党委会研究部署，制定各专项清理整治计划，按照清理整治内容逐项清理、逐人核实、及时整改，切实正规、高标准完成各专项清理任务，其中公寓住房清理及房租清缴在10个县（市、区）为最先完成的单位，家底经费清理，该部共上缴163万元。

【正规化建设试点】　2019年，区人武部依据省军区关于《加强基层武装部正规化建设》文件精神，研究拟制武江区《基层武装部暨民兵营（连）规范化建设标准》，在西河、江湾组织基层武装部建设试点，韶关军分区组织全市专武干部到西河镇武装部进行观摩交流考评，达到学习有样板，建设有标准，以先进带后进，提升全区基层武装部和民兵营（连）建设整体水平。

【战备拉练】　2019年5月、12月，区人武部两次参加上级组织的战备拉练，干部职工积极踊跃参训练，全程参与，通过拉练，培育顽强的精神和过硬素质。

【防范台风灾害】　2019年7—8月，受台风影响，区人武部根据上级会议精神，积极主动做好防范台风灾害、参加抢险救灾准备，全体干部职工停止休假，集结收拢人员，清点物资装备器材，全时值班值守，随时听令行动，直至警报解除。

【文体活动】　2019年，区人武部组织干部职工和专武干部参加庆祝中华人民共和国成立70周年系列文体活动，积极参与武江区委宣传部牵头组织的文艺会演，与军分区机关和其他县市区人武部开展篮球友谊比赛，增强荣誉感和自豪感。

【扑救山火】　12月9日，乳源县大布镇发生山火，波及武江区江湾镇，区人武部主动请缨，积极作为，出动现役干部和民兵79人次，协助地方党委政府圆满完成山火扑救任务，受到军分区和武江区委、区政府的一致肯定。

【精准扶贫及挂点帮建】　2019年，根据武江区委统一安排，区人武部负责挂点帮建的有江湾镇瑶族村委、江湾社区、惠民街侨新社区等单位，扶贫点在龙归镇马渡村，一年来部领导多次带队到挂点的镇、村（社区）进行走访和座谈，解决实际困难。在工作经费比较紧张的情况，先后投入2万余元用于扶贫工作，7月，“广东扶贫济困日”捐款，全体干部职工共捐款3700元。

【党政领导班子过军事日活动】　2019年12月24日，武江区四套班子主要领导参加党政领导班子军事日活动，组织实弹射击，活动由区委副书记、区长郑伟平带队，区人武部具体组织实施。

【区委议军会议】　2019年12月24日下午，区委书记、区人武部第一书记颜亮在区人武部三楼会议室主持召开区委议军会议，传达学习习近平总书记关于国防和军队建设重要讲话精神及省委、市委议军会议精神，听取全区武装工作情况汇报，会议明确要加强国防动员潜力核查和后备力量组织整顿，原则同意《加强基层人民武装部规范化建设实施方案》和《关于加强新时期征兵工作的实施意见》，同意适当增加调整武装工作经费预算，明确将民兵应急力量纳入政府应急管理体系，审议通过成立武江区国防教育领导小组的提案。会议还研究其他事项。武江区委常委出席会议，其他相关区领导、局（办）及镇（街）主要负责同志列席会议。

武江区人武部领导名录

部　长：李　庆

政　委：杜　亚

副部长：王伟华（2019.8—）

（陈兴运）

退役军人事务

【机构概况】 2019年，完成“一中心两站”服务保障体系建设，即建立武江区退役军人服务中心；乡镇（街道）退役军人服务站和村（社区）退役军人服务站；2019年11月12日成立福源矿冶居民区退役军人服务站，形成全区上下贯通、横向到边、纵向到底、覆盖全面的退役军人服务保障体系。

【信息采集、悬挂光荣牌及优抚对象核查】 2019年，区退役军人事务局全方位开展信息采集并为烈属、军属和退役军人等家庭悬挂光荣牌工作。至2019年11月，共采集有效数据×条，共为烈属、军属和退役军人等家庭悬挂“光荣之家”牌匾×块。同时，布置开展武江区退役军人“大走访”和优抚对象全员核查，重点为全区×名优抚对象建立“一人一档”。

【走访慰问活动】 2019年，区退役军人事务局组织开展“七一”“八一”等重大节日走访慰问活动，区委、区政府四套班子领导组成9个慰问团分别走访慰问驻区部队，全区节日期间走访慰问困难退役军人、无军籍退休退职职工、老党员、自主择业军转干部、重点优抚对象等人员，2019年，区退役军人事务局开展送喜报活动，共为三等功人员和优秀士兵送去喜报并送上慰问金，落实优秀士兵奖励金×元。

【举办军民联欢活动】 2019年，为庆祝中国人民解放军建军92周年，区退役军人事务局与西联镇联合举办“同呼吸 共命运 心连心”庆“八一”军民联欢活动。活动中表演大合唱《四渡赤水》、广场舞《共圆中国梦》等10个精彩的文艺节目，吸引近300余名当地群众观看晚会。

【开展“9·30”烈士日公祭活动】 2019年9月30日，武江区组织人员在韶关烈士陵园参加向烈士纪念碑敬献花篮仪式。同时，各镇还组织党员、干部、职工、青年学生等在当地烈士纪念碑和烈士墓隆重举行祭奠活动。

【安置工作】 2019年，武江区共接收××名转业士官，提供央企、省企岗位和公益一类事业单位岗位，按时发放转业士官待安排工作期间生活补助金。新接收安置转业干部×人，自主择业复员干部×人，企业军转干×人，安置随军家属×名，配合有关部门举办2次专场企业招聘会。

【优抚工作】 2019年，武江区按时足额发放各类优抚对象优待抚恤补助款项。其中，发放“三属”死亡抚恤金××万余元；残疾军人伤残抚恤金××万余元；在乡复员（退伍）军人生活补助金××万余元；“参战人员”生活补助金××万余元；“铀矿开采退役人员”生活补助金××万余元；“60周岁农村籍退役军人”生活补助金××万余元；落实无军籍职工生活退休待遇和房补金××万余元；发放企业军转干生活补助金××元；兑现义务兵家庭优待金××元；发放2018年病故军人一次性抚恤金××元；支付优抚对象参保医疗补助金××元；住院医疗补助金××元；进疆进藏义务兵退伍奖励和大学生入伍奖励金××元。

区退役军人事务局领导名录

局　长：肖大清（2019.3—）
副局长：邓少雄（2019.3—）
　　　　刘志深（2019.3—）

（周剑雄　李　磊）

2019年3月28日，在西河健身广场举办韶关市为烈属、军属和退役军人等家庭悬挂光荣牌启动仪式　　（区退役军人事务局　供图）

法 治

政法委及综治

【概况】 2019年，武江区委政法委深入贯彻中央、省、市政法工作会议精神，紧紧围绕以安全稳定的社会环境迎接中华人民共和国成立70周年这条主线，牢记职责使命，强化组织领导，加强系统谋划，创新工作思路，统筹各方力量，狠抓责任落实，扎实推进扫黑除恶、综治创平、维护稳定、政治安全和反邪教等各项工作，为推动全区经济社会各项事业科学发展营造和谐稳定的环境。

【平安武江建设】 2019年，武江区委、区政府高度重视平安武江建设工作，扎实开展各项专项行动。一是深入开展“飓风2019”专项行动，全面打击侵财犯罪，保持对违法犯罪打击的高压态势。二是加大对涉毒违法犯罪的打击力度，扎实推进全民禁毒工程建设。三是加大社会面的治安巡逻力度，实施常态化巡逻和在重要节点加强巡逻的方式全面提高见警率。四是扎实做好严重精神障碍患者救治救助工作和社区服刑人员社区矫正监管工作，2019年全年支出严重精神障碍患者监护责任补偿保险费用15.62万元，救治救助金102.45万元。加强对社区服刑人员的日常监管，全区133名社区服刑人员无人重新犯罪，有效维护社会稳定。五是开展铁路护路联防工作。建立健全路地协调联动机制，认真做好高铁沿线安全隐患排查整治工作，共开展涉路矛盾纠纷排查24次，整治安全隐患点24个，确保高铁运行安全。六是扎实推进创建无医闹城区、无“三害（黄赌毒）城区”、无校园欺凌城区、无假药城区、无传销城区等十大“平安共同体”建设，进一步净化社会风气，人民群众的幸福感、安全感得到进一步提升。七是以“小细胞”汇聚“大平安”，继续深入开展平安细胞建设。深化平安特色小镇、平安村（居）创建工作，全面推进破旧泥砖房的清拆工作，助推该区加快生态宜居美丽乡村建设和乡村振兴发展；继续深化平安家庭、平安企业、平安学校、平安交通、平安餐饮等平安细胞的创建工作质量，把平安筑牢在人民群众心中，提高平安创建工作的覆盖面。

【“红袖章”平安志愿者工作】 2019年，区委政法委制定印发《武江区加强平安志愿者队伍建设的实施意见》《武江区村居（社区）“红袖章”治安联防工作指导意见》和《武江区关于在村（社区）“红袖章”治安联防工作中充分发挥基层党组织战斗堡垒作用和党员先锋模范作用的通知》，规范全区平安志愿者队伍建设管理和村（居）“红袖章”治安联防组织工作，将“红袖章”治安联防工作与基层党建工作相结合，发挥基层党组织战斗堡垒作用和党员先锋模范作用。8月23日，在西河全民健身广场举行主题为“我志愿我参与向建国70周年献礼”的武江区“红袖章”平安志愿者服务活动启动仪式。9月10日，召开武江区校园“红袖章”平安志愿者队伍建设推进会，进一步壮大校园“红袖章”平安志愿者队伍，在前期组建的由学校老师及保安人员参加的基础上，进一步动员学生家长、校外各类托管机构工作人员积极参加校园“红袖章”平安志愿者队伍。全区共建立单位内部志愿者队伍、村（居）义务巡防员队伍、重点行业志愿者队伍等三支“红袖章”平安志愿者队伍共9271人，化解或协助化解矛盾纠纷2000余起，协助抓获嫌疑人52名，帮助服务群众3万余次，有力维护社会和谐稳定。

【“平安三率”宣传】 2019年，武江区进一步深化平安武江建设，营造浓厚的平安建设宣传氛围，提升全区平安创建知晓率、群众安全感和政法工作满意度（以下简称平安“三率”），多措并举、加大力度，在全区范围内开展提升平安“三率”宣传活动。通过制作微信推文、大型宣传长廊，投放微信朋友圈第五条广告，开展平安创建志愿者宣传活动、“小手拉大手”校园宣传活动、警营开放日活动和大型户外宣传巡回活动，各镇（街）、各成员单位通过走访入户的方式进行宣传。

【矛盾纠纷排查调处】 2019年，武江区委、区政府高度重视维护社会稳定工作，确立“党政同责、一岗双责”的维护社会稳定工作责任制。以区、镇（街）两级综治信访维稳中心为平台，充分发挥“乡贤理事会”等民间组织参与社会矛盾纠纷化解的作用，推进一村（社区）一法律顾问（律师）工作，不断推进“三调联动”，充分发挥驻村律师和人民调解组织参与化解社会矛盾的作用。2019年全区各级人民调解组织共调处各类矛盾纠纷955宗，调处成功936宗，调解成功率98%。

【维护社会稳定工作】　2019年，一是抓好社会稳定风险评估工作。认真贯彻落实省、市关于推进重大决策社会稳定风险评估工作的各项要求，把社会稳定风险评估作为重大工程建设项目的前置程序和刚性门槛抓实抓好，深入开展社会稳定风险评估工作。要求各镇（街）和区直各单位坚持“属地管理、分级负责”“谁主管、谁负责”“谁决策、谁负责”的原则，严格执行重大决策社会稳定风险评估工作制度，认真落实《武江区重大决策社会稳定风险评估工作实施意见》，积极推进社会稳定风险评估机制，将社会稳定风险评估工作列入本单位重要议事日程，作为做决策、定政策、上项目和开展行动等各项重要工作的前置程序，推进应评尽评工作的落实，并建立健全评估工作台账。二是做好重点领域的防范化解工作。武江区委政法委持续跟进各重点领域存在问题的整治工作，切实组织区消防、教育、人社、城管等相关部门对相关领域的涉稳问题进行整治，明确措施和整治期限，制定防控处置工作方案，做好该区较突出的影响稳定的风险和不稳定因素的化解整治工作。3月，区委政法委印发《关于开展我区较突出涉稳风险点和不稳定因素及重大矛盾纠纷问题大排查工作的通知》（韶武政电〔2019〕11号），在全区范围内再次组织开展该区较突出涉稳风险点和不稳定因素大排查工作。明确各镇（街）、区属各部门要组织负责调处本辖区、本行业的矛盾纠纷，着力加强对重点领域矛盾纠纷的排查化解，对发现的各类风险隐患逐一列账，落实责任，做好化解工作，消除涉稳隐患的发生。为强化工作指导，区委政法委坚持定期到各镇（街）和区直有关涉稳重点单位进行调研和检查指导矛盾纠纷排查工作，调查了解各单位在维稳工作方面存在的主要难点与问题，商讨如何有针对性做好涉及各方面维稳的对策，对各单位发现的涉稳隐患难点，及时协调有关单位给予解决。

【无邪教示范工程创建工作】　2019年，继续深入开展无邪教“三个一”示范工程活动，上半年区委政法委组织人员对各个镇（街）、村（居）的创建情况一一进行督导检查，对督查中发现的问题，采取现场通报、面对面指导的等方式一一推动整改，切实推动武江区创建无邪教示范区工作的落实。经过全区各单位的共同努力，尤其是一线工作人员的努力工作，武江区创建无邪教示范区工作于6月18日顺利通过省创建无邪教“三个一”示范工程活动交叉审核验收小组的审核验收。同时，武江区作为市的无邪教创建示范点在创建中作出的努力和取得成效获得省审核验收小组、市委政法委的充分肯定。

区委政法委领导名录

书　记：黄向阳
常务副书记：邓桂生
副书记：欧气勇
正科职干部：张祈俊（2019.2—）
副科职干部：
　　梁柏勤（女，2019.2—）
　　罗任林（2019.2—）
　　冯方成（2019.2—）

（李　琪）

公　安

【概况】　韶关市公安局武江分局（以下简称武江分局）承担维护社会稳定预防、制止和打击违法犯罪活动，维护社会治安秩序，管理交通、危险物品、特种行业等职能。2019年，韶关市公安局武江分局坚持以习近平新时代中国特色社会主义思想为指导，在武江区委、区政府和市公安局的正确领导下，紧紧围绕中华人民共和国成立70周年大庆安保主线，深入开展“不忘初心、牢记使命”主体教育，坚持以粤警行动计划和智慧新警务建设为牵引，全力推进派出所规范化建设，全力维护武江社会安全稳定，群众安全感和公安工作满意度不断提升，取得2019年全市公安工作综合排名第一，群众安全感和公安满意度排名全市第3、全省排名38的优异成绩。

【机构】　韶关市公安局武江分局成立于1983年，原址位于韶关市武江区新华南路3号，2018年5月搬至西联镇西联市场17号之一，正科级建制。2016年9月武江分局因市区公安体制改革下放至武江区政府，组织关系属中共韶关市武江区委，受武江区委、区政府和韶关市公安局双重领导。同时原市公安局交警支队市区二大队一并下放至武江分局管理，现为武江分局交警大队。韶关市公安局新区分局成立后，武江分局西联派出所划归新区分局，更名为新区分局新城派出所。

【党委（支部）建设】　2019年，武江分局全面加强党的建设，全年党委中心组理论学习6次，分局党委会议第一议题安排学习习近平新时代中国特色社会主义思想和习近平总书记最新重要讲话、重要批示、批示精神等。始终将政治建警放在首位，扎实开展“不忘初心、牢记使命”主题教育，严格贯彻落实区委区政府“担当落实、走在前列”十条意见，推动实施派出所“四个在前”党员先锋行动，通过领导带头、党课引领、专家辅导、考核督导等形式，教育引导民警提高政治素养。全面加强和推进基层党组织规范建设，年内举办党务干部培训班2期，完成19个基层党支部按期换届选举工作，完成新华派出所党支部、西河派出所党支部两个基层党支部党建阵地示范点建设。

【党风廉政建设】 2019年，武江分局强化党风廉政建设，严格履行全面从严治党治警主体责任。驰而不息纠治“四风”，坚决防止“四风”问题反弹。坚决保持反腐高压态势，紧盯重点领域、关键岗位，以及执法环节的突出问题，严肃查处各类违纪违法问题，驰而不息正风肃纪。全年直接受理或转接群众投诉举报以及“12389”电话投诉22宗、纪检投诉10宗，核实反馈32宗。全年立案6宗，对各科所队提醒谈话18人、处分6人，对分局2013年至2018年被党纪政纪处分11人档案材料进行自查，切实将从严治党从严治警落实到实处。

【指挥调度】 2019年，武江总警情43458起，同比上升28.1%，其中刑事警情2503起，同比下降21.7%；治安警情3357起，同比上升2%，交通警情16051起，同比上升12.3%。严格落实110处警“三回复”制度，严格落实等级勤务要求，持续密织“1、3、5”执勤防线，切实提升见警率。全年向武江区委、区政府、区政法委和市公安局报送《武江公安信息快报》183期。

【社会维稳】 2019年，武江分局全力防范政治安全、暴恐袭击、公共安全风险，在重要敏感期、重大活动安保维稳期，启动等级勤务，加大重点部位防控，严格落实人防、物防、技防安全防范措施和管理工作责任，举全警之力圆满完成70周年大庆、澳门回归20周年等重大安保任务。防范化解重大风险隐患，坚持“三同步”工作机制，进一步完善各部门情报线索分析、研判、互通机制，主动把公安工作融入党政工作、综治工作，切实形成综治维稳整体合力。扎实开展“排雷行动”，稳步开展金融领域涉稳风险排查化解，建立“一台一档一策”平台台账，严防金融领域风险向社会领域传导。严格落实重大敏感舆情24小时监测处置引导机制，推动舆情应对工作常态化长效化。

【总体打击成效】 2019年，武江分局刑事拘留495人，同比上升17.58%；逮捕364人，同比上升18.95%；移送起诉487人，同比上升10.93%；治安拘留283人，同比上升14.1%，打击违法犯罪效能进一步提升。

【扫黑除恶专项斗争】 2019年，按照中央、省、市、区部署，武江分局将扫黑除恶专项斗争作为2019年的重点工作来抓。全年立“九类涉恶”案件81宗、破案77宗、刑拘174人、逮捕127人、查封冻结扣押涉案资产2.6亿元，同比分别上升44.64%、50.98%、5.45%、11.4%、36.84%，相继侦破“邓某华恶势力犯罪集团案”“刘某恶势力犯罪集团案”“游某球套路贷犯罪团伙案”等一批社会影响较大的涉恶案件。扩大宣传覆盖面和震慑力，设置24小时举报模式，成功举办大型户外宣传成果展示会、两次新闻发布会，集中公开悬赏一批涉黑涉恶在逃人员，全年接收涉黑涉恶举报线索92条，22名涉黑涉恶在逃人员到公安机关投案自首。2019年，分局扫黑除恶总体成绩排名全市第三。

【“飓风2019”专项行动】 2019年，武江分局紧扣公安机关侦查破案主业，深入开展“飓风2019”专项行动，重点打击整治

2019年10月15日，韶关市公安局武江分局在西河全民健身广场举行“飓风2019”专项行动 （韶关市公安局武江分局 供图）

涉枪、涉电诈、涉盗抢骗、涉妨害国（边）境管理、涉黄赌、涉食药环、涉金融领域、涉毒、涉走私、涉网、涉拐、涉文物等违法犯罪，深入推进缉枪治爆专项行动，强化推进刑事技术基础、追逃、命案侦办以及监管部门“第二战场”等工作，全年相继侦破“9·28”故意杀人案、“10·24”涉民族资产解冻类诈骗案等大案要案，以及获跨广东、湖南两省系列敲玻璃盗窃车内财物案等民生小案。2019年“飓风2019”专项行动排名全市第五。

【全民禁毒工程建设】　区委、区政府高度重视，2019年投入240万元保障全民禁毒工程推进，区人大、政协多次视察调研全区全民禁毒工程工作，2019年武江全民禁毒工程工作考核排名全市第一。2019年，武江分局扎实推进“禁毒2019两打两控”专项，排名全市第一，全年侦破毒品刑事案件50宗，治安案件127宗，刑事拘留59人，逮捕57人，捣毁吸毒窝点43个,破获市目标案件5宗，省目标案件1宗，逮捕3人以上团伙案件3宗。强化吸毒人员查处管控，全区查处吸毒人员188人（其中强制隔离戒毒60人、社区戒毒48人、行政拘留80人），新增吸毒人数逐步下降。毛发检测2110人，检测率100%。社会面吸毒人员分类定级1742人，完成率100%。严格易制毒化学品管理，办理易制毒化学品行政案件6宗，处罚违反易制毒化学品管理规定的企业3家，积极构建全要素、全环节监管工作体系。继续实施青少年毒品预防教育“6·27”工程建设，实现在校学生毒品预防教育全覆盖。启动第二批、第三批共11所青少年毒品预防教育示范学校创建工作。新建成龙归镇国家级标准毒品预防教育基地。持续推进“8·31”工程建设，完成西河镇社区戒毒社区康复工作站建设任务，新建龙归镇省级社区戒毒社区康复工作站投入使用，创新推行社区戒毒社区康复人员积分管理举措。率先成立全市第一家县（区）级禁毒协会，积极开展社区戒毒康复人员职业技能培训、公益会诊、“阳光康复暖心行动”“党员点对点，阳光伴你行”等慰问活动，扎实推动禁毒工作社会化。

【派出所规范化建设】　2019年，武江分局扎实推进派出所规范化建设，分步骤完成新华、西河、龙归和江湾派出所规范化改造修缮，积极申请解决芙蓉山和重阳派出所建设用地、资金。加快全区派出所硬件设施、功能用房、办公设备，上墙制度等设施的修缮、购置、增补、更换工作，在新华、西河派出所建成2个合成作战室建设，在新华派出所建成全市派出所第一所智能办案区。严格执行“八个一”勤务机制、红袖章治安联防组织“三个一”工作制度，新华派出所完成硬件设施、勤务模式和队伍建设“三大蜕变”，西河派出所打造校园、医院、楼宇、重点部位“四个阵地”，打牢辖区基础防控根基。2019年，碧水花城社区警务室被授予全省“岭南标杆警务室”称号，西河派出所被授予广东省青少年维权岗称号。

【交通管理】　2019年，武江分局结合创文攻坚，加强高峰时段主要路口疏导，强化平峰时段道路停车秩序管理及违法停车整治力度。同时成立工作专班，对货运车辆超限超载运输、无牌无证摩托车、酒驾醉驾等严重交通违法行为进行重点打击整治，形成严管高压态势。全年检查各类车辆8.5万余辆次，教育违法驾乘人员9.2万余人次，查纠各类交通违法行为177427起，其中简易程序46439例、非现场执法122868例（其中违停93091例），查扣机动车8120辆（其中查扣无牌摩托车5078辆），查处酒后驾驶420例（其中醉驾18例），辖区道路交通安全形势总体保持稳定。

【治安管理】　2019年，武江分局加强重要节点、重点单位、重点场所、重要部位巡逻防控，强化社会面整体防控。落实烟花爆竹禁燃管控，做好《韶关市烟花爆竹燃放安全管理条例》及扩大市区烟花爆竹禁燃区域的宣传和贯彻执行。扎实做好辖区消防安全监督管理，对生产加工企业、“三合一”等场所强化日常检查及消防安全教育，坚决督促落实整改消防安全隐患。加强野外火源管理，加大巡查和宣传力度，依法严厉打击野外用火行为。加强危爆物品源头控制、定点销售、流向控制，组织开展易制爆危险化学品储存场所治安防范达标攻坚行动。深入推进打击整治枪爆违法犯罪专项行动，实现持枪、爆炸物品犯罪案件零发案。持续开展“护校安园”专项行动，及时排查校园安全隐患并责令整改。加强大型群众性活动安全监管，圆满完成2019年韶关马拉松赛、2019年度规划学会乡村委年会等大型活动安全保卫工作。加强娱乐服务场所和旅业、旧货行业、机动车维修业管理，推动特行场所系统应用安装，定期组织暗访和交叉检查，督促经营业主落实管理责任、从业人员守法经营，落实可疑线索报告制度。推动落实寄递物流“三个100%”制度，全程监控实名登记和开箱验视制度落实，最大限度消除安全隐患。

【智慧新警务】　2019年，武江分局智慧新警务工作全市排名第一。强化基础信息采集及应用，基础信息采集及公安内部数据整合量呈倍数增长，全年数据采集量327万条，民警人均采集量1.13万条，全市排名第一。主动适应新形势，投入220余万元购买双系统警务终端，实现全警100%配备。全年新建人脸识别抓拍摄像机点位44个、违停抓拍设备39个，为打击警种（部门）实战提供有力信息支撑。强化数据建模及创新应用，分局参与的"假币犯罪挖掘预警模型"荣获广东公安经侦部门实战大比武二等奖，民警黄秀娣获"数据化应用能手"称号。强化成果转化，运用视频侦查、情报研判等智慧新警务技术手段，成功破获跨广东、湖南两省系列敲玻璃盗窃车内财物案、没有校车驾驶资格人员驾驶校车等典型案件，实战效能及便民服务能力进一步增强。

【"放管服"改革】 2019年，武江分局紧紧围绕建设服务型、数字型政府和推进"放管服"改革要求，全面落实"马上办、网上办、就近办、一次办"等便民服务举措。在资金、场地、设备等方面积极争取武江区委区政府支持，先后投入600余万元用于分局交警大队车管所、武江区行政服务中心公安办证大厅建设，在市辖区率先落实放管服改革工作任务，让群众切身体会到更高效、优质、便捷的服务。

【执法规范化建设】 2019年，武江分局严格落实"两统一"工作机制，制定重大疑难案件集体讨论制度。建立检察机关驻所"侦查监督工作室"，深入推进检察机关对派出所刑事案件监督。强化执法教育培训，定期组织、参加普法活动。狠抓执法质量考评，查找侦查办案过程中的突出问题，下发整改通知书督促落实整改。保障民警依法履行职责、行使职权，提升执法规范化建设水平。积极推进办案区智能化建设改造，全力推进执法更高效更高质。2019年，分局执法规范化建设全市排名第二，全局执法水平和公信力不断提升。

【户籍管理】 2019年，武江区常住人口数284805人（其中城镇人口216647人、乡村人口68158人），流动人口16651人。全年，武江分局办理身份证18884张，为市外居民办理身份证826张。深入开展打击贩卖户口身份证犯罪、深化户口登记管理清理整顿专项行动，继续做好重复、虚假户口清理整顿工作。通过深入推进实有房屋门禁视频系统建设，开展入所流动人口倒查登记，开通微信粤省事工作平台等线上线下相结合的方式，进一步强化流动人口出租屋管理。

2019年7月1日，武江区行政服务中心公安办证大厅正式办公

（韶关市公安局武江分局 供图）

【从优待警】 2019年，武江分局坚持正确用人导向，新提拔任用8名科级干部、11名股级干部充实基层所队，激发广大民警干事创业热情。按照向基层一线倾斜的原则配置警力资源，加强辅警队伍招聘、管理和使用，年内新招聘、补充招聘辅警4批次95人。印发《武江公安分局"强警保大庆"大练兵大比武工作方案》，成立国庆安保应急处突实战队，突出反恐处突、现场处置、武器使用等实战培训。启动战时奖励工作机制，全面做好先进典型选树，全年荣立集体三等功4个，集体嘉奖1个，民警荣立个人三等功11人，民警荣获个人嘉奖40人，刑侦大队被授予广东省人民满意的公务员集体称号。积极开展"解警困、暖警心"帮扶慰问活动，向因工受伤、住院、困难民警、辅警、退休干部发放慰问金76300元。

【警营文化建设】 2019年，武江分局充分发挥"武江前卫体协"平台作用，积极组织民警参加2019韶关马拉松赛、全市"市长杯"篮球比赛、全市公安机关第一届"金盾杯"足球赛等大批警体活动。积极组织民警参加武江区第二届机关工作技能大赛、全市"开展扫黑除恶建设善美韶关"演讲比赛、全区"百歌颂中华"歌咏活动等大批文化活动，进一步丰富民警的业余文化生活。

【创文巩卫】 2019年，武江分局根据《武江公安分局2018—2020年文明单位创建工作实施方案》

要求，全警上路加强辖区内主次干道，红绿灯路口、医院、农贸市场及学校等重点位置管控，有效维护辖区交通秩序。积极对接惠民街道办冷水坑社区等创文巩卫挂点对口单位，广泛发动全体民警、辅警积极深入开展巩固国家卫生城市各项工作，不断完善卫生环境保护长效机制。

【公安宣传】 2019年，武江分局充分发挥新闻媒体、网络平台宣传作用，及时报道打击各类违法犯罪战果情况及民警先进事迹，起到良好宣传效果。做实做强武江公安微信公众号平台，通过公众号平台推出安全防范漫画、创平小卫士MV、“平安武江知多少”知识竞赛、创平有奖问卷调查、“你知道我在等你吗”线上创平集赞等一系列线上活动。线下相继举办第二届警民互动嘉年华、萌娃闯警营系列体验、“寻找武江创平代言人”地推等创平宣传活动，打造独具特色的武江公安品牌。

【警务保障】 2019年，武江分局根据基层民警警务工作实际需要，购置更新了派出所警用装备，进一步规范了派出所的警用装备。新购警用车辆10台、警用摩托车26台，并交付各部门使用。购置办案部门警用单警装备、催泪枪、电击枪等合计105.75万。

【公安调研】 武江分局积极做好基层公安调研工作，为领导决策提供依据。2019年分局获全市公安调研“优秀组织奖”；局长调研课题《新形势下推进扫黑除恶专项斗争的思考》获全省第六届“平安广东”建设论坛征文评比活动三等奖及2019年全市公安调研“优秀成果奖”二等奖；局长调研课题《关于破除警务“数据烟囱”的若干思考》获2019年全市公安调研“优秀成果奖”三等奖。

韶关市公安局武江分局领导名录

局　长：余志强（2019.4—）
　　　　黄向阳（—2019.3）
政　委：刘志康
副局长：张为民
　　　　姚昌锋
　　　　刁文海（2019.4—）
　　　　佀庆岩
　　　　丁晓宇（挂职，2019.8—）
　　　　唐际家（—2019.3）
纪委书记：杨国平（2019.3—）
　　　　　吴永定（—2019.3）
政工办主任：阙文育
交警大队大队长：
　　黄绍森（—20 19.7）

（王晓姣）

检　察

【概况】 2019年，武江区人民检察院（区检察院）坚持以习近平中国特色社会主义思想为指导，深入贯彻中共十九大和十九届四中全会精神，认真落实“讲政治、顾大局、谋发展、重自强”的检察工作总要求，围绕“稳进、落实、提升”工作总基调，以开展“不忘初心、牢记使命”主题教育为契机，结合该区工作大局发展要求，敢于担当，积极作为，推动“四大检察”全面协调发展，各项工作取得新进展，为武江区高质量发展提供优质的检察服务和有力的司法保障。

【刑事检察】 2019年，区检察院严厉打击严重刑事犯罪，全年受理审查批捕各类刑事犯罪案件346件504人，经审查批准逮捕案件258件365人，受理审查起诉案件388件571人，提起公诉303件440人。

【扫黑除恶专项斗争】 区检察院坚决贯彻落实上级的各项工作部署，严格按照“凡是涉黑涉恶的一个也不放过，不是的一个也不凑数”的工作要求，全年共批捕涉黑、恶犯罪案件25件80人，起诉涉黑、恶犯罪案件7件53人。一是在扫黑除恶专项斗争中，院领导担任专案组组长，带头办理涉黑恶案件，充分发挥“头雁效应”。如在武江区人民检察院所办理的“4·13”重大涉黑案中，该院由一名副检察长任该专案组长，负责整个案件的审查逮捕工作，有力行使检察职能。该专案于2019年12月9日开庭审理，区检察院派出3名人员参与出庭支持公诉，韶关市中级人民法院于2019年12月27日对17名被告人进行宣判，分别判处二十五年至一年二个月不等的刑期。二是对涉黑恶案件做到每案必提前介入，积极引导侦查取证，防止案件带病进入起诉环节，确保案件质量，同时深化“破网打伞”“打财断血”。严格落实“一案三查”“两个一律”要求，以深挖彻查“保护伞”为主攻方向，多途径深挖涉黑恶势力背后的保护伞线索，共移送涉黑恶“保护伞”线索5条。

【落实未成年人犯罪刑事政策】 2019年，区检察院受理涉未成年人案件13件15人，审查起诉18件22人，不批捕2件2人，不起诉3件3人。一是坚决贯彻“少捕慎诉”政策，强化落实“教育、感化、挽救”方针，实行“诉、监、防”一体化工作模式，以最大限度减少社会矛盾。二是抓好最高检“一号检察建议”监督落实，自觉把一号检察建议的监督落实与开展“法治进校园”相结合，全面了解学校普法需求，制定学校、家长、学生三位一体的法制宣讲方案，以“预防性侵”“预防校园暴力”等内容开展法治宣讲41次，覆盖学生1.2万余人，发放法治宣传册千余册。

【民事行政检察】 2019年，区检察院强化传统诉讼监督职责。全年共受理各类民事行政检察监督案件11件，依法向市检提请抗诉2件，坚持精准监督与化解矛盾相结合，积极引导当事人和解，通过检察官耐心的说法释理以促进案结事人和。广开案源，注重办案效果。依托法治宣传月等活动，主动出击，在群众人流密集的地区派发宣传册，使民事、行政检察工作更加贴近群众，贴近民生，变被动受案为主动找案，着力解决案源少的问题。同时在办案过程中，认真倾听申请人的意见，做好释法说理工作。

【公益诉讼】 2019年，区检察院充分发挥公益诉讼检察职能，依法履行“公共利益代表”的神圣职责。一是深入推进“保障千家万户舌尖上的安全”检察公益诉讼专项监督活动，落实食品药品“四个最严”要求。武江区检察院针对网络餐饮食品存在的安全问题向市场监督管理部门发出诉前检察建议，督促其开展专项整治，共检查网络餐饮服务商家243家次，已下达责令整改通知书18份，其中对2家入网餐饮服务提供者责令下线，关闭无证经营5家，发送3000多条警示信息，及时堵住监管漏洞。同时对陈某某销售有毒有害保健食品案提起刑事附带民事公益诉讼，经法院审理后，获得十倍惩罚性赔偿金人民币6.4万元，提高违法者的违法成本，最大程度地维护消费者的合法权益。二是生态环境领域持续发力，服务保障打好污染防治攻坚战。武江区检察院起诉的刘某某、黄某某破坏生态公益林刑事附带民事公益诉讼案，正在法院审理中，为保护好“绿水青山”，贡献检察力量。三是加强沟通协作，共护北江水源生态。为深入贯彻落实党中央、高检院关于加强生态环境保护的决策部署及《粤港澳大湾区发展规划纲要》，区检察院作为北江中上游流域所在地检察机关，积极参与到韶关、赣州、郴州、清远三省四地检察机关公益诉讼协作机制中，并充分依托该协作机制，以督促行政机关依法履行职责，凝聚公益保护合力为目标，积极调整公益诉讼工作思路和方法，对破坏北江水源地跨界流域生态环境和自然资源的各种违法犯罪行为做到及时发现、纠正、打击，举检察之盾守护北江中上游流域的碧水蓝天净土。

【法律监督】 2019年，积极推动实现刑事侦查监督全覆盖，区检察院在区公安分局的积极配合下于2019年8月建立由一名检察官联系一个派出所的全新检察工作机制，并与武江分局联合签发《进一步加强对公安派出所刑事侦查活动监督工作实施细则》，根据该细则，联络检察官要定期到派出所了解警务信息，提供检察支持，推动检察、公安深度融合，共同破解监督难题，实现对辖区内所有派出所侦查监督工作全覆盖；积极推进刑事执行检察监督。不断强化羁押必要性审查工作，全年共受理羁押必要性审查案件35件，提出《对犯罪嫌疑人变更强制措施建议书》13份，建议均被采纳，此外还积极推进辖区内涉民营企业家刑事案件羁押必要性审查工作，杜绝因办理一宗案件就弄垮一个企业的粗暴办案方式，努力做到能不羁押就不羁押，切实保障被羁押人员的合法权益和自由；积极开展“财产刑”执行专项检察监督活动，2019年对武江区法院判处财产刑的案件共核查263件298人，财产刑案件存在的“判而不执”的现状得到有效监督，有力的维护司法权威；认真开展建国70周年大庆特赦工作，依据检察工作职能及《特赦实施工作方案》，对该区符合特赦条件的对象开展全面的摸排工作，累计摸排出符合特赦的人员共计10人，做到对每一起特赦案件全程全面精准监督，确保不错放一个不漏赦一个。

【司法为民】 2019年，推行阳光便民服务。区检察院“12309”检察服务中心于2019年9月底建成并投入使用。“12309”检察服务中心是全国检察机关统一对外的智能化检察为民综合服务网络平台，统一受理群众控

2019年8月22日，武江区人民检察院举行“检察护航民企发展”检察开放日 （邹启凡 摄）

告、申诉和举报，受理和审核案件等事项。通过“12309”网站、“12309”检察服务热线（电话）、“12309”移动客户端和“12309”微信公众号四种渠道，向社会提供更加便捷高效的“一站式”检察服务。

落实“群众来信件件有回复”制度，解决群众的烦心事、操心事、揪心事。坚持以人民为中心，不折不扣落实“群众来信件件有回复”制度，让人民群众真切感受到司法的公正与温度，本院控申共计接访39件47人；接收来信11件，该院登记的设法涉诉信访件共计46件；该院受理的涉法涉诉信访件为32件，办理司法救助案件2件2人，七日内程序性回复率和三个月实体答复率均为100%。认真落实检察长接访日接访、领导带案下访等制度，切实化解事关群众利益的信访问题。

【推进认罪认罚从宽制度】 2019年，区检察院认真落实上级机关对推进认罪认罚从宽制度适用的要求，主动攻坚克难，落实责任细化措施。一是强化组织领导。成立以检察长为组长、分管刑检工作的副检察长为副组长的工作领导小组，明确工作目标，细化工作责任，层层传导压力。二是注重外部协作，狠抓贯彻落实。为保障认罪认罚工作的顺利开展，区人民检察院与区法院积极沟通，提高认罪认罚案件开庭效率，逾九成适用简易程序。如该院办理的丘某盗窃罪一案，首次建议法院适用刑事速裁程序审理刑事案件，区法院积极响应并配合，采用速裁程序审理，首次采用表格形式判决书，将法律文书的相关要素通过表格的方式呈现出来，简明扼要，条理明晰。开庭仅用时10多分钟，审判长当庭宣判并送达裁判文书，被告人也明确表明服从判决不上诉。认罪认罚程序极大的提高刑事案件的审理周期。三是提速办理案件，在“简”字上做文章。通过采用并简文书、精简审签的方法，对权利义务以及认罪认罚告知书实行“一次性告知”，在提起公诉时推行将适用程序建议书、量刑建议书与起诉书合并，对于提起公诉的适用认罪认罚案件由检察官直接签批审查报告、起诉书、量刑建议等文书，提高内部流转效率。四是从快不降标准，从简不损权利。区检察院党组积极与区司法局协商、与当地律所合作，实行动态值班与固定轮值相结合，实现认罪认罚案件法律帮助全覆盖。同时申请专项经费，解决该院值班律师履职经费保障问题。为确保犯罪嫌疑人认罪认罚的自愿性和真实性，防止被迫认罪情况发生，对没有委托辩护人的嫌疑人，由值班律师针对其认罪认罚情况进行审查并发表意见，发挥值班律师在量刑沟通时的作用，提升具结书公信力，实现值班律师法律帮助全覆盖。

【队伍建设】 一是关键首位抓好党的建设。2019年，区检察院党组和党支部通过建立健全一系列的制度和措施，从严要求支部建设工作成为常态。（1）认真贯彻习总书记系列讲话精神。推进“两学一做”学习教育常态化制度化，把学习贯彻习总书记重要讲话精神和治国理政新思想作为重中之重。始终坚持中心组学习制度，坚持“三会一课”制度，加强政治理论学习，提高党性修养。（2）高度重视干警的拒腐防变教育。积极深化理想信念教育活动，深入开展“中国梦”和社会主义核心价值观及检察职业道德教育，定期观看反腐倡廉方面典型案例短片，对干警进行警示教育。坚定不移地贯彻落实中央“八项规定”，做好重大节假日期间纠正“四风”工作。（3）加强领导班子民主政治建设。认真落实党组成员交心谈心等制度，通过经常谈、认真谈、深入谈，进一步增强党组织一把手抓管党治党的责任意识和担当精神，落实“一岗双责”。

二是高标定位抓好政治建设。2019年以来，武江区人民检察们坚持把建设一支政治好、作风硬、业务精、纪律严的检察队伍作为干警意识形态建设的重要任务来抓。（1）抓好政治理论学习。年初制定院党组中心组学习计划和全院政治理论学习计划，有针对性地开展理论学习、交流学习体会，做到人员、时间、内容、效果的“四落实”；（2）严抓干部作风建设，切实转变机关作风，提升干部队伍服务发展的能力。2019年共组织检务督察2次，迎接市院检务巡查1次，开会签到15次，通过一系列做法，努力实现治慵转能、治懒转勤、治散转严、治奢转俭。

三是持之以恒抓好素质建设。积极做好检察素质建设，努力提升区人民检察院整体形象。（1）组织全院检察人员认真参加市院的检察讲座、各类电视电话培训，特别是2019年推出的高检院领导业务讲座，组织干警积极参与征文活动等；（2）积极组织业务培训。组织干警参加省院、市院和区委、区政府组织的培训学习和定期集中学习，掌握最新的政治和司法动态，及时更新知识，以适应新时期检察工作的需要；（3）积极组织干警参加各类活动及业务竞赛，如篮球比赛、文艺会演活动等，丰富检察干警文化生活。

四是认真开展“不忘初心、牢记使命”主题教育。开展为期五天的集中学习研讨，并组织领导干部参观红色革命基地2次，党支部副书记每周参加结对社区的活动，党组书记上党课1次，开展警示教育大会并观看警示教育视频1次，党支部将学习教育有机融入日常工作中，把开展学习教育作为推动各项检察工作的有效动力。从领导到干警层层覆盖，将学习的内容记录在册，将学习的心得在全院分享和交流，将主题教育学习落到实处。同时做到边学习边检视问题、边学习边落实整改，将主题教育过程中学到的知识、发现的问题、调研的结果都转化为实际的行动，并于12月10日召开专题民主生活会，让主题教育与检察工作密切结合，形成工作合力。

【机构设置】 2019年，武江区人民检察院编制数38名，截至2019年12月实有在职干警35人，设检察长1人，副检察长3人，实有检察长1人，副检察长3人。

武江区人民检察院按照《中共中央关于深化党和国家机构改革的决定》《关于推进省以下人民检察院内设机构改革工作的通知》精神，根据《广东省市、县级人民检察院内设机构改革工作指导意见》规定，该院已完成并上报内设机构改革工作实施方案，已收到省检察院批复，并于2019年9月30日起正式进入试运行阶段。内设机构改革后，精简为“3+2”模式，机构设置为第一检察部、第二检察部、第三检察部、办公室（司法警察大队）、政治部。

区人民检察院领导名录

检察长：邵　林

副检察长：刘旭珊（女）

赵宋明（2019.4—）

蔡梅英（女，2019.4—）

曾建锋（—2019.8）

政工科科长：黄思俭（2019.3—）

（邹启凡）

法　院

【概况】 武江区人民法院（区法院）位于沙洲一路6号，2019年内设机构改革整合为立案庭（诉讼服务中心）、刑事审判庭、民事审判庭、行政审判庭、执行局、政治部（督察室）、综合办公室（司法警察大队）以及审判管理办公室（研究室）等8个内设机构。核定政法专项编制69名，实有在编66人，设院长1人，副院长3人。2019年，区法院共受理各类案件8838件，结案8101件，同比分别上升19.45%和29.29%，收、结案数均居全市基层法院首位；法官人均结案245.45件，结案率达91.67%，结案标的金额22.9亿元，同比上升8.62%。

【刑事审判】 2019年，区法院受理刑事案件358件，审结324件。深入开展扫黑除恶专项斗争，审结涉恶案件2件19人；注重加大财产刑的适用力度，依法没收、追缴违法所得，坚决铲除黑恶势力经济基础。严厉打击拒不执行判决行为，判处1名拒不执行判决的被告人有期徒刑八个月。审结首例刑事附带民事公益诉讼案件，一审依法以销售有毒、有害食品罪判处被告人刑罚，同时支持检察机关的公益诉讼请求，有效保护消费者合法权益和社会公共利益。严厉打击扰乱金融市场秩序行为，依法审结吴某等6人非法买卖外汇一案，涉案金额超过1亿元。

【民商事审判】 2019年，区法院受理各类民商事案件4055件，审结3733件。坚持调解优先原则，调解撤诉结案1281件，调撤率为34.32%。妥善审理原告邱某等21人诉被告赖某等40人、第三人韶关市某置业有限公司物权纠纷案，该案涉及小区电梯归属、使用的争议，分歧大、矛盾深，经多次调解无果后，区法院结合物权法规定及双方利益诉求，依法作出判决并耐心进行判后答疑，取得大部分住户的认可，做到案结事了、化解纠纷。严格落实中央关于支持民营经济发展壮大的政策举措，依法审结首宗涉

2019年4月25日，武江区人民法院与中共韶关市委党校共建依法行政教育实践基地揭牌仪式在龙归人民法庭举行　　（区法院　供图）

股东知情权案件，支持原告刘某行使查阅、复制股东会议记录、决议的正当权益，努力营造良好的法治营商环境。

【行政审判】　2019年，区法院受理行政诉讼案件682件，审结612件；审查工商行政处罚等非诉行政执行案件48件。调解某贸易公司诉某市场监督管理局工商行政赔偿一案，这是新行政诉讼法施行后，区法院首次成功调解行政赔偿案件。运用法治力量保障绿色发展，依法判决确认某国土资源部门怠于履行对某陶瓷原料场执行行政处罚的行政行为违法，并判决其履行监管职责，确保被非法占用的耕地得到恢复。及时针对行政机关在执法过程中出现的普遍性问题发出司法建议7份，支持和规范行政机关依法行政。与中共韶关市委党校合作共建依法行政教育实践基地，邀请党校学员到该院旁听庭审3次，受邀为行政机关工作人员讲课5次，不断提升行政机关工作人员执法能力和执法水平。

【执行工作】　2019年，区法院受理执行案件3695件，审结3384件。完成省法院各项验收评估考核工作，并以巩固“基本解决执行难”成果为重点，进一步提升执行质效，健全完善长效机制。开通韶关市不动产登记中心“点对点”查询专线，提高对被执行人不动产查控工作效率。与保险公司签订执行救助、执行悬赏协议，联动为“切实解决执行难”最终目标提供新动力。开展“南粤执行风暴2019”专项活动，对返还土地、腾退房屋等涉民生案件展开强制执行行动，有效兑现胜诉权益。加大力度打击规避执行行为，对655名失信被执行人、61家企业予以信用惩戒，限制2111名被执行人高消费活动，司法拘留14人。

【司法公开】　2019年，区法院通过“自媒体”（院门户网站、官方微博、微信公众号）与“新平台”（中国审判流程信息公开网、中国执行信息公开网、中国裁判文书网、中国庭审公开网），在将司法运行在阳光下的同时，发挥司法裁判的教育引领功能，弘扬社会主义核心价值观，增强群众的法律意识和规则意识。2019年，共直播庭审2218场，吸引41.12万人次点击观看，向社会群众公开裁判文书2039份。

【司法为民】　2019年，区法院加快推进一站式诉讼服务中心建设，深化立案登记制改革，大力推进网上立案，接收当事人网上立案申请957件。积极构建联调工作网络，设立诉前调解室，律师、各行业调解员定期值班进驻调解，多元化解社会矛盾。2019年共受理诉前联调案件120件，成功调解84件，调解成功率达70%。到江湾镇对一起机动车交通事故责任纠纷案进行巡回审判，充分发挥在该镇设立的诉讼服务点作用，有效解决部分偏远乡镇群众诉讼难问题。依法为当事人缓、减、免交诉讼费10.9万元，切实保障经济确有困难的群众能够依法行使诉讼权利。

【信息化建设】　2019年，区法院采取“以租代购”的模式租赁庭审设备，对旧数字法庭进行升级建设，实现“每庭必录”。与韶关市不动产登记中心签订专线查询合作协议，正式开通“点对点”不动产网络查询专线，实现法院与不动产中心信息共享和不动产查询协作无缝对接。上线运行电子卷宗随案生成系统，购买电子卷宗随案扫描服务，确保电子卷宗随案生成，覆盖纸质文档。

区人民法院领导名录

院　长：唐永华
副院长：胡小波（—2019.6）
　　　　李琼宇（女，—2019.6）
　　　　汤　恍（—2019.6）
　　　　刘文正（2019.6—）
　　　　舒粤平（2019.6—）
　　　　陈扬广（2019.6—）
政工科科长：彭　辉（—2019.8）
政治部（机关党委、督察室）主任：
　　黄　英（女，2019.8—）
机关纪律检查委员会书记：
　　黄伟斌（2019.5—）
审判委员会专职委员：
　　邱华英（女）
　　吕韶杰

（朱　琴　郑曼玲）

司法行政

【概况】　2019年，区司法局紧紧围绕武江区委、武江区政府的中心工作，充分发挥司法行政依法治区、法律服务、法治宣传、法治保障的职能优势，扎实开展人民调解、法治政府建设、社区矫正、法律服务、法律援助等工作，“固强补弱、创新创先”，为维护全区社会大局稳定作出积极贡献。

【依法治区】　2019年，武江区司法局组织召开区委全面依法治区委员会第一次会议，印发《武江区2019年全面依法治区工作要点》等文件。8月，启动武江区法治政府示范创建活动，确定韶关市武江区税务局申报全省示范创建项目。印发简报2期，会议纪要1期，信息专报4期。

【人民调解】　2019年，武江区有镇、街人民调解委员会7个（其中镇人民调解委员会5个，街道人民调解委员会2个），村（社区）人民调解委员会85个（其中村调委会51个，居调委会34个），共有人民调解员727人。辖区内人民调解组织共调解矛盾纠纷1050件，调解成功1018件，调处率100%，调处成功率96.95%。

【普法宣传】 2019年，武江区司法局依托法律颁布日、重大节日，组织开展法治宣传月、人口与计划生育集中服务月、“12·4”国家宪法日、“3·15”消费者权益保护日、“6·26”国际禁毒日、交通安全、安全生产、土地、妇女维权周、“平安武江”、“平安校园”法治宣传月（周）等系列活动。采取法律咨询、法治讲座、法律知识有奖问答、法治宣传挂图多种形式扩大法治普法覆盖面，组建法治平安建设信息员队伍，不定时、不定点、不间断传递法治知识及治安情况，并多次在人流集中点开展大型法治宣传。开展“法律六进”等法律宣传活动共计23场次，为人民群众解答法律法规咨询达1246人次，派发宣传资料2.6万份（册），编写普法简报22期，更新普法宣传栏16期，受教育人数达6.2万人次。成功创建武江区法治文化主题公园和青少年法治教育实践基地。

【法律援助】 2019年，武江区法援处完成法律援助案件438宗，其中刑事案件345宗，民事案件87宗，行政案件6宗。超额完成市法援处下达的全年完成205宗案件的任务。接待群众法律咨询457人次。驻武江区人民法院工作站值班律师36人次，为犯罪嫌疑人、被告人或其家属提供法律咨询108人次。

【社区矫正】 2019年，武江区司法局严格落实报到、思想汇报、请销假、会客等监管制度。130名在册社区矫正对象全部得到管控，无脱管失控现象。重新犯罪率为零。共接社区矫正人员67人，解除社区矫正人员91人。共接收安置帮教人数187人，现在册人数692人。

【法制】 2019年，武江区司法局共审查非规范性文件共37件、规范性文件2件；131人参加行政执法人员持证上岗和资格考试已通过考试124人，通过率达95%；共收到7宗被复议案件，3宗申请复议案件；共收到46宗行政诉讼案件，已开庭的24宗，撤诉1宗，14宗驳回原告诉讼请求；积极做好行政应诉和行政负责人出庭应诉工作，武江区领导共出庭应诉10次，已经超额完成出庭宗数。

【一村（社区）一法律顾问】 2019年，武江辖区的87个村（社区）均与辖区的12间律师事务所29名律师签订村（社区）法律顾问合同，确保村（社区）一级法律顾问覆盖率100%。村（社区）法律顾问为该区村（社区）组织及群众提供法律服务1941件，出具法律专业意见书35件，解答法律咨询1448件，成功调解案件28宗，受理其他业务74件，开展各类法治宣传活动如反家暴法治讲座、农民工维权讲座、青少年法治讲座366次，参与大型法治宣传活动10场，发放社区各类宣传资料5000余份。

【人民调解“百米服务圈”模式】 2019年，武江区司法局在新华街道花城社区和西河镇向阳村委开展人民调解“百米服务圈”第一批试点的工作基础上，结合乡村振兴战略，把“百米服务圈”试点向偏远镇村延伸，选取龙归镇冲下村作为第二批试点村居。6月27日，龙归镇冲下村人民调解“百米服务圈”正式挂牌成立，冲下村共7个村小组均设立矛盾纠纷受理点并在明显位置悬挂公示牌，公示牌上清楚列明矛盾纠纷受理范围、人民调解员的联系电话等信息，当群众间产生矛盾纠纷时，就能通过公示牌的信息第一时间在“百米”范围内找到调解员进行调解。人民调解“百米服务圈”全年共受理矛盾纠纷48宗，成功调处48宗，助力人民调解力量不断向基层延伸。

【百日攻坚“特赦”】 2019年，为确保顺利完成百日攻坚特赦任务，武江区司法局严格贯彻全区社区矫正百日攻坚推进会会议精神，精心组织、周密实施，组织成立领导小组和专班加强保障，并邀请区检察院工作人员全程监督，推动特赦工作依法有序进行。武江区司法局对辖区符合特赦条件的社区服刑人员上报10人，经市中级人民法院裁定特赦10名，并进行特赦解矫宣告，顺利完成社区服刑人员特赦工作。

区司法局领导名录

局　长：韩伟强（—2019.3）
　　　　茹伟杰（2019.3—）
副局长：张锦怀（2019.3—）
　　　　杨伟波
　　　　王　莉（女，2019.3—）
政工科科长：
　　　　刘梨秀（女，2019.8—）

（罗昊涛）

经济管理

发展与改革

【概况】 2019年，根据韶关市武江区人民政府办公室印发的《韶关市武江区发展和改革局职能配置、内设机构和人员编制规定》（韶武办发〔2019〕35号）以及《韶关市武江区事业单位改革方案》（韶武机构改革办〔2019〕12号）等相关文件精神，韶关市武江区发展和改革局（区发改局）为正科级行政机关，下设办公室、综合规划股、投资管理股、产业发展股、能源股、粮食和物资储备股6个股（室），管理韶关市武江区重点建设项目事务中心、韶关市武江区价格认证中心两个公益一类事业单位。核定行政编制12名，设局长1名，副局长3名；正股级领导职数6名。韶关市武江区重点建设项目事务中心核定事业编制8名，设主任1名，副主任1名。韶关市武江区价格认证中心核定事业编制2名，设主任1名。

2019年，韶关市武江区发展和改革局以争当韶关改革发展排头兵的责任感和使命感，按照“抓大项目、大抓项目”的工作思路，坚持规划引领，做好宏观经济分析；扎实推进重点项目建设，促进固定资产投资增长；大力开展项目申报，争取上级项目资金；认真做好立项服务、价费服务、应急物资储备、能源管理等工作，各项工作迈上新的台阶。

【规划方案编制】 2019年，区发改局整合优化修订《韶关市武江区乡村振兴战略规划（2018—2020）》和《韶关市武江区乡村振兴战略五大振兴实施方案（2018—2022）》；完成编制《武江区关于〈韶关市生态文明建设目标评价考核实施方案〉的落实行动方案》《武江区大健康产业体系发展三年行动计划（2019—2021年）》。

【供给侧结构性改革】 2019年，区发改局牵头制定《2019年武江区供给侧结构性改革降成本工作方案》《2019年武江区供给侧结构性改革补短板工作方案》《2019年武江区供给侧结构性改革打造政务服务高地工作方案》《2019年武江区供给侧结构性改革发展新兴支柱产业培育经济发展新动能工作方案》《2019年武江区供给侧结构性改革改造提升传统产业工作方案》5个方案。贯彻落实广东省“实体经济十条”（修订版），大力融入湾区产业集群配套，加强市场主体培育，实施优质重点企业“倍增”计划，鼓励企业技术升级改造，加快推进制造企业自动化、信息化、智能化、节能清洁化发展。

【政府投资项目】 2019年，区发改局积极做好地方政府专项债券项目申报工作，协助争取到专项债券资金1.5亿元。推动建立政府投资三年滚动项目库，加强武江区政府投资项目储备。

【重点建设项目】 2019年，区发改局科学编制《武江区2019年重点建设项目计划》，共安排正式重点项目64个，预备重点项目33个。其中包括武江区作为责任单位的市重点项目10个，该区重大支撑项目5个。2019年，武江区重点建设项目总投资111.58亿元，完成年度计划的106.6%。

【固定资产投资】 2019年，武江区完成固定资产投资144.52亿元，同比增长18.4%，总量和增速均为全市第一。全年重点建设项目和固定资产投资工作获得区“担当落实、走在前列”通报表扬18次。

【项目服务】 2019年，武江区共办理项目立项113宗。其中，审批政府投资项目61宗，估算总投资2.19亿元；新增企业备案52宗，估算总投资105.31亿元。

【价费服务】 2019年，区发改局做好行政事业收费管理，开展2018年度行政事业收费情况统计，重点加强涉企收费清理，编制《韶关市武江区收费目录清单》并做好公开公示。加强价格认定工作，价格认证中心全年共完成各类价格认证案件124件，案值达221.9万元。价格认定工作质量获省、市主管部门通报表扬。

【粮食与物资储备】 2019年度区发改局承接武江区组织实施重要物资和应急储备物资收储、轮换和日常管理职责。规范做好应急救灾物资管理，建立物资管理台帐。加强物资仓库管理和物资出入库登记。

【脱贫攻坚】 2019年，区发改局挂点西河镇什石园村委贫困户4户、江湾镇湖洋村委贫困户1户。对什石园挂点扶贫户（4户）发放慰问金3600元。对江湾镇湖洋村委贫困户（1户）发放慰问金1100元，消费扶贫300元。

【党的建设】 2019年，区发改局党组严格落实“第一议题”、“三重一大”、民主集中制、民主生活会等各项制度，扎实开展“不忘初心、牢记使命”主题教育；党支部坚持落实“三会一课”、民主评议党员、发展党员工作等基本制度。组织党员干部到红军长征粤北纪念馆接受红色革命教育、到革命老区乐昌市坪石镇皈塘古村及7011工程基地开展党建活动。

区发改局领导名录

局　长：何爱华

副局长：茹伟杰（—2019.3）

　　　李　丹（女，2019.3—）

　　　孟　聪（女，挂职，2019.5—）

　　　刘　旭（2019.6—）

（陈文利　陈　琳　岳经龙）

统　计

【概况】 2019年，武江区统计局（区统计局）机关行政编制7名，其中：局长1名，副局长2名，正股级领导职数4名。区统计局设4个内设机构：办公室和政策法规股、综合核算和信息化股、工业和能源科技股、投资服务业和农村社会股。年底实有公务员7人。韶关市武江区统计普查中心为武江区统计局下属正股级事业单位，编制8名，设主任1名，副主任1名。年底实有职员7人。

2019年，区统计局紧紧围绕区委、区政府总体部署，以服务区经济发展大局为宗旨，以提高统计工作水平和数据质量为目的，务实创新，扎实工作，为武江区经济社会发展提供优质统计服务。

【统计服务】 围绕经济发展目标及全年新增企业数任务，2019年武江区统计局进一步加强新增企业纳统工作。采取与税务部门联动发掘潜在目标、与各行业主管部门联合走访动员企业上规上限的形式，全年申报入库新增（含下转上）企业46家。

区统计局与区发改部门紧密合作，充分发挥固定资产投资项目新增入库机制作用，确保新开工项目及时入库，全年新增投资项目50个。整理武江区小微项目纳统，对全区2019年建设的小微项目，按类型整理为区委组织部村级党群服务中心项目、区公路站农村公路安全生命防护工程、区城管局城市改造提升工程、区协佳公司“三供一业”改造工程，经与韶关市统计局沟通后有序申报入库。固定资产投资增长远超年度增长目标，总量和增速均位列全市第一。

区统计局积极与区农业农村局、区自然资源局联动协调，针对全区农、林、牧、渔业的增长亮点、措施及主要支撑点进行研讨分析、比对挖潜，为全区农业产品产量统计提供新的亮点和扎实的数据支撑，全区农林牧渔业增加值增长5.7%。

【强化统计监测】 2019年，区统计局一是利用财政支出金额、购买服务预算等数据，对武江区承接政府服务相关业务的企业进行梳理，挖掘潜在“四上”企业，加强企业培育；二是利用税务部门企业纳税数据、住建部门网签数据、公共资源交易平台招投标数据等外部资料，加强对应行业数据比对监测，务求应统尽统。

【做好监测预警】 2019年，区统计局继续着力做好预测预判预警工作，如实反映武江区每个阶段经济社会发展水平和质量，做好数据预测的科学研判。面对统计数据的不稳定性和不确定性，认真做好支持主要经济指标数据的采集和审核，抓好核心指标的分析比对，密切监测每月全区经济运行态势和主要指标的变化和任务完成情况。落实GDP联席会议牵头部门职责，密切监测区经济运行态势和主要指标的变化和任务完成情况，及时报告、分析、提出解决建议并反馈该区相关经济部门。加强与武江区经济部门的联合联动，开展深入调研，挖掘全区经济发展潜在增长点，全力冲刺经济增长目标。着眼区委区政府工作大局，加强对相关行业、重点企业运行中趋势性、苗头性问题分析，进一步缩短数据汇总整理周期，积极撰写统计分析，及时向区领导和经济部门提出有建设性的意见和建议，确保数据的真实性和逻辑性，防止瞒报漏报，做到应统尽统。

【加强分析研判工作】 针对工作会议上部署、2019年，区领导交办的焦点、难点问题，区统计局切实加强与韶关市统计局、相关部门沟通，深入分析原因，提出措施建议。《武江区第四次全国经济普查初步结果情况汇报》《关于年报与快报数据差异情况的汇报》等多篇分析获区主要领导肯定，为区委、区政府决策提供参谋。

【落实统计改革】 2019年，区统计局联合行业主管部门做好“四上”企业挖潜培育工作，该区新增“四上”企业46家，其中工业11家、建筑业8家、房地产5家、服务业8家、商贸业14家（批发业3家，零售业6家，住宿业2家，餐饮业3家）。

【统计调查】 2019年，区统计局承担省、市布置的21项专项调查任务，分别是：城乡一体化住户调查；主要畜禽调查；工业品价格调查；规模以下工业抽样调查；限上个体户调查；限下批零、住宿餐饮企业、个体户抽样调查；私营企业及其他单位工资统计调查；规模以下服务业企业抽样调查；文化及相关产业单位情况调查；人口变动情况抽样调查；农民工监测抽样调查；韶关市基本公共服务均等化公众满意度调查；新设立小微企业和个体经营户跟踪调查；劳动力调查；韶关市群众幸福感测评调查；互联网购物抽样调查；中年失业调研；服务零售结构调查；机关绩效考核公众评议调查；芙蓉新区统计调查；名录库新增企业调查。

【经济普查】 2019年1月1日起，武江区第四次全国经济普查进入正式现场登记阶段。区统计局组建武江区第四次全国经济普查攻坚组，下设新华、惠民、西联三个组团。一是针对电话、上门无法联系的普查对象，通过税务部门纳税系统查找其他联系方式，再进行联系普查登记，争取做到应普尽普。二是针对多次联系拒不配合的普查对象，充分发挥攻坚组团内税务、市场监管部门的力量，入户派表收表或派发法律事务告知书。三是联合区市场监管局对辖区内企业发送经普登记短信通知，并安排专人接听企业咨询电话、接待上门填表的企业代表，指导企业填写普查表。四是联合莞韶园经统局、西联镇政府对莞韶园范围内350多家企业进行经普填表培训，布置工作人员上门收表。

认真核实省、市统计局对应专业的反馈、查询，做好数据审核工作；通过筛选已上报的企业数据，组织各攻坚组业务骨干对负增加值和人均工资低的普查表逐一核实复查，并重点对负增加值较大的企业现场核实；联合区财政局对比决算数据，对辖区内行政事业单位经济普查表经济指标逐一检查核实。

5月，武江区经普办全面开展普查数据质量核实修正工作。一是召开经济普查数据质量推进会议，布置镇街普查员逐一核对普查表、企业财务报表和PAD，确保数据无错漏，机表一致。二是筛选出人均应付职工薪酬小于3万元的113家企业和人均增加值小于3万元的70家个体户进行实地回访核实，查阅财务台账资料，对应付职工薪酬、税金等数据易漏项逐一核对，及时修正。三是及时核实反馈国家、省、市统计局大量的专业查询，按要求修正各类强制性错误和核实性错误，并通过县级验收。

全区共有从事第二产业和第三产业活动的法人单位5304个，产业活动单位6093个，个体经营户13620个（其中，全区“四上企业”［“四上企业”是指规模以上工业企业、资质等级建筑业企业、限额以上批零住餐企业、规模以上服务业企业等这四类规模以上企业的统称］和有开发经营活动的房地产开发经营业单位上报223个，非“四上”单位上报5820个，个体户抽样上报1406个）。经济普查现场登记工作全面完成，顺利通过省检查组事后质量抽查，并获市经普办通报表扬。武江区统计局被国务院第四次全国经济普查领导小组评为国家级先进集体。经普数据高于快报数据，经济总量位居韶关市第一，是全市唯一保住总量的县（市、区）。

【城乡一体化住户调查】 2019年，区统计局进一步加强住户调查工作，建立“加强基础工作-创新业务培训方式方法—完善台账登记管理—强化督促检查—做好质量控制和数据评估-深入挖掘数据潜力—坚持到户访户—加强交流汇报”的工作机制，注重调查工作各个环节。一是加强对镇街统计员、村居辅助调查员和记账户的培训力度，提高记账水平。二是加大对城乡住户一体化调查的宣传力度，宣传调查目的和意义，争取获得住户更大的理解和支持，以保证数据更加真实、可靠。三是加强调查数据监测，重点监测完成好工作绩效评价方案涉及的调查指标，每月把监测数据存在问题及时反馈给相关镇街进行解决，不断提高数据质量。

【统计法制建设】 2019年，区统计局按照韶关市统计局《关于转发广东省统计局〈开展“两防”统计专项“双随机”执法检查的通知〉的通知》（韶市统〔2019〕35号）要求，区统计局组织专业人员在2019年9月18日—25日对抽查的18家企业、1个镇街进行数据核查。在此次检查中，没有企业存在统计违法行为，对部分企业存在台账不够完善、统计指标理解不够清晰的情况，检查人员均当场进行业务指导。

区统计局领导名录

局　长：黄　倩（女）
副局长：刘学农（—2019.5）
　　　　林洁谊（女）
　　　　刘文燕（女，挂职，2019.2—）

（李　婷）

审 计

【概况】 武江区审计局（区审计局）内设办公室、审计一股、审计二股、法规审理股、区委审计委员会办公室秘书股5个职能机构，核定行政编制9名，设局长1名，副局长2名，股室正职5名（含区委审计委员会办公室秘书股领导职数）。截至2019年12月31日，区审计局实有在编8人。

2019年，区审计局在区委审计委员会和上级审计机关的坚强领导下，深入学习贯彻习近平总书记对广东、对审计工作的重要讲话和重要指示批示精神，坚决贯彻中央、省委、市委和区委审计委员会部署要求，依法全面履行审计监督职责，较好完成全年工作任务。2019年共完成审计（调查）项目共11个，出具审计（调查）报告和审计结果报告14篇，其中被批示、采用审计报告和专项审计调查报告8篇，审计查出主要问题金额9786万元，均为管理不规范金额，非金额计量问题59个，提出审计建议85条。

【财政审计】 2019年，区审计局围绕区委区政府的重大决策部署，努力通过大数据审计拓宽审计范围，加强重点领域、重点部门、重点资金和重大政策落实执行的审计监督，开展财政审计项目2个：武江区2018年度本级预算执行情况及其他财政收支情况审计、原武江区林业局部门预算执行及其他财政收支情况审计。重点关注政府预决算编制及其执行、财政管理、转移支付、政府性债务等情况，掌握财政资金规模、结构及分配使用情况，揭示存在问题，分析原因，促进制度建设、进一步完善体制机制。同时延伸多个部门，重点抽查区教育局、区卫健局、区自然资源局等，关注部门预算执行的真实性、合法性和科学性、财政支出进度、重大政策落实等情况。审计查出问题17个，提出审计建议22条，进一步规范会计核算、及时盘活存量资金、提高资金使用效益、加强决算审核和分析、完善固定资产内控管理制度等。2019年8月，向区人大提交审计工作报告，并得到区人大的肯定。

【重大政策跟踪审计】 2019年，区审计局围绕国家和省市区的重大政策决策，为促进各项举措落地生根生效，转变政府职能，开展重大政策落实跟踪审计3个：武江区2019年上半年国家和省市重大政策措施落实情况跟踪审计、区“放管服”改革推进和营商环境优化情况进行专项审计调查、武江区2019—2020审计年度国家和省重大政策措施落实情况跟踪审计。通过区公安分局、区政务服务数据管理局、区编办等13个相关职能部门，了解区深化营商环境综合改革、政府部门权责清单调整优化、清理拖欠民营企业中小企业账款、降费减负等“放管服”改革的具体措施、推进情况和初步成效，揭示存在问题。审计查出问题2个，提出严格按照规定完善行政审批程序等2条可行性建议，助力破解推进重大政策落地的“中梗阻”难题，优化政府部门职能配置，合理划分事权，理顺权责关系，提高行政效能，优化营商环境，激发市场主体活力，提升群众和企业的满意度和获得感。

【经济责任审计】 2019年，区审计局围绕区委区政府提出的“担当落实，走在前列”的目标，按照“摸清情况，客观评价；揭露问题，分清责任；完善管理，深化改革”的工作思路，受区委审计委员会及区委组织部门委托，开展经济责任审计项目1个：西河镇党委政府领导干部任期经济责任审计，重点反映重大经济决策部署、该地区经济社会发展规划执行、财政财务管理、民生保障及改善、固定资产管理、党风廉政建设、审计整改等情况。审计查出问题20个，提出落实制度、规范资金使用、强化固定资产管理、完善项目建设程序、抓好审计整改工作等20条有针对性的审计建议，推动深化改革和制度创新。

【自然资源资产审计】 2019年，区审计局围绕区委区政府生态文明建设目标，主动适应新形势，首次开展自然资源资产审计，摸清领导干部任期内所在地区主要自然资源资产实物量和生态环境质量变化情况，揭示资源环境领域存在的重大违法违纪问题，严重损毁自然资源资产和重大生态破坏环境污染典型问题，推动其在自然资源资产管理和生态环境保护工作中守法、守纪、守规、尽责。审计查出问题5个，提出完善生态文明建设制度、建立健全长效工作机制、推进项目建设等11条审计建议，同时，探索并逐步完善领导干部自然资源资产离任审计制度。

【政府投资审计】 2019年，区审计局围绕区委区政府的重点项目建设，为确保武江区城市提升工程及党组织阵地建设发挥效益，扩大审计范围，力争突破，首次开展政府投资审计2个，即韶州公园一期专项审计调查、西河镇政府党群服务中心项目建设情况专项审计调查，从体制机制、工程建设程序执行、工程造价、工程招投标、工程质量等方面揭示存在的问题。重点审计区城管局、西河镇、西联镇、龙归镇、江湾镇、重阳镇、新华街、惠民街等项目建设单位，查出问题26个，提出重视项目前期工作、完善工程建设程序、强化合同管理、提高监管意识、加强项目建设成本控制等24条切实可行的审计建议。通过审计，促进政府投资建设项目的管理，增强项目管理单位依法建设、严格管控和科学管理的意识，正确履行相应职责，推动城市提升工程及党组织阵地建设项目按质按量完成，提高政府投资资金效益。

【民生审计】 2019年，区审计局围绕区委区政府的重点民生工作，为确保政府承诺为民办实事项目落实到位，开展民生审计2个：武江区2018年度政府为民办实事项目实施情况专项审计调查、武江区2018年度流浪乞讨人员救助补助资金专项审计调查。重点调查区城管局、区住建局、区民政局等单位，掌握各单位重点民生工作任务完成情况，揭露和反映政策措施落实、项目推进、资金管理使用、项目效果等方面存在的瓶颈和问题，客观评价区政府承诺为民办实事项目的成效和不足。审计查出问题3个，并提出各项目承办单位应严抓工程项目管理，加强对项目实施过程中各阶段的检查以及后续跟踪督促，进一步促进救助体制机制建立健全等6条审计建议，确保项目如期保质保量完工，促进救助资金使用的安全性、合法性、效益性，促进救助配套设施的完善。

在完成年度审计计划安排的各项审计任务外，全年共完成上级审计机关及武江区委区政府交办、配合事项11项。其中，选派2名业务骨干参加市级政府投资审计项目2个，乡村振兴审计项目1个，县级地方党政主要领导干部经济责任异地同步审计项目1个；派出13人次完成区委区政府交办事项5个；派出4人次配合区纪委巡查工作2次。

【高质量内涵式发展】 2019年，区审计局对近年来在该地区审计以及参与其他地区交叉审计发现的问题，从7个必审板块进行梳理，共梳理出74个共性问题以及容易重复出现问题的风险点，通过培训形式“以点带面”推动各单位对标对表，未审先自查自纠自行整改，放大审计效应。建立机制、强化跟踪，全面提升审计整改实效。推动出台《中共韶关市武江区委审计委员会工作规则》《中共韶关市武江区委审计委员会办公室工作细则》《武江区关于进一步加强审计整改工作实施意见》，首次以文件的形式明确审计整改责任、审计整改范围、加强审计整改制度保障，也强化审计成果运用要求，推动建立以政府主导、被审计单位落实、审计督促、人大监督、纪委监委巡视问责的审计整改联动机制，实现审计整改工作效率和效果的提升，同时该局也配套制定《武江区审计局审计整改登记制度》，强化问题跟踪。创新理念、拓展方式，全面强化审计成果扩大化运用。为更好地发挥审计服务大局的职能作用，区委审计委员会办公室切实强化审计成果扩大化运用意识，采取一系列措施加大审计成果深度开发和综合扩大利用，取得良好成效。2019年11月27日，组织各镇（街）、区直各单位一把手、分管财务的领导共80余人参加“武江区2019年审计查出问题整改和审计成果扩大运用学习培训会议”。

【强化审计监督服务】 2019年，区审计局根据“做大做强国企”要求和武江“项目之年”的实际，安排国有企业管理和运行情况调查，实现该区在企业审计板块的零突破。审计调查发现区属国有企业监管和运行存在监管机构监管不到位、管理粗放、企业定位模糊、对政府依赖性强、参与市场竞争能力不足、决策运行体制机制不顺畅、自主决策能力弱、人才队伍建设不适应企业发展、盈利能力不强、投资收益不匹配、国有资产管理不到位等20个问题，从机制体制层面提出建议13条，为区委区政府全面掌握区属国企经营管理和运行情况、开展“国企改革”的决策部署提供参考依据。

围绕区委区政府中心工作开展审计调查，发现项目推进缓慢、合同签订存在重大隐患、内控制度缺失、协调机制作用未发挥、行政审批流程不完善、监管机构监管履职不到位、已建成项目未投入使用、专项资金滞留等39个问题，为区民政局、区城市管理和综合执法局、区教育局等单位提供审计业务指导服务共24次。召开2019年度武江区审计查出问题整改和审计成果扩大运用学习培训会议，促使区各单位充分、有效地利用审计成果，提升审计整改工作实效，为推动区经济发展、部门规范运作、领导履职尽责等提供审计助力。

【加强党风廉政建设】 2019年，区审计局召开党风廉政建设工作会议，研究部署党风廉政工作。坚持将党风廉政建设和审计业务工作同研究、同部署、同落实，制定《武江区审计局党风廉政建设工作方案》《武江区审计局党风廉政建设工作清单》，组织全体审计人员签订《武江区审计局党风廉政建设责任书》《“八小时外”廉政承诺书》、干部职工家属签订《审计干部家属廉政承诺书》，观看警示教育片，开展“家庭助廉”家访活动，邀请区纪委监委第三派驻纪检监察组长授“加强纪律作风建设提升廉政党风水平”党课，筑牢防腐巨变思想防线，营造风清气正的审计环境，打造勤政廉洁的审计铁军。

【开展“不忘初心、牢记使命”主题教育】 2019年，区审计局开展“不忘初心、牢记使命”主题教育集中学习研讨活动，重点学习习近平关于初心使命的重要论述等。进行问题检视整改，建立整改台账。班子成员采用“自己找、群众提、集体议、上级点”等方式认真检视剖析存在问题，查找一个立即解决一个，真刀真枪解决实际问题。组织全体党员参观重阳镇万候村、韶关市博物馆、仁化县城口镇红军长征粤北纪念馆等红色基地，前往挂点龙归镇续源村开展志愿服务活动，增强使命意识，领导班子成员讲授主题教育党课3次，围绕《武江区审计局关于加强基层审计队伍建设专题调研》《武江区审计局关于2019年部分政府投资重点项目推进情况专题调研》《武江区审计局关于推进农村泥砖房拆除工作专题调研》3个专题开展主题教育调研活动，并撰写调研报告3篇。

【审计指导服务】 2019年，区审计局2019年，聚焦各单位最需要咨询解答服务的重点，精准发力，积极主动担当作为，创新方式方法，做优审计指导服务，主动对接、主动服务各镇街、区直各单位，强化审计服务意识，开展分片区服务工作，做到咨询解答和财经法纪宣传普法工作相结合，做到服务与监督同步。2019年分片区服务工作开展以来，区审计局充分运用专业优势、坚持问题导向、需求导向、效果导向，围绕基层单位需求，主动把审计经验、知识、建议送上门，累计解答各镇街、各单位电话咨询问题46次，现场咨询解答25次，完成政策解读问题5个，回复各单位征求意见函10份，有效的发挥审计服务的保障性功能和建设性作用。

【强化审计队伍建设】 2019年，区审计局充分利用协审力量、组建审计后备梯队。委托劳务派遣公司，通过社会公开招聘的方式，招聘协审人员3名，已全部到位。对于新入职的协审人员，采取业务骨干进行专业知识及相关法规的讲解和统一授课、自学、指定专人负责传帮带、以审代训等多种渠道和方式，从理论和实践上同步提升协审人员的职业素养和业务水平。加强审计队伍建设，着力打造一支政治强、业务精、作风优、纪律严的审计铁军。

【精准扶贫精准脱贫】 2019年，区审计局与山蕉村、湖洋村结对帮扶以来，立足实际，制定长期计划，给予帮扶对象长期、持续的跟踪和帮助。为解决该村农民的实际困难，取得较大成效。同时也密切党群关系，为维护和促进该区改革、发展、稳定的大局作出贡献。

区审计局领导名录

局　长：袁文娟（女）

副局长：华志荣

　　　　谭伟军（挂职，2019.5—）

（邓　力）

市场监督管理

【概况】 2019年，韶关市武江区市场监督管理局（以下简称区市场监管局）在区委区政府正确领导和上级部门的支持下，平稳有序完成机构改革工作。紧紧围绕党委政府中心工作，充分发挥市场监管职能，强化市场监管力度，积极维护公平竞争的市场氛围，扎实开展各项工作，切实维护武江市场经营秩序和社会和谐稳定。

2019年3月5日，韶关市武江区市场监督管理局（韶关市武江区知识产权局）挂牌成立　（区市场监管局　供图）

【行政许可审批】 2019年，区市场监管局继续深化政务服务模式改革，通过设置“开办企业专窗”、推行“开办企业一日内办成”、积极推进个体工商户转型升级为企业、推行网络经营场所登记、深入推行电子营业执照和全程电子化登记管理、做好企业简易注销登记工作等措施，继续大力深入推进商事制度改革，积极营造便利营商环境，促进武江市场经营主体稳步增长。

截至2019年12月31日，登记注册各类市场主体达21756户，注册资本（金）总额达2350743.4万元，从业人员82532人，与2018年同期相比分别增长39.21%和146.1%、14.11%。其中，企业4853家，2019年新增976户；农民专业合作社64户，2019年新增4户；个体工商户达16839户，2019年新增3633户。办理食品经营许可1756户，其中保健食品保健品199户；新办理药品经营许可（零售）4户；新办理第二类医疗器械备案17户。

【食品安全监管】 2019年，区市场监管局认真贯彻落实习近平总书记关于食品安全“四个最严”要求，以人民为中心，坚持源头严防、过程严管、风险严控，辖区食品安全总体状况稳中向好，全年无发生食品安全事故。开展多项食品、餐饮专项整治行动，累计检查各类食品生产、流通单位2677户次，检查餐饮服务单位1600家次，责令整改4户次，行政约谈食品生产单位3家，查办食品违法案件47宗。切实加强非洲猪瘟防控工作，严格规范疫区肉品进入武江区食品生产经营环节，累计共出动检查人员800余人次，对1800余家次肉品生产经营单位进行监督检查。组织开展辖区14家农贸市场开展食用农产品快检工作，充分发挥快检筛查“过滤网”作用，共抽检样品42387批次，合格42345批次，合格率99.90%。切实有效开展餐饮服务食品安全重大活动监管工作，圆满完成重大活动食品安全保障任务8次。多形式多途径强化食品安全知识宣传，发放各类宣传资料1万余份。组织举办食品生产加工小作坊食品安全培训、食品安全应急桌面推演，夯实食品安全预防及应急救援基础。

【保健食品监管】 2019年，武江区开展“食品、保健食品、医疗器械欺诈和虚假宣传整专项整治”行动，以有一定规模的以会议营销模式开展经营食品、保健食品的经营单位和租赁场所给会议营销单位的大型宾馆酒店等场所为重点，主要查看保健食品经营者是否依法取得食品经营许可，并在核准的范围、地点从事销售业务；是否存在经营假冒保健食品文号、标志以及未经批准而声称特定保健功能的普通食品；是否经营未取得保健食品生产许可或假冒保健食品生产许可企业生产的保健食品；是否销售来源不明的保健食品。检查食品、保健食品经营单位78家次，督促2家保健食品经营者部分产品索证索证不齐全行为立即整改，立案查处1宗。

【药品监管】 2019年，区市场监管局开展中药饮片经营、执业药师“挂证”、中草药店专项整治、疫苗流通使用安全专项检查、医疗器械“清网”行动，全年共检查共检查药品经营企业96家，立案2宗；医疗机构126家，立案10宗；完成药品零售企业GSP跟踪检查29家，发出限期整改通知书29份；检查医疗器械批发企业48家、零售企业72家；化妆品经营企业104家。

开展创建“无假药城市”：对辖区医疗机构、疫苗接种单位、药品零售企业和药品使用单位、医疗器械批发和零售企业开展监督检查，发出限期整改通知书29份，立案12宗。通过开展药品科普知识宣传进校园、举办“安全合理用药创建无假药城市”主题现场宣传、举办创建“无假药城市”部署会暨新修订《中华人民共和国药品管理法》培训班等系列活动，广泛宣贯药品安全知识及相关法律法规，参与培训400多人次，共发放药品宣传资料共8类1000多份，接待药品安全咨询200多人次。

【开展武江区学校周边食品安全示范区创建工作】 2019年，区市场监管局联合教育、城管、人社部门积极开展创建学校周边食品经营单位安全示范区工作，持续改善辖区学校及周边食品安全环境。共出动食品安全监督执法人员532人次，检查学校周边食品经营单位279家次，发出责令改正通知书32份，立案查处2宗。通过为期半年的示范创建行动，经验收考核小组验收，全区纳入创建的40间学校（不含幼儿园），共35间学校创建成功，其中大、中学15间，小学20间，完成创建率达到80%以上的工作目标。

【特种设备监管】 2019年7月1日，自承接特种设备职能以来，武江区市场监管局扎实开展特种设备隐患排查治理，先后组织开展电梯起重机械叉车整治、重点企业安全生产隐患排查整治、电梯随行电缆安全隐患排查和整治、锅炉低水位安全联动装置排查整治等专项工作，共发出特种设备安全监察指令书35份，排查使用超期未检、使用安全附件（装置）失灵、使用经检验不合格等存在严重安全隐患的特种设备等90台套，已整改并消除安全隐患89台套；对1家电梯维保单位未严格按照安全技术规范要求维保电梯（存在短接安全回路）、1家液化气公司充装超期未检液化石油气钢瓶的违法行为立案查处。对承压类特种设备进行安全隐患大筛查，共排查辖区内液化石油气充装站、汽车用液化天然气加气站、化工生产企业等承压类特种设备使用单位12家，共排查出投入使用30天内未办理使用登记证的一般安全隐患2宗。开展加油站计量专项排查整治、眼镜制配店计量专项监督检查，共检查加油站9家、眼镜店4家。责令使用超期未检定计量器具的3家眼镜店限期整改。

【产品质量监管】 2019年，区市场监管局开展产品质量监督抽查，开展来源不明产品清查行动，结合安全帽、塑料制品、儿童玩具、安全帽、一次性使用卫生用品等各类产品质量安全监督检查，检查经营户264户次，检查60种产品，发出23份责令改正通知书，责令改正的违法产品730件，产品货值13242.5元。积极做好辖区电动自行车经营户排查和超标电动自行车清查，督促辖区20户电动自行车经营户签订承诺书，规范电动自行车经营行为。

【价格监管】 区市场监管局开展2019年涉企收费专项整治工作，检查政府部门及下属单位、行业协会、中介机构以及金融机构的收费行为，重点是落实小微企业收费政策执行情况。开展转供电环节收费专项检查，共检查4家属于转供电主体的物业公司，确保商业综合体、产业园区等转供的终端工商业用户及时、足额享受到国家降价福利，切实减轻企业负担。对三家医疗机构开展医疗服务价格专项检查，检查是否执行政府定价、政府指导价、是否明码标价与收费公示，暂未发现有违反上述规定的行为。

【广告监管】 2019年，区市场监管局制定《韶关市武江区整治虚假违法广告联系会议工作制度》，组织召开2019年武江区整治虚假违法广告工作会议，在会上表决通过《韶关市武江区广告市场秩序部门协同监管工作机制》。加强对食品、保健食品、医疗器械广告监管，检查相关市场主体36户次，检查广告26条次，立案2宗。开展高速公路两侧“小广告”专项整治工作，共检查4个高速公路收费站前广场及连接线两侧公路附属设施，巡查8家汽车维修企业，未发现相关违法“小广告”。

【企业年报】 2019年，区市场监管局通过电话、QQ、微信、短信通知等形式向企业宣传2018年度年报工作，共发送手机短信6000余条，电话通知2000户次。截至2019年6月30日，武江区2018年度企业年报率为97.24%，个体工商户年报率为82.19%，未报送年报的126户企业被列入经营异常。

为深化商事制度改革，加快建立“僵尸企业”强制退出机制，督促企业履行法定业务，区市场监管局将连续未年报企业并经国税局、地税局复核企业纳税情况的158户拟清理企业，作为案件来源移送至各办案单位，展开实质清理工作。

【“双随机一公开”工作】 2019年，区市场监管局继续推进武江区“双随机一公开”工作。建立“双随机、一公开”监管工作联席会议制度，根据机构改革变化及时调整武江区“双随机、一公开”工作领导小组。部署推进区直各单位制定“一单两库”，围绕政府重点工作和区域市场秩序突出风险采取定向和不定向方式，统筹制定《2019年度双随机抽查工作计划》。在全区范围内开展2019年度企业登记事项、公示信息“双随机”抽查，共抽查企业209户，发现经营正常的有150户，未按规定公示信息的有10户，通过登记住所（经营场所）无法联系的有11户。检查结果及时通过企业信用信息公示系统对外公示，同时将49户企业列入经营异常名录。联合武江区消防大队，检查15家农贸市场；联合区工信局，检查21家废品回收站；联合财政局，检查2家代理记账机构。

【知识产权服务】 2019年，区市场监管局在全市各县区中率先完成《韶关市武江区专利资助管理办法》《韶关市武江区专利资助管理办法实施细则》修订，并开展2018年度武江区专利资助工作。深入开展乡村振兴商标富农调研工作，积极推进“武江丝茅姜”地理标志证明商标申请工作。举办两期“武江区规上企业‘专利检索’‘侵权分析’培训班”，促进企业提高知识产权管理水平，防范知识产权风险。2019年，武江区全年专利申请总数1244件，其中发明专利申请229件、实用新型专利申请930件、外观设计专利申请85件；全年专利授权总数739件，其中发明专利申请20件、实用新型专利授权538件、外观设计专利授权181件。2019年新增商标489件，截至2019年12月31日，武江辖区有效商标2106件。

【消费维权】 2019年，区市场监管局牵头组织有关单位开展以“信用让消费更放心”为主题的消费者权益日宣传咨询服务活动，通过派发宣传资料、现场解答群众咨询等一系列方式，引导市民进一步掌握消费维权知识和投诉渠道，为该区打造公正和谐的消费环境、创建守法诚信的经营环境营造良好的社会氛围。活动现场向群众派发宣传单张1000份和200本法律书本，现场受理消费投诉3宗。2019年，武江区12315投诉举报机构共受理来电咨询17宗，上级交办8宗，来信2宗，信访1宗，举报72宗，网络问政46宗，区政数局交办韶关市“12345”投诉共1137宗，以上全部100%办结。武江区消费者服务中心全年共接待消费咨询286人/次，受理消费者投诉共316宗，其中商品类170宗，服务类146宗，挽回经济损失约15.9万元。

【企业信用体系建设】 2019年，区市场监管局紧密结合文明创建工作，积极开展企业信用体系建设。开展2018年度“守合同重信用”企业公示活动宣传，发送手机短信2800余条，上门走访、指导企业14户，受理公示申请43户。2019年，共受理2018年度“守合同重信用”企业申请42户，予以公示39户，不予公示3户。举办“诚信经营示范街区”暨“放心消费承诺”主题活动，共发放倡议书100份，签订诚信经营承诺书100份，引导商户自愿加入“放心消费承诺”85户，出动执法人员上门规范指导诚信经营212人次。组织引导辖区13个社会办农贸市场开展“文明诚信经营户”评选活动，加强农贸市场个体工商户社会主义神文明建设和信用体系建设，引导和激励广大个体从业者培育和践行社会主义核心价值观，文明经营，诚信立业，全年共评选出“文明诚信经营户”60户/次。

【动产抵押】 2019年，区市场监管局继续积极为企业盘活资金开辟融资道路，共办理动产抵押登记20宗，抵押登记金额9478.01万元；办理动产抵押注销登记4宗，主债权金额348.13万元。

【表彰情况】 2019年，区市场监管局获评“2019年度全市市场监管部门政务信息工作先进单位”“2019年度全市市场监管系统新闻宣传工作先进单位”“2018—2019年度韶关市武江区文明单位”，区市场监管局登记注册窗口获评“2018—2019年韶关市武江区文明示范窗口”。工作人员卢怡获中共韶关市武江区委员会授予的“优秀党务工作者”称号，黄淋获评“2019年度全市市场监管部门政务信息工作先进个人”，曾丽明获评“2019年度全市市场监管系统新闻宣传工作先进个人”。

【机构设置】 根据《韶关市武江区市场监督管理局职能配置、内设机构和人员编制规定》（韶武办发〔2019〕16号）、《中共韶关市武江区委机构编制委员会办公室关于调整区市场监督管理局所属事业单位有关事项的通知》（韶武机编办〔2019〕8号）和《关于韶关市武江区市场监督管理局派出机构设置的通知》（韶武机编〔2019〕36号），韶关市武江区市场监督管理局设15个内设机构：办公室、人事股、政策法规股、行政许可与登记注册股、综合应急管理股、信用风险与网络交易管理股、价格监督检查与反不正当竞争股、特种设备安全标准化和计量监管股、知识产权商标广告监管股、产品质量与产品生产安全监管股、食品生产流通安全监督管理股、餐饮经营安全监督管理股、药械和化妆品安全监督管理股、消费者权益保护股、执法大队；设5个派出机构（副科级）：芙蓉市场监督管理所、新华市场监督管理所、西郊市场监督管理所、龙归市场监督管理所、新城市场监督管理所；下设两个事业单位：韶关市武江区12315投诉举报中心、韶关市武江区消费者服务中心。全局共核定行政编制（含行政执法编制）86个、事业编制6个，实有在职人数91人。核定局长职位1个，副局长职位3个。

区市场监督管理局领导名录

局　长：古寿英（女，2019.3—）
副局长：王　鸽（2019.3—）
　　　　周伟真（2019.3—）
　　　　黄华华（2019.3—）
　　　　邓献良（2019.3—）
　　　　林海平（2019.3—）

（曾丽明）

自然资源管理

【概况】 2019年，武江区自然资源局是区政府工作部门，为正科级，加挂韶关市武江区林业局牌子。核定行政编制16名，行政执法编制23名，政法专项编制5名。设局长1名，副局长3名。内设机构9个：办公室、法规股、自然资源规划与保护股、自然资源利用管理股、地籍与测绘管理股、矿产资源管理股、林政股、营林科教股、执法监察大队；派出机构5个：西河自然资源所、西联自然资源所、重阳自然资源所、龙归自然资源所、江湾自然资源所（均为正股级）；直属行政单位1个：韶关市公安局武江分局森林派出所。

2019年年末，武江区耕地面积6826.35公顷（水田3987.84公顷，旱地2342.85公顷，水浇地495.66公顷），园地641.91公顷，林地48693.07公顷，草地1581.99公顷，城镇村及工矿用地5281.19公顷，交通运输用地958.90公顷，水域及水利设施用地2898.35公顷，其他土地896.05公顷（设施农用地102.19公顷，田坎283.55公顷，裸地510.31公顷）。

辖区矿产资源较为丰富，但储量较少，共生、伴生矿较多。主要有煤矿、铁矿、铅锌矿、锡矿、钨矿、金矿、银矿、石灰石、高岭土、萤石矿等。铅锌矿（小型）主要分布在重阳镇；石灰石储量丰富，品质好，主要分布在西联镇、龙归镇、西河镇。萤石矿主要分布在龙归镇续源、江湾镇架锦坑。陶瓷矿（高岭土）主要分布在重阳镇、龙归镇。煤炭矿区有芙蓉山、田心、车角岭煤区（已停采）。

韶关市武江区自然资源局挂牌成立　　（区自然资源局　供图）

【用地报批】 2019年，武江区完成土地利用计划指标使用，土地指标分配使用量及完成率在全市排名前列。2019年，共完成新老城区用地报批118.47公顷，位于韶关市第一，有力保障金融集聚区、滨江路延长线、红色教育基地等19个重点项目用地。

【“三旧”改造】 根据市级“三旧”改造任务分配方案，2019年，武江区“三旧”改造新增任务为29.2公顷，完成任务为20.07公顷。是年，该区实际新增改造面积42.8公顷，完成面积39.8公顷，超额完成该年度“三旧”改造任务。

【耕地保护】 2019年年末，武江区完成耕地保有量不少于6186公顷，永久基本农田面积不少于5077.67公顷的耕地目标保护任务。

【永久基本农田储备区划定】 2019年，武江区永久基本农田储备区划定61.07公顷。

【村土地利用总体规划】 2019年，根据乡村振兴规划总体要求，武江区按照“多规合一”总体布局，进一步调整优化村庄用地布局，预留部分规划建设用地指标用于农业设施和休闲旅游设施建设，并结合农村宅基地利用现状，完善村庄规划，修改村庄规划与城市总体规划（2015—2035）相冲突部分，衔接城市总体规划（2015—2035），落实龙归镇冲下村与江湾镇围坪村的村庄建设用地需求。

【拆旧复垦】 2019年，武江区拆旧复垦项目已完工交易23.79公顷，成交收益金额为2.3421亿元。

【垦造水田】 2019年，武江区垦造水田工作任务32.33公顷，共完成龙归镇冲下村、凤田村两个垦造水田项目，实际总投资4000多万元，实际新增水田净面积约34.67公顷。

【高标准基本农田建设】 2019年，武江区完成2016年度高标准基本农田建设项目，总规模438.59公顷，实际投资744.09万元，是韶关市第一个完成通过竣工确认的县区。2017年度高标准基本农田建设项目总规模188.88公顷，预算总投资629.87万，项目已基本完成主体工程，正在收尾工作。2018年高标准基本农田建设项目总规模439.4公顷，预算总投资1006.15万元，项目已进场施工，施工进度为80%。

【矿产资源管理】 2019年，武江区自然资源局积极协助当地政府开展“山水林田湖草生态保护修复试点工程”项目遴选入库工作，已被采纳并批准实施的2019年项目有3项，分别是：韶关市武江区重阳镇一六矿区环境风险管控项目（项目投资750万元）、韶关市武江区重阳镇水口湿地生态修复工程（项目投资1200万元）、武江区江湾镇稀土矿非法开采点矿山地质环境治理恢复工程（项目拟投资332万元）。

【地质灾害防治】 至2019年12月，武江区登记在册的地质灾害隐患点共计35处（西河镇15处，西联镇4处，龙归镇7处，重阳镇4处，江湾镇5处），灾害类型包括崩塌、滑坡、地面塌陷、地面不均匀沉降。其中，威胁人数在100人以上的隐患点共3处，威胁人数在50人以上的隐患点共9处。根据省自然资源厅每年消除上一年度在册隐患点数量10%的工作任务要求，2018年年末武江区在册地质灾害隐患点数量为40处，2019年度应消除隐患点4处，实际消除的隐患点数量为5处，超额完成地质灾害隐患点核销任务。2019年5月，武江区自然资源局联合龙归镇人民政府在坎下村地质灾害隐患点举行地质灾害防治知识宣传暨灾害避险应急演练活动。2019年，核工业华南高级技工学校地质灾害隐患治理项目完成并通过专家组验收。

【矿山石场治理复绿】 2019年，武江区矿山石场治理复绿任务指标为6.26公顷，截至9月30日，完成治理复绿面积为10公顷，在韶关市各县区中第一个完成矿山治理复绿工作。

【动态巡查】 2019年，武江区五个乡镇上线率均为100%，累计上线时间11148.5小时，巡查距离143663.39千米，巡查发现违法用地行为111宗，违法用地面积15.76公顷，其中耕地面积2.1公顷，基本农田面积1.48公顷，全年下发责令停止违法行为通知书367份。

【卫片执法】 2019年，武江区土地卫片遥感监测图斑313宗，其中新增违法用地图斑合计106宗，违法用地面积55.45公顷，其中耕地13.61公顷，基本农田0.79公顷。2019年，矿产卫片遥感监测图斑2宗，其中上报实地伪变化1宗，上报违法图斑1宗。

区自然资源局领导名录

局　长：吴韶华（2019.4—）
副局长：丘日雄（2019.3—）
　　　　龚艺旋（2019.3—）
　　　　周福升（2019.3—）
　　　　罗贤贵（挂职，
　　　　　　2019.3—）

（汪慧慧　许　靖）

应急管理

【概况】 2019年3月5日，武江区应急管理局挂牌成立，是主管安全生产、防灾减灾、应急救援等应急管理工作的区政府工作部门，为正科级。核定编制17名（其中行政编制10名，行政执法专项编制7名）。设局长1名，副局长3名；内设机构领导职数8名；内设机构8个：办公室、应急指挥和火灾防治股、综合协调股、应急救援和预案管理股、安全生产基础股、危险化学品安全监管股、物资保障和调查统计股、执法大队。

韶关市武江区应急处置中心为区应急管理局管理的公益一类事业单位，副科级，核定事业编制10名。其中：主任1名，副主任2名；内设机构领导职数3名。

武江区应急管理局在区委区政府的正确领导下，坚持以习近平新时代中国特色社会主义思想为指引，切实担起应急管理的使命，把人民立场作为根本立场，不断理清内外关系，完善工作机制，以实际行动践行“对党忠诚、纪律严明、赴汤蹈火、竭诚为民”的严格要求。2019年全区安全生产形势稳定向好，自然灾害防御实现“零伤亡”，没有发生一起因应急处置不当引起的伤亡事故，努力争当全市应急管理改革发展排头兵。

【做好机构改革建设工作】 2019年，机构改革启动以来，武江区应急管理局通过专题召开局全体干部职工会进行思想动员，并对隶转人员逐个开展谈心谈话，迅速进入应急管理工作状态。同时，紧盯职能职责，调整领导班子成员责任分工和干部职责分工，推动各项工作无缝对接。分别组织召开森林防火、防汛抗旱工作专题座谈会，与相关部门、单位讨论、沟通职能职责、工作重点和当前急需开展的各项工作，确保机构改革关键时期做到协调联动、信息互通，及时有效开展各项工作。

【开展主题教育】 2019年，武江区应急管理局按照武江区委主题办的工作安排部署，围绕“守初心、担使命，找差距、抓落实”的总要求和“理论学习有收获、思想政治受洗礼、干事创业敢担当、为民服务解难题、清正廉洁作表率”的目标任务，精心组织开展“不忘初心、牢记使命”主题教育，坚持把“学习教育、调查研究、检视问题、整改落实”四项重点措施有机融合，在解决问题、推动应急管理局工作高质量发展中担使命，努力推动习近平新时代中国特色社会主义思想在局党员干部中落地生根，使局党员干部党性作风受到深刻洗礼，干事创业、担当作为精气神得到提振。

【开展全区安全生产风险隐患整治】 2019年，根据全省、市、区安全生产工作会议精神，武江区安委办制定《韶关市武江区安委办关于开展全区安全生产风险隐患排查专项整治工作的通知》，持续开展危险化学品、非煤矿山、工贸等行业领域安全生产风险隐患排查，认真组织落实省“七类重点整治”和市“十三类重点整治”工作。2019年共发生各类生产安全事故17起（含经营性道路交通事故12起）、死亡12人、受伤5人，未发生较大及以上的生产安全事故，其中工矿商贸事故起数与去年同期持平、死亡人数与去年同期降低28%。

【开展危险化学品安全专项整治工作】 2019年，为吸取江苏响水天嘉宜化工有限公司“3·21”爆炸事故重要教训，武江区应急管理局全面开展危险化学品安全隐患集中排查整治。一是开展易燃易爆和危化场所行业领域气象灾害防御安全检查。对照《2019年度韶关市易燃易爆和危化场所行业领域气象灾害防御暨防雷安全生产检查（督查）表》，共检查加油站、危险化学品储存企业13家，出动执法检查人员10人次，查处预案、警示标识等问题19项。二是开展化工和危险化学品安全生产执法检查。共检查辖区化工企业8家、加油站7家，出动执法检查人员16人次，查处操作规程等问题19项，下达《现场检查记录》15份。三是开展危险化学品有限空间安全检查。根据《广东省安委会办公室广东省应急管理厅关于持续推进七类重点行业领域安全生产专项整治行动的通知》要求，对工业园区危险化学品有限空间进行专项检查。共检查危险化学品生产、储存企业8家，出动检查人员6人次，发现可燃气体爆炸、易中毒等有限空间事故风险4项。四是联合韶关市应急管理局开展危化执法专项检查，对武江区科控环保材料（韶关）有限公司等4家危化企业开展执法检查，共排查问题及隐患12项。上述检查发现的问题和隐患，均由武江区应急管理局负责整改复查，落实隐患整改工作。

【开展化工园区治理工作】 2019年，根据《广东省安委会办公室广东省应急管理厅关于配合做好化工园区安全风险评估复核工作的通知》及《关于深化化工园区和危险化学品企业安全整治工作的函》要求，结合化工园区安全风险评估结果，武江区制定《甘棠工业园风险评估整改工作方案》，扎实推进各项整改任务有序推进。

【开展安全生产和消防工作】 2019年，为中华人民共和国70周年大庆营造稳定良好的环境，武江区应急管理局在“七类重点行业领域专项整治”“十三类重点行业领域专项整治”等整治的基础上，认真部署安全生产和消防工作“查隐患、抓整改、保安全、迎大庆”“百日会战”行动。对武江区各生产经营单位（企业）进行安全检查、巡查，再次梳理排查各行业领域存在的安全风险，并针对重点行业突出问题，细化管控措施，加大全区安全生产和消防安全风险管控力度。

【做好2018年安全生产责任制及消防考核整改工作】 2019年，根据《国务院安委会安全生产和消防工作延伸考核韶关市发现问题整改工作分工表》，武江区应急管理局召开专题会议研究安全生产和消防工作中存在问题，制定整改措施，对照问题，迅速行动，并加强对整改工作督导协调，推进整改工作有效落实。12月5日，市安委会对武江区开展安全生产责任制和消防工作现场考核。

【做好强对流天气防御工作】 2019年，进入汛期以来，武江区防洪度汛形势十分严峻。灾情发生后，区委区政府迅速吹响抗洪抢险救灾的冲锋号，切实加强会商研判，加强对重点区域和薄弱环节的隐患排查，及时启动应急响应，做好应急准备，全区没有发生一起因救援不当引起的伤亡事故，洪涝灾害没有造成群死群伤，堤防水库水电站没有出现决堤垮坝，受灾群众得到妥善安置。在2019年5次IV级、1次III级防汛应急响应中，区应急管理成功应对“龙舟水”等防汛特殊时期及超强台风“白鹿”导致江河洪水接近二十年一遇等自然灾害，累计组织转移避险群众97人，会同财政部门安排救灾资金128万元。

【加强防汛应急队伍建设】 2019年，根据《关于〈印发2019年韶关市防汛抢险队伍骨干集训方案〉的通知》（韶防〔2019〕10号）要求，5月7—23日，武江区应急管理局联合武江区人武部组织18名防风防汛队伍骨干到韶关市孟洲坝开展防风防汛队伍骨干轻舟演练工作，其中两名训练骨干荣获“先进个人”荣誉称号。

【开展防汛应急预案专项检查】 2019年，5月上旬，武江区应急管理局联合区住建局、区发改局、区自然资源局等部门对各镇（街）开展应急预案专项检查，并结合汛期专项督查通报整改工作。

【做好清明节前森林防灭火工作】 2019年，清明节前武江区组织召开春耕春种、清明期间森林防灭火动员部署会及化工企业安全生产工作会议，会议对武江区清明期间森林防火工作进行部署，组织学习《韶关市武江区处置森林火灾应急预案》，同时安排由区委督查室、区自然资源局成立督查组，从组织领导、责任制落实等11项重点方面对各镇清明节前森林防灭火工作进行督查，并将督查情况及时在全区安全生产暨消防安全工作会议上进行通报。

【做好特别防护期森林防灭火工作】 2019年，根据机构改革，区应急管理局迅速调整区森林防灭火指挥部成员单位，修订区森林防灭火指挥部成员单位工作职责，确保在防灭火工作上思想不乱、队伍不散、干劲不减、工作不断。9月以来，多次召开森林防火工作部署会议，分析研判全区森林防火形势。按照属地管理原则，督促各镇提前做好防火物资储备，将防火责任进一步细化，将防火范围进一步量化，真正做到山有人管，林有人护，火有人救，责有人担。联合有关部门向社会发放《韶关市野外用火管理条例》等法规宣传资料1万余份。

【加强应急救援体系建设】 2019年12月，区应急管理局牵头编制《武江区突发公共事件总体应急预案》等13份应急预案，并加强对各单位应急预案编制、演练、修订、评审、备案等情况的检查督查，应急预案管理水平得到提升。一年来，全区共开展应急演练24场，参与人数3118人。

【全面完成区应急管理局指挥中心改造】 2019年，根据《关于印发〈韶关市县（市、区）应急管理信息化实施方案〉的通知》（韶应急〔2019〕78号）及区委区政府有关智慧城市建设要求，区应急管理局对区指挥中心进行升级改造，并于2019年12月正式投入使用，满足区多部门协同作战处置重大应急、突发事件及区应急处置中心日常工作需要。

【推进应急管理信息化建设】 2019年，根据《韶关市县（市、区）应急管理信息化实施方案》要求，区应急管理局积极推进全市首个县级应急管理信息化综合平台建设项目，进一步提升武江区应对各类突发事件的应急准备、监测预警、恢复重建和应急保障等能力。

【区应急管理局“四举措”为2019韶关马拉松赛保驾护航】 2019年韶关“马拉松”赛事工作中，武江区应急管理局“四举措”为比赛保驾护航，一是对“马拉松”赛事途径线路进行两轮的实地查看，全面了解赛道设置、环境布置、主要设施建设等相关情况。二是制定《2019韶关马拉松（武江赛区）应急处置总体预案》，牵头成立2019韶关“马拉松”赛突发事件处置指挥部，抽调各镇（街道）分管信访维稳领导及工作人员组成2019韶关“马拉松”赛事武江区信访维稳工作组。三是调动区内一切积极因素，从镇（街）及区直部门抽调206名责任心强、综合素质高的工作人员组建2019年韶关“马拉松”红袖章平安志愿者队伍，全面实现红袖章平安志愿者队伍在赛事沿线的全覆盖。四是充分发挥部门职责，在赛事进行过程中，充分运用视频监控，实时跟踪现场赛事情况，及时对比赛过程中出现各种突发情况，进行实时指挥调度，确保现场指挥统一、有序、高效。

【开展业务培训】 2019年2月20日，武江区应急管理局联合韶关高新区召开企业节后复工复产前安全生产工作会议暨安全生产实操业务培训班，邀请韶关高新区企业主要负责人及安全生产管理人员共239人参加培训。3月22日，区应急管理局组织全体干部开展应急值守业务培训班。4月3日，区应急管理局在区防火应急大队举行森林消防救援业务培训班，各镇（街）、武江区森林消防应急大队及芙蓉山绿化管理处共116人参加培训。

【开展防灾减灾日宣传进社区活动】 2019年5月12日，武江区在沙洲社区开展以“提高灾害防治能力，构筑生命安全防线”为主题的防灾减灾日宣传进社区活动，活动现场通过张贴横幅、展牌宣传、派发宣传资料，接受社区群众咨询等方式，向群众普及防灾减灾知识。活动中，该区红十字会医学专家及红十字会志愿者现场讲授应急救护知识和技能，武江区消防大队现场讲解防灾减灾知识。本次活动共发放防灾减灾宣传资料约2000份，宣传防灾减灾小礼品1000余份，接受社区群众咨询200余次。

【举行全国第18个“安全生产月”和“安全生产万里行”活动】 2019年6月15日，围绕“防风险、除隐患、遏事故”的活动主题，区应急管理局在韶州公园北门广场举行全国第18个“安全生产月”和“安全生产万里行”活动启动仪式暨安全生产诚信宣传活动。活动现场向市民发放安全生产法律法规宣传资料，现场播放各类安全警示教育片，开展应急自救互救、用电和电力设施保护、日常消防安全现场演示，设置趣味多样的互动问答环节，让广大市民更加深入了解和掌握日常生活中的安全知识和技能。

【依法依规开展事故调查处理】 2019年，武江区应急管理局认真贯彻落实《中华人民共和国安全生产法》、《生产安全事故报告和调查处理条例》，牵头对发生的“4·25”高处坠落一般事故、龙归镇“7·14”触电一般事故、滨江商务中心“9·8”高处坠落一般事故、西联镇“9·12”高处坠落一般事故、保利中滨花园“10·12”高处坠落一般事故等5起事故及时准确地查清事故原因，查明事故性质和责任，提出整改措施，对相关事故责任人和责任单位进行严肃查处。

区应急管理局领导名录

局　长：黄　勇（2019.3—）
副局长：郭志东（2019.3—）
　　　　龚光权（2019.3—）
　　　　陈　浩（2019.6—）

（刘　媛）

工业·科技

概　况

2019年，根据《中共韶关市武江区委办公室韶关市武江区人民政府办公室关于印发〈韶关市武江区工业和信息化局职能配置、内设机构和人员编制规定〉的通知》（韶武办发〔2019〕7号），武江区工业和信息化局（区科学技术局、区商务局）为武江区人民政府工作部门，设10个内设机构：办公室、招商与外资工作股、经济运行综合监测股、工业节能与信息化股、技改创新与产业工作股、商务股、科技创新股、中小企业局、科技综合服务与社农股、现代服务业与电子商务股；行政编制17名，其中：局长1名，副局长3名，正股级领导职数10名；下属事业单位有武江区外商投资和中小企业服务中心、武江区生产力促进中心。

2019年，面对严峻的经济形势，武江区工信局以习近平新时代中国特色社会主义思想和中共十九大精神为指导，全面贯彻落实省、市、区会议精神和区委区政府的统一部署，坚持生态优先、绿色发展，坚持融入珠三角、服务大湾区，聚焦“在高水平保护中实现高质量发展”，为武江区争当韶关改革发展排头兵而奋斗，各项工作稳步推进。

宏观管理工作

【基本情况】　2019年，武江区规上工业总产值156.37亿元，现价增长9.4%。全区工业增加值836536万元，增长1.9%。其中：规模以上78.68亿元，增长1.7%。

【新增规上企业数】　2019年，武江区培育新增规上企业数11家，超额完成市下达该区预定任务，连续两年新增规上企业数保持10家以上。

【深化挂点联系机制】　2019年，区工业和信息化局不断优化工业调度机制，深化挂点联系机制。坚持区领导班子成员挂点联系重点工商贸企业制度及局领导班子成员分组挂点制度，对企业发展状况进行实时跟踪，实行“月调度、季分析”的调度机制，详细解企业生产经营情况，认真听取企业诉求，及时提出解决对策，协助企业共同应对难题，并努力做好跟踪、协调和服务工作；每半年主持召开一次重点企业和重点建设发展专题会议，解决重点项目建设和工业经济运行中的问题。

【加强企业监测和统计】　2019年，区工业和信息化局进一步加强企业运行监测，建立工业经济形势分析例会制，进行月度及季度分析例会，例会坚持统计数据及实地调研相结合。联合区统计局到企业调研，组织专业培训，加强对企业统计员的业务指导，每半年进行一次，力争做到应统尽统，减少漏报。联合区税务局，做好企业运营情况摸排，及时掌握企业情况，挖掘潜力企业，培育达标企业入库。坚持统计数据及实地调研相结合，为武江区工作提供切实可靠的工业数据支撑。

【完善服务扶持企业发展】　2019年，区工业和信息化局建立长效联系挂钩服务机制，做到下基层、下企业服务活动常态化，切实贴近企业需求，努力解决企业困难，对企业反映强烈的热点难点问题及时跟踪解决；进一步做好挂点联系企业工作，每家重点企业、负增长企业、倍增计划试点企业均有专人跟踪。同时加大企业扶持力度，积极帮助企业对标技改、创新、节能、珠西、倍增计划等各方面政策申报扶持。

【技改技创】　2019年，武江区力促企业实施产业升级改造。先后发动丽珠集团利民制药厂、韶瑞重工、新科农、合众化工、龙韶实业、上气研砼等企业完成7个项目备案技改，涉及金额近2亿元。多措并举，推动工业投资增长。一是主抓重点项目。二是着力做好未备案、未动工、建设进度相对滞后项目的业务指导工作。

各类工业

【发展现状】　截至2019年年底，武江区制造业企业约360家，其中规上工业企业共63家，武江科技园规上企业6家，甘棠工业园13家，莞韶园沐溪片区企业31家。武江区以烟草、电力、玩具、医药、机械五大行业为支柱，其中烟草行业所占比重最大，2019年韶关卷烟厂增加值占全区规上工业增加值的66%，对武江区工业经济影响巨大。

【烟草工业】 2019年，武江区烟草产业（韶关卷烟厂）完成规上工业增加值51.93亿元，同比下滑0.1%。韶关卷烟厂的主要产品为“红玫”牌香烟，年产量超过40万大箱，年产值达60亿元以上。近年来随着国家控烟政策的逐步推进，韶关卷烟厂产量逐渐下滑，为应对生产计划不断下调的形势，韶关卷烟厂从调结构上下功夫，已逐步淘汰四类烟，一类烟、二类烟比例不断扩大。

【电力工业】 2019年，武江区电力产业共完成规上工业增加值2.7亿元，同比增长11.8%。武江区电力产业主要由韶关供电局及2家水电企业（韶能、方夏）组成，其中韶关供电局相对稳定，而水电企业则受当年气候变化影响较大。广东电网公司韶关供电局是中国南方电网公司广东电网公司属下的大II型企业，为韶关市7个县3个区供应电力，供电客户88.5万户，供电面积1.84万平方千米。韶关供电局成立于1959年，2019年拥有110千伏及以上变电站56座，110千伏及以上输电线路2641.69千米。广东韶能集团股份有限公司是以可再生能源和清洁能源的投资开发与经营为主营业务的上市公司，也是韶关地区优势企业集团之一。公司成立于1993年6月，注册地为广东省韶关市。1996年8月30日在深圳证券交易所挂牌上市，股票简称“韶能股份”。

【玩具工业】 2019年，武江区玩具产业完成规上工业增加值10.37亿元，同比增长5.5%，武江区玩具产业共计2家规上企业（旭日、光华）。旭日玩具厂占地面积200公顷，建筑面积100万平方米，其中厂房58栋，28栋宿舍公寓。公司现有员工约1.5万人。主要生产电子玩具、手袋、旅行袋、旅行箱、制衣等产品，产品全部远销欧美。旭日玩具厂属于进料加工企业，主要帮助欧美玩具厂商进行代加工。韶关光华塑胶五金制品有限公司立于1994年7月，是一家致力于益智幼教玩具设计开发、生产销售于一体的外商独资企业（美国三藩市亨达有限公司独家投资）。

【制药工业】 2019年，武江区制药产业完成规上工业增加值2.95亿元，同比下降12.8%。丽珠集团利民制药厂是珠海丽珠医药集团股份有限公司下属的集医药生产、科研、开发为一体的中外合资企业，是国家中药现代化工程技术研究中心的中试基地和国家中药现代化工程技术研究中心的注射剂研究所。利民制药厂主要生产大容量注射剂、小容量注射剂、片剂、胶囊剂、颗粒剂、原料药等品种，是丽珠集团重要的大容量注射剂、小容量注射剂、中药提取、原料药生产基地。该厂的大容量注射剂车间、小容量注射剂车间、固体制剂车间、原料药车间、中药提取车间均已通过国家药品GMP论证。受国家医保政策调整的巨大影响，公司龙头产品参芪扶正注射液订单量锐减，2019年增加值同比降低45%以上。

【机械工业】 2019年，武江区烟草、电力、玩具、制药产业以个别龙头企业为主导不同，该区机械产业具备较为完善的产业链，已逐步形成具有一定优势的、以汽车零配件、液压油缸、建筑工程机械成套设备、矿山机械成套设备、农用机械等为主导产品的装备工业。汽车零配件、液压油缸、矿山机械、建筑工程机械等产品均在省内及周边地区具有较大的市场占有率，具备较强竞争力。

2019年，武江区机械产业完成规上工业增加值4.03亿元，同比增长3.7%。共有规上机械类企业20家，机械产业已逐步走出前几年的产业寒冬，产业发展逐渐提速。根据2019年12月的统计数据核算，该区汽车零部件行业占全区机械产业总产值的40%左右，液压油缸行业占全区机械产业总产值的20%左右，矿山机械行业占全区机械产业总产值的12.77%，建筑工程机械行业占全区机械产业总产值12.22%。

机械产业——金属铸锻件产业，主要产品有各类金属铸锻毛坯、轴承圈锻造毛坯、电动机制造，压铸件、各类机械零件的锻造毛坏、箱体铸造件等。骨干企业有韶关宏大精密锻造有限公司、韶关泰铭压铸有限公司

机械产业——汽车零部件产业，主要产品有齿轮、汽车变速器总成、轴承、轴瓦、汽车空调、马达、刹车系统等。骨干企业有韶关宏大齿轮有限公司、韶关东南轴承有限公司、韶关市东亚汽车配件有限公司、韶关市飞翔自动变速箱有限公司等。

机械产业——液压油缸产业，主要产品有从中低压到高压的各类冶金液压缸及液压系统等。骨干企业有韶关液压件厂有限公司、广东天恒液压机械有限公司等。液压油缸产业是武江区机械产业的传统高地之一，技术水平较高，竞争力较强。

机械产业——矿山机械产业，主要产品有各种矿山破碎、筛选、输送机械设备及制砂机、球磨机等。骨干企业有韶关市韶瑞重工有限公司、韶关市中钢机械有限公司等。

机械产业——建筑工程机械设备产业，主要产品有混凝土搅拌站、工业化住宅预制生产线成

套设备等。骨干企业有韶关市源昊住工机械有限公司、韶关市天源重机有限公司。

机械产业——农业机械产业，主要产品有拖拉机、小型联合收割机、旋耕机等农业机械。骨干企业有韶关市闽韶机械有限公司、韶关市常丰拖拉机制造有限公司、韶关市丹霞农机有限公司等。

科技管理

【概况】 2019年，武江区科技创新驱动成果：全区企业共享受省、市级科技计划项目资金1161.67万元；新增高新技术企业25家，全市排名第一；全年共申报高新技术产品233个，占全市21%，全市排名第一；全年享受科技产业人才政策204人，占全市31.5%，全市排名第一；广东莱雅新化工科技有限公司，在创新创业广东韶关赛区复赛中荣获三等奖；全区新增市级工程研发中心6家、众创空间1家、科技成果登记2项、市级科技特派员入库15人。

【高新技术企业】 2019年，武江区有22家企业通过国家高新技术企业认定，其中1家为重新认定，21家为首次认定；武江区共有高新技术企26家，位居全市第一。

【高新技术产品】 2019年，由于韶关市出台对高新技术产品的奖励政策，企业申报高新技术产品积极性提高，武江区共有233个产品通过省高新技术产品认定。

武江区科学技术协会

【概况】 根据《中共韶关市武江区机构编制委员会关于印发〈韶关市武江区科学技术协会职能配置、内设机构和人员编制规定〉的通知》根据韶武机编〔2019〕95号武江区科协设事业编制2名，设主席1名、副主席1名，另设“三长”兼职副主席2名，不占编制。

【科普活动开展】 2019年，武江区结合《韶关市武江区全民科学素质行动计划纲要实施方案（2016—2020年）》积极开展多形式的科普宣传活动。全年共组织开展“退休科学家进校园科普巡讲”“科普大篷车进校园”等各类科普进校园活动13场，参与师生5000多人次；举办“科技创造新生活”等主题的科普进社区宣传活动5场，参与群众达1000多人；发放各种科普宣传资料1500份；结合乡村振兴战略实施，举办优质水果种植、香芋栽培及病虫防治等农村实用技术培训3期，培训300人次；组织本地农技人员下乡进村现场指导解决农户技术问题6次；发挥“引智”作用，邀请华工、华师等高校及科院所专家到该区开展对接活动6场；利用科普宣传栏出版各种专题的科普宣传6期。

【“基层科普行动”计划项目申报】 组织科普教育基地韶关市武江区天优教育培训中心申报广东省“科普中国落地应用e站建设”项目，获立项，争取项目资金10万元。

【科普信息化建设】 指导韶关市武江区天优教育培训中心加强科普信息化建设，努力创造条件申报广东省“科普中国落地应用e站建设”项目；加强龙归龙安淮山生产合作社作为广东省“科普中国落地应用e站建设”示范点的建设，指导其充分利用科普信息化的设施广泛开展科普宣传。

区工业和信息化局领导名录

局　长：张思建

副局长：陈胜鸿

林卓伟（2019.6—）

张统帅（2019.6—）

黄晓森（挂职，2019.6—）

（涂智婷）

2019年7月19日，广东省微生物研究所韶关武江区科技成果转化项目签约
（区工信局　供图）

规模以上工业企业简介

【广东中烟工业有限责任公司】广东中烟工业公司韶关卷烟厂始建于1950年，现有职工900余人，占地面积9.36万平方米，建筑面积15万平方米，固定资产原值7.54亿元，净值5.18亿元，拥有国际先进水平的卷接包设备和国内先进水平的制丝生产线。主要产品为“红玫”牌香烟，年产量超过40万大箱，年产值达60亿元以上。

广东中烟工业有限责任公司韶关卷烟厂前身为成立于1950年6月1日的民生卷烟厂，1964年民生卷烟厂更名为韶关卷烟厂，2006年取消韶关卷烟厂法人资格，更名为广东卷烟总厂韶关卷烟厂，2006年更名为广东中烟工业公司韶关卷烟厂，2007年改制更名为广东中烟工业有限责任公司韶关卷烟厂。现有职工900余人，占地面积9.36万平方米，建筑面积15万平方米，固定资产原值7.54亿元，净值5.18亿元，拥有国际先进水平的卷接包设备和国内先进水平的制丝生产线，拥有4800千克/时的制丝线一条，额定功率570千克/时的二氧化碳膨胀烟丝制丝线一条，GD卷接包机组13套，其中软包机组7套，硬包机组6套，年设备生产能力263亿支（52.6万箱）。

近年来随着国家控烟政策的逐步推进，韶关卷烟厂产量逐渐下滑，为应对生产计划不断下调的形势，韶关卷烟厂从调结构上做功夫，已逐步淘汰四类烟，一类烟、二类烟比例不断扩大。

【广东电网公司韶关供电局】广东电网公司韶关供电局是中国南方电网公司广东电网公司属下的大II型企业，成立于1959年，公司员工有1166人拥有110千伏及以上变电站56座，110千伏及以上输电线路2641.69千米。为韶关市7县3区供应电力，供电客户88.5万户，供电面积1.84万平方千米。

韶关供电局坚持“对广东电网公司负责，为韶关经济和社会发展服务”的宗旨，牢记“主动承担社会责任，全力做好电力供应”的使命，全力保障韶关地区的用电需求，赢得各级党委政府和百姓的广泛认可。近年来，该局先后荣获“全国文明单位”“全国五一劳动奖状”“中央企业先进集体”“全国模范职工之家”“全国安康杯竞赛优胜企业”“南方电网公司文明单位”“广东省安全文化示范企业”等称号；先后被国务院国资委，广东省委、省政府，韶关市委、市政府，南方电网公司和广东电网公司评为“抗灾救灾先进单位”；连续4年被评为“南方电网公司迎峰度夏先进单位”；先后5次被韶关市委授予“先进基层党组织”称号，连续14年荣获“韶关市党风廉政建设先进单位”称号。

【韶能集团股份有限公司】广东韶能集团股份有限公司是以可再生能源和清洁能源的投资开发与经营为主营业务的上市公司，也是韶关地区优势企业集团之一。公司员工有87人，成立于1993年6月，注册地为广东省韶关市。1996年8月30日在深圳证券交易所挂牌上市，股票简称“韶能股份”，股票代码“000601”。公司的发展战略一直致力于清洁能源和可再生能源的投资开发。在继续做强做大做优水电业务的同时，抓住契机适度发展生物质能发电，重点发展天然气的开发利用等能源项目，争取用3—5年的时间，实现公司经营规模快速扩张，经营业绩稳步较快增长的目标。

【旭日玩具厂】旭日玩具厂占地面积约200公顷，建筑面积100万平方米，其中厂房58栋，28栋宿舍公寓。公司现有员工约1.5万人。主要生产电子玩具、手袋、旅行袋、旅行箱、制衣等产品，产品全部远销欧美。旭日玩具厂属于进料加工企业，主要帮助欧美玩具厂商进行代加工。

【韶关光华塑胶五金制品有限公司】韶关光华塑胶五金制品有限公司成立于1994年7月，是一家致力于益智幼教玩具设计开发、生产销售于一体的外商独资企业（美国三藩市亨达有限公司独家投资）。公司占地面积34000平方米，建筑面积23800平方米，系现代化的花园式厂房。聘请国际顶尖玩具设计大师，自行研发设计新产品。公司各项生产环节均符合欧盟EN71和美国ASTI标准，及国内3C标准。已通过ISO 9001：2000质量体系认证和国际玩具协会ICTIA级认可，产品具有出口玩具质量许可检测认证资格。拥有自己的国际品牌“POPULARPLAYTHINGS”产品。公司拥有员工300人。

光华公司是成功应对金融危机，调整经营策略，变纯出口为内外销相结合的典型企业，2009年公司对营销作出重大调整，成立国内销售部，集中人力、财力、物力打造自己的品牌——《光华玩具》。2009年4月以《光华玩具》品牌首次在广州国际玩具展亮相；并于10月参加上海玩具展销会，在中国玩具协会主办的玩具设计创新大赛中，一举获得2项金奖3项银奖。公司在国内主要以上海、北京、广东为市场重点，争取年内在国内各省会城市中均设立销售点。3—5年内建立自己的益智玩具销售渠道，将《光华玩具》品牌打造成为国内幼教玩具行业的产品领先品牌，力争内外销售比由现在的10%扩展到内外销比例各50%，实现总销售额8000万元。

【韶关宏大齿轮有限公司】 宏大齿轮公司前身是韶关齿轮厂，始建于1966年，1998年经重组成立韶关宏大齿轮有限公司，属国家中型企业。主要经营汽车齿轮、汽车传动件、机械零件、中重型卡车和客车变速器总成、轻型客车后桥总成等。出口产品主要有美国伊顿公司汽车变速器零配件、美国约翰.迪尔公司拖拉机齿轮，中、重型载重汽车后桥螺旋锥齿轮和变速器齿轮，工业减速机齿轮配件等，主要出口地区为美国、南美洲、欧洲和东南亚等地区。宏大齿轮逐步开拓国内市场，并向乘用车零部件发展并布局新能源汽车产业。

【韶关东南轴承有限公司】 韶关东南轴承有限公司前身为韶关轴承总厂，是国家重点轴承生产企业，是全国品种规格齐全，年生产量大的汽车轮毂轴承专业生产厂家。韶关东南轴承有限公司生产的IB牌产品主要有：第一代双列角接触汽车轮毂轴承，第二、第三代带法兰盘汽车轮毂轴承，汽车用张紧轮轴承，空调机轴承，离合器轴承等，已形成800万套的上述汽车轴承生产能力。除此之外，公司还生产带座外球面轴承、深沟球轴承等，也可按客户要求生产各种非标轴承。产品质量稳定，性能可靠，使用寿命长，技术指标跨入国际同类产品先进行列，多次获得国家、省市科技进步奖。公司的产品已成功进入德国、意大利、法国等国家以及国内主机配套市场，80%的产品出口德国、意大利、法国、英国、美国、加拿大、日本、新加坡、阿联酋、巴西、阿根廷等40多个国家和地区。IB品牌在国内外轴承市场、汽车零配件市场享有良好的声誉。公司生产的汽车轴承广泛适用于奔驰、宝马、雷诺、大众、奥迪、桑塔纳、欧宝、丰田、本田、菲亚特、沃尔沃等国际名牌轿车和夏利、富康、捷达、长安、羚羊等国内名牌轿车。韶关东南轴承有限公司组建全国唯一的，高度专业化的“轿车轮毂轴承工程技术研究开发中心”，为推动公司向更高技术水平发展发挥重大作用。

【韶关液压件厂有限公司】 韶关液压件厂主营业务为液压油缸的制造和销售，主要产品为冶金设备、工程机械、港口水利机械、航空航天和国防等各类型液压缸，包括力士乐系列、工程系列、高端伺服、齿条摆动等液压缸，以及美标和日标系列液压缸和各种非标液压缸、液压系统（站）等成套装置。2001年，通过ISO 9001质量体系认证，属“宝钢备件国产化联合研制供应中心”和“冶金液压缸定点专业制造厂家、广东省高新技术企业”。

【韶关市韶瑞重工有限公司】 韶关市韶瑞重工有限公司是武江区矿山机械行业骨干企业，位于全国前15位，是省内最大的矿山机械生产企业，现在已被全球领先的工程技术公司——芬兰美卓公司并购（美卓占75%的股份）。韶瑞重工加工设备配套齐全，拥有设备200余台，其中主要大型设备有数控定梁龙门镗铣床、数控双柱立车床、数控卧式车床、重型卧式车床、龙门铣床、单臂龙门刨铣床、落地铣镗床、滚齿机、数控火焰、等离子切割机、四辊卷板机、液压闸式剪板机、自动焊接操作机、双台联动电液伺服数控折弯机、全纤维台车式电阻炉、台车式抛喷联合清理机等生产加工设备，主要生产节能矿山破碎设备，包括颚式破碎机、反击式破碎机、圆锥式破碎机、锤式破碎机、制砂整形机、磨粉机、筛分机、给料机、洗砂分级机、移动破碎机等破碎设备和粉磨设备。

【韶关源昊住工机械有限公司】 韶关源昊住工机械有限公司是中国最早布局工业化住宅预制生产线成套设备的企业之一，是中国内地首家专业设计制造工业化住宅预制生产线成套设备的厂家，拥有先进的专业生产管理体系和设计软件，优秀的管理团队。自2008年开始引进吸收欧洲预制墙板、楼板、异形件的生产设备制造技术及工艺，并自主研发符合中国国情的相关产品。公司获得多项工业化住宅自动化生产线的发明专利和实用新型专利授权。2019年，该公司在全国市场均处于领先地位，随着国内工业化住宅的不断发展，近年来源昊住工迎来爆发式增长。

【广东省韶关烟草机械配件厂有限公司】 韶关烟草机械配件厂有限公司1995年8月在广东省韶关市设立，占地六万多平方米，建有一幢办公楼、八个厂房和两幢员工宿舍，员工172人。多年来公司一直坚持“以人为本，科技创新”办企业，先后被认定为广东省高新技术企业、广东省知识产权优势企业、广东省优秀民营企业、广东省名牌产品、广东省著名商标等称号。公司每年的研发投入都销售收入的4%以上，公司技术开发部为公司的研发机构，在2003年认定市级工程技术研究开发中心。

GD包装机组是从意大利GD公司引进的包装技术，它从烟支包装成型进入到透明纸条包产品的输出，均是自动完成，是机、电、气一体化的高科技产品。中国90年代开始引进消化、吸收，并被国内许多大中型卷烟生产企业所选用，可以说是目前国内卷烟生产企业包装设备的主力军，是制作高档软、硬盒香烟的首选机型之一。随着烟草行业国内、国际竞争的加剧，卷烟市场和消费者对卷烟制品的质量提出更高的要求，良好的外部品牌形象（主要是包装形象）成为赢得消费者认可的第一步，为维护品牌的形象，提高产品的防伪、防潮能力，增加商品价值，让商品在市场中占有一定的份额，商家往往在包装上做文章，因此改造创新及维护卷烟包装设备是各烟厂所需要的。

公司自成立以来完成GD卷烟包装设备所需的一万多种零配件由进口件转换国产件的设计和生产制造工作，完全具备替代进口配件的生产能力，产品的生产工艺在国内处于行业领先水平。多年来公司一直坚持“以人为本，科技创新”办企业，通过成果鉴定项目12项，获广东省重点新产品奖5项、高新技术产品奖3项，获省级、市级科技进步奖6项，有8项产品获广东省采用国际标准证书，申请专利62项，已授权56项。早在2003年，在韶关市相关部门对韶关烟草机械配件厂有限公司进行现场考察论证后，认为该公司具备与其他7家企业组建市工程技术研究开发中心的能力，批准组建市级工程技术研究开发中心，这为该公司搞好技术创新，增强研究开发能力、抢占行业技术制高点创造更好条件。该公司经济持续平稳发展，许多成果已经向生产第一线转移，产生巨大的社会和经济效益。该公司将以科技进步提升企业的持续发展能力，生产出更新更精的产品，更好地为烟草行业服务，为行业的发展做出更大的贡献。

【广东天恒液压机械有限公司】广东天恒液压机械有限公司是专门从事液压及气动产品的、具有一定规模的专业化股份制有限公司，是集科研、生产、销售、服务于一体的高新技术企业。该公司总投资5000万元，占地面积5万多平方米，建筑总面积11000多平方米，其中厂房建筑面积8000多平方米，办公室和综合楼建筑面积3000多平方米。

该公司拥有一流的生产办公环境、国际领先的生产流水线和检测设备，严格按照国家标准和国际标准组织生产，从原材料购进到成品出库实行全程控制，确保产品的质量，赢得广大客户的信赖和支持。产品广泛用于冶金，船舶、航空、石油、化工、矿山、码头、运输、水电、建筑工程、轻工等行业。该公司始终坚持“以客户为关注焦点、注重创新，以先进的生产力赢得市场”为经营理念，以“强化质量管理，为顾客提供满意的产品和服务”为质量方针，坚持技术进步、理念创新，不断加强企业内部管理，与时俱进，开拓进取，该公司将一如既往地为广大客户提供优质的产品和完善的服务。

【丽珠集团利民制药厂】丽珠集团利民制药厂始建于1966年，现有员工512人，1997年加入丽珠集团，是集团下属的集医药生产、科研、开发为一体的中外合资股份制企业，是广东省高新技术企业，广东省创新型企业，建有国家中药现代化工程技术研究中心中试基地及注射剂研究所、广东省数字化中药工程技术研究开发中心，广东省省级企业技术中心。主要生产大容量注射剂、小容量注射剂、片剂、胶囊剂、颗粒剂、原料药等品种，是丽珠集团重要的大容量注射剂、小容量注射剂、中药提取、原料药生产基地。该厂的大容量注射剂车间、小容量注射剂车间、固体制剂车间、原料药车间、中药提取车间均已通过国家药品GMP论证。

企业建立有严格的质量管理制度，从源头控制产品质量，在山西、甘肃、云南等地建立符合“中药材种植生产质量管理规范（GAP）”的药源基地；药品生产车间严格按照国家“药品生产质量管理规范（GMP）”标准生产；主要的生产设备、检测仪器达到国际先进水平，生产过程采用多种先进工艺和技术联合运用，进行在线的数字化检测和控制，运用质量检验信息管理系统（LIMS），保证产品质量的稳定可控，其产品一直有稳定良好的质量和较高的社会信誉。

利民人正以高昂的热情，不断探索“数字化中药”理论，增强自主创新能力，努力打造中药输液第一品牌，将丽珠利民建设成研发型的中药企业，为人类医药及健康事业做出积极贡献。

（区工信局）

产业园区管理

【概况】甘棠工业园区，2009年6月经韶关市人民政府批准设立，2010年7月，市政府同意将甘棠工业园纳入东莞（韶关）产业转移工业园。2013年纳入芙蓉新区起步区。在省委十二届四次全会提出构建“一核一带一区”区域发展格局，明确要求“优化产业共建园区布局，北部生态发展区向市一级集中”的大背景下，甘棠工业园区将迎来一次重大的发展机遇。2019年1月，经省工业与信息化厅评估认定，甘棠工业园具备承接化工企业的条件。同年，按照韶关市委市政府要求，甘棠园区纳入韶关新区管理。

甘棠工业园位于韶关中心城区西南部芙蓉新城旁，距离主城区约11千米，距高铁韶关站3.5千米，毗邻京港澳高速、乐广高速出口。园区始终坚持“企业所需、园区所能、有求必应、无事不扰”的服务理念，重点发展先进装备制造、精细化工、生物医药、纺织新材料等产业。园区规划面积约633.33公顷，其中工业用地316公顷，园区道路、用水、用电、用气、通讯、网络、污水处理设施完善。园区分为东、西两个片区，西片区由武江区投资开发，东片区由市政府规划为医药健康产业园，是武江区新旧动能转换的主阵地，是芙蓉新区产城融合的主载体。

【土地开发】 截至2019年，园区开发建设主要集中在西片区，西片区推进扁石村、石角村及部分散户拆迁安置工作，现已完成朗圣一期5.33公顷用地的征拆，待二期、三期地块内剩余81户房屋清拆，为西区新项目落地提供空间；东片区规划用地178公顷，建设用地86公顷，由市莞韶园区管委会投资开发，武江区已完成清表交地51.43公顷，12月新增4.73公顷征地，东片区80公顷正与韶关市莞韶园及武江区政府商讨相关征收方案。启动旧村拆迁，剩余的土地正在加紧征收，确保园区项目开发用地需求并启动园区三通一平建设。

【基础设施】 2019年以来，园区完成科德化工、美诺森西侧滑坡应急抢险工程，启动莱雅新化工西南侧滑坡地质灾害治理工程治理工作；完成主干道及水库周边扬尘整治和绿化提升，并对道路照明进行维护保养；完善园区管理，建立园区车辆号牌监控识别系统和园区监控系统；进一步推进园区道路建设，加快四号路二期工程施工进度。

【招商引资】 2019年，甘棠工业园新签约项目4个，分别是：韶关铂瑞环保科技有限公司年处理3000吨废弃三元催化剂项目、广东粤微生物技术有限公司食用菌高活性功能分子机料制造项目、广东博沃特生物技术有限公司经济动植物靶向精准营养的微生物制造高技术产业化项目、广州朗圣药业有限公司韶关生产基地建设项目，项目总投资14.74亿元。其中，广东粤微生物技术有限公司食用菌高活性功能分子机料制造项目和广州朗圣药业有限公司韶关生产基地建设项目为亿元以上项目，园区全年招商引资工作任务已完成。

【企业建设】 2019年，武江产业转移工业园共完成固定资产投资26414万元，其中基础设施建设投资2914万元；工业投资23500万元。园区实现规上工业总产值164104万元，同比增长85.5%；实现规上工业增加值26516万元，同比增长为50.3%；完成全口径税收6066万元。新增上气、上萃、新蓝天、合众扩建、正邦技改、韶瑞技改、新科农技改项目共7个项目开工建设，并统计入库，新增皇海化工项目建成投产。

武江产业转移工业园领导名单

主　任：欧伟强

副主任：张思建

　　　　杨国浩

专职副主任：刘建强

（刘建强）

2019年3月13日，广东上萃新材料有限公司项目举行开工仪式

（刘建强　摄）

农·林·水

农 业

【概况】 区农业农村局是区政府工作部门，为正科级，加挂韶关市武江区扶贫开发办公室牌子，中共韶关市武江区委农村工作办公室设在区农业农村局。核定编制16名（其中行政编制6名，行政执法专项编制10名）。设局长1名，副局长3名，区委农办、区扶贫办常务副主任1名（正科级），区委农办、区扶贫办专职副主任1名（副科级）；正股级领导职数9名。内设机构9个：办公室、扶贫和新农村建设规划股、乡村振兴战略促进股、扶贫开发指导股（区扶贫办公室）、经营管理股、生产建设股、畜牧兽医水产股、科技信息股、执法大队。下属事业单位3个：韶关市武江区畜牧兽医水产服务中心、韶关市武江区农机管理总站、韶关市武江区动物卫生监督所。

2019年，武江区第一产业增加值69622万元，增长5.7%。全区粮食播种面积55154亩，增长0.1%；蔬菜播种面积39596亩，增长7%。粮食总产量23104吨，增长7.3%；蔬菜总产量87418吨，增长6%；水果总产量11701吨，增长5.2%。

【农业投资】 为吸引有实力的外地企业来武江区投资，武江区出台《武江区加快现代农业产业发展扶持政策》，以热情周到的服务从全省众多竞争县区当中脱颖而出，成功引进深圳诺普信农化股份有限公司在该区投资建设百香果产业园。该企业已在武江区成立子公司，并与区政府签订战略合作协议，现于重阳镇动工建设，计划2020年完成千亩百香果高标准种植示范区、200亩地阳光玫瑰葡萄示范基地、30亩地脱毒育苗基地及10亩分拣仓储中心。

【农业综合开发】 2019年，武江区成功申报韶关食用菌省级现代农业产业园。该项目由省微生物研究所牵头统筹规划，实施主体为广东环凯生物技术有限公司，在甘棠工业园投资建设食用菌研发、生产和精深加工项目。培育农业品牌稳步推进，“五朵金花”初步成型。其中，龙归淮山和西河无花果已列入武江区2019年省级“一村一品、一镇一业”入库项目，并成功申报2019年第三批全国名特优新农产品名录。2个特色农业示范基地初具规模。扶持培育新型经营主体，与省农科院开展新型职业农民培训，共66人参加。培育新增家庭农场12家，农民专业合作社2家。成功申报国家级农业龙头企业1家，省级家庭农场2家、市级农业龙头企业3家、武江联旺家庭农场、武江乡村家庭农场入选粤港澳大湾区“菜篮子”生产基地，雪印集团入选粤港澳大湾区流通企业，新增1个广东名牌产品。完成建设1个区域助农服务综合平台、5个镇村助农服务中心和15个行政村益农信息社布点。

重阳镇稻谷丰收 （陈励 摄）

【农田整治】 2019年，武江区扎实推进农用地分类管理工作。区农业农村局于2019年9月委托技术单位开展农用地实地核勘与分类管理实施方案编制工作，实施农用地分类管理，主要涉及受污染耕地环境质量类别划分和安全利用等工作。按照土壤污染程度和相关标准，将农用地划分为优先保护类、安全利用类和严格管控类。针对优先保护类耕地，划为永久基本农田，实行严格保护，确保其面积不减少、土壤环境质量不下降。针对安全利用类耕地，根据土壤污染状况和农产品超标情况，结合主要作物类型和种植习惯等，制定并实施安全利用方案，重点采取农艺调控、替代种植等措施。针对严格管控类耕地，加强用途管理，主要采取种植结构调整或退耕还林还草、轮作休耕等治理修复措施。2019年，完成14个省定点土壤样品的采样和10户农户化肥使用情况的调查。

【扶贫开发】 2019年，武江区坚持把产业扶贫和就业扶贫作为主攻方向，着力增强“造血”功能。因人因户制定“产业扶贫套餐”，通过“公司+基地+合作社+贫困户”的模式，与贫困户建立长效的脱贫机制。全区97户在家务农的贫困户参与“一镇一业、一村一品”产业发展，平均每年人均增收1866.9元。同时，开展“一对一”就业服务，充分利用地处中心城区的区位优势，积极对接甘棠园和莞韶园企业，全区有意愿务工的贫困劳动力305人全部实现稳定就业。

【农业技术推广】 2019年，武江区开办新型职业农民培训班2期，培训新型职业农民176人，促进一批种养大户成为一支精于管理，勇于创业，善于带领群众共同发展的领军型农民科技致富带头人队伍。在全区多次开展多层次“粤菜师傅”技能培训，培训200人次以上，其中29名贫困户参加。

畜牧业

【概况】 2019年，武江区畜牧业生产健康发展，畜牧业产值39511万元，增长8.9%。全区生猪出栏量124961头，下降0.4%；家禽出栏量1300986只，增长7.8%。生猪存栏量7.55万头，家禽存栏量43.5万只，母猪存栏量9898头，山羊存栏量2991头，牛饲养量1799头。

【非洲猪瘟防控】 2019年，武江区主动做好非洲猪瘟防控工作，排查养殖场（户）4340个次，出动4880人次，排查生猪43.4万头次；养殖场消毒面积41.27万平方米；清理辖区内28户泔水养猪户。将4名生猪执法协管队员派驻顺生联合屠宰有限公司，全面加强屠宰场全链条监管。是年，全区没有发生重大动物疫病疫情。

【农业面源污染治理】 2019年，武江区召开韶关市武江区养殖企业畜禽养殖废弃物资源化利用座谈会，与养殖场签订《武江区畜禽养殖业污染治理以及废弃物资源化利用工作责任书》，要求辖区内有关养殖场做到环保零排放或达标排放，废弃物资源化利用。是年，全区畜禽粪污综合利用率达79.8%，规模养殖场粪污处理设施装备配套率达82.26%。大型规模养殖场粪污处理设施装备配套率达100%。

水产业

【概况】 2019年，武江区水产养殖面积为8910亩，其中池塘7710亩，水库1200亩。水产品起水量3286吨，增长3.5%。渔业产值4368万元，增长6.4%。

【水产养殖】 全区水产养殖大多以散户经营为主，养殖品种以青鱼、草鱼、鲢鱼、鳙鱼四大家鱼为主。全区有125家养殖户，其中：养殖规模100亩以上的有10家；养殖规模500亩以上的有2家，分别是重阳镇水口村的焕兴渔业有限公司和龙归镇马渡村的马渡千亩渔业专业合作社。

渔　政

【概况】 2019年，武江区登记捕捞渔船45艘（历史登记捕捞渔船64艘），总功率427.6kw，总长323米。存在分布点多面广，监管难度大的特点。

【渔政管理】 2019年3月至6月休禁渔期间，区渔政大队与各镇街加大宣传教育工作力度，开展形式多样、生动有效的宣传活动，出动宣传车次38次，发放宣传资料150份，张贴宣传画、标语、横幅40幅，发送禁渔期短信88条。巡查执法方面，区渔政大队结合交叉检查制度，全面开展日常巡查，联合市农业农村局执法二科、浈江区渔政部门开展5次联合执法专项活动，检查浈江武江重点河道、流域的禁渔工作落实情况。全年开展执法活动43次，派出检查车辆43车次，出动执法检查人员129人次，接获并处理涉渔举报1例。

农 机

【概况】 2019年，武江区农机化机耕面积4.97万亩，机播面积0.41万亩，机收面积4.96万亩；机耕、机播和机收率分别是96.94%、8.01%和96.88%，综合机械化率达70.25%，比2018年水稻耕种收综合机械化率提高2个百分点。

【农机补贴】 2019年，武江区申请中央农机购置补贴15万元，受益户数19户，机具数量21台，其中微耕机8台，旋耕机4台，水稻插秧机8台，田园管理机1台。总补贴14.7380万元，使用比例为95.27%。

区农业农村局领导名录

局　长：朱冬生（2019.2—）
副局长：杨培华（2019.8—）
　　　　苏平华（2019.2—）
　　　　吴江华（2019.2—）
区委农办常务副主任：
　　　　李远贵（2019.2—）

（廖　亮）

林 业

【造林绿化】 2019年，武江区完成碳汇造林面积33.33公顷，任务完成率100%；完成人工造林面积106.67公顷，任务完成率100%；封山育林面积96.67公顷，任务完成率100%。

【森林公安执法】 2019年，武江区森林派出所共受理各类案件25起，破26起（含1起积案）；共处理违法犯罪人员33人次；林业行政罚款430540元。

【政策性森林保险】 2019年，武江区认真贯彻落实上级关于积极发展林业保险的要求，切实增强抵御自然灾害风险能力，为生长和管理正常且权属清晰的生态公益林、商品林进行政策性森林保险参保。

2019年9月20日，武江区自然资源局举办武江区2019年秋冬季和2020年春季森林防灭火宣传教育及培训演练工作培训班

（区自然资源局　供图）

【林业产业发展】 2019年，武江区林业产业发展良好，林业种植方面：武江区油茶种植主要分布在西河镇、龙归镇、重阳镇，以农户自主经营为主，以外卖原材料为主，面积约200公顷；中草药种植主要有重阳镇水口村种植的牛大力，面积约13.33公顷，龙归镇续源村种植的吴茱萸，面积约100公顷，江湾镇湖洋村种植的铁皮石斛，面积约0.67公顷；菌类种植主要是在龙归镇后坪村种植的茶树菇，面积约4公顷，年产茶树菇约1000吨。林下养殖方面：武江区林下养殖主要以黑山羊、牛为主，主要分布在西河镇、重阳镇、龙归镇，数量约3000头，年出栏量约1000头。

【国有林场】 2019年，武江区共有两个国有林场，分别为：武江区国有樟源林场和武江区国有江湾林场，为武江区自然资源局下属事业单位。武江区国有樟源林场林地面积6266.67公顷，其中生态公益林3266.67公顷；武江区国有江湾林场林地面积4533.33公顷，其中生态公益林2393.33公顷。

【自然保护区】 2019年，武江区共有4个自然保护地，分别为韶关市武江区芙蓉山国家矿山公园、韶关北江特有珍稀鱼类省级自然保护区、韶关市武江区张九龄市级森林公园、韶关市国家森林公园。其中，武江区芙蓉山国家矿山公园成立于2009年，是中国首批28个国家矿山公园之一，批复面积为2170公顷，主要以矿产资源遗迹保护为主题；韶关北江特有珍稀鱼类省级自然保护区批复成立于2008年，保护区面积为2820公顷；武江区张九龄市级森林公园批复成立于2015年，面积为158.6公顷；韶关市国家森林公园成立于1993年，在武江区的范围位于西河镇田心村委，属韶关林场田心工区，由韶关市国家森林公园管理处管理。

（汪慧慧　许　靖）

水　利

【概况】　武江区位于广东省北部，韶关市中西部，是韶关市辖区，西、南、北同乳源县交界，东至浈江区，南与曲江接壤，面积682平方千米，2019年年末户籍人口28.48万人，地区生产总值268.07亿。境内河流众多，水资源丰富。省管河道北江、市管河道有武江、南水河，全区纳入区河长制管理的河流有北江武江区段、武江区段、南水河武江段、龙归水、重阳河。辖区内重点中小河流共12条，分别是沐溪水、芙蓉水、沙山水、韶西水、龙皇岩水、续源河、锅溪河、梁屋河、大水涧河、黄九坳河、胡屋河及新街水；纳入河长制管理的中小型水库共27座，山塘50座，总库容为2639.07万立方米。

【建设管理及农村水利】　2019年，武江区2018年山区中小河流治理工程归水（续源水）治理工程、南水河（龙归镇段）治理工程已全面完工，治理河长17.8千米，完成投资约3900万元。完成龙归镇、重阳镇村村通自来水工程（二期）建设，并指导、协助龙归镇和重阳镇开展进村入户管网建设，已接通乳源桂头水厂水源，黄岸村、九联村、万侯村已完成入户管网的铺设，其中万侯村已实现通自来水。推进武江区全域自然村集中供水工作，完成龙归镇农村全域自然村集中供水实施方案。积极开展广东万里碧道武江区南水河冲下段试点项目前期方案设计等有关工作。已完成可研报告专家评审工作。病险山塘除险加固项目已完成单位工程验收和合同完工验收工作。全面完成5宗小型农田水利重点县项目剩余资金补充实施工程。

河道保洁　　（区住建局　供图）

【水土保持及水资源管理】　2019年，武江区住房和城乡建设局，一是超额完成市水务局下达给武江区2019年度水土流失治理任务，任务目标值2平方千米，实际完成2.20平方千米。二是严格依法、依规开展水土保持方案的行政审批，共审批生产建设项目水土保持方案8件，2019年共征缴水土保持补偿费5.64万元。三是对31个生产建设项目进行监督检查，有效督促项目业主落实水土保护防治措施，履行义务。四是开展节水社会、城市的建设，完成政府部门、企业、学校及房地产小区共10家节水示范机关的建设。五是广泛深入关于水的法律法规宣传，累计共出动宣传车10余台次，悬挂横幅、张贴宣传画、发放宣传资料等4500多份，举办《中华人民共和国水法》知识咨询2次。

【全面推进河长制工作】　2019年，武江区累计清理砂石船舶19条，餐饮船2条，水泥船6条，河湖涉船安全隐患全部排除；形成龙归，溢洲电站等重要河流责任段清漂长效机制；完成8个规模以上入河排污口整治，清淤3处共3.3千米，清理并销号四乱27宗，整治侵占大村河域岸线4千米，初步建成南水社主段碧道项目，成为市民的好去处，南水水质稳步提升，河湖面貌得到持续改善。

【机构设置】　2019年，武江区住房和城乡建设局内设办公室、人事监、法规股、建筑与房地产业管理股、住房保障股、城乡项目建设股、人防股、交通运输股、水务管理股。

（黄　鑫）

商业·贸易

商贸管理

【概况】 武江区工信局（商务局）是全区商业贸易主管部门。2019年，全区消费需求继续保持平稳运行态势，城乡市场繁荣，呈现城乡消费市场同步增长的特点。全年完成社会消费品零售总额73.31亿元，同比增长9.5%，保持平稳增长。限上零售业销售额增长17.2%，增速均列全市第一。

【批发零售业】 截至2019年年底，武江区限上批零企业共有55家，其中批发企业21家，零售企业24家。区限上批发业企业以销售钢材、煤炭、医药、金属、矿产品、冷链产品、石油、建材等为主，重点上亿元批发企业有银岭经贸、国药控股韶关有限公司、广东雪印集团有限公司、海王（韶关）医药有限公司等4家企业。限上零售企业主要以超市、百货、医药连锁经营、汽车4S销售店、加油站行业为主，重点上亿元零售企业有广东爱心大药房连锁有限公司、韶关市益华百货有限公司、沃尔玛深国投百货有限公司韶关新华南路分店、韶关市粤壹大药房有限责任公司、韶关安正丰田汽车销售服务有限公司、韶关市金沅汽车销售服务有限公司等6家企业。区商贸流通业结构以传统型批发零售业为主，商贸新业态处于起步阶段。2019年，下转上和新增企业共上限批零企业8家，超额完成市、区下达的任务。

【现代物流业】 2019年，武江区现代物流业发展处于起步阶段，现有较有规模的限上冷链物流企业有广东雪印集团有限公司，广东雪印集团公司是集农产品种养、冷链加工、冷链储存、冷链配送、冷链销售、农产品研发、农产品市场化运营服务于一体的冷链物流企业。

【连锁经营行业】 2019年，武江区连锁经营的限上企业有广东爱心大药房连锁有限公司、韶关市益华百货有限公司、沃尔玛深国投百货有限公司韶关新华南路分店、韶关市宏昌众晟商贸有限责任公司等4家公司，其中具有代表性的本土连锁经营企业是广东爱心大药房连锁有限公司。

对外经贸合作

【概况】 2019年，武江区外贸进出口总值4538.9万美元；其中：出口2775.6万美元，进口1763.2万美元。

【主要工作】 2019年，武江区工信局对辖区范围内的主要外贸进出口企业逐个走访，了解企业在中美贸易下的外贸形势，配合韶关海关做好政策宣传宣讲，帮助企业解决遇到困难。对新的外贸进出口企业、可挖潜企业进行重点跟进。积极与上级有关部门沟通，了解全区外贸工作完成情况，及时调整工作重点。积极鼓励企业充分利广东省商务厅“一带一路”沿线国家和地区举办经贸活动契机，积极参加展会，宣传推介企业产品，开拓新兴市场进出口业务，促进武江区域经济发展。

招商引资

【概况】 2019年，武江区招商引资引入人民币104.17亿元，完成年度目标任务；当年完成投资人民币9.66亿元；新动工项目7个；新竣工投产项目数6个；引进1亿元以上项目10个，院士项目2个。

【招商引资宣传服务】 2019年，武江区通过乡贤、商会、招商推介会、中介招商等多种招商引资形式，主动对接广州、深圳、佛山、东莞等粤港澳大湾区城市，积极宣传甘棠工业园、韶关大道北片区、武江科创园等招商项目，同时做好来区投资企业的接待服务工作，做好投资政策宣传解释工作。

农村淘宝工作

【概况】 自2017年市辖三区农村淘宝仓储中心在韶关浈江区鑫金汇正式开始运营以来，至2019年12月，区共拥有8个“农村淘宝”村级服务站点，其中龙归镇

6个，江湾镇、西河镇各1个。

【农村淘宝建设】 2019年，农村电子商务工作受到区委、区政府各级领导高度重视，拨付专款用于农村淘宝。同时，区市场监督管理部门在各项材料手续齐全的情况下抓紧为村民办理工商营业执照，对“村小二”的工商注册工作给予大力的支持。

【电商精准扶贫】 2019年5月10日，区工信局与韶关市富农电子商务有限公司（简称“富农电子商务”）签署“建设武江区电子商务公共服务中心战略合作协议”。2019年5月13日，区工信局授予富农电子商务为“韶关市武江区电子商务公共服务中心”。该服务中心面积约250平方米，建成后将集农产品展销、电商人才培训、物流仓储、农产品检测、产品防伪追溯于一体的电子商务公共服务中心。中心于2019年8月完成装修。2019年，韶关市富农电子商务有限公司建设完成辖区内6个省定贫困村的村级电商服务站点，部分村级服务站点已开始运营。

2019年8月18日，富农云商江湾镇服务网点开业

（温鑫 摄）

批发零售简介

【韶能集团韶关市银岭经贸发展有限公司】 韶能集团韶关市银岭经贸发展有限公司为广东韶能集团股份有限公司的全资子公司，位于韶关市武江区沿江路16号，公司现有员工18人，于2006年4月14日在韶关市工商行政管理局注册登记成立。注册资本3000万元，实收资本3000万元。现有经营范围：销售机电产品、机械设备、建筑装饰材料、金属材料、矿产品（贵重、稀有矿产品除外）、有色金属产品（贵金属除外）、五金家电，纺织品，服装，皮革制品，润滑油（不设储存），河沙、纸浆、纸浆板、纸及纸制品、煤炭；货物及技术进出口；普通货运（在许可证范围及有效期内经营）；计算机信息技术咨询；电子商务。

【国药控股韶关有限公司】 国药控股韶关有限公司是韶关药品行业唯一的国有企业，公司现有员工32人，担负着韶关地区药品储存责任，全面覆盖全市二级甲等以上医疗机构、100多个乡镇卫生院。经营范围包括：中成药、中药饮片、化学原料药及其制剂、抗生素原料药及其制剂、生化药品、生物制品、麻醉药品、精神药品、蛋白同化制剂、肽类激素、医疗用毒性药品、医疗器械、体外诊断试剂、危险化学品、保健食品等，经营品规已实现与广州总部一体化经营。2003年，公司成为首批通过GSP认证的企业；2008年，第二次通过GSP认证；2013年12月，通过第三次GSP认证企业。公司现有员工50人，其中党员7人，大专以上学历有30人，执业药师3人，主管药师7人，药师11人，专业技术人员占比74%。公司拥有一支从事医药行业经营管理几十年的优秀团队，整个团队具有较高的文化和专业素质。公司坐落在韶关市武江区西联镇武江工业园沐阳一路一号，环境优美，建筑面积3813平方米，仓库面积2700平方米，拥有先进的、设备齐全的专业仓库，依托国药控股全国配送网络，纵深覆盖江西、湖南、粤北医药市场，建立强大的医药物流平台，为客户提供高效、优质、安全的配送服务。2019年度，公司销售额5.3亿元，同比增长15.4%。

【广东雪印集团有限公司】 广东省雪印集团有限公司成立于1998年，现有员工127人，是一家集农产品冷链加工、冷链储存、冷链配送、冷链销售于一体的农产品供应链管理运营商，是广东省现代产业500强项目企业，在韶关和广州分别设立农副产品切配中心，专业为全省机关、企业、学校食堂提供优质食材供应。

雪印公司以满足客户需求为企业经营的出发点，凭借着完善的现代冷链体系、高素质的专业营销服务团队，实现从禽畜、农产品种养—加工—销售过程中多个不同环节之间的高效无缝对接，有效地保证食堂渠道终端客户安全食品。

雪印公司大力发展以安全食品为主题的食堂渠道肉类、农产品专业供应的放心肉营销体系。以为客户提供安全食品为工作己任，建立一套完善的产品质量保证体系，所有产品均来源于国内知名品牌，有健全的资质证照和质量溯源机制。有效地保障生鲜安全食品供应给各大中院校、企事业单位、司法系统食堂、星级酒店/餐饮酒楼、大型商超、农贸市场等客户。

在多年的食堂食材招标采购中，雪印公司凭借着完善的食堂食材供应运营体系和专业高效的服务团队，连续多年成为广东省监狱管理局监狱伙房，广州市公安局及海珠区公安分局、荔湾区公安分局看守所伙房，华南师范大学、韶关学院、荷花园粤海酒店等100多个单位冷冻肉、热鲜肉、副食品、蔬菜的供应商。

雪印公司已通过国家GB/T19001-2008、GB/T24001-2400、GB/T28001-2001（质量/环境/职业健康安全）管理体系三项认证。荣获“广东省守合同重信用企业”“全国食品冷链物流定点企业”“2010年16届广州亚运会冷链物流服务企业”“广东省现代产业500强企业”等荣誉。

时代发展为冷链物流服务创造机遇，雪印公司锐意成为全省最具竞争力的冷链物流供应服务企业。

【广东爱心大药房连锁有限公司】 广东爱心大药房连锁有限公司成立于2006年2月23日，现有员工329人，是一家主要经营中西成药、中药配方、参茸补品、进口药品、医疗器械及保健食品等1万多种医药产品的省级药品零售连锁企业。该公司总部设立在广东省韶关市，并在广州设有办事处。现有员工1400余人，拥有面积达1万多平方米集办公和药品配送的综合大楼。截至2019年底，旗下直营分店达226家，遍布广东省韶关市三区七县、广州、清远地区。经过数载的发展和沉淀，现已发展成为粤北地区规模最大的医药零售连锁企业。公司于2013年成功开通网上药店“广东爱心大药房网上药店”（www.gdaxdyf.com）。近年来，企业以集团化发展为目标，制定“多元化”的发展战略。该公司现旗下产业链涉足实业投资、酒店、农业开发、商业物业、中药饮片厂等多个领域。该公司从成立至今，先后荣获“诚信单位”“先进私营企业”“广东省守合同重信用企业”“维护消费者权益示范单位”“先进职工之家”“明星企业”“优秀民营企业”“韶关市工会工作先进单位”“爱心奉献奖”“维护消费者权益事业贡献奖”等多项荣誉。

【中环广场益华百货公司】 韶关益华百货位于韶关市武江区惠民南路50号中环广场，开业于2008年9月，经营面积近5万平方米，现有员工119人，是广东益华百货CITYMALL经营模式在粤北地区创新发展的鸿篇大作，其地处西河武江区惠民南路，紧邻武江区政府、西河体育健身广场，门前宽阔的惠民大道和广场内的大型地下停车场等，构成畅达的交通及优越的消费环境，为消费者带来方便快捷又尊贵时尚的购物新体验。益华百货位于中环广场首层至五层，共分为百货商场、乐家超市、四海电器三大业态，三大业态独立经营又紧密相依、楼层布局合理，顾客来到商场，不论衣食住行所需，还是文化娱乐消费都能得到满足。开业以来韶关益华百货共获得“广东省百城万店无假货先进单位”“广东省优秀连锁经营门店”“韶关市诚信单位”等荣誉称号。

【深圳沃尔玛百货零售有限公司韶关新华南路分店】 沃尔玛店于2008年9月进入韶关市场，营业面积约9000平方米，现有员工99人，主营生鲜食品、服装、家电、干货等两万多种商品。商场每天努力为顾客核查更多的商品价格，力推“省心价”商品，通过市场调研甄选消费者喜爱的商品组合，配合以不断改良的陈列方式，为顾客提供独特的一站式购物的体现。同时，积极推动店面改造，于2015年3月—6月完成形象升级，提升顾客购物体验，满足顾客需求的同时带来产品整体销售的增长。

（涂智婷）

财政·税务

财 政

【概况】 2019年，武江区一般公共预算收入完成68514万元，增长10.68%，增速韶关市第三，高于韶关市增速3.98个百分点（全市增长6.7%）。其中税收收入完成51014万元，同比增长7.22%。非税收入完成17500万元，同比增长22.18%，占武江区财政收入比重为25.54%，收入质量全市最优。一般公共预算支出完成183412万元，完成年初预算的185.1%，增长21.98%，增速全市第二；其中八项支出完成154598万元，增长27.26%，增速全市第三。

【部门预算编制】 2019年，区财政局按照全面深化财税体制改革、建立现代财政制度要求，构建全面规范、公开透明预算制度。明确预算资金审批范围和程序，优化预算资金审批程序，加强预算执行刚性约束。2019年，武江区有54个一级预算单位独立编制零基部门预算。树立过紧日子思想，对部门预算中安排的九项一般性支出经费，总体上按照不低于5%比例压减，“三公”经费再压减3%。

【国库集中支付】 2019年，区财政局建立健全财政国库库款预测预警监控管理长效机制，合理预测收支情况。加强预算支出动态监控，严格执行预算，加强资金调度，重点保障区“三保”支出及重点项目支出。制定《武江区财政资金支付流程》（韶武财〔2019〕15号）优化流程，极大缩短部门办理财政资金支付审批时间；把支出进度作为重要考核指标，按时通报，确保支出达到序时进度要求。武江区属54个一级预算单位全面实行国库集中支付，全年办理集中支付金额225761.18万元，其中办理直接支付24736笔，金额208856.6万元；办理授权支付9437笔，金额16904.58万元。及时清理销户不符规定、未经财政部核准的财政专户，严控预算单位账户开设，强化银行账户管理，确保财政资金安全。

【优化支出结构】 2019年，区财政局兜牢兜实“三保”支出底线。保障民生支出、涉农支出等重点，其中武江区11类民生支出完成137763万元，占一般公共预算支出比重达75.11%；省十件民生实事投入资金3470万元，完成全年预算的133.8%。建立完善项目资金保障与核算运行机制，支持配合芙蓉新城等重点项目建设，积极与市对接，积极筹措、及时拨付征拆资金，确保经费及时到位、征拆顺利推进。调控经济发展，与GDP核算关联的财政“八项支出”实现快速增长，完成154598万元，同比增长27.26%。

【财政体制改革】 2019年，区财政局牵头起草《中共韶关市武江区委办公室韶关市武江区人民政府办公室印发〈关于深化区级预算编制执行监督管理改革的实施意见〉的通知》（韶武办字〔2019〕15号），并严格执行。配合省市做好基本公共服务领域省级与市县共同财政事权和支出责任划分，做好资金测算，按时完成支出基数划转对账。配合市财政做好“两区”财政管理体制改革，核定新区基数，做好清产核资。推进机关事业单位工作人员养老保险制度改革，完成机关养老保险财政清算工作，向清算应征收单位下拨资金3424万元。推进公务卡改革，已覆盖49个单位及5个镇，开卡量达1057张，公务卡消费报销金额逐年增长，使用单位公务消费更阳光、更规范。加快推进涉农资金统筹整合，组织各单位申报成功2020年涉农领域预备项目10个，申请到位省级补助资金4976万元。

【行政许可管理】 2019年，区财政局行政许可事项只有“设立除会计师事务所以外的代理记账机构审批”1项，已进驻广东政务服务网。2019年，共办理行政许可9项，受理9项，办结9项。开展行政事业单位内部控制报告编报工作，实际上报单位103个，上报率100%。为4家代理记账机构进行年度备案，向市财政局上报《2018年武江区代理记账分析报告》。

【存量资金盘活】 2019年，区财政局严格执行中央、省、市要求，积极盘活财政存量资金，对部门预算结余资金和结转2年以上资金，由同级财政收回统筹使用，累计盘活存量资金3399万元，统筹用于武江区教育、医疗、卫生等民生项目支出。

【政府债务管理】 2019年，区财政局根据省市财政部门部署，积极对接发改局及各项目主管单位，申报新增债券项目，申请到位债券资金2.54亿元。加强政府债务管理，妥善防范化解政府债务风险。

【政府采购管理】 2019年，根据《关于转发韶关市财政局〈关于印发《韶关市市级2019年集中采购机构采购项目实施方案》的通知〉的通知》（韶武财〔2019〕28号）文件精神，武江区把装修修缮工程、通用照相机、摄像机等纳入集中采购目录，将工程类项目公开招标限额标准从200万元提高到400万元。从7月起，停止政府集中采购中的自主采购方式，扩大定点采购、电商直购适用范围，让采购人能及时公开采购信息，规范采购行为。全年武江区政府集中采购事项审核备案1515项，其中公开招标31项，预算数额62328.47万元，实际支出金额61756.81万元，节约资金额571.66万元，资金节约率0.93%。认真处理采购投诉，全年武江区政府办处理投诉1宗，协助市行政复议3宗。按时上报采购综合累计数据，利用政府采购QQ平台尽早发布信息，提醒采购人上报采购统计报表，保证报表数据的完整性、实效性。

【财政投资评审】 2019年，武江区基建工程送审项目共201项，送审项目金额共6.06亿元，送审项目数量较2018年同比增长24.87%，较2017年同比增长46.77%，武江区财政评审项目数量呈现不断增长的显著特点。其中，预算评审共计项目149项，经评审后节约财政资金2711.12万元；结算评审共计项目52项，经评审后节约财政资金429.49万元，工程项目预、结算审核平均核减率为5.91%。

【一般公共预算收入】 2019年，区财政局支持税务局加强税收收入收缴、重点税源收入入库，跟踪服务重点税源企业，落实减税降费政策，加强协税护税成员单位沟通与数据共享，共同做好收入组织，全年完成税收收入51014万元，同比增长7.22%。规范非税收入单位的收费收入，实行“收支两条线”，及时足额入库，定期检查；根据《广东省行政执法没收物品处理暂行办法》，及时复函、监督、销毁，规范处理管理罚没物品，确保物品价值；每月做好非税专户账务处理。全年完成非税收入完成17500万元，同比增长22.18%，占武江区财政收入比重为25.54%，收入质量全市最优。全年一般公共预算收入完成68514万元，增长10.68%，增速全市排名第三。

【国资和国企】 2019年，武江区完成行政事业单位资产评估处置53次，处置资产原值1113.59万元。其中报废车辆22台、摩托车31台，原值388.25万元；资产调拨处置96.46万元。完成涉改单位资产划转。完成亿兆公司总经理招聘，搭建亿兆公司框架，组建国有资产监督管理委员，实现政企分开，国企市场化运营管理，实现市场化运作。督导亿兆公司完成沙洲尾和太阳城社区卫生服务中心、武江区文化馆、区图书馆及中核锦原大厦子项完善项目的建设验收，完成镇泰韶关厂区资产收购；融兴公司配合农业部门流转乡镇土地；协佳公司承接区“三供一业”分离移交，企业家属区物业移交。

【党的建设】 2019年，区财政局认真履行党建“两个责任”，把党建与业务同安排、同部署。一是由于人员调整，7月及时补选支部委员，12月选举新一届支部委员会。二是坚持“三会一课”制度，开展主题党日、扶贫慰问等活动，收缴党费14872.7元。三是开展“模范机关创建”活动，打造“五心汇财”党建品牌，在办公楼大厅设置“党员书吧”，按“六有”标准建设标准化党员活动室，并作为第二批“模范机关”创建单位代表在武江区党建大会上作经验交流发言。四是认真开好“不忘初心、牢记使命”主题教育，组织开展集中学习，加强调研，形成高质量调研报告。五是聚焦中央提出的8个方面突出问题，配合纪委监委三公经费、民生领域突出问题的核查和整改。六是针对区委第二巡察组对局党组巡察反馈的六大类15项问题，认真整改到位。七是落实党风廉政建设责任制，履行推进法治建设第一责任人及法治政府建设各项任务，做好各项牵头工作。八是加强区属国企党建，成立中共韶关市武江区属国企联合支部委员会。

【业务培训】 2019年8月，区财政局举办2019年政府会计实务暨财务核算信息集中监管系统操作培训班，各镇（街）和区直各预算单位共103名财务会计人员参训。9月，组织各镇和区直有关涉农单位参加全省涉农资金统筹整合项目库管理培训会。10月，举办2019年财政支农政策培训班，各镇分管新农村建设、精准扶贫、村账工作领导和村书记、主任、村干部、村账镇代理会计及财政所人员共183人参训。

【表彰情况】 2019年，区财政局被评为“2018年广东省无烟单位”“2018—2019年度韶关市武江区精神文明建设先进集体”。区财政局被中共惠民街长城社区支部委员会评为“社区友好伙伴”。在武江区第二届机关工作创新创优技能竞赛中获二等奖。

【机构设置】 2019年，区财政局内设办公室、法规和会计股、预算股、国库股、综合股、资产管理股、行政政法股、教科文股、经济建设股、农业股、社会保障股和国有资产监督管理办公室共12个股（室）。参公管理事业单位：武江区财政局国库支付中心，武江区政府采购管理中心、西河镇财政所、西联镇财政所、龙归镇财政所、重阳镇财政所、江湾镇财政所。事业单位：韶关市武江区财政局投资评审中心。

区财政局领导名录

局　长：刘江平（2019.3—）

副局长：邓明晖

　　　　陈志福

　　　　黎　丹（女，挂职，2019.5—）

（何厥方）

税　务

【概况】 2019年，国家税务总局韶关市武江区税务局（以下简称区税务局）是武江区主管税收、社会保险费和有关非税收入工作的职能部门，为正科级全职能局，内设办公室、税政一股、税政二股、社会保险费和非税收入股、收入核算股、纳税服务股、征收管理股、税源管理股、风险管理股、财务管理股、人事教育股、机关党委、纪检组共13股（室）；3个派出机构：第一税务分局（办税服务厅）、第一税务分局、西河税务分局；1个事业单位：信息中心。截至2019年年底共有干部126人。

【税费收入】 2019年，区税务局共组织各项税费收入947200万元，同比增收166469万元，同比增长21.3%。其中，税收收入实现696630万元，同比增收111886万元，同比增长19.1%；费金收入250570万元，同比增收54583万元，增长27.9%。其中，社保费收入222000万元，同比增收55506万元，同比增长33.3%，为地方经济发展提供强有力的保障。

【减税降费】 2019年，区税务局将减税降费列为“一号工程”，配齐各个职能工作组，精准分工、责任到人、统筹推进，减税降费红利充分释放。一是精准发力“实”落地。2019年新出台的减税政策减税近3亿元、2018年减税政策在2019年的翘尾减税1.5亿元，合计共减免纳税人税额4.5亿元。因小微普惠性优惠政策追溯实施时间和调整2018—2020年残保金征收标准政策实施与下达时间的差异，退还2017年度残保金598万元，退还2019年增值税及地方“六税两费”税费共38万元。深化增值税改革、落实留抵退税政策，共退增值税2706万元，全面释放税收改革红利。二是宣传辅导“全”覆盖。通过电视、报纸、微信、网站、办税服务厅等方式加大减税降费政策宣传力度。开展分级分类培训辅导，针对韶关高新区孵化器企业举办“企业减税新政解析”培训；针对外籍人士，详细讲解非居民税收优惠政策；在企业所得税汇算清缴、增值税改革等关键时期，举办多场专题培训，把减税降费“大红包”不折不扣送到纳税人和缴费人手中。2019年共举办28场对外培训，涉及扣缴义务人和纳税人2万多人次。三是政策学习“深”研究。采取“授课+岗位自学”“师傅带徒弟”“讲解+实操”等多种方式开展业务学习，对减税降费相关政策和办税缴费流程、申报表填报等内容进行讲解，2019年共举办20余场次个税改革、减税降费政策、社保费改革等内部培训，确保一线人员懂政策会操作。四是强化监督“严”执行。把减税降费列入年度监督重点工作任务，通过查“组织”机构是否健全，看减税降费工作的组织领导是否加强；查“宣传”是否覆盖，看减税降费的宣传效果是否到位；查“培训”是否开展，看干部职工和纳税人（缴费人）是否吃透精神、弄通政策、学懂操作；查“联动”是否通畅，看减税降费工作执行合力是否增强；查“考评”机制是否建立，看减税降费工作是否全面落实，有效保障工作顺利开展。

【稳步推进金三并库工作】 2019年，区税务局细化任务清单，加班加点完成29781户纳税人缴费人基本信息核对工作，测试业务量达3.2万笔。作为韶关市代表单位开展“对标实战、仿真模拟”应急演练，武江区委副书记、区长郑伟平全程关注金三并库工作，区委常委、副区长陈雪作出肯定性批示，顺利完成金税三期（并库版）上线工作，实现所有涉税事项同平台办理。

【做好增值税、个税改革工作】 做好个人所得税改革，作为全省税务系统4个试点县区局之一以及全国百个试点之一开展专项附加扣除核验试点工作。2019年，个人所得税入库21520万元，同比下降24.1%。贯彻落实深化增值税改革工作方案，于3月20日提前完成一般纳税人增值税发票管理系统升级工作，确保所辖1996户增值税一般纳税人于4月1日起开好票、5月1日起报好税。撰写《关于落实深化增值税改革工作以及政策效应分析报告》，获得区委书记颜亮、区长郑伟平的肯定性批示。

【强化涉税数据应用】 2019年，区税务局选派人员加入韶关市税务局参加全省“智税2019”大数据竞赛，在23支参赛队伍中荣获团体赛第二名。加强第三方涉税信息的数据应用，做好第一批风险模型结果第一轮和第二轮验证工作，进一步利用征管数据和信息化手段及时发现涉税风险点，不断提高风险识别命中率。

【落实土增税清算管理新模式】 落实土增税清算管理新模式，采取“集中清算、分段审核”，实行“每两日1小结”和“每周1例会”制度，形成标准化、模板化、流程化的清算审核工作闭环；组建土增税清算专业团队，将24名税政、征管、法制方面的专业人才纳入清算人才库。

【做好城乡居民社保征缴工作】 落实城乡居民保险费“一站式”征缴服务新模式，搭建区、乡、村三级联动机制，通过“实地式”部署、“在线式”培训解答、“流动式”宣传辅导三大举措抓好征缴工作，解决缴费人“多头跑”的问题。

【纳税服务】 2019年，区税务局一是精创“六微”品牌，打造全省标杆办税服务厅。将办税服务厅搬迁至地方政务服务中心，成为粤北地区进驻政务中心最大的一个办税服务厅。创新提炼以“文明聚力微服务，‘六微’展现新质效”为主题的“六微”纳税服务品牌，从“微清单、微管理、微宣传、微承诺、微先锋、微之家”六大细微处做起，打造具有地方特色的纳税服务品牌。认真贯彻落实广东省品牌办税服务厅建设标准，围绕办税环境、制度建设、业务流程、纳税服务等多个方面不懈努力，成功打造全省首个标杆办税服务厅，并为全省税务系统提供可借鉴、可复制、可推广经验。二是拓展办税渠道，打造智慧税务办税体系。将互联网的创新成果与纳税服务工作深度融合，建立粤北地区首个24小时无人值守自助办税服务厅，在全省范围首次投入使用智能导税台，运用“主题办税”系统，建立电子填单台，引入“税小微”机器人，设立智能办税体验区，打造“刷脸办税”“导税填单”“人工智能”“网上办税”智慧税务新格局，给纳税人带来全新的办税体验，让涉税事项办理更高效、便捷。三是丰富服务举措，夯实便民利民基础。推行“马上办”服务模式，平均办税时间从年初24.5分钟降至年底8.1分钟，平均等候时长从年初21.2分钟降至年底4.9分钟。深化银税互动，共为359户次纳税人提供优惠贷款近9亿元。推出一次性告知、延时服务、预约办税、容缺受理、一号多户等便民举措，累计取消60项税务证明事项，受理900余项预约服务，500余项延时服务，获得纳税人、缴费人一致称赞。创新制定办税服务厅“班后半小时”学习交流模式，不断提升纳税服务力，用自身的“加法”换取纳税人缴费人的“减法”。四是助力新区发展，打造纳税服务新阵地。积极落实韶关市政府关于在新区进驻税务机构的工作部署，在韶关市税务局的指导、帮助下，仅用50天时间建设并建成新区办税服务厅，将第二税务分局一同搬迁入驻，方便纳税人就近办税。扎实做好网络布线、设备调试、管户迁移调整、财政预算分配体制改革等工作，新区办税服务厅于2019年12月下旬试运行，2020年1月1日正式对外办公，并顺利运转，为下一步韶关新区发展奠定坚实工作基础。

【税收宣传】 2019年，区税务局牢牢把握全年税收宣传重点和方向，制定2019年税收宣传计划，共包含12个系列，29项活动，全力打造“遇见税收遇见你”税务文化圈，将税收种子播撒至韶城大地。联合市局创立全省首条临街“减税降费”主题税务文化长廊；在韶关高铁站创新开启电台现场直播新模式，将税收书籍上架至韶关文化地标风度书房，将社会保险费新政策送进粤北人民医院，在韶州公园举办“快闪”、绘画创作体验活动，在新华书店举办“税务沙龙”；联手韶关市青少年宫创建税收普法教育基地；经常性举办各类税收政策专题培训班，创新设置企业问需问计“回音壁”等。从点到面，形成覆盖韶城的税务文化圈，全方位营造税收与生活息息相关的文化氛围。创新宣传项目，加强传统媒体与新兴媒体的联合互动，集纳文字、图片、音视频等多种形式，加大税收宣传力度。制作《减税降费36计之高端人才留下来》VLOG视频，被广东税务微信、新华社客户端采用，点击量高达32万余次。在全市开展“便民办税春风行减税降费绘美景”随手拍原创摄影作品征集活动，网络投票数量高达57.4万余人次，通过摄影作品让市民感知税收给韶城带来的美好变迁。制作减税降费政策宣传动漫、拍摄《甜美税梦》宪法公益广告，在全市范围率先推出减税降费政策汇编“二维码”，为韶关市区11辆不同线路的公交车换上

“减税降费”新衣等，用新颖的形式拓宽税收宣传质效。通过开展上述各项有声有色、群众喜闻乐见的税宣活动，让税收宣传贴近市民日常生活，进一步增强纳税人、缴费人获得感，凝聚社会共识。2019年，共发放宣传资料上万余份，开展咨询辅导40余场次，培训纳税人上万余人次，发送短信信息1.3万余条，设置固定广告宣传栏8处，在公交车尾投放11条广告，在中国税务报刊登4条新闻，在新华社客户端刊登1条新闻，在南方+、韶关日报、韶关电视台等省、市媒体开展宣传报道20余条，取得良好的宣传实效。

2019年5月11日，武江区税务局建立粤北地区首个24小时自助办税服务厅
（刘嘉健　摄）

【廉政风险】　一是内外结合，实现警示教育全覆盖。切实发挥“以案为鉴、正风肃纪”的警示教育效果，开展“由内而外”“内外结合”的系列警示教育，实现教育层面全到位，通过交流研讨谈初心、话使命，以正反面警示活动，切实发挥文化熏陶与“以案为鉴、警钟长鸣”的警示作用，努力建设忠诚、干净、担当的干部队伍。二是多措并举，以丰富的形式推进廉政文化建设。联合市税务局创作微视频《拼爹》，荣获“廉洁韶关你我共建”廉政微视频创意文案一等奖，先后在广东税务微信公众号、南粤清风微信公众号、南粤清风网推广播放，获得各界好评点赞。制作家庭助廉亲情寄语微视频，把家庭打造成为廉政教育的新阵地，让亲情成为维护廉洁的新力量，打响武江税务廉政文化品牌。三是积极践行，力促容错纠错机制落地生根。在全市创新制定容错纠错实施办法，营造干事创业、宽容失误的良好环境，为全市推行容错纠错机制提供可推广、可复制的经验。四是强化底线思维，夯实安全稳定发展屏障。加强保密宣传教育，强化信访、舆情监控，抓好内外矛盾预防，2019年未发生失密泄密、进省进京、重复访、重大舆情等突发事件。强化信息安全，2019年未发生违规外联事件。

【三化建设】　2019年，区税务局创新编印《办公宝典》《党建工作宝典》《后勤管理工作宝典》《人事管理手册》等系列税务工作宝典。梳理、健全各项工作机制，制定《武江区税务局会议制度》《武江区税务局工作规则》等60余项规章制度，成立减税降费、深化“放管服”改革等28个工作领导小组，形成主体明晰、分工明确、协同有序、环环相扣的责任链条。推进税种管理规范化、标准化，创新制定《土地增值税清算前期辅导工作指引（试行）》《土地增值税清算管理培训宣传手册》，编制《增值税发票管理内部控制制度（试行）》及《增值税发票管理工作指引》，建立“4+25”税费清单、“减税降费”清单等6项“微清单”。加入韶关市税务局专项工作组，参与编写《广东省税务局办税服务厅管理规范》，落实办税服务规范化管理，推动税收工作向规范化、标准化、一体化迈进。抓好信息化建设，做好网络割接，不断提升税务专网稳定性。对部分故障及损坏的办公电脑进行重新盘点和评估，通过更换核心配件的方式，进行优化和升级，实现闲置资源再利用。制定符合武江区税务局信息化建设需求的云桌面方案，不断以信息化推动三化建设。

【主题教育】　深化党业融合，积极发挥党委核心作用，汇聚向心力、凝聚战斗力，聚焦“不忘初心、牢记使命”主题教育，坚持学深悟透，明确各类责任主体事项122条，武江区先后召开10次党委会、5次中心组理论学习、6次主题教育领导小组工作会议、3次专题集中学习研讨会议，全面系统地学原文、读原著、悟原理。党委书记为全体党员干部讲党课2次，其他班子成员到基层联系点讲党课9次，支部书记讲党课7次，全方位打牢理论学习基础。设立“党建文化读书角”，摆放《习近平中国特色社会主义思想学习纲要》等主题教育学习书籍，打造党员身边的理想信念学习教育主阵地。创新引入党性修炼情景沙盘培训，开展“不忘初心传承红色基因牢记使命弘扬税务精神”等主题党日活动15次，全面把握主题教育目标要求，对标对表高质量完成各项工作。

【加强支部建设】 2019年，区税务局按照“五好六有两星”创建标准，抓好支部建设，在“微聚力”党建品牌基础上，提创“5星”聚力微服务“6W”展现新质效以及“点亮微心愿共筑蓝税梦”两个基层党建创新案例。推进融合式党建，深化与省税务局纳税服务处、市税务局和“两新”组织、企业的党建共建。制定《支部主题党日活动工作指引》，创新编印《党建工作宝典》，以生动、活泼的图文形式对基层党务工作要求和实操做法进行详细讲解，不断提升基层组织工作规范。

【主题教育成果转化】 2019年，区税务局积极开展争先创优工作，组建“党员先锋队”“党员志愿服务队”“青年助企团”，设置“党员示范岗”，鼓励党员干部以实际行动践行初心使命，着力打造党建、业务、服务三个模范，武江区税务局5位党员被评为全市税务系统“星党员”，3名党员分别被市税务局评为“优秀党支部书记”“优秀党务工作者”和“优秀共产党员”。主题教育期间，各党支部深入社区、企业开展志愿服务活动11次，慰问困难群众5户，为纳税人缴费人办实事好事9件。领导班子共形成调研报告10篇，党课材料11篇。把“改”字贯穿主题教育全过程，通过整改共为群众解决痛点难点45条，先后收到群众锦旗表扬三次、表扬信两封。

【精神文明建设】 2019年，区税务局坚持以“全国文明单位”优良基因育人，建成武江区首批“新时代文明实践点”，充分发挥“四个之家”联系群众的“桥梁纽带”作用，开展“我们的节日”“干部职工运动会”“学雷锋志愿服务”等活动。成立6个兴趣小组，印发《国家税务总局韶关市武江区税务局兴趣小组活动管理制度》，统筹安排好兴趣小组的年度工作计划，增强队伍凝聚力。精心打造以“精、美、情、礼”为主题的“遇见·食俗”饮食文化，在就餐场所张贴宣传海报，提倡“光盘行动”，倡导营养均衡的健康饮食，营造浓厚的文明餐桌氛围。积极争先创优，落实全国文明单位、全省青年文明号、全省巾帼文明岗等荣誉承继工作，积极选树先进典型，完成全国三八红旗手（集体）、韶关市优秀共青团员、韶关市文明家庭等荣誉的申报工作。连续6年到该市残疾人康复中心开展“点亮微心愿关爱小天使”志愿活动，进一步擦亮“广东省最佳志愿服务品牌”，2019年人均志愿服务时长达28.2小时，1人获得“广东志愿服务铜奖”，武江区团支部分别获评韶关市及武江区五四红旗团支部，7人分别获评市、区级表彰，文明创建硕果累累。

【队伍建设】 2019年，区税务局紧扣队伍“四合”，开展“讴歌祖国促四合打造团队展税风”主题拓展等形式丰富的团体活动，举办“我们的节日”之春节做年货、中秋做月饼等活动，既弘扬中华民族传统文化，又丰富干部职工的精神文化生活，使干部队伍活力、凝聚力持续激发。始终关注并妥善处理好干部职工的关切和诉求，充分发挥绩效管理与数字人事“指挥棒”的作用，坚持“目标导向”“问题导向”“效果导向”，注重协调分工构建管用有效的绩效运作体系，2019年绩效考核获得全市税务系统第一名的好成绩。多管齐下，发挥人才潜力。树立正确的选人用人导向，2019年共选拔科级非领导职务干部3名、股级干部3名、副股级干部7名，推荐1名干部到地方挂职。同时创新培训方式，以干部能力建设为主线，以加强干部思想政治建设、业务技能培养、岗位实践能力为抓手，充分贯彻“以人为本，教育先行”的方针，设立“双周讲坛”，整合党建、业务、文明、普法四大学习内容，积极举办党务干部、个税改革、减税降费、社保费改革、会前学法等培训课程，干部职工能力素质及队伍融合度不断提升。

区税务局领导名录

局　长：蔡汉生
副局长：何佩强
　　　　江建明
　　　　邓良智
　　　　罗　智
　　　　钟海涛
　　　　陈　丹（女）
　　　　王婕茹（女）
　　　　黄新梅（女）
纪检组长：罗中安

（陈敏琳）

城乡建设·信息·公路

住房和城乡建设

【概况】 韶关市武江区住房和城乡建设局（区住建局）为区政府工作部门，为正科级单位，加挂韶关市武江区人民防空办公室、韶关市武江区交通运输局、韶关市武江区水务局牌子。贯彻执行国家、省、市有关住房和城乡建设、人民防空、公路管理、水行政管理有关方针政策。

【建筑业房地产业】 2019年，区住建局加强与韶关市有关部门的联系，完善武江区房地产企业和建筑企业的资料。全区共有37家资质建筑企业和53家房地产企业。全区全年建筑企业完成产值总产值55.03亿元，比上一年下降8.1%；全区完成商品房销售面积110.05万平方米，比上一年下降24.0%；全区完成商品房销售金额81.51亿元，比上一年下降16.5%。

【安全生产】 2019年，辖区内建筑行业、燃气行业及渡口渡船的安全生产态势保持平稳。区住建局加强组织领导，强化对建筑工地、燃气企业及渡口渡船的安全生产督导检查，2019年共开展各类安全生产专项检查122次，检查建筑工地56个、燃气企业及其供应点37个，渡口渡船3个，打击和取缔非法燃气供应点4个，发现安全隐患问题32处，发出整改通知书8份。

【物业管理】 2019年，区住建局积极化解物业矛盾纠纷。全区物业服务企业75家，物业管理小区181个，成立业主委员会71个。面对日益增多的物业矛盾纠纷，主要采取以下措施：一是充分发挥物业矛盾纠纷调处中心作用，加强物业行业管理，做好对相关行业工作开展的监督管理力度。二是寻找存在该问题较多的物业进行约谈，同时积极向多个小区宣传物业纠纷相关的法律法规知识，争取帮到更多业主了解及清楚该问题的法律法规和处理办法。三是加强宣传培训力度，对各小区加强规范管理学习，促进各物业企业进行相关交流学习，发放业主委员会手册等。四是2019年共受理、办结物业管理各类投诉452件，其中：“12345”政府热线403宗，网络问政31件，群众来访11起，信访案件4件，民声热线3宗，答复率100%。全区完成物业管理服务合同备案20宗，物业管理区域备案9宗，业主委员会备案6宗。解决长城世家维多利亚商业街问题，优山美地垃圾中转站扰民问题，碧桂园天玺湾业主违规施工砸穿楼板等。五是全面提升武江区物业管理服务水平。按照“市指导、区负责、镇街具体组织、社区负责落实”物业管理新体制要求，武江区住房和城乡建设局积极调处物业矛盾纠纷，提升物业企业服务质量，并取得一定成效。在日常工作中做好对小区居民的宣传教育工作，推动辖区居民配合物业服务工作，构建社区和谐环境。

【老旧小区改造】 2019年，武江区积极发动居民参与老旧小区改造，采取张贴宣传海报、派发宣传手册、设置咨询服务点、入户宣传等方式，派发宣传手册2200册，入户宣传率100%，指导老旧小区成立自管小组，代收小区改造诚意金约108万元。其中市食品厂宿舍、市科技局宿舍等多个小区主动联系街道咨询改造。武江区住建局、街道、设计团队和居民代表在老旧小区现场召开“圆桌会议”，准确了解和掌握居民改造意愿，对老旧小区实行从地下到地上、从楼内到楼外全方位改造，2019年，武江区启动老旧小区改造13个，共涉及52栋居民楼、1113户居民，约3420常住人口；截至年底，已完成4个改造项目，剩余9个将于2020年年中完成。

【农村危房改造】 2019年，武江区农村危房改造任务为21户，其中：龙归镇14户、重阳镇6户、江湾镇1户。11月底完成所有21户危房改造竣工验收，以改造任务指标统计进度排名全市第一名的成绩，全面完成2019年农村危房改造任务。为更有效推进全区危房改造工作，区住建局举办区农村建筑工匠培训班，共有59人取得广东省农村建筑工匠培训合格证。

【农村人居环境综合整治提升项目】 2019年，武江区对7个省

2019年3月4日，武江区江湾镇镇街文化公园工程建成启用

（区住建局　供图）

定贫困村及1个市级连片改造示范点，采用分片区实施，重点打造示范点方式，按照2：3：5比例，梯次打造精品村、宜居村、整洁村，共计完成省定贫困村村道建设51千米、垃圾处理设施62个、村内集中供水管网68千米、雨污分流管网105.98千米、6个党群服务中心、5个卫生站等公共文化基础设施建设，打造重阳镇南岸村、万侯村，江湾镇湖洋村、高围村，龙归镇山前新村、车合村等精品村。

【村镇生活垃圾和污水处理基础设施建设】　2019年，武江区按照城乡一体化、设施共享、经济适用的原则，通过政府购买服务，引入社会化、专业化机构负责农村生活垃圾收运工作，重阳、龙归、江湾等3个镇农村生活垃圾运往花拉寨进行填埋处理，避免二次污染，确保常态化、专业化、精细化的作业和管理，实现农村生活垃圾收运体系全覆盖。建立健全农村卫生保洁长效运营机制，武江区制定农村保洁员管理实施方案，设立保洁员配备的专项资金，各镇按要求配备保洁人员，组建保洁队伍，建立镇村长效保洁员管理机制，2019年全区村庄保洁覆盖面达到100%，省定贫困村基本完成绿化美化，建立稳定的保洁队伍和长效管护机制，实现干净整洁有序。梯次推进污水处理基础设施建设，实施武江区村镇生活垃圾和污水处理基础设施整区打包PPP项目，该项目包括3个镇的镇级污水厂、村级污水处理设施点及配套管网，该项目已入库，完成招标程序，并组建项目公司，已完成重阳镇、江湾镇、龙归镇等3个镇级污水厂主体工程建设及镇级污水配套管网14.2公里，完成省定贫困村内32个村级污水设施建设。

【乡镇（街道）“139工程”提升】　2019年，武江区强力推进武江区乡镇（镇街）“139工程”提升，已完成首批试点镇龙归镇、江湾镇九大基础设施建设，镇街整治取得成效，环境面貌有较大改善。第二批试点镇重阳镇已完成镇街文化书屋工程、镇街党员服务中心工程建设，并启动镇街污水管网、入镇街主干道改造、文化广场等基础设施建设。

【开展路域环境整治】　2019年，区住建局开展辖区内国、省道沿线砂石场专项整治行动。一是对辖区内国、省道沿线的砂石场（堆）开展全面整治行动，严厉查处运砂车辆违法超限行为。全面排查摸清国道G240线、G323线沿线砂石场，取缔关停8家，1家已按规定要求整改完毕。二是开展高速公路两侧“小广告”专项整治行动。按照“突出重点、标本兼治”的工作思路，通过专项整治行动，全面清除武江区高速公路两侧“小广告”，严厉打击违法张贴及涂改高速公路两侧设施的行为，并且有效遏制蔓延势头。三是加大城市道路扬尘污染控制力度。全区共出动环卫保洁大清洗91次，出动人员3713余人次、设备1325班次，重点清洗辖区48条道路。

【人防建设工作】　2019年，区住建局按照“突出岗位训练，抓好集中训练，坚持日常训练，强化指挥训练”的总体目标，进一步强化人防干部综合素质和技术水平，培养人防机关令行禁止、雷厉风行的工作作风，2019年参加市带县的人防机动指挥所跨区域野外拉练2次、分片区拉练5次，并于8月份在武江区辖区内组织开展全市人防机动指挥所野外拉练。为加强业务培训提升业务水平。2019年7月21日至27日派员参加南京国家人防通信系统网管中心举办的素质提升班学习。全年共在辖区内完成3个防空警报器的安装，提高城区防空警报音响覆盖率；并配合完成市人防办的“12·13”国家公祭日防空试鸣警报工作。同时，武江区加强人防知识宣传教育“五进”工作，进一步建立完善宣传教育进机关、进企业、进学校、进社区、进网络的长效机制。认真开展初中二年级人民防空知识教育工作。主动加强与武江区教育局沟通联系，明确责任，完成区域内五所中学初中二年级人民防空知识教育普及率100%。

区住建局领导名录

局　长：黄艺顺
党组书记：何方涛
副局长：林冬青
　　　　林少波
　　　　张羽忠（—2019.3）
　　　　余冠玉（挂职，2019.5—）
　　　　黄文彬（2019.3—）

（黄　鑫）

城市综合管理

【概况】 2019年，武江区城管局（区城管局）坚持以习近平新时代中国特色社会主义思想为指导，“不忘初心、牢记使命”“担当落实，走在前列”，坚决贯彻落实武江区委、区政府的各项决策部署，严抓各项工作落实，以提升品质为核心，高标准建设，精细化管理，全面提升武江城市形象，为武江争当韶关改革发展排头兵和推动武江在城乡融合高质量发展提供强大的助力。

【城管执法工作】 2019年，区城管局加大对武江城区市容市貌管理力度，采取普遍巡查与定点巡查相结合、日常巡查与专项整治相结合的方式，对全区进行早上7时至晚上10时的全天候市容整治。2019年，共教育和纠正占道经营、乱摆卖、乱堆放等行为21000余起，规范各类车辆停放3900余辆，清理乱粘贴4900余处，清理乱拉挂3900余宗，整治乱搭建的铁皮棚67处，拆除面积53900余平方米。区城管局对屡教不改、占道经营严重的商户进行立案处罚，2019年对87家商户进行立案处理，处罚金额共计156600元。

【夜间大排档整治】 针对辖内夜间烧烤档、大排档占道经营、噪音扰民等违章现象，区城管局积极按照上级有关部署，采取有力措施，多次与西河镇、惠民街道、新华街道、区住建局、区生态环境局、区市场监管局等部门对福彩路、沙洲路、亨泰路、芙蓉北路、体育东路、沙湖路等重点路段开展联合整治。2019年，区城管局开展夜间整治280余次，共出动人员2300余人，车辆580余台次；整治占道经营、乱摆卖2300余宗；对夜间违章占道当事人及大排档立案查处23宗，处罚金额共计11400元。执法人员对福彩路、武江北路、芙蓉东路、体育东路等路段的沿街大排档派发《倡议书》，引导沿街商铺做好“门前三包”（包秩序、包卫生、包绿化）工作。区城管局加大对重点路段的巡查力度，对辖内夜间无证流动小吃摊、露天烧烤档、夜间大排档占道经营、噪音扰民等违规行为进行专项治理，并对违规经营户进行耐心的宣传教育和规范疏导，有效规范城区夜间市容秩序。

【打违控违工作】 2019年，区城管局加大对违法建设的查处力度，采取“每周组织一到两次拆违行动；每半月组织一次跨区大型拆违行动”的方式，重拳打击违法建设行为，强化日常巡查管控，做到及时发现、及时制止。区城管局联合各属地镇政府、街道办事处，拆除在建及存量违法建筑477宗，拆除面积352842.8平方米。

【违法图斑查处】 2019年，区城管局共收到上级下发四批次遥感违法图斑，分别为2016年省住建厅第一批26宗图斑、2016年省住建厅第二批26宗图斑、2016年住建部12宗图斑以及2017年省住建厅第一批21宗图斑，下达的遥感违法图斑共85宗，需查处面积70.75万平方米。截至2019年11月，武江区共完成2018年未办结的违法图斑核查（查处）14宗，完成率32.56%。

【户外广告招牌整治】 2019年，区城管局强化户外广告招牌的巡查和整治力度，对存在安全隐患、严重影响市容市貌的户外广告招牌进行重点整治。2019年，共拆除户外广告招牌180余块，拆除面积8500余平方米。

【落实“门前三包”】 2019年，区城管局根据《武江区城区“门前三包”实施方案》要求，积极推进“门前三包”工作落实。印发《致广大市民群众的一封信》，向城区主次干道、背街小巷沿街商户进行派发，积极向各商户宣传教育城市市容和环境卫生管理相关法律法规，教育引导广大商户自觉履行“门前三包”责任。对辖区内沿街商铺占道经营或堆放在商铺两旁的物品及乱拉挂横幅等影响市容市貌的违法行为，执法人员坚持“先告知、再教育、后处罚”的原则，耐心宣传教育和规范疏导。2019年，区城管局对不落实“门前三包”责任、占道经营、屡教不改的87家商户进行立案处理，处罚金额共计156600元。

【扬尘治理工作】 2019年，区城管局严格按照市、区政府有关要求，组织人员和力量，加大对全区建筑工地、37处砂石（堆）厂、7处停车场、4处教练场、物流货场和预拌商品混凝土搅拌站的整治力度。从严落实6个“100%”（施工工地周边100%围挡，物料堆放100%覆盖，出入车辆100%冲洗，施工现场地面100%硬化，拆迁工地100%湿法作业，渣土车辆100%密闭运输）要求，对未落实管控要求的建筑工地等场所进行从严从重处罚。截至2019年12月，武江城区内的砂石场、堆场已全部关停、搬迁，整改完毕。强化道路车辆整治，与交警、交通、农机等部门开展联合执法，在国道323线及甘棠村委设置固定联合执法点，采取定点执法、路面巡查执法等措施，严厉打击各类过境货车违法行为，坚决处罚超限超载车辆。针对加长、加高挡板、渣土运输撒漏的车辆，发现一起处理一起；同时设置相关车辆清洗点，对过往、经检查不合格车辆进行冲洗，避免车辆带泥进入城区范围。2019年，区城管执法与交警、交通执法、农机等部门对辖区车辆进行联合执法检查190余次，出动执法力量2100余人次，执法车辆485辆次，检查车辆2450余辆次，查处违章车辆820余台次。区城管局处理、处罚建筑工地、施工单位8起、渣土运输公司5家，对渣土、扬尘及砂石场违法行为处罚合计罚款125000元。2019年，完成14000余米龟背式绿化带整改；完成裸露土地整治180处，163457平方米；完成市政道路硬化32处，约22404平方米；完成普通省道公路周边78处硬底化约40568平方米；绿化70处，约100485平方米。通过大力开展扬尘治理工作，全区扬尘污染问题得到有效控制，空气环境得到明显改善。

【市政园林工作】 一，维修人行道约6200平方米，修补侧石约3800多米，换修补市政井盖96套，维修路面约7200多平方米，增设止车石517条，修复混凝土路面约1160平方米。二，疏通排水管道及方渠186538米，清疏雨水格栅9546个，清理砂井4852个，清理淤泥2621立方米，更换“四防”（防臭、防蟑螂、防鼠、防蚊）装置1321个。三，修剪行道树2840株；危树抢险245株；处理12319工单行道树修剪、补植等工作2210余件，修剪挡灯、挡摄像头树木78株，龟背式绿化带整改工作，开挖排水沟、铺设草皮14000余米，公园修剪植物47000余平方米。春节、“五一”及国庆期间公共绿地、交通节点摆花约155000盆，常态摆花约65000袋，摆放花箱377套。四，市政园林巡查下达整改通知书295份；追缴市政园林设施损坏赔偿款20宗共计89486.8元。

【环卫保洁工作】 区城管局建立、落实“日清日洁”制度，做到主要街道保洁时间不低于18小时，一般街道保洁时间不低于12小时；每日对城区主次干道不间断冲洗，安排巡查员巡查路面卫生保洁情况，发现问题及时上报，立即落实整改，强化环境卫生保洁力度。2019年，区城管局组织开展7次大型清理整治卫生行动，有效清理辖区范围内的卫生死角、建筑垃圾及淤泥杂物等。据统计，出动人员1270余人次，出动水车及垃圾运输车2153车次，对120多条主次干道及小街巷进清理整治，清理卫生死角1200多处，清运淤泥杂物4013吨。

【环卫市场化改革】 武江区根据市委、市政府关于加快推进环卫作业市场化改革的工作部署，实现管干分离，使城市保洁模式趋向于精细化管理，切实提高环境卫生工作质量，营造更加整洁优美的城市环境，推进区环卫作业服务市场化势在必行。2019年6月，区按相关程序完成环卫保洁市场化采购公开招标。自2019年7月1日区环卫保洁市场化服务项目部（侨银环保科技股份有限公司）进场以来，积极配合区政府和区城管局的对环卫市场化的交接，从人员工资待遇、物资清点、车辆设备接收等方面，细致认真做好对接，较好的完成环卫市场化改革工作并顺利实施。

【公厕升级改造项目】 武江城区27座公厕新建与改造项目（其中：新建5座移动环保公厕、原址改建16座公厕、原址新建6座公厕），共投入资金2230.79万元。2019年1月开工建设，至2019年8月分三批实施建设完成并投入使用。一是完成主体内外建设；二是完成公厕智能化系统配套设备设施安装；三是完成公厕内便池、隔板、洗手池、残疾人间专用设施等安装；四是完成公厕内外的标识、标牌指引牌安装；五是公厕主体周边因地制宜完善绿化配套设施。武江城区27座提升改造后的公厕全面移交给武江城区环卫保洁市场化服务公司（侨银公司）统一运营管理。运营管理要求：一是每座公厕实行专人负责保洁管理，要求保洁时间在12小时以上；二是要求城区公厕须做到24小时对外开放；三是做好公厕设施设备维护工作；四是以市、区主管部门每月的明检、暗访、复查等方式相结合的办法检查、考核评分为原则，根据市、区检查结果，核定对被检单位扣分情况进行统计汇总，实行责任追究和经济处罚。

【垃圾分类试点工作】 根据市、区垃圾分类的总体方案，区城管局按计划开展垃圾分类试点工作。2019年，在示范点向阳小区新投放8组垃圾分类设备，合理分布在向阳小区的每一个区域，配备垃圾分类宣传指导员做好居民宣传工作。截至2019年12月，向阳小区累计垃圾分类积分卡开卡700户。武江区城管局逐步完善该小区分类收集、分类运输、分类处理工作，实现垃圾减量化、资源化、无害化处理。

【路长制落实情况】 2019年，区城管局坚决贯彻落实《韶关市人民政府办公室关于印发韶关市区全面推行路长制工作方案的通知》要求，落实行业主管责任，强化对全区主次干道、背街小巷、城乡接合部和医院、学校、农贸市场周边等城市管理难点、薄弱环节的市容环境整治。2019年，区城管局执法人员教育和纠正城区主次干道、背街小巷占道经营、乱摆卖乱堆放19000余起；规范各类车辆停放3700余辆；清理乱粘贴4800余处；清理乱拉挂3800余宗；整治乱搭建的铁皮棚67处，拆除面积53900余平方米；拆除违规设置的户外广告招牌180余块，拆除面积8500余平方米。

【实施网格化管理】 2019年，为深入贯彻落实市委市政府关于全面推行网格化管理工作的相关要求，区城管局勇担责任，牵头探索、研究、制定《武江区网格化管理工作实施细则（试行）》，将城管、镇（街）、村居委、公安、消防等部门纳入网格中，对城市综合管理工作实施网格化管理。

【建立网格化管理自动工单系统】 2019年，为进一步实施好网格化管理工作，区城管局充分借鉴韶关市数字城管案件工单系统的建设、运行经验，研究开发出“武江区网格化管理自动工单系统”。针对网格中存在的需要其他部门专业网格员处理的具体工单问题，网格员可以通过手机APP登录该系统上报、接收网格内的工单任务，系统智能化分配工单任务给专业网格员、就近网格员进行处理。该系统的投入运行，进一步节省网格问题的上报、沟通协调和接单处理时间，有效促进网格管理、运作，使网格化管理工作得到进一步落实。

【数字城管建设情况】 2019年，为推进城市管理精细化治理水平，实现人防技防物防有机结合，区城管局智慧城市指挥中心新建渣土监控自动分析系统、执法记录仪系统、区网格化管理自动工单系统；对对讲机指挥调度平台进行更新和升级；对原有的智慧城市系统进行优化；将沙湖公园和韶州公园34个监控视频接入指挥中心，在高铁站进出口关键部位新安装8个监控前端和两个鹰眼系统，对重点密集人流区域实施监控。为进一步提升指挥中心的指挥调度能力，有效促进各系统平台融合运用，2019年5月，区城管局新开发手机APP，把现有的渣土监控系统、高铁站监控和鹰眼系统、环境监测系统、智慧路灯系统、沙井盖监测系统和新增的执法记录平台和网格化管理自动工单系统等系统功能全部接入APP，对现有系统进行有效融合运用，极大的提高城市综合管理的执行效率，为深化城市综合管理数字化、信息化建设作出积极贡献。

【提升改造项目】 2019年，区城管局积极推进各项提升改造项目。小街小巷净化美化项目：对惠民北片区、新华北片区等30处小街小巷进行提升改造。绿化改造工程：包括滨江汇景、惠民北路小公园、一棉路口至汇展路口、沐阳路潮州菜馆对面边坡、龙归高架桥底、芙蓉南路、Y179路段、下坑扬尘整治工程等。道路提升改造工程：包括芙蓉隧道北出口交通整治、沙湖路口及周边道路改造、亨泰路道路维修、北江桥西桥头交通节点整治、惠民路断面改造、芙蓉北路、芙蓉东路人行道改造、烟厂内涝点整治（含福林路改扩建）、韶关大道与五号路交汇处内涝点整治工程（一期）、沙洲尾片区交通整治工程（一期）。

【惠民路断面提升改造工程】 2019年3月25日至9月5日，区城管局对惠民北路实施断面提升改造工程。全路段人行道进行修整，对全路段路面破损板块进行修复，将惠民南路段主辅道间的绿化带进行拆除拓宽成路面，对全路段进行沥青摊铺。惠民北路全长3.26千米，设置隔离栏及水泥路面破损板块修复约1万平方米，人行道改造约2.1万平方米，道路摊铺沥青约8.5万平方米，道路新装隔离护栏约3000米、新装路灯80盏。

【电化厂小公园建设工程】 2019年11月9日至11月22日，区城管局完成区沿江路电化厂体育小公园工程建设。将电化厂社区道路两边搭建的铁皮棚饭店拆除，做成小公园。规划范围7150平方米，主要包括公园广场绿化、水磨石人行道、靠山边和路边设置停车场、园内道路硬化和水塘边绿地等。停车场设置停车位38个，广场上设置健身器材6组、花架和休息花坛坐凳等设施。电化厂小公园增加绿地面积3600平方米，种植樟树、细叶榕、桂花、龙血铁等植物。

【光明巷净化美化整治提升工作】 2019年，在区委区政府的指导下，区城管局全力推进光明巷净化美化整治提升工作，力争将光明巷打造成武江历史文化名街。光明巷全长320米，区城管局重点对“三线”、供水、垃圾分类设施、绿化、广场、道路（支路）、外立面进行改造提升。通过修复、拓宽路面，铺设沥青，粉刷围墙，改造排水设施，改造交通设施，增设太阳能路灯以及线槽；对光明巷原红星福利厂教堂周边乱搭乱建和乱拉挂进行拆除；对裸露地进行整治硬化，建设一个小广场并完善广场的相关设施和绿化，清理一批残旧广告招牌和乱堆放杂物，全面提升光明巷环境卫生水平，以实实在在的“微改造”不断提升城市宜居品质。

【行政审批许可工作】 2019年区城管局行政审批情况：受理城市市容和环境卫生行政审批事项1369件，出具许可证808件，不予受理561件；受理占用城市绿地行政审批事项124件，出具许可证73件，不予受理51件；受理占用、挖掘城市道路行政审批事项385件，出具许可证198件，不予受理187件；受理从事城市生活垃圾经营性清扫、收集、运输服务行政审批事项1件，出具许可证1件。

【“马上办”工作】 2019年，区城管局积极推进“马上办”，切实为民服务，加大力度推进“一门式一网式”工作。自武江区实施“马上办”以来，区城管局结合实际，缩减11项行政审批事项的办结时间。一是改变绿化规划、绿化用地的使用性质审批，法定办结时限为20个工作日，区城管局承诺办结时间是10个工作日；二是从事城市生活垃圾经营性清扫、收集、运输、处理服务审批，法定办结时限为20个工作日，区城管局承诺办结时间是5个工作日；三是从事城市生活垃圾经营性清扫、收集、运输、处理服务审批，法定办结时限为20个工作日，区城管局承诺办结时间是5个工作日；四是污水排入排水管网许可证核发，法定办结时限为20个工作日，区城管局承诺办结时间是5个工作日；五是占用城市绿地审批，法定办结时限为20个工作日，区城管局承诺办结时间是5个工作日；六是砍伐、迁移树木，法定办结时限为20个工作日，区城管局承诺办结时间是5个工作日；七是占用、挖掘城市道路审批，法定办结时限为20个工作日，区城管局承诺办结时间是5个工作日；八是拆除城市环卫设施许可，法定办结时限为20个工作日，区城管局承诺办结时间是5个工作日；九是设置大型户外广告审批，法定办结时限为20个工作日，区城管局承诺办结时间是3个工作日；十是在城市建筑物、设施上悬挂、张贴宣传品审批，法定办结时限为20个工作日，区城管局承诺办结时间是3个工作日；十一临时性建筑物、构筑物等其他设施搭建、堆放物料审批，法定办结时限为20个工作日，现该区城管局承诺办结时间是3个工作日。

2019年，区城管局窗口受理各项行政审批事项申请1878件，出证1080件，不予许可799件，零投诉。推进“马上办”工作方式以来，区城管局营销环境优化，行政审批效率明显提高，不仅节约工作人员和群众的办事时间，也提升市民群众对城管工作的满意度。

【人大议案与政协提案办理】 2019年，区城管局对人大、政协议案高度重视，收到办理任务迅速召开专门会议，专题研究议案办理工作，并将办理任务层层分解，逐一明确责任分工、时间期限等具体要求，各承办责任人结合各自承担的办理任务，制定落实解决问题的具体方案，将建议、议案办理融入日常工作，全面启动办理工作。区城管局对提案议案的办理，做到件件有答复，事事有回音，答复市、区人大代表建议议案8件，市、区政协委员建议议案51件，办理、答复率达100%，并按要求提交办理提案的相关材料。

【综治信访维稳】 2019年，一是做好群众信访工作。区城管局对来访群众本着认真负责的态度，不推诿、扯皮，对来访群众反映强烈的热点、难点问题竭尽全力多方协调处理，不属于职权范围及无法解决的说明原因，并及时上报相关部门，按时按质完成处理并回复，真正做到件件有落实，事事有回音。2019年，受理处理信访件23宗，均做到在期限内及时答复信访人和回复信访局，按期办结信访件，信访回访基本满意和满意19宗，满意率约80%。二是做好维稳工作。抓好对群体性和极端性上访事件的信息收集、研判和稳控工作，认真切实抓好对个体性上访事件信息的收集、研判和稳控工作，争取情报信息最大化，防止出现漏管漏控现象。三是高度重视领导包案工作。建立健全工作台账制度，设有专人负责跟进领导包案。对区城管局负责的4宗领导包案做好一案一册，每个月及时跟踪和汇报进展情况，进一步完善领导包案台账资料。四是落实“红袖章”平安志愿工作。积极参与、组织创建“平安武江”系列志愿者活动，充分发挥“红袖章”平安志愿者的作用，2019年，区城管系统共有1395人报名成为“红袖章”平安志愿者，有力维护社会稳定。

【巡察工作】 2019年4月2日至6月6日，根据武江区委巡察工作统一部署，区委第一巡察组对区城管局开展巡察工作，并就巡察情况给出反馈意见。区城管局高度重视巡察发现问题的整改落实工作，切实担起责任，逐条梳理巡察组反馈问题和意见建议，认真制订整改方案，确保整改工作切切实实取得成效。

【主题教育】 2019年，自“不忘初心、牢记使命”主题教育开展以来，区城管局党组认真贯彻武江区委主题办部署要求，紧紧围绕“守初心、担使命，找差距、抓落实”总要求，坚持将“学习教育、调查研究、检视反思、整改落实”贯穿始终，达到理论学习有收获、思想政治受洗礼、干事创业敢担当、为民服务解难题、清正廉洁作表率的预期目标，做到谋实事、出实招、做实功、求实效，确保主题教育在全局取得实实在在的成果。

【脱贫攻坚工作】 2019年，区城管局按照区委、区政府脱贫攻坚总体安排要求，以“党建+精准扶贫”的工作思路，做好脱贫攻坚工作目标措施，紧盯脱贫攻坚工作不放松。为将脱贫攻坚任务落到实处，区城管局定期研究脱贫攻坚工作，分析总结阶段性工作开展情况，研究部署下一步的工作打算，并有针对性的制定工作措施。一是压实帮扶责任。根据单位人员变动情况，及时调整帮扶干部联系贫困户，确保帮扶工作不脱节；同时为加强帮扶力量，新增5名帮扶干部，优化帮扶结构。二是建立台账。将35户贫困户落实到每一位帮扶责任人，深入开展摸底调查，详细了解贫困户家庭人口，并对主要收入来源，日常生活开支、产业发展收入支出、贫困原因等情况，分户建立档案，并进行分析，做好收支台账。三是定期到村走访帮扶。由局领导牵头，每季度走访1—2次落实帮扶措施，开展宣传脱贫政策宣传及户上引导工作，提醒贫困户及时办理教育补助、医疗保险二次救助；与贫困户促膝交谈，嘘寒问暖，了解他们日常生活的所需所困及时与村委、镇及时联系沟通给予解决；节假日为贫困户发放慰问品或慰问金；另外还与村委组织党员活动，如党组书记到村上党课，党员入村清扫保洁，给贫困户家里搞卫生等。

【结对帮扶工作】 2019年，区城管局认真组织开展对挂点村西河镇马屋村的各项帮扶工作。一是实地指导西河镇马屋村支部开展“不忘初心、牢记使命”主题教育存在问题整改工作，通过赠送学习书籍、邀请支委参加本局主题党日活动等措施，提高马屋村支部开展主题教育成效。二是组织党员干部和入党积极分子，到马屋村与村支部联合开展主题教育志愿服务活动，以实际行动筑牢初心，真正做到把开展主题教育同开展各项工作结合起来，确保全局“不忘初心、牢记使命”主题教育取得实效。三是配合马屋村做好泥砖房拆除工作，共拆除10户破旧泥砖房，面积600多平方米。四是配合马屋村开展农村人居环境整治工作，派出人员和钩机、铲车等多次到马屋村，对沿村公路、村道沿线、房前屋后等清理生活垃圾、杂草、淤泥杂物。经整治，不仅使马屋村容貌得到较大的改观，提高环境保护质量，更增强村民的环境保护意识，扭转农村环境脏乱差的局面，有力促进构建山绿、村美、水净的美好家园。

【强化执法能力素质建设】 2019年，区城管局本着“打铁还需自身硬”的原则，定期组织执法人员开展法律法规专题学习培训，并积极开展个人自学，重点学习城市综合管理工作相关的《中华人民共和国城乡规划法》、国务院颁发的《城市市容和环境卫生管理条例》《中华人民共和国行政处罚法》《韶关市区城市管理执法行为规范》等相关法律法规，并充分利用“韶司在线”网络平台、广东省住建系统执法考试、韶关市行政执法人员综合法律知识专题培训等平台，督促广大执法人员学法普法，使区城管局执法人员熟记法律法规、掌握具体规定、自觉依法执法，夯实理论基础，广大执法人员自身能力素质普遍增强，为做好城市综合管理行政执法工作打下坚实基础。2019年，组织局系统170余名人员参加2次专题学法考试；组织30余名公务员参加行政执法证考试。

【设立韶关市武江区市政综合管理中心】 根据《关于设立韶关市武江区市政综合管理中心的通知》（韶武机编〔2019〕86号）和《中共韶关市委机构编制委员会办公室关于设立韶关市武江区市政综合管理中心的批复》（韶机编办发〔2019〕151号）的文件精神，经武江区委编委会研究决定，整合韶关市武江区环境卫生管理所与韶关市武江区市政管理中心，设立韶关市武江区市政综合管理中心，为武江区城市管理和综合执法局管理的正科级公益一类事业单位，核定事业编制95名；设主任1名，副主任3名，股长（主任）12名。韶关市武江区市政综合管理中心设12个内设机构，均为正股级。

【机构设置】 根据2019年3月19日《中共韶关市武江区委办公室韶关市武江区人民政府办公室关于印发〈韶关市武江区城市管理和综合执法局职能配置、内设机构和人员编制规定〉的通知》（韶武办发〔2019〕19号），武江区城市管理和综合执法局是武江区人民政府工作部门，为正科级。编制48名（行政编制10名，行政执法专项编制38名）。设局长1名，副局长3名；正股级领导职数10名。内设机构10个：办公室、组织人事股、法制股、综合考评股、计划财务股、综合执法办公室、执法一大队、执法二大队、执法三大队、执法四大队；直属事业单位1个：武江区市政综合管理中心。

区城管局领导名录

局　长：洪维陶

副局长：何智勇

陈韶彬

丁少锋

区行政执法分局领导名录

局　长：丁少锋（兼，—2019.3）

区环卫所领导名录

所　长：洪维陶

区市政管理中心领导名录

副主任：林毅华（2019.8—）

（钟卫娜）

“数字政府”建设

【概况】　韶关市武江区政务服务数据管理局于2019年3月5日挂牌成立，是政府工作部门，为正科级单位，下设武江区行政服务中心（副科级参照公务员管理事业单位）和武江区政府信息中心（副科级公益一类事业单位）。武江区政务服务数据管理局核定行政编制7名，设局长1名、副局长2名、内设机构领导职数3名；内设机构3个：办公室、审批协调服务和指导监督股、数据管理股。武江区行政服务中心核定事业编制10名，设主任1名，副主任1名。武江区政府信息中心核定事业编制7名，设主任1名、副主任1名、内设机构领导职数2名；内设机构2个：综合股、网络技术股。

2019年，武江区信息中心按照省、市关于“数字政府”改革建设的要求和统一部署，深入推进全区政务外网建设与优化、探索该区政务服务中心效能监察与智慧化建设、实现镇（街）、村（居）基层公共服务厅（站）监控覆盖等工作。

【政务外网与基层公共服务平台监控建设概况】　2019年，武江区政务外网已纵向打通省、市、区、镇（街）、村（居）五级，包含区直各部门、公安、检察院、法院，五镇两街及84个村（居），各级之间实现互联互通，为各类政务服务推广实施奠定良好的网络基础。各镇（街）、村（居）基层公共服务厅（站）均通过公开招标实现视频监控覆盖。

【政务网络管理】　2019年，多措并举，优化武江区政务网络管理：一是人工巡检，定时定期以人工方式登录设备或现场检查设备；二是运用网络管理软件，24小时不间断收集网络和设备情况，若出现问题及时出现告警；三是通过线路供应商线路异常告警；四是通过工作群组及时收集各使用部门反馈的异常情况；五是维护单位根据全区网络应用的变化及时更新优化网络。

【智慧政务服务建设】　武江区新政务服务大厅于2019年3月1日完成电子化智能化硬件和软件一期建设并投入运行。按区政务服务大厅建设要求，完成政务服务大厅内网络、监控、广播、机房等设备和相关软件的安装和调试。武江区政务服务大厅于2019年3月5日正式对外服务，实现高清摄像头无死角全覆盖，政务网络全覆盖，网络广播全覆盖，大小两个会议室可开展各类会议（含音响、投影、网络），配套机房和监控室上线运行（含大功率UPS、网络设备和监控屏幕的）。武江区政务服务大厅一期电子化智能化建设项目已完成验收工作并进入质保维护期。

按照智慧化政务服务中心的目标定位，区政务服务中心已完善查询机、叫号机、自助终端机等智能化设备的配置，建成由信息发布、智能引导、电子效能监察等12项系统为主的一体化网络政务服务平台，切实提高群众的办事效率，提升该区的营商环境，增强群众获得感和幸福感。

【平台集约化建设】　2019年，根据省、市统一部署，武江区各项信息化建设工作有序推进：一是完成区政府网站集约化到省平台工作。二是顺利实现12345政府服务热线与网络问政平台合并工作。三是在政府单位逐步推广应用政务微信与韶关市电子政务综合应用平台。

【政务服务事项管理】　2019年，武江区有依申请政务服务事项的单位28个，共有事项944项，全部进行事项标准化，并延伸177项事项到镇（街）村（居），实现“就近办”。武江区所有依申请事项均可在区政务服务中心办理，实现“应进必进”，其中网上可办率达100%，96%的事项实现“一窗”分类受理，最多跑一次的事项占比93%。区政务服务大厅日均受理业务量超过2000人次。

区政务服务数据管理局领导名录

局　长：叶文辉（2019.3—）

副局长：曹信初（2019.3—）

（钟志敏　李　毅　陈志豪　胡敬东　赵益耀　邓培君）

公路交通管理

【概况】　韶关市武江区地方公路管理站（区公路站）为武江区

人民政府直属公益类事业单位，正科级。内设办公室、基建股、养护股、路政股，另设西河道班、西联道班、重阳道班、龙归道班、江湾道班5个农村养护道班。2019年，区公路站以全面建成小康社会为目标，贯彻落实区委、区政府的中心工作，以推进全区“四好农村路”建设为抓手，加大公路养护管理力度，更好满足农村群众基本公共出行需求。武江区境内的高速公路有：京港澳高速公路、乐广高速公路、韶关北环高速公路；国道：G240线（原省道S253线升级）、G323线；省道：S246线（原县道X322线升级）、S520线（原县道X318线升级）；县道：X313线、X314线，形成较为完善的城乡交通骨干网络。全区公路总里程729.71千米，其中：高速公路34千米，国道28千米，省道49千米，农村公路升省道46千米，县道24千米，乡道333千米，村道80千米，乡村小道135.71千米。全区公路密度为80千米/百平方千米。农村公路桥梁共计43座1498.30延米。

【四好农村公路建设】 2019年，武江区已完成未通客车行政村窄路基路面拓宽改造及公路安全生命防护工程15.42千米、通20户以上自然村农村公路路面改造工程10.0千米、通行政村公路畅返不畅改造工程9.2千米、农村公路安全生命防护工程40.971千米。

【公路桥梁建设】 2019年，武江区完成水口桥、高头坑2座危桥改造建设任务。

【省道县道养护】 2019年，省道、县道养护实行道班养护责任制，贯彻“预防为主、防治结合”的方针，加强预防性养护，提高公路的抗灾害能力，保持公路及其沿线设施良好的技术状况。各道班养护生产能够按照养护要求进行养护、巡查，及时疏通路基、管涵排水，做好路面清洁、维护附属设施和排查有关隐患。全年累计投入养护资金约45万元。

【乡道村道养护】 2019年，武江区管养乡道333千米、村道80千米。由武江区聚泰园林装饰工程处、粤北工业开发区实达工程有限公司2个养护公司承包乡村公路的小修保养工作。各养护公司全年基本上能够按照养护要求做好乡道、村道养护巡查，及时发现问题及时汇报，遇到汛期发现公路路基塌方隐患路段，能够及时设置安全警示标志，做好安全保障措施，清除路障，做好全年乡道、村道养护管理工作。全年乡道、村道养护投资约60.9万元。

【乡村振兴和蓝天保卫战】 2019年，区公路站为配合做好武江区打响蓝天保卫战，完成乡道Y179线2.8千米（武江区段）路域提升整治任务，并安装波形钢护栏860米消除该道路的安全隐患。完成国道G240线、G323线沿线接驳砂石路口的硬化，共硬化路口8个约850平方米。积极做好武江区地养省道沿线公路扬尘治理工作。积极做好乡村振兴工作，积极做好S520线龙归至江湾段路面维修以及圩镇村庄路段提升改造。

【应急抢修】 2019年，武江区公路站进一步完善公路站应急抢险预案，做好应急抢险的人员、物资、器材准备工作。适时组织道班人员、养护公司开展公路抢险应急演练，提高公路应急抢修能力。做好局部路基坍塌的修复工作。在重大节日、重点时段、重要路段期间，及时完成公路水毁、滑坡治理、灾害处治等应急任务，确保公路通行畅通。

【路政管理】 2019年，武江区加大公路巡查力度，强化路产路权维护，加大路政日常巡查频率和覆盖面，深化整治公路沿线乱搭乱建、违章占道行为。全年共进行路政巡查1062人次，总查询里程13464千米。发现违法案件2宗。通过巡查，路政违法违章行为得到有效遏制，确保路产路权完好。根据《韶关市武江区事业单位改革方案》文件精神，对单位工作职能进行调整，取消编制、上报辖区内农村公路规划；按分级管理规定，负责农村公路建设项目审核，施工许可审批；审批乡村公路路政许可等管理任务等行政管理类许可职能。同时将上述取消的职能移交给区交通运输局。

【安全生产】 2019年，区公路站根据安全生产属地管理原则和安全生产“党政同责、一岗双责、齐抓共管”要求，层层签订安全生产责任书，落实安全生产责任制。做好公路水毁预防、防汛及抗台风各项准备工作、做好危险源排查工作，根据省、市、区三防指挥部有关文件要求，落实各道班、养护公司和在建项目参建单位的应急预案和24小时防汛轮值班制度，全年没有发生任何安全责任事故。

区地方公路管理站领导名录

站　长：谢洪泉
副站长：陈　戈
　　　　赖楚彬

（陈　戈）

教　育

教育管理

【基本情况】　2019年，武江区共有中小学30所，其中，完全小学22所（另有教学点11个），初级中学6所，九年一贯制学校2所。截至年底，全区学校有在职教职工1725人，义务教育阶段中小学生37514人。

【学校建设】　2019年，武江区投入建设资金约5000万元，完成135个项目建设。其中，民生实事工程3项，投入资金约1195万元；教育扩容提质3个运动场改造项目，投资约437万元；厕所改造项目，投资约为400万元；新建教育路幼儿园，投入资金为1515万元；零星工程及维修项目120项，投入资金约1450万元。2019年12月，御龙湾小学、东岗太阳城小学低年级部建成，金福园小学教学综合楼建成，另新增学位2700个。

【队伍建设】　2019年，武江区公开招聘，选聘中小学教师79名、幼儿园教师9名，共88名。其中，农村中小学及农村幼儿园教师27名，占招聘教师总数的30.7%；学前教育、体育、音乐、美术、信息技术、心理健康等学科共招聘教师30名，占招聘教师总数的34.1%。为更好地管理交流教师的人事关系，做到“人岗合一”，编随人走，岗随人转，使教师由“学校人”向“系统人”转变，推进县管校聘工作的纵深发展，武江区教育局对228名全区公办中小学校交流且累计交流年限满3年及以上的教师进行理顺人事关系，其中从初中聘用到小学14人，从小学聘用到初中2人。同时重新核定全区各学校的岗位。2019—2020学年度交流轮岗89人，比例达5.54%。其中，交流的校长2人，占交流轮岗教师2.25%；交流的区级以上骨干教师19人，占交流轮岗教师21.3%；交流到农村学校52人，占交流轮岗教师58.4%。开展2019年教师专业技术等级岗位聘用工作，有1位教师岗位等级晋升到九级岗位；通过高级教师专业技术职称评审委员会评审并取得高级教师专业技术职称资格6人；评审通过并取得中初级专业技术资格123人，认定初级并取得初级专业技术资格67人。全面实施“国培计划”“省培计划”，认真落实教师骨干培训、短期培训、远程培训等，组织参加各级各类培训，2019年内共有2人次参加国家级培训，762人次参加省级培训，849人次参加市级培训，1864人次参加区级培训。与韶关学院省级中小学教师发展中心合作举办“四维一体”模式实施教师教育创新试验区项目县整体提升教师能力培训班，先后组织“武江区始兴县校长领导力培训班”“武江区2018年新教师培训班”“武江区2019年新教师培训班”“武江区教师培训师培训班”，2019年内共有参训教师564人次。开展武江区中小

2019年3月22日，区委书记颜亮调研芙蓉新区教育重点项目（东岗太阳城小学低年级部）建设情况　　（谢悦彬　摄）

学教师资格认定工作，其中春季认定通过120人，秋季认定通过27人，合计认定通过147人。实施中小学教师资格定期注册工作，完善教师准入后管理制度。

【教学质量】 2019年，全区教育系统围绕实施“‘学科核心素养教学’质量提升工程”主题，开展丰富多彩的特色教研活动80次。开展联盟体活动，走均衡发展之路，促进教育公平，全区七个“联盟体”，除在“联盟体”内进行教师支教、交流活动外，各牵头单位组织“联盟体”校际间的教研活动，实施“捆绑式”教研。区域内实施教育信息化应用结对帮扶，实现优质学校带薄弱学校、教学点的远程同步互动教学。开展区级同步课堂教研活动44节次，智慧课堂10节次。2019年，各学校获得集体荣誉155个（国家级2个、省级9个、市级54个）；教师在各级各类比赛或评比中获奖1042人次（国家级40人次，省级200人次，市级400人次），其中有4人评为市名校长、2人评为名教师。学生在各级各类比赛或评比中获奖1616人次（国家级8人次，省级341人次，市级621人次）。教育科研成果喜人，教育科研课题省级立项2项，市级38项，区级立项38项；课题结题市级33项，区级21项。其中，韶关市第九中学黄万辉的《双圆米字格习字法教学研究》、武江区教育局袁盛的《义务教育阶段武江区体育与健康地方课程开发与设计的研究》和新华幼儿园黄建荣的《幼儿园共享主题区域和游戏活动的实践模式研究》等三项课题荣获市2019年教育教学成果一等奖，东岗小学李亚老师荣获2019年广东省普通教育教学成果二等奖，武江区华泰小学曾凡娇的老师的《培养小学低年级学生课外阅读兴趣的有效策略研究》被确立为省级“十三五”规划课题；教研室周惠红、刘迎春和金福园小学罗燕珍、黄田坝小学林文辉四位老师的课题被确立为2019年度市教育科研规划课题。

2019年9月8日，武江区教育大会隆重召开，区领导为优秀教师代表献花 （谢悦彬 摄）

【教育信息化建设】 2019年，武江区共投入资金1355.7万元用于信息化建设项目，落实御龙湾小学等3所新建学校及综合楼信息化项目建设、“班班通”多媒体电教平台更新项目等，通过多方筹措资金完成至和汤邓淑芳纪念学校、第九中学信息化中心学校项目建设，新增及更新“班班通”多媒体电教平台189套，全部采用交互式一体机，新增计算机300台，建设3间平板教学班。以联盟体牵头学校为核心，建设完成的高清录播室为载体，将优质资源输送到农村学校和偏远地区，促进网络条件下的教育资源均衡配置，为金福园小学牵头的第四联盟体学校配备1间高清录播室和4套“同步课堂”互动终端设备。全区已有7间学校配备高清录播室，16间学校及教学点配备互动终端设备。积极组织中小学校信息技术教师编程猫培训，开展Python编程专题培训和创客骨干教师技术提升实操培训，共完成140多人次专业知识培训。积极组织中小学校师生参与竞赛活动并取得佳绩，在2019年第20届广东省中小学电脑制作活动中，武江区学生作品获一等奖10件，二等奖5件，三等奖14件，韶关市武江区教育局电教仪器站获优秀组织单位称号；在2019年韶关市教师教育教学信息化交流及新媒体新技术教学应用活动中，武江区教师作品获一等奖14件，二等奖19件，三等奖24件，武江区教育局、韶关市第九中学、韶关市武江区田家炳沙湖绿洲小学、韶关市第十五中学、韶关市武江区金福园小学、韶关市武江区黄田坝小学、韶关市武江区东岗小学被评为优秀组织单位；在广东省教育“双融双创”行动暨2019年教师教育教学信息化交流及新媒体新技术教学应用活动中，武江区教师作品获一等奖2件，二等奖8件，三等奖16件。

【教育惠民】 2019年，武江区发放家庭经济困难学生补助资金344225元，受助学生1203人次；发放学前教育资助金1063500元，受助学生2127人次；发放建档立卡学生（含2019秋季读本科和研究生的建档立卡贫困户学生）免学费和生活费补助资金1751250元，受助学生1012多人次；筹集社会资金393700元；成功申报生源地国家助学金1328790元，受助学生169人次，成功收回应收本息46461.07元。共计4881465万元。

【学前教育】　2019年，全区共有幼儿园76所，在园幼儿14321人，全区学前三年幼儿毛入园率120%。全区幼儿园教职工1952人，其中园长、专任教师1099人。截至2019年12月，全区幼儿园有省一级1所，市一级13所，区一级12所，基本形成以民办教育办园为主体，公办、民办相结合的学前教育新格局。

【特殊教育】　2019年，东岗小学设随班就读特教班1个，有学生14人。至和汤邓淑芳纪念学校设随班就读特教班1个，有学生9人。在福利院设朝阳特教班1个，有学生31人。重阳学校随班就读资源教室已完成装修，制订《武江区2019—2020学年度义务教育阶段适龄重度残疾儿童少年“送教上门”工作方案》，各相关学校依照方案开展“送教上门”工作。

【义务教育】　2019年，全区有义务教育学校30所，其中29所为广东省义务教育标准化学校。全区小学有850个班，初中有149个班；全区义务教育阶段学生共有37514人，其中，小学30786人，初中6728人。

【民办教育】　2019年，武江区民办教育机构有125所，新增17所。2019年，民办教育的审批事项均进驻武江区政务服务大厅，在该区政务服务大厅进行全流程网办，开通在线申报办理，减少群众办事跑动的次数，方便群众办理审批登记，提高办事效率。

【社区教育】　2019年1月，武江区召开创建“广东省社区教育实验区”工作布置会。6月，召开创建“广东省社区教育实验区”工作推进会。7月，在韶关开放大学挂牌成立武江区社区学院。打造新华街花城、惠民街群立、重阳镇万侯三个社区教育示范点。

2019年6月20日，区委常委、常务副区长陈雪到韶关市第九中学视察中考考务工作　（谢悦彬　摄）

【德体卫艺工作】　武江区教育局、文化旅游体育局联合举办2019年区第二十四届中小学生运动会田径比赛，共有390名运动员参加，12人（队）次打破7项全区中小学生最高纪录。参加各级各类比赛取得优异成绩。韶关市第十一中学参加广东省第十二届武术精英比赛荣获18枚金牌、2枚银牌，该校的特色办学成果得到市委书记李红军和市长殷焕明充分肯定与关注。朝阳小学参加广东省第十二届武术精英比赛荣获2枚金牌、17枚银牌和5枚铜牌。该区参加韶关市第二十四届中小学生“英东杯”体育竞赛，十一中获得武术竞赛初中组团体总分第一名，朝阳小学获得小学组团体总分第二名，东岗小学获得乒乓球竞赛小学组第七名，重阳学校、市九中联队获得初中组团体总分第七名，金福园小学获得足球竞赛小学男子组第三名、金福园小学、镇泰小学联队获得女子组第四名，市九中获得初中男子组第六名、十四中获得女子组第三名；十五中获得健美操比赛初中组团体总分第一名，田家炳小学、田家炳沙湖绿洲小学联队获得小学组健美操比赛团体总分第三名。田家炳小学获得团市委、市教育局、市体育局联合举办的2019年全市小学生篮球比赛男子组第二名。举办武江区集体舞、戏剧大赛，第五届现场书画（篆刻）大赛。参加韶关市中小学（幼儿园）第二十四届“英东杯”文艺比赛，武江区集体项目获得四个一等奖的好成绩，其中，新华幼儿园的《妙趣小官》、田家炳小学的《新鞋子》、田家炳沙湖绿洲小学《心中的纸飞机》获集体舞比赛一等奖；东岗太阳城小学的《锦绣梨园》获戏剧类比赛一等奖。东岗小学、韶关市第十四中学代表该区参加韶关市中小学经典诵读比赛均获得一等奖；武江区田家炳小学李玉莹、韶关市第十四中学冯维代表该区参加韶关市中小学心理健康教师专业能力大赛分别获得一、二等奖；东岗小学、金福园小学参加韶关市首届中小学生文明礼仪教育“四礼”创新案例评选分别荣获一、二等奖；东岗小学黄贵琴、蔡璐明、李旸2019年韶关市中小学“阳光成长”心理健康教育论文评比荣获一等奖。芙蓉一小林静妍、东岗小学李旸、钱熙慧参加2019年韶关市中小学法治教育优秀教案征集活动评选荣获一等奖；参加2019年韶关市中小学生“我心中的法治校园”手抄报活动评选两个学生荣获一等奖，两个学生荣获二等奖；参加2019年韶关市中小学生“学宪法讲宪法”主题演讲决赛3个学生荣获一等奖和知识竞赛两个学生荣获一等奖；东岗小学谭果儿代表韶关市参加2019年广东省中小学生“学宪法讲宪法”主题演讲决赛荣获一等奖；8名中学生被评为韶关市三好学生及5名中学生被评为韶关市优秀学生干部，2名学生被授予韶关市新时代文明好少年，5所学校被授予韶关市文明校园荣誉称号；龙归中学潘素明被评为韶关市最美乡村教师。参加韶关市“创建国家森林城市”征文活动，该区学生获得一等奖3篇，二等奖1篇、三等奖1篇。1名学生被评为“韶关市优秀共青团员”，2名教师被评为“韶关市优秀共青团干”，3名少年被评为广东省优秀少先队员，东岗小学周钦健被评为“最美南粤好少年（省级）”，黄田坝小学五1中队被评为“广东省先进中队”，田家炳小学郭笑伶获“广东省优秀少先队辅导员”，9名少年被评为“最美韶关少年”。三所学校（至和、镇泰、沙湖绿洲）少先队大队被评为韶关市“红旗大队”，5个中队被评为韶关市先进中队，4人被评为市优秀少先队辅导员，14名学生被评为韶关市优秀少先队员。

【主要荣誉】 2019年，武江区金福园小学被评为全国校园足球特色学校，田家炳沙湖绿洲小学、沐溪小学被评为广东省校园足球推广学校。韶关市第九中学被评为全国国防教育示范学校。镇泰小学被评为广东省艺术教育特色学校称号。武江区教育局被评为韶关市“宪法进校园”优秀单位、经典诵读先进组织单位。韶关市第十五中学、华泰小学、镇泰小学、向阳小学、风烈小学等5所学校被授予“韶关市文明校园”荣誉称号；韶关市第九中学、东岗小学、田家炳沙湖绿洲小学、芙蓉第一小学等4所学校被授予“韶关市绿色校园”。

【机构设置】 2019年，武江区教育局机关设局长1名，副局长4名。7个内设机构：办公室、人事股、基建财务股、教育股、德体卫艺股、教育督导室、工委办。3个下属事业单位：招生考试中心、区教师发展中心、财务结算中心。全局在职人员39人，其中，在编公务员17人，事业单位编制人员22人。

区教育局领导名录

局　长：汤应辉

党工委书记：陈锦奎

副局长：邓汝机

　　　　黄建忠

　　　　陈少萍（女）

　　　　李远贵（—2019.3）

（谢悦彬）

2019年武江区学校分布简况

表11

学　校	地　址	校　长	办公室电话
韶关市第九中学	芙蓉北路60号	曾展华	6186393
韶关市风烈中学	西联镇	钟　洁	6919111
韶关市第十四中学	如意路11号	骆少毅	6919301
韶关市第十五中学	群立街后山119号	王金枝	8819326
龙归中学	龙归镇社主村	管宇权	6970468
江湾中学	江湾镇江湾街9号	胡香平	6446783
重阳学校	重阳镇政府南路3号	张运才	6546019
西河学校	西河镇下坑	张碧照	8833300

续表11

学　校	地　址	校　长	办公室电话
东岗小学	新建路1号	张万标	6919082
金福园小学	沙洲路3号	刘文燕	6184433
田家炳小学	工业中路71号	王　芳	6919088
黄田坝小学	武江北路147号	郭朝斌	6980456
华泰小学	新津路9号	邓海燕	8612521
镇泰小学	芙蓉北路91号	朱惠珍	8723488
田家炳沙湖绿洲小学	工业西路邹屋村9号	刘　艳	6916780
至和汤邓淑芳纪念学校	芙蓉北路34号	邱必昌	8720708
红星小学	五祖路55路	葛晓娟	8757665
向阳小学	惠民南路19号	何建文	6981572
朝阳小学	惠民北路413号	余德添	8618362
白芒小学	西河镇大村村	刘维海	8134376
风烈小学	西联镇	潘岐定	6915923
风度小学	西联镇车头村	林广强	8174486
阳山小学	西联镇阳山村	张寿南	8136562
沐溪小学	沐溪工业园七路	欧保华	8175145
甘棠小学	西联镇甘棠村	刘星明	8173384
龙归镇中心小学	龙归镇龙续路18号	冯炎成	6451382
江湾镇中心小学	江湾街9号	曾凡津	6446363
东岗太阳城小学	武江区丹霞大道中	吴　邓	6916568
芙蓉第一小学	西联镇韶关大道12号	冯焯光	6915661
新华幼儿园	武江区惠民南路51号	黄建荣	8632464
龙归镇中心幼儿园	龙归镇龙归中学对面	陈　琨	6458226
重阳镇中心幼儿园	重阳镇黄岸村	张贵明	6546019
江湾镇中心幼儿园	江湾镇政府旁	廖忠红	6446363

2019年武江区九年一贯制学校基本情况一览表

表12

学校名称	地　址	开办时间	小学学生数（人）	中学学生数（人）	小学教学班数（个）	中学教学班数（个）	小学教职工数（人）	中学教职工数（人）
西河学校	武江区西河镇下坑村	2012年9月	551	204	16	6	19	21
重阳学校	武江区重阳镇镇政府南路3号	2011年2月	652	305	20	8	36	31

2019年武江区幼儿园、学前班统计表

表13

独立幼儿园（所）						小学附设混龄班（个）	在园在班幼儿（人）	教职工（人）			
合计	教育局办	单位办	镇办	村办	私立			合计	其中		
									园长	教师	保育员
76	4	0	0	0	72	0	14321	1952	123	976	484

2019年武江区幼儿园情况一览表

表14

幼儿园名称	地　址	开办时间	幼儿数（人）	教学班数（个）	教职工数（人）	占地面积（平方米）	建筑面积（平方米）	级别（区级、市级、省级）
新华幼儿园	武江区惠民南路51号	1998年9月	397	15	40	1205	3550	市一级
江湾镇中心幼儿园	武江区江湾镇政府旁	2011年9月	67	3	5	685	491	市一级
龙归镇中心幼儿园	武江区龙归镇社主村龙归中学对面	2018年9月	96	4	12	4890	3909.5	—
重阳镇中心幼儿园	武江区重阳镇黄岸村（原黄土坛小学）	2018年9月	26	1	6	7906	1337	—
小星星幼儿园	武江区鸿泰花园7–8号楼	1997年9月	87	4	11	820	720	—
快乐中英文幼儿园	武江区新津路鸿旺大厦首层	1998年8月	203	6	26	1799	2605	市一级
嘉和幼儿园	武江区工业西路嘉和楼	2006年7月	205	6	23	1305	1430	区一级
花蕾才艺幼儿园	武江区五祖路41号	1989年	91	5	21	1150	1650	区一级
中英文实验幼儿园	武江区沙洲一路	2000年6月	435	12	50	2824.08	2606	市一级
心心幼儿园	武江区新华南路西岸新村12号	1999年12月	93	4	12	180	540	—
坝厂幼儿园	武江区沙洲路28号	2000年9月	145	5	18	350㎡	1050	—
明珠艺术幼儿园	武江区芙蓉北一路5号楼	2002年9月	96	5	18	795m2	795	区一级

续表14

幼儿园名称	地址	开办时间	幼儿数（人）	教学班数（个）	教职工数（人）	占地面积（平方米）	建筑面积（平方米）	级别（区级、市级、省级）
红太阳幼儿园	武江区光明一横巷16号	2003年2月	97	4	12	580	430	—
安盛幼儿园	新津路2号	2005年7月	383	12	48	1800	6736	市一级
童星幼儿园	武江区惠民南路光明巷2号	2015年12月	100	4	14	549	549	—
新华南幼儿园	新华南路一横巷一栋2楼	2015年12月	101	4	16	650	650	—
华泰幼儿园	华泰花园27栋1，2楼	2005年8月	126	6	24	3114	1090	市一级
中央艺术幼儿园	武江区芙蓉东路164号	2009年9月	301	10	51	4550	4158	省一级
博思特幼儿园	武江区体育东路御和苑C栋二层博思特幼儿园	2012年3月	298	9	36	2479	1712	区一级
新世纪幼儿园	武江区芙蓉东路骏达楼128号	2011年11月	77	4	11	750	750	—
富华中英文幼儿园	武江区西河工业西路63栋富华苑B座	2012年12月	203	6	22	850	860	—
鸿泰艺术幼儿园	武江区沿江路芙蓉新城鸿泰花园5号楼	2012年12月	208	7	27	1224	1520	市一级
爱欣幼儿园	武江区武江南路16号	2014年	165	5	20	335	1000	—
金童中英文幼儿园	武江区工业西路芙蓉新苑B幢	2013年	315	10	37	1240	1540	—
吉祥幼儿园	武江区新华南路西岸村98号	2015年3月	225	7	28	1500	3000	区一级
致涵山水华府幼儿园有限公司	武江区芙蓉小区嘉荣苑	2015年8月	154	7	26	2602.78	1797	—
御龙湾博雅实验幼儿园	武江区新民路63号御龙湾D3D4一层	2015年8	377	12	43	3428	3255	—
金泽园卓艺幼儿园	武江区沙洲尾金泽园小区金满楼首层	2016年12月	71	3	15	1530	1530	—
碧水花城实验幼儿园	武江区沿江路16号碧水花城H栋25号	2016年9月	331	10	39	1547	1870	—
创新实验幼儿园	武江区芙蓉东路6号	2018年1月	140	6	24	2200	1600	—

续表14

幼儿园名称	地址	开办时间	幼儿数（人）	教学班数（个）	教职工数（人）	占地面积（平方米）	建筑面积（平方米）	级别（区级、市级、省级）
澳德幼儿园有限公司	武江区新华南路26号广源大厦	2018年1月	267	9	34	915.37	3088	—
博艺幼儿园	武江区芙蓉北路31号	2019年4月	105	5	20	1400	1400	—
桃李园超前教育幼儿园	武江区沙洲尾福彩路5号	2010年10月	192	7	30	446.47	1442	区一级
鑫泰幼儿园	武江区工业中路61号	1991年9月	378	10	38	1380	2380	市一级
金太阳幼儿园	武江区东岗岭25座之二桂苑206号	2006年7月	68	4	10	1100	592	—
西冲幼儿园	武江区工业中西冲路	2005年8月	86	4	13	230	630	
侨新幼儿园	韶关市武江区工业中路新城里一号	1999年7月	232	7	27	500	2200	区一级
欢乐幼儿园	武江区新华北路132号裕华楼2层	2005年7月	147	5	19	827.76	828	—
群康幼儿园	武江区群康路21号	2000年3月	68	3	12	600	830	—
明日之星幼儿园	武江区武江北路朝阳新村内	2001年8月	347	10	40	2250	1900	市一级
惠民北幼儿园	武江区惠民北路群乐楼201	1984年12月	80	3	9	500	500	—
喜洋洋幼儿园	武江区工业中路侨新小区1、2号楼二楼北面	2016年9月	123	4	13	1000	1000	—
山水华府幼儿园有限公司	武江区工业西路26号山水华府旭日附楼	2009年9月	290	10	39	4280	3150	市一级
贝尔长城世家幼儿园	武江区工业西路88号长城世家小区内	2012年12月	316	10	43	2700	2700	—
海景幼儿园	武江区武江北路49号	2014年10月	79	3	11	460	1080	—
康乐幼儿园	武江区教育西路侧14路公交车总站旁	2014年12月	205	7	25	1860	1439	—

续表14

幼儿园名称	地 址	开办时间	幼儿数（人）	教学班数（个）	教职工数（人）	占地面积（平方米）	建筑面积（平方米）	级别（区级、市级、省级）
茗苑明日之星幼儿园	武江区群立街茗苑花园二层	2017年2月	275	10	37	3200	1281	—
金色未来幼儿园	武江区工业西路利民制药厂宿舍	2005年7月	221	7	26	4650	1210	—
沙湖绿洲幼儿园	武江区移山路1号	2019年9月	93	5	21	14435	4705	—
明珠幼儿园	武江区惠民北路493号奥园韶关印象17号楼	2019年9月	30	3	20	58908	3747	—
乔伊贝幼儿园	武江区工业西路26号	2019年9月	46	3	15	3519	1425	—
西联镇智慧星幼儿园	武江区西联镇甘棠新村	2008年8月	64	4	17	500	1200	区一级
西联镇幼儿园	武江区西联镇西联小学内西联幼儿园	2006年6月	200	7	28	1100	2148	市一级
沐溪幼儿园	武江区西联镇沐溪七路沐溪新村	2009年12月	230	7	29	2500	2690	—
西联镇新阳山幼儿园	武江区西联镇新阳山村	2009年12月	99	5	15	800	1200	—
西联镇美海艺术幼儿园	武江区西联镇车头小学内	2015年5月	130	6	25	2566	2200	区一级
西联镇龙飞幼儿园	武江区西联镇阳山综合市场前栋商铺二楼	2003年8月	327	9	29	1200	1500	—
西联镇玫语幼儿园	武江区西联镇	2014年10月	464	13	50	2240	4284	区一级
西联镇旭日中英文幼儿园	武江区西联镇新阳山村11号	2014年12月	176	6	21	1300	1350	—
中央艺术幼儿园一院	武江区西联镇碧桂园·太阳城	2014年12月	330	11	45	6720	3830	—
小阳山金童中英文幼儿园	武江区西联沐溪大道106号	2015年9月	401	12	37	3774	3774	—

续表14

幼儿园名称	地 址	开办时间	幼儿数（人）	教学班数（个）	教职工数（人）	占地面积（平方米）	建筑面积（平方米）	级别（区级、市级、省级）
步步高幼儿园	武江区西联芙蓉大道18号碧桂园·太阳城凤凰酒店旁	2017年3月	378	12	46	3420	2320	—
西联花苗幼儿园	武江区西联镇西联市场附近	2017年7月	65	5	21	1000	630	—
金博士幼儿园	武江区沐阳东路12号卓越雅苑二层	2019年4月	183	6	21	1883	1880	—
黄塱蓓蕾幼儿园	武江区西河镇黄塱管理区茗苑小学内	2004年8月	156	6	24	2185	2090	区一级
广思雅实验幼儿园	武江区建设路13号	2016年8月	379	13	58	5019	2019	区一级
龙归镇南沙幼儿园	武江区龙归镇社主村委大楼内	2002年9月	89	4	16	400	750	—
龙归镇社主幼儿园	武江区龙归镇社主村	1999年8月	201	6	26	6358	1960	市一级
龙归镇园双幼儿园	龙归镇双头村园双幼儿园	2008年4月	368	10	40	3000	1635	—
小龙人幼儿园	武江区龙归镇原凤田中学教学楼	2015年5月	108	4	13	2500	1565	—
龙归镇留村幼儿园	武江区龙归镇原留村小学教学楼	2016年1月	58	3	10	3500	1396	—
龙归镇山前奇石幼儿园	武江区龙归镇奇石小学旁	2017年3月	46	3	11	2000	1030	—
凤田糖果幼儿园	武江区龙归镇凤田南岸	2017年3月	98	3	18	400	800	—
龙归镇智美艺术幼儿园	武江区龙归镇河滨新街	2018年10月	138	5	27	2800	1200	—
龙归镇童乐幼儿园	韶关市武江区龙归镇益龙路	2018年9月	178	5	20	700	1800	—
江湾镇中心幼儿园	韶关市武江区江湾镇政府旁	2011年9月	67	3	6	685	491	市一级
重阳幼儿园	重阳学校对面	2011年3月	197	6	19	2500	1124	市一级

2019年武江区九年义务教育情况统计简表

表15

小学						初中				
完全小学、一贯制（所）	分教点（个）	特教学校（所）	班（个）	学生（人）	入学率（%）	完全中学（所）	普通中学（所）	班（个）	学生（人）	入学率（%）
22	11	0	703	30786	100	0	6	149	6728	100

2019年武江区小学基本情况一览表

表16

学校名称	地　址	开办时间	学生数（人）	教学班数（个）	教职工数（人）	占地面积（平方米）	建筑面积（平方米）	体制（公办或民办）
东岗小学	新建路1号	1965年	2980	63	117	14234	19417	公办
金福园小学	武江区桥西巷二号	1987年	3563	78	129	21494	17745	公办
红星小学	武江区五祖路55号	1953年	1276	27	52	6740	7521	公办
田家炳小学	武江区工业中路71号	1994年8月	2271	51	99	11765	8766	公办
华泰小学	武江区新津路9号	1998年8月	2055	43	65	12807	6834	公办
至和汤邓淑芳纪念学校	芙蓉北路34号	2002年11月	2081	44	79	22000	11000	公办
黄田坝小学	武江北路147号	1986年	952	21	41	5500	3030	公办
东岗太阳城小学	武江区丹霞大道中	2015年9月	2150	48	58	36000	21512	公办
镇泰小学	芙蓉北路91号	1997年7月	1209	28	47	16050	6886.36	公办
田家炳沙湖绿洲小学	工业西路邹屋村9号	2017年6月	1585	33	62	20000	11313	公办
向阳小学	武江区惠民南路19栋	1958年	886	19	30	2736	3500	公办
龙归镇中心小学	武江区龙归镇龙续路18号	1926年	2503	54	101	25972	11118	公办

续表16

学校名称	地 址	开办时间	学生数（人）	教学班数（个）	教职工数（人）	占地面积（平方米）	建筑面积（平方米）	体制（公办或民办）
凤田教学点	武江区龙归镇凤田村民委员会		353	12	15	6600	2507	公办
安村教学点	武江区龙归镇龙安村民委员会		84	3	3	6600	880	公办
续源教学点	武江区龙归镇续源村民委员会		54	3	2	6600	880	公办
奇石教学点	武江区龙归镇奇石村民委员会		90	3	2	15000	480	公办
后坪教学点	武江区龙归镇后坪村民委员会		20	3	2	6334	360	公办
方田教学点	武江区龙归镇方田村民委员会		84	3	3	6660	471	公办
马渡教学点	武江区龙归镇马渡村民委员会		76	3	2	6000	477	公办
风度小学	武江区西联镇车头村	1954年9月	245	6	10	11700	1506	公办
风烈小学	武江区西联镇	1954年	575	15	30	17000	4617	公办
甘棠小学	武江区西联镇甘棠村	1975年	240	6	12	12000	2020	公办
阳山小学	武江区西联镇阳山小学	1958年	1362	29	38	14247	5431	公办
沐溪小学	武江区沐溪工业园七路	1970年9月	800	18	26	20428	3855	公办
白芒小学	西河镇大村村	1951年	142	6	10	4962	2134	公办
朝阳小学	武江区惠民北路413号	1951年	767	17	26	12690	3474	公办
西河学校	西河镇下坑	2012年9月	272	8	14	25000	12669.8	公办
田心教学点	西河镇田心村	1958年8月	61	3	1	16850	1654	公办

续表16

学校名称	地　址	开办时间	学生数（人）	教学班数（个）	教职工数（人）	占地面积（平方米）	建筑面积（平方米）	体制（公办或民办）
茗苑教学点	西河镇黄塱村	1958年8月	218	5	5	8090	1172	公办
重阳学校	武江区重阳镇镇政府南路3号	2011年2月	533	14	40	40130	5853	公办
九群教学点	武江区重阳镇九群村委会大沙洲村	2011年2月	54	3	5	3475	1170	公办
万侯教学点	武江区重阳镇万侯村委会侯屋村	2016年8月	65	3	5	3480	1180	公办
江湾镇中心小学	武江区江湾镇中心小学	1967年	271	9	21	6678	2045	公办
芙蓉第一小学	武江区韶关大道12号	2018年9月	668	15	15	9601.9	6688.19	公办
御龙湾小学	武江区环山路西出口与芙蓉隧道北出口交汇处	2019年	225	5	12	12005	8646	公办

2019年武江区中学基本情况一览表

表17

学校名称	地　址	开办时间	学生数（人）	教学班数（个）	教职工数（人）	占地面积（平方米）	建筑面积（平方米）	体制（公办或民办）
韶关市第九中学	韶关市芙蓉北路60号	1970年	1673	35	119	24485	9130.17	公办
风烈中学	韶关市武江区西联镇	1972年	678	16	58	15645	4609	公办
韶关市第十四中学	如意路11号	1996年5月	1289	28	92	21293	7891.4	公办
韶关市第十五中学	群立街后山119号	2002年8月	1176	26	79	10847	10257.26	公办
龙归中学	韶关市武江区龙归镇社主村	1943年	1308	27	80	39746	19132	公办
江湾中学	韶关市武江区江湾镇江湾街9号	1968年	95	3	18	11865	5046	公办

武江区属学校简介

【新华幼儿园】 韶关市武江区新华幼儿园是一所市一级公立幼儿园，1998年成立，园所占地面积1205平方米，建筑面积3550平方米，现有15个教学班，40名教职工，397名幼儿。幼儿园环境优美舒适，设施设备齐全，户外活动场地宽敞，是幼儿快乐学习、生活的乐园。

幼儿园始终坚持促进幼儿身心健康和谐发展、为幼儿的终身发展奠定基础的办园宗旨，明确给孩子一个快乐童年的办园理念，紧紧围绕快乐孩子、幸福教师、品质幼儿园的发展总目标，构建团队和谐、环境和美、教育和善、课程和润、家园和睦的校园和文化，形成良好的园风，凸显艺术、科学的教育特色。让快乐伴随幼儿成长，让养成成就幼儿的习惯，让艺术成就幼儿的未来。

幼儿园重视教师专业成长，积极开展教科研活动，先后进行《幼儿园心理健康教育的实践研究》《幼儿园共享主题区域游戏的实践研究》等25个省级、市级的课题研究；有156篇教师的论文在省、市、区的教师论文比赛中获奖；《幼儿园共享主题区域和游戏活动的实践模式研究》获得韶关市中小学教育教学成果一等奖；311名教师在广东省青年教师说课比赛、广东省中小学（幼儿园）体育优秀课例展示、韶关市幼儿教师基本功大赛等比赛中成绩名列前茅；涌现一批优秀教师荣获特级教师、广东省三八红旗手、南粤优秀教师、韶关市教学能手、韶关市优秀教育工作者、韶关市优秀教师、韶关市十佳园长等荣誉称号。近年来，幼儿园获得全国巾帼文明示范岗、广东省安全文明校园、韶关市绿色校园等集体荣誉51项；幼儿舞蹈节目《喵喵》《瑶山小鼓娃》《茶儿小小飘香香》等27个节目在省、市的幼儿舞蹈大赛中获奖；共有1890幅幼儿绘画作品、9个陶艺作品荣获国、省、市级的奖项。

【龙归镇中心幼儿园】 韶关市武江区龙归中心幼儿园是一所全日制公办幼儿园，成立于2016年3月，于2018年9月正式开园。幼儿园总占地面积4890平方米，园舍建筑面积3909.5平方米，现有4个教学班，在园幼儿96人，幼儿园教职工12人，全体教职工努力为幼儿创造一个健康、快乐的成长乐园。

幼儿园秉承“以游戏彰显天性，以书香润泽心灵”的办园理念，不断优化办园条件，努力培养自主合作、乐学善思的健康儿童。幼儿园坚持以游戏为基本活动，创设有利于引发幼儿互动的游戏环境，做到美观新颖，温馨舒适，突出主题，操作性强，现全园班级及公共区域共创设“糖果屋”“鲜花坊”等20多个游戏区域。幼儿园还充分发挥户外活动场地的优势，2019年投入近10万元改善户外游戏环境，购置户外滑索、秋千、荡桥及滚筒、木梯等一批，在户外铺设悬浮地板，为幼儿创设安全、童趣的户外游戏空间，孩子们“玩在其中、学在其中、乐在其中”。

开园一年多来，在上级部门的正确领导下、在全体教职工的共同努力下取得优异成绩：幼儿10余幅绘画作品荣获市、该区级奖项；教师10余篇论文及征文荣获省、市、区级奖项；1名青年教师参加区、市级的幼儿园教师基本功竞赛分获一、二等奖；幼儿园负责人被评为“韶关市优秀教师”；幼儿园先后取得食堂量化分级A级食堂、“广东省无烟学校”等荣誉称号。

展望未来，任重道远，全体教职工将齐心协力创优质、办特色、树品牌，让乡镇幼儿享受到优质的学前教育服务。

【重阳镇中心幼儿园】 韶关市武江区重阳中心幼儿园是一所公办幼儿园，是由原来重阳镇黄土坛小学改建而来，并于2018年9月顺利开园。重阳中心幼儿园现在幼儿26人，分三个班来进行教学，其中大班7人，中班13人，小班6人；有教职工6人，其中，园长1名，专任教师6名，专任教师全部是全日制幼儿教育毕业生，并具有大专以上学历。重阳中心幼儿园占地面积约7906平方米，绿化面积约1785平方米，园内环境优美。现有教学楼一栋，主要用于幼儿的课室、睡室及相关的功能室；另有一栋家属楼，现用于教师办公和教师宿舍，此外，还新建门卫室、厨房及相关配套设施。重阳中心幼儿园，从筹建之初就高起点，高标准，按市一级幼儿园标准来配备教学设备和教师，计划初期招3个班，每班30人，共90人，可以满足重阳镇中心及附近农村的幼儿就近入园，基本解决农村幼儿入学难的问题。在教育信息化方面，配有网络中心机房一间，每间课室配备教学平台，可以满足日常的教学和办公需要。

【江湾镇中心幼儿园】 江湾中心幼儿园位于江湾镇政府旁，创办于1998年，当时只有一个班级。现在的幼儿园，建于2009年11月，2011年6月评为韶关市一级幼儿园；幼儿园总面积822平方米，建筑面积738平方米，2019年在岗教职工7人，3个教学班，其中大班2个，中班1个，全园幼儿67人。幼儿园在课程设置上从健康、语言、拼音、社会、科学、艺术六大领域对幼儿进行全面发展的教育，合理安排幼儿一日活动，以游戏为基本活动，保教并重。尊重幼儿身心发展和学习特点，为幼儿提供健康、丰富的生活和活动环境，满足他们多方面发展的需要，培养幼儿良好的习惯和兴趣。

【东岗小学】 武江区东岗小学创办于1965年，原名韶关市第十七小学，1984年韶关市分区后，更名为韶关市武江区东岗小学。2009年8月撤并新华小学，两校合并后分为高低部两个校区。2019年，全校共有教职工117人，63个教学班（含1个特殊教育班），在校学生数为2980人（其中14人为启智班学生），是韶关市的窗口学校。其中，2019年毕业生人数为489人，在小升初考试中均获得良好的成绩。

多年来，学校以“传承文明追求卓越”为办学理念，以“明德博学进而不已”为校训，以“贵学明志修身重行”为校风，以“严谨拓展正己爱生”为教风，以“敏而好学不耻下问”为学风；坚持全面育人，特色办学，办人民满意的教育为目标宗旨；教育教学质量突显、特色鲜明。学校逐步形成以好习惯养成教育的育人特色；专题式培训的家长学校特色；研训一体的教研特色；“以生为本、生生互动、师生互动”的“活力课堂”教学特色；乒乓球传统项目特色；艺术教育社团化特色；传统文化美文诵读特色，深入实施素质教育，注重培养学生综合实践能力，全面提高学生整体素质。学校1995年被定为市、武江区创办家长学校的试点学校，2000年被定为市传统体育项目“乒乓球”训练学校，在武江区、韶关市历次的各种比赛中，均创佳绩。东岗小学在2019年获得3项省级荣誉以及1项市级荣誉；教师分别获得3项省级荣誉和15项市级荣誉；学生获得19项省级荣誉和39项市级荣誉。学校在课程改革浪潮中，始终以科研为先导，积极开展教育科研活动，是广东省“九五”规划实验课题《学科教学与思想品德教育》实验学校、全国教育科学“十五”规划教育部重点课题《体育与健康》实验学校和教育部人文社科“十一五”规划项目《教学临界国的理论与实验研究》总课题组实验基地。

学校创办五十多年来，曾先后被评为全国助残先进集体，广东省普教系统先进单位，广东省先进集体，广东省普法先进单位，广东省推普先进单位，广东省优秀家长学校，广东省读书读报先进集体，广东省文明单位，多次获市、武江区教改先进单位、教学先进单位、文明单位、巾帼文明示范岗、青年文明号、普法先进单位、党风廉政建设先进单位、卫生先进单位、先进党支部等荣誉称号。

【金福园小学】 武江区金福园小学创办于1987年，原名新华南小学。为感谢韶关市金福园置业有限公司捐建综合楼的义举，2000年5月更名为韶关市武江区金福园小学。

学校现有金福园小学校本部和金福园小学电化分校区两个校区，实行“一校两区”“四统一”的一体化管理。即统一办学思想，统一领导班子，统一人事，统一管理机制。

2019年，韶关市武江区金福园小学有教学班78个，学生3563人，在职在编教师129人，教师学历100%达标。学校领导班子年富力强、务实创新，团结协作；以中青年为主体的教师队伍德才兼备、爱岗敬业，阵容整齐，为全面推进素质教育奠定坚实的基础。

学校校园占地面积约21494平方米，校园环境优美，布局合理，设有符合省标准的课室和开放式阅览区、班级图书角。良好的校园环境和教学、生活、体育设施为学校的可持续攀高及学生的可持续发展提供有力的设施设备保障。

学校课室均安装多媒体电教平台，校园网络覆盖学校，为教育技术现代化、数字化校园建设迈向新的台阶。

金福园小学全面贯彻党的教育方针，遵循教育规律和学生的成长规律，秉承“金色童年，幸福教育，成长园”的核心办学理念，坚持“为学生的幸福人生奠基”的办学宗旨，以“幸福文化”引领学校发展；重视教师专业成长与学生全面发展，积极开展教师教科研活动及学生各类社团、兴趣小组活动，健全学校的育人体系，积极构建“全员育人，全程育人，全方位育人”的育人格局，构建“金色、阳光、和谐、进取、幸福”的校园，努力办好人民满意的教育。

学校先后被评为“全国（基础教育）爱国示范学校”“全国教育网络系统示范单位”“广东省绿色学校”“广东省安全文明校园”“广东省规范化学校”“韶关市绿色学校”“韶关市行为示范校”“韶关市教育科研先进单位”“韶关市书香校园”“韶关市卫生先进单位”“韶关市德育工作先进单位”“韶关市义务教育阶段‘减负增效’典型学校”“韶关市未成年人思想道德建设先进活动基地”“武江区文明单位”“武江区先进团支部”“武江区固本强基示范单位”“武江区德育创新实验学校”“武江区教育教学先进单位”“中国好老师公益行动基地校”等。

【红星小学】 韶关市武江区红星小学办学历史悠久，60多年风雨兼程、蓬勃发展。1953年，在现武江区工农巷的位置开办韶关市西乡小学，是学校的前身。20世纪60年代，西乡小学整体搬迁到现址即武江区五祖路，该址原是一国民党伤兵医院。20世纪80年代，武江区建区，学校更名为“韶关市武江区红星小学”，是西河镇中心小学。基于这段历史，红星小学办学一直倡导弘扬革命传统，弘扬社会主义主旋律，红色教育、革命传统教育是学校师德教育、学生思想品德教育的重要组成部分。时至今日，又与社会主义核心价值观教育对接，其教育内涵既有历史沿袭，又彰显时代气息。

学校占地面积6740平方米，建筑面积7521平方米。现有27个教学班，在校学生1276人，毕业生216人，教职员52人。2019年，新建的求美阁、3个开放式智慧书吧投入使用。

2019年，学校继续以“向往教育”为内核，秉承“红星照亮一生”办学思想，在校训“我是一颗星”的感召下，从“穿好衣、走好路、说好话、唱好歌、扫好地、做好操、写好字、读好书”入手，着力培养“习惯良好有品质，基础扎实有潜质，兴趣广泛有特质的文明、好学红星人”，达成“红星闪闪亮，颗颗放光彩”的办学追求。学校坚持“抓住每一门学科、滋养每一位学生，培育一校好老师、打造一校好课堂”，全体同学在老师的辛勤培育下，争做“习惯良好有品质、基础扎实有潜质、兴趣广泛有特质”的文明好学红星人。

学校党支部被评为武江区先进基层党组织，学校荣获韶关市第三届小小科学家活动团体三等奖、2018年计算机软件评审活动优秀组织奖、2018年韶关市中小学电脑制作活动最佳组织奖，3个课题获武江区级以上奖励。教师有47人次获得校级以上教育教学奖励，学生有152人次获得校级以上比赛奖励。

【田家炳小学】 田家炳小学原名工业中路小学，创办于1994年（定编18个教学班的办学规模）。1998年由香港爱国实业家田家炳捐资扩建，并更名为“田家炳小学”（扩编为24个教学班的办学规模）。2007年宏顺实业有限公司捐建综合楼一座（扩建36个教学班的办学规模）。2011年撤并一棉小学后，办学规模增加到51个教学班。2017年因一棉校区教学楼被评定为危房，现所有学生均在总校。2019年度共有学生2271人，教职工99人。教师专业结构配置合理，专任教师学历达标率100%，具有本科学历的教师66人。

学校占地面积11765平方米，校舍建筑面积8766平方米，校园布局合理，功能区划分较清晰，现有教学楼4幢，六层综合楼一幢。体育活动场总面积8414平方米，两个校区共有4个篮球场，1个200米跑道，一个80米直跑道。学校配备专用多功能电教室、心理辅导室、乒乓球室、党务室、队部室、图书室，原电脑室、实验室、图书阅览室、美术室、音乐室、民乐舞蹈室均改为教室。本学年在北教学楼一楼增设2个小读书吧，为学生提供阅读空间。

学校的办学理念是为学生的全面发展奠基，努力培养基础扎实，习惯良好，身心健康，全面发展的学生。在育人的过程中，把立德树人作为教育的根本任务，全面加强德育、智育、体育、美育等工作，使学生全面发展，拥有幸福美好的明天。

学校以体育大课间为抓手，结合自身优势，将篮球开发成校本课程，创体育艺术特色学校，全面推进素质教育，展现特色。2019年，学校被评为广东省依法治校示范校、2018—2019年度武江区先进中队、红旗中队荣誉称号，在团体艺体比赛中荣获多个省市级一等奖以及“体育道德风尚奖”。教师有79人次获得区级以上教学奖励，学生有125人次获得区级以上比赛奖励，集体有14项荣获区级以上奖励，共计获奖217项。

【华泰小学】 武江区华泰小学地处武江区新津路九号，创办于1998年，开始名为新津小学，2006年改名为华泰小学。学校占地面积12807平方米，建筑面积6834平方米。校园布局合理，环境优美。学校教学设施设备齐全，设有现代教育实验室、仪器室、图书阅览室（含电子图书）、体育器材室、音乐室、舞蹈室、队部室、电脑室、心理咨询室、书法室、美术室等。

学校现有教学班43个，在校学生2055人，专任教师65人。其中省级骨干教师2人，区级骨干教师3人，区级学科带头人3人。师资力量雄厚，教学水平精湛。

经过多年的努力，学校曾先后获“全国校园文化建设先进单位”“广东省优秀少先队红旗大队”“广东省安全文明校园”“广东省依法治校示范校”“广东省英特尔未来教育技术示范校”、“市优秀少先队红旗大队”“市心理健康教育示范校”“市校务公开先进学校”“市科研工作先进单位”“市教育信息化建设与应用先进单位”“市义务教育阶段教学质量优秀单位”“市德育示范学校”“武江区文明单位”“武江区文明校园”“武江区平安校园”“武江区教学工作先进单位”等荣誉称号。

学校从课堂入手，坚持“先学后教，以学定教、教学合一”

的现代教学理念，改革教学模式，提高教学质量。改革的是课堂，成长的是教师，受益的是学生。2019年，学校有教师70多人次在省、市、区三级教育教学科研成果、课堂教学、教学论文、优质课比赛中纷纷获奖；有学生110人次在省、市、区三级书法、绘画、歌舞、朗诵、体育等比赛中纷纷获奖。

学校坚持面向全体，开齐开足课程，开展阳光运动，增强师生体质。大课间、体育课、课外兴趣小组活动百花齐放；篮球、足球你争我抢；跳绳、踢毽子遍地开花。每天锻炼一小时，阳光体育四点半。德智体美齐发展，师生快乐满校园。

【至和汤邓淑芳纪念学校】　韶关市武江区至和汤邓淑芳纪念学校坐落于韶关市芙蓉北路，学校占地面积2.2万余平方米，建筑面积1.1万平方米。

学校前身是韶关市电石厂联办职工子弟学校，教学环境极差。2002年11月，为解决附近企业下岗职工、外来民工子弟入学难问题，在上级党政部门的关心下，由香港至和坛基金会主席汤伟奇先生等一批慈善人士慷慨解囊，政府部门也投入巨资，将学校异地重建，并改名为“武江区至和汤邓淑芳纪念学校”。多年来全体师生发愤图强，砥砺奋进，学校规模不断扩大，办学水平不断提高，校园焕然一新。学校现有44个教学班，1个特教班，在校学生2081名，毕业生241名，教师79名。校园环境幽雅怡情，“善”味浓郁，处处呈现浓厚的文化气息。学校设备设施先进，高清录播室、多媒体阶梯电教室、图书阅览室、心理咨询室、舞蹈室、音乐室、电脑室、特教资源室、创客实验室等功能场室一应俱全，为孩子的快乐成长提供广阔的空间。

为传承社会各界人士对学校的善心善举，根据学校的校史和校情，学校以“善文化”为核心文化，遵循“向善求真健体”的办学理念，确立“以善育德，以善立教”的办学思想，营造“明德知善，求真善美”的校风，即引导师生求真、向善、爱美，以善为美，积善成德。培育孩子从小就做善良之人、有爱之人，让善的种子在孩子的心间生根发芽。学校还注重学生的艺体发展，组建击剑队、足球队、篮球队、毽球队、田径队、合唱队、舞蹈队、鼓号队等；击剑运动普及到一至五年级的课堂，成为校园中的“格斗芭蕾”；校园足球每班每周开展一节。创客、击剑、校园足球、城市学校少年宫成为学校的四大特色品牌。

在“善文化”的浸润下，校园内文明有礼蔚然成风；教师循循善诱、乐教善研，学科教学质量有质的飞跃，得到社会各界人士的赞誉。学校先后被评为“武江区教学工作先进单位”“武江区教学工作进步单位”“武江区平安校园”“武江区体育特色教育学校”“韶关市德育示范学校”“韶关市绿色校园”“韶关市文明校园”韶关市“模范教工之家”“韶关市城市学校少年宫项目单位之一”“广东省少先队红旗大队”“广东省教育信息化中心校”“英特尔未来教育项目推广示范学校”“全国青少年校园足球特色学校”“全国‘百社千校书香童年’阅读活动基地学校”。

【黄田坝小学】　黄田坝小学创建于1986年，办学至今32年。她坐落于美丽的武江河畔，是一所环境幽雅，绿树成荫的园林式学校。学校占地5500平方米，校舍建筑面积3030平方米，现有教学班21个，在校生952人。学校是广东省义务教育标准化学校，拥有宽敞明亮的教室、电脑室、心理咨询室、音乐室、体育室、图书室、红领巾广播站等各类功能场室；学校新建环形塑胶跑道、塑胶运动场；每间课室均配备多媒体教学平台。

学校拥有一支爱岗敬业、积极奉献、素质精良、争创一流的教师队伍。现有教师41人，1名教师曾受国家级奖励，2名教师曾受省级表彰，32名教师曾获得市级表彰；多年来学校培养出2名省级骨干教师，1名市级学科带头人，3名区级学科带头人；教师学历100%达标，其中本科以上学历教师占83%。

近年来，学校高度重视文化建设，学校将“红棉树”定为学校的象征物，并着力挖掘红棉精神，确立“红棉树正气，尚美导人生”的办学理念。在这一理念的引领下，形成“正直向上　勇于担当”的校训，“和谐，勤奋，求实，进取”的校风，以及“身教善教，诲人不倦”的教风和“好学乐学，学而不厌”的学风。学校将“红棉花开朵朵红”文化理念渗透到管理文化、教师文化、学生文化、课程文化、环境文化五个方面，以期让师生们获得更好的、主动地、个性化的发展，使学校走上文化育人的高地。

“尚美教育”是黄田坝小学打造的办学特色，主要体现在四个方面：一是以品德高尚为美，实施尚美德育，打造德育特色。二是以满腹诗书为美，实施大阅读教育，打造书香校园。三是以体质健康为美，积极锻炼身体，形成篮球特色。四是以情趣高雅为美，培育艺术之花，彰显艺术特色。

近几年，学校先后获得“韶关市武江区艺术特色学校”“韶关市武江区体育特色学校”“武江区教学工作先进单位”“韶关市德育示范学校”“韶关市安全文明校园”“韶关市先进教育工会”等荣誉称号。

【东岗太阳城小学】 武江区东岗太阳城小学创办于2015年9月，坐落在韶关市芙蓉新城。学校现有教师58人，学生2150人。学校占地面积36000平方米，建筑面积21512平方米，教学设施齐全，师资精良。图书室、美术室、音乐室、计算机室、足球场、篮球场、排球场、羽毛球场、体育馆等各类功能场室一应俱全，初步形成“环境优美、设施先进、质量一流、初具特色”的办学格局。2018年11月，东岗太阳城小学低年级部校区开工建设，于2019年12月完成建设，新校区办学规模36个班，学位1620个，占地面积约2.8万平方米。

东岗太阳城小学借助“名校+新办校”的共享发展模式，在短短的四年时间里已彰显优质发展的态势，实现高起点起步，高速度发展。学校以“育名生、出名师、创名校”为办学目标，秉承“博爱、博雅、博采”的办学理念，扎实推进教育教学活动。学校创设多种教研途径，不断促进教师专业成长：开展学科技能比赛，强化教师基本功；师徒结对，促进青蓝工程建设；同课异构、一课多轮，提高教师的课堂教学能力；带领教师参与课题立项研究，鼓励教师向专家型教师转变。学校全面推行“养成教育”活动，按照“低起点、小坡度、分阶段、多层次”的原则，培养学生行为有姿势、语言讲文明、学习有方法、做事有思想的良好习惯。学校重视课程文化建设，开办美术绘画班、舞蹈班、书法班、合唱队等，丰富多彩的校园文化活动，调动学生积极参与，使学生个性及能力得到充分的张扬和锻炼，成效显著。学校已初步形成以“孝文化”为引领的校园文化特色。依托新办校的后发优势，东岗太阳城小学开展“IT+教育”的管理模式的有效探究，将信息技术与现代化学校管理进行整合。教师依托网络开展业务学习研讨、教师指导学生根据课程特点选择信息化工具进行网络化学习等，在线上线下共享发展方面走在武江区的前列。

学校先后荣获“韶关市文明校园”“武江区教学工作进步奖单位”“武江区教学工作先进单位”“武江区中小学校园足球文化节团体一等奖”等集体荣誉。

【镇泰小学】 武江区镇泰小学的前身是制药厂联办小学，创建于1971年。1997年夏，更名为芙蓉北小学，成为武江区教育局下辖的公办小学。2000年，由镇泰集团慈善基金会捐资扩建，更名为韶关市武江区镇泰小学。镇泰小学占地面积16050平方米，建筑面积6886.36平方米，有28个教学班，学生1209人，教职工47人。该校是省级绿色学校、市级绿色生态学校，广东省义务教育标准化学校，电教室、语音室、舞蹈室、书法室、美术室、音乐室等功能场室配备齐全。

2019年5月31日，区委副书记、区长郑伟平到镇泰小学调研指导教育工作 （刘华华 摄）

镇泰小学秉承“环境育人、文化兴校”理念，谨守“明志砺学、崇真尚美”之校训，强化内部管理，坚持以人为本，狠抓教学质量，创新德育机制，逐步形成“团结、朴实、顽强、攀高”的校风，并且在校园足球、书法教育和校园生态建设方面，凸显学校的办学特色。

镇泰小学注重学校领导班子建设，倾力打造教师队伍。倡导立德树人的教育观念，落实具体有效的教师成长计划，鼓励教师参加各类培训。现有在编教师学历达标率100%，区级学科带头人2人，区级骨干教师6人，一批年轻教师迅速成长，成为学校教育教学的中坚力量。

学生的健康成长和个性发展，是学校教育的核心目标。围绕这个目标，镇泰小学展开多层级多方位的教育活动：以课堂教学为主阵地，坚持教学常规和教育科研并重，努力提高教育教学质量；创新德育教育形式，积极培养学生良好的道德品质；开展丰富多彩的课外活动，让学生的个性爱好得到充分发挥；建立长效的安全教育和预警机制，努力为学生创设安全舒适的学习环境。

多年以来，在上级教育部门和镇泰慈善基金会的领导和关怀下，镇泰小学不断发展和进步，社会声誉日益提升。

【田家炳沙湖绿洲小学】 武江区田家炳沙湖绿洲小学坐落在武江区工业西路繁华而又美丽的沙湖绿洲旁。校园占地面积为2万平方米，建筑面积11313平方米，运动场面积5058平方米。校园布局合理，教学、艺术、体育、科技等学生活动场所一应俱全且整洁有序，学校自然景观、人文景观和谐统一。

学校有在编教师62人，高级教师1名，学科带头人3名，本科学历51人。33个教学班级共1585名学生，2020年7月毕业生人数达146人。学校以“小小绿芽，茁壮成长，让未来更精彩”为办学宗旨，把“尊重学生多元发展培养有素养时代人”作为学校的办学理念，形成“能说能拼能担当”的校训，以文明、自信、求实、创新作为校风，仁爱、智慧、责任、奉献为教风，乐学、善思、合作、进取作为学风。学校坚持与时俱进，落实立德树人的根本任务，着力提高学生核心素养。以健康向上、阳光智慧的“绿芽”文化作为校园文化建设努力发展的方向，实施“绿芽育人”“绿芽课堂”“绿芽课程”“绿芽管理”，让师生获得专业化、个性化发展。

学校坚持以活动促教，以活动促学，重视凝聚和发挥名师团队的示范引领作用。依托智慧课堂网络平台，构建“互联网+教研”模式，积极开展学科交流、教学素养大赛、专题讲座、课题研究等活动聚焦“学科核心素养”提升工程，教师在活动中均得到锻炼和发展。

武江区教育局以社团建设为依托，将优秀传统文化知识融入学科教学中，打造绿芽育人课程体系作为学校发展的突破口。将育人目标融入课堂教育教学、融入校园文化建设，最终实现用传统浸润学生心灵，以德育塑造人生的“一生一兴趣，一生好品质”育人特色。

多年来，学校先后获得“武江区教学先进单位”“武江区教学工作进步奖”“武江区未成年人思想道德建设实践基地”“武江区平安校园”“武江区文明校园”“韶关市文明校园”“全国柔道特色学校”“韶关市绿色校园”“全国田家炳沙湖绿洲小学德育创新卓越奖”等荣誉称号。

【向阳小学】 向阳小学地处韶关市惠民南路，创办于1958年，是广东省义务教育规范化学校。

学校占地面积2736平方米，建筑面积3500平方米，拥有教学楼1栋，综合楼1栋。学校现有在岗在编教师30人，在校学生886人，毕业生99人。学校功能室有计算机室、音乐室、体育活动室、舞蹈室、仪器室、心理咨询室、保健室、多媒体电教室等，所有班级严格按照标准化要求配备班班通设备。学校建有一条50米的塑胶跑道和一个符合新标准的塑胶篮球场。

向阳小学充分挖掘校名文化内涵，结合学校“葵花朵朵向阳开”办学理念，积极构建“向阳文化”特色品牌，打造“向阳教育”办学特色。向阳教育是一种光明的教育、温暖的教育、励志的教育，是一种用阳光之心育阳光之人的教育，是一种使每个孩子眼前始终有希望，行动始终在奋进的教育。

多年来，学校树立“阳光教育”的教育理念，以“感恩、崇善”为学校德育核心理念，学校焕发出生机和活力。在培育和践行社会主义核心价值观教育活动中，以弘扬中华传统美德为导向，以学雷锋为抓手，以韶关市红星综合厂为基地，广泛开展志愿献爱心主题实践活动，打造出学校德育教育的一大亮点。

学校致力于课堂教学改革，“阳光课堂”在新课程标准实施过程中，从解决教学中的实际问题入手，以行动研究为主要研究方法，大力开展校本教研活动，以“爱是教学成功的基础，创新是教育的希望”为学校教学理念，形成“实践反思，同伴互助、专业引领”的教学模式。

【龙归镇中心小学】 龙归镇中心小学创办于1926年，是九年义务教育寄宿制公办学校。分高年级部、低年级部校区，高年级部校区位于龙归镇龙续路18号，低年级部校区位于龙归镇政府斜对面（原龙归二中）。学生辐射周围16个村委会1个居委会，覆盖人口4万余人。学校环境优美，布局合理，教学硬件设施完善，龙归镇中心小学占地面积25972平方米，建筑面积10606平方米。2019年8月动工兴建学生饭堂一栋三层，2019年12月底竣工，新增建筑面积512平方米，现建筑总面积达到11118平方米。截至2019年年底，校本部有教学班54个，学生2503人，下辖凤田一个完小及方田、安村、奇石、续源、马渡、后坪等6个教学点30个教学班，共计84个教学班，学生3264人，其中女生1580人，内宿生223人，2019年六年级毕业学生465人。教职工130人，研究生学历1人，本科学历71人，大专学历54人；小学高级教师2人，小学一级教师80人。

学校秉承“正品雅行，笃学致远”的校训，坚持“尚品、尚善、尚学、尚礼”的校风，以“崇教厚德，业精善教”的教风依法治教，以“乐学善思，敦品正行”的学风去育人。2019年10月，参加武江区中小学校“我和祖国共成长.同心筑梦新时代”中华经典诗文诵读比赛荣获三等奖；2019年11月，参加韶关市武江区第二十四届中小学生田径运动会荣获小学A组（团体总分）第一名。阮欣婷老师撰写的《培养学生的审题能力，提升学生的数学素养》《基于核心素养，浅谈新老师理念》分别获得2019年武江区数学论文评比一等奖、德育论文评比二等奖，潘智鹏老师撰写的《新形势下小学德育教育的研讨》获得2019年武江区德育论文评比二等奖；林敏怡、邝月利、曹娴三位同学参加广东省教育系统关心下一代工作委员会举办的“新时代好少年”广东省青少年书画摄影大赛荣获一等奖。

路漫漫其修远兮，龙归镇中心小学将继续以“创办家长满意的学校”为奋斗目标，夯实各方面基础，在素质教育之路上踏实、坚定地前行，为进一步提高学校教育教学质量而不懈努力。

【风度小学】 风度小学位于韶关市武江区西联镇车头村委，北江河水从学校门前静静地流过。学校始建于1954年，由于孟洲坝水电站的建设，占用原校址，于1992年重建，1994年迁入现校址。2019年12月更名为韶关市风度小学，历经半个世纪多的风雨。学校现占地面积11700平方米，建筑面积1506平方米，学校覆盖周围5个自然村，服务半径1.5千米。现有学生245人，6个教学班，专任教师10人，学历达标率100%。学校布局合理，教学区、活动区分明。教学设施齐全，有仪器室、科学实验室、图书室、多功能准备室、语音室、美术室、音乐舞蹈室、体育室，心理咨询室、多媒体室、队部室等11个功能室。学校以均衡发展和创先为契机，大力加大校园建设力度，学校面貌日新月异，教学楼重新装修一翻，每间教室都配备多媒体电教平台，实现班班通。学校现在已是绿树成荫，百花竞放，空气怡人。教学条件日趋完善，为教育教学水平的提高创造良好的条件，为培养学生全面发展奠定良好基础。多年来，学校紧紧围绕办“农村孩子的乐园，教师成长的沃土”这一理念，本着“办人民满意的学校，做人民满意的教师，教人民满意的学生”的教育宗旨，立足农村现实，科学施教，教研兴校，全面执行教育方针，积极推进素质教育。以“诚实、勇敢、文明、活泼”为校训，以“为学生一生负责”为目标，狠抓学生的养成教育，实行精细化的管理，亲情化的服务。学校强调学校发展、教师发展、学生发展，学校把工作定位在：为师生成长助力，为学校的持续发展奠基上。学校在实践中探索，在探索中发展，取得一定的成绩，先后荣获“2008—2009学年度教学工作先进单位”“2009—2010学年度教学工作先进单位”“2010—2011学年度教学工作先进单位”“2012—2013学年度教学工作进步奖”“2013年武江区第一届校园文化体育节暨第三届中小学生篮球比赛第三名”“2014年韶关市第二届《弟子规》朗诵比赛系列活动优秀组织单位”“2016—2017学年度教学工作进步奖”“2017—2018学年度教学工作先进单位”等荣誉称号。

【风烈小学】 韶关市风烈小学地处武江区西联镇，原名韶关市武江区西联小学，创办于1954年，2019年更名为韶关市风烈小学。学校现有15个教学班，教师30人，在校学生575人，毕业班学生78人。学校占地面积17000平方米，建筑面积4617平方米，绿化面积2550平方米，运动场面积5670平方米。校园布局合理，宽阔的操场，醒目的文化长廊，校园处处充满生机，是师生工作学习的好地方。学校2006年6月成功创建“韶关市绿色学校”，2011年1月顺利通过韶关市“广东省义务教育阶段规范化学校”评估验收。

学校以提高教育质量，发展学生个性特长，办人民满意的学校为宗旨，确立“让孩子快乐，让教师幸福，让家校和谐”的办学理念，并形成“严谨善学、团结进取”的校训，“铿锵前行、梦想飞扬”的校风，“教书育人、多出人才”的教风，“勤学好问、择善而行”的学风。近年来，学校在当地政府及村委的大力支持下，进一步改善办学条件，优化育人环境。学校坚持以教学为中心，以课题研究为科研兴校策略，狠抓常规管理，创设以“激励为主，公平竞争”的管理机制，引导教师争优创先，着力打造出一支高素质的教师队伍，促进教学质量的快速提升：学校在2008年、2009年和2010、2012年的武江区教学评估中，获“教学工作先进单位”称号。2011年4月，在市教学质量评估中，被评为“市教学质量优秀单位”。学校将继续发扬西联小学良好的工作作风，以“保校园安全、强教学质量、促学生良好习惯养成”为学校工作重点，以“以生为本、智慧育人、让好习惯‘落地’”为学校德育特色工作理念，与时俱进，脚踏实地，认真做好每一项工作。

随着韶关城市建设西移，新区的不断发展，未来的韶关市风烈小学一定会成为高品位的现代化学校。

【甘棠小学】 甘棠小学坐落在韶关市西郊13千米处，是闻名海内外的爱国将领欧震的家乡，新校址始建于1975年，坐落于甘棠工业园东面。甘棠小学学校三易其址，最终于90年代初，由香港余氏宗亲会捐资兴建风采教学楼，2011年新建一幢综合楼。2019年投入7万多元改造师生厕所和一间第三方厕所，已达到上级要求的卫生级别。校园风景秀丽，环境优美，绿树成荫，学校占地面积12000平方米，建筑面积2020多平方米，拥有两个标准的篮球场和一个200米环形跑道的田径运动场。学校功能场室完善、制度健全，教育教学工作成果显著，武江区第23届中小学生运动会团体总分（小学B组）三等奖；2017年中小学（幼儿园）民族集体舞大赛铜奖；2017－2018学年度获得“教育教学进步奖”。2019年中小学、幼儿园舞蹈比赛三等奖；2019年中小学中华经典诗文朗读比赛三等奖。一直以来，甘棠小学秉承“精心育人让校园成为学生成长的乐园”的教育教学理念，不断强化优势，全面提高学生文化素养，抓住“优先发展教育”这个良机。以“用心做好自己的事”为校训，培养学生“勤奋、守纪、拼搏、创新”的精神，提倡“好学、进取、尚品、雅行”的良好学风，逐步形成“严、实、活、新”的教风。学校有专任教师12人（在职中共党员4人），其中在编在岗教师有12人，交流教师2人。本科学历5人，大学专科5人，中师2人，学历达标率为100%。学校共有6个教学班，每班已开通班班通平台，全校现有学生240人，2019年六年级毕业生有34人。学校构建以学生发展为本、自主探究的开放性教学模式，打破传统教学中束缚学生思维的限制，把自由还给学生，为学生思考、探索、发现、创新提供最大的空间，保证教育教学质量的全面提高，从而促进学生的文化素养和人文素养。

【阳山小学】 韶关市武江区阳山小学，建于1958年，坐落在韶关市西郊，323线八千米处。与韶关高铁站和京珠高速连接，占地面积14247平方米，现有教学班29个，学生1362人。阳山小学共有教职工38人，其中，在编教师37人，临聘教师24人，保安两人，厨工1人。学校功能场室配备齐全，现有标准200米环形跑道运动场一个，标准篮球场一个，小篮球场两个。现有学生电脑室、音乐室、舞蹈室、体育室、图书阅览室、科学实验室、科学准备室、心理咨询室、卫生保健室、多媒体电教室、少先队部室等各种功能场室。教室全部安装现代化教学平台，实现教学手段现代化。此外，在有关部门的领导下，该校还规划进一步扩大规模，新建两栋教学楼与新的运动场。

学校坚持“有教无类，阳光成长”的办学理念，和“愉悦教学，成就成长”的教学理念，坚持一切为孩子，为孩子的一切的办学宗旨。坚持在内涵上下功夫在特色上做文章。严格学校管理。坚持依法治校。依法治教，确保教学质量稳步上升。该校重视且积极组织教师参加各类培训、外出学习，鼓励教师撰写教育教学论文，近三年来20多篇论文获武江区级以上奖项，多位教师的课题在区级以上立项，教师和学生在参加区级比赛中名列前茅。

学校高度重视学生素质，教育成立多种兴趣小组，培养学生的创新思维和实践能力。2019年度，阳山小学带领同学们积极参加各项活动，也取得一定的成绩。使每个孩子得到积极、主动、活泼、健康地成长。学生们全方位发展，做到讲文明、懂礼貌、讲卫生、爱学习，形成“好学善思，文明守纪”的良好学风。

【沐溪小学】 韶关市武江区沐溪小学，创办于1970年9月，是一所完全小学。2008年，学校异地新建，现址位于韶关市武江区沐溪工业园七路。

学校占地面积20428平方米，其中建筑面积3855平方米，运动场地7332平方米，绿化面积9241平方米，覆盖率达45%。学校现有教学班18个，在校学生800人。学校现有专任教师26人，大专以上学历33人，中级职称以上教师9人。

2012年学校通过教育强镇验收，设施设备齐全。学校共安装

32个摄像头，校园监控系统实现全覆盖，进一步提高安全防患措施。2014年11月，完成课室网络"班班通"工程，全部课室安装教学平台，让农村的孩子享受到城区孩子同等的教育待遇，实现教育的均衡化。

多年来学校以"勤奋坚毅、拼搏向上"为校训，坚持"着眼未来，全面发展，整体优化，个性鲜明"的办学方向，狠抓师资队伍建设，坚持在内涵上下功夫，严格学校管理，坚持依法治校。近年来，学校注重文化育人，该校校园文化定位为小水滴文化。该校自行设计小水滴吉祥物，水滴精神在沐小师生心中生根发芽。该校课题《水滴文化育人功能的有效性研究》成功立项韶关市课题，自编校本课程《小水滴诗文诵读本》荣获广东省校本课程成果二等奖、小水滴文化系列论文两篇荣获省一等奖，小水滴"与黎明齐诵"活动深入人心，该校经典诵读荣获武江区中华经典诵读比赛一等奖、小水滴社社团精彩纷呈：美术社团的师生作品荣登《中国少年报》；足球社团师生表现出色，女子组荣获武江区第二名、男子组乙组第二名，该校被评为广东省足球特色推广学校。学校教育教学质量稳定，素质教育取得较大成效，在武江区的农村小学中享有很高的声誉，是武江区农村小学中的一颗璀璨明珠。学校先后被评为"武江区文明单位""武江区教学工作先进单位""韶关市绿色学校""广东省绿色学校""武江区体育特色学校""武江区先进基层党组织""韶关市文明校园""韶关市卫生学校"。

【白芒小学】 武江区白芒小学位于韶关市西河镇大村村委，创办于1951年，学校占地面积4962平方米，建筑面积2134平方米，现有6个教学班，在校学生142人，毕业生12人，在编教职工10人，学历达标率100%。

学校布局合理，教学设施齐全，有仪器室、电脑室、科学实验室、图书室、书法室、美术室、舞蹈室、体育室，心理咨询室、道德讲堂、队部室、保健室等12个功能室。学校以"严谨求实，创新向上"为校训建设目标，以"团结勤奋，求实创新"为校风，以"严谨争优，律己爱生"为教风，以"诚实守纪，好学进取"为学风，以"以学生发展为本，以创新为动力，以特色为保障"为办学理念，完善各项规章制度，加强教学常规管理，促进良好校风学风的形成，教育教学质量稳步提高。

结合该校德育工作特点，制定"日常工作精细化，常规德育特色化"的工作思路，主要从"改进德育方法，优化育人手段，开辟育人新路，强化德育效果"等方面有针对性地开展各项工作，构建符合新教育理念的特色德育目标。以弘扬和培育民族精神教育、文明礼仪行为习惯的养成教育、诚信教育为重点以德育常规活动为抓手，不断提高德育教育的针对性、实效性、主动性。通过继承传统文化和优秀文化，培养优秀的民族精神；通过针对性的习惯养成教育，培养学生的良好的行为习惯。2019年学生参加比赛获奖情况：武江区中华经典诗文诵读获小学组三等奖；参加武江区第二十四届中小学生田径运动会获体育道德风尚奖。

【朝阳小学】 韶关市武江区朝阳小学位于武江河畔惠民北路413号。学校创办于1951年，占地面积12690平方米，建筑面积3474平方米。它是一所环境优美，设施完善的公办小学，现有教学班17个，学生767人，专任教师26人，学历达标率为100%。

学校始终秉承"全面育人、德育为首"的办学思想，坚持"朝露润泽学子、阳光照亮人生"的办学理念，坚持精细化和创新管理，注重师生文明素养的提升，打造出以"崇武尚德"为核心的武术特色教育，学校被授予"韶关市文明校园"和"武江区武术特色学校"等称号。教学上构建"自主、合作、创造"的课堂教学模式，学校教育教学水平稳步提升，特别是学校学生武术队在参加各级比赛中取得突出的成绩：在参加韶关市第十四届中小学"英东杯"武术竞赛中荣获团体总分第三名；在参加广东省第十二届武术精英大赛中荣获"武德风尚"奖；学校田径队在参加武江区第二十四届中小学生田径运动会中荣获小学B组第一名。

【江湾镇中心小学】 江湾镇中心小学坐落在美丽的江湾河畔，学校创建于1967年，其前身是江湾镇湖洋小学，2002年撤教办更名为江湾镇中心小学，2004年由韶关市武江区接管。学校占地面积6678平方米，2019年加建学生宿舍阳台卫生间面积192平方米，学校建筑面积已达2045平方米，现有教学班9个，学生271人，毕业学生51人。专任教师21人，学历达标率100%。

学校三区（运动区、教学区和生活区）布局合理，有计算机室、科学实验室、仪器室、美术室、音乐舞蹈室、图书阅览室等专用功能室，9个教学班安装多媒体教学平台及无尘黑板，实现"班班通"和"人人通"，建立并开通校园网络。有一个宽敞、明亮、整洁、卫生的师生平安食堂，拥有一个多功能型的运动场和200米的环形塑胶跑道，整个校园紧凑有序，环境幽静清雅。学校有一支爱岗敬业，素质优良，教学经验丰富的教师队伍，是莘莘学子读书，求知，向辉煌人生起飞的极佳场所。近年来，学校在武江区委区政府和教育局的正确领导下，强化内部管理，注重基础教学，狠抓教学质量，在教育教学方面取得较好的成绩，学校先后被评为“武江区教育教学工作先进单位”“武江区德育达标学校”“2016年武江区平安校园”在武江区第四届中小学生乒乓球竞赛中荣获城郊组团体总分第二名，在武江区第二十四届中小学生田径运动会中荣获小学B组第三名。

学校全面贯彻党的教育方针，积极推进素质教育，秉承“人人充满希望，生生健康成长”的办学理念，坚持“立足于学生的整体发展，着眼于学生的个性成长，着立于学生的主题发挥”的办学宗旨，践行“明理、敏行、尚美”的德育理念，狠抓教育教学工作管理，积极实施课题研究，不断完善教育工作方法，增强德育工作的针对性，实效性，开展德育系列活动，促进学生全面发展，赢得上级领导和广大家长的高度赞誉。江湾镇中心小学将一如既往，朝着“强作风、树品牌、提质量”的目标前进，努力把该校打造成为武江山区办学的一张亮丽的教育名片。

【芙蓉第一小学】 韶关市武江区芙蓉第一小学位于韶关市武江区韶关大道12号，背靠芙蓉山脚，远眺可见郁郁葱葱的芙蓉山，空气清新，环境静谧，是学习的理想之地。学校于2018年9月1日正式开学，是一所新星学校。

芙蓉第一小学占地面积9601.9平方米，建筑面积6688.19平方米。学校教学楼是由两栋四方形合围建筑构成，形成一个“回”字形，白墙红顶，与恒大城整体建筑风格相融合。学校现有专任教师15人。学校招生规模为18个标准班约850人。2019年，学校已招生15个班，668人。

芙蓉第一小学按照规范化学校来建设，配备美术室、音乐室、舞蹈室、实验室、电脑室、图书室、心理咨询室、卫生室等在内的多个功能场室。

学校把特色文化建设作为规范办学、提高教育质量的一个突破口，高标准、严要求、重实效，从细节抓起，构建和谐校园。建设班级文化，提高学生参与意识，增强班级活力，凝聚班级向心力；建设办公室文化，提高教师精神追求，明确努力方向，美化办公环境；建设学校制度文化，以规范制度促教学，提高管理上水平；建设学校礼仪文化，通过各种仪式帮助学生树立远大理想，强化责任意识，促进学生养成教育，培养学生文明习惯；建设学校文艺生活文化，丰富师生课外文化生活，培养学兴趣爱好，发展学生特长。

学校把规范学校管理，提高教育质量作为学校的核心工作来抓，提高认识，转变观念，规范教师行为，培养学生行为习惯，认真落实学校常规管理，使学校各项工作逐步实现规范化、制度化、科学化。学校领导班子分工明确，各负其责，对照自己分管的工作，依据标准细则，积极思考，认真完成，规范学校管理，提高管理水平。

学校教育教学能够遵循教学规律，能严格执行新课程标准，教师敬业爱岗，学生积极向上，学校教育、家庭教育、社会教育紧密结合，德智体美劳等各项工作扎实有效开展，为全面推进素质教育，进一步创造良好的育人环境，树立学校良好的教育品牌。

【御龙湾小学】 韶关市武江区御龙湾小学位于韶关市武江区环山路芙蓉山脚下，芙蓉山矿山公园北侧，空气清新，环境静谧，是宜人的学习之地。

学校于2018年12月开工建设，于2019年12月全部完成建设。学校占地面积约12000平方米，建设五层教学楼，规划建筑面积约为8646平方米，由欧浦置业房地产投资有限公司进行建设并简装交付，由武江区教育局进行局部微调和设施设备采购安装。学校建筑呈“士”字形综合设计布局，黄墙红瓦，端庄高雅，建筑风格与欧浦御龙湾小区欧式整体建筑风格极度融合。学校招生规模为24个标准班约1200人。2019年9月，学校已招生一年级5个班，共225人。现有专任教师12人。

御龙湾小学建设规范，户外配备标准200米环形塑胶跑道运动场，场内设置羽毛球场两个，篮球场两个。教学楼内建设有音乐室、舞蹈室、档案室、心理健康室、学生图书阅览室、教师书吧、美术室、科学实验室、书法室、计算机室、卫生室等在内的多个功能场室。课室配备多媒体平台，已实现千兆光纤入校园，千兆交换到桌面的校园网络。

学校以立德树人为宗旨，规范学校管理，把社会主义核心价值观贯穿于教育教学之中，把提高教育质量作为学校的核心工作来抓，重视学生德、智、体、美、劳全方面的发展。教师关爱学生、爱岗敬业，学生勤勉认真、积极向上。学校教育、家庭教育、社会教育紧密结合，创造良好的育人环境。

【韶关市第九中学】 韶关市第九中学始建于1970年，坐落于风景秀丽、环境宜人的芙蓉山北麓。学校占地24485平方米，建有200米标准运动场、2个足球场、4个篮球场等运动场地；配有多间多媒体电脑室、实验室以及多媒体阶梯课室、智慧课室、创客工作室、录播室、舞蹈室、美术室、音乐室、书画室、心理咨询室、卫生保健室等功能场室；课室配备多媒体平台，已实现千兆光纤入校园，千兆交换到桌面的校园网络。

学校现有35个教学班，在校学生1673人，毕业生513人，专任教师118人。其中中学高级教师43人，中级职称以上教师101人，省级骨干教师5人，市级学科带头人3人，市级名校长和名教师各1人，武江区级学科带头人17人。近三年，学校教师获区级以上荣誉和表彰280多人次。

学校坚持“有利于学生成才、有利于教师成长、有利于学校发展”的办学标准，坚持“崇德尚志、乐学乐教、立人成才”的办学理念，遵循“严、实、勤、创”四字校训，不断传承“严谨、求实”的校风，发扬“勤勉、创新”的教风，充实“乐学、善思”的学风，努力构建以“教师乐教、学生乐学、成长乐园的愉悦教育和智慧校园、活力校园、和谐校园的三园文化”为内蕴的“乐文化”品牌，追求师生共享“快乐”的教育教学和学习过程，全面培育“四有”新人。

历代“九中人”立足岗位讲奉献、团结拼搏创佳绩。学校获“全国青少年校园足球特色学校”“全国国防教育示范校”“广东省安全文明校园”“广东省依法治校示范校”“广东省书香校园”“广东省五四红旗团委”“韶关市绿色校园”“韶关市义务教育阶段教学质量优质学校”“韶关市首批行为规范示范校”“韶关市教育教研示范校”“韶关市中小学中华优秀传统文化教育试点学校”“韶关市文明校园”和“武江区德育创新与发展工作先进单位”“武江区基层党建示范校”等荣誉称号，连续12年被评为武江区教学先进单位。

在“乐文化”的引领下，学校实现快乐课堂、快乐课程、快乐运动，学校到处洋溢着青春、活力、欢歌、笑语、团结、进取……今天的韶关市第九中学在教育创新改革中，承挑担子立潮头，正以“校风好、学风浓、质量优、美誉高”的窗口形象展示着新时代的韶城。

【韶关市风烈中学】 韶关市风烈中学创办于1972年，始初校名为环市高级中学，由环市公社主办，华南师范大学干部学校协办，1975年9月易名为韶关市第十一中学，2019年11月易名为韶关市风烈中学。现有教学班16个，在校学生678人，在校专任教师58人，高级教师10人，中级教师37人，初级教师11人。韶关市第四批基础教育系统百千万人才“教育专家”培养对象1人，武江区基础教育名教师4人，武江区学科带头人5人。

该校以“关注人、发展人、成就人”的办学理念，以办负责任的学校，做负责任的老师，教负责任的学生为办学目标，秉持“团结、进取、求实、创新”的校训，锤炼“崇德、尚学”的校风，营造“精研、乐教”的教风，培育“善思、乐学”的学风，努力把学生培养成为强健雅正的阳光少年。形成以“强健雅正”的校园文化。建设“和乐”管理团队，即仁厚领导班子、仁爱中层干部、仁义学生干部的“三仁”和善管理。建设“和乐”师资队伍，即爱心、耐心、责任心为一体的“三心”和乐教师。

建设“大德育”体系、建设“和乐”课堂教学建设、“和乐”课外活动。学校在体育艺术和语言文字方面显特色，开展“文武并进显个性”的“大阅读”和“大武术”。2019年，该校师生获得区级以上奖励185人次、市级以上奖励134人次。全区学校中，获奖师生比位居第一。国家级1人次，省级44人次，其中，吴韵婷老师的课例《吸收作用》被评为教育部2019年度“一师一优课、一课一名师”活动“优课”，陈婧老师在2019年第二届广东省初中地理高效课堂微格教学大赛中获得二等奖，2人获得广东省科学中心创意机器人活动“优等奖”，3人获得广东省中小学电脑制作活动数字创作项目二等奖，12位学生获得广东省书画比赛一等奖，武术获得广东省第十二届武术精英赛18块金牌、2块银牌，荣获韶关市中小学英东杯武术竞赛（初中组）第一名等。

【韶关市第十四中学】 韶关市第十四中学创办于1996年5月，是一所年轻又具特色的学校。占地21293平方米，建有电脑、多媒体、音乐、舞蹈、美术、实验、录播等课室和智慧课堂，功能教室齐全。每间教室配备先进的教学平台和丰富的软件资源校园网。有一座现代化的体育馆和一个标准的200米的田径场及羽毛球场、篮球场。现有28个教学班，学生1289名学生，专任教师92人。其中，高级教师33人，中级职称教师51人，名校长1人，名教师培养对象2人，“南粤优秀教师”2人，省级骨干教师1人，市、武江区级骨干教师11人。

坚持“提供特长展示的舞台，搭建专业发展的平台”的办学理念，以“团结、务实、博学、创新”为校训，以“和谐、文明、进取、创新”为校风，以“崇德、敬业、严教、善教”为教风，以“善学、明理、修身、安人”为学风。

以书法、体育大课间为抓

手，结合自身优势，将田径、书法和剪纸开发成校本课程，创体育艺术特色学校，全面推进素质教育，展现特色。2019年，在艺体方面比赛中，有139人次获奖。

围绕学风教育和特色教育两个中心及行为规范养成教育、安全教育、法制教育三个重点，以书法特色教育为抓手，开展书法大课间活动为载体，经常性课堂纪律巡查通报为手段，结合另一特色教育心理健康教育，力促校风转变。

坚持开展教育信息化，运用网络平台教学。利用“互联网+教育”开展业务培训，以微课为突破口，充分运用“学乐云”、智慧课堂，使信息技术与学科教学度融合，有效提高课堂教学质量。积极开展四点半阳光活动，拓展学生视野、丰富学生课余生活。2019年，教师4篇论文在国家、省、市级刊物发表，45篇论文或教改成果获奖。

学校先后被评为国家级国防教育特色学校、学乐云大数据智慧教育示范校、青少年足球特色学校；省一级学校、义务阶段规范化学校、绿色学校、中学生志愿服务示范校、南岭生物多样性保护校园流动式科普基站、无烟单位；市绿色生态学校、卫生先进单位、中小学心理健康教育示范学校、体育传统（田径）学校、毒品预防教育示范学校、中小学中华传统文化教育试点学校、安全文明校园；武江区教学工作先进单位、先进基层党组织等。

【韶关市第十五中学】 韶关市第十五中学是一所既有丰厚文化沉淀又充满青春活力的年轻学校，它的前身是具有五十多年办学历史的韶关市商业学校。学校励精图治，努力打造韶关市初级中学“低进高出，由弱变强”的品牌学校。学校占地面积10847平方米。现有教学班26个，学生1176人；现有专任教师75人，其中，高级教师14人，市名班主任1人，武江区级以上骨干教师7人，名校长1人，名教师1人，武江区名班主任1人。学校已建成现代化信息教学系统和先进的校园网络，完善校园安全监控系统及校园广播系统。

学校坚持“以人为本，科学发展”的办学理念，以“励志、明理、勤学、进取”为校训，以“文明、和谐、务实、进取”为校风，以“诲人不倦、为人师表”为教风，以“好好学习、健康成长”为学风。2010年—2019年，先后被评为“广东省义务教育规范化学校”“广东省绿色学校”“韶关市文明校园”“韶关市德育示范校”“韶关市卫生标兵”“武江区教学工作先进单位”“武江区中小学德育特色创新与发展先进单位”“武江区体育特色教育学校”“武江区平安校园”等。

学校坚持将“以德育德，以爱育爱”德育特色与教育教学改革相结合，取得可喜的成绩：2016年9月8日，该校与北江中学正式挂牌成为结对学校。2014年一举包揽武江区中考总分的冠、亚、季军及第四名，2015年语文、数学、化学平均分武江区排名第一，2017年中考语文、化学、思品、历史平均分武江区排名第一，2018年中考该校再创佳绩，共60人考上重点高中，2019年中考该校谢顺意同学勇夺武江区总分第一名，学校各项指标均排在武江区中学第二名。

同时，学校还注重培养学生的个性，注重兴趣引导，学校先后成立田径队、篮球队、合唱队、舞蹈队、电脑制作兴趣小组、书法兴趣小组等。2019年该校收获颇多，分别荣获学生集体奖市级4项，武江区级4项；学生个人奖项：国家级14项，省级10项，市级77项，武江区级46项；教师荣获省市区级奖项55项，师生共荣获大小奖210项。其中，该校健美操队代表武江区参加韶关市第24届“英东杯”健美操比赛，获得六人有氧舞蹈操单项初中组第一名，花球啦啦操单项初中组第一名，获得初中组团体总分第一名；学校舞蹈队参加2019年武江区中小学舞蹈比赛荣获一等奖；该校学生参加武江区2019年中华经典诗文比赛（初中组）荣获一等奖，参加2019年武江区中小学戏剧比赛荣获一等奖。

【龙归中学】 韶关市武江区龙归中学创办于1943年，位于韶关市区西郊，是一所寄宿制乡镇初级中学。专任教师80人，其中高级教师8人、中级教师63人、初级教师9人，学历达标率85%，现有27个班，学生1308人，毕业学生393人，是全区最大的乡镇初级中学。

学校占地面积39746平方米，建筑面积19132平方米。学校教学楼、综合楼、实验楼各一栋，现有近700个住校生床位，学生食堂一个，能基本满足师生之用。有标准的200米塑胶田径场，一个足球场，4个篮球场，5个羽毛球场、1个排球场。

图书馆现有藏书39602册，生均册30.28册，各类报刊60多种，建有阅览室、多媒体电教室、语音室、理、化、生地实验室、美术室、音乐室、电脑室各两间、1间高清录播室。学生用的计算机和教学科研管理用机共239台，每间教室都有电教平台。理科教学仪器按省级标准配备，艺体卫器材都已达标。

班子团结，依法治校，管理高效，制度完善。实行半封闭管理，确保学生正常的学习活动；实施“精细化”管理，管理效果显著，各项业绩年年攀升。近20

年来上省、市重点高中的人数比例名列全市乡镇中学前列。

龙归中学是“韶关市师德建设先进单位”“广东省义务教育标准化学校”“韶关市安全文明校园”“武江区教学工作先进单位”“武江区先进单位”“广东省毒品预防教育示范学校”“广东省校园足球推广学校”。高亢远行，离不开教育的精神和抱负，面对新的形势、新的挑战、新的机遇、新的起点，学校的全体教职工正以满腔的热情、开拓的精神、实际的行动打造现代教育强校。

【江湾中学】 武江区江湾中学创建于1968年，是一所乡镇寄宿制初级中学，位于武江区江湾镇。学校占地面积11865平方米，现有3个教学班，学生95人，教职工18人，学历达标率为100%。学校教学设施完善，有电脑室、图书室、音乐舞蹈室、美术书法室、心理咨询室、理化生实验室等各类功能室。

2019年，江湾中学在上级教育主管部门的支持下，改造学校的运动场，铺设塑胶跑道和塑胶篮球场；对教学楼进行翻新；改造翻新学生厕所，校园环境有很大的提升。

2019年，江湾中学中考升学率有很大的提高，考上省重点中学1人，考上普通中学11人，升学率为33.3%，升学率较高，得到学生家长和社会的广泛认可。

【西河学校】 学校地处武江区西河镇下坑村，创办于1958年8月，前身是韶关市第七中学、韶州师范学校、韶关市第三中学的分校；1985年由武江区政府接管，并命名为武江中学；2012年8月，将原茗苑小学、田心小学、下坑小学和武江中学四所学校整合为一所九年一贯制学校，并更名为韶关市武江区西河学校，下有茗苑、田心两个教学点；现有22个教学班，在校学生755人，教职工40人，教师配备合理，学历达标率为100%；校园占地面积25000平方米，建筑面积12669.82平方米；“教育创强”期间，政府共投入1000多万元，新建一栋五层的学生宿舍楼、一栋五层的新教学楼和200米环形运动场等，功能场室及设施设备齐全，布局合理，是广东省义务教育标准化学校。

近年来，学校认真贯彻党的教育方针，全面推进素质教育，学校以“为学生成长奠基，为教师发展铺路”为办学理念，制定“诚信、卓越、合群、进取”校训，努力创建“文明、守纪、勤奋、创新”的校风。在推进素质教育的进程中，努力形成“勤奋、严谨、务实、慎思”的教风和“勤学、多思、创新、求活”的学风。学校以“红棉文化”为切入点，培养学生“正直乐观、自强自爱、无私奉献”的优良品行，借助乡村学校少年宫活动，以古筝教学为特色，促进学生个性和谐发展，不断提高教育教学质量。

【重阳学校】 重阳学校是原重阳中学、重阳中心小学于2011年2月合并而成的一所九年一贯制学校，位于重阳镇镇政府南路3号，创办于1951年。现为武江区安全文明校园，武江区平安校园。学校占地面积40130平方米，学校现有28个教学班（含九群教学点3个、万侯教学点3个），在校学生957人，毕业生118人，教职工67人，教师学历达标率为100%。

学校通过校际联盟体（韶关市第十四中学、武江区红星小学）和东莞市低涌中学、广州市98中学、广州市海珠区赤岗小学的大力帮扶，学校的教育教学质量逐步得到提高。学校有教师19人次获得省、市、区论文评比、学科竞赛、优课比赛等奖项；第四届武江区中小学乒乓球竞赛初中组团体总分第一名和城郊小学组团体总分第一名。

“对留守儿童的关怀与教育”是该学校的办学特色，坚持“知感恩，求上进”的办学理念，以“勤奋守纪，励志自强”为校训，培育“文明和谐，务实进取”的校风，努力形成“有教无类，启智育才”的教风和“循序渐进，精思博学”的学风。

学校在上级教育行政部门和重阳镇党委、政府的关怀和支持下，办学条件得到很大的改善。现有多媒体电教室、计算机室、理化生实验室、图书室、阅览室、音乐室、美术室、舞蹈室、团（队）室、心理辅导室、卫生室等设施完善的功能室，建设校园网并接入韶关市教育专网，有200米跑道的运动场和篮球场、羽毛球场、乒乓球台等体育设施，学校生活区、教学区、运动区布局合理规范。

（谢悦彬）

文化·旅游·体育

文化管理

【概况】 2019年，武江区文化旅游体育局（区文旅体局）坚持以习近平新时代中国特色社会主义思想和十九届二中、三中、四中全会精神为指导，紧紧围绕武江区委区政府中心工作，牢固树立“以人民为中心”的发展理念，不断优化文化市场营商环境，稳固“清亲新”型政商关系。全面深化机构改革，完成机构职能划转，推进文化治理体系和治理能力现代化，确保武江区文化市场安全、健康、有序运行。

根据《武江区机构改革方案》，武江区文化旅游体育局不断优化行政职能，主动对接武江区委宣传部完成新闻出版审批管理职能划转。按照“同城一支队伍”文化市场综合执法队伍建设方针，撤销文化市场综合执法编制，移交韶关市文化市场综合执法队统一履行城区文化市场执法职能。

【优化文化市场营商环境】 2019年，武江区进一步优化审批流程、精简申办材料、提高行政审批效能，不断深化“一门式一网式”改革，进驻数据政务服务中心行政许可21项，推进完善区服务办事大厅网上办理事项的法律依据、申请材料、申请依据、办理时限等信息，实现百分百网上办理。坚持行政审批阳光公示制度，文化市场行政审批事项均按照标准程序在武江区政府网上予以公示，并依据行政审批权责清单，依法依规加强对审批事项事中事后监管，严格规范行政许可备案卷宗。2019年，新设立文化企业2家。

【创建平安文化市场】 召开武江区2019年文化旅游体育系统工作会议，动员部署平安文化市场创建年度重点工作，压实行业主体责任，指导行业规范化经营。全面加强监督指导，开展节前文化市场大检查、安全隐患大排查、网吧文明志愿者等专项行动，组织消防知识讲座、应急处置演练等宣传培训活动，出动市场管理人员和志愿者300余人次。建立健全联合治理机制，加强同韶关市文化市场执法队、武江区公安分局、武江区市场监管局等执法部门的沟通联动，开展企业亮证经营、专项安全检查等联合治理行动，协助查处不正规经营行为1起，妥善处理舆情投诉32起。

新建武江区文化馆大厅内景 （谢焘 摄）

【加强公共文化基础建设】 加快推进“三馆一站一中心”达标建设任务。武江区分别于2019年9月、12月完成区文化馆、图书馆建设项目并免费对外开放，成功打造武江文化新地标。加快推进镇（街）文化站和基层综合性文化服务中心提升建设，持续补强公共文化民生短板。充分发挥公共文化交流平台作用，邀请本土特色文化文艺团队轮演，举办非遗、书法、字画等文化文艺作品展出，开设公共文化艺术、“阅读推广人”等公共文化免费培训课程，并被“南方+”“韶关发布”“民生关注”等多家媒体关注报道。

【加快构建公共文化服务体系】 2019年，武江区制定出台《韶关市武江区加快构建现代公共文化服务体系实施方案》，加快构建以区文化馆、图书馆为总馆、以镇（街）文化站为分馆、以基层综合性文化服务活动中心为服务点的三级公共文化服务网络。加强制度保障，于6月分别设立韶关市区图书馆、博物馆机构编制，调整武江区文化馆为副科级编制。不断建强文化人才队伍，持续深化镇（街）文化站业务指导，大力扶持韶关市武江区文化艺术体育协会、韶关市武江区红珊瑚艺术团、韶关市武江区朗诵学会等本土文化协会和文艺团体，会员人数超过3000人。2019年，指导成立文融社会工作服务中心、指导创建文化旅游体育协会，不断培育武江区文化文艺事业领头人。

【培育武江特色文化品牌】 2019年，武江区支持鼓励区文化文艺工作者积极创作能够弘扬中华优秀传统文化、独具武江特色的文化文艺原创作品，指导创作《隶书对联》《瓶子里小世界》等书法、美术作品，并代表区参加广东省群众艺术花会（少儿艺术）评选活动，获三等奖4个。发掘包装舞蹈“点赞新时代”等文化精品，在韶关市音乐舞蹈花会评选中，分别获得一等奖1个，二等奖2个，三等奖及优秀作品奖各2个，并在全省群众艺术花会评选中首次获奖，不断擦亮“善美韶关、魅力武江”特色文化品牌。

【繁荣群众文化文艺事业】 2019年，区文旅体局坚持党建引领深入推进文化惠民工程，成功举办“我们的节日”“非遗戏曲进校园”“送戏下乡”等系列文化惠民活动64场，组织协办“同饮一江水”广东省劳动者歌唱大赛、韶关市群众音乐舞蹈花会等大型文化文艺活动。着力满足市民群众的精神文化需求，不断营造“全民参与、健康向上”的群众文化氛围。主动融入粤港澳大湾区和深圳社会主义先行示范区“双区”文化建设，积极引进珠三角先进文化运作模式和人才队伍，7月成功举办“韶关市武江区MPD青少年艺术节”系列文化活动。为近距离接触湾区潮流，深入探索大湾区先进文化发展理念，打造武江文旅融合新高地提供创新尝试。

【推进文化资源建档】 区文旅体局扎实开展文化资源调查工作，共收集有关数据和影像资料2300多条，包括红色文化资源、历史古迹（文物）、文化传承、自然资源、文化名人（文艺团队）、姓氏分布、非物质文化遗产、文化传说（传说故事）、文化特色、武江美食（传统小吃）等10个方面。编制《韶关市武江区文化资源调研报告》，录入古遗址24处、古墓葬5处、古建筑151处、摩崖石刻1处、近现代重要史迹及代表性建筑27处。其中，包含张九龄家族墓地、余靖墓、芙蓉古刹、文武阁塔等一批重点历史古迹。录入革命遗址共24处，中共南方工作委员会韶关交通站南岸村遗址、李子园炮楼、朱德、陆毅部队韶关驻旧址等重要历史事件和重要机构旧址13处。

【非遗保护传播】 区文化旅游体育局坚持“保护为主、合理利用、传承发展”的原则，不断加大“非遗”保护传播力度，深入开展挖掘梳理、规划保护、传承创新、活动展示等保护传播工作。结合“非遗戏曲进校园”、文化和自然遗产日等活动，成功举办非遗展演30余场。积极推进非遗精品申报。2019年，武江区文化旅游体育局多次深入基层、深入实地，挖掘非遗文化资源，大力推进非遗精品包装。成功申报涂氏水车制作技艺代表性传承人涂祖奕为韶关市第六批市级非物质文化遗产代表性项目代表性传承人。

【文博单位建设管理】 2019年，研究拟制武江区文化遗址保护修复（一期）方案，深化项目前期工作，不断加强文物保护管理力度，分批次推进文物“四有”，2019年完成第一批54处不可移动文物挂牌工作。武江区大力推进区博物馆建设，不断提升公共文化服务质量和接待水平，免费对外开放，馆藏文物、化石、标本等展品461件，共计接待游客2.3万余人次。其中，未成年人8000余人。接待参观团队35个，充分发挥博物馆文物保护传播载体作用。

链接：涂式水车制作技艺简介。涂氏研制的水车以斗子式阳水车为主，曾祖父涂吉纯首次研制出适用于高落差水资源的家乡江湾山区的一架同时可带两碓的斗子式阳水车，比阴水车要高出20—30倍力量。其制作工艺繁杂而精巧，古式的两水碓制作程序讲究。

（一）前期准备工作。首先要有足够的水资源和合适的落差高度，才能确定水车直径尺寸，水驱能带动两条碓杆，这才叫两水碓。安排施工水圳，车坑位置，然后确定碓寮面积和大小，备好材料进行施工。

设计讲求尺寸精准，通过水车的尺寸决定轴的直径和长度，比如：2米直径的水车，直径0.4米的轴，然后根据轴的直径和长度来决定辐条的直径和长度。最后决定穿撑的尺寸。尺寸的决定也需要根据考虑放置地区的水流情况。

（二）水车的制作。水车总体来说分为土木部分和机械部分，水车由于建在水边地带，为增强水流冲力，制作要求精密，水车的拦水部位需要根据水量和水流速度来进行具体设计。主要以木材为主，松木、硬杂木等约要三立方米，其中有水车大棵一根，铁箍两个，铁车芯2条，木车斗30个，蜘蛛脚60支，碓拨两件，车枕两个，碓杆2根，碓横2根，碓矮子2个，碓头木2根，碓嘴2个，碓石臼2个，供水槽1条，总共60多项工序，50多个工作日才能完成一辆水碓。

（三）水车的安装过程。在选好的位置打桩，搭建马口，在两个马口中间搭建一个平台，方便进行安装水车头子的操作。从地面到斜坡，众人合力将水车头子从斜坡拉上马口中间的平台上，装驼梁，装仰月，将头子安放在仰月之上固定。每根辐条安装将其与头子牢牢固定，辐条根部需要做成固定式样，头子也要事先挖好凹槽，两者牢固的连接在一起。随后安装穿撑和小辐条，磴弓以及网玄。在安装完成的时候，需要预留出至少3到4对互邻的辐条，做调整，把最后一个穿撑和磴弓安装好，再一起推进水车头子的凹槽中，整个水车制作完成。

档案工作

【概况】 2019年，武江区档案馆（区档案馆）以习近平新时代中国特色社会主义思想为指导，深入学习贯彻习近平总书记对广东重要指示批示精神以及对档案工作的重要讲话精神，紧紧围绕武江区委、区政府中心工作任务，以档案机构改革职能优化为着力点，加强和改进档案管理服务水平，推动全区档案工作取得新发展。

武江区档案馆是区委直属正科级公益一类事业单位，核定事业编制6名，设馆长1名，副馆长1名。内设机构3个：办公室、接收保管股、技术声像股。

【档案馆建设】 2019年4月30日，区档案馆新馆正式投入使用。新馆由原区文化楼二、三、四楼改建，总投资425万元，建筑总面积约2700平方米，档案库房面积560平方米，按照乙级档案馆标准设计，内有档案装订整理修复室、档案数字化室、消毒室、服务大厅、展览厅等，是一座集档案保管、利用、展览等为一体的多功能综合档案馆。

【档案接收与保管】 2019年，区档案馆接收文书档案117卷3794件，实物印章8枚。累计接收馆藏档案84个全宗，馆藏档案总量为44239卷7462件，其中文书档案5805卷7462件，专门档案38433卷。馆藏照片4380张、实物档案1111件、地图37张。

【档案信息化建设】 2019年，区档案馆充分利用年度档案综合管理项目经费49.59万元，加快完善硬件和软件建设，添置数字档案馆硬件设备、软件产品，为档案信息化建设工作创造便利条件。2019年，完成档案数字化扫描3407卷，50836画幅，累计完成扫描纸质档案10371卷1714件，数据容量532.88GB。

【档案服务与利用】 2019年，区档案馆新馆实现面积达标、功能齐全、设施完备、安全保密、服务便捷的建设目标，为档案查阅者提供更为舒适、优质的服务。2019年，共接待机关部门、社会团体、个人等各界档案查阅人员232人次，提供利用档案资料253卷（件）次。宽敞明亮的服务大厅，耐心细致的服务态度，高效准确的调档速度，区档案馆档案服务工作得到相关部门和社会各界的好评。

【档案消毒与安全工作】 2019年，区档案馆切实履行档案安全主体责任，构建人防、物防、技防三位一体的安全防范体系。班子成员率队定期对档案库房、功能室、办公区域等开展安全隐患排查工作，及时发现和排除档案安全隐患。每季度组织全体人员学习档案相关安全政策文件，提高安全防范意识和应急处置能力。加强和完善硬件设施建设，添置消毒柜、监控安防设备和消防安全设施设备。严格落实档案库房的“八防”要求，特别是在档案消毒工作中，坚持双人在岗，全程监督，确保档案消毒全过程的档案绝对安全，保质保量完成对今年新接收进馆档案的消毒和杀虫工作，有序推进对库存档案全面消毒工作。累计完成40178卷档案的消毒灭菌，其中婚姻档案36510卷，文书档案3668卷。

【档案其他业务】 2019年，区档案馆全力做好机构改革后涉改机构档案工作的审核和指导，协助区市场监督管理局、区文化旅游体育局、区自然资源局等部门开展档案移交接收保管工作，确保档案完整与安全。积极协助区史志办做好自然村落人文历史普查文稿修订和《中国共产党武江区历史》的初稿编撰工作，配合区老促会完成老区革命史初稿编撰工作。

区档案馆领导名录

馆　长：欧阳征禄（2019.2—）
副馆长：李卫东（2019.2—）

（蔡利欢）

党史·地方志

【概况】 2019年，韶关市武江区史志办严格贯彻执行《地方志工作条例》《广东省地方志工作条例》，推动区地方志工作改革创新、开放发展，切实提升服务党委政府、服务经济社会发展、服务人民群众的能力和水平。坚持以习近平新时代中国特色社会主义思想为指导，推动全区史志工作创新发展，开展党史编写、年鉴编纂、自然村落历史人文普查、地方志资料验收整理、革命遗址普查等工作。

【党史编写】 2018年，区党史编辑部完成《中共武江区历史》1984—2006年的内容编写，按照中共武江区委批准的编写方案，2019年新增编写2007—2012年6年的内容，截至2019年10月，已完成《中共武江区历史（1984—2012）》全书初稿编写工作，约40万字。所记载的28年历史，从1984年9月建立韶关市辖武江区并组建中共韶关市武江区委至2012年11月中共十八大召开。

【革命老区申报工作】 根据韶关市领导批示精神和市委党史研究室《关于进一步推进革命老区申报工作的函》相关要求，武江区高度重视，成立以区委书记为组长的领导小组，着力推动革命老区申报工作，切实按要求扎实做好申报材料及相关工作。2019年7月，按照韶关市党史研究室相关负责人关于申报革命老区苏区的意见拟写武江区的申报请示，根据2015年的申报材料进行梳理。7月5日，区委副书记陈刚主持召开武江区申报革命老区苏区工作会议，听取区史志办到市委党史研究室对接革命老区申报事宜，并就此项工作提出意见。7月16日，陈刚率队前往市关工委、市老促会对接并汇报武江区申报革命老区苏区相关工作情况。8月29日，邀请韶关市老促会会长梁聪一行，到武江区指导申报革命老区相关工作。9月中旬，区史志办再次报送《武江区申报革命老区县材料汇编》到市委党史研究室。10月，根据市委党史研究反馈的意见，区史志办重新修改考证报告以及请示，并完善相关佐证资料。11月19日，广东省老促会会长陈开枝一行到韶关座谈，陈刚汇报武江区革命老区情况，并呈报《武江区申报革命老区县材料汇编》一书。

【谋划开展革命遗址普查】 2019年10月，区史志办收到韶关市委宣传部等四单位联合发文《韶关市革命遗址普查工作实施方案》通知，区史志办就武江区的革命遗址情况进行梳理，查阅区史志办、区档案局2010年编纂的《韶关市武江区革命遗址普查资料汇编（1919—1949）》。积极与区相关部门、镇（街）沟通，对全区革命遗址普查工作如何开展等问题进行探讨研究和谋划。区史志办在编制2020年财政预算，把区革命遗址普查工作所需经费纳入财政预算，保证经费。着手编制《韶关市武江区革命遗址普查工作实施方案》。

【扎实开展年鉴编纂】 2019年3月14日，武江区委办、区政府办印发《〈武江年鉴（2019）〉编纂方案》的通知，启动全区2019年年鉴编纂工作。全区62个供稿单位，从2019年报送稿件质量来看，质量有所提高，但仍存在问题：新的动态条目所占比例较小，从全区的角度去写行业内的条目较少，反映武江民生民俗、经济发展及风景特色的图文较少。全书共27个类目134个分目1001个条目，分目较上一年增加8个、条目减少9个。2019年7月23日，区委办发文《关于调整〈武江年鉴〉审稿组及分工的通知》，调整区年鉴审稿组成员。《武江年鉴（2019）》由区审稿组于8月下旬复审完毕，9月中旬方志出版社完成终审，10月下旬完成返稿核稿。年末按时公开出版。

【完成《全粤村情》（武江卷）送审】 2019年年初，《全粤村情》（武江卷）再次修改审核后报送韶关市地方志办方志科终审，并由市地方志办报送出版社。《全粤村情》（武江卷）在区委、区政府的领导和上级史志部门的指导下，经村、镇、区三级的共同努力，历时三载，终于付梓。武江区自然村落历史人文普查工作于2016年5月启动，经自然村调查、普查表填写、系统录入、村落概况撰写、文稿总纂、资料核实补充、图片整理、村名村稿公示等阶段工作，最后报送市、省审查修改后定稿。《全粤村情》（武江卷）记载全区5个镇266个自然村落的人文历史，共计40多万字，随文插图1027幅。

【地方志资料收集】 2019年，区史志办做好组织、指导、检查和督促地方志资料报送工作，收集全区地方志资料年报。10月11日，区委办印发通知报送2018年度地方志资料年报，未完成区志下限年的资料或往年有缺报的单位，于报送时间内一并完成报送。区地方志资料年报收集工作面临困难较大，区较多部门反映上一轮《武江区志》下限年自2005年始的资料距今相隔时间较远，档案资料不齐，难以收集整理完全，尤其是图片资料。

【其他工作】 2019年4月25日，根据市委党史研究室《关于开展韶关市史志工作情况大调研的通知》，报送区史志工作机构设置沿革，近三年来的史志人员队伍、经费、工作机制、工作开展情况等资料。5月29日，按省地方志办关于试点共建地情网栏目的通知，按照稿件编写要素及要求，报送武江区西联镇（工程机械与装备制造）作为特色专业镇的相关材料。7月22日，根据市委党史研究室关于印发《韶关市中共党史教育基地评定方案》的文件通知要求，区史志办整理上报武江区重阳镇南岸交通站作为武江区参加申报韶关市党史教育基地的材料。2019年12月30日，区史志办编写的《广东特色产业村·龙安村、绿树荫里淮山香》在广东省地方志办公室公众号“方志广东”发布。

【开展主题教育】 2019年9月17日，区史志办人员参加区委办党支部“不忘初心，牢记使命”主题教育动员会，就主题教育的要求，不断增强“四个意识”、坚定“四个自信”、做到“两个维护”，筑牢信仰之基、补足精神之钙、把稳思想之舵；始终绷紧思想上的弦，全心全意投身到干事创业的实践中去。11月7日，区史志办人员参加区委办党支部专题组织生活会，通过主题教育，聚焦“不忘初心，牢记使命”，不断锤炼自己。

区史志办公室领导名录

主　任：陈志青

（董素梅）

旅　游

【概况】 2019年，区文旅体局深刻把握打造粤港澳大湾区休闲度假首选地的目标定位，主推龙归至江湾生态精品旅游线路、重阳至西河红色精品旅游线路，以三个美丽乡村样板村为阵地，不断探索“旅游+生态”“旅游+文化”“旅游+体育”等旅游发展新业态。

【旅游宣传推广力度】 2019年7月，武江区举办“魅力武江情，韶州氧吧行”龙归至江湾精品旅游线路宣传推广活动，取得热烈反响并被多家新闻媒体关注报道，助力江湾镇成为网红打卡点、旅游新热点。参展“中国农民丰收节暨生态农业博览会”“2019广东国际旅游产业博览会”等大型旅游推介活动，出展农特产品、传统文化、非遗项目等特色资源，着力推广“绿色城区、武江样板”。

【谋划旅游项目助推融合发展】 统筹谋划韶州文苑、韶州音乐营地、武江区健身步道建设等文旅融合、体旅融合项目，协助推进重阳田园综合体大型农旅项目建设进展。加强旅游基础设施保障，新建改建旅游厕所3座。

【旅游住宿业经济指标持续提升】 武江区旅游住宿业经济指标呈现稳步提升的良好发展态势。2019年，新增韶关市摩尔城酒店有限公司、韶关市荣达九洲酒店管理有限公司2家限上住宿业企业。辖区拥有限上旅游酒店14家、旅行社2家，住宿业增加值增长5.2%，受韶关市文化广电旅游体育局通报表扬。

体　育

【体育管理】 2019年，武江区紧紧围绕“体育强区”发展战略，不断培育武江特色体育精神。坚持以促进文化旅游体育深度融合为抓手，为武江区体育事业高质量发展注入新动能。加快完善公共体育服务基础设施建设，投入42万元用于配置乡村体育健身器材，建成西联新村体育公园、芙蓉新村体育公园，基本完成公共体育服务基础设施全覆盖任务。不断优化体育行业营商环境，坚持“阳光审批”制度，2019年办理高危项目（游泳）行政审批8家。高度重视体育人才队伍建设，大力扶持体育协会和体育团队，指导成立体育协会2家，积极推进协会脱钩工作，不断培育武江区公共体育事业领头人。

【群众体育】 2019年，区文化旅游体育局全面推广“全民健身”和“健康中国”战略，不断加强国民体质监测，完成上级下达的检测任务。引导鼓励全民参与，针对青少年、妇女、职工、老年人等四大群体，成功举办8月8日“全民健身日”活动，2019年元旦、春节、“五一”、国庆系列体育活动等群众性体育活动12场。充分发挥历届体育赛事品牌优势，邀请到棋圣聂卫平、围棋九段郑宏等重量级嘉宾参加“棋逢聂胜、棋迎四方”围棋邀请赛。组织协办2019年韶关马拉松赛，打造户外运动天堂。吸引国内外2万多名选手报名参赛，其中40多名国内外精英选手参赛，多家媒体关注报道，进一步擦亮“善美韶关，绿色奔跑”城市名片，分别受区委“担当落实、走在前列”通报表扬、受韶关市文化广电旅游体育局通报表彰。不断加强社会体育指导员服务站建设业务指导，组织2019年韶关市武江区社会指导员培训，大力培育全民健身带头人，营造“全民参与、全民运动、全民健身”的群众体育浓厚氛围。其中，武江区新华街道社会指导员服务站被评为2019年度A级标准。

【竞技体育】 2019年，区重视培育武江特色体育精神，组织参与竞技体育赛事8场。主动融入粤港澳大湾区体育潮流，成功举办2019年广东省青少年跆拳道锦标赛，并邀请到2004年雅典奥运会女子67公斤级跆拳道冠军罗薇为技术代表，不断扩大武江区体育赛事的社会影响力和群众响应度。主办广东省第六届粤北地区体育舞蹈（国际标准舞）大赛等粤港澳地区大型体育赛事，吸引来自广东、湖南、江西等各地76支精英队伍1900人参赛，参赛人数创造历史新高。组织“武江水口队”参加2019年韶关市“云门山杯”龙舟赛取得冠军，成功卫冕该项赛事“六冠王”，擦亮“重阳水口龙舟”体育品牌。

2019年武江区体育竞技赛事获奖情况

表18

序　号	赛事名称	取得成绩
1	2019年韶关市“云门山杯”龙舟赛	第一名
2	2019年中国足球发展基金会“菁英杯”	07男队第二名 07女队第二名
3	2019年碧桂园业主杯	获得团体赛凤凰城赛区冠军和城市总决赛季军
4	2019韶关市武江区第二届青少年羽毛球公开赛	获得团体第三名
6	广东省第十二届武术精英大赛	韶关市第十一中学武术队荣获18枚金牌、2枚银牌
7	2019年韶关市“农行杯”畅游北江活动	获得优秀组织一等奖
8	韶关市第二十四届中小学生“英东杯”武术竞赛	初中组第一名
9	韶关市第七届老年人运动会乒乓球赛	女队团体总分第一名 男队团体总分第二名 女子单打冠军

【体育产业】 2019年，武江区文化旅游体育局高标准完成体彩销售任务。新增体彩销售点13个，共计设立64个营业网点，总量位列韶关第二。体彩年销售额达到7810万元。实体网点地面销售量位居韶关第一。高于全省市场份额平均增幅，完成省体彩中心下达的年度销售任务。

2019年武江区新增体育场地统计表

表19

序　号	名　称	详细地址
1	芙蓉新村体育公园	韶关市武江区西联镇南华路芙蓉新村（碧桂园·太阳城芙蓉湾北侧约250米）
2	西联新村体育公园	韶关市武江区西联镇韶关大道西联新村
3	韶州公园老虎岩体育公园	韶关市武江区韶州公园南入口老虎岩体育公园

【机构设置】 2019年，韶关市武江区文化旅游体育局内设办公室、公共服务股、市场与产业股，三个股（室）。下设韶关市武江区文化馆、韶关市武江区图书馆、韶关市武江区博物馆、韶关市武江区业余体育运动学校四个公益一类事业单位。

区文化旅游体育局领导名录

局　长：刘　枫（2019.3—）

副局长：唐乃华（女，2019.3—）

彭先国（2019.8—）

杨培华（—2019.8）

（田　萌）

卫生健康

卫生行政管理

【概况】 2019年，武江区属9家基层医疗卫生机构共核定编制339名，实有在编职工总数193人，其中卫生技术人员179人，占职工总人数的92.75%；按职称类型分，副高级职称12人，中级职称42人，初级职称125人，分别占卫生技术人员的6.7%，23.46%和69.83%。乡镇卫生院下辖50间村卫生站，共有50名乡村医生驻点执业。

区属基层医疗卫生机构现有编制床位175张，实际开放病床160张，其中新华、惠民两个街道社区卫生服务中心50张，龙归、重阳、江湾三镇卫生院实有床位110张，沙洲尾和芙蓉新区两个新建社区卫生服务中心因场地限制，暂未设置病床。西河卫生院正在建设，编制病床30张。

2019年，武江区属基层医疗卫生机构、村卫生站门急诊总计380558人次，其中新华街道社区卫生服务中心60304人次，惠民街道社区卫生服务中心133198人次，龙归镇中心卫生院50518人次，重阳卫生院25577人次，江湾卫生院7655人次，村卫生站合计103306人次；出院人数总计3546人次，向上级医院转诊65人次，转诊率0.017%。2019年，区属基层医疗卫生机构总收入8164.2万元，其中医疗收入4141.2万元；总支出8037万元，其中医疗业务成本6045.2万元。

2019年，全区计生报表统计总户籍人口294958人，育龄妇女5.28万人，全区户籍人口出生3579人，人口出生率为12.22‰，人口自然增长率为6.30‰，其中政策内出生3137人，总和生育率为1.55%。符合政策生育率为87.65%。全区户籍出生人口中，男婴1855人、女婴1724人，出生人口性别比为107.60，保持平衡水平。

【卫生科教】 2019年，武江区属7个医疗单位参加在职学历教育在读38人，取得本科学历18人，大专学历7人。2019年参加全科医师培训10人，选送专业技术骨干到上级医院进修6人。此外，武江区卫健局还采取邀请上级有关专家授课的方式开展专业技术培训十四期，参加培训人员为乡镇社区卫生服务中心、乡镇卫生院、村卫生站医务人员共计568人次。

【行政管理】 2019年，武江区卫健局重点抓好社区卫生服务中心、卫生院及村卫生站的管理，做好基层医疗机构建设、卫生防疫及妇幼卫生保健等工作，尤其是各种突发性公共卫生事件及灾害事故的应急处理。2019年度武江区医师执业注册（首次注册）14人，医师执业注册（变更注册）36人；乡村医生执业注册（再注册）33人，乡村医生执业注册（注销）7人；护士执业证书核发（首次注册）8人，护士执业证书核发（延续注册）15人，护士执业证书核发（变更注册）30人，护士执业证书核发（注销注册）1人；医疗机构执业许可（变更登记）3份，医疗机构执业许可（校验）58份，医疗机构执业许可（注销）2份。

【表彰情况】 2019年，武江区被评为全省2018年度计划生育目标管理责任制考评优秀等次和全市计划生育目标管理责任制考评优秀等次。武江区卫生健康局被评为2019年韶关市健康教育技能竞赛团体优秀奖，被评为2018—2019年度韶关市武江区文明单位、韶关市武江区未成年人思想道德建设先进活动基地，武江区卫健局党支部、龙归镇中心卫生院党支部被武江区委评为2019年先进基层党组织。

【机构设置】 2019年，武江区卫健局内设办公室、医政与中医股、基层卫生与妇幼健康股、疾病预防控制与应急股，人口监测与家庭发展股、规划改革与信息统计股、宣传股、人事与科技教育股、财务股、爱卫股。

公共卫生

【传染病防控】 2019年，武江区卫健局积极做好各种传染病的防控工作，加强医务人员对登革热、出血热、疟疾等传染病防控知识的培训，做好传染病的上报工作，做到早发现，早诊断，早治疗。2019年，武江区发生2例登革热、1例出血热，该区密切关注并及时上报疫情情况，配合市疫控中心，做好疫情处置工作和相关病情监测，疫情发生后及时做好舆情及疫情上报，配合市疾控中心做好疫情的处置工作。组织各医疗机构医护人员开展相关知识培训，旨在提高疾病的及时发现和诊断治疗能力，与区爱卫办召开专项会议进行工作部署，加强灭蚊、灭鼠行动。对疫点所在的居民区进行环境卫生整治，加强登革热、出血热相关防治知识宣传教育活动，提高群众防蚊灭蚊、防鼠预防疾病的能力和及时、主动就医的意识。

加强对学校传染病防治、食品卫生和日常卫生管理工作。配合市疾控中心对发生传染病的学校进行应急处置及做好防控措施，使学校传染病得到有效控制。根据《关于印发〈韶关市中学生结核病防治干预项目实施方案〉的通知》（韶卫函〔2017〕132号）文件要求，2019年10—11月，委托粤北二院对武江区五所寄宿制中学的新生进行结核病筛查工作，最大限度地减少该区中学生肺结核新发病例和聚集性疫情的发生。

2019年，武江区传染病发病情况如下：甲乙丙类传染病发病率为1895.16/10万人，甲乙类传染病发病率为367.35/10万人。

2019年区属基层医疗卫生机构传染病例登记537例，网络直报537例，及时上报531例。

【公共卫生事件防控】 2019年，健全区、镇二级公共卫生网络建设，以确保各种突发公共卫生事件和灾害事故的应急处置。区卫生健康局及区属各基层医疗卫生机构调整健全公共卫生事件及灾害事故应急处置领导小组，区属各医疗机构健全相应的医疗救治小组，积极配合市疾控中心开展水质监测、食源性疾病监测、病媒生物监测等工作。

计生服务

【计划生育技术服务】 2019年，全区育龄妇女落实计划生育服务802例，普查普治6720人次，为2216人次提供免费孕前优生健康检查和随访。

【计划生育奖励帮扶】 2019年，全区城镇独生子女奖励对象11337人，发放奖励金额1059.394万元；特别扶助奖励对象352人，兑现扶助金274.14万元；享受农村省奖447人，兑现金额59.6万元；区奖1001人，兑现金额60.65万元；手术并发症扶助对象15人，发放扶助金5.4万元；发放独生子女保健费3万元；为城镇独生子女家庭购买意外伤害保险3.93万元。

【流动人口服务】 2019年，武江区出生人口信息录入覆盖率100%、准确率100%、完整率99.78%以上。加强对流动人口计划生育工作管理服务，做好流动人口服务和信息统计工作，摸清全区全员流动人口底数和变动情况，为群众提供方便、高效的办证和登记服务。2019年，度省内业务通报反馈率和及时率达100%，跨省流动人口计划生育协查信息和通报信息的反馈率、及时率均达100%。全员流动人口信息入库率达90%以上，完善育龄流动人口计划生育信息档案，全区流出已婚育龄妇女办证登记率达100%，流入已婚育龄妇女查证建档率达到100%，流动人口计划生育政策知晓率达到85%，落实流动人口免费技术服务，流动人口目标人群计划生育服务覆盖率达90%以上，进一步推进流动人口卫生计生基本公共服务均等化工作，完善流动人口管理“一盘棋”工作机制。通过开展形式多样的农村留守儿童关爱活动，促进流动人口及家庭全面发展。

医药卫生

【加快建立分级诊疗制度】 2019年，武江区卫健局自2017年3月28日与粤北人民医院签订医疗联合体合作协议以来，按照粤北人民医院制定的医疗联合体章程，以创新运行机制为核心，通过整合市医疗卫生服务资源、实行独立经营、规范服务、分级诊疗、分工合作机制，整体提高全市医疗资源的配置和使用率，促进市、县区两级联动发展，提高区域医疗服务能力。2019年，武江区卫健局组织安排粤北人民医院高血压、糖尿病专家到各基层医疗卫生机构开展“专家下基层”活动共计100余场，超过1000名群众享受到优质的医疗服务。

【完善基层医疗服务体系建设】 加强基层医疗卫生服务能力提升，补齐医疗卫生短板。2019年，沙洲尾社区卫生服务中心和芙蓉新区社区卫生服务中心项目，被列为2019年武江区政府为民办实事项目，由卫生健康局作为建设主体。同时确保沙洲尾社区卫生服务中心在国庆节前正式服务运营也被写入《区委九届八次全会报告》，项目于2019年2月动工建设，该局高度重视，加强组织推进，多措并举，集中优势力量，不断优化建设施工方案。项目建设伊始就统筹开展设备的采购和人员招聘，项目建设的同时设备安装调试和人员培训也同步进行，通过组织中心医务人员到市二院、市疾控中心岗前学习培训，提升医务人员业务水平和服务能力，为中心配备高素质的人才队伍。两家中心经过各项完善后于2019年9月28日开业投入使用，圆满完成武江区政府为民办实事任务。新建空白镇卫生院西河镇卫生院，选址在西河镇下坑村原下坑小学，2019年9月30日该局与下坑村委签订房屋租赁合同，10月在发改立项，该局统筹协调推进，在保证建设质量、施工安全的前提下加快建设速度，项目建

2019年9月28日，沙洲尾社区卫生服务中心启用　（陈励　摄）

设有序施工。同时，2019年年底，该局积极申报政府专项债券，谋划完善疾控中心、卫生监督所等公共卫生服务机构，建设中医院、儿童医院等区级公立医院，提升基层医疗机构建设。

【农村医疗卫生能力提升】 2019年，武江区卫健局加强对乡村卫生站专业技术人员的业务培训，定期组织乡医参加武江区卫健局举办的培训班。加强农村卫生站的考核工作，完善“一村一站一医生两万元”的省财政补贴政策。按照省市村卫生站公建规范化建设工作要求，从2017年至2019年按三年分期建设完成46间村卫生站建设任务，其中2017年完成15间，2018年15间，2019年16间，实现村卫生站标准化建设全覆盖，进一步改善乡村医生工作条件和执业环境。

【医药卫生体制改革】 2019年4月，武江区卫生健康局联合财政、人社部门出台《韶关市武江区基层医疗卫生机构绩效工资管理实施细则（试行）》（韶武卫〔2019〕7号），明确武江区属各基层医疗机构医疗收入的60%返拨作为绩效分配。2019年6月，经武江区委区政府审议制定并印发《韶关市武江区卫生专业技术人才队伍建设若干措施实施方案（试行）》（韶武府办明电〔2019〕32号），进一步简化人才引进程序，明确多项人才激励措施。根据《韶关市武江区人民政府办公室关于印发推进全区医保即时结算终端服务延伸至村卫生站工作实施方案的通知》（韶武府办明电〔2019〕14号）的文件要求，该局于4月26日和6月20日两次组织全体乡村医生参加武江区医保局举办的城乡居民医保即时结算系统操作培训班，截至2019年年底，全区共有30间村卫生站已开通医保即时结算服务。

健康管理

【妇幼保健】 2019年，武江区通过加大与市妇幼保健院、粤北人民医院、市第二人民医院等大型医疗机构的孕产妇信息共享工作，实现对武江区孕产妇全程关注并及时管理。2019年，武江区产妇数3542人，产妇早孕建册3460人，早孕建册率为99.20%；规范管理3192人，孕产妇规范管理率90.12 %；产前唐氏筛查干预4903人，产前诊断540人，重症患儿引产9人；产前机构畸形超声筛查干预4386人，产前诊断1人，重度畸形儿引产1人；地中海贫血筛查干预8025人，基因检测116对，产前诊断112例，重度地贫儿引产17例；住院分娩活产率100%，农村高危孕产妇住院分娩率 100%；产后访视3210人，产后访视率90.63%。

2019年，武江区卫健局、武江区妇联、各镇人民政府和社区服务中心等多部门联合，共同推动农村妇女“两癌”（乳腺癌和宫颈癌）免费筛查工作顺利开展。经过7月和10—11月两次集中筛查，累计完成1701名农村妇女的筛查工作，筛查率101.43%

2019年，武江区活产婴儿3542人，新生儿代谢性疾病筛查7245人，新生儿听力筛查7141人。武江区3岁以下儿童数11723人，规范管理10660人，规范管理率90.93%；7岁以下儿童数24484人，健康管理23489人，健康管理率95.94%。

【儿童计划免疫接种】 2019年，武江区积极做好儿童预防接种工作，开展基层医疗卫生机构预防接种规范管理专项检查，举办预防接种业务技能和管理规范培训班，严格落实疫苗的使用和储存安全。2019年，武江区儿童计划免疫接种情况如下：卡介苗接种率99.53%，乙肝疫苗接种率99.67%，脊灰疫苗接种率99.50%，百白破疫苗接种率99.63%，乙脑疫苗（减毒）接种率99.68%，乙脑疫苗（灭活）接种率100%，流脑A群疫苗接种率 99.76%，甲肝疫苗接种率99.61%。加强免疫接种情况如下：脊灰疫苗接种率99.53%，百白破疫苗接种率99.64%，含麻疹成分疫苗接种率99.68%，乙脑疫苗接种率99.55%，乙脑疫苗（灭活）接种率100%，流脑A+C疫苗接种率99.84%。

【重点人群健康管理】 一是老年人管理。2019年，武江区累计为14591名辖区内65岁及以上老年人建立健康档案、提供生活方式和健康状况评估、免费体检和健康指导等服务。二是高血压、糖尿病患者管理。对确诊高血压和糖尿病的患者进行登记管理，定期进行随访，并进行体格检查及用药、饮食、运动、心理等健康指导。2019年，高血压管理人数6498人，规范管理3055人，规范管理率65%；糖尿病管理人数2417人，规范管理1156人，规范管理率48%。三是严重精神障碍患者管理。2019年9月，武江区严重精神障碍患者救治救助领导小组组织各部门联合开展精神病患者排查工作，在精防医生与乡镇街道、村居、派出所共同努力下，该区共排查出81名肇事肇祸等严重精神障碍患者，该区无危险三级患者。截至2019年12月31日，累计登记1010人，2019年度新建档110人，在册936人，精防医生按照《工作规范》定期对患者进行随访、面访、健康宣教等，每年组织患者到医院免费体检，规范管理数780人，规范管理率83.33%。落实监护人补助制度，为820名患者支付监护补助金66.38万元；购买监护责任补偿保险15.62万元，报销重症患者住院费用102.45万元。四是结核病患者管理。各基层医疗卫生机构医务人员按照管理规范，接上级医院通知后通过入户随访、门诊预约等方式开展结核病患者管理工作。2019年，辖区内经上级定点医疗机构确认并转诊到基层管理的肺结核患者为184人，已管理人数181人，管理率为98.4%；同期内已完成治疗肺结核患者人数203人，经基层医务人员督促按要求规律服药患者178人，规律服药率为87.7%。

【老龄健康工作】 随着机构改革，武江区老龄委办公室从2019年3月由武江区民政局转接到区卫生健康局，并于2019年10月成立武江区老年人工作委员会，办公室设在区卫生健康局。2019年度“银龄安康行动”为全区80岁以上高龄老人及60周岁以上五保户、困难户、优抚对象共计6946人，按每人每年购买一份保费10元的人身意外伤害保险，合计金额69460元，自付费购买约2306人，共计金额230600元，全区共购买9252人，合计金额300060元；2019年度全区总赔135件，赔付金额13.5万元，其中统保赔付83件，赔付金额5.6万元，自费赔付52件，赔付金额7.9万元。

爱国卫生

【爱国卫生运动】 2019年，武江区认真贯彻《关于进一步加强新时期爱国卫生工作的意见》和《广东省爱国卫生工作条例》，把爱国卫生工作纳入国民经济和社会发展规划，爱国卫生工作实行以人民健康为中心，政府主导、部门协作、全民参与、社会监督、科学治理的原则。大力开展爱国卫生运动。通过春秋季、爱卫月及各重大节日期间爱国卫生运动，开展城乡环境卫生整治。全年出动1.2万人次，发放各类爱卫宣传资料2.9万份，清理孳生地276处、卫生死角630处、清洁水体12处、清理垃圾240吨，处理大中型孳生地14个，使用灭蚊药365公斤，出动专业防制人员82人次、消杀器械29台次。

【开展病媒生物防制】 武江区制定《武江区迎接病媒生物防制工作复审的实施方案》，坚持以“环境治理为主，药物防治为辅”的综合防制措施，标本兼治。通过传统阵地和新型传媒手段不断增强群众“除四害”和卫生防病知识。2019年7月31日，举办病媒生物防制工作和登革热防控业务培训班，以提高镇（街）、村（社区）和有关职能部门干部职工除害防病工作能力。加强“四防”装置、毒鼠屋等病媒生物防制设施的管护，查漏补缺，确保设施能充分发挥作用。2019年，共发放病媒生物防制宣传单3.6万份，新装毒鼠屋2978个，对6821个灭鼠屋进行编号，发放老鼠药4120公斤，发放50箱灭蚊片到各单位进行烟熏灭蚊，聘请专业队伍对辖区602个重点场所进行消杀灭蚊。通过一系列科学的防控措施，2019年武江区登革热防控取得显著成效，未爆发登革热疫情。

【推进卫生镇村创建】 2019年，武江区成功创建省卫生镇2个，省卫生村10个，市卫生村8个。四是做好国家卫生城市复审工作。制定《武江区国家卫生城市网格化管理工作方案》，建立科学化、规范化、精细化的巩卫网格化管理模式，全面推进巩卫工作深入开展。2019年，武江区巩卫工作以良好成绩顺利通过省和国家的复审。

区卫健局领导名录

局　长：刘　敏（女）
副局长：雷　霞
　　　　吴荣华（2019.8—）
　　　　候广平（—2019.6）
党组成员：谢甘霖

（李素芬）

社会生活

民政工作

【概况】 根据《韶关市武江区民政局职能配置、内设机构和人员编制规定》(韶武府办发〔2019〕37号)文件精神，设立韶关市武江区民政局(区民政局)，为区人民政府工作部门。区民政局内设：办公室、社会事务股、基层政权股等3个职能股(室)。机关行政编制6名。其中局长1名，副局长2名，正股级领导职数3名。

2019年，区民政局围绕区委、区政府的中心工作，始终坚持“以民为本，为民解困，为民服务”的宗旨，积极开展社会救助、社会福利、基层政权、专项行政事务管理等工作，各项工作取得长足发展。

【社会组织管理】 截至2019年12月31日，武江区核准设立登记的社会组织138家，其中，社会团体22家，民办非企业单位116家；完成变更登记的社会组织11家，其中社会团体2家，民办非企业单位9家；完成注销登记的社会组织4家。

【社会救助】 2019年，区民政局联合相关单位共救助流浪乞讨人员共42人。全年实施临时救助23户60人，共发放救助金7.95万元。完成全区最低生活保障、特困生活保障、孤儿生活保障、残疾人两项补贴等四项提标工作，城镇低保标准按702元/人·月执行，农村低保按484元/人·月执行；城镇特困供养标准按1124元/人·月执行，农村特困供养标准按775元/人·月执行；散居孤儿基本生活费从950元提升至1025元到12月底；残疾人两项补贴提标，其中困难残疾人生活补贴标准提高到165元/人·月，重度残疾人护理补贴标准提高到220元/人/月。

截至2019年年末，全区低保户有934户共1501人，其中城市低保户326户475人，农村低保户608户1026人，兜底保障率100%，共发放788.4万元；特困供养人员146人，共发放特困供养金150.93万元；社会散居孤儿18人，全年发放社会散居孤儿基本生活费为23.31万元；领取困难残疾人生活补贴637人，共发放114.87万元；重度残疾人护理补贴2775人，共发放626.04万元，追缴多发款7960元。

2019年10月23日，区民政局领导陪同区主题教育第四组组长林卫国(左三)调研风采长者饭堂 (区民政局 供图)

【社会福利和慈善事业】 2019年，武江区完成西河镇、西联镇、新华街、惠民街社区居家养老中心建设；大力发展长者饭堂配餐点项目建设，完成该区5个长者饭堂配餐点建设，日均用餐老人约140人次；完善社工机构购买服务工作体系。全面建立80岁以上高龄老人津贴制度，发放津贴152.61万元，惠及5914名高龄老人。

慈善公益活动内容不断丰富，积极开展“广东扶贫济困日”活动，2019年度“广东扶贫济困日”活动共筹募集本级善款137.02万。善款主要用于该区开展扶贫项目工作以及发放相对贫困户慰问金等。

【基层政权和社区建设】 2019年，武江区完成新华街工业中社区、金洲社区、御龙湾社区、武江南社区；惠民街道冷水坑社区、侨新社区、幸福社区、沐阳东社区共8个社区的提升改造任务。

完成全区5镇2街道87个村（社区）两委“白条账”违规发放津补贴情况核查工作。

完成西联镇增设居委会工作。积极推动西联镇增设社区居委会事项，完成碧桂园·太阳城第二社区居委会设立工作。

推动农村基层治理工作。截至2019年12月31日，村规民约和居民公约修订工作涉及全区87个村（居），已完成85个，完成率为97%。全区20户以上村民小组建立村民理事会257个。

认真贯彻落实扫黑除恶专项斗争工作。全年共开展5项行业整治活动，对存在问题建立整改清单和台账，并逐条逐项整改，有效整治民政领域各种乱象局面。

【区划地名】 2019年，区民政局多次深入基层勘查调研，扎实开展全区行政区域边界联检、界线签约委托管理工作，大力推进平安边界工作。积极开展第二次全国地名普查工作多次深入基层勘查调研，扎实开展全区行政区域边界联检、界线签约委托管理工作，完成全区的地名普查工作，并已经通过省厅验收。

【社会事务】 2019年，武江区婚姻登记服务工作不断规范。加强婚姻登记行业的行风建设，提高服务质量，全年共办理结婚登记1770对，办理离婚登记851对，办理补领结婚证书190对，办理补领离婚证70宗。婚姻登记合格率为100%（包含涉外、港澳台的婚姻共19案）。

全面实施城乡居民殡葬基本服务免费政策，免费金额最高为1500元/具。全年共免除城乡居民殡葬基本服务1505宗，免除费用为2255950元。

【社会工作与志愿服务】 2019年，武江区大力推进全区社会工作行业发展，组织动员全区各单位积极参加2019年社会工作者资格考试，共21人通过社会工作资格考试。2019年7月，重阳镇“双百”社工站正式成立并投入使用。

积极发动公益组织参与志愿者服务活动，全年在武江区辖区开展流浪乞讨人员寻亲返乡志愿活动58场，成功帮助60人完成寻亲。

区民政局领导名录

局　长：王洪明（—2019.2）
　　　　邱　江（2019.3—）
副局长：刘志深（—2019.2）
　　　　李新健（2019.3—）
　　　　陈发中（—2019.5）
　　　　徐　玲（女，2019.6—）

（罗　伟）

人力资源和社会保障

【概况】 2019年，韶关市武江区人力资源和社会保障局（区人社局）内设：办公室、劳动就业和培训股、劳动关系股、劳动保障监察综合执法大队、社会保险股、专业技术人员管理股、人事管理股、工资福利股8个职能股（室）；下属事业单位5个：武江区人才工作服务中心、武江区劳动人事争议仲裁院、武江区社会保险基金管理中心、武江区就业服务中心、武江区职业技能鉴定指导中心。在武江区委、区政府的正确领导下，区人社局以“落实政策、服务民生”为工作出发点和落脚点，狠抓各项工作落实，努力推进全区人力资源和社会保障事业健康发展。

【培训与就业】 2019年，区人社局完善和落实各项扶持政策，扎实开展就业再就业工作。全年完成就业困难人员认定644人，办理就业创业证874本，帮助就业困难人员政策咨询715次。全区城镇新增就业人数2205人，年度目标任务2100人，完成率105%；城镇失业人员再就业2010人，年度目标任务1500人，完成率134%；就业困难人员再就业389人，年度目标任务350人，完成率111.14%；开展劳动力技能晋升培训753人次，年度目标任务700人，其中，开展“南粤家政”培训694人次，开展“粤菜师傅”培训105人，其中，培训建档立卡贫困劳动力29人，通过“粤菜师傅”技能竞赛培训60人，开展创业培训（SYB）96人次，城镇登记失业率为2.70%，控制在年度目标3.5%以内。

大力开展再就业援助月、南粤春暖市县（区）联动就业、民营企业招聘周、大中专院校毕业生服务周等公共就业服务专项活动，促进城乡劳动者就业。2019年，区人社局在西河全民健身广场、西桥公园、韶关市技师学院、韶关学院和重阳镇等地举办共计14场“南粤春暖”“精准扶贫”“企业进校园”等公共就业服务系列招聘会，进场人数12439人，达成就业意向1484人，成功实现就业1221人。

【工伤保险】 2019年，区人社局通过调解劳动投诉，为务工人员办理工伤认定235宗，涉及人数235人。

【劳动保障监察】 2019年，区人社局加强劳动保障监察执法工作，认真贯彻落实劳动保障法律、法规，维护劳动者的合法权益。2019年1—12月，共受理劳动者投诉举报案件71宗，涉及劳动者548人，涉案金额833.89万元，已结案71宗，结案人数548人，结案金额833.89万元，结案率100%；其中涉及农民工案件10

宗，涉及农民工350人，帮助农民工追讨回被用人单位克扣、拖欠工资679.3972万元。同时，受理网络问政183宗，答复183宗，答复率达100%。

2019年4月16日至4月26日，在全区范围内联合开展人力资源市场秩序专项执法检查行动，加强与区工商局、公安部门等单位的沟通协调，形成打击人力资源市场违法行为的工作合力，综合运用提醒、约谈、告诫、责令改正、行政处罚及移送司法机关等手段，重点对利用新型社交工具发布招聘信息、收取高额费用的问题进行排查处理，加强对违法主体及有关人员的事中事后监管。维护人力资源市场秩序和劳动者合法权益，为劳动者特别是农民工营造一个健康有序的就业环境。

2019年8月1日至9月1日，组织开展用人单位遵守劳动用工和社会保险法律法规情况专项检查。此次专项检查活动参加执法检查人员数50人次；印发各类宣传资料800多份；检查用人单位共35户，涉及职工人数1095人。通过专项检查，查处违法行为，切实维护广大劳动者的合法权益。

2019年11月15日至2020年春节前开展2019年度根治欠薪冬季攻坚行动，其间该区执法检查组对全区13家用人单位进行检查，涉及劳动者214人。其间，检查出5家用人单位存在欠薪问题，涉及人数18人，涉及金额53552元。现已化解5宗，结案金额53552元，涉及人数18人。

2019年，为规范建设领域施工企业工资支付行为，预防和妥善解决建设领域施工企业拖欠工人工资问题，按照《国务院关于解决农民工问题的若干意见》工作要求，做好建设领域工人工资支付保证金管理工作，区人社局全年共受理74宗，涉及工人工资保证金12826.15万元。

【人才管理与引进】 截至2019年12月31日，武江区事业单位在职工作人员2217人，严格按照事业单位招聘程序，公开招聘和引进各类事业单位人才167人。

【人才服务工作】 2019年，实行日常考核与年度考核相结合。2019年，参加考核的事业单位工作人员2206人，评出优秀309人，占总数的14.01%，合格1769人，占总数的80.19%，其他128人，占总数的5.8%。

【干部管理】 2019年，经韶关市武江区人民政府党组会议研究，任免干部109人次。

【高校毕业生就业】 截至2019年12月31日，武江区接收应届毕业生报到登记1267人，其中：单位就业996人，自主创业59人，升学、出国及其他125人。

【军转干部安置】 2019年，武江区接收安置退役士官13人，随军家属2人。

【工资与福利】 2019年，全区正常工资晋升事业单位人员2199人。做好2018年7月至2019年7月事业单位、机关工勤住房改革补贴调整补发的审核工作，2014年10月至2015年6月事业单位调资未补发和退休人员退休垫付审核工作。

【职称工作】 2019年，根据省市的有关要求，武江区人社局组织做好职称评审与认定工作。审核通过认定初级职称人数16人；评审通过初、中级教师职称123人；同意推荐11名专业技术人员参加高级评审，同意推荐6名专业技术人员参加中级评审。

【劳动人事争议仲裁】 2019年，韶关市武江区劳动人事争议仲裁院加大劳动人事争议仲裁调解力度，完善劳动人事争议仲裁制度。2019年共处理各类劳动人事争议案件224宗（包括上年期末结转2宗），同比上一年同期增长128.6%，涉及劳动者300人，涉案金额423.92万元，结案214宗。其中立案受理132宗（包括上年期末结转2宗），处理结案122宗，通过裁决结案66宗（终局裁决42宗），调解结案56宗，期末10宗未结案件均在法定审限时效内；而通过案外调解结案92宗，涉及劳动者156人，涉案金额163.61万元。全年累计结案率92.4%，调解率69.2%，终局裁决率63.6%。

2019年组织完成全区仲裁员2019年度注册培训；召开2019年度武江区劳动人事争议调解仲裁委员会全体会议；到企业开展劳动争议法律法规宣讲1次、参加现场招聘会法律法规宣传4次，发放宣传资料500余份。

【社会保险】 截至2019年12月，武江区城乡居民基本养老保险参保人数为37254人，年度目标任务完成率101.92%。城镇职工基本养老保险（不含离退休人数）缴费人数为77442人，年度目标任务完成率108.53%。

深入推进武江区被征地农民养老保障预存资金分配工作，累计落实被征地农民养老保障滞留分配资金6607.17万元。

2019年武江区社会保险基金管理中心下放至区，业务大厅进驻区政务服务中心。一是社会保险关系方面。养老保险转出153人，转入申请302，转入确认306人，其中退役军人接续63人；医疗保险转出92人，转入申请199人，转入189人；城乡居民医疗参保缴费人数为6767人，其中新生儿参保589人，特殊人群中途参保6178人。二是养老保险方面。办理正常退休待遇审批共883

人，特殊工种提前退休待遇审批13人，因病提前退休待遇审批19人，重核养老待遇16人，离退休人员死亡待遇148人，在职人员死亡待遇43人，其他退保23人，协助办理省内异地养老金领取资格认证共186人。武江区城乡居民养老保险参保人数36862人，领取长期待遇人数15703人，因死亡或职工已退休等注销账户共352人。共办理城乡居保跨地区转入业务12笔，转出业务1笔。三是医疗保险方面。职工返回结算176人次，统筹金支付94.52万元，大额医疗5.41万元；城乡居民返回结算465人次，统筹基金支付214.50万元，大病保险11.42万元。职工医保住院（转院）：1—9月住院（转院）894人次，基金支付补偿249.60万元。城乡居民医保住院（转院）1702人次，基金支付补偿345.70万元。申报生育待遇384人次。其中该中心经办384人次，生育基金支付416.57万元。四是工伤保险方面。申请领取工伤待遇265人次，工伤基金支付498.67万元。办理建筑业工伤项目登记20个，人员登记69人。五是失业保险方面。受理失业待遇134人，办理失业死亡1人。

2019年，武江区共有214个机关事业单位进行参保登记，符合参保登记范围并正常缴费人数4780人（在职3337人，退休1443人）；基金收入累计10605.52万元（基本养老保险累计7197.36万元，职业年金累计3408.16万元）；待遇发放共1443人，基金支出累计9605.37万元。

区人社局领导名录

局　长：林棋昇（2019.8—）
副局长：张羽忠（2019.3—）
谭友卫
龚存进

（梁程铭）

医疗保障

【概况】 2019年3月5日，武江区医疗保障局（区医保局）挂牌成立。区医疗保障工作坚持以确保基金安全为前提，以保障参保人员切身利益为重点，以加强定点医疗机构监管为核心，积极履行服务、管理、监管、宣传职能，不断创新管理机制和提升服务能力，全力破解影响医保制度运行过程中存在的突出问题和困难，着力推动各项医保工作的全面、协调、快速发展，取得较好的成效。

【基本医疗保险】 2019年，基本医疗保险、生育保险参保缴费工作参保率稳步增长。区医保局通过与税务局、区人社局、区社保中心工作协调，强化部门联动，基本医疗保险、生育保险征缴工作取得一定实效。2019年，参加基本医疗保险人数281303人，完成任务率99.62%，其中职工医保参保人数138916人，完成任务率100.39%，城乡居民参保人数142387人，完成任务率98.88%；2019年，全区生育保险参保人数75777人，完成任务率100.79%。

【医保即时结算终端服务】 自2019年武江区积极部署推进医保即时结算终端服务延伸至村卫生站工作，联合区社保中心深入各镇村卫生站了解工作进展情况，对部分业务不熟悉村医进行“一对一”指导。不仅减轻卫生院的诊疗压力，方便群众就医，也能让群众在自己的家门口就能享受医保报销，真正实现让信息多跑路、群众少跑腿，真正好事办到老百姓的心坎上，切实解决就医“最后一公里”问题。2019年年底，全区公建规范化建设的28家村卫生站100%纳入医保服务协议管理，100%签约参保群众，100%实现通过互联网或手机APP报销系统开展医保即时结算业务。排名全市靠前。

【医疗保障基金管理】 自2019年武江区医疗保障局成立以来，不断健全完善基金监管体制机制，加强综合检查，开展打击欺诈骗保宣传和专项治理，对全区医药机构进行飞行检查，实施联合惩戒，形成基金监管高压态势，起到震慑作用，及时有效防控和化解基金运行风险，不让医保基金成为新的“唐僧肉”。

【医药机构监管】 2019年，全区28家定点医院，108家定点药店按照定点协议管理。通过信息系统数据对住院患者诊疗信息进行实时监控，发现问题及时电话或书面问询，对整改不力的进行约谈，限期整改。同时对患者进行电话回访，对医疗机构报销材料进行事后全面复核，并下达审核意见书。通过不定期检查和年终考核，将进一步强化“两定机构”的管理，进一步规范医疗服务行为、强化服务意识、提高服务质量，更好地为参保人员提供优质服务。

【药品和医疗服务价格管理】 2019年，区医保局定期更新医疗保障目录和支付标准，把更多救命救急的好药纳入医保，减轻人民群众负担，提升医保资金的使用效率。

【医疗救助】 2019年，武江区建档立卡贫困人员等特殊群体6349人，其中由政府全额资助参加城乡居民基本医疗保险5082人，按不低于参加城乡居民基本医疗保险缴费标准予以补贴参加职工基本医疗保险1267人，特殊群体100%纳入基本医疗保险保障范围。武江区共救助困难群众约2200人次，发放医疗救助资金约250万元，经各项医保政策报销后个人负担的合规医疗费用救助比例达到80%以上。其中：全区有就医记录建档立卡贫困户758人次，享受医疗救助758人次，救助率达100%；合规医疗费用55.14万元，发放医疗救助金49.9万元，救助比例90.5%。

【医药采购管理】 2019年，全区参与深圳GPO平台药品跨区域联合集中采购的公立医疗机构有6家；在深圳平台已签订合同总金额约 68.7万元，有效状态的订单总金额为26.6万元。根据深圳GPO平台统计，比对各公立医疗机构2019年相关采购数据，通过实施药品跨区域联合集中采购，综合降幅约22%，在降低药品采购费用、减轻人民群众用药负担方面取得一定成效。

【机构设置】 武江区医疗保障局内设办公室、待遇保障和医药管理股。

区医保局领导名录

局　长：李惠歆（2019.3—）
副局长：叶　盛（2019.3—）
　　　　刘　丽（女，2019.3—）

（曾伟虾）

消防救援

【概况】 根据中央决策部署，原公安消防部队集体退出现役，成建制划归应急管理部，组建成立国家综合性消防救援队伍。韶关市武江区消防救援大队，及下属韶关市武江区工业东路消防救援站、韶关市消防救援支队西联特勤站于2019年12月31日正式挂牌成立。武江区消防救援队伍改革转制以来，始终坚持以习近平总书记“对党忠诚、纪律严明、赴汤蹈火、竭诚为民”的重要训词精神为指引，立足应急救援主力军、国家队建设定位，主动将消防救援工作融入“平安武江”建设大局，在武江区委区政府的坚强领导下，坚持一手抓火灾防控，一手抓消防救援队伍建设，扎实推进灭火、防火中心任务，圆满完成各项工作任务。

【出色完成消防救援任务】 2019年，武江区消防救援大队全年共接出警512起（其中火灾132起，抢险救援与社会救助380起），出动消防车1120辆次，消防人员4630次，抢救被困人员87人，疏散人员66人，抢救财产达1123.5万元，成功处置“12·9”山火扑救、“12·30”沐溪仓库火灾等一系列急难险重灭火救援任务。

【扎实开展火灾隐患整治】 2019年，武江区消防救援大队完成省政府挂牌督办重大火灾单位（华汇工艺制品有限公司）摘牌销案，完成市政府挂牌督办火灾高风险区域（西联镇上庙背村）摘牌销案，由武江区政府挂牌督办区级火灾高风险区域1个、重大火灾隐患单位3个。检查各类单位累计2210家，开展“三合一场所整治”“打通生命通道”等消防安全专项整治行动，推动消防安全“网格化”管理，切实整改消除一批火灾隐患。

【深入开展消防宣传教育】 2019年，武江区消防救援大队贯彻落实“七进”要求，实现立体化宣传格局。开展消防安全“讲师团”培训12场，专题消防宣传6场，受训人员累积达650余人；在中央媒体上稿1条次，省级媒体上稿6条次；结合火灾特点，发出《致市民防火安全一封信》，专门印制电动车、居民住宅火灾防范等海报，发放消防宣传产品、资料累计11万余份；全年消防站开放累积23次。

【夯实队伍建设管理基础】 2019年，武江区消防救援大队坚决执行“两严两准”管理标准，坚持推进落实“两个经常性工作”部署，补齐大队队伍建设存在短板，实现队伍管理执勤规范化、生活条令化、管理精细化。深化全员岗位练兵，常抓日常“六熟悉”、灭火救援演练和实战操法训练相结合，打造地震、抗洪、高层建筑等专业队伍组建建设，提升队伍打赢制胜作战能力。

区消防救援大队领导名录

大队长：陈玉航
政治教导员：王业辉

（吴　鹏）

农村居民收入与消费水平

【概况】 武江区委、区政府全面贯彻落实中央和省、市有关农业农村经济工作部署，落实各项强农富农惠农政策，加快农业科技创新，提高农民职业技能和创收能力，拓宽农民增收渠道，积极推进精准扶贫开发工作。从实际出发，转变农业发展方式，优化农业产业结构，农业农村的各项工作取得新成绩。实施乡村振兴，建设美丽乡村，居民收入平稳增长，生活质量明显提高。

【农业生产稳步增长】 武江区把农业主导产业放在突出的战略位置。通过发展高效优质、特色优势农业产业带动全区农业的发展，主要农作物（粮食、蔬菜）、家禽、水产品等产品产量明显增长。全年农林牧渔业总产值118480万元，同比增长6.2%。

【农民收入显著提高】 2019年，武江区实施精准扶贫开发工作，农民的生产生活条件得到明显改善。加大农村劳动力的培训力度，农民外出务工收入成为收入增长的主要来源。各项社会保障标准调整，继续向低收入群体倾斜，特别是加大对农村地区重点贫困对象的帮扶力度，农村低收入户增收步伐明显加快。通过耕地、林地等资源的规范流转和有效经营，村集体股份分红水平、各种补贴不断逐年提高，农民股权收益增长较快。

根据全区70户农村住户抽样调查统计，2019年武江区农村居民家庭现金人均可支配收入20420元，同比增长9.9%。农村居民家庭现金收入主要由工资性收入、家庭经营收入、转移性收入和财产性收入四部分组成。其中工资性收入和家庭经营收入占人均可支配收入的81.94%，为总收入的主要来源。其中：人均工资性收入12923 元，比上年增加446元，增长3.57%；人均家庭经营收入3810元，比上年增加519元，增长15.77%。从家庭经营收入的组成来看，家庭经营现金收入还是以农业收入为主；人均财产性收入979元，比上年增加972元，增长13886%。人均转移性收入2708元，比上年减少97元，下降3.46%。

【农民消费水平基本稳定】 据调查显示，2019年全区农村居民人均家庭消费现金支出19071元，同比增加4373元，增长29.75%，其中人均食品支出5676元，农村居民食品支出占总消费支出的比重（恩格尔系数）为29.76%；人均衣着支出681元，占总支出的3.57%；人均教育文化娱乐支出（公共文化服务水平）1108元，占总支出的5.81%；人均居住支出5646元，占总支出的29.61%；人均生活用品及服务支出868元，占总支出的4.55%；人均交通通信支出3490元，占总支出的18.30%；人均医疗保健支出1456元，占总支出的7.63%；人均其他用品及服务支出146元，占总支出的0.77%。

互联网产业的快速发展进一步降低手机、电脑等信息消费门槛，通信和上网资费标准不断降低，农村居民对手机、电脑、汽车的需求欲望日益高涨，农村居民信息消费能力得以释放，农村居民生活已经迈入互联网+时代。2019年，耐用消费品每百户拥有量中，手机达到263部，平均每户2.63部；家用电脑46台，平均每户0.46台；家用汽车由2018年的22.3辆增加至23.3辆，平均每户0.233辆；2019年人均上网费和手机费支出分别比2018年增长10.2%和11.6%。

城镇居民收入与消费水平

【概况】 随着经济社会的发展，武江区城镇居民收入与消费水平不断提高，居民消费意识不断增强，消费结构大为改善，消费质量逐步提高，居民消费形式发生较大的变化。

2019年，武江区城镇居民的居民人均可支配收入由2018年的36507元增加到39391元，比上年（下同）增长7.9%，消费结构正从小康向富裕阶段转变。这标志着武江区城镇居民的生活水平和经济社会发展进入一个重要、崭新的时期。从城镇居民人均家庭总收入的四大构成看，经营净收入、财产性收入和转移性收入这三项均呈现较快增长，呈现出三驾马车带动总收入快速增长的良好态势。

2019年，武江区城镇居民人均消费性支出为30390 元。从消费性支出的八大构成看，呈现“七升一降”态势。城镇居民人均食品和烟酒支出为9343 元，上升14.51%；人均衣着支出是1510元，上升19.84%；人均居住支出4089元，上升2.1%；人均生活用品及服务支出是1657元，上升12.42%；人均交通通信支出8176元，增长97.30%；人均教育文化娱乐支出2943元，上升13.45%；人均医疗保健支出是1915元，下降44.28%；人均其他用品和服务757元，上升38.64%。

【工资性收入拥有稳健的占比】 工资性收入作为居民收入最主要的拉动点，在2019年保持稳健的比重，武江区城镇居民人均工资性收入为19272元，工资性收入占居民家庭总收入比重为48.92%。支撑工资性收入占比平稳的因素主要有两方面：一方面，随着机关事业单位增资政策的逐步到位，职工工资水平有轻微幅度提高；另一方面，随着经济效益的进一步好转，不少企业职工工资和各类奖金的发放有所增加。

【经营净收入较快增长】 2019年，武江区城镇居民人均经营性净收入6601元，增长4.63%。从家庭经营收入的组成来看，家庭经营现金收入还是以从事第二产业和第三收入的增长为主。

【财产性收入提升】 2019年，武江区城镇居民人均财产性收入为5152元，增长8.21%。一年来，国家不断加强房地产调控力度，在打压房地产交易热度的同时也产生出租房市场升温、房租价格上涨的副作用，提升财产性收入的增速。

【转移性收入保持增长】 2019年，武江区委、区政府不断健全社会保障体系，继续加大社会保障力度，提高社会保障标准，建立稳步提高社会保障标准和离退休人员养老金或离退休金的长效增长机制，促使城镇居民人均转移性收入不断增加。2019年，武江区城镇居民人均转移性净收入为8366元，增长0.83%，其中人均养老金和退休金为9074元，同比增长21.73%。

（谢珍环）

乡村振兴建设

【破旧泥砖房拆除工作】 2019年，武江区对标“三清三拆三整治”要求，先后开展村庄清洁行动春季战役、夏季战役和秋冬战役。12月又开展“迎新春、大扫除”行动，主要经验做法在省实施乡村振兴战略工作简报刊登推广。全区干净整洁村完成比例达到80.39%。7个省定贫困村和江湾精品镇村人居环境整治提升工程全面完成，龙归江湾精品线和冲下样板村建设加快推进。扎实开展农村破旧泥砖房拆除工作，拆除农村破旧泥砖房2.19万间63.62万平方米。重阳镇成为全市无泥砖房示范镇。

全区51个行政村266个自然村实现保洁员配备和生活垃圾常态化处理实现全覆盖；梯次推进镇村污水设施建设，投入资金1.34亿元，3个镇级污水处理厂主体工程建设和省定贫困村内的32个村级污水处理设施已完成，铺设配套管网121.8千米；全面推进“厕所革命”，完成无害化卫生户厕改造193户，新建公厕101座。开展“南粤河更美”专项行动，投入资金186万余元，累计清理水体垃圾5.36万吨，河湖治理取得明显成效。

【精准脱贫】 2019年，武江区贫困人口年人均可支配收入从2015年的3373.83元提高到2019年的13497元，增长300%，其中有劳动能力贫困人口达到15233.90元，无劳动能力贫困人口达到10027.45元。7个贫困村年集体经济收入从2015年的1.18万元提高到2019年的13.09万元，且均在8万元以上；村民年人均可支配收入从2015年的7238.24元提高到2019年的15840.1元，增长119%。

（廖　亮）

关心下一代工作

【概况】 2019年，武江区辖镇、街道办事处7个，其中街道办2个，村51个，社区36个，中小学校28所，全区建立文化活动阵地94个，其中镇（街）7个，村（居）87个。图书室12间；农家书屋93间（其中：农村51间，社区42间）；村、社区文化活动室（文化综合服务中心）109间，其中中小学校28间。

【加强关心下一代工作】 武江区关工委于2019年4月19日召开区2019年关心下一代工作会议，区委副书记、区关工委主任陈刚参加会议并讲话。会议以习近平新时代中国特色社会主义思想为指导，深入学习贯彻习近平总书记重要讲话精神，学习贯彻中央领导对关工委工作重要批示精神，认真传达学习省、市关工委工作会议精神，在总结全区2018年关工委工作的基础上，明确2019年关工工作目标任务：主要围绕“十个一”的要求，积极探索“三工”（关工、社工、义工）促“三风”（家风、社风、学风）主题实践活动、认真开展创建“五好”基层关工委活动。5月31日，在陈刚的带领下，区关工委主要成员到区5镇2街关工组织进行统一揭牌。在组织建设上，全区已经成立关工组织125个，其中：区关工委1个，教育系统29个，公安系统1个，镇、街关工委共7个，村关工组织51个，社区关工组织36个，全区关工组织基本实现全覆盖。

【开展“五好”创建活动】2019年，区关工委多次协调区委组织部、区老干局会同区关工委的工作人员下到基层指导推进“五好”基层关工委的创建工作。五镇两街把“五好”关工委的创建工作先抓试点，逐步推进，并要求西河镇、西联镇各选一个试点村委会作为样板，做到：有阵地、有队伍、有计划、有经费、有牌子、有活动。各基层关工委、关工小组以样板为参照，落实好“五好”“六有”关工组织建设。同时，多次下到基层关工委检查指导工作。如为促进江湾镇的创建工作，组织人员连续三进江湾镇开展检查指导。及时开展区级的基层关工委的评比打分。把“五好”关工委的评分标准进行细化为五大项27小项进行评比打分。并抽部分基层领导组成三个评分小组，分别由区委副书记陈刚任第一组组长，区委常委、组织部部长沈中伟任第二组组长，区关工委执行主任杨应光任第三组长到基层组织评比打分。按区委的要求，“五好”关工委的创建成效作为基层单位2019年度考核的评分依据之一，大大调动基层单位创建的积极性。

【打造“三工促三风”主题实践特色品牌】 2019年，武江区积极打造“三工”促“三风”特色品牌，发挥纽带作用将“关工、义工、社工”三股力量拧在一块，努力推动和促进学风、家风、社风“三风”根本好转。一是建立“三工联动”队伍。联合组建一支“关工+社工+义工”的“三工联动”服务队伍，把关心下一代工作者（关工）、社会工作者（社工）、义务工作者（义工）的工作力量联合起来，各展优势，齐心协力共同开展青少年关爱与教育工作。二是搭建“三工联动”阵地。区关工委与区直有关职能部门联手，通过法律咨询室、青年服务中心、义工小组室等功能阵地，以资源共享的创新社会管理模式搭建“三工联动”的工作平台。三是开展“三工联动”服务活动。协调区直多个部门，按照部门工作职能分解目标、划分模块、细化要求。按照“四联”工作思路，即在思想教育上联抓，文体活动上联办，结对帮扶上联助，培训教育上联设，强化资源整合、统筹协调，推动活动走向深入。2019年全区先后开展“青少年阅读”“垃圾分类宣传”“一勺米·公益传播计划”主题活动。

【发挥“五老”的志愿奉献作用】 2019年，区关工委充分挖掘和发挥“五老”人员在社区管理中的作用，以夕阳托朝阳，积极开展关心下一代工作，为青少年健康成长创造更加良好的社会环境。把社区中有威望、热心公益的“五老”，吸纳到关心下一代工作中来，并建立思想道德教育宣讲团、关爱工作团、校外辅导员和网吧义务监督员，充分发挥“五老”作用，让“五老”人员在家长学校发挥导向、桥梁、参谋作用，通过组织家长参加讲座、培训、观看电教片等，使家长重视对青少年的思想道德教育。

【开展主题教育】 2019年，区关工委联合区教育局组织武江区各中小学参加“腾飞新中国 辉煌七十年”广东省少年儿童庆祝中华人民共和国成立70周年征文活动。该区东岗太阳城小学李宗轩同学的作品《厉害了，我的国》获得小学组三等奖；向阳小学何攀同学的作品《腾飞中国辉煌70周年》和东岗太阳城小学高一明同学的《繁荣富强的新中国》获得小学组的优秀奖；第九中学刘依静同学的作品《腾飞，新中国》获得初中组的优秀奖。区关工委联合区教育局关工委开展2019年武江区“中华魂”教育书籍发放仪式，共28所学校负责人参加，发放“中华魂”系列书籍1288本。

【“十百千万”五老关爱行动】 2019年，活动开展以来，得到武江区委领导的高度重视，要求将“十百千万”五老关爱行动作为深入学习贯彻落实中共十九大精神和习近平新时代中国特色社会主义思想，提升关心下一代工作水平的新模式、新举措。一是借助用好市“儿童之家”平台，跟各学校、镇街、村居留守儿童之家相衔接，开展关爱留守儿童、困境儿童的活动。全年该区共开展关爱留守儿童、困境儿童的活动共计20余次，关爱儿童483名，把关爱行动落到实处。二是举行2019年爱心扶贫助学金发放仪式，对全区50名贫困学生发放助学金，共计人民币5万元。

【做好关工制度保障】 2019年，在武江区创建“五好”基层关工委工作经验交流现场推进会上，武江区委副书记、武江区关工委主任陈刚指出，要总结经验，交流并推广“五好”关工委创建工作的做法，进一步提高创建“五好”关工委的认识，认真抓好“五好”关工委创建工作，切实把关心下一代工作向基层延伸，真正做到“急党政所急，想青少年所需，尽关工委所能”。明确关心下一代工作抓基层，就是抓“五好”关工委建设的导向，在机制、制度上保证各基层关工组织按照“六有”阵地建设标准，推动关心下一代工作深入发展。

区关工委领导名录

主　　任：陈　刚
第二主任：沈中伟
执行主任：杨应光
副 主 任：肖德鸿
　　　　　覃　婷（女，壮族）
　　　　　张文清
　　　　　刘访林

（黄嘉劲）

镇（街道）

西河镇

【简述】 西河镇总面积63平方千米。2019年，年末户籍人口18353人，常住人口21321人。辖红星、向阳、前进、朝阳、塘湾、马屋、下坑、田心、黄塱、什石园、糖寮、山蕉、村头、大村14个行政村。

【农业林业】 2019年，西河镇常用耕地面积685.9公顷，林地面积2996.67公顷，森林覆盖率39.14%，活立木蓄积量205758万立方米。在远郊村，主要着力发展特色种植，有下坑枸杞、黄塱无花果、什石园良种蔬菜、山蕉超甜玉米等，通过新技术示范基地推广种植规模。

【招商引资】 2019年，西河镇引进的项目主要有：总投资2500万元的韶关市曼哈顿国际酒店管理有限公司，位于韶关市武江区幸福路与群康路交叉处。

【背街小巷提升整治】 2019年，西河镇直面创文工作的痛点和难点，在武江区委的支持下，以绣花功夫，不断推进光明巷整治提升，城中村人居环境得到有效改善。在光明巷整治中结合红色遗址的故事和小街巷的业态提升，让老街巷焕发新精彩，群众更有幸福感。

【基层党建】 2019年，西河镇继续开展“村帮村·党带头”帮扶活动，红星村、向阳村、前进村分别结对帮扶糖寮村、田心村、什石园村，红星村党总支部投入5万元帮扶糖寮村修缮候车亭、修建排水沟、篮球场防护栏等工程项目，统筹资源助力乡村振兴。落实创建武江区“青苗工程”村级后备干部培养示范点工作部署，加强村级后备人才培养，提高选人用人标准，重新选用村级后备干部人选42名，其中35岁以下27名，占64%；具备大专及以上学历的26名，占62%；同时围绕“选育管用”4个方面，制定《西河镇“青苗”培养工程10条措施》，设立青苗工程工作站，建立后备干部档案，每月安排村级后备干部到镇机关和近郊村跟班学习。严把党员“入口关”，2019年发展预备党员20名，预备党员转正21名。

【精准扶贫】 2019年，西河镇相对贫困户总户数69户127人，达到“八有”标准的相对贫困户申请自愿退出，年底100%全部退出。

【农业农村】 2019年，西河镇在全域设置村庄保洁员，配备村级保洁员42名，建立农村保洁员覆盖制度，完善农村垃圾清运机制。落实畜禽特别管控区监管工作要求，全年排查生猪养殖场77家，关闭治理71家。

【农村建设】 2019年，西河镇注重提高农村基础设施建设资金投入，投入53万元对山蕉村村中巷道和机耕路进行硬底化建设，改善村民出行和农业生产条件；投入3万元对黄塱村修复排水灌溉设施，有利于春耕工作的开展；投入1.4万元对山蕉村和下坑村共两户贫困户分别进行房屋修缮和自来水管道铺设，解决贫困户的住房安全和用水问题。投入资金100万元支持“一村一品”黄塱无花果产业基地项目建设；投入2900万元实施污水处理设备及其附属设施采购与安装项目，为北片下坑、马屋、田心、山蕉、什石园、黄塱、糖寮7个行政村、27个自然村，建设27套生活污水处理设施设备，2019年11月完成招标工作，率先在山蕉、田心等村安装污水处理设施设备。投入350万元在山蕉村开展美丽乡村建设项目，提升山蕉村村容村貌，完善乡村基础设施建设，2019年11月完成招标工作。

【惠农补贴】 2019年，西河镇充分利用省级保护补助资金约33.5万元为北片7个村水利设施建设和购买水稻种植保险；发放耕地地力保护补贴618962.59元，受益农户2016户。

【农村医疗】 2019年，西河镇推进村级卫生站公建规范化建设，2019年完成马屋村、什石园村、山蕉村、大村村个村卫生站公建规范化建设，改善村民就医难的问题，为群众看病提供便利。有序推进医保即时结算延伸至村级卫生站工作，2019年，红星村、向阳村、前进村、朝阳村、黄塱村、田心村、村头村7个村级卫生站启动医保结算工作，其中红星村卫生站于2019年7月30日提前完成“村医通”建设，村民在家门口就可以就医和报销。

【民政优抚】 2019年，西河镇及时落实民政惠民扶助政策，2019年发放现役军人优待金、低保金、五保金、定补金、60岁以上退役军人补助金、80岁老人津贴、重度残疾人护理补贴等各类补贴共计1322644元，农村低保户、五保户等实现应保尽保。

【征地拆迁】 2019年，西河镇按期完成奥园项目8号地块、9号地块拆迁交地，武江桥西桥头节点整治项目、村头村储备地、上饶路周边储备地、亨泰路等项目净地交付，北片机场快线红线范围内基本完成清表围蔽。

【控违执法】 2019年，西河镇共发出《责令停止国土资源违法行为通知书》87份，联合相关部门开展拆违大行动3次，小范围行动55次，共拆除103宗违章建筑，拆除总面积为72232平方米；投入120万元在村头村、大村村主要进村路口设置4个岗亭，聘请劳务人员24小时值班，对运输建筑材料的车辆进行核查，坚决遏制违建行为。

【生态保护】 2019年，西河镇细化明确各级河长治水责任，加强巡查，联合开展河湖“五清”专项整治，累计打捞水上漂浮物2.2万平方米。深入开展扬尘整治专项行动，重点推进沿江路路段综合整治提升，强化G323、X313、Y179线重点道路及周边工地扬尘等污染治理。加快“散乱污”工业企业（场所）整治；加大力度遏制烟花爆竹燃放，减少露天焚烧行为，确保空气质量不断提升。完成机场快线项目水源保护区沿线2家企业厂房搬迁腾空，在下坑水源地保护区春华工业园入口处投入11万元增设围墙和护栏网，有效防止工业垃圾倾倒，保障水源地环境安全。

【森林防火】 2019年，西河镇整合资源，创造性形成大气污染（野外用火）防治工作实施方案，聘请第三方技术服务单位，组建以护林员、护林员机动小组、环保巡查小组、第三方服务公司、巡查员小组组成的森林防火网格队伍，着力解决违规野外用火、秸秆焚烧、森林防火等问题，提高西河镇环境监管能力和管理水平，改善西河镇空气质量。

【消防安全】 2019年，西河镇开展重点行业、六类场所、“三合一”场所等消防安全专项整治行动，联合武江区相关职能部门查处前进村津头岭私充燃气黑窝点一处，查扣燃气瓶268个，过气工具一批，大力打击私充燃气行为，保障人民生命安全。

【志愿服务】 2019年，西河镇创新志愿服务工作模式，将创文、森林防火、消防、治安联防志愿者纳入农村志愿服务队伍。2019年投入30万元全方位开展居家养老和关爱青少年等各类志愿服务活动，组建多支志愿者队伍，其中：消防志愿者175人，护林志愿者358人，“红袖章”志愿者290人。在红星村居家养老服务中心增设长者食堂，不断拓展志愿服务空间，提升居家养老和关爱青少年服务水平。

【计划生育】 2019年，西河镇出生342人，政策生育率85.09%，出生性别男女比率为91.06。免费孕前优生检测24对，办理2019年新增奖励扶助63人，其中省奖30人，城独31人，特扶2人。为183户计生家庭购买商业意外伤害保险，组织898名妇女参加“两癌”免费筛查。

【扫黑除恶】 2019年，西河镇深入推进扫黑除恶专项斗争，坚持打防并举、标本兼治，紧盯涉黑涉恶重大案件、黑恶势力经济基础及背后“关系网”“保护伞”不放，开展重点案件、重点问题、重点地区“三个攻坚行动”，加强打财断血、打伞破网，彻底铲除黑恶势力滋生土壤。2019年，收集线索10条，其中有效线索1条，成案1宗。

【信访维稳】 2019年，西河镇接待群众来访36批52人次，接武江区转信访件7宗，市转信访件2宗，省转信访件4宗；共开展矛盾纠纷排查18次，共调解矛盾纠纷36宗，引导通过诉讼途径解决矛盾纠纷4宗。2019年，西河镇未发生非访、越级上访及重大社会影响事件。

【先进表彰】 2019年，西河镇被广东省爱国卫生运动委员会授予“广东省卫生镇”称号，西河镇武装部被广东省军区评为“2019年度广东省武装工作先进单位”。辖属的什石园村被广东省爱国卫生运动委员会授予“省级卫生村”称号，糖寮村、山蕉村、大村村被韶关市爱国卫生运动委员会授予“市级卫生村”称号，向阳村被韶关市精神文明建设委员会授予“韶关市文明村”称号，前进村被韶关市消防安全委员会评为“2019年全市热心消防公益事业先进集体”。

【机构设置】 2019年，西河镇内设5个综合办公室：党政办公室、农业办公室、人大办公室、计划生育办公室、社会事务办公室。6个事业单位：人力资源社会保障所、农村综合服务站、文化站、畜牧兽医水产站、敬老院和退役军人服务站。

【红星村】 红星村位于韶关市武江河畔西侧，是现代城市化进程中形成的典型的“城中村”。总面积约5平方千米，下辖果园、西岸、坝厂3个自然村，现有村民778人。党总支部下设3个党支部和6个党小组，现有党员88人。2005年，红星村被评为“创建全国文明村镇先进村”；2008年，获“全国民主法治示范村”称号；2009年，被评为全国文明村镇；2010年，获“全国人口和计划生育基层群众自治示范村居”称号。2018年，获韶关市“平安家庭”创建活动先进示范村（社区）称号。2019年，红星村党总支部被武江区委授予“先进基层党组织”称号。

村集体经济以物业经营和物业管理为主，村集体收入从2010年的1769万元增长到2019年的2971.5万元。自1994年实行股份制以来，村民个人年股份分红由200元/股上升至1500元/股，村民实行男55周岁、女50周岁退休制度，退休村民每月领取800—900元不等的退休金，全体18周岁以上村民还可领取每月350元的社保补贴，住院综合报销率达95%以上。西河镇首家由政府出资48万元建成居家养老社区服务中心坐落在红星西岸村，并有社工长期在此服务。村民生活安居乐业，享受着村集体经济腾飞带来的优质生活。

【向阳村】 向阳村地处武江河畔，是典型的“城中村”，下辖光明巷、工农巷、韭菜地、石狮头4个自然村，现有村民909人。村党总支部下设2个分支部、4个党小组，现有党员98人。该村以经济建设为中心，不断投资兴建物业，集体经济收入以物业经营和物业管理为主，2019年，集体总收入达2000万元。2017年，向阳村被评为全国无邪教创建示范村；2018年，向阳村被评为武江区“妇联基层组织建设先进集体”；2019年，向阳村党总支部被武江区委授予“先进基层党组织”称号。

【前进村】 前进村位于西河镇的中部，东面与向阳、红星村接壤，南至芙蓉山顶为界，西与农业科学研究所相邻，北至市自来水厂，总面积约5平方千米，下辖津头岭、头茶亭、天鹅坪、黄屋、邹屋、蓝屋、杨屋等7个自然村，是典型的城中村。现有村民1903人，党员65名。该村主要经济收入来源是物业出租，有前进国际装饰城、武江蔬菜批发市场、加油站、门店等物业，2019年，村集体经济收入为1278万元。2019年，前进村被市消防安全委员会授予“2019年全市热心消防公益事业先进集体”称号。

【朝阳村】 朝阳村位于西河镇中部，武江河流西岸，南面与市区相连，北面与塘湾村为邻，西面与前进村接壤，是典型的“城中村”。该村下辖黄田坝、上窑2个自然村，全村人口1576人，党员50名。该村以物业出租为主，主要物业有朝阳综合市场、朝阳综合大楼，近十年有碧桂园凯旋华府、翰林世家、奥园等大型房地产企业落户辖区。2019年，村集体经济经营性收入为668万元。

【塘湾村】 塘湾村位于西河镇北部，北邻武江河，南面与朝阳村相接，西面与十里亭上坝村接壤，下辖沙州村、塘湾村、塘湾新村3个自然村，现有村民640人，党员21名。2005年，市政府为塘湾村规划一个新农村，现村民居住地将全部征用为城市商住建设用地。2014年，“韶关印象岭南·奥园文化旅游城”大型房地产企业落户辖区。2019年，村集体经济经营性收入160万元，随着城市的不断发展，塘湾村将进入城中村的行列。

【马屋村】 马屋村位于西河镇北部，南面与浈江区接壤，东面与下坑村相邻，由丘屋、马屋、杨屋3个自然村组成。2019年，有村民213户，总人口1254人，党员37名。耕地面积11.6公顷，主要种植水稻、蔬菜，马屋香葱、香蒜是传统蔬菜名牌品种。村集体经济经营性收入36.5万元。

【下坑村】 下坑村位于西河镇北部，西面与马屋村交界，北面与田心村相邻，南面与浈江区靖村接壤。下辖林屋、沙架岭、上坝、下坝4个自然村，2019年，有农业人口240户1154人，党员36名。该村交通便利，境内323线横穿而过，距广乐高速出口3千米路程。村经济发展以农业为主，主要种植水稻、蔬菜，韭菜、枸杞叶是传统的蔬菜名牌品种。2019年，村集体收入16.8万元。

【田心村】 田心村位于西河镇北部，北面与山蕉村相连，南面与下坑村接壤，东面与什石园相邻，下辖盘龙村、田心村、麦元头、墩子头、大村、张屋坪、新张屋、坑尾等8个自然村，总农业人口481户2478人，党员38名，耕地面积92.47公顷。该村主要种植水稻、蔬菜、花生等，每年都有大批蔬菜供应市区市场。田心墩子头村丞相山有省级文物保护单位唐朝名相张九龄家族墓地及祠堂，2013年，张九龄纪念公园竣工，为海内外张氏后裔到韶关寻根问祖增添一方热土。2019

年，村集体经济收入11.57万元。

【黄塱村】 黄塱村位于西河镇北部，地处武江河的西岸，北面与糖寮村相邻，南面与什石园村接壤，西面与浈江区沙园村交界，下辖上坝、中坝、广明龙3个自然村，总农业人口310户1450人，党员25名，耕地面66.67公顷。该村以发展农业为主，主要种植水稻、蔬菜、花生等，黄塱黄瓜、大葱是传统的蔬菜名牌品种。2000年，与什石园村连片共133.33公顷菜地被省定为“无公害蔬菜生产基地”。2019年，村集体经济经营收入15万元。

【什石园村】 什石园村位于西河镇东北部，西面与田心村相连，北面与黄塱村相邻，东南面与浈江区十里亭镇接壤，由什石园、下坝、什石园新村3个自然村组成，总农业人口238户、1349人，党员26名。耕地面积62.8公顷，主要种植蔬菜、水稻、花生等，与黄塱村连片共133.33公顷菜地被省定为无公害蔬菜生产基地，是韶关市主要的“菜篮子”生产基地之一。2019年，村集体经济收入1.2万元。

该村有400多年历史，村内有一座清朝石拱桥，现存1棵400多年的大榕树、2棵200多年的大榕树、1棵200多年的大樟树。

【糖寮村】 糖寮村位于西河镇北部，武江河的东面，西南面与黄塱村相邻，北面与浈江区犁市镇接壤，由糖寮旧村、新村、麦屋村3个自然村组成，现有农业人口305户、1540人，党员39名，耕地面积69.33公顷。该村以发展农业为主，主要种植水稻、蔬菜、花生、甘蔗等，其中白萝卜是传统的蔬菜名牌产品。2019年，村集体经济经营性收入1.9万元。

【山蕉村】 山蕉村位于西河镇北部，南面与田心村接壤，东面与黄塱村、糖寮村相邻。该村农业人口715人，党员24名，耕地面积133.33公顷，主要种植水稻、蔬菜、花生、甜玉米等，其中种植甜玉米是山蕉村的支柱产业，每年山蕉的甜玉米除供应本地市场外，还远销江西、湖南、香港等市场。2019年，村集体经营性收入2万元。

【村头村】 村头村位于西河镇南部，武江河西岸，北面与城区相连，南面与大村相邻，西面与西联镇接壤，仅1个自然村，农业人口1618人，党员35名，耕地面积28.67公顷。村民以外出务工和种植蔬菜、养殖家禽为主，村集体收入主要来源为物业出租。通过近年来的招商引资，该村培育仓储和大型餐饮两大片区，其中总投资1.5亿元的百旺美食城部分商铺已于2018年5月开始营业，该项目的建成为失地农民提供就业机会，增加村头村集体经济收入。2019年，村集体经济经营性收入360万元。

【大村村】 大村位于西河镇西南部，广韶公路西侧，东南面与浈江区乐园镇高头村、新村相邻，西与西联镇车头村、岭头村、芙蓉山为界，下辖上村、下村、张屋岭村3个自然村，户籍人口560户、2980人、党员71名。该村以物业出租、种植蔬菜、养殖家禽为主，2019年，村集体经济经营性收入97万元。

西河镇领导名录

书　记：何远韶（女）
副书记：余　聪
　　　　林棋昇（—2019.8）
　　　　王　成（2019.8—）
　　　　黄　辉（2019.2—）
委　员：江仁智
　　　　刘绍鸽
　　　　林仁和
　　　　丘细琼（—2019.8）
　　　　谢文丹（2019.8—）
　　　　邬　江（2019.5—）
　　　　张小英（女，挂职，2019.3—）
人大主席：李　毅
镇　长：余　聪
副镇长：邬　江（2019.11—）
纪委书记：江仁智
武装部部长：刘绍鸽

（白玉婷）

西联镇

【概况】 西联镇位于武江区的中部，东、北与西河镇交界，南邻曲江区的白土镇，西与龙归镇相连，总面积68.9平方千米。辖西联、芙蓉、车头、下胡、赤水、阳山、沐溪、甘棠共8个村委会和碧桂园·太阳城社区、恒大社区共2个社区居委会。西联镇，由韶关新区代管，保持镇级建制。该镇是韶关新区核心区，有三角鲂、糖环、艾糍、米饼等土特产，镇内有莞韶产业园、武江区科技工业园和甘棠工业园3个大型工业园区，主要旅游景点有芙蓉山、沐溪水库、石背窝水库、莞韶园黄沙坪创新园等，还有欧震纪念亭、宋代余靖墓等名胜古迹，镇内有京珠高速公路、高铁韶关站、国道323线、韶关大道穿镇而过，镇临北江航道，地理位置优越，水路交通便利，是产业发展的热土。

2019年，全镇年末户籍人口27135人，常住人口42484人。耕地面积49.2公顷，粮食播种面积4.7公顷，粮食产量16.4吨，林地面积3017.2 公顷（包括商品林和生态林）。2019年，全镇农村经济总收入2938万元，比上年增长81.58%。全镇固定资产投资1363.9万元。财政一般预算收入 1645.3万元，增长8.86 %。该镇主要经济来源有建材、运输、机械、制造、铸造等工业。全镇有中学2所，小学8所，幼儿园13所，在校学生17640人；芙蓉新区社区卫生服务中心1间，镇文化站1个，综合文化服务中心10个，广播站1个。全镇参加医疗保险覆盖面100%。2019年，该镇获“2018—2019年度韶关市文明镇”“2019年广东省卫生镇”荣誉称号。

西联镇政府设5个内设机构：党政办公室、农业办公室、人大办公室、计划生育办公室、社会事务办公室。

【征拆交地工作】 2019年，西联镇结合征拆交地项目工作建设实际，全面推行“党建+征拆”工作模式，开创“党建带征拆，征拆促党建”的新局面，全年已拆迁补偿房屋面积约59.3公顷，迁移坟墓905座，完成交地面积约173.76公顷。顺利完成前海人寿民营三甲医院、红色教育基地、金融街、韶州中学、铜鼓大道、梅关路、2号路、保莱项目、保利8号地等重点项目的征拆交地任务。此外，已完成芙蓉邝屋村、西联五夫田村、西联老何屋村、西联田心村等7个村小组整村拆除工作；新城5个行政村中，已完成赤水村整村拆迁，已完成芙蓉村80%整村房屋拆除，已完成西联村、车头村、下胡村3个村过半房屋拆除工作，确保芙蓉新城的开发建设的用地需求。

【主题教育】 2019年，西联镇组织开展“不忘初心、牢记使命”主题教育。该镇从9月18日召开主题教育动员部署会议以来，根据制定的工作方案，各基层党组织依次开展形式多样的学习活动，实现党员学习100%全覆盖，其中为老党员、困难党员送学上门15次，发放《习近平关于“不忘初心、牢记使命”论述摘编》等学习读本900册。结合各村实际开展特色主题活动2次，11月10日，在赤水新村组织举办赤水村“不忘初心、牢记使命”农民运动会；11月23日，在芙蓉新村开展“铭记党恩、共叙乡情”芙蓉村百家宴暨歌舞晚会。此外，镇领导班子成员围绕党建、征拆、环境整治等工作，开展调研活动近55次，确定11份调研清单，至年底已完成整改发现的存在问题，本次主体教育活动总体上取得良好的效果，达到预期的目标。

【创文巩卫工作】 2019年，西联镇强化网格化管理，惜福环卫对辖区进行一天两清，定时定点保洁，做好市场周边环境秩序的整改和门前三包责任制，不断加大创文巩卫的宣传力度，开展“我们的节日”“爱国卫生月”“周五公共卫生日”主题活动累计46次，在道路两旁悬挂宣传横幅120余条，印发各类宣传资料3000多份，还利用镇政府办公大院LED电子显示屏幕和各村（社区）的健康教育宣传栏开展宣传，增强群众文明卫生意识，营造创文巩卫的浓厚氛围。此外，采取集中整治和专项治理措施相结合，及时清理主次干道的积水、生活垃圾、建筑垃圾等，不留卫生死角。2019年，西联镇被评为广东省卫生镇、韶关市文明镇；车头村、沐溪村被评为广东省卫生村；下胡村被评为韶关市卫生村。

【扫黑除恶专项斗争】 2019年，西联镇加强扫黑除恶专项斗争宣传工作，在西联农贸市场、阳山市场、旭日玩具厂等地开展扫黑除恶专项斗争宣传活动共12场，在校园周边、农贸市场、主要交通路口、公交车站等人员密集的场所张贴扫黑除恶宣传海报300余张，设置扫黑除恶专项斗争宣传栏11个，悬挂扫黑除恶宣传横幅40余条。动员广大群众共同参与扫黑除恶，进一步从涉及群众利益的重点、热点等问题，加强线索摸排，抓好扫黑除恶专项斗争工作。

【创建“平安西联”】 2019年，西联镇围绕“学法规、守法纪、护铁路、创平安”的主题，积极开展平安创建宣传活动，发动群众进一步参与创建，通过到村（社区）对群众进行法律讲解、现场问答等方式为群众提供法律咨询服务。在2019年社会治安综合治理宣传月活动中，参加人员达600余人次，悬挂张贴宣传标语、横幅20余条，发放宣传材料1200余份，接待群众咨询210余人次，推动平安建设，提升群众安全感和满意度。

西联镇把创建“平安西联”工作放在重要位置，加强组织领导，每周一到周五实行领导接访值班制度，由值班领导现场接访群众，共接访群众780人次。开展扫除“毒、赌、黄”等社会丑恶现象的专项行动，严厉打击出租屋、工业园区的违法犯罪活动，完善“以证管人、以属管人、以业管人”的立体管理模式，进一步净化社会风气。结合“七五”普法和依法治镇工作的开展，落实预防青少年违法犯罪和刑释解教人员安置帮教工作，帮教率达98%，安置率达95%以上。

【信访维稳工作】 2019年，西联镇共排查各类民间矛盾纠纷48起，调处48起，办结48起。西联镇没有因矛盾纠纷调处不及时或不适当引发的非正常死亡、民转刑案件，无发生进京越级上访、无发生大规模集体上访、无发生因信访问题引发的极端恶性事件，成功创建“三无”镇。

【无邪教示范镇创建工作】 2019年，西联镇以创建“无邪教示范镇”为目标，组织动员各村（社区）党员干部、群众积极与邪教组织作斗争，定期做好“涉邪”人员的排查。积极配合各有关部门，严厉打击邪教组织活动，扎实开展无邪教创建工作，覆盖率和达标率达100%。在辖区村（社区）委举办反邪教宣传活动12场，发放宣传资料5000余份，并且定期开设“反邪教”教育课程，让群众更加深入了解邪教的危害。

【禁毒工作】 2019年，西联镇针对在册的社会吸毒人员进行排查核实工作，完善信息登记。制定《西联镇关于社区戒毒康复工作站的建设方案》，将镇社区戒毒康复工作站建设地址选在原西联镇人民政府人社所办公楼，有利于戒毒康复工作的跟进。此外，大力开展珍惜生命，远离毒品宣传教育活动，联合多部门在各中小学广泛开展无毒宣传活动，发动广大青少年师生积极参与，通过组织观看禁毒教育片、召开禁毒教育主题班会、张贴禁毒宣传画和禁毒标语、派发宣传资料等形式，提高广大群众的禁毒意识，提高各村（社区）争创“无毒村（社区）”意识。

【党组织建设】 2019年，西联镇根据《西联镇加强党的基层组织建设三年行动计划实施方案（2018—2020年）》，不断加强党的基层组织建设。认真落实“三会一课”制度，扎实推进“不忘初心、牢记使命”主题教育，要求各级党组织学习贯彻《中国共产党支部工作条例（试行）》和《中国共产党农村基层组织工作条例》。该镇认真做好党员发展和管理工作，2019年西联镇发展入党积极分子10人，发展对象21人，预备党员16人，转正11人。

【党风廉政建设】 2019年，西联镇推进作风建设，开展基层正风反腐行动，组织纪律教育学习，坚持重大事项集体研究，落实“三重一大”事项审批，抓好应急、节假日等值班值守纪律监督，抓好正风肃纪工作。西联镇不断规范和完善信访工作程序，做好信访接待工作，加快线索排查和处置效率，同时对于违纪的党员加大查处力度及加快案件查办效率，2019年共计立案9宗，结案9宗，案件办结率达100%，查处违纪党员9名。在西联镇党员干部中起到很好的警示教育作用。

【基层队伍建设】 2019年，西联镇持续加强基层队伍建设。一是定期开展培训。将基层党组织书记培训纳入党员干部教育培训总体规划，充分利用镇党校，通过集中讲授、分组学习、讨论研讨、案例分析、参观式体验等培训教学方法，结合“互联网+”等信息技术手段对村党组织书记和后备干部开展轮训工作。二是加强监督管理。每年底组织各基层党组织书记进行党建述职，由镇党委进行考核，考核结果运用于待遇享受上。建立村（社区）党组织书记档案，要求村（社区）党组织书记因私出国（境）前到镇组织办进行报备。三是抓好后备干部培养。拓宽村级后备干部选拔渠道，建立21名书记后备干部队伍，安排后备干部到村（社区）参加实践锻炼，担任书记、主任助理职务，参与村级重要事务，提升工作能力。

【基层党建基础保障】 2019年，西联镇认真夯实基层党建基础保障工作。通过组建巡查小组，对各村党建经费使用情况进行督查和给予指导，确保用好用规范。结合武江区委五级联创实施方案，坚持以管用、实用为原则，探索“面上全达标、点上有标杆”的党建模式，做出亮点，做出特色。推进党群服务中心建设，2019年甘棠村、沐溪村、恒大社区、碧桂园·太阳城社区党群服务中心阵地规范化建设已完成建设并投入使用。稳步推进芙蓉村、下胡村、车头村、西联村、赤水村等5个村的党群服务中心阵地规范化建设工作，预计2020年可以完工并投入使用。

【关心下一代工作】 2019年5月31日，西联镇举行“西联镇关心下一代工作委员会”揭牌仪式，西联镇共设有1个关工委和10个关工小组，镇关工委、共青团西联镇委员会、各村（社区）关工委为关心广大青少年健康成长的主要力量，制定《西联镇关于创建“五好”关工委活动实施方案》，同时还充分运用社区教育学堂，提供青少年设立常规恒常服务（又称四点半课外辅导学堂）+兴趣益智学堂服务。充分发挥“五老”的独特优势和作用，开展“五好家庭”和“大手牵小手”关爱活动，以“学风”“家风”“社风”为主题开展形式多样的教育活动，促进青少年成长，以创建甘棠村及碧桂园·太阳城社区“五好”关工委示范点为目标开展试点工作。

【人民武装工作】 2019年，西联镇立足实际，深入贯彻新时代军事战略方针，奋力开创西联镇武装工作新局面。通过多措并举，该镇2019年超额完成征兵任务，高中及以上学历比例达100%。在武江区专武干部、民兵应急分队骨干集训中，该镇3名民兵在射击考核、内务整理等方面被通报表扬，1名民兵被评为“武江区2019年民兵应急连

（排）集训训练标兵”，发扬镇优良民兵精神，树立良好民兵形象。此外，镇的民兵队伍既是一支实战力量，也是一支维护力量，更是一支保障力量。2019年，西联镇积极安排民兵参与应急防汛、森林防火、创文巩卫、治安巡逻等工作，充分发挥民兵在参与经济建设和执行急难险重任务中的作用。

【脱贫攻坚工作】 2019年，西联镇全面对标“两不愁三保障一相当”和“八有”标准，切实开展好光伏发电项目和开拓就业岗位，提高稳定脱贫质量，多渠道提高贫困户的收入。通过采取各种帮扶措施及结合民政、扶贫退出机制，不断缩小贫困面，截至2019年年底，全镇相对贫困人口27户46人。镇“两不愁”全面夯实，着力提高贫困人口经济收入，全镇贫困人口年人均可支配收入从2016年的6141.1元提高到2019年的11572.54元，增长率达88.64%。“三保障”全面落实，其中全镇共有7名贫困户子女为在校生各阶段的教育补助已全部足额发放到位，建档立卡无劳动能力贫困户26人全部已享受低保，全镇贫困人口46人全部参加城乡基本医疗保险或企业职工医疗保险。2019年，西联镇贫困人口“八有”工作全面达标。

【民生保障】 2019年，西联镇不断完善教育资源，辖区的太阳城天麓山小学建成开学，车头小学异地重建项目已启动；不断完善卫生服务资源，芙蓉新区社区卫生服务中心已建成开业，赤水村、芙蓉村、西联村、车头村和甘棠村5个公建卫生站建设已完成；在芙蓉新城范围内全面开展失地农民社保购买工作，新农保参加人数3442人，城乡居民医保参保15340人。西联镇还推进各村开展农村集体产权制度改革工作，镇社区居家养老服务中心开展服务工作，抓好污染防治工作，进一步提高镇、村公共服务中心服务水平，优化公共服务体系。

【计生卫健工作】 2019年，西联镇共举办65场计生卫健宣传活动，大力宣传计生卫健法律法规、政策措施、惠民服务、慰问关爱等知识。开展微信公众号“广东免费药具”发放平台宣传和推广活动，家庭医生签约户籍人口约95%，广东全员人口信息系统数据清理清查1.5万余条。2019年，辖区内户籍人口27135人，常住人口42484人，流动人口17550人，截至2019年12月已婚育龄妇女10302人，常住人口出生636人，办理计划生育服务证289人，一孩生育登记148人，二孩生育登记198人，再生育审批27人，组织出生缺陷、地贫筛查、孕前优生健康检查、“两癌”筛查等工作。2019年3月，西联镇计划生育办公室获韶关市妇女联合会命名的2018年度韶关市“巾帼文明岗”荣誉称号。

【精神文明建设】 2019年，西联镇积极落实精神文明建设工作，经常举办各种特色活动。依托“我们的节日”举办“热闹闹迎新春”系列主题活动、绿色清明文明祭祀活动、邻里团聚庆中秋等传统节日的活动共13场，受益群众多达2800人次；为讲好红色故事开展“巾帼与祖国共奋进”三八活动，“不忘初心，牢记使命”党建活动，“同呼吸共命运心连心”军民联欢建军活动共3场专题活动，为庆祝中华人民共和国成立70周年，组织开展系列活动（如向祖国表白、观看电影《我和我的祖国》）；为弘扬志愿者精神，该镇在辖区开展行动与爱同行学雷锋活动，关爱留守儿童、帮扶困难群众累计17人次，以绿水青山就是金山银山宗旨在辖区开展河小清志愿者活动38次；为提高人民群众健身意识和身体素质，推动农村体育文卫事业发展，2019年12月西联镇成功举办首届“农商杯”篮球赛，驻西联镇各机关单位、西联镇各村（社区）委共21只代表队，275人参加本次比赛。此外，西联镇积极参加上级组织的活动，荣获2019年韶关市武江区第四届职工篮球赛女子组冠军，2019年韶关市武江区第四届职工篮球赛街道乡镇组季军。

【安全生产】 2019年，西联镇组织开展安全生产检查，排查各类安全隐患，对烟花爆竹、危险化学品、消防、非煤矿山、建筑施工等方面开展专项整治工作，督促隐患整改，加强对“三合一”场所安全治理。其中，被列为市火灾高风险督办区域的阳山村上庙背，通过扎实做好“三小”场所、“三合一”出租房等隐患排查整治工作，落实整治任务，强化全民安全责任，最终顺利通过验收。全年累计组织对488家（次）企业（单位、场所）进行日常检查，出动288人次，车辆144次，发现问题隐患159处、限期整改通知书22份。

【应急工作】 2019年，西联镇加强防汛、防火期间的值班巡查工作，组建应急队伍，镇实行24小时值班，落实突发情况信息及时上报，及时处置突发事件，做好应急物资储备，完善应急管理制度，开展应急演练工作，切实做好各类风险隐患排查，严控野外用火，加强应急工作管理。

【开展乡村振兴工作】 2019年，西联镇加快推进乡村振兴战略，加大农村人居环境整治力度。一是对村内危旧房屋、乱搭乱建、违章建筑拆除；二是对房前屋后和村道的杂草杂物进行清理；三是对抢建违建行为重拳打击；四是对各村进行规划，积极创造条件分步实施乡村振兴工作。

【西联村】 西联村位于西联镇中心，东与芙蓉村相邻，西与赤水村、沐溪村交界，南与下胡村毗邻，北与阳山村接壤，总面积约6平方千米，该村下辖九个自然村，户籍人口2622人，户数725户，常住人口2981人。西联村地理位置环境优越，依伴奇峰异石犁头石群峰，形成美丽盘中之景。西联大道、韶关大道十字形贯穿该村，并与323线、京广线、京珠高速公路相连接，构成南来北往交通框架，交通十分方便，是发展最大交通、文化、工贸、服务业的区域。辖区内有1所中学、1所小学、2所幼儿园、1个中型农贸市场、1间卫生站。该村已纳入韶关市芙蓉新城的建设范围，重点项目建设有保利地产、宝能公馆、碧桂园·太阳城、韶州中学、广东韶关实验中学、广东韶关实验小学、前海人寿医院、市妇幼保健院等。西联安置新村建在韶关大道西北侧，建设用地面积约22万平方米，安置新村入住率85%。

【芙蓉村】 芙蓉村位于西联镇东部，在风景秀丽的芙蓉山水环抱当中，东北与西河镇一山之隔，西与西联村交界，南与车头村毗邻，距离韶关市区约6千米，交通便利，芙蓉路与西联大道相连接，总面积约6.7平方千米，该村下辖五个自然村，户籍人口1811人，户数497户，常住人口约1500人。辖区内有1间中医诊所、1间卫生站。该村已纳入韶关市芙蓉新城的建设范围，重点项目建设有芙蓉广场，碧桂园·太阳城、东岗太阳城小学（低年级部和高年级部）、芙蓉大道（丹霞大道）。芙蓉安置新村建在南华路北侧，新村建设用地面积约15.9万平方米，安置新村入住率99%。

【下胡村】 下胡村位于孟洲坝电站下游，东与车头村相邻，南靠北江河，西与赤水村相邻，北与西联村相邻，下胡村周围东有32号路，南有滨江路，西有韶关大道，北有5号路相互贯穿，是西联镇水陆交通最便利的行政村。总面积约3.29平方千米，该村户籍人口1490人，户数473户，常住人口1389人。辖区内有1间卫生站。该村已纳入韶关市芙蓉新城的建设范围，重点建设项目有恒大地产、保利地产、滨江商务中心、韶洲文化广场等项目。下胡安置新村建在滨江路旁，新村建设总用地面积约15.6万平方米，于2018年1月正式动工建设，计划2021年12月全面建成并交付使用。

【车头村】 车头村位于北江河畔，在西联镇南部，东与西河镇村头、大村相连，南与浈江区六合村隔江相望，西与下胡村毗邻，北与西联村、芙蓉村相依。该村依山傍水，水陆交通十分方便，沿北江河、西联大道贯穿村内并与京珠高速公路连接，是青山绿水、美丽富饶的西联一角。总占地面积约3.6平方千米，该村下辖三个自然村。户籍人口1635人，总户数约551户，常住人口1569人。辖区内有1所小学、1所幼儿园、1间卫生站。该村已纳入韶关市芙蓉新城的建设范围，重点建设项目有城投大厦、市第一人民医院、市委党校（红色教育基地）、消防指挥中心、省档案异地管理中心、韶州大道，北江航道扩能升级孟洲坝枢纽工程等。车头安置新村位于韶关市芙蓉新城32号路以东，韶关市公安局以南的区域，新村建设用地面积约13.6万平方米，安置新村入住率96%。

【赤水村】 赤水村位于西联镇西南面、东与下胡村接壤，西与甘棠村、沐溪村交界，北与西联村毗邻、南与乐园镇坝厂村委会一河相隔，地处北江河畔，水运便利。总面积约3.2 平方千米，该村下辖 1个自然村，户籍人口约700人，总户数228户，常住人口约700人，1间卫生站。赤水村地处北江河畔，村域内有天然千姿百态的赤水河，紧依有“小桂林”之称的铜鼓洲。该村重点建设项目有综合客运枢纽、恒大城、星汇休闲商业街等。赤水安置新村建于韶关高铁站旁，新村建设用地面积约7.3万平方米，安置新村入住率100%。

【阳山村】 阳山村位于西联镇西北部，交通十分便利，国道323线穿村而过，东面与西联村接壤，南面与沐溪村相邻，西面与龙归镇后坪村接壤，北面与西河镇下坑村、前进村相邻，总面积约16.7平方千米，下辖八个自然村，户籍人口3232人，户数约680户，常住人口约2万人。村辖区内有莞韶园创新园。辖区内有1所小学，7所幼儿园，1个农贸市场，2间医院，1间卫生站。该村是莞韶产业转移园建设的主战场之一，也是该镇成为“广东省技术创新专业镇”的重要依托，村民的年均收入也一直排在该镇前列。辖区内建有旭日玩具厂、五洲汽配城、韶瑞重工、铁友机械等30多家实力雄厚的企业，韶关市重点建设的莞韶城项目也初具规模，黄沙坪电子商务城已建成70多栋。

【沐溪村】 沐溪村位于西联镇西北部，东、南面与阳山村、赤水村相邻，西、北面与曲江区接壤，国道323线穿村而过，交通十分便利。总面积约13.3平方千米，该村下辖5个自然村，现有户籍人口数1796人，常住人口约1500人，流动人口3900多人，总户数535户，1个农贸市场、小学1所、幼儿园1所、卫生站1间。下辖的沐溪水库是韶关市重要水源地之一，也是韶关市民休闲度假首选胜地之一。辖区内有科艺创意、丹霞制药、百事得茅、核力重工等实力企业20多家。

【甘棠村】 甘棠村位于西联镇西面、国道323线旁，东面与赤水村相邻，南面与曲江区白土镇河边村相邻，西面与龙归镇社主村相邻，北面与沐溪村相邻。总面积约12平方千米，下辖8个自然村，该村户籍人口2729人，户数772户，常住人口2986人。该村辖区内有1所小学、1所幼儿园、1个农贸市场、1间卫生站。甘棠村由刘氏在元朝末期从江西迁入而建村。还建有欧震纪念亭以及宋代余靖墓，这些历史古迹都是参观的好去处。此外，该村重视集体经济发展和精神文明建设，每年投入十多万元，用于村公共基础设施建设、甘棠小学教育经费以及村民各项福利事业。甘棠村是京珠高速、韶赣高速和广乐高速的交汇区域，紧临323国道、北江航道、武广高铁，甘棠工业园建设有莱雅化工、都市丽人等项目。

【碧桂园·太阳城社区】 碧桂园·太阳城社区位于西联镇东南面，东与芙蓉村相邻，西与西联村交接，南与保利花园毗邻，北至西联隧道。总规划建设面积约2.67平方千米，辖区范围有芙蓉湾、花地、芷兰湾、泊林、天麓山、天玺湾、青云台等多个片区。现有户籍人口数7056人，户数1300户，常住人口2万多人，周边有百旺路直通百旺大桥、韶关大道和芙蓉大道等多条城市干道，相邻韶关芙蓉山国家森林公园。该辖区内有多个露天游泳池及室内游泳池，多个小型儿童乐园。辖区内有1所中学、2所小学、2所幼儿园、1个农贸市场，1所社区卫生服务中心，碧桂园·太阳城社区居委办公场所位于芙蓉湾1街1座架空层，总面积420平方米。设置有公共服务中心、综合活动中心、电子阅览室、党员活动中心、党群会议室等。

【恒大社区】 恒大社区位于韶关市西联芙蓉新城，近邻韶关武广高铁站，韶关大道东侧，南连京珠高速，东望芙蓉山国家矿山公园，北接韶关大道，辖区总规划建设面积约1.39平方千米，辖区范围有恒大城一至五期等多个片区，户籍人数2268人，户数678户，2019年社区常住人口约8000人。辖区内芙蓉第一小学，恒大城国际全能运动中心、商业街、居家养老服务中心等便民设施已经完善。恒大社区居委位于恒大小区一期一栋一楼，建筑面积356.3平方米，设置有公共服务中心、综合活动中心、电子阅览室、党员活动中心、党群会议室、儿童之家、妇女之家等。

西联镇领导名录

书　记：聂平南（—2019.2）
　　　　粟　健（2019.2—）
副书记：杨国浩
　　　　曹吾林
　　　　张永祥（—2019.2）
　　　　刘建强（2019.5—）
委　员：丘苑丽（女，—2019.2）
　　　　隋国昕（2019.2—）
　　　　刘建强（—2019.5）
　　　　黄　超
　　　　何　毅
　　　　李光杰
　　　　戴锴晖（2019.5—）
人大主席：朱小燕（女）
镇　长：杨国浩
副镇长：黄　超
　　　　李　婷（女）
纪委书记：
　　丘苑丽（女，—2019.2）
　　隋国昕（2019.2—）
武装部部长：戴锴晖（2019.5—）

（侯家良）

龙归镇

【概况】 龙归镇位于武江区的中西部，东邻西联镇和曲江区白土镇，南与曲江区樟市镇、罗坑镇相接，西与江湾镇和乳源瑶族自治县毗邻，北与重阳镇、一六镇相连，总面积237平方千米。辖续源、山前、奇石、龙归、坳头、冲下、龙安、留村、社主、马渡、寺前、后坪、盘村、凤田、方田共15个村委会和龙归镇社区居委会共1个社区居委会。

龙归镇土特产有淮山、生姜、慈姑、粉葛、莲藕、杨梅、食用桑、桑葚。龙归镇主要旅游景点有龙归禅寺、龙归公园。自然资源有土地、山林、矿产、水力。有“九子石”、文武阁塔、董村寺、三皇石等名胜古迹。

2019年，全镇年末户籍人口42113人，常住人口35909人。耕地面积4136.8公顷，粮食播种面积2143.67公顷，粮食产量13531吨。林地面积1.8482万公顷，森林覆盖率70.49%，活立木蓄积量145.6936万立方米。

2019年全镇农村经济总收入15.62亿元，比上年增长8%。农村人均纯收入16881元，增长8%。固定资产投资92.8万元，下降0.3%。全镇财政一般预算收入8132.3万元，下降30.58%。

该镇主要经济来源有：农业、小水电、矿产开采与加工。

2019年，全镇有初中1所，小学1所，幼儿园10所，教学点7个，在校学生4570人；有文化站1个，广播站1个。全镇参加医疗保险人数29444人，覆盖面73.32%。

【乡村振兴】 2019年，龙归镇扎实做好冲下样板村、龙归粮仓项目建设；加快推进龙归--江湾精品线路项目打造；后坪光伏发电项目顺利投产；成立项目办公室，成为项目建设“催化剂”。打造龙归公园等四个景点；强力推进农村人居环境综合整治，拆除泥砖房1.1万间30多万平方米；创新成立全市首支26人乡镇企业志愿者服务队；抓实路域环境、扬尘整治，采取奖补措施解决整治难题；河湖清四乱17宗，群众幸福感不断提升。

【绿色产业发展】 2019年，龙归镇打造冲下350亩稻鱼共养生态养殖、龙安稻虾共生种养基地、龙安金桑园等农业生态园；推进优佰特、奇石生猪养殖；乡村、联旺家庭农场入选大湾区“菜篮子”生产基地；成功创建省级农产品品牌龙淮牌淮山。

【征地拆迁】 2019年，龙归镇共排查应拆破旧泥砖房12256间，331118.3平方米，累计拆除破旧泥砖房11348间，304258.21平方米，占比92%。推进龙归产业园项目，制定武江区龙归产业园征地拆迁实施方案，成立产业园指挥部和征拆工作领导小组，与留村、马渡、寺前3个村委签订剩余126.67公顷集体土地征收协议。累计完成382.14公顷集体土地的协议签订；共完成土地清点丈量330.16公顷，完成总征地面积的86.28%（其中留村215.22公顷，完成比例为84.22%；马渡67.71公顷，完成比例为92.37%，寺前47.23公顷，完成比例87.17%），拆迁4810平方米；清理地上附着物172.13公顷，实际围闭172.13公顷。完成龙归粮仓乡村振兴培训中心住户搬迁和拆迁安置，组织拆除部分老旧建筑。

2019年6月14日，韶关市第二批乡镇（镇街）整治提升“139”行动动员大会在龙归镇召开　（欧宇帆　摄）

【镇域提升】 2019年，龙归镇镇域提升139项目进展顺利。推进三项整治：垃圾专项整治成效明显；大力开展“六乱”整治，结合创文整治“百日攻坚”，对镇区“六乱”行为进行整治10余次，发放倡议书数千份；加快污水专项整治，已开展管网铺设工作，污水处理厂建设中。九项基础工程完成情况：门户标志节点、停车场、文体中心工程、公厕、文化书屋（党员服务中心、志愿者驿站）、农贸市场提升、主干道风貌（商业）提升、白改黑已完工。国省道绿化美化工程、三线整治、国道240线3个驿站建设已全部完成，完成人行道铺设和路灯安装。镇政府门口、南水河两侧、社主老桥、龙归桥头等地共建4个文化公园。

【农业生产】 2019年，龙归镇农作播种面积3974.67公顷，其中，粮食播种面积2143.67公顷，粮食产量13531吨。以增加农民收入为根本，以“一镇一业、一村一品”为抓手，大力发展特色产业，走质量兴农之路，实现产业兴旺，为实现高质量城乡融合发展奠定基础。依托本地资源禀赋，围绕龙安淮山、菜桑、后坪丝茅姜、食用菌、坳头莲藕、山前韭菜和已起步并稳定发展的奇石番薯、凤田沃柑、寺前珍珠黄皮等特色种业，引导农产品“三品一标”创建，全力推进“一镇一业、一村一品”建设。创建省级农产品品牌一个——龙淮牌淮山，奇石番薯、寺前珍珠黄皮两个特色农产品正在积极开展农业品牌打造。实施龙归冲下村23.33公顷稻鱼共生生态养殖项目、龙安村2公顷稻虾共生种养示范基地。龙安金桑园、名优葡萄园等一批农业生产体验基地也在围绕丰富龙归—江湾沿线生态观光之旅进行规划和打造。

【安全生产】 2019年初，龙归镇制定《龙归镇年安全生产监督检查计划》，镇党委、政府与相关部门（单位）、村（社区）签订安全生产目标责任书和消防安全目标管理责任书，与重点企业签订企业安全生产目标管理责任书，完善安全生产责任制考核办法，建立安全生产责任制的量化考核指标体系，对安全生产检查考核工作不合格单位，年终考核将实行“一票否决”。完善应急管理体系，制定应急救援预案。扎实推进安全生产宣传教育行动，强化安全意识，提高安全技能。加强安全生产应急管理工作，提高预警防范和处置事故灾难的能力。在元旦、春节、“五一”劳动节、中秋、国庆等重大节假日开展安全生产大检查，切实加强安全生产管理，为镇各生产单位的生产提供安全保障。

【民生工作】 截至2019年底，全镇已纳入农村低保的低保户288户，共486人，其中农业人口户280户共478人。城镇非农业低保户8户，共8人，全年共为城乡低保对象发放低保生活保障金190.9万元。2019年，开展业务培训6次，对低保对象进行动态管理，在年度核查中，低保工作人员深入低保对象家中调查走访了解情况入户率100%。非一站式大病医疗救助16人次救助金额2.13万元。发放临时救助金8户19人共2.24万元，切实使广大困难群众得到国家和社会的帮助和实惠。加强五保老人的管理和入户工作。全镇为25位60岁以上老人办理特困供养关系，其中集中供养特困老人10人，农村散居五保老人15人，全年为特困老人提供生活保障金23.25万元。敬老院入住老人13人。全镇共有739名高龄老人，发放高龄津补贴21.19万元。积极关爱儿童，针对因家庭发生特殊事件而导致失去抚养权的儿童，经村委和镇民政办核实后，为其按有关政策办理事实无人抚养对象，消除儿童日后成长的后顾之忧，2019年全镇共有28名儿童纳入事实无人抚养对象，为其发放生活费共计15万元。认真贯彻落实残疾人优惠政策。全年为508名重度残疾人发放生活补助费共134.1万元；发放残疾人生活津贴161人共31.8万元。

【精准扶贫】 2019年，龙归镇共有省定贫困村2个，分别是方田村和山前村，其他含有贫困户的村13个。全镇新时期精准扶贫贫困户299户690人（一般贫困户84户308人，低保贫困户200户367人，五保贫困户15户15人），其中有劳动力109户384人（有劳动能力人员173人），无劳动力190户306人。在全力攻坚下，2019年该镇省定贫困村和相对贫困人口全部实现有序稳妥退出。

【综合治理】 2019年，龙归镇创建“平安龙归”领导小组，制定平安创建工作方案和宣传工作方案，将平安创建工作经费纳入经费预算，投入25万元资金，加大宣传发动、完善技术视频监控等方面的投入。积极开展“平安三率”入户调查活动，主要做法：一是开好会议动员工作，二是做好入户宣传工作。三是悬挂宣传横幅。四是5月13日全力配合好区2019年“文艺轻骑兵”巡回演出活动开展。进一步健全中心+网格化+信息化工作。全镇16个村居划分为61个网格，61个村（居）干部兼任网格员，加强对61个网格管理员业务管理与培训。认真落实矛盾纠纷排查调处机制。龙归镇强化镇、村（居）二级排查调处机制，有效预防和及时发现各类矛盾纠纷，2019年1月至11月，龙归镇受理与接到上级交办案件21宗，已办结16宗，有5宗正在办理中;接待群众来访25批204人次，排查出矛盾纠纷24件，调解成功24件。严打整治，建设治安防控体系。加强流动人口管理，做好安置帮教工作，积极开展青少年法制教育。2019年以来，全镇有释解人员20人，安置帮教率100%。

【环境保护】 龙归镇开展村庄清洁行动，组织春季战役，悬挂横幅、标语67条，发放倡议书9860份。“清理农村生活垃圾”方面：清理巷道柴草杂物255处、清理积存垃圾123处、清理积存垃圾334.3吨；清理河岸垃圾47.5吨、清理沿村公路和村道沿线散落垃圾83.5吨。“清理畜禽养殖粪污染等农业生产废弃物”方面：清理畜禽养殖粪污等农业生产废弃物181处；清理畜禽养殖粪污等农业生产废弃物42吨。“清理村内塘沟”方面：清理村内塘沟121条，清理淤泥、漂浮物和障碍物860吨；整治生活污水规范排放12处。“改变影响农村人居环境的不良习惯”方面：宣传教育82次；将改变影响农村人居环境的不良习惯纳入村规民约的自然村43个。实施农村污水集中收集改造，镇级生活污水处理项目和15个村级生活污水处理项目正在紧张建设中。完成国道G323线从甘棠村至马渡村沿线所有支路路口及商户门前硬底化及部分裸露地绿化28611.81平方米，完善排水设施650米，构筑绿化带花基设施1210米；社主往龙归镇段新铺设人行道设施约3602平方米；铺设沥青路面约2600平方米。同时通过以奖代补的模式鼓励沿线村民对门前裸露地块进行硬底化处理，道路边侧构筑花基实施绿化提升工作，不定期对国道G323线、国道G240线、省道S520线等主要路面组织整治和清洗，改善路域环境，减少扬尘污染，创新工作机制，成立一支由26人组成的龙归镇乡镇企业志愿者队。抓好环保检查，查处环境违法行为。拆除社主丁洞2处废品收购店，查处环保信访投诉案件15宗，关闭散乱污企业2家，有力打击环境污染违法行为。

【护林消防】 2019年，龙归镇强化森林防灭火工作：在清明、“五一”劳动节、中秋、国庆等重大节日，加强值班值守，对主要上山道路设点值守；出动宣传车辆，对林区主要道路进行宣传；在主要路口悬挂宣传横幅；安排各村（居）、护林员派发区长签发的《禁火令》宣传单；开设生物防火林带；在林区企业开展森林防火安全演练。龙归镇根据武江区委、区政府相关森林防灭火工作部署大会，扎实做好龙归镇冬季森林防灭火工作。

【扫黑除恶】 龙归镇于2019年3月份对扫黑除恶专项斗争领导小组进行相应调整。该镇先后8次召开扫黑除恶专题会议，做好宣传发动工作，认真研究解决问题、甄别线索。截至2019年12月，龙归镇收集线索22条，其中2019年该镇收集线索6条，群众向镇举报2条，上级转办线索14条。其中无效线索2条，初步办结8宗。开展打击非法采砂专项整治行动。寺前、马渡、龙归、山前、龙安、方田等6个原有的采砂点未发现有开工采砂现象。

【人民武装】 2019年，龙归镇完成民兵整组工作，完善全镇民兵资料，参加市、区两级的点验及训练；组织民兵参加多次扑灭山火行动，其中组织镇空中设障连民兵参与“12·9”乳源与曲江交界处山火扑灭支援保障，并完成任务；完成年度征兵工作。

【计划生育】 龙归镇常住人口出生469人，政策生育率73.56%，出生男女性别比101.29。农村部分计生家庭奖励22人，特别扶助2人，城镇独生子女父母奖励4人，农村计划生育节育奖励2人。

【基层党建】 2019年，龙归镇广大党员干部职工深入学习宣传贯彻中共十九大精神和习近平总书记重要讲话精神，组织开展“不忘初心、牢记使命”主题教育。深入实施基层党组织“头雁”和“青苗”培养工程。制定《龙归镇关于加强村（社区）党组织书记队伍建设的实施方案》规范村级组党组织书记管理。选强配优村级党组织书记和贫困村、软弱涣散村第一书记，按照1∶2的比例，建立村党组织书记后备干部32人，完善后备干部培养“一人一档一策”制度。大力推行党员“项目化”管理模式。要求村党组织将年度工作任务分解立项，形成项目清单，采取组织安排、自主选择相结合的方式，让每一名党员都积极认领项目、承担责任，激发农村党员参与村庄事务的内生动力。加强党建阵地建设。完成社主、山前、方田、马渡、续源等村党群服务中心建设，国庆前投入使用，推进龙归、冲下、留村、龙安、盘村等村党建阵地建设，新增或完善必要的功能室，解决党建阵地薄弱的问题。

【全国高等院校大学生乡村规划方案竞赛启动仪式】 2019年8月13日，由中国城市规划学会乡村规划与建设学术委员会主办，华南理工大学承办，武江区人民政府等单位协办的“2019年度全国高等院校大学生乡村规划方案竞赛”在韶关市武江区龙归镇冲下村龚屋祠堂门坪举行启动仪式。副市长高冬瑞参加活动。来自华南理工大学、中山大学、华中科技大学等全国21所高校41支队伍，共219名参赛师生（分两批）利用接下来的3个月时间，从冲下村自然、经济、人口、集体组织、社会、生态、建设等多个维度，进行深入调研，探索符合当地实际的乡村意象设计思路，编制有针对性的规划设计方案，并通过探讨冲下村在乡村建设方面所面临的主要问题，进而为乡村发展提出策划思路。

【中国城市规划学会乡村规划与建设学术委员会年会】 2019年12月7—8日，2019年度中国城市规划学会乡村规划与建设学术委员会年会在武江区龙归镇冲下村的武江乡村振兴培训实践中心举行。会议由中国城市规划学会乡村规划与建设学术委员会主办，华南理工大学建筑学院承办，广东省韶关市武江区人民政府协办。省农业农村厅巡视员陈央，省住房和城乡建设厅副厅长刘耿辉等部门领导及专家学者共计300余人参加会议。年会以“乡村振兴·美好家园”为主题，安排村庄规划的法定性和实施性、设计下乡与村庄建设、乡村产业振兴与运营、乡村治理与乡风文明四个分议题，围绕着乡村振兴战略实施进程中如何发挥规划的引领作用、如何发挥专业团队的支持作用、如何提升乡村的现代治理水平、如何为乡村发展注入新动能等重要议题进行学术报告及对话交流。现场参观龙归镇社主桥头公园、冲下村环村公路和高标准农田等。

【韶关市第二批乡镇（镇街）整治提升“139”行动全面动员】 2019年6月14日，韶关市第二批乡镇（镇街）整治提升“139”行动动员大会及业务培训在武江区龙归镇举行。副市长李欣，市直有关单位，各县（市、区）政府分管人员，30个乡镇主要负责人员及规划设计团队约80人参加动员大会及业务培训。与会人员现场查看武江区龙归镇“139”项目建设实施情况，南雄市、仁化县作经验介绍；规划设计团队进行专题授课讲解；市住管局、市自然资源局负责人员进行政策解读，李欣最后作动员部署。

首批20个试点镇正在全面开展“139”整治行动，整治提升行动成效逐步显现，镇街人居环境有明显改变。

【先进表彰】2019年7月，龙归镇冲下村党支部被评为“武江区先进基层党组织”。冲下村全面推行党员“项目化”管理模式，落实无职党员设岗定责管理，全力打造“强政治、强服务、强队伍、强阵地”的“四强”农村基层党组织。在冲下村党支部的领导下，冲下村通过发展乡村旅游，种植优质蔬菜等，实现村民收入稳步增长。围绕龙归粮仓培训实践中心建设，全力打造“韶关市乡村振兴精品样板示范村”，以“十足农味、十美冲下”为主题，立足现有客家古屋、古樟树等乡村山水田园资源，打造油菜花基地、古树公园等多个火爆“网红乡村打卡点”，带旺本地农特产品销售，2019年村集体经济达到20万元。

2019年7月，龙归镇卫生院党支部被评为“武江区先进基层党组织”。龙归镇卫生院党支部通过打造“融入式”党建，将党建工作与医疗、公卫工作有机结合，通过开展党员志愿者与上级医院专家组织联合义诊、每月定期到镇敬老院为孤寡老人免费进行健康体检、科室争创一流服务窗口、党员扶贫帮扶、健康教育知识宣传等活动，充分发挥党员医务工作者的优势，给广大群众送去健康和公共卫生服务。

2019年8月13日，全国高等院校大学生乡村规划方案竞赛在龙归镇冲下村举行启动仪式　（欧宇帆　摄）

【续源村】　续源村位于龙归镇的最南部，距镇区10千米，东邻曲江区白土镇大岭村，南接罗坑镇下坪村，西面与盘村密落相连，北与山前村相连。该村为宋朝时建村，因当年年三十晚发洪水，故名续源村。由元石村、榕树下、冯屋村、欧山村、潘屋村和下社村等10个自然村组成。2019年，村总户数596户，人口2502人，耕地面积170.93公顷，山林面积335802公顷。该村经济以农业种植水稻、果树等作物为主，山林资源丰富，村内建有10多个个人及集体电站，1个林场，村小学1间。完成续源河堤整治工程，建成通潘屋村桥梁。完成党群服务中心建设，国庆前投入使用。

【山前村】　山前村位于龙归镇南部，距离镇中心8千米，该村北与奇石村相邻，与奇石山岭交界，南与续源村接壤，西与方田墩头分水岭为界。续源河贯穿该村。该村人口分隔居住于东西岸。该村建于南宋时期，原称“三千村”，后因迁居山岭脚下，故称“山前村”。2019年，该村户数389户，人口1614人。有耕地面积108.73公顷，其中水田62.67公顷，山林面积193.33公顷。

该村经济以农业为主，种植作物有水稻、蔬菜、果树等，传统农业品牌有淮山、粉葛、韭菜。引进种猪场1个。

该村与奇石村合办小学1间，接收一年级至三年级的小学生。2016年，被认定为省级贫困村，由东莞市高埗镇结对帮扶，建有山前文化广场、卫生站、党群服务中心等，山前至续源道路实现硬底化。2019年，完成党群服务中心建设，山前新村示范村建设，4个文体广场建设。

【奇石村】　奇石村位于龙归镇南部，村的西南面与方田、山前村相邻，东北面与龙归、龙安村接壤。奇石村建于明朝时期，因该村有一尖锥状的奇特小石山而得名。2019年，有10个自然村，村总户数538户，人口2242人，有耕地面积178.26公顷，山林面积344公顷。其自然村谭屋村是革命老区。

该村经济以农业为主，传统作物有优质水稻、蔬菜、果树等。水果有杨梅、柑橘、李等品种。协调解决至石灰岭道路问题，启动新好正和农牧生态养殖场。

【龙归村】 龙归村位于龙归镇的中心区域、京珠高速公路及323国道的南侧，距高速公路韶关北站出口及323国道约2千米。村的东南与西联镇甘棠村为界，南面与曲江区白土镇苏拱村接壤，西北面与奇石村、龙安村、冲下村、社主村相邻。龙归村始建于宋朝，因当地有一山岭如五条龙形状，由南向北俯冲而来，气势宏伟如五龙归位，故名龙归村。2019年，该村辖24个村民小组，村总户数1110户，人口4719人，耕地面积218.6公顷，山林面积233.33公顷。

该村经济以农业为主，种植作物有水稻、蔬菜、果树苗等，农业传统品牌主要有淮山、慈姑、莲藕、果蔗。

【坳头村】 坳头村位于龙归镇南部，村的东南与曲江区白土镇苏拱村委相邻，西部与龙归村水流坪相邻。2019年，村总户数631户，人口2645人，有耕地面积149.4公顷，山林面积459.73公顷。

该村经济以农业为主，种植作物有水稻、莲藕、慈姑、粉葛、马蹄、黑皮冬瓜等，有东埔水库（小二型）1个。

【龙安村】 龙安村位于龙归镇西南部，距镇区约5千米。东面隔河与龙归村相连，北与冲下村相邻，南与方田村相邻，西与留村水冲坪接壤。到2019年年底，共有20个村民小组，721户，3031人，分为安村和小村两大部分。山林面积522.93公顷，耕地面积209.8公顷，其中水田158公顷，旱地51.8公顷。境内有江湾公路横穿，江湾河流过。该村经济长期以来以农业为主，种植作物有水稻、蔬菜、果树等，淮山和马蹄是该村的传统作物。该村利用山地等优势，大力发展畜牧业和养殖业。村内有龙安村淮山生产专业合作社、金桑园等。龙安村生态农业有限公司种植茶花1公顷。

龙安村姓氏有黄、叶、赖、唐、张、侯、潘、肖、黎、董、杨、刘、李、卢、游、卓等20多姓。其中最大姓氏为黄姓，600多人，分布在安村；第二为赖姓，400多人，分布在小村；第三为叶姓，有300多人，分布在安村。其余的为小姓，人数从几十至几百不等。

现存在有2座清朝时期修建的古庙（安民祠），该村还存有3棵400百多年的大榕树。该村现有小学1间。

村集体有石灰山和大洞山，村内有高城、龙安两座私人老板投资建设的小水电站。

【冲下村】 冲下村位于龙归镇中西面，北面与社主村相邻，西面与留村接壤，村委会所驻地离国道323线和京珠高速公路仅1千米，境内有龙归河、南水河流经过，交通便利。

由郑、龚、高、管、涂、曾、邹屋7个自然村组成，全村人口2535人，总户数604户，山林面积333.33公顷，耕地面积111.6公顷，其中水田面积70.2公顷。

该村经济以农业为主，种植作物主要有水稻、黑皮蔗、蔬菜等。由于人均耕地面积较少，劳务收入是该村村民的重要经济来源之一。2019年，启动打造“韶关市乡村振兴精品样板示范村”，对村房屋进行外立面改造，建成四个公园、环村路等。流转冲下村郑屋、涂屋、曾屋、管屋、邹屋5个村小组土地共约53.33公顷。

【留村村】 留村村距离镇区3公路，位于龙归镇的西部，其东面与冲下村相连，南与龙安村、方田村相连，西与乳源县和寺前村接壤，北面隔河与马渡村相邻。分为留村和水冲坪（2004年4月并入）两大部分，共有13个村民小组，471户，1963人。2019年龙归工业园征地耕地135.6公顷，剩余耕地面积45.2公顷，其中水田27.13公顷。2019年征林地98.8公顷，剩余山林面积206.23公顷。

该村经济以农业为主，种植作物有水稻、蔬菜、玉米、花生、红瓜子等。龙归产业园（莞韶城三期）主要位于该村。

【社主村】 社主村位于韶关市区西部，距市区15千米，距镇区2千米，东与武江区西联镇甘棠村相邻，北面与后坪村、西面与马渡村、南面与冲下、龙归两村接壤。2019年，社主村共有295户，1219人，有山林面积265.87公顷，耕地面积58.87公顷，其中水田48.07公顷，旱地10.8公顷。该村交通便利，境内有京珠高速公路、国道323线横穿而过和省道253线，高速公路韶关北站出入口坐落该村。

该村经济以农业和商贸为主，种植作物主要有水稻、果树等。兼营畜牧业和水产养殖业。凭借地理和交通优势，在国道两侧建许多饮食店、修理店、加油站和商店。很多村民耕作之余，也从事副业，经济收入相对全镇较好。村内有龙归中学和3间幼儿园。利用南水河岸，打造成龙归公园。建成新的党群服务中心，国庆前投入使用。

【马渡村】 马渡村位于龙归镇的西北部，京珠高速、广乐高速公路互通位于该村，村的东面与社主相邻，南面与留村相邻，西面与寺前村委交界，北面山与带头接壤。该村始建于咸丰年间。2019年，该村总户数524户，人口2196人，现有山林686.47公顷，龙归工业园征地耕地72.2公顷，剩余耕地44.07公顷。

该村经济长期以农业为主。主要农作物有水稻、花生、黄豆、果树等，有千公顷鱼塘，发展养殖业。村内有中威有色资源再生公司、汽车维修厂、停车场等。开展扬尘整治，采取以奖代补方式，对马渡新村门坪等进行硬底化改造。

【寺前村】 寺前村是在明朝末期建村，因村前有一寺庙，而得名“寺前”。位于龙归镇西部，国道323线横穿该村，村东面与后坪、马渡村相邻，南面与留村、方田接壤，西北面与乳源县侯公渡交界。该村由寺前村、老柴桑村、新柴桑村、桥源村、矿塘村5个自然村组成，全村总户数360户，人口1478人，2019年征林地22.4公顷，剩余林地面积1081.47公顷，2019年龙归工业园征地耕地16.94公顷，剩余耕地面积140.07公顷。

该村经济以农业为主，种植作物主要有水稻、蔬菜、花生、生姜等。引进韶关市水产养殖管理中心在老柴桑建有1个奶牛场。

【后坪村】 后坪村位于龙归镇北部，属石灰岩山区，海拔高度在600—800米之间。2019年，后坪村总户数473户，人口1985人，该村现辖后坪、带头2个村民小组，后坪村民小组始建于明朝嘉祯年间（公元1500年前后），祖籍来自江西、福建两地，村方言为虱麻话。带头村民小组始建于清朝乾隆年间，村方言为客家话。耕地面积123.27公顷，山林面积3959公顷。

该村经济以农业为主，传统作物主要有水稻、生姜、毛竹、油茶等，引进食用菌企业1个——后坪百福食用菌种植专业社，种植茶树菇0.07公顷。生姜、毛竹是该村传统的品牌农业作物，也是该农民主要经济来源产品。现有后坪小学1间，建成环村路。3月起兴建后坪光伏发电项目，12月建成投产。

【盘村村】 盘村村位于龙归镇西南部，北面与凤田村相接，东面与续源村相连，南面与江湾镇相连，西与乳源县接壤。面积约为24平方千米，全村分为盘村、多田、城村、密落四大部分共有15个村民小组。2019年有732户，3113人。山林面积439.4公顷，耕地面积158.33公顷，其中水田146.87公顷，旱地1147公顷。龙归最高的山峰黄茂堂位于该村密落，海拔为941米。境内森林、水力和矿产资源丰富，矿产主要有稀土矿和瓷土矿等。

该村经济以农业为主，种植作物主要有水稻、蔬菜、油菜、果树等。少数村民从事畜牧业、渔业和林业。由于村中人多田少，该村很多青壮年外出珠三角务工，成为家庭重要经济收入来源之一。

【凤田村】 凤田村位于龙归镇西南部，距镇区12千米，县道318线贯穿该村，村的北面与方田村相邻，西面与乳源县侯公渡为界，南面与盘村村委相接壤，东面与续源的莲花山分水岭为界。该村始建于明朝时期，因当时已有龙归村的存在，按照中国的传统习俗，有龙必有凤，取龙凤呈祥之意，又因其地势所丘陵盆地，有大片肥沃良田可耕种，故名凤田。2019年，有4个自然村，581户，人口2431人，耕地面积150.13公顷，山林面积828公顷。

该村经济以农业为主，种植作物主要有优质水稻、蔬菜、果树等。兼营畜牧、水产业，经济作物主要有花生、黑皮冬瓜、淮山等。村内有私人小水电企业2宗。村内有小学1间，龙归社会福利院位于该村。

【方田村】 方田村位于龙归镇西南片，距镇区7千米，北与龙安村交界，南与凤田村交界，东与山前村、奇石村、续源村交界，西与乳源侯公渡交界。全村面积23平方千米，15个自然村，762户，3206人。全村山林面积1229.87公顷，耕地面积170.13公顷，以水稻、淮山、蔬菜等农作物为主。龙归至江湾公路横贯全村，江湾河流经全村。

村里有小学1间。村里有重点文物保护单位——文武阁。九归禅寺位于该村墩头。2016年，被认定为省级贫困村，由东莞市高埗镇结对帮扶。2019年，完成新党群服务中心建设，建成7个文体广场，完成村内排污设施，村内巷道95%以上实现硬底化。

【龙归社区】 龙归社区居委会位于龙归街。前身为龙归街道居委会，1951年成立。2002年5月，改称龙归社区居委会。辖区范围东至江源口水电站，南与益龙路屋边为界，西至龙归中心小学，北至龙归河与冲下村接壤。2019年年底，辖区面积1.21平方千米，常住人口1151户、3280人。完成镇域提升“139”工程，包括污水管网、兴龙路、益龙路、府前路等“白改黑”、文化书屋、公厕等。

龙归镇领导名录

书　记：曾　宏（—2019.2）
　　　　韩伟强（2019.2—）
副书记：刘　武
　　　　陈作昌

段锋刚（—2019.2）
黄寿文（2019.5—）
委　员：吴怡诗（女）
成伟雄
林雁嘉
吴荣华（—2019.8）
袁武宗（2019.5—）
欧宇帆（挂职，2019.3—）
人大主席：钟爱民（—2019.8）
叶贤治（2019.10—）
镇　长：刘　武
副镇长：成伟雄
刘芷伊（女，—2019.5）
纪委书记：吴怡诗（女）
武装部部长：袁武宗（2019.5—）

（陈伦锋　谭学怡）

江湾镇

【概况】 江湾镇东与龙归镇，南与曲江罗坑镇相邻，西邻乳源大布镇东坪镇，北与乳源乳城镇相连。总面积213平方千米。辖锅溪、围坪、梁屋、湖洋、胡屋、瑶族6个行政村和江湾社区。

该镇土特产有香菇、番薯、木耳、云雾茶、山蜜、灵芝。该镇主要旅游景点有山水湾农庄、村上人家农庄、湖洋村沿河周边民宿。自然资源有山高林密、水力资源充足、竹木资源丰富；矿产资源比较丰富，有钨矿、硫铁矿、铜矿、铅锌矿、稀土矿、萤石矿等多种矿藏，且有多个天然温泉，水质优良，温度在60摄氏度以上。有区级不可移动文物11处，有乳曲边人民联防办事处江湾老街旧址、围坪革命烈士纪念碑、胡屋革命烈士纪念碑等名胜古迹。

2019年，全镇年末户籍人口7436人，常住人口5157人。耕地面积401.9公顷，粮食播种面积348.2公顷，粮食产量2084吨。林地面积21740公顷，森林覆盖率94.7 %，活立木蓄积量150万立方米。

2019年，获广东省卫生镇称号。

2019年，全镇农村经济总收入33506万元，比上年增长5.9 %。农村人均纯收入17898元，增长6.1 %。固定资产投资42.79万元，增长137.46%。公共基础设施387.55万元。增长100%。全镇财政一般公共预算收入2911万元，减少40.24%。

该镇主要经济来源有农业种植、畜牧养殖、小水电、林业。

2019年，全镇有初中1所，小学1所，幼儿园1所，在校学生433人；有文化站7个，广播站1个。全镇参加医疗保险人数5288人，覆盖面97.2 %。

【农业生产】 2019年，江湾镇开展农村土地确权认证，共137户土地确权证书问题已收回交武江区农业局进行修改，部分修改完的土地确权证已发回农户手中。除此之外，江湾镇还完成全镇46个村的农村集体资产清产核资工作，已进入产权改革阶段。

在建设方面，江湾镇投入31万元完成围坪村委涂屋村、胡屋村委会墩头村和锅溪村农田灌溉工作，并申请区级资金230多万元用于围坪村委、梁屋村委、胡屋村委的农田水利灌溉工程建设，2019年5月已完成建设。

2019年，江湾镇种植春花生100公顷，水稻播种133.33公顷，水果种植20公顷，草种种植8公顷；完成江湾镇红薯干、花卉基地的一镇一业、一村一品和湖洋村委专业村的申报工作；加快农村一、二、三产业融合发展，把湖洋村和白石村打造成有影响力的乡村旅游和观光休闲农业品牌。

【精准扶贫】 2019年，江湾镇对标“两不愁三保障一相当”和“八有”标准，压实责任，突出抓好产业和就业扶贫，巩固脱贫攻坚成果。一是用好扶贫资金，发挥最大作用，将利益最大化。大力改善农村基础建设。按照上级财政、扶贫部门的要求依法依规使用2019年度的扶贫资金150万元，用于完善村庄基础设施、农田水利、道路交通等民生实事方面。同时，江湾镇还运用东莞高埗镇帮扶资金和财政扶贫（人均2万元）共257.67万元资金入股聚鑫生态有限公司和山水湾农场，以增加集体收入和贫困户分红；投资200万元入股武江区亿兆公司，每年获取不低于8%股息分红，用于稳定贫困户收入和增加集体收入。二是大力实施产业扶贫。湖洋村发动贫困户成立合作社（韶关市武江区富洋农产品种植专业合作社），进一步完善产业+合作社+基地+贫困户的产业帮扶模式，签订产品购销合同，并与农通公司对接，开展3.92公顷金丝黄菊种植试点。三是加大金融扶持力度。全镇共有5户贫困户通过银行审核，获得2—5万元不等的小额贷款，用于发展养鱼、养猪、养鸡，种植果树、西瓜等产业，脱贫致富能力得到提升。

【农村基层组织建设】 2019年，江湾镇在农村基层组织建设上主要从这五方面着手：一是以提升组织力为重点，积极推进瑶族、锅溪和湖洋等村级党组织标准化建设，6个村全面升级为党群服务中心，充分发挥服务群众、组织群众、宣传群众、教育群众的作用。严格落实支部“三会一课”、组织生活会，完善支部学习计划、活动全程纪实、支部书记讲党课等制度，严格按要求组织召开民主生活会、组织生活会，每个支部都有规范化台账，使开展组织生活成为自觉、养成习惯。二是突出抓好镇村两级党员干部学习教育。落实好镇党校建设，以百人讲师团为主要师资力量，以党性教育、专题培训，政治理论为重点，组织前往清远、曲江、重阳等地学习，共开展党员干部培训1200人次，村级党组织书记视野，提高履职能力水平。三是继续大力开展培育后备干部“头雁”、夯实往年“青苗”工程培育成果。严格党建述职、目标考核制度，提前谋划2021年村“两委”换届工作，实现村居书记、主任，村居集体经济带头人三个一肩挑，进一步夯实基层党支部的凝聚力和战斗力。四是严格党员发展管理。突出政治标准，严格执行发展党员步骤，坚持成熟一名、发展一名，严把党员队伍入口，2019年共吸收预备党员8名，预备党员转正10名，党费收缴做到账目清楚、账款相符、不拖欠、不挪用。五是抓梁屋村软弱涣散党组织转化。加强对村党支部班子学习培训，规范梁屋村组织生活，抓好党建促扶贫和乡村振兴，妥善处置湾子温泉矛盾纠纷化解和重点人员稳控工作。2019年，实现梁屋村集体经济年收入2万元提升至21万元，党支部规范化建设取得实效，党支部战斗力得到提升，规范村级资金的管理使用，确保梁屋村软弱涣散党组织顺利摘帽。

【农村人居环境提升】 江湾镇6个行政村43个村小组通过召开家长会形式选举产生村民理事会，为下一步农村人居环境综合整治打下坚实基础。2月，围坪村委、锅溪村委、胡屋村委、瑶族村委4个非省定贫困村的“三清、三拆、三整治”工作通过武江区相关部门考核验收。

在提升项目方面，江湾镇立足实际，创造性提出镇村联动特色提升方案，获得韶关市乡镇（镇街）整治提升规划设计大赛二等奖。其中，精品镇村人居环境整治提升项目于2018年12月4日开标，2019年，镇文化书屋、文化公园（榕树广场）、文体中心工程、镇区美化绿化工程；两河四岸硬堤岸改造、河岸护栏、艺术驳岸改造、抛石驳岸；门户标志节点工程、镇区入口停车场、污水设施工程和公厕改造工程、镇街主干道提升工程（含“三线”下地）、农贸市场改造提升等项目等已基本完成建设。

在拆旧复垦方面，江湾镇符合复垦条件的村小组有15个，13.49公顷，其中用于复垦用地7.75公顷，自留建设用地5.7公顷。全镇通过拆旧复垦不仅可以为各村配置近10万平方米的土地资源，还实现土地指标交易收入。

【破旧泥砖房拆除】 2019年7月以来，江湾镇按照市委市政府、区委区政府有关工作部署要求，明确农村破旧泥砖房拆除工作是一项重点工作，是关乎人民群众生命财产安全和切身利益的民生工作。全镇上下统一思想，提高认识、精心组织、细化工作措施，大力开展拆除农村破旧泥砖房工作，取得明显成效。通过全面摸排，全镇泥砖房有3897间，101268平方米；应拆除破旧泥砖房2273间共60107平方米。2019年，江湾镇累计拆除2208间共59763平方米破旧泥砖房，占全镇拆除破旧泥砖房间数的比例97.14%，拆除面积的比例99.33%。

【环境保护】 2019年，江湾镇加大环境治理监管力度，营造良好的生态环境。一是加大环保宣传力度。制作环保宣传栏和主干道路灯布宣传环境保护标语。二是建立环保巡查四级网格化管理制度，实行镇干部包村，村干部包片的包干包片责任制，层层落实，层层监管。三是落实河长制和加强禁渔区域监管工作。落实镇村干部河长责任制，加强河湖四清、严厉打击非法采砂和禁渔区域管控工作，加强河道疏浚工作，前段清理胡屋村委河道工作，执法打击偷盗河沙390立方，有力保护自然资源和生态环境。四是争取申报创建广东省生态森林特色小镇，9月23日在韶关市通过专家评审批准该镇申报规划，现已进入项目的设计可研阶段，力争明年申报成功。严厉打击“乱采滥伐”行为，保护江湾青山绿水，全力筑牢粤北生态屏障，为韶关创建国家森林城市

风景秀丽的十里江湾 （陈励 摄）

做好支撑。五是根据《武江区畜禽养殖特别管控区划定方案》要求，划定畜禽养殖特别管控区，实行分级管理。对在二级管控区内的养殖场责令搬迁或关闭，控制农业面源污染、保障生态环境安全。六是严格按照中央环境保护督查的工作要求对照检查，针对该镇非法排放等问题，下达整改通知书，勒令整改，对不符合标准的坚决取缔。2019年3月，该镇坚决取缔关闭镇屠宰场。配合区住建局、水利局对疑似非采的韶关市顺昌钢材贸易有限公司制沙厂采取停业整顿措施。七是做好生态修复和矿山治理恢复工作。2019年7月，该镇成功入选韶关市第一批山水林田湖草修复工程。批准可研预算费用332万元，主要整治修复江湾梁屋、锅溪稀土非采点地质环境治理恢复，面积是13.79公顷，消除潜在矿山地质灾害，有力恢复生态。

此外，江湾镇还加大投资力度，在各村（社区）新建污水处理池，增建垃圾池，配备专职环卫工人，配备垃圾清运车每天清理，完成镇区生活污水处理规划，生态环境保护水平显著提高。

【综合治理】 2019年，一方面，江湾镇开展扫黑除恶专项斗争，上半年收到1条上级交办线索，已全部核实并回复。并做好全镇3名社区服刑人员管理工作及17名安置帮教人员衔接工作，做到不脱管、不漏管，预防“二次犯罪”。

另一方面，江湾镇对全镇严重精神障碍者进行根治、跟踪，对全镇45人患者进行造册登记，列入根治根除和动态管理，其中易肇事肇祸精神病患者5人，均送往韶关市第三人民医院和粤北第三人民医院救助救治。

2019年，江湾镇共受理各类矛盾纠纷63宗，调解63宗，调解率100%；成功调解61宗，调解成功率96.82%。2019年，共受理9宗信访案件，均属求决性质，其中纳入领导包案2宗，分别为江湾镇湾仔村汤下温泉案与江湾镇锅溪村与龙归密落村的山林权属及山林界止纠纷案，现处理中，其余均已结案，有效化解基层矛盾纠纷。

【安全生产】 2019年，江湾镇多次开展专项整治行动，重点开展道路交通、烟花爆竹、建筑施工等安全生产专项整治行动。对全镇道路、商店、学校等进行综合安全检查，针对检查出的安全隐患采取相应措施，制定责任清单，督促企业落实整改隐患清单共计6份。并对“三合一”场所消防设施、违规住人进行逐户清理整治工作，下发5份整改通知书，整改完成率为100%，有效消除消防安全隐患。

2019年国庆节期间，江湾镇还联合镇派出所、安监站等对镇域人员密集场所和出租屋等进行隐患排查，尤其是对电动车充电的安全隐患进行检查，确保全镇在国庆期间消防事故零发生。

【“大棚房”专项清理整治】 2019年，江湾镇成立镇党委书记黄海涛任组长，镇长曾玉玲任执行组长的工作领导小组，制定《江湾镇人民政府“大棚房”问题专项清理整治整改工作报告》，夯实责任，明确分工。及时组织国土所及驻村干部，对所辖行政村逐一开展清理排查，对国土部门提供的卫星遥感监测疑似图斑进行认真摸排，做到不留死角。依法拆除山水湾农场违章建筑0.16公顷，整治拆除工作已通过验收。

【卫生整治】 2019年，在农村生活垃圾处理方面，江湾镇包括镇区范围，由惜福公司承接。进入江湾主干道沿线村庄和镇区范围所有村庄实行每天户收、村集、镇统、区管收。做到集中清运集中无害化处理，镇街范围实行每天24小时的专人保洁，长效的保洁机制。不定期联合惜福保洁公司对镇区、镇主干道进行无缝对接，扫除卫生工作无死角、无盲区，通过专项巡查、抽查、督查，做到及时发现、及时处置，全镇的环境卫生基本得到有效遏制和初步整治成效。

在污水专项整治方面，江湾镇污水专项整治主要是处理生活污水污染、畜禽养殖污水污染、水产养殖污水污染等，镇区污水管网和污水处理厂已基本铺设完成。

在“六乱”专项整治方面，2019年1月，江湾镇“六乱”整治专项行动顺利通过韶关市考核验收小组的查验，并在全市20个试点镇中获得第八名的好成绩。江湾镇加大力度开展“六乱”专项整治，在江湾社区先后3次联合武江区城管执法队、交警二中队、镇应急队、派出所等多个部门，共出动200多人次，对镇区乱搭乱建、乱堆乱放、乱摆乱买、乱停乱放、乱拉乱挂、乱贴乱画等“六乱”行为进行全面整治，为“139”行动后续工作打下坚实基础。

此外，江湾镇还积极创建广东省卫生镇，并通过广东省爱国卫生运动会的组织评审，于2020年2月13日被授予广东省卫生镇称号。

【河湖保护】 2019年，江湾镇落实镇村干部河长责任制，加强河湖四清、严厉打击非法采砂和禁渔区域管控工作，加强河道疏浚工作，清理胡屋村委河道，执法打击偷盗河沙390立方米，有力保护自然资源和生态环境。

【生态修复】 2019年7月，江湾镇成功入选韶关市第一批山水林田湖草修复工程。批准可研预算费用332万元，主要整治修复江湾梁屋、锅溪稀土非采点地质环境治理恢复，面积是13.79公顷，消除潜在矿山地质灾害，有力恢复生态。积极争取申报创建广东省生态森林特色小镇，9月23日已在韶关市通过专家评审批准江湾镇申报规划，现已进入项目的设计可研阶段，力争明年申报成功。严厉打击“乱采滥伐”行为，保护江湾青山绿水，全力筑牢粤北生态屏障，为韶关创建国家森林城市做好支撑。

【森林防火】 2019年，江湾镇严格实行江湾镇森林防火管理办法，广泛开展森林防火宣传，在森林防护重点防护期内做好野外用火管理，实现“零山火”目标。壮大森林防火队伍、强化日常防火巡查制度，确保无烟区、零山火。

2019年12月9日，乳源与曲江交界处的夹水村发生森林火灾，山火蔓延至江湾镇。山火发生后，区委、区政府高度重视，区、镇领导连夜赶赴火场，靠前指挥，江湾镇党政主要领导率领班子成员第一时间奔赴山火现场扑救，有关部门和个人服从指挥、快速行动、担当落实，经过连续五天四夜作战，山火得到及时控制和扑灭。

【民生实事】 2019年，江湾镇顺利推进全镇民生工程和民生实事的落地见效，一是投入5万元修缮江湾中学旁塌方道路。二是投入8.7万元完成寺前叶屋公路硬底化建设。三是投入15万元建设残疾人康园中心。四是投入100万元于9月完成锅溪、瑶族党群服务中心建设。五是镇区中心集中污水处理厂，主要集中处理镇街中心、倒流水、莱队、黄陂坛、叶子厂、中小学污水，日处理量300吨，实现生活污水有效处理。六是投入20万元完成围坪卫生站建设，疫病防控和卫生医疗服务体系逐步完善。

【锅溪村】 锅溪村是江湾镇行政村，位于江湾东南部，东与龙归、凤田相邻，南与曲江樟市、罗坑镇相邻，西、北与围坪村相连。由上洞村、河背村和叶屋村等3个村小组组成，耕地面积32公顷，山林面积40平方千米，总人口105户 594人。

该村以农业为主，主要种植水稻、花生、蔬菜、果树等作物。

改革开放后，该村累计引进外资2000万元，先后建成9宗小水电站，装机容量3300余千瓦，其中上洞村集体电站2宗总装机容量550千瓦。

该村在发展经济的同时注重村容、村貌建设。2004年，上洞村小组全村统一规划兴建新农村，均为复式住宅楼，新村“十个一”措施落实较好，成为市新农村建设示范点，并获市评比三等奖。该村于2017年建成锅溪村综合性文化中心，于2019年完成村党群服务中心建设。

截至2018年年底，该村村道已全面实现硬底化。

【围坪村】 围坪村是江湾镇的行政村，地处江湾镇北面，东与锅溪村委相邻，西南与梁屋村委相接，西与乳源县相邻，北与武江区龙归镇相交。由周屋村、罗屋村、涂屋村、坑背村、范角村、大塘村、寺前村和叶屋村等组成，有耕地面积86.2公顷、山林面积42余平方千米，总人口216户1145人。

该村以种植水稻、花生、蔬菜、水果为主，畜牧业、林业为辅。改革开放以来，该村累计引入外资1500万元，先后兴建小水电站6宗，装机容量2000千瓦，其中，属村及村小组的4宗，装机容量1200千瓦。该村是全镇人均收入最高的村委之一，1998年建成全镇第一个楼房化的新农村—范角新村。该村于2017年建成围坪村综合性文化中心，于2018年完成村党群服务中心建设。

截至2019年底，该村村道已全面实现硬底化。

【梁屋村】 梁屋村是江湾镇辖行政村，位于本镇西北部。东与湖洋村相邻，西与乳源县相邻，南与胡屋村相连。由武洞村、红山村、连麻山村（今无人居住）、下洞村、曾屋村、钟屋村、梁屋村、湾仔村和河背村等组成，有耕地面积76.67公顷，山林面积45平方千米，总人口230户1283人。

该村长期以种植水稻、花生、蔬菜和果树为主，畜牧业、林业为辅。是长短经济结合的农村经济。改革开放后，该村凭借丰富的水资源，积极引进外资3600多万元，开发水力资源，先后建成21宗小水电站，装机容量达6300千瓦，农村经济有较大发展。该村于2017年建成梁屋村综合性文化中心，于2018年完成村党群服务中心建设。

截至2017年年底，该村村道已全面实现硬底化。

【湖洋村】 湖洋村是江湾镇辖下的行政村，是江湾镇的中心地带。东与曲江罗坑相连，西与胡屋相邻，北与梁屋村相交，南与乳源相邻，由和山村、黄九村、高围村、江屋村、湖洋村、倒流水村、莱队村和黄陂坛村等组成，有耕地面积52余公顷，山林面积40余平方千米，总人口223户1172人。

该村以传统农业为主，畜牧家禽为辅，以林业支撑经济，主要种植优质水稻、红薯、花生、蔬菜、桑蚕等。改革开放以来，该村累计引入外资2000万元，先后建成8宗小水电站，总装机容量2800余千瓦，有力地加强村集体经济。该村于2017年建成湖洋村综合性文化中心，于2019完成党群服务中心建设。

截至2017年年底，该村村道已全面实现硬底化。

【胡屋村】 胡屋村是江湾镇辖下行政村，地处江湾镇的西边，东南与湖洋村相邻，西与乳源县交界，北与梁屋村相邻。由胡一队村、胡二队村、胡三队村、胡四队村、田心村、王坝村、白石村、周塘村、墩头村、羊角寨村和佰公陂村等组成，耕地面积80余公顷，山林面积45余平方千米，总人口274户1355人。

胡屋村长期以来以农业为主，畜牧家禽为辅，主要种植优质水稻、花生、蔬菜、水果等。改革开放以来，该村充分利用丰富的水资源优势，先后引入外资4500多万元，修建16宗小水电站，总装机容量7500千瓦，有力地增强村集体经济收入。2013—2015年在区财政局的第二轮帮扶下，村集体收入达5万元以上，实现脱贫。该村于2017年建成胡屋村综合性文化中心，于2018年完成村党群服务中心建设。

截至2018年年底，该村村道已全面实现硬底化。

【瑶族村】 瑶族村是江湾镇下辖的行政村，位于梁屋、围坪、湖洋、胡屋的边界处，与乳源瑶族自治县相接。由练屋村、左坑村、华山村、长岭村、良坑村村和南坑村等组成，居住较偏僻、分散，耕地面积13.33余公顷，山林面积10余平方千米，总人口109户 535人。

瑶族村是全镇最为贫困的村之一。村民靠山吃山、以山为本，种植少量的水稻、玉米和自供自给的蔬菜。中共十一届三中全会后，各级政府认真落实国家的民族政策，对民族村的经济发展，在政策上给予优惠，在经济上给予支持，全村经济有较快的发展。同时，该村还积极引进外资1000万元，先后兴建6宗小水电站，装机容量1400余千瓦，大大改善村民生活水平。近年来，先后有60多户瑶民搬出大山，在江湾镇周边兴建楼房。2010—2012年，在市人大、市质监局的帮扶下，实现脱贫。该村于2017年建成瑶族村综合性文化中心，于2019年完成村党群服务中心建设。

截至2018年年底，该村村道已全面实现硬底化。

该村作为武江区唯一的瑶族村，在语言、服饰、歌舞等各方面都有自己的特色。瑶歌的格调与旋律都比较单一，节奏感不大明显，却可以按各自的感情需要而任意延长或缩短，故唱时比较灵活自如、独具一格。瑶族的舞蹈具有古朴、简单、节奏感强等特点，动作变化少，随着音乐一蹲一起，每一个动作都有东南西北四个方向之分，如此反复多次。瑶族还有一个重要的节日—盘王节，也叫“跳盘王”。盘王节是瑶族祭祀祖先盘瓠的重大节日，瑶胞十分重视这一民族祀典。盘王节可以一家一户进行，也可以联户或者同宗同族人集聚进行。但不管以哪种形式举办，都要杀牲祭祀，设宴款待亲友。节日一般为三天两夜，也有的长达七天七夜。盘王节的主要内容是祭盘王、唱盘王和跳盘王。

【江湾社区】 江湾社区面积2平方千米，2018年户籍人口1006人。江湾社区本着“以人为本，服务社群”的宗旨，以“创建环境优美、治安良好、生活便利、互相互爱、关系和谐和全民参与的文明社区”为目标，通过社区服务中心，立足为居民服务，增强社区的凝聚力和归属感，共同营造和谐社区。

江湾镇领导名录

书　记：黄海涛
副书记：曾玉玲（女）
　　　　谭克志
　　　　刘戈勇
委　员：胡言辉
　　　　杨　晖
　　　　刘甜妹（女）
　　　　涂星明
　　　　潘会亮
人大主席：黄永和
镇　长：曾玉玲（女）
副镇长：杨　晖
　　　　邹　锋
纪委书记：潘会亮
武装部部长：涂星明

（刘甜妹　黄文勇　华　伟）

重阳镇

【概况】 重阳镇位于韶关市西北端，镇政府驻地重阳居委，与西河镇、浈江区犁市镇、乳源瑶族自治县的一六镇、游溪镇、桂头镇相邻，辖黄岸、重阳、青暖、万侯、九联、妙联、大夫前、水口8个村委会和1个居委会。重阳镇总面积82平方千米公顷，耕地面积1931公顷，林地4600公顷，粮食播种面积965.13公顷。全镇总户数5142户，户籍人口18130人，农业人口14484人，常住人口12952人，外来人口348人。截至2019年年底，全镇农民人均年收入13215.1元，比上年增长10.3%。武江河流经乡域，主要农作物有丝茅姜、西瓜、香芋、花生、蚕桑、竹木等。主要矿产资源有铅、锌、砒、钨、钼、铁、锰、铝等有色金属。全镇有初中1所，小学1所，幼儿园2所，教学点2个；有文化站1个，广播站1个。全镇参加医疗保险人数12957人。重阳镇设5个内设机构：党政办、社会事务办、农办、计生办、人大办。

【农业生产】 2019年，重阳镇大力发展现代农业产业，着力推进现代农业产业园、绿色食品加工园、青暖田园综合体项目，发展黄金百香果、香蕉李、阳光玫瑰葡萄等水果产业，发展兰花、沉香种植。扶持特色家庭农场，农场经营不断壮大，积极培育农业合作社，引导种养农户建成3个有效辐射带动农业生产农民致富的合作社。有效发挥正邦集团重阳养猪场、六记农业科技有限公司水口兰花基地、世外桃园农场等农业企业辐射带动作用，带领农民增收致富。积极开展培育新型农民工作，组织各类农业技术专题培训6轮，培训新型农民180多人次，有效提升各类农业技术人员水平。畜禽养殖规模化成效明显，粮食蔬菜生产效益凸显，粮食种植面积产量稳中求进。2019年年末，全镇家畜家禽存栏375910头（只）；粮食种植787.13公顷，实现粮食产量5670吨;蔬菜播种面积为674.93公顷，实现蔬菜产量11954吨;种植水果210.49公顷，实现水果产量3947吨。

【脱贫攻坚】 2019年，全镇实现预脱贫266户673人，脱贫率为100%，年度预脱贫户家庭人均可支配收入达12997.85元。东莞到村引导资金投入区属国企3个贫困村可分别获得8万元集体收益。黄岸村和九联村的光伏发电设备每村预计可获得1万元的收入，万侯村村集体资产租金收入每年1万元。贫困户脱贫增收方面。实现贫困户基本生活“三保障”。通过教育、医疗、住房以及低保等生活保障政策稳定贫困户的基本生活条件，符合低保、五保、孤儿救助条件的贫困户均纳入最低生活保障、特困供养和孤儿救助。产就业扶持助贫困户增收脱贫，补助生产物资、发展主导产业、投资收益性项目实现助力增收。同时，大力实施转移就业让脱贫有保障。

【民生工程和重点项目】 2019年，重阳镇万侯党群服务中心和市级红色村项目建设竣工，大夫前、九联党群服务中心已启用。重阳文化楼、水口桥和林屋桥、三防指挥中心、志愿者服务驿站等项目已投入使用。全力推动镇级污水处理厂项目、镇区街巷整治和亮化、重阳综合市场等项目启动实施。继续推动镇级综合文体广场、镇区主干路改造、镇区排水系统改造、村民饮用水到户网管铺设、观音山地质灾害点整村搬迁、村级党建服务中心和卫生站等项目建设。做好引导重阳村杉木冲、妙联村妙梓阁、万侯村冲口坪等自然开展新农村建设工作，做好规划设计，提升新农村建设水平。

【计划生育】 2019年，重阳镇坚决贯彻执行现行生育政策，着力解决人口和计划生育工作面临的新情况和新问题，转变广大育龄群众婚育观念，提高人口素质，全镇计划生育工作取得一定成绩，基本完成上级下达的各项工作任务。重阳镇下辖8个行政村1个社区居委，总人口19055人。2019年1月1日至2019年12月31日，全镇共出生婴儿264人，（其中一孩83人，二孩104人，多孩77人），男孩147人，女孩117人。全镇共死亡119人，圆满完成人口计生各项目标任务。爱国卫生、公共卫生方面，积极开展第三十一个“爱国卫生月”等活动，积极申报卫生镇、卫生村，增强村民文明意识、卫生意识和环境意识，为广大群众营造良好的生活居住环境。2019年，九联村、重阳村被评为广东省卫生村。

【农村人居环境整治】 2019年，重阳镇大力开展村庄清洁行动春季战役，清理村巷道及生产工具、建筑材料乱堆乱放共698处，清理垃圾62161吨；清理房前屋后和村巷道杂草、积存垃圾共153处，清理垃圾1084吨；清理沟渠池塘溪河淤泥、漂浮物和障碍物共23处，清理垃圾537吨；拆除乱搭乱建、违章建筑共18处，面积940平方米；拆除非法违规商业广告、招牌共60处，面积800平方米；完成垃圾乱扔乱放，整治污水乱排乱倒、整治“三线”（电力、电视、通信线）18宗。争当全市率先彻底拆除破旧泥砖房示范镇，全镇共拆除泥砖房4996间，153243平方米，拆除泥砖房总间数占全镇泥砖房总间数的98.83%。

【惠民工作】 2019年，重阳镇农村医疗保险、养老保险全覆盖，农村医疗保险参保人数12919人，参保率达99.96%；养老保险参保人数6624人，其中年满60周岁以上老人2440人，全部按时领到养老金。医疗救助227人次，共计发放救助金132276.29元。60岁以上退伍军人补助82人，80岁以上老年人高龄补助379人，农村贫困残疾人扶贫解困130人。重阳镇敬老院供养五保户20人，保障五保对象的基本生活;全镇低保户189户327人，每月人均领取低保费400元。

【党建工作】 2019年，重阳镇严格落实基层党组织建设三年行动计划，以“组织力提升”为主题，重点构建党组织对各类基层组织全面领导的体制机制，切实把党的政治优势、组织优势转化为脱贫攻坚优势、乡村振兴发展优势，为决胜全面建成小康社会，提供强大思想动力和坚实政治保障。坚持深入学习宣传习近平新时代中国特色社会主义思想，扎实推进“不忘初心、牢记使命”主题教育；采取建强组织治标，化解民怨治根，共建民生治本“三步工作法”整顿水口村软弱涣散党组织，取得突出成绩；凝聚“头雁”效应，激发“雁阵”活力，引领基层党组织蓄力奋飞。加强“头雁工程”，强素提能。重阳镇注重对村级党组织书记“头雁”效应，以主题教育为契机，选出优秀基层党支部书记，结合工作实践、为人民服务的难点、痛点，为与会党员干部作一场精彩的报告。育好“雁阵”，群雁展翅飞。重阳镇党校先后举办党员干部理论培训班、乡村建设、服务群众、作风建设、基层党务工作基本知识、产业扶贫等专题培训班34期，受训党员群众1600多人次，基层党员干部群众的政策理论水平有明显提高，为农村培养一批有用人才。

【综治创平维稳】 2019年，重阳镇综治创平工作在区委、区政府的正确领导下，认真贯彻落实中央和省、市、区政法综治创平会议精神，紧紧围绕区委、区政府中心工作，结合重阳镇实际，深入推进“平安重阳”建设，以扫黑除恶专项斗争、创平、综治、信访工作等为抓手，同时做好严重精神障碍患者救治救助、反邪教、铁路护路等工作，推进综治网格化管理，健全服务网络，强化服务功能。2019年，重阳镇综治信访维稳中心共接待来访群众97人，受理矛盾纠纷案件 39 宗，结案36宗，结案率为92.3%；共受理信访案件23宗，结案21宗，结案率为91.3%。

【安全生产工作】 2019年，重阳镇坚持“安全第一，预防为主，综合治理”的方针，以“百日安全专项行动”为主题，狠抓安全生产责任制的落实，严格实行目标管理，不断提高安全生产管理水平，扎实认真开展“三合一”场所消防安全、非煤矿山为重点的专项整治活动及各种安全生产大检查和铁拳行动，全年未发生安全生产事故。对各类安全管理对象通过签订安全目标责任书进行安全管理，落实安全责任。分别与8个行政村、1个社区签订消防、安全生产目标责任书，把安全责任层层落实到单位和个人。开展安全整治专项行动，一是道路交通专项整顿行动以打击非法营运、农用车、三轮车、摩托车等违章载人为重点，抓好道路交通监管工作。二是对辖区内非煤矿山、加油站、“三小”场所及镇街营业网点进行地毯式的安全隐患大排查。三是烟花爆竹及民爆物品管理，对镇街销售易燃易爆物品的多个营业网点进行检查，对不符合规范标准网点进行加以整改。四是抓好汛期安全生产工作，定期排查山塘水库及低洼片区并登记造册。

【武装工作】 2019年，重阳镇一是抓征兵，强兵源。重阳镇落实领导干部包保责任制，摸清辖区役龄段青年的基本情况，建立台账，实行规范化管理；及时召开征兵工作会议，充分利用广播、张贴宣传纸、悬挂条幅等形式，调动适龄青年参军的热情和积极性，在全镇形成浓烈的征兵氛围。通过细致的工作，重阳镇2019年5名适龄青年入伍，超额完成区委、区政府和区人武部下达的征兵任务目标。二是抓整组，促规范。重阳镇以抓好潜力调查、优化结构布局、创新编组模式、夯实基层基础四项措施做好民兵整组工作。三是抓用兵，炼作风。坚持把管兵、练兵与用兵结合起来，做到在管中用，在用中练，达到日常养、经常用，拉得出，能战斗的目标。积极参加区人武部组织的各种演练及军事训练活动，充分发挥民兵组织应急能力强、作用发挥好的优势，展示新时期基干民兵的精神风貌。2019年重阳镇参加区统一组训3次，参训人员共18人次。

【夺取全市率先彻底拆除破旧泥砖房示范镇】 2019年7—9月，重阳镇上下发扬红军精神和长征精神，坚持“干字当头、问题导向、重点发力、以上率下”，以“脚上有土、心中有谱”的务实作风，以必胜的信念和决心，迎难而上、勇于担当、动真碰硬、攻坚克难，持续奋战，扎实做好全面彻底摸清农村泥砖房摸排工作，确保不留空白、不留死角，做好台账，分类管理。深入细致做好做实群众工作，把拆除破旧泥砖房的意义、内容、政策措施宣讲好，充分调动广大群众主动参与积极性，变“要我拆”为“我要拆”。经过全镇上下努力，重阳镇夺取全市率先彻底拆除破旧泥砖房示范镇，全镇共拆除泥砖房4996间，153243平方米。

【“爱我新中国·奋斗新时代”文艺演出】 2019年9月29日晚8时，重阳镇在镇政府广场上举办“爱我新中国·奋斗新时代”文艺演出，隆重庆祝中华人民共和国成立70周年。重阳采茶队、青暖采茶队、大夫前表演队3个队伍表演《舞春牛》《买鸡蛋》《庆丰收》等精彩的节目，整个广场沉浸在生气勃勃、笑声四射、热情洋溢的氛围中。“爱我新中国·奋斗新时代”文艺演出的成功举行，不仅充分展现本镇地域文化特色，更是展现群众对中华人民共和国成立70周年的喜悦。

【武江区生态农业博览会启动仪式在重阳镇举行】 2019年9月23日，由武江区委、区政府主办的“吾爱武江美·粤北悦丰收”为主题的2019年“中国农民丰收节”暨武江区生态农业博览会的开幕仪式在重阳镇万侯村举行。开幕式不仅有《舞春牛》《沓饼啰》等具有特色的文艺表演，更有水塘摸鱼、拔芋头等充满趣味的农事体验活动；在农特产品展销区，农户们更是纷纷拿出自家的农特产品：丝茅姜、西瓜、茶油、芋头等进行展销，引得观众纷纷驻足品尝购买；在非物质文化遗产展示区，有涂式水车等展品，观众们纷纷拍照留影。“中国农民丰收节”暨武江区生态农业博览会启动仪式的成功举行，不仅充分展现本镇地域特色，更是展现本镇农民群众的劳动成果和丰收的喜悦，深入调动农民群众的生产积极性、主动性、创造性，进一步提升农民群众的荣誉感、幸福感、获得感，重阳镇将以此次启动仪式为契机，汇聚起脱贫攻坚、实施乡村振兴战略和全面建成小康社会的磅礴力量。

【重阳村】 重阳村位于重阳镇中心方向。东接黄岸村，南抵社区居委，西抵青暖，北临社区居委。辖9个村民小组，总户数729户，户籍2672人。现有村“两委”干部6人，党员71人。该村经济来源以农业为主，主要作物有水稻、蚕桑、花生，地处街镇中心的优势使该村的工商业较发达，有较多的农民从事加工、运输、饮食等服务行业，为村经济的发展起到推进作用。

【青暖村】 青暖村位于重阳镇西南方向，距重阳镇中心2公里。东接重阳村委，南抵万侯，西抵乳源游溪，北临社区居委。辖12个村民小组，总户数416户，户籍2351人。现有村“两委”干部4人，党员71人。主要生产水稻、花生、种养蚕种、水果（以三华李为主）。矿产资源较丰富，主要有陶瓷矿、白钨矿等。

【万侯村】 万侯村位于重阳镇西南方向，距重阳镇中心6公里。东接妙联，南抵乳源一六，西抵乳源游溪，北临青暖。辖8个村民小组，总户户数626户，户籍3346人。现有村“两委”干部6人，党员96人。万侯资源丰富，主要矿产有陶瓷矿、白钨矿、铅锌矿等。旅游资源：2019年完成市级红色文化村创建；村中有4棵300年以上的榕树和2座抗日战争前为了躲避土匪而建的炮楼，颇有历史价值；万侯油菜花基地。主要要种植皇帝柑、杨梅、花生、水稻。

【九联村】 九联村位于重阳镇西北方向，距重阳镇中心2.6公里。东接重阳村，南抵青暖，西抵乳源游溪，北临大夫前。辖4个村民小组，总户数624户，户籍2424人。现有村“两委”干部5人，党员49人。该村经济来源主要以农业为主，成立九联村经济合作联社。

【大夫前村】 大夫前村位于重阳镇西北方向，距重阳镇中心3公里。东接水口，南抵九联，西抵乳源游溪，北临乳源桂头。辖6个村民小组，总户数333户，户籍1297人。现有村“两委”干部6人，党员48人。该村经济来源主要以农业为主，长期以来主要种植水稻、花生、西瓜、香瓜、柑桔等。近年来，积极推广种植的“澳洲黑美人”西瓜在韶关小有名气，对该村经济的发展起到巨大的推动作用。

【水口村】 水口村位于重阳镇东北方向，距重阳镇中心6公里东接武江河，南抵黄岸，西抵黄土坛，北临乳源桂头。辖10个村民小组，总户数485户，户籍2268人。现有村“两委”干部5人，党员61人。水口主要生产水稻、花生、西瓜等作物。森林资源颇为丰富，有多棵千年以上的樟树和榕树。充分挖掘水口村龙舟文化，打造渔舟湾项目。

【黄岸村】 黄岸村位于重阳镇东面方向，距重阳镇中心1公里。东接水口村，南抵重阳村，西抵九联，北临大夫前。辖2个村小组，总户数430户，户籍2020人。现有村“两委”干部5人，党员64人。主要种植水稻、花生、西瓜。

【妙联村】 妙联村位于重阳镇南面方向，距重阳镇中心10里。东接西河坑尾，南抵龙归后坪，西抵万侯，北临青暖。辖9个村民小组，总户数351户，户籍2066人。现有村“两委”干部4人，党员34人。妙联林地资源较丰富，经济发展有靠山吃山的特色，有一个生姜合作社，主要农作物有竹笋、生姜、茶树、冬笋等还有桃子，李子，橘子等果树。为保障观音山地质灾害点群众的生命健康安全，2019年启动观音山整村搬迁工程，为63户村民建造新房。

【重阳街道社区】 重阳街道社区位于重阳镇中心，东接黄岸，南抵重阳村，西抵青暖，北临九联。辖3个居民小组，总户数283户，户籍1118人。现有村“两委”干部4人，党员22人。重阳街道居委会于1951年设立，当时居民大多数从事小商业活动。

重阳镇领导名录

书　记：龚映韶

副书记：黄　勇（—2019.2）

黄振天
郁　扬
委　员：黄明富
梁满洪
张伟全
林光锋
曾维佩
人大主席：侯福清
镇　长：黄　勇（—2019.6）
郁　扬（2019.9—）
副镇长：黄明富
刘斯琪（女）
纪委书记：张伟全
武装部部长：林光锋

（邹佳奇）

惠民街道

【概况】　惠民街位于武江区的中北部，总面积6.2平方千米。辖沙湖、沐阳东、冷水坑、侨新、幸福、群康、群立、新华北、黄田坝、武江北、惠民北、新村、东岗岭、长城共14个社区居委会。2019年，全街年末户籍70013人，常住人口79487人。街道辖区有公办成人高校（韶关开放大学）1所，公办全日制综合普通本科大学分校区（韶关学院黄田坝校区）1处，高中2所，初中2所，小学6所，幼儿园17所，有文化站1个，社区文化活动中心15个。

主要旅游景点有韶州公园。

惠民街道办事处内设党政办公室、计划生育办公室、社会事务办公室、人大办公室、综治信访维稳办公室、文化站、人力资源与社会保障所、司法所（区司法局派驻机构）。

【干部驻点联系群众】　2019年，惠民街开展干部驻点普遍直接联系群众活动情况，截至12月末，到街道所辖14个社区报到的驻点团队人数共计62人（组长：8人、成员54人），其中："两代表一委员"人数为35人，辅助团队人数共计85人，其中：驻居法律顾问4人。截至2019年年底，已走访入户数20135户次，反映问题总数353个，解决问题总数353个。

【优化党的基层组织设置】　2019年，惠民街严格按照党章规定以及有利于党员教育管理和作用发挥的原则，优化基层党组织设置。一是惠民街结合老旧小区改造、"关停并转"企业等重点工作，将新华印刷厂党支部打造为惠民街"不忘初心、牢记使命"主题教育创新示范点；二是中共惠民街群立社区总支部委员会经过两年的整改，通过市、区验收并被评为优秀等次；三是新成立"两新"党支部1个，广东韶科环保科技有限公司党支部。

【基层党建制度建设】　一是惠民街党工委党校及14个社区分教点，通过采取课堂教学和现场实操练习等形式相结合，对社区党员干部、"两新"组织党员等进行多次轮训，全年人数达到2000余人次。二是9月起，惠民街将开展好主题教育作为首要政治任务，坚决贯彻中央和省委部署，紧跟韶关市委和武江区委步伐，做到先动先行，推动主题教育快速起步、扎实推进。举办各类专题学习班、读书会和观看主旋律电影等多种形式主题活动，辖区各基层党组织共发放学习资料2000余本，开展集中学习约300场次。

【社区建设】　惠民街社区党群服务中心建设情况。2019年，顺利完成沙湖社区、侨新社区和冷水坑社区党群服务中心改造提升项目，在武江区委、区政府的支持下，惠民街加快推进社区党群服务中心规范化建设进程，整合资源、共建共享，努力将党群服务中心打造成党和政府在基层的执政阵地，为辖区居民提供更便捷、优质、高效的社区服务。配备便民服务中心、街坊议事堂、阅览室、会议室等多功能场室，成为集党群、政务、文化服务为一体的综合性服务中心。

【征拆工作】　2019年，惠民街承担区老城区征拆交地项目共5个，圆满完成韶州公园一期、奥园2号地块（市无线电三厂）征收交地、武江桥西桥头停车场项目征拆工作，完成教育西路、丹霞大道北大部分征拆工作，完成签约212户，41129.84平方米；拆除182户，20338.49平方米。

【老旧小区改造】　2019年，惠民街对市茶叶进出口公司宿舍、市土产进出口公司宿舍、市供销发展公司宿舍、市汽车配件公司宿舍、市科技局宿舍、市饮服公司宿舍等6个小区进行老旧小区改造，共涉及居民374户，投资总额共1177.38万元。截至2019年年底，已完成外立面改造、天面防水改造、楼梯间翻新改造等工程。

【巩卫创文】　2019年，惠民街抓住"周五公共卫生日"以及"周二驻点日"，紧密联系挂点单位和驻点领导干部，在辖区内定期开展牛皮癣、卫生死角等清理和除"四害"等行动。其中清除孳生地616处，卫生死角602处，清理垃圾90吨，投放灭鼠药物966千克，灭蚊药物55千克，加装更换老鼠屋合计607个。对大街小巷乱拉乱挂的横幅及时清理，累计清理横幅50余条；处理乱张贴小广告约1200多张；发放公益广告牌近千张；更换、修补宣传栏共52处。

全年组织社区共开展4次"五个一"创文入户宣传活动。共计走访居民3700户，市民满意度达98%以上，征集相关意见、建议近

50 条。积极协助社区拓展未成年人校外活动空间，2019年开展未成年人相关活动约 136 场。

【经济普查】 2019年，惠民街配合区统计局完成五年一次的经济普查工作。2019年，对全街法人、产业单位及抽中普查小区个体工商户应普尽普，完成法人、产业单位1201户，个体工商户240户。

【最低生活保障工作】 2019年，惠民街对申请最低生活保障的对象，逐一排查摸底，了解贫困群众的生活情况，对符合条件，确需救助的对象，给予最低生活保障。惠民街道享受最低生活保障的有126户，共计188人。特困人员供养42户，共计42人。其中分散供养人员15户15人，集中供养27户27人

【残疾人救助】 至2019年12月末，惠民街为辖区124名低保户中的残疾人申请广东省残疾人生活津贴，为698名重度残疾人申请广东省重底残疾人护理津贴。并积极为残疾人争取就业岗位，鼓励有条件的残疾人自主创业，并为他们提供必要支持；配合市残联组织残疾人参加就业培训，提高辖区内残疾人的职业技能水平。

【公租房、经济适用房工作】 2019年，惠民街严格按照要求抓好公租房、经济适用房、公共租赁减免房租的审核工作。受理公租房申请41户，经审核，符合条件上报41户；经审核，符合条件已办理低收入证明家庭16户。

【爱心超市】 2019年，惠民街爱心超市发放慰问1172人次，发放救灾物资近7.5万元。

【人口计生工作】 2019年，惠民街召开12次专题计生工作会议；各类培训7次，共314人次参加培训；开展宣传活动20场，参与群众9000余人次；慰问活动4次，服务群众500人次；发放宣传资料6万多份；全年共计派发避孕套3500余盒，避孕药200余盒。

全年常住人口出生666人，其中政策内出生743人，政策生育率为92.94%，性别比为109.43，孕前优生健康检查91人

【劳动保障所工作】 2019年，惠民街人力资源和社会保障所不断完善劳动再就业机制和服务体系，以发展促就业，以就业促稳定，拓展就业渠道，安置再就业。截至12月：城镇新增再就业712人；城镇失业再就业201人；城镇就业困难人员再就业201人；认定就业困难人员人数146人；企业申请社会保险补贴及岗位补贴人数28人，补贴金额约25万元；灵活就业申请补贴人数658人，金额约110万元；办理城乡居民养老保险合计办理1612人，全年累计参加医疗保险人数（此数据不包括职工医疗保险人数）25451人，小额担保贷款受理成功1例。基本实现养老、医疗保险覆盖全社区的目标，为社会的安定和谐作出一定的贡献。

【综治维稳工作】 2019年，惠民街开展书记大接访活动12次，各类专项整治行动10次，接待群众来访118批118人次，组织矛盾纠纷排查24次，调处信访案件245宗，其中各社区工作站调处各类矛盾纠纷212多件，在矛盾纠纷调解中，引入律师参与其中，提高化解率，从而使该街全年的矛盾纠纷调处率达到100%，成功调处率达到99%。在全国“两会”、庆祝中华人民共和国成立70周年和庆祝澳门回归20周年期间防护期间，该街全力加强矛盾纠纷排查，制定专项工作方案和值班制度，建立涉军、涉煤、涉法涉诉三个工作专班，每天安排街班子成员开展大接访活动。

【扫黑除恶专项斗争工作】 2019年，惠民街共发放各类扫黑除恶宣传单6万多份，张贴宣传海报600多份，入户宣传达5.2万多户次，在住宅小区、道路的主要路口和重点位置悬挂横幅100多条，制作宣传抽纸1.5万盒、宣传环保袋1.5万个，另惠民街分别于2019年5月和11月在西桥公园开展两次大型现场宣传活动，参与群众均过千人，派发宣传资料超2000余份。惠民街2019年共计投入宣传经费20万余元。2019年以来，惠民街每月向区扫黑除恶办报送扫黑除恶专项斗争工作简报和专报情况，截至2019年年底，已向区扫黑办报送简报24篇，专报12篇。2019年11月29日，该街安排工作人员参加由武江区扫黑除恶专项斗争领导小组举办的“开展扫黑除恶 建设善美韶关”主题演讲比赛并取得三等奖。

【安全生产工作】 2019年，惠民街深入贯彻“安全第一，预防为主”综合治理的工作方针，深入开展消防安全宣传、整治工作，提升居民安全意识。2019年，全年开展20次关于安全生产及消防安全的演练和培训，培训人员约2500人次；根据城市户外用火管理，围绕清明野外用火、禁至燃放烟花爆竹等城市管理要求，开展4次专题宣传活动，共定制2500个环保宣传袋、派发4万余份宣传单和《致辖区居民的一封信》。加强生产领域安全，联合武江区应急中心、武江区住建局、武江区安监局、武江区消防大队、派出所等部门开展现场执法，全年累计检查6家危险化学品企业；“三小场所”2105家；托儿机构45家；428间出租屋，其中高层建筑246栋、低层建筑493栋；违规停放电动车共计329

处；打击煤气私罐充点4处，没收非法充装燃气瓶共90个。

【三防工作】 2019年，惠民街严格执行汛期24小时值班制度；与各社区居委会签订三防责任书；积极开展对各社区的地质灾害隐患区域排查。全年召开三防专题会议9次；组织人员培训180人次；汛期三防巡查工作30次；派发三防宣传单张5000余份，通过多种举措和方式，确保各项汛期防灾减灾工作落到实处，保障辖区群众生命财产安全。

2019年，惠民街按照《广东省防汛防旱防风总指挥部关于印发市县镇三防办信息化建设标准的通知》（粤防〔2017〕4号）要求，建立三防专用值班会商区、休息间，配备办公家具和办公设备；更新升级三防物资仓库，完善仓库办公设施和增添货品储物架，购入一批新的三防救灾物资。惠民街道三防信息化建设，全年投入经费近3万元。

【河长制工作】 2019年，惠民街严格按照武江区政府下达的关于河长制工作的通知要求，全面推行河长制工作。2019年，共召开专项工作部署会议2场，落实工作责任会议2场，组织开展“清四乱”“五清”专项行动共6次，开展水面清漂工作共25次，组织大型户外宣传活动共4次，共有党员100余人次与学生及社会志愿者150余人次参与活动推广与清洁河堤行动。

【文化体育】 2019年，惠民街文化站服务中心建设依托党组织活动场所、文化活动室及其他综合公共服务设施，在原有基础上，改建或扩建活动场所，包括在新华北社区新华印刷厂内新建党群文化活动中心、文化广场，沙湖社区建设文化室，街道文化站篮球场的建设。14个社区综合性文化室的建设添置桌椅、书画、象棋、体育器材等物品，加强文化站服务中心信息化建设。2019年10月，组织该街干部职工女子队员参加武江区第四届职工篮球赛，获得女子组团体第二名的成绩。开展一系列文化活动30场次，街道读书分享3次，组织街道党员干部观看教育影片5场次。

【表彰情况】 2019年，惠民街新华北社区被广东省妇女联合会、广东省精神文明建设委员会办公室评为第五批“广东省家庭文明建设示范点”；东岗岭社区居民委员会、沐阳东社区委员会、新村社区居民委员会、长城社区居民委员会荣获2018—2019年度韶关市武江区文明社区称号；惠民街以“阅读齐步走”为品牌的读书分享会活动荣获2018—2019年度韶关市武江区精神文明创建活动创新奖；30个家庭获2018—2019年度韶关市武江区文明家庭称号。

【沙湖社区】 沙湖社区东起工业西路20号，西至移山路，南起工业西路、北至韶州公园，主要道路有工业西路、沙湖路，管辖面积近0.4平方千米，一共划分3个网格进行管理。常住人口2210户，常住人口6188人，户籍人口5027人。辖区内有中国电信股份有限公司韶关分公司、广东电网有限责任公司韶关供电局等单位，有山水华府、芙蓉花园、电力新村等小区。办公室位于工业西路26号山水华府旭川园8栋负二层，办公场所352平方米。现有居委干部6人，网格员2人。

【沐阳东社区】 沐阳东社区东至韶关市博物馆，西至沐阳东路16号，南至工业西路，北至韶关镇泰有限公司，主要道路有工业西路、沐阳东路、建设路，管辖面积近 0.6平方千米，一共划分2个网格进行管理。常住人口1856户，常住人口4657人，户籍人口3187人。辖区内有核工业四一九医院、韶关市中级人民法院、韶关市博物馆等单位，有卓越雅苑、丰华公司福源小区宿舍、东南明珠花园、天子岭廉租房小区、天子岭新村、利民药厂后山宿舍、华馨花园、核工业四一九宿舍等小区。办公室位于卓越雅苑6栋商铺二楼沐阳东党群服务中心，办公场所280平方米。现有居委干部 6人，网格员2人。

【冷水坑社区】 冷水坑社区东起同心酒店（工业中路47号），西至惠民街道办公楼，南起工业西路，北至黄屋村，主要道路有工业大道路、西冲路、冷水坑路，管辖面积近0.4平方千米，一共划分6个网格进行管理。常住人口1747户，常住人口5241人，户籍人口5192人。辖区内有武江区鑫泰幼儿园、武江区田家炳小学、惠民社区卫生服务中心、西冲幼儿园等单位，王屋安置小区，西冲安置小区，七〇六宿舍，教师新村等小区。办公室位于武江区西冲安置小区4栋103房，办公场所392平方米，现有居委干部6人，网格员2人。

【侨新社区】 侨新社区东起立交桥北侧，西至工业中35号，南起工业中路，北至群康路口，主要道路有工业中路、景秀路、上饶路、黄槐路、新华北路，管辖面积近0.5 平方千米，一共划分5个网格进行管理。常住人口4670户，常住人口10741人，户籍人口7265人。辖区内有交通银行韶关分行营业部、韶关市区农村信用社工业中分社等单位，有锦鹏花园、景秀花园、侨新小区、新三联、汇展华城等小区。办公室位于工业中路侨新小区鸿福大厦C

座二楼，办公场所330平方米。现有居委干部6人，网格员2人。

【幸福社区】 幸福东社区东至幸福路，西至同心酒店，南至工业中39栋，北至幸福家园二期，主要道路有幸福路，管辖面积近0.5平方千米，一共划分3个网格进行管理。常住人口1470户，常住人口3641人，户籍人口2157人。辖区内有丽景教师新村、幸福家园等小区。办公地址：幸福路汇展华城翠竹轩南区29栋至31栋之间4号铺，办公场所260平方米。现有居委干部6人，网格员2人。

【群康社区】 群康社区东至新华北路，西至幸福家园，南至侨新小区，北至姐妹岭，主要道路有新华北路，新兴路、群康路，松山路。管辖面积近 0.7 平方千米，一共划分3个网格进行管理。常住人口2276户，常住人口6828人，户籍人口4436人。辖区内有韶关市妇女联合会、韶关市第三人民医院、韶关市第五中学、韶关市开放大学等单位，有星河华庭、明居园、供电局宿舍、景泰花园、顺和公寓等小区。办公室位于群康路2号明居园首层，办公场所118 平方米。现有居委干部6人，网格员2人。

【东岗岭社区】 东岗岭社区东至新建路，西至新华北路立交桥侧，南至工业东，北至新华北路，主要道路有工业东路、新华北路、新建路，管辖面积近0.3平方千米，一共划分5个网格进行管理。常住人口4163户，常住人口8563人，户籍人口8786人。辖区内有武江区东岗小学（高年部）、韶关市文化馆、中国农业发展银行韶关分行、韶关市工业科学研究所等单位，有志兴金碧园、东岗岭安置小区等小区。办公室位于东岗岭安置小区物业管理处对面二楼，办公面积160平方米，与新村社区居委会合用会议室。现有居委干部6人，网格员2人。

【新村社区】 新村社区东至惠民北路29号，西至新建路4号，南至工业东路16号，北至新华北路13号，主要道路有惠民北路、新华北路、工业东路，管辖面积近0.4平方千米，一共划分5个网格进行管理。常住人口2193户，常住人口6126人，户籍人口6182人。辖区内有韶关市水务局、武江区市场监督管理局等单位，有东枫花园、阳光康地、盈翠皇庭、内燃机厂宿舍、水务局宿舍、茶叶公司土产公司宿舍等小区。办公室位于东岗岭安置小区物业部对面，办公面积160平方米，与东岗岭社区居委会合用会议室。现有居委干部6人，网格员2人。

【新华北社区】 新华北社区东至新兴路，西至百货大厦，南至新华北路，北至公安街，主要道路有新华北路、惠民北路、新兴路、新群路，管辖面积近0.5平方千米，一共划分5个网格进行管理。常住人口4784户，常住人口10782人，户籍人口9536人。辖区内有韶关市科学技术局、韶关市生态环境局、韶关市口腔医院、韶关市军分区惠民路干休所、广东省有色金属勘探局九三二地质队等单位，有茗苑花园、嘉晖商厦、香槟小城、椿松花园、志兴丽景园、铭轩豪庭、百货大厦等小区。办公室位于新兴路城市花园B座201，办公场所320平方米。现有居委干部6人，网格员2人。

【群立社区】 群立社区东至惠民北路，西至新兴路和虾公山，南至公安街，北至市委党校，主要道路有惠民北路、新兴路，管辖面积近 0.8 平方千米，一共划分3个网格进行管理。常住总人口3143户，常住人口8315人，户籍人口6321人。辖区内有中共韶关市委党校、广东北江中学、韶关市广播电视台、国家税务总局韶关市税务局、韶关市军队离休退休干部惠民路休养所、韶关市第一建筑工程有限公司等单位，有优山美地、教师新村、翰林世家、松苑小区等小区。办公室位于康乐村279号优山美地A1栋1楼，办公面积320平方米。现有居委干部6人，网格员2人。

【武江北社区】 武江北社区东至武江河，西至惠民北路，南至武江桥，北至黄田坝小学，主要道路有武江北路、惠民北路，管辖面积近0.6 平方千米，一共划分4个网格进行管理。常住人口2033户，常住人口6203人，户籍人口6202人。辖区内有韶关市财政局、韶关市房屋公积金中心、韶关市妇幼保健院、韶关市青少年宫、中国建设银行股份有限公司韶关分行、中国农业银行韶关市分行、中国工商银行西苑支行、保温建材有限公司、工贸资产经营有限公司、韶关市建筑设计院等单位，有滨江汇景、桂苑小区、新世纪大厦、江景园等小区。办公室位于武江北路154号滨江汇景D栋1层，办公场所180平方米。现有居委干部6人，网格员2人。

【黄田坝社区】 黄田坝村社区东至武江北路电化厂宿舍，西至惠民北路252号，南至黄田坝小学，北至武江北路朝阳新村，主要道路有武江北路、惠民北路，管辖面积近0.8平方千米，一共划分6个网格进行管理。常住人口2153户，常住人口5680人，户籍人口5327人。辖区内单位有武江区黄田坝小学、韶关市韶关学院黄田坝校区、韶关市金财资产、韶关市城市照明和信息中心、韶关市城镇污水处理管理中心、韶关市政府物业管理中心和韶关市武江区新华派出所等，小区有朝阳新村、南枫雅居、金旭大厦、海景花园、丽江苑、江滨华庭、城市花园（惠民北路68号）、原韶关市教育局宿舍（拆迁范围）、韶关市韶关学院黄田坝校区职工宿舍等。办公室位于惠民北路68号A1座2楼，办公场所350平方米，与惠民北社区居委会合用办公场所。现有居委干部7人，网格员2人。

【惠民北社区】 惠民北社区东起朝阳楼，西至大塘边，南至江湾名庭，北至塘湾村南，主要道路有武江北路、惠民北路，管辖面积近1.2平方千米，一共划分5个网格进行管理。常住人口4083户，常住人口12247人，户籍人口6036人。辖区内有广东北江实验学校、武江区朝阳小学、广东省韶关市社会福利院、韶关市供销合作联社等单位；有江湾名庭、碧桂园凯旋华府、城市花园金城小区、奥园小区、二棉小区等小区。办公室位于惠民北路68号城市花园惠民北小区A1栋2楼，办公场所350平方米，与黄田坝社区居委会合用办公场所。现有居委干部6人，网格员2人。

【长城社区】 长城社区东至工业西移山路西侧，西至工业西长城世家，南至工业西路，北至沙湖绿洲，主要道路有工业路。管辖面积近0.4平方千米，一共划分2个网格进行管理。常住人口2010户，常住人口7035人，户籍人口2204人。辖区内有武江区田家炳沙湖绿洲小学等单位，有沙湖绿洲、长城世家等小区。办公室位于武江区工业西路88号长城世家58栋1楼，办公场所420平方米。现有居委干部6人，网格员2人。

惠民街道办事处领导名录

党工委书记：
　　古寿英（女，—2019.2）
副书记：宋　清
　　王　成（—2019.8）
　　丘细琼（女，2019.8—）
　　袁　海（侗族）
委　员：杨惠得
　　刘　薇（女，瑶族，—2019.5）
　　刘福娣（女，2019.5—）
　　李永红
　　温　碧
人大工委主任：
　　杨　岚（女，—2019.8）
　　陈志坚（2019.8—）
街道办主任：宋　清
副主任：
　　刘　薇（女，瑶族，—2019.5）
　　刘福娣（女，2019.5—）
　　温　碧
纪工委书记：杨惠得
武装部部长：温　碧

（黄韶辉）

新华街道

【概况】 韶关市武江区新华街道（新华街道）位于武江区东部，办公地点位于武江区新民路21号。辖区东起武江桥，西至西郊6千米，南至百旺大桥，北至工业路，以及曲仁红尾坑矿宿舍区。管辖面积为13.84平方千米，辖乳韶、工业西、工业中、芙蓉北、沙洲、金洲、芙蓉东、惠民东、惠民西、五祖路、工业东、武江南、新华南、红尾坑、花城、利民、御龙湾17个社区；街道常住人口为126851人，户籍人口为101625人。街道有初中4所，小学7所，幼儿园15所。主要旅游景点有芙蓉山国家矿山公园。2019年，新华街道办及各社区获得市级以上荣誉奖项8个，其中花城社区被评为2019年“最美”系列村级综合性文化服务中心、消防安全示范社区；工业东社区被评为2019年韶关市巾帼文明岗、韶关市儿童之家、韶关市无烟单位、五四红旗团支部；花城社区肖碧琴被评为广东省百名优秀社区党组织第一书记；芙蓉东社区龚小蓉被评为2019年度国家统计局韶关调查队优秀辅助调查员。

新华街道办事处内设党政办、计生办、社会事务办、综治办、文化站、劳动保障所、司法所（武江区派驻机构）。

【驻点普遍直接联系群众活动】 2019年，新华街道充分发挥干部联系帮扶优势，成立驻点团队16个共66人、辅助团队16 个共91人，每周二到社区开展接访、下户走访活动，和群众面对面交谈，充分倾听群众呼声，掌握其生活信息，踏踏实实为群众解决问题。2019年，直接联系群众22905户，入户率达96.3%，帮助群众解决问题142件。

【城市基层党建工作创新不断】 2019年，新华街道积极落实市委主要领导调研指示精神，以“党建+楼宇”“党建+商圈”为重点，新设立“两新”组织党组织4个，其中枫合汇楼宇联合党总支、世纪新城商圈联合党支部成为全市党建先进示范点，推动广东省第五建筑工程有限公司党委成功创建市级非公经济组织创优工程党组织。大力改善社区办公条件，顺利完成工业西、工业中、武江南、金洲、红尾坑等5个社区党群服务中心规范化建设，进一步完善社区服务功能。全面提升基层党组织组织力，以先进带后进，力促乳韶社区党组织扎实开展整顿提升工作，成功实现软弱涣散党组织“摘帽”，并被评为优秀等次。不断延伸基层党支部的组织“触角”，在合成氨厂和织布厂宿舍等小区设立党群连心室，进一步打通服务群众的最后一公里。

【扎实开展“不忘初心、牢记使命”主题教育】 2019年，新华街道党工委通过党政班子会议“第一议题”制度及举办理论中心组学习会议，深入学习贯彻党的重要会议精神、最新理论成果、最新重要论断和关于建设粤港澳大湾区、深圳中国特色社会主义先行示范区等重大决策部署。对标对表区委做法要求，高质量开展“不忘初心、牢记使命”主题教育，始终把学习教育、调查研究、检视问题、整改落实贯彻始终，开展7天集中学习研讨、8个专题调研、5场专题报告会议，建立2个长效机制，组织社区党组织到重阳万侯、仁化城口开展红色革命教育、重温入党誓词。推动基层党组织围绕“在学习对标中找差距、在整改落实中强认同”目标，创造性开展习近平总书记“金句”微课堂、“真情五百”入户大走访、党员干部“两参与三带头”等主题教育特色品牌活动，力促主题教育更灵活、更务实，带领全街上下进一步树牢“四个意识”，坚定“四个自信”，坚决做到“两个维护”。

【项目征拆和提升工作有序进行】 2019年，新华街道续推进北江桥头、农林科所、振华职中等征拆项目，年内完成征拆面积3.09万平方米。协助市政部门完成惠民路、沿江路等主干道路断立面改造和景观提升，以及亨泰路、福彩路、大塘边路等支路“白改黑”，完成北江桥西桥头、工业中路转盘、芙蓉隧道口等交通节点整治，深入推进福林路、芙蓉北三路等改造项目，新建工业中繁荣锦苑、惠民南方夏公司2个较大型停车场，改造惠民西、红星厂等一批小型停车场，市民出行更加便捷、顺畅。新建电化厂、测绘院等城市小公园，在向阳小区等城市改造提升项目中新增一批小绿地、小广场，让市民身边拥有更多活动场地。先后启动6个老旧小区改造项目，完工后可直接改善1000多户社区群众的居住环境。

【巩卫创文】 2019年，新华街道以创建全国文明城市为契机，集中整治36个关停并转企业、54个无物业管理小区，搬迁整改8家废品收购站，拆除违法建筑50多处、7295.4平方米，进一步净化城市生活环境。先后在街道、社区建立新时代文明实践所、站，组建志愿服务队16支、400多人，全年开展“善美韶关”“我们的节日”“庆祝新中国成立70周年”等各类群众喜闻乐见的主题宣传及文艺演出活动110多场，入户宣传约1.95万户，有效地丰富市民精神文化生活。此外，积极在花城、芙蓉东、金洲和沙洲四个社区开展网格化管理试点工作，建立起常态化的发现问题、解决问题机制，为进一步提升城市管理效率、促进精神文明城市建设和构建共建共治共享社区进行有益的探索，积累宝贵经验。

【民心工程和惠民政策】 2019年，新建成和启用沙洲尾社区卫生服务中心，有力提升社区健康保障水平。认真落实优生优育惠民政策，全年新出生人口956人，出生率10.23‰，计划生育率93.31%，性别比105.15。广泛开展居民社保登记，全年办理城乡医疗保险34802人、城乡养老保险1902人，就业困难人员认定391人，就业困难人员灵活就业社保补贴3100人。成立街退役军人服务站，悬挂退役军人光荣牌3740户。较好完成适龄青年的兵役登记工作和征兵工作，基干民兵顺利通过市、武江区两级的点验拉动，并在市冲锋舟集训和武江区级民兵军事训练中取得优秀成绩。

【综治维稳和安全生产工作】 2019年，新华街道扎实推进“三防”标准化建设，进一步完善值班应急制度。落实落细安全生产责任，排查辖区企业和“四小场所”647家，发现隐患322处，联合武江区直有关部门整改安全隐患250处，重点对118家“三合一”场所进行整治，查处非法充气站点2个。深入开展扫黑除恶专项斗争，排查上报线索1宗，在社区营造浓厚的宣传氛围。充分发挥好“街坊议事堂”在矛盾化解中的积极作用，全年排查各类矛盾纠纷248宗，成功调处、化解245宗。强化信访维稳打、防、管、控工作力度，在重点时期及时掌握重点人员的动态，全国“两会”和庆祝中华人民共和国成立70周年期间未发生非法到省进京上访事件。

【加强作风建设】 2019年，新华街道高标准建成街道党校和基层党员教育基地，在社区党群服务中心建立党校分教点，邀请市“百人讲师团”成员及市、区级党建业务骨干开展培训课程9场，积极组织街、社区党员领导干部及后备干部参加上级各类专题培训4场，吸收预备党员24名，19名预备党员全部如期转正，结合市委市政府“双113”重心下移工作机制，以“真情五百”入户大走访活动为抓手，进一步提升基层党组织服务群众的能力和水平。街主要负责人员带头履行“一岗双责”，较好地发挥班子集体领导和内部监督制约的作用。扎实开展纪律教育活动，组织全街各级党员干部到市检察院开展警示教育，用好正反两类典型案例提升纪律教育实效。全年开展明察暗访36次，发出纪律通报4期。举办“举报贪腐、共创廉洁”信访举报专项行动，广泛收集群众的检举控告，坚决整治群众身边不正之风和腐败问题，进一步筑牢基层反腐制度防线。

【芙蓉北社区】 芙蓉北社区东起林桥坑至寓山路，西至芙蓉北三路，南至芙蓉山脚，北至芙蓉新城吉祥路口，面积为1.6平方千米，常住人口8056人，户数2093户。主要道路有芙蓉北路、怡华路、吉祥路、津头岭一至五横巷、新民路10号；驻辖区单位：韶关市看守所、韶关市救助站、韶关市交通拯救队、韶关市红十字会、至和汤邓淑芳纪念学校。芙蓉北社区居委会位于芙蓉北路16号。

【乳韶社区】 乳韶社区居委会位于芙蓉北路68号芙蓉丽景三栋首层，该居委与利民居委联合办公，辖区范围东起劳教所门前寓山路，西至西郊六公里粤北二医院，南至芙蓉山脚北侧，北至芙蓉北路，面积为1.2平方千米，常住人口7480人，户数2109户。主要道路有芙蓉北路、韶关大道路、沐溪大道3条；驻辖区单位有广东省核工业地质调查院、韶关市第九中学、韶关粤北第二人民医院、韶关市食品药品检验所。

【利民社区】 利民社区居委会位于芙蓉北路68号芙蓉丽景三栋首层，该居委与乳韶居委联合办公，辖区范围东起寓山路，西至沐溪大道市林科所，南至芙蓉北路，北至工业西路南面，辖区面积1.1平方千米，总人口5798人，户数1689户。主要道路有工业西路、建设路、沐溪大道、芙蓉北路4条；驻辖区单位有韶关市气象局、韶关市劳动和社会保障局、韶关市检察院、韶关市疾病预防控制中心、韶关市中心血站、韶关市水文分局、武江区镇泰小学、丽珠集团利民制药厂、韶关市民政局、韶关市职业病防治院、武江区国家税务局、武江区卫生和计划生育局、武江区食品药品监督管理局。

【工业中社区】 工业中社区东起新华南路至新民路，南至怡华路，西至芙蓉一路，北至工业中路，面积为0.7平方千米，总人口14756人，户数5484户，主要道路有工业中路、乳韶路、新津路、新民路、怡华路、芙蓉一路6条；驻辖区单位：武江区华泰小学，工业中社区居委位于工业中路22号繁荣锦苑2栋，办公场所350平方米。

【工业西社区】 工业西社区东起芙蓉北一路西侧，西至芙蓉北三路东侧，南至吉祥路北侧，北至工业西路南侧，面积为0.7平方千米，常住人口11350人，户数3580户。主要道路有芙蓉北一路、二路、三路，吉祥路（双号）、工业西路、如意路共6条；驻辖区单位：韶关市第十四中学，芙蓉山派出所。工业西社区居委会位于吉祥路2号。

【五祖路社区】 五祖路社区东起体育东路，西至新华南路，南至亨泰路，北至体育中心路，面积为0.7平方千米，常住人口9875人，户数3950户。主要道路有体育东路、五祖路、新华南路、亨泰路4条；驻辖区单位：核工业广东矿冶局、韶关军分区新华南路离职干部休养所、韶关市军队离退休干部五祖路休养所、韶关市环境监测中心站。五祖路社区居委会位于体育东路18号，办公场所160平方米。和工业东社区一起办公。

【工业东社区】 工业东社区东起五祖路，西至新华南路，南至体育东路，北至工业东路。面积为0.3平方千米，常住人口5117人，户数1462户。主要街巷有工业东路、五祖路、新华南路、体育东路、文艺路5条。驻辖区单位：广东省第五建筑工程公司、广东省核工业地质局、韶关市公安局消防支队、韶关市卫生监督所、韶关市应急救护指挥中心、韶关市军队离休、退休工业东路军休所、武江区红星小学。工业东社区居委会位于体育东路18号，与五祖路居委会联合办公。

【惠民西社区】 惠民西社区东起惠民南路，西至新华南路，南至韶能集团、南枫花园，北至五祖路、亨泰路，面积为1.2平方千米，常住人口8706人，户数2669户。主要街巷有：韶关市卫生健康局门前路、亨泰路、惠民南路、新华南路；驻辖区单位：韶关市武江区人民政府、中国人民银行韶关市中心支行、韶关市工商行政管理局、韶关市城建档案馆、韶关市老干部大学、韶关市卫生健康局、韶关市妇幼保健院计划中心、韶关市建筑工程质量安全监督站、韶关市农村信用合作联社、韶关市汽车客运西站、武江新华街道社区卫生服务中心。惠民西社区居委会位于惠民南路136号，办公场所350平方米。

【惠民东社区】 惠民东社区范围：东起武江南路，西至惠民南路，南起北江桥头，北至田家炳中学西边围墙，面积为0.7平方千米，常住人口6452人，户数2780户。主要街巷有惠民南路、武江南路、光明巷3条；驻辖区单位：粤北人民医院、韶关学院医学院。惠民东社区居委会位于武江南路5号，办公场所430平方米。

【武江南社区】 武江南社区于2005年5月韶关市区域调整时设置，其前身为新华街道工农巷社区，位于武江南5号，辖区范围：东起武江南路7号，西至惠民南路55号（田家炳中学高中部），南至武江南路106号（食品厂宿舍），北至武江桥头。面积为0.7平方千米，有常住人口4255人，常住户数1722户，主要街巷有工农巷、武江南路、惠民南路、光明巷；驻辖区单位：韶关市中医院、韶关市田家炳中学、广东发展银行韶关分行、韶关市慢性病防治院、韶关市武江区新华幼儿园。

【金洲社区】 金洲社区居委会位于武江区沙洲四路1栋6号铺，办公场所有320平方米。社区范围：东起沿江西路（鸿洲花园至石背窝路口）；西至芙蓉东路（石背窝路口至金泽园南侧）；南至沙洲六路；北至桥西六巷、金福园横路。辖区面积0.82平方千米，常住人口17517人，户数5839户。物业住宅小区13个，其中安置小区2个，低保户30户，残疾人148人。主要道路：福彩路1路、福彩路2路，沙洲四路、沙洲五路、沙洲六路、芙蓉东路、沿江路、沙洲路。

【沙洲社区】 沙洲社区东起沿江路，西至芙蓉东路，南至金福园南边，北至新华南路，面积为0.78平方千米，常住人口12157人，户数3719户。主要街巷有沿江路、芙蓉东路、新华南路、沙洲一路、沙洲二路、沙洲三路、沙洲路；驻辖区单位有韶关市住房和城乡建设管理局、韶关市人才交流中心、武江区人民法院、金福园小学、田家炳中学初中部。

【新华南社区】 新华南社区居委会成立于1997年，位于红玫路2号，辖区面积约1.2平方千米，有志兴华苑、新辉花园、芙蓉轩、豪绅花园等4个物业小区，破产企业宿舍7个，辖区有韶关卷烟厂、武江区文体旅局、新华街道办事处等单位。辖区主要道路有新华南路、怡华路、新民路、红玫路，居民总户数1534户，总人口5372人，“两委”干部5名，网格员2名。社区设党总支1个，党支部3个，现有党员145人。近年来，社区先后获得全国综合减灾示范社区、国家地震安全示范社区、广东省“六好”平安和谐社区、广东省文明社区、广东省科普示范社区、广东省宜居社区、广东省最美志愿服务社区等荣誉称号。

【芙蓉东社区】 芙蓉东社区东起新华南路，西至芙蓉山脚，南至芙蓉东路，北至新华南路一横巷，面积为 1.21平方千米，常住人口8318人，总户数2715户。主要街巷有新华南路、福林路、上连冲路、下连冲路、芙蓉东路、红玫路；驻辖区单位有韶关市烟草机械配件厂有限公司、韶关市锅炉设备安装公司、韶关市特殊教育学校。芙蓉东社区居委会与新华南居委会联合办公。

【红尾坑社区】 红尾坑社区经武江区政府批准，于2005年6月10日设立，辖区范围为红尾坑本部、红尾坑东边区和红尾坑曲仁园社主轩安置小区，面积0.74平方千米。有常住人口2535人，785户，驻辖区单位有韶关市红光水泥实业有限公司、韶关市世邦新型建材实业有限公司、红尾坑留守站。红尾坑社区居委会于2017年6月搬到社韶大道3号曲仁园·社主轩综合楼四楼办公，面积450平方米，另一办公点为曲仁园·六福居旁，面积360平方米。

【花城社区】 花城社区是武江区政府2012年批准成立的社区。辖区范围：东起沿江路，西至芙蓉山，南至百旺大桥底，北至沙洲五路，辖区面积1.8平方千米，常住总人口8865人，户数2980户。主要道路为沿江路、芙蓉东路一带。驻辖区单位有武江区人民武装部、核工业华南技工学校、广东韶能集团股份有限公司、韶关市安全监督管理局。花城社区居委会位于武江区芙蓉东路178号碧水花城8栋负一层二楼。

新华街道办事处领导名录

党工委书记：粟　健（—2019.2）
副书记：罗北京
　　　　周　明
　　　　李旭阳
委　员：邓志雄
　　　　饶佳运
　　　　黄颖琳（女，—2019.5）
　　　　叶龙涛（2019.8—）
　　　　胡慈芬（女，—2019.8）
人大工委主任：刘尚周
街道办主任：罗北京
副主任：饶佳运
　　　　周志奎（2019.6—）
纪工委书记：邓志雄
武装部部长：饶佳运

（肖　婧）

先进单位.个人

2019年度获国家级表彰先进单位

表20

单位名称	荣誉称号	表彰单位
韶关市武江区工商业联合会	全国“五好”县级工商联	中华全国工商业联合会办公厅
韶关市武江区重阳镇万侯村	全国乡村治理示范村	中央农村工作领导小组办公室 农业农村部 中央宣传部 民政部 司法部
武江区统计局	第四次全国经济普查先进集体	国务院第四次全国经济普查领导小组
武江区重阳镇夏娃农业有限公司	全国巾帼文明岗	中华全国妇女联合会
武江区龙归镇郑双秀家庭	全国巾帼文明岗	中华全国妇女联合会
金福园小学	全国校园足球特色学校	教育部
韶关市第九中学	全国国防教育示范学校	教育部

2019年度获省级表彰先进单位

表21

单位名称	荣誉称号	表彰单位
韶关市武江区城市综合管理局	2018年度广东省无烟单位	广东省爱国卫生运动委员会
武江区	全省2018年度计划生育目标管理责任制考评优秀等次	广东省人民政府
国家税务总局韶关市武江区税务局	广东省扶残助残先进集体	广东省残疾人联合会
第五中学支部	基层组织建设先进组织	民进广东省委
韶关市武江区西河镇武装部	2019年度广东省武装工作先进单位	广东省军区
韶关市公安局武江分局刑侦大队	2019年第五届广东省人民满意的公务员集体	广东省委、省政府
韶关市公安局武江分局西河派出所	广东省青少年维权岗	团省委、省委政法委等11个省级单位
韶关市公安局武江分局西河派出所花城警务室	岭南标杆警务室	广东省公安厅

续表21

单位名称	荣誉称号	表彰单位
江湾镇	广东省卫生镇	广东省爱国卫生运动委员会
西河镇	广东省卫生镇	广东省爱国卫生运动委员会
重阳镇九联村、重阳村	广东省卫生村	广东省爱国卫生运动委员会
西联镇车头村	广东省卫生村	广东省爱国卫生运动委员会
西联镇沐溪村	广东省卫生村	广东省爱国卫生运动委员会
西河镇什石园村	广东省卫生村	广东省爱国卫生运动委员会
西联镇甘棠村	第八批广东省“儿童友好示范社区”	广东省妇女联合会
惠民街新华北社区	第五批“广东省家庭文明建设示范点”	广东省妇女联合会
沐溪小学	广东省校园足球推广学校	省教育厅
镇泰小学	广东省艺术特色示范校	省教育厅
田家炳小学	广东省依法治校示范校	省教育厅

2019年度获市级表彰先进单位

表22

单位名称	荣誉称号	表彰单位
武江区	2018年度韶关市计划生育目标管理责任制考评优秀等次	韶关市人民政府
国家税务总局韶关市武江区税务局机关一支部	2018—2019年度国家税务总局韶关市税务局“星支部”	中共国家税务总局韶关市税务局党的建设工作领导小组
韶关市第九中学	韶关市绿色校园	市委宣传部、市精神文明建设委员会办公室、市教育局、市生态环境局
东岗小学	韶关市绿色校园	市委宣传部、市精神文明建设委员会办公室、市教育局、市生态环境局
田家炳沙湖绿洲小学	韶关市绿色校园	市委宣传部、市精神文明建设委员会办公室、市教育局、市生态环境局
芙蓉第一小学	韶关市绿色校园	市委宣传部、市精神文明建设委员会办公室、市教育局、市生态环境局
武江区教育局	经典诵读先进组织单位	韶关市教育局

续表22

单位名称	荣誉称号	表彰单位
武江区教育局	“宪法进校园”优秀组织单位	韶关市教育局、韶关市司法局
武江区市场监督管理局	2019年度全市市场监管部门政务信息工作先进单位	韶关市市场监督管理局
武江区市场监督管理局	2019年度全市市场监管系统新闻宣传工作先进单位	韶关市市场监督管理局
武江区自然资源局	高标准农田建设项目进展较快	韶关市自然资源局
武江区自然资源局	创森项目完成进度排名全市第三	韶关市林业局
武江区消防救援大队	基层建设先进大队	韶关市消防救援支队
韶关市消防救援支队西联特勤站	基层建设先进消防站	韶关市消防救援支队
西联镇人民政府	2018—2019年度韶关市文明镇	韶关市精神文明建设委员会
韶关市武江区卫生健康局	2019年韶关市健康教育技能竞赛团体优秀奖	韶关市卫生健康局
韶关市公安局武江分局刑侦大队五中队	集体三等功	韶关市公安局
韶关市公安局武江分局新华派出所	集体三等功	韶关市公安局
韶关市公安局武江分局新华派出所	集体三等功	韶关市公安局
韶关市公安局武江分局	集体嘉奖	韶关市公安局
至和小学	韶关市少先队红旗大队	团市委、市教育局、市少工委
镇泰小学	韶关市少先队红旗大队	团市委、市教育局、市少工委
田家炳沙湖绿洲小学	韶关市少先队红旗大队	团市委、市教育局、市少工委
红星小学五3中队	韶关市少先队先进中队	团市委、市教育局、市少工委
沐溪小学602中队	韶关市少先队先进中队	团市委、市教育局、市少工委
向阳小学二1中队	韶关市少先队先进中队	团市委、市教育局、市少工委
黄田坝小学五1中队	韶关市少先队先进中队	团市委、市教育局、市少工委

续表22

单位名称	荣誉称号	表彰单位
东岗小学五8中队	韶关市少先队先进中队	团市委、市教育局、市少工委
国家税务总局韶关市武江区税务局团支部	2018—2019年度韶关市五四红旗团支部（总支）	共青团韶关市委员会
丽珠集团利民制药厂团委	2018—2019年度韶关市五四红旗团委	共青团韶关市委员会
西河镇大村村	韶关市卫生村	韶关市爱国卫生运动委员会
西河镇糖寮村	韶关市卫生村	韶关市爱国卫生运动委员会
西河镇山蕉村	韶关市卫生村	韶关市爱国卫生运动委员会
西河镇向阳村	韶关市文明村	韶关市精神文明建设委员会
西河镇前进村村民委员会	2019年全市热心消防公益事业先进集体	韶关市消防安全委员会
新华街道工业东社区团支部	2018—2019年度韶关市五四红旗团支部	共青团韶关市委员会
国家税务局韶关市武江区税务局团支部	2018—2019年度韶关市五四红旗团支部	共青团韶关市委员会
韶关市武江区总工会	2019年度韶关市工会 工作先进单位	韶关市总工会
武江区妇联	韶关市妇女之家建设工作先进典型单位	韶关市妇女联合会
武江区妇联	韶关市三八红旗集体	韶关市妇女联合会
惠民街道新华北社区	韶关市优秀妇女之家	韶关市妇女联合会
惠民街道群立社区	韶关市优秀妇女之家	韶关市妇女联合会
西河镇红星村	韶关市优秀妇女之家	韶关市妇女联合会
西河镇向阳村	韶关市优秀妇女之家	韶关市妇女联合会
西联镇甘棠村	韶关市优秀妇女之家	韶关市妇女联合会
惠民街道东岗岭社区	韶关市优秀儿童之家	韶关市妇女联合会
新华街道工业西社区	韶关市优秀儿童之家	韶关市妇女联合会

续表22

单位名称	荣誉称号	表彰单位
西联镇沐溪村	韶关市优秀儿童之家	韶关市妇女联合会
龙归镇社主村	韶关市优秀儿童之家	韶关市妇女联合会
重阳镇黄岸村	韶关市优秀儿童之家	韶关市妇女联合会
惠民街道妇联	韶关市基层组织阵地建设优秀指导单位	韶关市妇女联合会
新华街道妇联	韶关市基层组织阵地建设优秀指导单位	韶关市妇女联合会
西河镇妇联	韶关市基层组织阵地建设优秀指导单位	韶关市妇女联合会
西联镇妇联	韶关市基层组织阵地建设优秀指导单位	韶关市妇女联合会
龙归镇妇联	韶关市基层组织阵地建设优秀指导单位	韶关市妇女联合会
惠民街道群立社区	韶关市“平安家庭”创建活动先进示范村（社区）	韶关市委政法委 韶关市妇女联合会
重阳镇黄岸村	韶关市“平安家庭”创建活动先进示范村（社区）	韶关市委政法委 韶关市妇女联合会
西河镇红星村	韶关市“平安家庭”创建活动先进示范村（社区）	韶关市委政法委 韶关市妇女联合会
中共韶关市武江区委统一战线工作部	韶关市巾帼文明岗	韶关市妇女联合会
武江区重阳学校英语教研组	韶关市巾帼文明岗	韶关市妇女联合会
武江区沐溪小学语文教研组	韶关市巾帼文明岗	韶关市妇女联合会
武江区审计局办公室	韶关市巾帼文明岗	韶关市妇女联合会
武江区花城社区居委会	韶关市巾帼文明岗	韶关市妇女联合会
武江区工业西社区居委会	韶关市巾帼文明岗	韶关市妇女联合会
武江区乳韶社区居委会	韶关市巾帼文明岗	韶关市妇女联合会
工业东社区	儿童之家	韶关市妇联
工业东社区	韶关市巾帼文明岗	韶关市妇女联合会

续表22

单位名称	荣誉称号	表彰单位
东岗岭社区	2019年“优秀儿童之家”	韶关市妇女联合会
韶关市南枫碧水花城物业服务中心	韶关市巾帼文明岗	韶关市妇女联合会
韶关市红星小学大队部	韶关市巾帼文明岗	韶关市妇女联合会
武江区残联《中国残疾人证》办证岗	韶关市巾帼文明岗	韶关市妇女联合会
韶关市武江区外商投资和中小企业服务中心	韶关市巾帼文明岗	韶关市妇女联合会
武江区西联镇计划生育办公室	韶关市巾帼文明岗	韶关市妇女联合会
武江区重阳镇万侯村、龙归镇社主村等2家单位	韶关市“巾帼驿站”示范点	韶关市妇女联合会
武江区西联镇西联村	韶关市“家粤美，粤幸福”工作示范村	韶关市妇女联合会
武江区行政服务中心	韶关市“巾帼文明岗”	韶关市妇女联合会
西联镇人民政府计划生育办公室	2018年度韶关市巾帼文明岗名单	韶关市妇女联合会
西联镇下胡村	2019年韶关市卫生村	韶关市爱国卫生运动委员会
工业东社区	五四红旗团支部	共青团韶关市委员会
工业东社区	韶关市无烟单位	韶关市爱卫办
花城社区居委会	“最美”系列村级综合性文化服务中心	韶关市文化广电旅游体育局
花城社区居委会	消防安全示范社区	韶关市消防安全委员会
群立社区	韶关市“平安家庭”创建活动先进示范社区	韶关市平安家庭创建活动协调小组

2019年度获市级以上表彰先进个人

表23

姓　名	工作单位	荣誉称号	表彰单位
周志奎	新华司法所所长	全国模范司法所长	司法部
庞　丁	韶关市武江区新华街工业中社区团支部书记	2018-2019年度“广东省优秀共青团干部”	共青团广东省委员会
黄建荣	武江区新华幼儿园	广东省三八红旗手	广东省妇联
朱细华	武江区重阳镇夏娃农业有限公司	广东百名最美乡村女能手	广东省妇联
张明华	韶关市武江区人民法院	全省法院百篇优秀裁判文书	广东省高级人民法院
胡远生	韶关市武江区人民法院	全省法院司法警察警衔荣誉章	广东省高级人民法院
欧春玲	西联镇人民政府	省级优秀工作者	广东省统计局、广东省第四次全国经济普查领导小组
肖碧琴	花城社区居委会	百名优秀社区党组织第一书记	广东省委组织部
李远贵	区农业农村局	广东省2016—2018年脱贫攻坚突出贡献个人	广东省扶贫开发领导小组
曾彩娣	区农业农村局	广东省2016—2018年脱贫攻坚突出贡献个人	广东省扶贫开发领导小组
邬凯虹	国家税务总局韶关市武江区税务局	2018—2019年度国家税务总局韶关市税务局“星党员”	中共国家税务总局韶关市税务局党的建设工作领导小组
陈春玲	国家税务总局韶关市武江区税务局	2018—2019年度国家税务总局韶关市税务局“星党员”	中共国家税务总局韶关市税务局党的建设工作领导小组
郑乐伟	国家税务总局韶关市武江区税务局	2018—2019年度国家税务总局韶关市税务局“星党员”	中共国家税务总局韶关市税务局党的建设工作领导小组
幸立峰	国家税务总局韶关市武江区税务局	2018—2019年度国家税务总局韶关市税务局“星党员”	中共国家税务总局韶关市税务局党的建设工作领导小组
张幸慈	国家税务总局韶关市武江区税务局	2018—2019年度国家税务总局韶关市税务局“星党员”	中共国家税务总局韶关市税务局党的建设工作领导小组
肖叶楠	国家税务总局韶关市武江区税务局	韶关市第三届机关工作创新创优竞赛（党建创新类）一等奖	中共韶关市直属机关工作委员会
黄　辉	韶关市武江区西河镇	韶关市“平安家庭”	中共韶关市委政法委员会韶关市妇女联合会
王　成	韶关市武江区西河镇	韶关市“平安家庭”	中共韶关市委政法委员会韶关市妇女联合会
王民生	中共韶关市武江区委统一战线工作部	2019年度全市统战系统工作优秀信息员（韶统通〔2020〕10号）	中共韶关市市委统一战工作部
龚小蓉	芙蓉东社区居委	2019年度国家统计局韶关调查队优秀辅助调查员	国家统计局韶关调查队
高　卉	至和小学	市名班主任	韶关市教育局

续表23

姓　名	工作单位	荣誉称号	表彰单位
段明明	东岗小学	市名班主任	韶关市教育局
唐晓红	第十四中学	市名班主任	韶关市教育局
林秋晨	武江区人民检察院	个人三等功	韶关市人民检察院
陈创鑫	武江区人民检察院	个人三等功	韶关市人民检察院
蔡梅英	武江区人民检察院	个人嘉奖	韶关市人民检察院
张益华	武江区人民检察院	个人嘉奖	韶关市人民检察院
邱付山	武江区人民检察院	个人嘉奖	韶关市人民检察院
邓　洁	武江区人民检察院	个人嘉奖	韶关市人民检察院
方　洁	武江区人民检察院	个人嘉奖	韶关市人民检察院
苏幸儿	武江区人民检察院	个人嘉奖	韶关市人民检察院
邹启凡	武江区人民检察院	个人嘉奖	韶关市人民检察院
曹菁菁	武江区人民检察院	个人嘉奖	韶关市人民检察院
张幸慈	国家税务总局韶关市武江区税务局	2018—2019年度韶关市优秀共青团干部	共青团韶关市委员会
肖叶楠	国家税务总局韶关市武江区税务局科员	2018—2019年度韶关市优秀共青团员	共青团韶关市委员会
罗荣威	武江区西河镇人民政府党政办工作人员	2018—2019年度韶关市优秀共青团员	共青团韶关市委员会
何颖欣	韶关市第十一中学学生	2018—2019年度韶关市优秀共青团员	共青团韶关市委员会
李　昊	武江区西联镇人民政府团委书记	2018—2019年韶关市优秀共青团干部	共青团韶关市委员会
黄德洁	韶关市第九中学团委书记	2018—2019年韶关市优秀共青团干部	共青团韶关市委员会
李海瑜	韶关市第十一中学九（3）班团支部书记	2018—2019年韶关市优秀共青团干部	共青团韶关市委员会
曾细娥	武江区妇联	韶关市基层组织阵地建设先进个人	韶关市妇联
余金梅	武江区西联镇妇联	韶关市基层组织阵地建设先进个人	韶关市妇联
陈秋莲	武江区重阳镇妇联	韶关市基层组织阵地建设先进个人	韶关市妇联
方韶君	武江区惠民街道妇联	韶关市基层组织阵地建设先进个人	韶关市妇联

续表23

姓　名	工作单位	荣誉称号	表彰单位
张志英	武江区新华街道工业西社区	韶关市基层组织阵地建设先进个人	韶关市妇联
林雪丽	武江区共青团委员会	韶关市三八红旗手	韶关市妇联
饶满娇	武江区西联镇芙蓉村支委委员	韶关市三八红旗手	韶关市妇联
刘伟娣	武江区江湾镇妇联	韶关市三八红旗手	韶关市妇联
欧雪妹	武江区重阳镇六记农业科技有限公司	韶关市三八红旗手	韶关市妇联
罗斯琴	粤北人民医院	韶关市十大好军嫂	韶关市妇联 韶关市军分区政治处
黄玉梅	武江区重阳镇人民政府	韶关市十大好军嫂提名奖	韶关市妇联 韶关市军分区政治处
甘　楠	国家税务总局韶关市武江区税务局	2019年韶关市十大最美军嫂	韶关市妇女委员会、 韶关市军分区政治处
黄辉南	韶关市武江区人民法院	三等功	韶关市中级人民法院
黄　淋	武江区市场监督管理局	2019年度全市市场监管部门政务信息工作先进个人	韶关市市场监督管理局
曾丽明	武江区市场监督管理局	2019年度全市市场监管系统新闻宣传工作先进个人	韶关市市场监督管理局
裴凌昆	韶关市武江区工业东路消防救援站	个人三等功	韶关市消防救援支队
曾　硕	韶关市消防救援支队西联特勤站	个人嘉奖	韶关市消防救援支队
刘全华	韶关市武江区消防救援大队	个人嘉奖	韶关市消防救援支队
吴伟辉	韶关市武江区消防救援大队	个人嘉奖	韶关市消防救援支队
赵世昊	韶关市武江区工业东路消防救援站	个人嘉奖	韶关市消防救援支队
钟　江	韶关市消防救援支队西联特勤站	个人嘉奖	韶关市消防救援支队
温瑞红	韶关市武江区工业东路消防救援站	个人嘉奖	韶关市消防救援支队
林剑超	韶关市消防救援支队西联特勤站	个人嘉奖	韶关市消防救援支队
赵黄波	韶关市武江区工业东路消防救援站	个人嘉奖	韶关市消防救援支队
许泽鑫	韶关市消防救援支队西联特勤站	个人嘉奖	韶关市消防救援支队
纪英辉	韶关市武江区工业东路消防救援站	个人嘉奖	韶关市消防救援支队

续表23

姓　名	工作单位	荣誉称号	表彰单位
曾嘉豪	韶关市武江区工业东路消防救援站	个人嘉奖	韶关市消防救援支队
陈继伟	韶关市消防救援支队西联特勤站	个人嘉奖	韶关市消防救援支队
陈　播	韶关市消防救援支队西联特勤站	个人嘉奖	韶关市消防救援支队
钟兴朋	韶关市消防救援支队西联特勤站	先进个人	韶关市消防救援支队
曾　硕	韶关市消防救援支队西联特勤站	先进个人	韶关市消防救援支队
吴　鹏	韶关市武江区工业东路消防救援站	先进个人	韶关市消防救援支队
王肖杰	韶关市武江区工业东路消防救援站	优秀消防员	韶关市消防救援支队
冉光兴	韶关市武江区工业东路消防救援站	优秀消防员	韶关市消防救援支队
陈　播	韶关市消防救援支队西联特勤站	优秀消防员	韶关市消防救援支队
彭　真	韶关市武江区工业东路消防救援站	优秀消防员	韶关市消防救援支队
古娘东	韶关市消防救援支队西联特勤站	优秀消防员	韶关市消防救援支队
黄绍森	分局党委委员、交警大队大队长	个人三等功	韶关市公安局
童帮建	分局警务保障科科长	个人三等功	韶关市公安局
邱文怡	分局西郊派出所教导员	个人三等功	韶关市公安局
邓河军	分局西河派出所所长	个人三等功	韶关市公安局
姜汝伟	分局特警大队副大队长	个人三等功	韶关市公安局
唐家勇	分局龙归派出所所长	个人三等功	韶关市公安局
曹建华	分局芙蓉山派出所所长	个人三等功	韶关市公安局
刘远锋	分局新华派出所所长	个人三等功	韶关市公安局
范　磊	分局新华派出所科员	个人三等功	韶关市公安局
俞景洵	分局西河派出所科员	个人三等功	韶关市公安局
王晓姣	分局指挥中心科员	个人三等功	韶关市公安局

统计资料

武江区2019年国民经济和社会发展统计公报

武江区统计局

2020年3月31日

2019年，全区坚持以习近平新时代中国特色社会主义思想为指导，全面贯彻党的十九大和十九届二中、三中、四中全会精神，深入学习贯彻习近平总书记系列重要讲话和对广东的重要指示批示精神，全面落实中央、省、市和区委的各项工作部署，坚持稳中求进工作总基调，主动抢抓“双区”建设重大历史机遇，推动经济社会发展各项事业积极进展。

一、综合

初步核算，全区生产总值2680717万元，增长4.6%。其中：第一产业增加值69622万元，增长5.7%；第二产业增加值1129689万元，增长1.3%（工业增加值836536万元，增长1.9%；建筑业增加值294781万元，下降0.7%）；第三产业增加值1481407万元，增长7.2%。在第三产业增加值中，交通运输业增长10.2%，批发和零售业增长4.0%，住宿和餐饮业增长4.1%，金融业增长6.3%，房地产业下降1.4%，营利性服务业增长9.9%，非营利性服务业增长10.7%。三大产业结构为2.6：42.1：55.3。按常住人口计算，人均生产总值83420元，增长3.3%。

二、农业

全区农林牧渔业总产值118480万元，增长6.2%。其中：农业产值62770万元，增长5.2%；林业产值11146万元，增长3.8%；畜牧业产值39511万元，增长8.9%；渔业产值4368万元，增长6.4%；农林牧渔服务业产值685万元，增长21.0%。

全区粮食播种面积55154亩，增长0.1%；蔬菜播种面积39596亩，增长7%。粮食总产量23104吨，增长7.3%；蔬菜总产量87418吨，增长6%；水果总产量11701吨，增长5.2%；生猪出栏量124961头，下降0.4%；家禽出栏量1300986只，增长7.8%；水产品起水量3286吨，增长3.5%。

三、工业和建筑业

全区规上工业总产值1563725万元，现价增长9.4%。全区工业增加值836536万元，增长1.9%。其中：规模以上786755万元，增长1.7%。

全区资质建筑业总产值550315万元，现价下降8.1%。全区建筑业增加值294781万元，下降0.7%。

四、固定资产投资

全区固定资产投资增长18.4%。其中：房地产开发完成投资下降3.6%。房地产商品房销售面积110.05万平方米，下降24.0%；房地产商品房销售额815121万元，下降16.5%。

五、贸易和外经

全区商品销售额1061888万元，增长9.2%。其中：批发业销售额548924万元，增长11.6%；零售业销售额415911万元，增长8.7%；住宿业营业额26306万元，增长5.5%；餐饮业营业额70748万元，增长8.4%。

全区社会消费品零售总额733117万元，增长9.5%。其中：批发业零售额159534万元；零售业零售额519528万元；住宿业零售额9278万元；餐饮业零售额44777万元。

全区合同吸收外资金额1756万美元，增长75.2%。实际利用外资23万美元。全区外贸进出口总额4538.9万美元，下降31.8%，其中：进口总额1763.2万美元，增长47.6%，出口总额2775.6万美元，下降49.2%。

六、科技、教育、卫生

全年专利申请量1244件（发明229件，实用新型930件，外观设计85件），全年专利授权量739件（发明专利20件，实用新型538件，外观设计181件）。

全区中等职业教育学校2所，专任教师283人，其中：女教师178人。在校学生5374人，其中：女生3737人。招生数2100人，其中：女生1402人。毕业学生1614人，其中：女生1133人。

全区普通中学学校13所，其中：初级中学6所，九年一贯制2所，完全中学4所，高级中学1所。中学专任教师1644人（初中984人，高中660人），其中：女教师931人（初中599人，高中332人）。中学招生数8172人（初中5085人，高中3087人），其中：女生3940人（初中2405人，高中1535人）。中学在校学生23544人（初中14870人，高中8674人），其中：女生11504人（初中7055人，高中4449人）。中学毕业学生7344人（初中4601人，高中2743人），其中：女生3501人（初中2136人，高中1365人）。初中升学率98.7%，其中：女生升学率98.7%。高中升学率97.7%，其中：女生升学率99.9%。

全区小学学校23所（城区16所，镇区3所，乡村4所），其中：教育部门办22所，民办1所。小学专任教师1630人，其中：女教师1274人。小学招生数6140人，其中：女生2851人。小学在校学生32893人，其中：女生15205人。小学毕业学生4305人，其中：女生1959人。小学升学率100%，其中：女生升学率100%。学龄儿童入学率100%。

全区幼儿园76所（城区57所，镇区6所，乡村13所），其中：教育部门办4所，民办72所。幼儿园专任教师976人，其中：女教师972人。幼儿园入园人数4853人，其中：女生2223人。幼儿园在园人数14321人，其中：女生6466人。幼儿园离园人数4541人，其中：女生2210人。

全区医院、医疗卫生机构196个，床位5361床，医疗卫生机构技术人员5680人，其中：执业（助理）医师1696人，卫生防疫人员68人。

七、人口、人民生活与社会保障

全区年末户籍总人口284805人，其中：城镇人口216647人，乡村人口68158人；男性142261人，女性142544人。全区常住人口32.42万人，其中：城镇人口28.23万人，城镇化率87.07%，农村人口4.19万人。全区常住出生人口3291人，人口出生率11.38‰；死亡人口1658人，人口死亡率5.73‰；自然增长人口1633人，人口自然增长率5.65‰。

全区地方一般公共预算收入69408万元，增长10.7%（含区工业园，可比口径）。据城乡一体化居民家庭抽样调查，全区城乡居民人均收入36413元，增长9.0%，其中：城镇居民人均可支配收入39391元，增长7.9%；农村居民人均可支配收入20420元，增长9.9%。城乡居民收入比1.929：1。

全区城镇职工基本养老保险参保人数77903人，城乡居民基本养老保险参保人数37254人，失业保险参保人数89310人，城镇登记失业人员2261人，城镇登记失业率2.7%。

全区基本医疗保险参保人数304656人，其中：城乡居民基本医疗保险参保人数142387人，城镇职工基本医疗保险参保人数162269人。

全区提供住宿的社会工作机构5个，提供住宿的社会机构床位160床。享受城镇居民最低生活保障有325户475人，享受农村居民最低生活保障有608户1026人，享受农村五保供养人数93人。

注：

1.本公报数据为初步统计数；

2.本公报数据除特别注明外均为地域统计数；

3.生产总值、各产业增加值、总产值绝对数按当年价计算，增长速度除特别注明外按可比价计算。

本公报资料来源：

合同吸收外资、实际利用外资外贸进出口总额来自区工业和信息化局；

专利申请量、专利授权量来自区市场监督管理局；

教育数据来自区教育局；

卫生数据、常住出生人口、出生率、死亡人口、死亡率、自然增长人口、人口自然增长率来自区卫生健康局；

户籍总人口来自区公安局；

地方一般公共预算收入来自区财政局；

基本养老保险参保人数、失业保险参保人数、城镇登记失业人员、城镇登记失业率来自区人力资源和社会保障局；

基本医疗保险参保人数来自区医疗保障局；

社会工作机构个数（床位数）、居民最低生活保障户数（人数）、农村五保供养人数来自区民政局；

其他数据来自区统计局。

2019年武江区国民经济统计资料表

表24

指标名称	计量单位	2019年数值
年末户籍总人口	人	284805
其中：非农业人口	人	216647
年末总户数	户	98450
年末常住人口	万人	32.42
其中：非农业人口	万人	28.23
常住出生人口	人	3291
出生率	‰	11.38
死亡人口	人	1658
死亡率	‰	5.73
自然增长率	‰	5.65
国内生产总值（现价）	万元	2680717
其中：第一产业增加值	万元	69622
第二产业增加值	万元	1129689
第三产业增加值	万元	1481407
人均生产总值	元	83420
农林牧渔业总产值	万元	118480
规上工业总产值	万元	1563725
资质建筑业总产值	万元	550315
农林牧渔业增加值	万元	69906

续表24

指标名称	计量单位	2019年数值
工业增加值	万元	836536
建筑业增加值	万元	294781
社会消费品零售总额	万元	733117
固定资产投资	万元	1445231
其中：房地产开发投资	万元	744572
房地产商品房销售面积	万平方米	110.05
房地产商品房销售额	万元	815121
实际利用外资	万美元	23
外贸进出口总额	万美元	4538.9
其中：进口总额	万美元	1763.2
出口总额	万美元	2775.6
城镇单位在岗职工年末人数（不含私营）	人	72056
城镇单位在岗职工年人均工资（不含私营）	元	84232
城乡居民人均可支配收入	元	36413
其中：城镇居民人均可支配收入	元	39391
农村居民人均可支配收入	元	20420
地方一般公共预算收入（含工业园）	万元	69408
地方一般公共预算支出	万元	183412
国内税收收入	万元	696630

文件辑录

在区委九届六次全会上的报告

（2019年1月18日）

颜　亮

同志们：

现在，我受区委常委会委托，向全会作工作报告。

一、2018年的主要工作

2018年，区委常委会在中央、省委和市委的坚强领导下，团结和带领全区人民，全面贯彻习近平新时代中国特色社会主义思想和党的十九大精神，全面贯彻落实习近平总书记对广东重要讲话和对广东工作一系列重要指示精神，认真落实李希书记在韶调研讲话精神和省委“1+1+9”重点工作部署，按照市委工作要求，扎实谋划开展争当韶关改革发展排头兵六大行动，推动武江经济社会发展各项事业取得了新进步。预计全年实现地区生产总值239亿元、增长1.5%，三次产业结构调整为2.5∶38.9∶58.6；固定资产投资增长5.7%，社会消费品零售总额增长9.3%；地方一般公共预算收入6.19亿元、增长10.7%（可比口径），城乡居民人均可支配收入增长8%。

一年来，我们抓了以下主要工作：

（一）深入学习贯彻习近平新时代中国特色社会主义思想和总书记重要讲话精神

坚持把学习贯彻习近平新时代中国特色社会主义思想和总书记对广东重要讲话精神作为首要政治任务，先后8次召开区委常委会、书记专题会议研究部署学习宣传贯彻工作，区委常委会会议第一议题安排学习习近平总书记重要讲话精神19次。实施党政领导干部“1+1”宣讲活动，举办习近平总书记重要讲话精神专题学习培训班10场次，开展各类学习宣传活动260余场次，推动学习宣传贯彻工作向纵深拓展。深入开展“大学习、深调研、真落实”工作，对全区经济社会发展各方面开展了两轮深层次的调研，形成了45个有质量的调研报告，对标全面建成小康社会和争当韶关改革发展排头兵目标，研究制定了武江区改革发展城市提升、产业提档、镇村提振、民生提质、环境提优、作风提改“六大行动”三年行动计划，明确路线图、任务书、时间表、责任主体，一项一项抓落实，推动习近平总书记重要讲话精神在武江大地落地生根、结出丰硕成果。

（二）坚决推动稳增长调结构，经济发展质量效益提升

区委始终加强对经济工作的统筹领导，区委坚持定期研判经济形势，出台政策举措，坚决落实稳增长、调结构高质量发展要求，主动应对经济下行压力，制定产业提档三年行动计划，下决心推动产业转型升级，潜心培育新动能，坚决走高质量发展道路。三次产业结构进一步优化，第三产业比重较2017年提高2.4个百分点，占58.6%。韶关烟厂、旭日、利民三大传统企业增加值占全区GDP比重分别下降0.4、1.3、1.2个百分点。新旧动能转换步伐加快，新增高新技术企业27家；传统支柱产业机械工业与珠三角整机企业对接合作，行业增加值增长9.4%；甘棠园区效益初步显现，产值和增加值分别增长205.1%、112.9%；一批企业新增入库，工业12家、服务业15家、商贸业9家；新引进项目6个，其

中投资亿元以上的5个、高新技术4个，环凯微生物检测项目的成功引进填补了我区院士项目的空白。区级一般公共预算收入非税占比为23.1%，比2017年下降了13.2个百分点。

（三）加大统筹建设力度，城乡面貌改善提升

区委直面城乡发展不平衡不充分突出问题，加强统筹谋划，提出构建武江“123”城乡融合发展新格局的战略安排，制定城市提升和镇村提振两个三年行动计划，推动城乡一体化发展。加快中心城区扩容提质：芙蓉新区全面提速，完成年度投资72亿元。完成清表交地6073亩、房屋拆迁49万平方米。芙蓉隧道通车、芙蓉大道贯通、综合客运枢纽（一期）运营、芙蓉第一小学开学、妇幼保健计生服务中心主体封顶，主要交通节点景观绿化和公交亭全面完工，滨江商务中心、地下综合管廊等73个项目动工。老城区提升步伐加快：韶州公园本月开园，3个老旧小区改造基本完成，14个“五小”项目建设以及主次干道“白改黑”、城区公厕改造全面完成，教育西路、上饶路征拆取得重大进展，北江桥西桥头匝道春节前可通车。全面开启乡村振兴建设：2018年向农村累计投入3.7亿元，相当于过去两年的总和。全区行政村基本完成规划编制，89%的自然村基本完成“三清三拆三整治”，农村生活垃圾市场化保洁实现100%覆盖，“脏乱差”明显改观。江湾精品镇村建设和7个先行示范点工程春节前后可竣工。深入推动城乡文明创建：不断健全“五级联创”网格化机制，全面实施“12345”工程，在全市率先策划开展“小黄帽”文明交通、“礼让斑马线”等创建主题活动，2018年上半年被评为全市唯一“文明创建绩效考核先进区”。

（四）积极推动自我革命，真抓实干精气神明显提振

以庆祝改革开放40周年为契机，深入开展思想解放大讨论活动，推动干部实现思想观念的更新、思维方式的变革和精神状态的提振，破除制约武江发展的机制体制障碍，激发干部干事创业精气神。一手抓上级部署的重点领域和关键环节改革。全年共承接中央、省、市部署改革事项29项，完成24项，正在推进5项。扎实推进党政机构改革，积极承接市与市辖区改革下放职权。高标准完成信用平台信息建设，推进“数字政府”改革，商事服务基本实现“多证合一”“马上办”“零见面”。大力推进教育、卫生两大系统人员“区管校聘”“区管镇用”。一手抓武江机制体制自我革新。对全区绩效考评方案进行改革，树立以实干实战实绩为核心的考评导向，建立重点工作红黄榜和流动红黄旗制度，以“三个一批”为载体，抓重点、破难点、出亮点，在一线比高低、论英雄；创新推行支部建在攻坚组和特色产业上，探索党员干部社区“两参与三带头”做法，得到了市委领导高度好评，批示全市学习推广。在全市率先出台干部关爱20条措施，建立激励与约束并重激励机制，推动了全区各项工作进位争先。

（五）坚持补短板固底板，民生社会事业全面进步

用心用情用力抓好“一促两提”三项民生建设，完成新建扩建5座幼儿园和小学，新增优质学位2240个，获得“国家义务教育质量监测县级优秀组织单位”称号；着力提高基层卫生保障水平，龙归镇中心卫生院、新华街道社区卫生服务中心业务大楼投入使用，16间村级卫生站规范化建设全面完成，公共医疗卫生水平进一步提升；区档案馆、文化馆、图书馆开工建设，村（社区）综合性文化服务中心基本实现全覆盖，龙归、江湾镇敬老院如期完成升级改造，西河、西联镇社区居家养老服务中心正式运营，创新开展“红色业委会”“红色楼长驿站”等社区精准化、精细化服务。坚决有力打好大气、水、土壤污染防治攻坚战，全面落实河长制、湖长制和林长制，从严落实中央环保督察“回头看”要求，高质量完成水源地整治和复绿，加强扬尘污染管控推动城区空气质量持续改善。精准用力推动脱贫攻坚，认真开展十大专项行动和打通“最后一公里”冬季集中攻坚行动，在市2018年12月通报中15项考核指标武江9项排第一。深入推进平安武江建设，铁腕推进扫黑除恶专项斗争，2018年共立黑恶案件54宗、破案51宗、打掉涉黑组织1个和恶势力犯罪团伙8个，查处涉黑涉恶腐败和保护伞8人。

（六）全面加强党的建设，管党治党责任从严落实

全面落实新时代党的建设总要求和新时代党的组织路线，推动全面从严治党向基层延伸。一是坚决扛起政治责任。严明政治纪律和政治规矩，坚决全面彻底肃清李嘉、万庆良恶劣影响，有力有效地推动了巡视整改、乡村振兴、精准扶贫、扫黑除恶、环保督查“回头看”等中央、省和市决策部署在武江贯彻落实，推动全区党员干部树牢“四个意识”，坚定“四个自信”，坚决做到“两个维护”，营造风清气正的政治生态。二是意识形态工作责任制全面压实。强化舆情研判，不断健全舆情应急处置工作机制，确保了全区没有发生较大舆情事故。三是大力推动基层组织建设。认真落实加强党的基层组织建设三年行动计划和市委乡镇（街道）工作重心下移双“113”工作机制，开展“四强”基层党组织创建，实施了首批27个村（社区）

党组织阵地提升工程，第一书记选派实现51个行政村全覆盖，基层组织组织力持续提升。四是保持正风肃纪反腐高压态势。扎实有序推进监察体制改革试点工作。对标忠诚干净担当好干部标准，实施了作风提改行动，聚焦“三风三力”问题，干部争先进位意识和攻坚克难能力显著提升。不断巩固拓展落实中央八项规定精神成果，开展基层正风反腐三年行动，严厉整治发生在群众身边的不正之风和腐败问题，全区纪检监察机关立案82件，处分61人。

与此同时，我们坚定不移发展社会主义民主政治，加强和改善党委对人大、政协工作的领导，积极支持人大、政协依法依章程履职，重视支持民主党派、工商联和无党派参政议政，爱国统一战线持续巩固壮大，工会、共青团、妇联等人民团体作用进一步发挥，党管武装、全民国防教育得到全面加强。

我们也清醒地看到，在发展进程中还存在不少问题。一是思想理论武装不扎实，运用新理念新思想指导实践、推动工作、解决问题的能力不足；二是过多强调市与市辖区权责不对等，紧紧围绕项目主动服务、善于服务的营商环境没有形成；三是产业结构性问题凸显，发展新动能培育力度不足；四是城乡发展短板仍然突出，城市提质、乡村振兴需解决的基础性问题任务繁重；五是党的基层组织建设问题偏多，一些基层党组织核心引领作用不强，部分干部队伍担当实干奉献的精气神与新时代需求有差距，发生在群众身边的作风问题腐败问题多发等等。这些问题必须引起高度重视，下决心认真加以解决。

二、2019年主要工作安排

2019年是新中国成立70周年，是全面建成小康社会关键之年，做好今年工作至关重要。今年区委工作的总体要求是：高举习近平新时代中国特色社会主义思想伟大旗帜，全面贯彻党的十九大和十九届二中、三中全会以及中央经济工作会议精神，全面贯彻落实习近平总书记对广东重要讲话和对广东工作一系列重要指示精神，认真贯彻李希书记去年9月在韶调研讲话精神和省委十二届六次全会精神，对标市委十二届九次全会部署要求，坚持生态优先、绿色发展，坚持融入珠三角、服务大湾区，深入落实供给侧结构性改革，贯彻稳中求进工作总基调和高质量发展要求，紧紧围绕“全面贯彻落实习近平总书记对广东重要讲话精神”这一主线，聚焦“在高水平保护中实现高质量发展”这一要务，扭住“深化改革开放”和“实施项目驱动”这两个关键，坚持全面从严治党，集中用力实施城市提升、镇村提振、产业提档、环境提优、民生提质、作风提改六大行动，加快城乡融合发展步伐，推动经济社会全面协调发展，奋力争当韶关改革发展排头兵，以优异的成绩迎接新中国成立70周年。

综合研判各方面条件因素，区委考虑今年经济增长的预期目标为4%左右，城镇登记失业率控制在3%以内，城乡居民人均可支配收入增长8%左右。确定这个发展目标，主要基于当前经济下行的外部环境没有改变，武江正处于新旧动能转换发展阶段的综合判断。需要强调的是，完成4%左右的预期目标，压力和难度不小，没有超常的举措和超强的付出是难以实现的，全区要围绕这个目标鼓足干劲、埋头苦干，争取完成得更好。

今年要重点抓好七个方面的工作。

（一）坚持以习近平总书记对广东重要讲话精神为统领，深入贯彻落实省委、市委决策部署

今年全区改革发展任务十分繁重，我们要坚持以习近平新时代中国特色社会主义思想和总书记对广东重要讲话精神为指导，认真贯彻落实省委十二届六次全会精神，按照市委决策部署，扎扎实实做好改革发展各项工作。

深入学习贯彻习近平总书记对广东重要讲话精神，准确把握新时代新要求。坚持把学习贯彻习近平新时代中国特色社会主义思想和总书记对广东重要讲话精神作为当前和今后一个时期的头等大事和首要政治任务，继续深化“大学习、深调研、真落实”工作，始终用新思想新理念创造新业绩。要加强政治理论武装，抓严抓实各级党委（党组）理论学习中心组的学习，教育引导党员干部坚定理想信念；抓实抓活基层学习宣讲，创新基层宣讲活动等组织形式，切实增强宣讲的亲和力和感染力；扎实开展“不忘初心、牢记使命”主题教育，突出“两个维护”的政治要求，教育引导广大党员干部在学习贯彻中不断强化政治认同、理论认同和情感认同。要在学懂弄通做实上下功夫，准确把握新时代的实践要求。习近平总书记视察广东时提出了四个方面重要指示要求，在讲到推动高质量发展时特别指出，粤北地区是广东的生态“北屏障”，要把握粤北生态发展区的功能定位，全力筑牢粤北生态屏障，把绿水青山变成金山银山。我们要进一步树牢“四个意识”，坚定“四个自信”，以总书记的重要指示要求，加强调查研究，谋划好落实好武江新时代高质量发展各项工作。

全面贯彻落实李希书记在韶调研讲话精神和省委全会精神，积极把握新使命新机遇。省委全会作出构建“一核一带一区”区域协调发展新格局的重大部署，李希书记在韶调研时明确要求韶关要“全力筑牢粤北生态屏障，打造绿色发展韶关样板，争当北部生态发展区高质量发展排头兵”。我们要充

分认识，韶关争当北部生态发展区高质量发展排头兵，既是党中央和省委赋予韶关的重大使命，又是韶关在全省“一核一带一区”区域协调发展新格局下发挥优势、扬长避短的重大发展机遇；要坚决贯彻落实省委的决策部署，把全省区域协调发展战略要求和韶关争当北部生态发展区高质量发展排头兵目标要求贯穿到武江经济社会发展的各个领域和层次。一方面，要增强使命意识，既要在韶关建设重要生态屏障中担当好先行区的角色，又要在高质量发展中争当排头兵。另一方面，要强化机遇意识，既要善于把得天独厚的生态优势转化成为助推高质量发展的强劲动力，又要发挥好地处大湾区辐射湘赣地区发展的枢纽位置优势，主动在参与大湾区建设中，实现与大湾区的功能互补、产业分工、市场对接和错位发展，全面拓展发展空间，提高发展水平。

认真贯彻落实市委决策部署，主动迎接新挑战新征程。市委十二届九次全会对今年工作作出了全面部署，强调要着重把握“担当新使命、把握新优势、迎接新挑战”三个方面要求，就“打造绿色发展韶关样板，争当北部生态发展区高质量发展排头兵”提出了六个方面的工作部署。我们要贯彻落实好市委决策部署，就必须统一三个认识：首先是不进则退的忧患意识，充分认识到虽然我们经济总量仍居首位，但2018年全区经济增长速度跌落到近年新低，特别是规上工业跌入负增长，过度依赖传统企业的经济结构问题进一步显现，我们必须增强忧患意识，直面问题，抢抓机遇，加快绿色低碳产业发展，积淀发展新优势；其次是迎接新挑战的担当精神，今年我们将可能面临更复杂严峻的外部发展环境，世界变局中危和机同生并存，面对新挑战，能否担负起市委提出争当改革发展排头兵和实现31万武江人民对美好生活的责任，是对我们党性观念和群众宗旨的重大考验，全区上下必须迎难而上，以更大的担当奉献换取更好的发展成果、更多的群众幸福；再次是功成不必在我的奋斗心态，武江要在高水平保护中实现高质量发展的格局中走在全市前列，就必须以更大决心加快新旧动能转换，以功成不必在我和耐得住阵痛的心态，干在一线，较真落实，用心用力用时培育新动能，潜心用三年左右时间构建起武江高质量发展支撑体系。

（二）充分用好改革开放关键一招，加快形成新时代武江发展新优势

步入新时代，面对千帆竞发、百舸争流的发展态势，我们只有继续弘扬敢闯敢试、敢为人先的改革精神，坚持问题导向，推进全面深化改革，不断提升加快发展的竞争力。

推动思想解放往深里走往实里抓，提升争先创优执行力。区委把今年确定为思想解放“实践年”，在去年“六个是否”思想解放大讨论形成思想共识的基础上，紧紧围绕武江改革发展的重点项目推动、瓶颈问题突破和试点亮点创建三大领域作为检验思想是否解放、思维是否变换、能力是否提升的试金石，完善“三个一批”年初精准谋定、月度督查排名、年终考评奖惩的工作机制，建立争先创优和“拖后腿”季度通报制度，坚持每季度对受中央、省和市表扬的、工作排名靠前的单位或个人进行通报表扬，对受中央、省和市批评的、工作排名靠后的单位或个人进行曝光亮相，真刀真枪“抓重点、破难点、出亮点”，在一线比高低、论英雄，确保各项目标任务落地见效。

抓好关键领域和自身改革，提升高效优质服务力。要深化行政管理体制改革，紧密对接中央和省、市机构改革方案，按照中央和省委、市委统一部署，完善坚持党的全面领导制度，优化政府机构设置和职能配置，统筹党政群机构改革，进一步理顺市与市辖区权责关系，构建权责清晰、面向群众、符合武江特点的管理体制，更好发挥对各领域改革的体制支撑和保障作用。深入推进“放管服”改革，彻底解决行政效能不高的问题，全面推广“马上办”服务模式，突出抓好“数字政府”建设，完善“一门式一网式”政务服务平台，确保企业申办时间大幅压缩、群众办事更加方便。要围绕“服务企业、服务基层、服务群众”三个服务抓好自身改革，特别在城市管理、项目建设、农村发展、联系群众等领域拿出更多的改革举措，着力解决营商便民利民服务最后一公里问题。

构建武江开放包容发展新格局，提升对接合作竞争力。要坚决打破地域的禁锢、行业的垄断，打开大门促发展，创造包容性的发展优势。进一步发挥生态优势、区位优势和产业基础优势，细化对接措施，畅通人流物流资金流信息流，把自身优势产品和优质服务输送到大湾区大市场中去，把契合自身发展特点的高素质要素资源承接过来，不断深化与大湾区的共建共融。要大力实施人才强区战略，推进大众创业万众创新深入实施，让武江成为粤北人才、资本、技术、创新资源集聚的高地，成为有梦想的创业者、创新者向往的地区。

（三）紧紧扭住项目这个“牛鼻子”，凝神聚力培育高质量发展新动能

要坚持以项目为中心，围绕加快构建武江主导产业优势，实施产业提档行动，不断提升“大抓项目、抓大项目”能力和水平。

加快新动能平台和项目建设。一要加快园区新动能规划建设，今年完成甘棠园区东片区征拆，加

快医药健康产业规划，启动园区三通一平建设；强化甘棠园区西片区提质增效，对低效用地和闲置地出台强制性举措收回，为新动能项目引进腾出土地空间；加快莞韶城三期项目征收工作，积极会同莞韶园管委会打造亿航百亿级无人机产业基地。二要推动传统产业转型升级，实实在在支持民营企业发展，引导宏大齿轮、东南轴承、旭日玩具等深度参与大湾区产业分工协同创新，重点瞄准10家以上成长型中小企业实施倍增计划，支持新莱雅、合众化工、韶瑞重工、源昊住工等一批优质民营企业做强做大，新增高新技术企业5家以上。三要抓实签约项目落地，重点推动环凯微生物检测、新蓝天高端纺织材料项目加快动工建设，力促今年新开工、新投产、新上规各5个以上。

加强绿色低碳产业项目招商。一要开展精准招商，抢抓省委“优化产业共建园区布局，北部生态发展区向市一级集中”的战略机遇，充分发挥武江作为韶关中心城区的要素集聚优势，紧紧围绕生物制药、先进装备制造和都市型产业等核心产业，引进一批带动力强的优质项目；二要突出专业招商，成立武江主导产业政策研究团队和组建专业招商团队，通过对产业行业、重点扩张企业需求等分析，有针对性地制定主导产业招商激励政策，推动专业招商；三要实施招商一把手工程，区委区政府主要领导同志和经济部门主要负责同志要坚持定期走出去，在专业团队做好前期对接的基础上推动项目合作，建立“一企一队伍”全程跟踪服务机制，力争全年新签约项目8个以上、总投资20亿元以上。

建立大抓项目抓大项目机制。要把项目争取、落地、建设摆在加快发展的重中之重。成立区委区政府项目建设指挥部，围绕更好地争取项目、引进项目、建设项目，整合区提升办、征收办和重点办，建立项目策划包装、引进争取、联审联办、落地建设“全流程”组织建设服务机制，争取更多项目引得进、批得了、建得快、见效好。完善争取政策项目责任机制。中央经济工作会议、中央农村工作会议分别释放了“较大幅度增加地方政府专项债券规模”和“实施村庄基础设施建设工程，加快补齐农村人居环境和公共服务短板”重大政策利好，随着中央乡村振兴战略和省委“一核一带一区”战略的深入实施，北部生态发展区必将迎来一轮强度高、密度大的投入。各镇（街）和区直部门要强化政策研究，加强与上级部门的信息对接，收集整理有关上级政策资金和项目支持信息，提出政策、项目争取计划，实行每月一报制度，由项目建设指挥部办公室统筹做好项目策划包装、申报等前期工作，争取更多上级资金、项目带动武江发展。

（四）加快提升中心城区首位度，打造品质城区善美武江

要敢于面对城区建设“摊子”不大、“面子”不靓、“里子”不强的突出问题，狠抓中心城区扩容提质，加快提升武江作为韶关中心城区的首位度。

全力推动芙蓉新区建设提速。积极推动城市资源、产业要素、项目布局、公共服务设施向新区集聚。力争全年完成投资60亿元以上。一要持续打好征拆交地“大会战”，下决心解决好村集体留用地确权和开发经营政策问题，完成下胡安置村建设，切实保障征地村民生产生活权益，助推完成30万平方米房屋征拆、2000亩清表交地任务。二要加快完善城市公共服务功能。突出抓好“一水系一中心一广场一公园”建设，加快芙蓉大道等3条骨干路网和4条支线道路建设，完善新区路网及配套地下管廊。推动市第一人民医院、天麓山小学等公建项目建设。三要着力提升城市生态景观。动工建设康体公园、民生公园、芙蓉北公园，完善高铁站和高速公路出入口周边区域等11处重要节点绿化提升。四要大力提升社区服务水平。开工建设5个村（社区）党群服务中心，加快社区卫生站、垃圾中转站等社区公共项目建设，加大城市管理力度，提升城市保洁水平。

大力推进老城区提质改造。一要以老城区提升PPP项目为抓手，加快教育西路、芙蓉大道北、机场快线等5条主干道路建设，推进吉祥路、亨泰路等5条支路改造提升和韶州公园、林桥公园周边道路改造改建，实施北江桥西桥头等交通节点整治，着力缓解城市拥堵问题。二要加快文化馆、图书馆、博物馆建设，确保“五一”节前后建成对外开放，抓紧周边老旧小区改造规划，建设文化、教育、体育集聚街区，不断满足城市居民更多文化需求。三要突出抓好景观提升和“微改造”。今年要重点抓好惠民路、沿江路的断面立面改造，提升沿路绿化美化亮化水平，抓好12个老旧小区改造，规划新建500个停车位。此外，要大力拓展居家养老服务和居家康复工作，拓展社工组织参与社会治理，让城市居民获取更多的幸福感。

抓好产城融合这篇大文章。紧紧围绕“兴产业、聚功能、补短板”，推动城市发展与产业经济形成良性互动。要加快芙蓉新城都市型产业的构建，推动与莞韶园的融合发展。抓好高铁站前片区开发，推动恒大酒店、保利商业综合体等加快建设；加快创智城、黄沙坪“互联网+”小镇建设，推动创新孵化、文旅产业加快集聚。要加快三大片区商贸业态的培育，提升老城区产业支撑力。以韶州公园建设带动周边片区加快形成文旅、健康、休

闲商圈；依托“三城一市场”，推动芙蓉北片区楼宇经济、商贸市场集聚；加快韶关大道北片区规划，建设武江创新孵化和商务会展中心。要抓紧研究出台服务业新业态扶持政策，推动金融保险、创投平台、管理咨询、信托投资企业和律师事务所、会计事务所等新业态向枫合汇、湘商大厦、摩尔城等写字楼宇集聚。

（五）更大气力实施乡村振兴战略，加快城乡融合发展步伐

今年是实施乡村振兴的关键之年，必须以更大的力度、更强的合力，切实推动武江乡村振兴迈出坚实步伐。

推动“123”城乡融合发展规划落细落实。一要加紧出台和完善“以城带乡，以工辅农”系列政策举措，发挥中心城区人才、资金、产业、创新、消费等辐射拉动作用。建立乡村历史文化资源项目库，注重发挥区国有企业在推动乡村振兴中的资本优势，加快乡村历史文化和生态资源的转化利用，推动实现美丽乡村向美丽经济的转变。二要加快城乡融合重点项目建设，力争将武江乡村振兴传习所打造成为全省的兴农教育示范点，加快完成江湾精品镇村建设，启动武广高铁沿线景观走廊和西河龙归环城生态走廊生态修复工程，通过点、线的打造整体带动乡村振兴。三要高标准完成产业、人才、文化、生态和组织五大振兴专项规划，对标创建省级城乡融合试点县（市、区），以一个规划一个规划的顺利实施实实在在推动乡村振兴。

全面推进全域乡村振兴建设。要围绕解决产业发展这个最大短板，加快“一园一业一品”建设，重点推进重阳现代产业园区建设，大力发展丝茅姜、淮山等绿色食品，新增市级示范家庭农场2家以上，培育新型职业农民110人以上。要深化农村综合改革，扎实推进农村集体产权制度改革，完善农村承包地“三权分置”制度，开展土地经营权入股发展农村产业化经营试点和资源变资产、资金变股金、农民变股民“三变”改革试点，鼓励农民通过转包、出租、互换、转让、入股等方式流转承包地，解决土地碎片化问题。以乡镇（街道）提升139工程为抓手，启动龙归美丽镇村建设，抓好7个示范村建设提升，启动10个以上面上村美丽乡村建设，全域铺开人居环境综合整治，着力做好垃圾污水处理、厕所革命、村容村貌提升，确保60%以上村达到干净整洁村标准。

扎实推进城乡文明创建。大力推进新时代文明实践中心市级试点建设，创新实行“城市+农村”双擎驱动，建立区、镇、村三级试点格局，打造融思想引领、道德教化、文化传承、为民服务于一体的综合平台。着力突破文明创建“空白点”，力争成功创建一批市级或以上文明镇村。深入实施文化惠民工程，加快公共文化基础设施建设，挖掘培育重阳水口赛龙舟、龙归后坪客家山歌、江湾瑶族习俗等传统文化项目。探索建立院地合作机制，编制好乡村文化振兴规划。持续推进文明城市创建工作，深入开展21项创文专项整治提升行动，扎实开展实测点达标整改行动，全面提升辖区创建水平。

（六）突出抓好“三三”重点攻坚，实实在在践行以人民为中心的发展思想

始终牢记高质量发展的目的是不断满足人民美好生活需要，持续抓好三大重点民生和打好三大攻坚战，不断增强人民群众的获得感、幸福感。

深入实施“一促两提”工程。要促进教育事业均衡发展，加快教育资源布局优化和资源整合，加快御龙湾小学等6个新建扩建项目建设，2019年新增2000个优质学位。加强公办和普惠性民办幼儿园建设管理，力争公办和普惠性民办幼儿园比例达83%，规范化幼儿园比例达78%以上。要提升基层公共卫生服务水平，打造健康武江。加快完善城乡医疗服务网络，抓紧沙洲尾、芙蓉新区社区卫生服务中心建成投入使用，全面完成纳入计划的42间村卫生站公建规范化建设；省级卫生镇、省市卫生村覆盖率分别达到60%、84%以上。持续提升社会保障水平，抓好就业这个最大的民生，实施“粤菜师傅”等技能就业培训工程，大力支持异地务工人员返乡就业，实现城镇新增就业2200人以上；深化城乡社会保障制度改革，确保城乡居民养老保险和基本医疗保险参保率均达到98%以上；健全残疾人社会保障体系、服务体系和农村留守儿童、妇女、老年人关爱服务体系。进一步提升敬老院环境建设，加强管理服务，确保老有所养、老有所乐。落实阶段性降低医疗保险费率、失业保险和工伤保险费率浮动等政策，降低企业社会保险成本。

更加用力打好三大攻坚战。坚决打好污染防治攻坚战，继续推进中央环保督察组以及省、市交办案件调查处理。落实河长制，持续巩固水源地整治成果。下决心开展扬尘专项整治，实现建筑工地、道路保洁、汽车尾气等“六个100%”管控，确保323线扬尘突出问题得到根本解决。大力推进生活垃圾分类减量，加强工业固体废物减量化和资源化利用，开展固体废物污染专项治理，全面提升土壤环境质量。坚决打好精准脱贫攻坚战，对标“两不愁三保障一相当”和“八有”标准，进一步压实“三级书记”抓扶贫责任，突出抓好产业和就业扶贫，巩固脱贫攻坚初步成果。认真研究解决收入水平略高于建档立卡贫困户的群体缺乏政策支持的新问

题。坚决打好防范化解重大风险攻坚战，持续打击非法集资等违法行为，落实普惠金融“村村通”，切实防范政府性债务风险。

全面推进平安武江、法治武江建设。扎实推动社会治理重心下移，全面深化“中心+网格化+信息化”建设，加快推动村（居）综治视网建设。推进社会治安防控体系建设，全力推进“雪亮工程”，深化智慧新警务建设工作，认真做好新中国成立70周年、澳门回归20周年等重大活动安保维稳工作。加大平安创建工作力度，切实提高群众安全感、平安创建知晓率和政法工作满意度。深入开展扫黑除恶专项斗争，严厉打击突出刑事犯罪和商业犯罪。深入推进司法体制改革，加强法治文化建设，全面开展法治建设“三级同创”活动，落实“谁执法、谁普法”责任制，积极推动全民尊法学法守法用法。

（七）坚定不移加强党的领导和党的建设，不断涵养风清气正的政治生态。

全面贯彻落实新时代党的建设总要求，坚定不移推进全面从严治党，把各级党组织锻造得更加坚强有力。

切实把政治建设摆在首位。坚决贯彻习近平总书记关于加强党的领导重要指示要求，树牢“四个意识”，坚定“四个自信”，以正确的认识和行动坚决做到“两个维护”，坚决反对“两面人”“伪忠诚”等问题，将政治责任传导到最基层。严明政治纪律和政治规矩，落实好中央、省和市重大决策部署，确保中央、省和市政令在武江畅通。深入抓好中央巡视整改工作，逐条推进整改落实，确保改及时、改到位、改彻底，督促党员干部杜绝“七个有之”，践行“五个必须”，做到“三个决不允许”。要严肃党内政治生活，用好批评和自我批评有力武器，增强党内政治生活的政治性、时代性、原则性、战斗性。

从严落实意识形态工作责任。毫不动摇地坚持和加强党对意识形态工作的领导权管理权主动权，全面压实意识形态工作责任，特别是各级党委（党组）书记要落实好第一责任人责任。要坚决守护意识形态阵地安全。加强舆情风险预判和处置，完善重大舆情事件协同应对机制，确保舆论引导、事件处置、社会管控“三同步”。借力省、市主流媒体打造武江融媒体平台，进一步完善市级媒体驻武江记者工作站运作长效机制，拓展“走出去”渠道，突出特色展形象，传播武江好声音。

全面加强基层党组织和干部队伍建设。大力实施加强基层党组织建设三年行动计划，紧抓“四强”基层党组织创建，深入开展基层党建“五级联创”、创建模范机关等基层党组织达标创优活动。持续抓好“头雁”工程和南粤党员先锋工程，运用和推广好“党建+中心工作”“两参与、三带头”党员先锋活动等成功经验。严格执行党支部工作条例和农村基层组织工作条例，制定出台党支部工作任务清单和党支部书记履职指引，完善“三重一大”事项由党组织讨论决定机制，推动村党组织书记通过法定程序担任村委会、集体经济组织、农民合作组织负责人。全面落实基层基础保障工程，完成37个村（社区）党组织阵地改造提升。要以正确的选人用人导向激励广大干部新时代新担当新作为，继续强化“六个倾斜”，注重在一线培养和选拔干部。坚持严管和厚爱结合，深入实施干部关爱机制20条措施，加大干部培训力度和参与重大任务攻坚历练，持续开展廉政家访、谈心交心活动，加强干部实绩档案、考验性管理，正确运用好容错纠错机制，进一步激发干部干事创业的精气神。

持续深入正风肃纪反腐。持续从严落实中央八项规定精神，突出以集中整治“形式主义、官僚主义”作为作风提改“提升年”的重中之重。强化主体责任，加强对基层党组织一把手监督，围绕建设风清气正的政治生态目标筑牢“防腐墙”，着重做好重点领域工作监督提醒和纪律保障，一体推进不敢腐、不能腐、不想腐。狠抓基层正风反腐，紧盯重大工程、重大领域、关键岗位，聚焦扶贫、民生、惠民政策等领域，严肃整治群众身边腐败和作风问题，实现村级巡察全覆盖，加强基层线索摸查和存量案件清理。要发挥巡视利剑作用，持续深化政治巡视，全面完成纪委监委派驻机构改革，着力在日常监督、长期监督探索创新、实现突破。

同志们，蓝图已经绘就，目标已经明确。让我们更加紧密团结在以习近平同志为核心的党中央周围，高举习近平新时代中国特色社会主义思想伟大旗帜，在党中央和省委、市委的坚强领导下，一心一意谋发展、凝神聚力抓落实，闻鸡起舞、日夜兼程、风雨无阻，为韶关争当北部生态发展区高质量发展排头兵作出积极贡献！

在区委九届七次全会上的讲话

（2019年2月18日）

颜 亮

同志们：

这次区委全会的主要任务是，以习近平新时代中国特色社会主义思想为指导，深入学习贯彻习近平总书记关于深化党和国家机构改革的重要论述，深入学习贯彻党的十九大和十九届二中、三中全会精神，全面贯彻落实党中央关于深化地方机构改革的决策部署、省委十二届五次全会和市委十二届八次全会的部署要求，对全区深化机构改革工作进行动员部署、推动落实。

党的十九届三中全会对深化党和国家机构改革作了专题研究部署，审议通过了《中共中央关于深化党和国家机构改革的决定》《深化党和国家机构改革方案》，三中全会后不到两个月时间，中央和国家机关机构改革就完成挂牌组建工作。地方机构改革是深化党和国家机构改革的重要组成部分，是推进国家治理体系和治理能力现代化的重要环节，是我区必须完成好的一项重大政治任务。省委高度重视深化机构改革工作，召开省委十二届五次全会，审议通过《广东省机构改革方案》《广东省关于市县机构改革的总体意见》，对全省机构改革工作进行全面部署，并在全会召开后三周内完成了省机构改革挂牌组建工作，市委也高度重视机构改革工作，去年12月29日市委召开了十二届八次全会审议通过了《韶关市机构改革方案》《韶关市机构改革的总体意见》。2019年1月28日省委编委印发了《韶关市武江区机构改革方案》，标志着我区机构改革进入全面实施阶段。刚才，我对区机构改革方案作了说明，大家表决通过了区委九届七次全会决议。全区各部门各单位要按照党中央、省委、市委和这次区委全会的部署要求，全力以赴完成好我区深化机构改革各项任务。下面，我讲三点意见。

一、深入学习贯彻习近平总书记关于深化党和国家机构改革的重要论述，进一步增强落实党中央和省委、市委决策部署的自觉性和坚定性

习近平总书记高度重视党和国家机构改革工作，亲自谋划、亲自推动，先后主持召开一系列重要会议，发表一系列重要讲话，从全局和战略的高度，深刻回答了“建设一个什么样的适应中国特色社会主义新时代要求的党和国家机构职能体系”和“怎样建设这个机构职能体系”的重大理论和实践问题，深刻阐明了深化党和国家机构改革的重大意义、重要原则、目标要求、重点任务和方式方法，为我们做好地方机构改革工作指明了前进方向、提供了根本遵循。省委十二届五次全会深入学习贯彻习近平总书记关于深化党和国家机构改革的重要论述，全面贯彻落实党中央关于深化地方机构改革的决策部署，结合广东实际，对全省深化机构改革工作作出全面部署、提出明确要求。市委十二届八次全会对全市深化机构改革工作作出了全面部署，提出了具体要求。我们要认真学习领会，进一步提高政治站位，增强“四个意识”，坚定“四个自信”，切实把思想和行动统一到党中央、省委和市委关于深化机构改革的决策部署上来。

（一）深刻领会深化党和国家机构改革的重大意义。深化党和国家机构改革，是以习近平同志为核心的党中央，在中国特色社会主义进入“两个一百年”奋斗目标历史交汇期和改革开放40周年的关键时间节点，从党和国家事业发展全局高度，审时度势作出的一项重大政治决策，是贯彻落实党的十九大精神的重大举措，也是新时代全面深化改革的重大举措。习近平总书记在党的十九届三中全会上的重要讲话，进一步对深化党和国家机构改革的重要意义作了深刻阐述，作出了“四个必然要求”的重要论断，强调深化党和国家机构改革，是坚持和加强党的全面领导、加强党的长期执政能力建设的必然要求，是决胜全面建成小康社会、开启全面建设社会主义现代化国家新征程的必然要求，是更好适应我国发展新的历史方位、推动解决我国社会主要矛盾的必然要求，是全面深化改革、推进国家治理体系和治理能力现代化的必然要求。我们一定要认真学习领会，立足新的时代背景，从落实“两个维护”的高度，从决胜全面建成小康社会、开启全面建设社会主义现代化国家新征程、实现中华民族伟大复兴中国梦的高度，深刻认识深化党和国家机构改革的重大政治意义和深远历史影响，切实增强责任感、使命感、紧迫感，更加自觉地扛起这一历史责任，履行好应有的职责担当。

（二）牢牢把握机构改革的正确方向。习近平总书记关于深化党和国家机构改革的重要论述博大精深、内容丰富、思想深邃，必须全面系统学习把握。在中央深化地方机构改革推进会上，王沪宁同志将习近平总书记的一系列重要论述概括为“十个必须”：必须从体制机制上对坚持和加强党的全面领导作出制度性安排，必须践行“以人民为中心”的思想，必须进一步厘清党政关系，必须坚持社会主义市场经济的改革方向，必须发挥好中央和地方两个积极性，必须着力构建与国家治理体系和治理能力现代化相适应的党和国家机构职能体系，必须坚持“优化协同高效”的改革原则，必须坚持以法治方式推进改革，必须统筹推进党政军群、人大、政协、跨军地等领域的机构改革，必须正确处理统与分、当前与长远、全面与局部、大与小等辩证关系。这“十个必须”是推进机构改革总的指导思想和具体行动遵循，我们要准确把握其核心要义和精神实质，把习近平总书记的重要指示和省委、市委的具体要求落实到深化机构改革的全过程，确保我区机构改革始终沿着习近平总书记、党中央指明的方向和省、市的具体要求前进。

（三）正确理解把握党中央和省委、市委关于深化市县机构改革的部署要求。习近平总书记在党的十九届三中全会上指出，深化地方党政机构改革，要维护党中央权威和集中统一领导，要求市县各级主要机构设置必须同中央保持基本对应，同时各地可以在一些领域因地制宜设置机构，适应社会管理和公共服务需要，充分发挥地方积极性；各地区要落实机构限额管理要求，把党委机构限额和政府机构限额统一计算；要构建简约高效的基层管理体制；除了党中央授权的部门外，今后任何部门不得以任何形式干预地方机构设置。省委根据中央的精神，在印发实施的市县机构改革总体意见中强调要完善维护党中央权威和集中统一领导的体制机制，对市县机构改革提出了严格对照中央要求明确机构设置、允许各地因地制宜设置机构、强化机构限额管理、推进综合行政执法和把握好省级改革衔接等五个方面重点内容。我们要将党中央有关精神和省委具体部署结合起来，一体学习领会、整体贯彻落实，确保全区机构改革不跑偏、不变形、不走样。

二、全面落实党中央和省委、市委的改革部署，平稳有序推进我区机构改革

这次机构改革力度规模之大、涉及范围之广、触及利益之深前所未有。各部门要坚持以习近平新时代中国特色社会主义思想为指导，全面贯彻落实党中央和省委、市委改革部署要求，以加强党的全面领导为统领，以国家治理体系和治理能力现代化为导向，以推进机构职能优化协同高效为着力点，进一步改革区机构设置，优化职能配置，创新体制机制，合理划分事权，理顺权责关系，提高效率效能，努力构建系统完备、科学规范、运行高效、符合武江特点的机构职能体系，构建简约高效的基层管理体制，为武江争当韶关改革发展排头兵提供坚强有力的体制机制保障。

（一）完善坚持和加强党的全面领导的体制机制。坚持和加强党的全面领导，既是深化机构改革的内在要求，也是深化机构改革的重要任务。必须全面落实加强党对一切工作领导的制度安排，从体制机制上精心设计，从机构职能上落实到各领域各方面各环节，确保党的领导全覆盖，确保党的领导更加坚强有力，确保践行“两个维护”更加到位。一要强化党委的领导作用。要健全党委对重大工作的领导体制机制，加强党委对重点领域、重大工作的统筹领导。相关议事协调机构的设置，中央有明确要求的按中央要求落实，其他确有必要设立的结合实际设立，同时对其他议事协调机构进行全面清理规范。要完善相应体制机制，改进领导方式，厘清党委议事协调机构与职能部门的关系，确保工作高效有序。特别是设在职能部门的党委议事协调机构的办事机构，要充分依托职能部门的资源开展工作，发挥综合效益，确保工作落实。二要推动党的领导全覆盖。提高党的组织和工作全覆盖质量；进一步打通党的领导与各方面工作的关系，形成党总揽全局、协调各方的工作格局。要完善党组设置，规范党组工作，强化党组领导。要理顺行业系统党（工）委抓基层党建体制，加强行业系统党建工作力量。要紧盯薄弱环节和新兴领域，推动基层党组织有效覆盖到经济社会各个领域各个方面，强化党组织在同级组织中的领导地位，使党的全面领导向基层延伸、落实到基层。三要优化党的组织机构。调整和加强党委机构设置和职能配置，优化党委对相关工作领导的实现形式，健全科学决策、组织指挥、统筹协调、督导落实、考核激励等机制，进一步强化党委的统一领导和对相关系统、领域、行业工作的统筹。要统筹党政机构设置，对一些领域设置过细、职能交叉重叠的党政机构进行整合，形成分工合理、责任明确、运转协调的党政机构布局。

实行合并或合署办公的党政机构，要整合优化力量和资源，实现增强党的领导力和增强政府执行力的有机统一。

（二）着力构建优化协同高效的机构职能体系。优化协同高效是机构改革的重要原则，也是衡量改革能否达到预期目标的重要标准。要按照“确保上下贯通、执行有力，确保权责一致、运转顺畅，确保内部优化、深度整合”的要求，统筹推进机构设置的优化、职能配置的协同、运行机制的高效，真正提高效率、激发活力。一要牢牢把握机构职能上下基本对应要求。党委职能部门、政府主要工作部门及其职能要与中央及省、市基本对应，确保国家法制统一、政令统一、市场统一。基本对应不是简单机械对应、“上下一般粗”，而是在确保上通下达、执行有力的前提下，可以因地制宜设置机构和配置职能。要做好区机构改革与省级机构改革的衔接，省政府部门机构职能划入党委机构的，区要相应划转；涉及应急管理、退役军人事务、医疗保障等重点领域新组建机构，要上下一致抓好落实。二要合理界定部门职责关系。坚持一类事项原则上由一个部门统筹、一件事情原则上由一个部门负责，合理界定部门职责关系，尤其要清晰划分综合部门与行业部门之间、相关行业部门之间的权责边界，切实把缺位的职责补齐，让交叉的职责清晰起来。确需由多个部门承担的事项，要建立部门协同联动机制，加强政策、标准、信息、业务衔接，提供统一高效全覆盖的管理和服务。三要优化设置部门内设机构。处理好内设机构综合设置和专业细分的关系，从有利于突出主业、有利于服务管理、有利于解决职责交叉出发，宜大则大，宜小则小。对划入的职能和机构不能简单做“加减法”，要与现有职能和机构统筹规划、科学设计，推动新的业务工作、政务流程、系统平台、人员队伍深度融合，决不能“貌合神离”或“换汤不换药”。

（三）加快推进政府职能转变。加快转变政府职能是深化机构改革的重点。要把机构改革同深化“放管服”改革结合起来，围绕“树立更强的服务意识、形成更高的行政效率、达到更低的营商成本”目标，大力推进政府职能转变，做好简政放权的“减法”，做好放管结合的“加法”，做好优化服务的“乘法”，最大限度减少政府对市场资源的直接配置，最大限度减少政府对市场活动的直接干预，充分释放各类主体活力。一要切实简政放权。这次改革加强和优化了政府发展规划、科技管理和服务、“三农”工作、法治等职能。各相关部门要把主要精力真正转到抓宏观、抓长远上来，切实减少微观管理事务和具体审批事项，健全完善财政、产业、区域等经济政策协调机制，提高宏观管理的前瞻性、针对性、协同性。要深化商事制度改革，推广中介服务“超市”，降低制度性交易成本。要全面对接粤港澳大湾区的思想观念和体制机制，进一步清理阻碍要素合理流动的市场壁垒，构建与粤港澳大湾区接轨的营商环境。二要强化市场监管。为强化市场监管职能，这次改革整合工商、食药监、知识产权等部门，新成立了市场监管部门。新成立的市场监管部门要深度整合，增强监管合力，创新监管理念方式，健全以“双随机一公开”监管为基本手段、以重点监管为补充、以信用监管为基础的新型监管机制，推进跨部门联合监管和“互联网+监管”，加快从职能部门单打独斗向综合监管、智慧监管转变，强化事中事后监管，切实维护好诚实守信、公平竞争的市场环境。三要优化公共服务。这次机构改革，顺应人民群众对美好生活的期待，在教育文化、卫生健康、医疗保障、退役军人服务、应急管理等领域加大机构调整和优化力度。相关部门要牢固树立宗旨意识，大力转变管理服务理念、方式和作风，完善惠民便民的体制机制，大力推进基本公共服务均等化、普惠化、便捷化，推动公共服务提供主体多元化、提供方式多样化，更好保障和改善民生。要把推进审批服务便民化作为机构改革的重要任务，针对企业和群众的“痛点”“堵点”，大力推进“数字政府”一体化建设，推进审批和服务流程链条“革命性再造”，全面推行“马上办”“跑一次”“零见面”服务模式，让群众办事只上一张网、只进一扇门、只跑一次腿。

（四）构建简约高效的基层管理体制。基层治理水平直接关系党执政的社会基础和执政能力、国家治理的根基和水平，必须立足以人民为中心的发展思想，构建简约高效的基层管理体制，切实提升基层治理能力和服务水平，保证党和国家方针政策在基层得到有效落实，管理好基层事务，服务好人民群众，推动基层经济社会发展。一要突出基层导向。继续理顺区镇职责关系，压减政府部门权责清单事项数量，充分发挥基层政府就近管理的优势，更好为群众提供精准有效的管理和服务。二要突出民生导向。区级机构设置要着重强化社会管理和公共服务职能，优化部门内设机构职能配置，大力转变政府职能和管理方式，使各类机构、组织在服务保障群众需求上有更大作为。乡镇和街道要把重心转到加强党的建设和公共服务、公共管理、公共安全上来，进一步整合机构编制资源，统筹设置综合性机构，优化事业站所管理体制，实行扁平化和网格化管理，推动社会治理重心向基层下移。三要突出问题导向。树立强烈的发展意识和问题意识，找准着力点和突破口，从群众最期盼的方面改起，从制约基层改革发展最突出的问题改起，着力破除体制机制障碍，切实解决长期想解决而一直没有解决的问题，实现解决问题矛盾和完善体制机制相互促进，确保通过改革推动基层各项事业更好更快发展。

（五）统筹推进各类机构改革。结合党政机构改革，统筹推进人大、政协机构改革和群团组织改革，加快推进事业单位改革，深化综合行政执法改革，推动各类机构各就其位、各司其职、各尽其责、有序协同，增强改革的系统性、整体性、协同性。一要深化人大、政协机构改革和群团组织改革。发挥人大及其常委会在立法工作中的主导作用，加强人大对预算决算、国有资产管理等的监督职能，健全人大组织制度，完善专门委员会设置，更好发挥其职能作用。推进人民政协履职能力建设，加强人民政协民主监督，优化政协专门委员会设置，更好发挥其作为专门协商机构的作用。继续推进群团组织改革创新，将力量配备、服务资源向基层倾斜，支持和鼓励群团组织承担适合其承担的公共服务职能，增强群团组织团结教育、维护权益、服务群众功能。二要深化事业单位改革。同步部署推进承担行政职能的事业单位改革，按照能转职能的不转机构、确需转机构的实行综合设置的原则，分类进行改革。坚决做到所有行政职能彻底回归行政机关，不留尾巴，今后除行政执法机构外，不再保留或新设承担行政职能的事业单位。改革后保留设置的事业单位，要转变工作方式，加强体制机制创新，优化服务，强化事业单位公益属性。三要深化综合行政执法改革。按照减少层次、整合队伍、提高效率的原则，大幅减少执法队伍种类，重点落实好中央和省关于整合组建市场监管、农业等领域综合执法队伍的部署要求，建立健全综合执法主管部门、相关行业管理部门、综合执法队伍间协调配合、信息共享机制和跨部门、跨区域执法协作联动机制，形成监管合力。全面梳理、规范、精简执法事项，统筹配置行政执法职能和资源，完善执法程序，严格执法责任，加强执法监督，不断提高执法队伍综合素质和执法能力水平，努力做到严格规范公正文明执法。

（六）强化机构编制管理刚性约束。机构编制法定化是机构改革的重要保障，也是这次机构改革的突出特点。要严格执行中央及省明确的区机构限额和机构编制规范管理要求，适应经济社会发展实际合理确定机构编制结构和规模，进一步强化机构编制管理的刚性约束。一要严格党政机构限额管理。严格执行中央及省关于机构限额的要求，决不允许打擦边球、搞变通。全面清理限额外行政机构，规范管理合署办公机构、挂牌机构、临时机构、派出机构、议事协调机构及其办事机构。党政机关合署办公的实行一套工作机构、两个机关名称。挂牌机构不得设为实体机构。议事协调机构一般不单设办事机构，具体工作由相关部门承担。精简整合规范各类派出机构。临时机构要在阶段性、临时性任务完成后及时撤销。所有不符合规定的要在机构改革中一一予以清理规范，不留死角。二要规范编制管理使用。严守编制总量不得突破这一底线，全面推行机构编制实名制管理，严禁擅自增加编制种类、超编进人、超职数配备干部。统筹使用各类编制资源，加强重点领域和基层一线工作力量。加大编制资源内部挖潜力度，通过整合资源、优化结构、简化流程、创新管理、科技支撑等方式提高编制使用效率，实现严格控制人员编制与满足发展需要相衔接、相统一。三要强化党委对机构编制工作的集中统一领导。机构编制是党的重要执政资源。要落实党管干部、党管编制原则，健全完善机构编制同组织人事、财政预算管理共享信息平台，严格执行领导职数、编制种类和总量等规定。加大机构编制违纪违法行为查处力度，维护机构编制管理的严肃性和权威性。

三、切实加强组织领导，确保如期高质量完成机构改革任务

这次机构改革时间紧、任务重、要求高，各部门一定要细之又细抓工作、实之又实抓落实，把握和处理好改革发展稳定关系，坚持“先立后破、不立不破”，科学谋划、精心组织、严明纪律，确保改革蹄疾步稳、紧凑有序推进，如期高质量完成。

（一）加强组织领导，压实工作责任。要按照党中央和省委、市委、区委的整体部署，有组织、有步骤、有纪律推进，不得各行其是、擅自行动。区委深化机构改革工作领导小组要切实发挥好牵头抓总、统筹协调、整体推进作用，及时研究解决共性问题，统一指导协调督促机构改革实施工作。区委和区政府分管领导同志要负起责任，到一线指导组织落实工作，研究解决遇到的突出问题，协调解决跨部门重大事项，督促改革工作有序推进、按期完成。区委深化机构改革工作领导小组办公室要负责机构改革实施工作总体进度协调和重大事项督促，以及应急处置相关工作。区直有关职能部门要按照职责分工研究出台相关配套政策文件，指导涉改部门做好相关工作，重大事项和工作进展及时报领导小组及其办公室。各部门党组要对部门机构改革负总责，抓紧建立改革领导和协调机制，组建工作专班，在规定时限内完成改革方案制定、报批和组织实施。党组主要负责同志要当好第一责任人，亲自挂帅、靠前指挥，做到重大方案亲自把关，关键环节亲自协调，落实情况亲自督查。涉及机构职能调整的部门要坚决服从改革大局，严格按要求、按时限将机构职能、编制、人员调整到位。

（二）把握工作节奏，抓住关键环节。深化地方机构改革是一项复杂的系统工程，既要统筹兼顾、全面推进，也要抓住关键、精准发力。区级机构改革组织实施工作要在2019年3月底前基本完成。要抓紧完成涉改部门领导班子调整配备工作，机构改革启动后，及时宣布新组建机构的党组织负责人和领导班子。要抓紧制定印发“三定”规定或机构编制调整文件，以省委及市委批准的机构改革方案为准绳，明确职责划转、内设机构、人员编制、领导职数等方面规定，按程序上报审批后实施。要抓好涉改部门转隶组建工作，按照先转隶、再做“三定”规定的原则，加快建立新机构工作联系渠道，明确集中办公地点，加快内部运行机制调整和制度完善的步伐，尽快完成转隶组建工作并以新部门名义对外开展工作。新机构没有转隶到位前，原机构要把工作做好，特别是安全生产、应急救援、维护社会稳定等方面绝不能出现任何空档期，确保社会大局和谐稳定。

（三）严明工作纪律，做好风险防控。深化地方机构改革政治性、政策性强，涉及部门人员多，各方面关注度高，必须把守纪律、讲程序、重规则贯穿机构改革全程。一要严守政治纪律。各党组（党委）必须进一步增强“四个意识”，坚定“四个自信”，自觉把思想和行动统一到党中央和省委、市委、区委决策部署上来，坚决拥护改革、支持改革、推动改革，确保机构职能按要求及时调整到位。二要严明组织纪律。各党组（党委）主要负责同志要抓好本单位机构改革组织实施工作，绝不允许拿改革中的职责调整做人情、夹私心，涉及机构改革方面的重大情况和重要信息要按规定及时上报。要严明机构编制纪律和干部纪律，严禁借改革之机擅自提高机构规格、增设机构、增加人员编制和领导职数，严禁在编制数据上弄虚作假，严禁上级业务部门干预下级机构设置和编制配备，严禁突击提拔干部。三要严肃财经纪律。严格依法依规管理和处置机构变动所涉及部门的资金和资产，严禁漏报、瞒报、隐匿和违规处置国有资产资金。四要严格保密纪律。对机构改革涉密敏感事项，严格按照保密规定，控制知悉范围，未经保密审查不得对外透露，更不得传播小道消息，发生泄密问题要立即报告。要做好机构改革中的档案文件处置工作，切实维护档案文件的完整和安全，对机构改革中造成档案丢失、损毁的，要严肃追究单位领导和有关人员责任。此外，要将机构改革实施情况纳入重大决策部署督查任务和巡察范围，及时发现和纠正存在问题，加强监督检查和执纪问责，对违反纪律的行为要严肃查处并按照有关规定追究责任。

（四）加强宣传引导，凝聚改革共识。这次改革力度很大，触及深层次权力和利益问题，难免存在认识上的模糊和思想上的顾虑，必须高度重视做好统一思想、凝聚共识工作。要认真做好党员干部的思想政治工作，教育引导党员干部特别是领导干部提高政治站位，坚持党性原则，正确对待岗位职务调整变化，自觉服从组织安排，以实际行动拥护改革、支持改革、参与改革。要把中央关于不搞断崖式精简分流人员、富余干部和人员在工作中逐步消化的政策宣传好、执行好，把现职人员、离退休干部工作统筹安排好，让大家吃下“定心丸”，确保思想不乱、工作不断、队伍不散、干劲不减。要加强对改革的正面宣传和舆论引导，全方位多形式加强正面解读，充分反映各方面热烈反响和积极评价，壮大主流声音，凝聚改革共识，为推进改革营造良好社会环境和舆论氛围。

同志们，我区深化机构改革工作已经全面启动。让我们更加紧密地团结在以习近平同志为核心的党中央周围，坚持以习近平新时代中国特色社会主义思想为指导，按照党中央和省委、市委决策部署，精心组织、扎实推进，坚决完成好深化机构改革各项任务，为争当韶关改革发展排头兵提供有力的体制机制保障，为广东实现“四个走在全国前列”、当好“两个重要窗口”作出积极贡献！

在区委九届八次全会上的报告

（2019年8月24日）

颜　亮

同志们：

受区委常委会委托，我向全会作工作报告。

一、深刻认识粤港澳大湾区建设迎来的战略机遇，积极谋划推动武江高质量发展

粤港澳大湾区建设是习近平总书记亲自谋划、亲自部署、亲自推动的重大国家战略。省委十二届七次全会坚持以习近平新时代中国特色社会主义思想为指导，深入学习贯彻习近平总书记关于粤港澳大湾区建设重要论述和对广东重要讲话、重要指示批示精神，强调以“一核一带一区”区域发展格局为依托，大力推动全省全域参与大湾区建设，北部生态发展区要坚定生态优先、绿色发展，对接大湾区大市场，以生态为特色优势融入大湾区建设，建设生态绿色发展高地。要求北部生态发展区要以打造“菜篮子”“果盘子”“米袋子”和“后花园”“康养地”“体验场”为突破口，推动北部生态发展区与大湾区形成大农场、大花园对接大城市新模式，把北部生态发展区功能优势与乡村振兴战略、大湾区建设重大机遇叠加起来，把生态优势转化为产业优势；要立足自身资源禀赋和比较优势，从与大湾区合作有基础、市场有需求的领域入手，选定若干项目做起，找到接入大湾区大市场的模式、路径和方法。提出北部生态发展区要全力抓好乡村振兴，坚决啃下脱贫攻坚“硬骨头”。

市委十二届十次全会深入学习贯彻省委十二届七次全会精神，提出了要以生态为特色优势融入粤港澳大湾区建设，全力筑牢粤北生态屏障，打造绿色发展韶关样板，争当北部生态发展区高质量发展排头兵的总体方向。强调要筑牢粤北生态屏障，让韶关的天更蓝、山更绿、水更清、环境更优美；要立足韶关生态、产业、资源、交通和区位优势，以推动“广韶同城”融合发展为重点和抓手，助推韶关融入和服务大湾区建设。提出坚持重点突破、集中用力，把韶关新区打造成为对接大湾区先行区，引领带动韶关全方位融入和服务大湾区建设；深入实施“东进、南拓、西融、北优”城市发展战略，加快中心城区组团发展，做大做强中心城区，提升韶关城市吸引力和聚集力。要求主动对接大湾区大市场，统筹谋划全市旅游文化资源开发，全力创建国家全域旅游示范市，把韶关打造成为大湾区“后花园”“康养地”“体验场”。提出把农村作为发展重要战场，打造乡村振兴“韶关样板”，确保乡村振兴走在全省前列。

中共武江区第九届委员会第八次全体会议现场　　（陈励　摄）

省委、市委这些战略举措，

既是贯彻落实粤港澳大湾区建设的任务要求，也是我们融入大湾区建设的机遇和重点。全区上下必须认真领会，深入研究，抢抓机遇，迅速完善工作思路，形成具体行动，不断取得实践成果。

粤港澳大湾区建设启动以来，我区坚决贯彻落实党中央和省委、市委决策部署，充分挖掘武江优势，把主动融入和服务大湾区建设贯穿到全区经济社会发展的各个领域和层次，广州朗圣药业、广东环凯生物科技、广东新蓝天纺织等一批大湾区企业先后进驻武江，为武江加快发展注入了新动力。上半年，全区GDP同比增长（下同）5.3%，完成固定资产投资61.06亿元、增长17.6%，地方一般公共预算收入3.73亿元、增长14.5%，经济发展综合指数位列全市第一。在看到发展进步的同时，我们也要清醒地认识到：目前的武江产业比较单一，过度依赖传统企业，现代服务业还处在起步阶段；城市建设短板不少，优质公共服务资源均衡发展不足；营商环境在承接大湾区产业转移的竞争中缺乏优势，等等。

今年以来，党中央和省委以更大力度统筹推进粤港澳大湾区建设，省委着眼“一核一带一区”区域发展新格局，开始制定推进大湾区建设分类指导政策。市委深入推动两区融合改革，把韶关新区打造为对接大湾区先行区。武江作为毗邻韶关新区的中心城区，在主动融入和服务大湾区建设中必将迎来前所未有的叠加优势。一是与大湾区互联互通的交通优势日趋明显。随着广州火车站、火车东站加快改造成为高铁站，届时武江到广州市中心的时间将缩短到40分钟左右；韶关丹霞机场及机场快速路加快建设；北江航道扩能升级，武江融入大湾区的立体交通网络全面形成。二是在韶关中心城区中的区位得天独厚。武江地处韶关“东进、南拓、西融、北优”城市发展战略的重要区域，紧邻韶关新区，是接受韶关对接大湾区先行区辐射带动最直接、最紧密的城区。同时，西河北郊、龙归毗邻中心城区，是中心城区扩容提质的广阔发展腹地。三是城市优质公共服务资源相对集中。武江辖区高端办公楼宇、商务酒店、生活小区集聚，同时集中了粤北人民医院和北江中学、东岗小学等韶关名医名校资源，具备了承接大湾区技术、人才、信息流动的基本条件。随着城市提升步伐加快，武江宜居宜业宜游的相对优势进一步显现。

我们必须深刻认识和把握粤港澳大湾区建设迎来的战略机遇，坚持以习近平新时代中国特色社会主义思想为指导，深入学习贯彻习近平总书记关于粤港澳大湾区建设重要论述和对广东重要讲话、重要指示批示精神，全面贯彻落实《粤港澳大湾区发展规划纲要》、省委十二届七次全会精神和市委十二届十次全会精神，紧盯“湾区所向”，对接“湾区所需”，发挥“武江所能”，通过3—5年的不懈努力，把武江建设成为北部生态发展区核心城市的生态品质中心城区。

——绿色生态优势更加牢固，建成有吸引力的大湾区“后花园”“康养地”。空气优良天数比率达到92%以上，山水林田湖草生态保护修复试点工程取得阶段性成效，加快建成国家森林城市，北江、武江和南水水质保持在Ⅱ类以上，建成一批避暑、休闲、康体的公共服务设施场所，让武江蓝和全域绿水青山彰显吸引力，成为大湾区“后花园”“康养地”。

——经济发展要素更具活力，建成有竞争力的大湾区现代服务业承接地。人口进一步向中心城区集聚，人才、资金、消费等发展要素畅通流动，城区土地资源有效供给，片区经济活力突显。政府行政效率全面提升，诚信法治环境逐渐形成，营商环境走在全市前列，城市竞争力日益增强。全区经济发展引擎量级显著提升，新增楼宇企业数、年纳税超千万元楼宇数位居全市首位，高端酒店、品牌商贸流通企业等现代服务业在武江集聚的效应初步显现。

——城区品质显著提升，建成有亲和力的大湾区出行旅居重要选择地。城市基础设施日臻完善，智慧化、精细化管理步伐加快。基础教育、医疗卫生、文化场馆等优质资源均衡发展，新时代文明实践不断深入，文明城市内涵更加丰富，健康文明和谐社会新风尚基本形成，城市亲和力进一步提升，宜居宜业宜游城区的品质内涵不断增强。

——美丽乡村富有特色，建成有影响力的大湾区“农业园”“体验场”。农村人居环境显著改善，一批各具特色的城郊美丽乡村样板成功打造，一批现代农业示范基地加快建设，初步实现“一村有一品、一村有一景、一村有一韵”。龙归粮仓乡村振兴培训实践中心带动作用彰显，农旅、民宿、研学、教育等产业崭露头角，大湾区“农业园”“体验场”品牌初步打响。

同志们，只要我们坚持抢抓机遇、担当实干，以加快建设生态品质中心城区为抓手融入粤港澳大湾区建设，致力说一件、做一件、成一件，久久为功、善作善成，就一定能奋力开创武江高质量发展的美好明天！

二、找准切入口推动大变局，以加快建设生态品质中心城区为抓手融入粤港澳大湾区建设

面对“融入珠三角、服务大湾区”“广韶同城”和韶关新区改革系列新机遇，我们要充分发挥武江生态、资源、交通和区位优势，找准切入点和突破口，实现与大湾区的功能互补、产业分工、市场对接和错位发展。

（一）全力打好污染防治攻坚战，让武江天更蓝、山更绿、水更清。坚决贯彻落实市委“以生态为特色优势融入大湾区建设”的目标要求，着力解决群众反映强烈的突出环境问题，坚决打好污染防治攻坚战，擦亮武江生态底色。一是坚决打好蓝天保卫战。持续深入开展扬尘专项整治，重点推进沿江路、国道323甘棠—马渡段、国道240线龙归段等路段综合整治提升，强化道路、工地扬尘等面源污染治理。加快“散乱污”工业企业（场所）整治；加大力度遏制烟花爆竹燃放，减少露天焚烧行为，确保空气质量不断提升。二是坚决打好碧水攻坚战。细化明确各级河长治水责任，开展河湖“五清”专项行动回头看工作，积极推动“万里碧道”建设，强化“水上岸上”系统治理。全面加强畜禽养殖污染治理，严格按照要求完成镇村污水处理设施建设，继续加强水源地环境保护，加强水质监测，确保江河水质绝对安全。三是坚决打好净土防御战。以全国土壤污染综合防治先行区建设为抓手，实施农用地分类管理，做好企业源土壤污染预防工作，落实工业企业用地土壤环境管理工作，提升土壤环境管理水平。加快推进农用地土壤污染状况详查，全面启动农用地安全利用工作，开展土壤环境隐患综合整治工作。此外，要深入推进国家森林城市创建，高水平保护芙蓉山、大东山等森林资源，推进山水林田湖草生态保护修复试点工程，用心用力念好“山”字经。

（二）加快提升城市综合竞争力，让武江城区有品质、有活力、有温度。对标韶关中心城区发展战略，以市委打造对接大湾区先行区为契机，一方面坚决支持配合新区改革发展，另一方面紧紧依托韶关新区这个重要引擎，加强老城区产业谋划、精准定位，做大做强城市经济。

一是抓好品质宜居城区建设。全面完成丹霞大道北、教育西路项目征收工作；加快完成惠民路断面提升改造、烟厂内涝点整治、沙湖路口道路改造等项目建设，提升片区路网畅通能力。加快区行政服务中心、武江桥西桥头北侧、朝阳村等停车场建设，不断缓解重点区域停车难问题。按照“成熟一批、先行改造一批”的原则，重点抓好粉末冶金厂、武江南食品厂宿舍等12个老旧小区改造，加快推进光明巷、津头岭等城中村、背街小巷整治提升工作，以实实在在的“微改造”不断提升宜居品质。积极支持配合北江中学恢复初中、提升扩建和粤北人民医院建设高水平三甲医院，加大东岗小学等校联体推进力度，加快新华幼儿园优质幼儿教育资源拓展，巩固提升品牌教育、医疗卫生优势。加快韶州公园建设，确保春节前韶州公园全面开园。注重街区巷道小公园小绿地管养，巩固景观提升成效，打造沿江路等更多特色景观亮点。

二是推动新一轮城市经济发展。抓住“广韶同城”战略机遇和粤港澳大湾区产业溢出效应的窗口期，开展针对性强的定向招商，增强发展后劲。加强片区谋划，激发城市经济活力。充分发挥城央公园的区位优势，建好大韶州公园片区，优先加快韶关大道北片区规划建设，盘活区级和村集体资产，引入一批有实力的企业，建成兼具商业综合体、酒店餐饮、医疗卫生、教育、休闲、康养、居住于一体的城市新生活圈，打造武江对接大湾区现代服务业资源要素的集聚区。完善配套服务设施，以芙蓉山公园、林桥公园为依托，加快文化馆、博物馆、图书馆建设，加大专业市场招商力度，大力发展商贸、文化等产业，加快发展夜间经济，打造兼具商业性、休闲性、文化性的生活功能片区。在推进片区开发建设中，一方面要深入推进国有企业改革，做实做强国有企业，发挥其在城市开发经营中的独特作用；另一方面要大力支持和鼓励本地民营企业参与片区建设，不断激发民营企业的积极性、创造性。加强培育服务，提升城市发展引擎量级。统筹一切资源做大做强楼宇经济，加快金融保险、创投平台、管理咨询、信托投资企业和律师事务所、会计事务所等向楼宇集聚，以枫合汇、湘商大厦等现有楼宇为依托打造一批重点商务楼宇，提升楼宇经济的整体实力。推动已建成的向阳商业综合体全面运营；全力支持摩尔城商业综合体今年内投入运营，打造成老城区商业体标杆；推动已动工的新天地广场、富康广场商业体、奥园商业街早建成、早营业；加大招商力度，力促广州百货、红星美凯龙（爱琴海）等现代服务业优势企业加速进驻武江。加大扶持力度，推动传统产业转型升级。着力推动烟厂、利民制药等企业技术改造。促进沃尔玛购物广场、益华百货等大型零售企业和国药控股、爱心大药房等药品销售企业做实做强。推动前进建材城等专业市场改造升级，提升效益。依托体育中心，发展体育、会展经济。做活国际假日酒店、汇展酒店、倚山酒店等住宿餐饮，吸引更多消费群体。

三是推动城市管理有尺度、有温度。牢记“城市是人民的”，坚持刚性约束和柔性引导相结合提升城市管理。落实路长制、“门前三包”责任制，以花城、侨新等7个社区为试点带动社区网格化管理的全区推广，建立常态化的发现问题、解决问题机制，推动城市由“突击式治理”向“常态化管理”转变。推进城管执法数字化。不断优化“数字城管”平台，构建起横到边、纵到底的城市精细化管理网络，完善“智慧城市指挥中心”建设，借助“大数据”平台和信息化手段，实现城市管理活动的全领域覆盖、全时段监管和城市管理问题的高效率、高标准处置。探索居民管理自治化。推广建立“楼长制”“红色楼宇”“两带头、三参与”等社区居民自治模式，让市民积极参与到城市规划、建设和管理的全过程，构建共建共治共享的城市建设发展格局。

（三）打造城郊美丽乡村样板，让武江乡村美起来、富起来、强起来。坚持以城带乡，充分利用武江地理、区位优势，最大限度发挥韶关新区对武江的辐射效应，谋划发展武江城乡融合先行区，加快推动现代农业和美丽乡村建设，实现美丽乡村向美丽经济的蝶变。

一是加快城乡融合先行区规划建设。加快推进莞韶城三期龙归片区的征地工作，既为承接吸引大湾区产业转移提供发展空间，也为我区谋划推动新一轮产业发展构建新平台。加快推动龙归“139”镇域提升，补齐城镇基础设施和公共服务欠缺的短板，不断完善周边生产性、生活性配套，加快中心镇扩容提质，为中心城区人口集聚提供优质承载空间。加快龙归粮仓乡村振兴培训实践中心和冲下样板村的建设，打造成为全省的兴农教育示范点、研学培训首选地和粤北美丽农居样板村，把龙归建设成为以乡村振兴为纽带的教育、体验、休闲、旅游示范区，实现城乡融合创新发展。

二是以点带面推进现代农业集聚发展。高质量完成农村集体产权制度改革试点工作，加快土地流转，制定“五朵金花”特色农业产业规划，以西河北郊、重阳为重点，谋划建设5个1000—2000亩的特色农业示范基地，打造“特色明、效益好、农民富”的现代农业产业集聚区，力争成为对接粤港澳大湾区的“菜篮子”“果盘子”“米袋子”。推进诺普信公司加快建设百香果省级现代农业产业园，支持省农科院食用菌种养基地规划建设，以优势龙头企业为带动，大力发展“一镇一业、一村一品”。扶持绿色、有机产品认证和标准化生产，推进品牌创建。大力培育种养大户、家庭农场、农民合作社等新型经营主体，加强与猪八戒网、雪印集团对接，拓展多元化农村电子商务市场，构建农产品信息平台和销售平台，大力提升武江特色农业影响力、竞争力，让农产品“卖得出、卖得远、卖得好”。

三是抓紧抓好美丽乡村精品线建设。持续用力推进农村破旧泥砖房拆除，确保年底前农村破旧泥砖房应拆尽拆，为新农村建设拆出发展新空间、安全宜居新环境和美丽乡村新风貌，为精品线路奠定坚实基础。同时，依托龙归—江湾、西河—重阳沿线生态环境和历史文化资源，强化旅游景观节点建设，大力发展生态农业和乡村旅游，建设两条美丽乡村发展带，打造富有特色和吸引力的粤港澳大湾区“后花园”“康养地”。打造龙归粮仓、桑葚基地、白石花海等重要节点，串珠成链，将龙归—江湾乡村精品线建设成为具有绿水青山游赏、乡村生活体验、现代农业发展等特色功能的农旅融合发展带。充分发挥西河马屋村、田心村和重阳水口村、万候村、青暖村等乡村生态自然资源和历史人文优势，做好山水文章、红色文化、龙舟文化和客家民俗的策划包装，加强招商合作，抓好岭南诗歌小镇、龙舟训练基地、田园综合体、沿河慢行绿道系统等重点项目规划建设，打造集文化旅游、养生度假、田园观光、户外运动等功能于一体的文化旅游带。

（四）深化机制体制改革，让武江营商环境更高效、更诚信、更文明。大力实施环境提优行动，建设优质高效的政务环境、诚信公平的市场环境、文明亲善的社会环境，进一步增强对粤港澳大湾区要素资源的吸引力，为推动武江高质量发展营造氛围、凝聚力量。一是打造一流政务服务高地。加快“数字政府”建设，提升政务服务的网络化、信息化、智能化水平，力争今年实现网上可办率90%以上。推动行政审批效率走在全市前列，提升企业开办便利度，确保综合营商成本不高于珠三角地区和同类地区。二是推进诚信制度化建设。完善信用联合奖惩系统和公共信息交换平台，强化公共信用信息共享和利用。建立诚信“红黑名单”，通过区级“一门式一网式”政务服务信息系统实现“一网通查”，促进全区良好诚信氛围。三是深入开展城乡文明创建。积极推进“城市+农村”双擎驱动机制，建成一批新时代文明实践所、站示范点。以刮骨疗伤的狠劲开展专项整治“百日行动”，彻底解决“两违”、占道经营、车辆乱停放、油烟扰民等创文热点难点问题。深入实施“1+X”社会主义核心价值观建设工程，广泛开展各类群众性主题教育活动，提高市民文明素质，塑造亲和淳朴文明内涵。

（五）加快优质公共服务供给，让群众更有满足感、获得感、幸福感。深入实施“一促两提”工程，不断满足人民美好生活需要。一是促进教育事业均衡发展。加快在教育路、沙洲尾等重点区域新建公办幼儿园和小学，增加公办学位供给。深化教育教学改革，全面提高义务教育质量，稳妥推进教师“县管校聘”、考试招生制度、民办教育分类管理等综合改革，促进各类教育高质量发展。二是提升基层公共卫生服务水平。推动沙洲尾社区卫生服务中心在国庆节前正式开放，力争年内实现村级卫生站全部达到标准化、规范化水平，努力把龙归镇中心卫生院提升至二级医院诊疗技术水平，确保重阳、江湾两所卫生院具备一级诊疗服务水平。三是提升社会公共服务水平。进一步压实责任，落实“两不愁三保障”政策，持续巩固和扩大脱贫攻坚成果，确保今年我区剩余未脱贫贫困人口全部达到“八有”脱贫标准、7个省定贫困村全部达到“十项”出列指标，力争各项考核指标走在全市前列。结合实施“粤菜师傅”、南粤家政等工程，做好就业创业工作，城镇登记失业率控制在3%以内。大力拓展居家养老服务和居家康复工作，推动新华、西河居家养老服务中心等5个长者饭堂及惠民、江湾等3个康园中心加快建设。支持和促进社工组织发展，鼓励更多社会专业组织参与社会治理，弥补政府公共服务不足。积极推动风度书房向乡镇、社区、企业延伸，不断满足群众精神文化需求。

（六）深入开展平安武江建设，让社会更公平、更安全、更和谐。围绕做好新中国成立70周年安保维稳工作，加强和创新社会治理，推动形成共建共治共享的社会治理格局。一是深入推进民主法治建设。加强党委对人大、政协工作的领导，支持人大、政协依法依章履行职责。强化领导干部法治思维，提升运用法治方式解决实际问题的能力。深入开展“七五”普法，在全社会形成良好的法治氛围，全力保障社会公平。二是着力防范化解重大风险。围绕习近平总书记关于防范化解重大风险重点阐述的九个方面问题和区委排查梳理出政治、意识形态等领域的28项风险点，压实各级领导干部工作责任，建立防范化解工作机制和工作专班，确保一旦发生问题，可快速反应、及时化解。三是深入推进扫黑除恶专项斗争。坚持打防并举、标本兼治，紧盯涉黑涉恶重大案件、黑恶势力经济基础及背后“关系网”“保护伞”不放，开展重点案件、重点问题、重点地区“三个攻坚行动”，加强打财断血、打伞破网，彻底铲除黑恶势力滋生土壤。四是紧抓社会治安综合治理。严格落实“八个一”勤务机制，制定和实施基层派出所三年提升计划，加快完成新华一级所和重阳、江湾二级所建设。加快推进“雪亮工程”建设，深化智慧新警务工作。学习借鉴“枫桥经验”，健全矛盾纠纷化解机制，依靠群众就地化解矛盾。推行“红袖章”治安联防组织“三个一”工作机制，广泛动员群众参与社会治安群防群治。加大平安创建力度，切实提高群众安全感、平安创建知晓率和政法工作满意度。

三、始终对标“担当落实、走在前列”，为武江融入粤港澳大湾区建设提供坚强组织、队伍保障

围绕营造担当作为、奋勇争先的良好氛围，提升干部干事创业的精气神，坚定不移推进全面从严治党，不断把党的自我革命引向深入，把各级党组织锻造得更加坚强有力，为武江融入大湾区建设打造一支具有强大战斗力、执行力的党员干部队伍。

（一）认真开展“不忘初心、牢记使命”主题教育。贯彻“守初心、担使命，找差距、抓落实”的总要求，制定实施切合实际的工作方案，做到“规定动作不走样、自选动作有特色”。各级领导干部要以上率下，带头深入学习贯彻习近平新时代中国特色社会主义思想，带头树牢“四个意识”、坚定“四个自信”、坚决做到“两个维护”。坚持把开展主题教育与贯彻落实党中央和省委、市委、区委决策部署结合起来、与做好当前改革发展稳定各项任务结合起来、与完成本单位的重要工作结合起来，切实把学习教育、调查研究、检视问题、整改落实贯穿主题教育全过程，进一步激发党员干部攻坚克难、干事创业的热情，把开展主题教育取得的成效转化为推动武江高质量发展的生动实践。

（二）充分激发党员干部队伍“担当落实、走在前列”精气神。对标新时期好干部标准，牢固树立正确用人导向，强化“六个倾斜”，注重在工作一线锻炼培养干部。综合运用好领导干部担当落实、创先争优民主测评和“6+4”领导干部带头抓项目机制，强化领导干部头雁作用，推动一批重点难点问题解决。认真开展“镇（街）村（社区）点单、干部报到”活动，落实“五必访五必谈”，强化区直部门服务基层意识，树立在一线解决问题的导向。以《武江区“担当落实、走在前列”进行时》常态化通报制度、流动红黄旗制度和年度攻坚克难奖、创新创优奖评比，在全区范围内营造浓厚的比学赶超氛围。实施干部培训“十百千”工程，有针对性提升各层级领导干部“四种能力”。积极选派优秀干部到珠三角、市直机关、国有企业和农村一线等挂职锻炼，全面提升干部队伍专业化水平。

（三）全力推动基层党组织建设全面进步全面过硬。深入实施加强党的基层组织建设三年行动计划，推进基层党组织标准化规范化建设，分类指导抓好城市、农村、机关、事业单位、“两新”组织等各领域基层党组织建设，精准整顿软弱涣散基层党组织，实现党的基层组织建设全面提质。深入推进“头雁”工程，坚决以刀刃向内的勇气，确保在11月底前完成“四不”村党组织书记撤换调整。加快完成30个村（社区）阵地改造提升和乡镇（街道）党校、村（社区）党群讲习所建设，把村级党群服务中心打造成老百姓最喜欢去的地方。建立“三个一”工作管理机制，从严落实“三会一课”等党的组织生活基本制度，推动组织生活正常化、规范化。坚持抓党建促重大任务落实，把支部建在乡村振兴、产业共建、扫黑除恶、重大项目建设、破旧泥砖房拆除等重点工作一线，切实发挥党组织在重点工作中的政治引领、科学决策、攻坚克难作用。

（四）全面深入推进正风肃纪反腐。持续从严落实中央八项规定精神，突出以集中整治“形式主义、官僚主义”作为作风“提升年”的重中之重，切切实实为基层减负。严格执行“五天四夜”住夜规定、节假日领导干部带班值守制度，严肃会风会纪，持续开展工作纪律和办公场所专项检查，加强和改进调查研究，大力推行“一线工作法”，着力解决干部队伍中存在的精神懈怠、作风不实、执行不力等问题。加强对各级党组织一把手监督，上级党委书记、纪委书记定期约谈下级党组织书记。认真落实基层正风反腐三年行动方案，重点解决好扶贫领域违纪违法、黑恶势力背后“保护伞”、落实惠民政策中的“微腐败”等突出问题。切实发挥好巡察利剑作用，年内完成60%以上镇（街）、区直单位的巡察任务。

同志们，粤港澳大湾区建设已经扬帆起航。站在新的历史起点上，让我们更加紧密地团结在以习近平同志为核心的党中央周围，高举习近平新时代中国特色社会主义思想伟大旗帜，不忘初心、牢记使命，始终以时不我待、只争朝夕的精神状态和一往无前的奋斗姿态，抢抓机遇，担当实干，加快建设生态品质中心城区，争当韶关改革发展排头兵，以优异成绩庆祝新中国成立70周年！

政府工作报告

——2019年2月15日在武江区第九届人民代表大会第四次会议上

区长　郑伟平

各位代表：

现在，我代表区人民政府向大会作工作报告，请予审议，并请各位政协委员和其他列席人员提出意见。

2018年：团结奋进促发展

过去的一年，我们以习近平新时代中国特色社会主义思想为指导，深入学习贯彻习近平总书记视察广东重要讲话精神，全面落实中央、省、市和区委的各项工作部署。在市委、市政府和区委的正确领导下，在区人大及其常委会和区政协的大力支持下，紧盯“争当韶关改革发展排头兵”目标，积极推进产业结构调整，推进城市扩容提质，推进城乡融合发展，推进社会民生提质，推进政府服务提升，经济社会得到稳步发展。

一、一年来，我们克服经济下行压力，确保了经济稳步发展

受国际国内环境影响，区内主要支柱工业企业一路下滑。面对严峻形势，我们和企业一道想方设法共渡难关，稳定经济基本面。同时，不断培育新的经济增长点，增加“四上”企业48家，其中规上工业企业12家，均位列全市第一。通过艰苦努力，全区经济负增长的趋势得到有效遏制，完成地区生产总值238.43亿元，同比（下同）增长0.9%；固定资产投资122.02亿元，增长5.7%；一般公共预算收入6.19亿元，增长10.7%（可比口径）；产业结构呈现优化趋势，三次产业比调整为2.5∶39.4∶58.1，第三产业占比较上年度提高1.9个百分点。

（一）以培育现代农业产业为抓手，加快推动农业转型升级。完成土地确权5.83万亩，颁证率95%；完成451个农村集体经济组织清产核资，资产7.35亿元；流转土地1.71万亩，推动实现农业适度规模化经营。成功举办为期一个月的武江区“中国农民丰收节”暨首届生态农业博览会。启动韶关绿色食品产业园建设。做好新型经营主体培育工作，现有农业龙头企业13家，农民专业合作社65个，家庭农场51家。

（二）以推动新旧动能转换为抓手，着力优化工业发展质量。传统产业转型升级初见成效，机械装备企业总产值增长15%以上，完成工业技改投资8.53亿元，年产值超亿元工业企业增至17家。园区平台加速扩容提质，甘棠园区完成规上工业产值8.8亿元，增长205.1%，新引进项目6个，签约投资额8.9亿元，莱雅新化工等7家企业建成投产；莞韶三期累计完成土地征收4000亩，亿航无人机国际通用物流港项目正在加快推进；甘棠园东片区生物医药产业园项目进展顺利。创新驱动发展取得新突破，专利申请量、授权量均居全市第一；27家高新技术企业通过评审公示，位列全市第一；136个产品通过省高新技术产品认定；新增研发机构10家，其中省级实验室1家、省新型研发机构2家；1家“双创加速器”建成运营。

（三）以繁荣城市经济为抓手，着力激发三产发展新活力。

前进建材、光华五金、五洲汽配等专业市场稳步发展；丰田、本田、大众、传祺4家品牌汽车4S店落户阳山片区；新增金融服务企业2家；枫合汇、湘商大厦等楼宇企业进驻率进一步提高；摩尔城商业广场主体完工，摩尔城假日酒店顺利开业，世邦向阳综合体落成运营；粤北工程机械交易中心开工建设；奥园文化旅游城、南岭国际诗歌小镇等旅游项目稳步推进。消费需求平稳增长，社会消费品零售总额增长9.5%；商品房销售面积完成144.72万平方米，增长15.2%。

二、一年来，我们有效改善城市面貌，提升了武江中心城区首位度

（一）城区土地房屋征收工作成效显著。组织开展新城征拆“大会战”和老城征拆“攻坚战”，新城区征拆房屋约49万平方米，交地6073亩，老城区征拆房屋约10.8万平方米，交地8601亩，有效保障项目建设用地。全年落实新老城区村集体发展用地733.22亩，下胡新村41栋安置房全面开工，赤水、芙蓉、西联、车头4个安置新村完成建设并实现入住。

（二）城市建设亮点纷呈。

新城建设有力推进，芙蓉隧道建成通车，芙蓉大道贯通；综合客运枢纽（一期）运营；路网通行效率和交通组织有效提升；滨江商务中心、新城地下综合管廊、市妇幼保健院等73个项目动工。老城区功能不断完善，占地3700多亩的韶州公园动工建设，部分区域春节前已开园；林桥公园项目主体完工；升级改造4个老旧小区、3座垃圾中转站；5家农贸市场通过市评审达AA级标准；新建1座垃圾中转站、6个风度书房、18个“五小”项目；完成7条道路“白改黑”工程、新民路等4条最差路段整治。

（三）城市管理水平不断提高。组织交警、城管、环卫、市政力量进驻新城，弥补长期以来新城区城市管理空白。全面启用智慧城市指挥中心管理平台，增设治安、交警电子抓拍设备24处，不断提升城市管理信息化水平。实施“路长制”“网格化”，加大对城市乱象的巡查和整治力度，共拆除违法建筑41.9万平方米，拆除户外广告、遮阳（雨）棚2.5万平方米，纠正占道经营18000余起，治理扬尘问题21处，查纠各类交通违法行为88025起。扎实推进创文工作，积极倡导社会主义核心价值观，培育文明道德新风尚。

三、一年来，我们扎实落实乡村振兴战略，全力打造了武江农村新名片

（一）高标准建设美丽乡村。创新提出“武江123绿色生态城乡融合发展空间格局”的构想，高标准完成城乡融合发展总体规划，完成龙归东部片区、武广高铁沿线规划，完成龙归、重阳、江湾美丽镇村规划，完成所有行政村村庄规划。大力实施乡镇（街道）提升“139”行动，全面开展三项整治和六乱治理。全区89%以上的自然村基本完成“三清三拆三整治”任务，农村生活垃圾常态化保洁实现全覆盖。7个省定贫困村和1个市级连片示范点的人居环境综合整治项目全面开工建设；顺利完成黄岸村、梁屋村、山前村等一批示范村建设；江湾精品镇村和7个先行示范点工程春节前后可竣工。完成村村通自来水管道铺设28公里，涉及36个行政村、209个自然村；完成公路安全生命防护工程181.38公里，公路硬底化14.84公里；完成农村危房改造19户。

（二）高标准落实扶贫攻坚工作。累计实现预脱贫734户，1764人，预脱贫率达97%，贫困人口人均年收入达11679元，各项扶贫考核指标全面达标，贫困人口保险参保率、医疗救助比例、最低生活保障覆盖率等9项指标位于全市第一。各省定贫困村“一村一品”主导产业基本成型；实现贫困人口就业394人，贫困劳动力就业技能培训247人；全面落实教育、医疗、金融、住房等扶贫政策，不断提高保障水平。

四、一年来，我们坚持以人民为中心的思想，用心用力改善了民生福祉

（一）不断补齐三项民生短板。教育资源配置不断完善，芙蓉第一小学、沙湖绿洲小学、龙归中心幼儿园、重阳中心幼儿园建成开学，华泰、镇泰小学综合楼建成启用，新增优质学位2180个。基层医疗卫生服务不断提升，新华社区卫生服务中心、龙归中心卫生院综合业务大楼投入使用；15间村卫生站规范化建设全面完成。区、镇、村三级公共服务体系全面升级，启动面积约9000平方米的区级政务服务中心建设，逐步推动第一批161项基层政务服务事项在镇（街）、村（居）办理。

（二）做好民生保障工作。全年民生支出9.23亿元，占财政总支出76.9%。城乡居民养老参保人数36635人，城乡居民基本医疗保险参保人数142470人。城镇新增就业2315人，再就业2050人。完成江湾和龙归敬老院综合改造。新华、惠民、西河、西联4个社区居家养老服务中心建成运营。完成47户残疾人居家无障碍改造；重建龙归康园中心并恢复运行。

（三）坚决打好污染防治攻坚战。认真抓好中央、省环保督察案件整改工作。启动蓝天保卫战行动，建立大气污染防治巡查制度。全面落实河长制、湖长制，加强河流系统治理，完成龙归河、续源河2宗中小河流治理工程。拆除饮用水源一级保护区内违法建筑7.42万平方米，完成复绿2.83万平方米。严厉打击非法转移倾倒行为，推进固体废弃物规范化处置。完成碳汇造林1000亩，森林抚育1.47万亩；建设乡村绿化美化省级示范点3个；森林火灾受害率控制在0.5‰以下。

（四）营造共建共治共享社会治理格局。深入推进“平安武江”建设，排查调处矛盾纠纷837件，调解成功率98.7%；受理网络问政、“12345”群众投诉3705件，办理满意率90.47%；扎实开展扫黑除恶专项斗争，排查线索320条，侦破涉黑案件51宗，刑事拘留163人，逮捕111人；严格落实安全生产责任制，整改火灾隐患2209处，整治安全生产隐患321个，立案查处安全生产违法行为10宗，未发生较大安全生产事故；强化食品药品安全监管，未发生重大食品安全事故。积极支持工会、共青团、妇联、工商联、儿童、残联、老龄工作。人防、武装、民政、物价、侨务、民族宗教等工作均取得新的成绩。

五、一年来，我们坚持强化政府自身建设，不断提升了政府服务能力

把政治建设摆在首位，始终坚持党的领导，牢固树立“四个意识”，增强“四个自信”，坚决做到“两个维护”，严格落实意识形态责任制，坚决贯彻落实中央、省、市决策部署，紧紧围绕区委的工作思路履行政府职责。深化“放管服”改革，全面梳理行政许可事项346条并录入省管理平台，实行统一规范、动态管理；进一步清理权责清单事项，推动简政放权；全区27个部门落实“马上办”服务模式，217个事项实行“双随机一公开”检查模式，基本实现全覆盖。深入推进法治政府建设，坚持依法决策、民主决策、科学决策；坚持向区委、区人大报告工作，向区政协通报情况；认真办理人大议案21件、政协提案91件；区政府负责人及行政机关负责人出庭应诉21宗，做好“七五”普法工作；自觉接受人大、政协和社会监督，严格落实审计监督。不断强化作风建设，落实“作风提改”行动，深入开展“六个是否”解放思想大讨论，扎实开展模范机关建设，严格落实党风廉政责任制，践行中央八项规定及其实施细则精神，打造务实、廉洁政府。

各位代表！回顾一年来的工作，成绩来之不易，这是市委、市政府正确领导、关心支持的结果，是区委科学决策、引领开拓的结果，是区人大、区政协有效监督、鼎力支持的结果，是全区干部群众团结一心、奋力拼搏的结果，是全体人大代表、政协委员献计献策、共同努力的结果，也是驻区单位、社会各界积极参与、大力协作的结果。在此，我代表区人民政府，向全区人民，向所有关心、支持和参与武江建设的各界人士以及驻区部队官兵，致以崇高的敬意并表示衷心的感谢！

在看到进步的同时，我们更清楚当前我区经济社会发展面临的困难和问题：一是经济稳增长压力大，产业结构不优，新旧动能转换任务艰巨；二是各项民生短板仍然突出；三是生态治理、安全生产、信访维稳等工作不断出现新情况，呈现难度大、复杂化的趋势；四是政府部门作风依然有待改善，不敢担当、不主动作为、效率不高等作风问题不同程度存在，等等。对这些问题，我们一定高度重视，认真加以解决。

2019年：务实创新谋跨越

今年政府工作的总体要求是：高举习近平新时代中国特色社会主义思想伟大旗帜，全面贯彻党的十九大和十九届二中、三中全会以及中央经济工作会议精神，全面贯彻落实习近平总书记对广东重要讲话和对广东工作一系列重要指示精神。围绕省委李希书记到韶关调研时提出韶关争当北部生态发展区高质量发展排头兵的要求，把握“深化改革开放”和“实施项目驱动”两大核心要务，集中用力实施武江区振兴发展“六大行动”，坚定不移走绿色生态、城乡融合的高质量发展之路，奋力争当韶关改革发展排头兵。

今年经济社会发展主要预期目标是：地区生产总值增长4%左右，固定资产投资增长2%左右，一般公共预算收入与经济增长基本同步，城乡居民可支配收入增长8%左右。

为了实现以上目标，我们将着力在推进六大行动方面做好以下工作：

一、着力实施城市提升行动，在提升中心城区首位度上实现新发展

（一）推动芙蓉新城加快建设。继续开展征拆攻坚冲刺，巩固芙蓉新城征拆“大会战”成果，力争完成2000亩土地清表交地、30万平方米房屋征拆任务，重点保障新白线、5号路、地下综合管廊、新城水系、滨江景观带等项目用地保障工作。扎实做好村民安置工作，完成下胡安置新村建设，完善已建安置新村配套设施；推进粤北亚太财富中心、星汇广场等村集体项目建设，引导村集体留用地合理开发利用；完善村民权益保障机制，让村民共享芙蓉新城发展成果。加快推进车头小学异地重建、天麓山小学、市第一人民医院、芙蓉新区社区卫生服务中心等民生工程，力促芙蓉新城产业、人口、资源集聚，功能、环境整体提升。

（二）抓好老城更新改造。以韶关申报国家城市双修试点为契机，加快芙蓉大道北、韶关大道二期、机场快线、教育西路、新兴路5条主干道路建设，推进吉祥路、芙蓉北三路、亨泰路、福林路、沙湖路5条次干道改造提升，完成北江桥西桥头、芙蓉隧道出口、工业中路转盘、乳韶路口、沙湖路口5个交通节点整治，完成工业西人行天桥建设，提升城市路网顺畅能力。高标准建成区级档案馆、文化馆、图书馆，改造提升博物馆；增设1500个停车位；启动群康市场、甘棠市场等第三批农贸市场升级改造；对老城区老旧设施、地下老旧管网进行排查和改造更新，力促城市公共服务功能不断完善。加快韶州公园（二期）、芙蓉山公园（一期）、林桥公园等城市公园建设，完成惠民北街头绿地公园等一批社区公园项目，为市民提供更多休闲、观光场所；实施惠民路、沿江路断面、立面改造，完成惠民北片区、新华北片区30条小街小巷净化美化整治，实施12个老旧小区改造，探索开展城中村改造，提升人居环境和城市品位。

（三）以片区经营为重点推进产城融合。芙蓉新城片区：加快构建都市产业，重点推进高铁站前片区创新孵化、文旅产业集聚，主动对接服务好保利商业综合体、滨江商务中心等都市型产业项目，对接莞韶园、黄沙坪创新园，推动新城与产业园区融合发展。老城区围绕两大片区三大公园建设，推动老城区“商圈”发展。大韶州公园片区：充分发挥城央公园的区位优势，完善周边商贸和配套服务设施，推动周边土地、空间价值整体提升，努力吸引吃、住、行、游、娱、购等产业集聚，打造都市旅游休闲商圈。芙蓉山北部片区：加快推进“三城一市场”建设，大力发展楼宇经济和商贸市场，推动人口集聚；以芙蓉山公园、林桥公园为依托，打造兼具商业性、休闲性的生活功能片区；以文化馆、博物馆、图书馆为依托，对矿山公园区域进行整体规划提升，打造集休闲、商贸、文旅于一体的武江文化中心。

（四）强化城市管理水平。进一步理顺城市管理机制，探索成立以镇（街）为主体的城市管理和执法队伍，推动城市管理力量下沉。继续实施“路长”制、“门前三包”责任制，发挥网格员作用，全面推行网格化管理。着力加强城市管理信息化建设，整合林业、“三防”、消防、应急管理、市场管理等各单位现有信息化平台，不断完善智慧城市指挥中心管理系统，建立跨部门协调联动机制，切实提升管理效能。强势推进拆违、打违，完成16万平方米违建整治任务，加强占道经营、车辆乱停放、招牌广告设置不规范等城市乱象问题整治，积极探索环卫服务市场化，提高服务水平，采取综合措施确保城市公共区域整洁有序。

二、着力实施产业提档行动，在推动经济高质量发展上打造新亮点

（一）夯实工业基础，推动传统产业优化升级。坚持创新驱动，加快新旧动能转换，落实工业技改三年行动计划，重点力促宏大齿轮等企业加快技术改造，提高创新发展能力。继续推动利民制药增资扩产，支持烟厂、旭日玩具厂等重点企业调整生产结构，稳定工业基本面。继续协助企业做好省级、市级研究开发中心组建，力争2019年新增工程研发中心3家以上，高新技术企业5家以上，专利申请量500件以上。争取成功申报“国家知识产权强县（区）工程示范县（区）”。继续推动创亿谷、华科城莞韶双创中心分别申报国家级、省级科技企业孵化器。大力实施机械装备制造业“融珠”战略，推动宏大齿轮、东南轴承在汽车关键零部件生产技术方面取得突破；引导韶关液压件厂、天恒液压等企业为珠江西岸装备制造业产业带提供高端液压油缸及液压系统；支持铁友机械开挖成套设备研发和品质提升；推动韶瑞重工、源昊住工整机产品向高端智能化发展。以机械行业为试点，推行“1+N”龙头带动模式，鼓励试点企业相互协作，形成完整的产业链条。

（二）强化平台建设，促进产业园区提质增效。推动甘棠园区实现产值20亿元，新增固投3亿元，新上规企业3—5家，新开工、新投产企业各5家以上。以莱雅新化工、合众化工等企业为主导，打造精细化工集群；加快莞韶三期和甘棠东片区征拆，努力推进无人机产业和医药健康产业集群发展。对甘棠工业园、武江科技园闲置用地开展清理整治，着力提升工业用地使用效率。开展园区周边环境综合整治，改善投资环境。

（三）培育新增长点，为高质量发展注入新活力。强化招商引资，计划全年新签约项目8个，总投资额20亿元；全年落地项目5个，落地项目总投资额15亿元；实际吸收外资480万美元，货物进出口总额

5100万美元。大力发展民营经济，重点瞄准10家以上成长型中小企业实施倍增计划；推动摩尔城商业综合体、奥园文化旅游城、南岭国际诗歌小镇等文旅项目建设，发展商旅文体产业；大力发展电子商务，力争培育1家限上电子商务企业；大力发展楼宇经济，支持枫合汇成为金融保险服务业集聚的特色楼宇，支持湘商大厦集聚湖南商会企业打造湘商大本营；大力发展专业市场，重点建设粤北工程机械交易中心，推动光华机电五金城、五洲汽配城提升发展。

三、着力实施镇村提振行动，在推进乡村振兴上实现新突破

（一）加快推动农业产业现代化步伐。积极培育发展淮山、桑叶、南药等主导产业，建设韶关绿色食品加工园，推动现代农业产业园建设；大力发展江湾、重阳康养服务业；积极发展龙归、西河城郊休闲旅游产业；新增市级示范家庭农场2家以上；培育果丰皇帝柑、后坪茶树菇、妙联丝茅姜等5个“三品一标”农产品，打造一批知名公共品牌、企业品牌、合作社品牌和农户品牌。

（二）推动生态宜居乡村建设。深入贯彻落实乡镇（街道）提升“139”行动计划，全面完成龙归镇、江湾镇2个试点镇“139”提升工作，加快推进重阳镇域范围基础设施和环境整体提升。推进“123”城乡融合发展大格局向纵深发展，细化完善精品旅游线路、美丽田园综合体和山水林田湖亮点规划；全面完成江湾镇精品镇村建设项目，推进7个省定贫困村示范村建设进一步提升，新启动一批美丽乡村建设。全面完成“三清三拆三整治”任务，推进龙归、重阳、江湾3个镇污水处理厂、各非省定贫困村污水处理设施建设。完成42间农村公厕改造；铺设村村通自来水供水主管道70公里；新增通自然村公路路面硬化10公里，未通客车行政村道路改造15.42公里，危桥改造1座；完成河流治理 8.5公里。

（三）塑造乡村人文新风貌。加快建设武江区新时代文明实践中心，实现全区文明镇、村覆盖率达到70%以上，7个省定贫困村至少6个达到省文明村创建标准。80%的区级以上文明村至少建成1个以上核心价值观主题公园、广场。深入挖掘重阳水口赛龙舟、龙归后坪客家山歌、江湾瑶族习俗，形成有武江民俗文化特点的歌舞项目或文艺作品。加强文化遗产的保护和传承，积极申报非遗名录，培养非遗传承人。

四、着力实施民生提质行动，在改善民生福祉上取得新成效

（一）落实教育优先发展。完成金福园小学教学综合楼、天麓山小学、御龙湾小学建设，异地重建车头小学，开工建设教育路幼儿园，启动市九中改扩建等项目；力争2019年新增优质学位2000个，公办和普惠性幼儿园比例达83%，规范化幼儿园比例达78%；建设省级信息化示范学校2所；深化基础教育学校公办教师“县管校聘”管理改革工作；力争成功创建为广东省社区教育实验区。

（二）全力打造健康武江。加快基层医疗机构建设，建成沙洲尾、芙蓉新区社区卫生服务中心并投入使用；全面完成42间村卫生站公建规范化建设，实现公建村卫生站全覆盖，省级卫生镇、省市卫生村覆盖率分别达到60%、84%以上；加强基层医疗卫生机构人才引进，更新乡镇卫生院医疗设备，逐步提高基层医疗服务综合能力。

（三）补齐公共服务短板。完成区级政务服务中心建设并运行，按要求逐步增加镇、村两级进驻事项，全面实现区、镇（街）、村（居）三级政务服务全覆盖，重点解决群众出门办事最后“一公里”问题。进一步提升基层综合性文化服务中心功能场室，丰富基层群众乡村文化生活。启动百旺路体育公园、城郊体育公园建设，更新完善老旧体育设施，不断提高全民健身保障水平。推进完善社区居家养老服务。完成西联、江湾、惠民康园中心建设。

（四）加强社会保障。打好精准扶贫攻坚战，对标“两不愁三保障一相当”和“八有”标准，落实产业、就业、教育、社保、金融等扶贫举措，提高稳定脱贫质量，促进有劳动力贫困户100%参与长效稳定的产业项目，多渠道提高贫困户收入。进一步完善劳动力市场和就业机制，实现城镇新增就业2200人以上，城镇登记失业率控制在3%以内；落实城乡居民医保政策和大病保险制度，力争城乡居民养老保险和基本医疗保险参保率均达到98.9%以上；落实政府兜底保障责任，落实低保、特困人员供养提标，保障城乡低保投入资金只增不减，稳步提高我区孤儿基本生活保障标准。

与此同时，进一步做好红十字会、人防、物价、档案、外事、民族宗教、经济普查等各项工作。大力支持工会、共青团、妇联、工商联、残联、侨务、对台、史志等工作有序推进，确保各项事业全面进步。

今年将着重办好8件民生实事：1.提高底线民生保障水平；2.建设金福园小学教学综合楼、天麓山小学、御龙湾小学；3.建设沙洲尾、芙蓉新区社区卫生服务中心；4.改建和新建停车场，增设1500个停车位；5.完成北江桥西桥头交通节点整治；6.建成韶州公园一期，开展二期主体工程；7.实施惠民南路断面改造和局部立面改造；8.建成并启用区政务服务中心。

五、着力实施环境提优行动，在优化发展环境上展示新作为

（一）强化山水林田湖生态环境保护力度，坚决筑牢绿色生态屏障。持续开展大气污染防治行动，严格落实降尘、除尘措施，实现道路、工地和运输扬尘管理6个100%管控，重点确保国道323线、沐阳路扬尘问题得到根本治理；依法查处露天焚烧和乱放烟花爆竹等违法行为，为实现城区空气质量优良天数比例达到92%以上作出武江贡献。加强土壤污染管控和修复，完成全区农用地土壤污染状况详查，扎实开展农业污染源治理，重点确保辖区种、养殖行业达标排放；综合整治“散乱污”企业，严厉打击非法转移倾倒固体废物行为，提升工业“三废”资源化利用水平。持续改善水环境质量，继续加强饮用水源保护区综合治理；严格落实“河长制”、“湖长制”，加大巡查治理力度，全面落实河流“五清”专项行动；严格执行水域养殖滩涂规划，保障河流生态系统完整性；加强湿地保护，推动湿地公园建设。强化森林资源保护，完成森林碳汇造林500亩以上，森林抚育1.3万亩以上，创建省级乡村美化绿化点2个以上。认真抓好森林防火工作，确保全区森林覆盖率达到70%以上，森林火灾受害率控制在0.5‰以下。

（二）深化政务环境改革，激发内生发展活力。全面完成政府机构改革，进一步优化行政职能，继续推进“一门式一网式”政务服务信息系统建设，推进“互联网+政务服务”模式改革，不断完善行政许可事项标准化，优化工作流程，提高行政审批效率。重点领域和高频事项基本实现“一网、一门、一次”，真正做到区级政务服务事项网上可办率不低于70%；政务服务事项进驻综合性实体政务大厅基本实现“应进必进”，70%以上政务服务事项实现“一窗”分类受理；企业和群众到政府办事提供的材料减少60%以上。

（三）优化社会环境构建，提高居民满意度。营造文明、和谐的人文环境。强化“五级联创”创文网格化作用，深入开展21项创文专项整治提升行动，落实突出问题整改。深入推进实施“1+X”核心价值观建设工程，不断提高公益广告数量和质量。持续推进核心价值观“六进”活动，进一步深化“文明交通”“文明餐桌”“文明旅游”“文明公厕”“文明网络”等创建活动。创新实施“城市+农村”双擎驱动，建立区、镇、村三级试点格局。以弘扬工矿精神、传承红色基因为重点，擦亮武江文化品牌。构建稳定、诚信的社会环境。加强平安武江建设，扎实开展扫黑除恶专项斗争，深入推进涉枪爆、涉电诈、涉金融等领域专项整治行动；全面推进基层社会治理“中心+网格化+信息化”、“雪亮工程”建设，抓好重点地区、重点行业、重点领域的“平安细胞”创建；加大安全生产隐患排查整治力度，确保安全生产形势总体平稳；加强市场监管，严厉打击假冒伪劣，营造安全放心的消费环境，保障群众饮食用药安全；加强社会诚信体系建设，完善失信“黑名单”制度，严惩失信行为，构建诚信化营商环境。

六、着力实施作风提改行动，在加强政府建设上呈现新气象

（一）始终坚持把政治建设摆在首位，打造忠诚政府。坚持以习近平新时代中国特色社会主义思想为指引，始终在思想上行动上与以习近平同志为核心的党中央保持高度一致，严格贯彻执行中央、省、市的各项决策部署，自觉在区委领导下开展工作。始终把纪律挺在前面，严格落实党风廉政建设责任制和中央八项规定精神，着力解决“四风”突出问题，着力在工程建设、政府采购、产权交易等领域严防廉政风险，维护风清气正的政府形象。

（二）始终坚持依法行政，打造法治政府。认真执行人大及其常委会决议决定并主动报告工作，自觉接受政协监督，积极听取民主党派、工商联、无党派人士和各人民团体的意见和建议，认真办理人大代表建议和政协委员提案。落实政府法律顾问、常务会议学法、行政机关负责人出庭应诉等制度，推进“七五”普法，不断提升政府工作人员运用法治思维和法治方式开展工作的能力，确保公正文明执法。

（三）始终坚持求真务实，打造有为政府。建立政府工作项目化、清单化管理制度，强化督查问责，确保真正解决抓落实的“最后一公里”问题，确保不出现“起个大早、赶个晚集”的情况。继续开展思想解放大讨论活动、作风提改专项行动和模范机关创建活动，不断破除干部队伍的思想障碍，倡导苦干实干能干善干的实践品格，激励干部担当作为，真正以闻鸡起舞、日夜兼程、风雨无阻的奉献精神担负起党和人民赋予的神圣使命。

各位代表，新一年的任务已经明确，新的征程已经开始，我们一定会以更加奋发有为的精神状态，更加求真务实的工作作风，凝聚人心，团结奋进，为武江实现新跨越不懈努力，为韶关争当北部生态发展区排头兵作出武江应有的贡献。

中共韶关市武江区委　韶关市武江区人民政府关于印发《韶关市武江区机构改革方案》的通知

韶武发〔2019〕1号

各镇（街）党工委和人民政府（办事处），区委各部门，区直各单位及驻区各单位：

现将中共广东省委、广东省人民政府批准的《韶关市武江区机构改革方案》印发给你们，请认真贯彻执行。

深化党和国家机构改革是以习近平同志为核心的党中央作出的一项重大政治决策，是贯彻党的十九大精神的重大举措，也是新时代全面深化改革的重大举措。地方机构改革是深化党和国家机构改革的重要组成部分，是推进国家治理体系和治理能力现代化的重要环节，是我区必须完成好的一项重大政治任务。全区各级各单位要深入学习贯彻习近平总书记关于深化党和国家机构改革的重要论述，进一步提高政治站位，牢固树立“四个意识”，坚定“四个自信”，切实把思想和行动统一到党中央和省委、市委关于深化机构改革的决策部署上来。要遵循中央顶层设计，找准着力点突破口，全面落实深化地方机构改革任务，优化职能配置，创新体制机制，合理划分事权，理顺权责关系，提高效率效能，努力构建系统完备、科学规范、运行高效、符合武江特点的机构职能体系，构建简约高效的基层管理体制。注重把握和处理好改革发展稳定关系，压实工作责任，抓住关键环节，加强宣传引导，营造良好社会环境和舆论氛围。严明政治纪律、组织纪律、机构编制纪律、干部人事纪律、财经纪律、保密纪律，确保改革蹄疾步稳、紧凑有序推进，如期高质量顺利完成。

全区各级党组织和广大党员要更加紧密地团结在以习近平同志为核心的党中央周围，坚持以习近平新时代中国特色社会主义思想为指导，按照党中央和省委、市委决策部署，精心组织、扎实推进，坚决完成好深化机构改革各项任务，为武江争当韶关改革发展排头兵提供有力的体制机制保障，为广东实现“四个走在全国前列”、当好“两个重要窗口”作出积极贡献。

中共韶关市武江区委
韶关市武江区人民政府
2019年2月20日

韶关市武江区机构改革方案

根据《中共中央关于深化党和国家机构改革的决定》《深化党和国家机构改革方案》《关于地方机构改革有关问题的指导意见》和《广东省关于市县机构改革的总体意见》，结合实际，制定韶关市武江区机构改革方案。

一、机构改革的总体部署

以习近平新时代中国特色社会主义思想为指导，全面贯彻 党的十九大和十九届二中、三中全会精神，深入贯彻落实习近平总书记视察广东重要讲话精神，认真贯彻落实习近平总书记关于深化党和国家机构改革的重要论述，牢固树立政治意识、大局意识、核心意识、看齐意识，坚持和加强党的全面领导、坚持以人民为中心的发展思想、坚持社会主义市场经济改革方向、坚持优化协同高效、坚持以法治方式推进改革、坚持在中央统一领导下充分发挥地方积极性。

认真贯彻落实中央和省确定的改革目标和任务要求，中央和省明确的改革任务坚决落实到位，主要机构设置同中央和省保持基本对应，坚决维护党中央集中统一领导和国家法制统一、政令统一、市场统一。以推进党政机构职能优化协同高效为着力点，改革机构设置，优化职能配置，深化转职能、转方式、转作风，提高效率效能，构建系统完备、科学规范、运行高效的机构职能体系，构建简约高效的基层管理体制，为推动武江在新时代干出新气象实现新作为，争当韶关改革发展排头兵提供坚强有力的体制机制保障。

深化机构改革，要在党中央集中统一领导和省委、市委具体部署下，由区委负总责，不折不扣落实好各项改革任务。

二、调整优化区级党政机构和职能

（一）对应中央和省级机构改革，调整优化相应机构和职能

1. 建立健全和优化区委对重大工作的领导体制机制。

（1）组建区监察委员会。落实党中央关于深化监察体制改革的部署，将区监察局的职责，以及区人民检察院查处贪污贿赂、失职渎职及预防职务犯罪等反腐败相关职责整合，组建区监察委员会，同区纪律检查委员会合署办公，履行纪检、监察两项职责，实行一套工作机构、两个机关名称。

不再保留区监察局。

（2）组建区委审计委员会，作为区委议事协调机构。区委审计委员会办公室设在区审计局。

（3）将区委全面深化改革领导小组改为区委全面深化改革委员会，作为区委议事协调机构。区委全面深化改革委员会办公室设在区委办公室。

（4）将区委全面依法治区工作领导小组改为区委全面依法治区委员会，作为区委议事协调机构。区委全面依法治区委员会办公室设在区司法局。

（5）将区委网络安全和信息化领导小组改为区委网络安全和信息化委员会，作为区委议事协调机构。区委网络安全和信息化委员会办公室设在区委宣传部，区委宣传部对外加挂区互联网信息办公室牌子。

2. 加强区委职能部门的统一归口协调管理职能。

（1）区委组织部统一管理区委机构编制委员会办公室。将区机构编制委员会改为区委机构编制委员会，作为区委议事协调机构。调整优化区委机构编制委员会领导体制。区委机构编制委员会办公室为区委机构编制委员会的办事机构，承担区委机构编制委员会日常工作，作为区委工作机关，归口区委组织部管理。

（2）区委组织部统一管理公务员工作。将区人力资源和社会保障局承担的有关公务员管理职责划入区委组织部，对外加挂区公务员局牌子。

（3）区委宣传部统一管理新闻出版和电影工作。将区文化新闻出版局（区版权局）的新闻出版、电影管理职责划入区委宣传部，对外加挂区新闻出版局（区版权局）牌子。

（4）区委统一战线工作部统一管理民族宗教、侨务、台港澳事务工作。将区民族宗教事务局并入区委统一战线工作部，将区政府办公室（区外事侨务局）的侨务、港澳事务管理职责划入区委统一战线工作部，对外加挂区民族宗教事务局、区台港澳事务局牌子。区民族宗教事务局列入区政府工作部门序列，不计入机构限额。将区政府办公室（区外事侨务局）的海外华人华侨社团联谊等职责划归区归国华侨联合会行使。

3. 新组建和优化职责的机构。

（1）组建区自然资源局。将韶关市国土资源局武江分局、区林业局的职责，以及区发展和改革局的配合组织编制主体功能区规划职责，区农业局（区水务局）的水资源调查和确权登记管理职责等整合，组建区自然资源局，加挂区林业局牌子。

不再保留单独设置的区林业局。

（2）组建区农业农村局。将区农业局（区委农村工作办公室、区水务局）的农业管理、农田水利建设项目管理职责，区发展和改革局的农业投资项目、区财政局的农业综合开发项目、韶关市国土资源局武江分局的农田整治项目管理职责等整合，组建区农业农村局，加挂区扶贫开发办公室牌子。区委农村工作办公室设在区农业农村局。

不再保留区农业局。

（3）组建区文化旅游体育局。将区文化新闻出版局（区旅游局）的文化、旅游管理职责和区体育局的行政职能整合，组建区文化旅游体育局。

不再保留区文化新闻出版局、区体育局。

（4）组建区卫生健康局。将区卫生和计划生育局的职责，以及区民政局的老龄工作职责，区安全生产监督管理局的职业安全健康监督管理职责等整合，组建区卫生健康局。区老龄工作委员会的日

常工作由区卫生健康局承担。

不再保留区卫生和计划生育局。

（5）组建区退役军人事务局。将区民政局的退役军人优抚安置职责，区人力资源和社会保障局的军官转业安置职责，以及军队有关职责等整合，组建区退役军人事务局，按中央有关改革部署实施。

（6）组建区应急管理局。将区安全生产监督管理局的职责，以及区政府办公室的应急管理职责，韶关市公安局武江分局的消防管理职责，区民政局的救灾职责，韶关市国土资源局武江分局的地质灾害防治职责，区农业局（区水务局）的水旱灾害防治职责，区林业局的森林防火职责，区经济和信息化局的震灾应急救援等地震管理职责，防汛抗旱防风、减灾、抗震救灾、森林防火等指挥部（委员会）的职责等整合，组建区应急管理局，按中央有关改革部署实施。

不再保留区安全生产监督管理局。

（7）重新组建区司法局。将区司法局以及区政府办公室（区法制局）的法制工作职责整合，重新组建区司法局。

（8）优化区审计局职责。将区发展和改革局的重大项目稽察职责，区财政局的本级预算执行情况和其他财政收支情况的监督检查职责等划入区审计局。

（9）组建区市场监督管理局。将区工商行政管理局、区食品药品监督管理局（区食品安全委员会办公室）的职责，以及区经济和信息化局（区知识产权局）的专利管理职责，区发展和改革局的价格监督检查和反垄断执法职责，韶关市质量技术监督局下放的质量技术监督相关职责等整合，组建区市场监督管理局，加挂区知识产权局牌子。区食品安全委员会的具体工作由区市场监督管理局承担。

不再保留区工商行政管理局、区食品药品监督管理局。

（10）组建区医疗保障局。将区人力资源和社会保障局的城镇职工和城乡居民基本医疗保险、生育保险职责，区发展和改革局的药品和医疗服务价格管理职责，区民政局的医疗救助职责，区卫生和计划生育局的医药采购职责等整合，组建区医疗保障局。

（11）理顺区档案局（区档案馆）职责。将区档案局的行政职能划入区委办公室，区委办公室对外加挂区档案局牌子。区档案馆作为区委直属事业单位。

不再保留与区档案馆合并设立的区档案局。

（12）组建区政务服务数据管理局。将区发展和改革局的公共资源交易管理职责，区经济和信息化局的政府信息化建设管理职责，相关机构的政务服务管理和政务数据资源管理利用职责等整合，组建区政务服务数据管理局，统一负责政务服务管理、“互联网+政务服务”、政务数据管理、公共资源交易管理等工作。

（13）按照中央和省、市有关部署，配合做好生态环境管理体制改革。

（14）按照中央有关部署，配合做好国税地税征管体制改革。

4. 不再设立的机构。

（1）不再设立区社会治安综合治理委员会及其办公室、区委维护稳定工作领导小组及其办公室，有关职责交由区委政法委员会承担。

（2）将区委防范和处理邪教问题领导小组及其办公室职责交由区委政法委员会、韶关市公安局武江分局承担。

（二）与中央和省级机构基本对应的机构和其他因地制宜设置的机构

1. 与中央和省级机构基本对应的其他机构。

区委办公室、区直属机关工作委员会、区委巡察工作领导小组办公室作为区委工作机关；区政府办公室、区发展和改革局、区教育局、区工业和信息化局、区民政局、区财政局、区人力资源和社会保障局、区住房和城乡建设局、区统计局作为区政府工作部门。其中：

（1）将区直属机关工作委员会由在区委组织部挂牌调整为区委工作机关。

（2）将区外事侨务局更名为区外事局，仍在区政府办公室挂牌。

（3）优化区发展和改革局职责。将区民政局等部门的组织实施重要物资和应急储备物资收储、轮换和日常管理职责，区经济和信息化局的有关电力能源管理、节能管理职责，相关机构的公共机构节能管理职责等划入区发展和改革局。加挂区粮食和物资储备局牌子。

（4）将区经济和信息化局更名为区工业和信息化局，加挂区科学技术局、区商务局牌子。

（5）重新组建区住房和城乡建设局。将区住房和城乡建设局的职责，以及区政府办公室（区人民防空办公室）的人民防空工作职责，区农业局（区水务局）的水务工作职责，相关机构的乡道公路管理等行政职能整合，重新组建区住房和城乡建设局，加挂区人民防空办公室、区交通运输局、区水务局牌子。

（6）将区信访局由在区委办公室挂牌调整为在区政府办公室挂牌。

2. 因地制宜设置的机构。

区城市管理和综合执法局作为区政府工作部门。

（1）组建区委国家安全委员会，作为区委议事协调机构，区委国家安全委员会办公室设在区委办公室。

（2）将区委机要局（区密码管理局）并入区委办公室，区委办公室加挂区委保密委员会办公室、区国家保密局、区委机要局、区密码管理局牌子。

（3）组建区城市管理和综合执法局。将区城市综合管理局、韶关市城市管理行政执法局武江分局的职责整合，组建区城市管理和综合执法局。

不再保留区城市综合管理局。

（4）不再保留区社会工作委员会。

机构改革后，共设置党政机构30个。党委机构9个，其中，纪检监察机关1个，工作机关8个。政府工作部门21个。（详见附件）

三、统筹推进其他各项改革

（一）深化区级人大、政协机构改革和群团组织改革

1. 深化区人大机构改革。适应新时代我国社会主要矛盾变化和武江区实际，发挥人大及其常委会的作用，健全人大组织制度和工作制度，完善人大专门委员会设置，更好发挥其职能作用。加强人大对预算决策、国有资产管理等的监督职能，加强社会建设，配合深化监察体制改革，组建区人大社会建设委员会、监察和司法委员会。

2. 深化区政协机构改革。推进人民政协履职能力建设，加强人民政协民主监督，优化政协专门委员会设置，更好发挥其作为专门协商机构的作用。在整合相关专门委员会职责的基础上，组建区政协农业和农村委员会。

3. 深化群团组织改革。贯彻落实中央和省关于群团改革的部署要求，继续抓好改革落实，推进群团组织改革创新。推动群团组织增强政治性、先进性、群众性，着力解决“机关化、行政化、贵族化、娱乐化”等问题，优化机构设置，完善管理模式，创新运行机制，坚持眼睛向下，面向基层，将力量配备、服务资源向基层倾斜。促进党政机构同群团组织功能有机衔接，支持和鼓励群团组织承担适合其承担的公共服务职能，增强群团组织团结教育、维护权益、服务群众功能，更好发挥群团组织作为党和政府联系人民群众的桥梁纽带作用。

（二）深化区委区政府直属事业单位改革和承担行政职能事业单位改革

切实抓好区委区政府直属事业单位改革，按照精干高效原则设置区委区政府直属事业单位。全面推进承担行政职能的事业单位改革，完全、主要和部分承担行政职能的事业单位，均纳入改革实施范围。在全面清理行政职能的基础上，按照能转职能的不转机构、确需转机构的实行综合设置的原则，区分情况推进改革。将党委和政府直属事业单位承担的行政职能并入相关党政机构，将部门所属事业单位承担的行政职能回归机关。行政职能剥离划转后，余下职能任务饱满的可继续保留原事业单位，任务不饱满的将剩余公共服务职责优化整合，重新明确其职责任务和类别。改革后，除行政执法机构外，不再保留或新设承担行政职能的事业单位。改革后保留设置的事业单位，名称不再称“委、办、局”。衔接主管部门及其职责调整情况，同步划转和改革部门所属事业单位。按照中央改革部署推进公益类事业单位改革。加大经营服务类事业单位转企改制力度。

（三）深化综合行政执法改革

按照中央部署，深化行政执法体制改革，统筹配置行政执法职能和执法资源，全面梳理、规范和精简执法事项，实行清单化管理，建立动态调整机制，相对集中行政处罚权、行政强制权。按照省的部署，切实推进市场监管领域行政执法体制改革，继续完善农业、城市管理等领域行政执法体制改革。

1. 改革市场监管综合执法体制。整合工商、质监、食品、药品、物价、反垄断、商标、专利、商务、盐业等执法职责和队伍，推行市场监管领域综合执法。区市场监督管理局实行“局队合一”体制，直接承担执法职责。

2. 完善农业综合执法体制。在前期改革基础上，继续完善农业综合执法体制。区农业农村局实行“局队合一”体制，直接承担执法职责。

继续做好城市管理综合执法体制改革，推动执法资源向镇街延伸。

按照减少层次、整合队伍、提高效率的原则，大幅减少执法队伍种类，合理配置执法力量。推进执法力量向基层和一线倾斜。在锁定行政执法编制的基础上，建立完善体现综合执法特点的编制管理方式，逐步规范综合执法队伍人员编制管理。可通过政府购买服务等方式，补充有关辅助人员，建立健全网格化管理机制。完善执法程序，严格执法责任，做到严格规范公正文明执法，推进行政执法标准化、信息化建设，加强执法监督，不断提高执法水平。

（四）深入推进基层政权建设和审批服务便民化改革

加大简政放权力度，压减政府部门权责清单事项数量，做好上级下放事权的承接工作，不断优化社会管理、公共服务职能。不断夯实基层基础，整

合审批、服务、执法等方面的力量和职能，优化机构设置，推动建立简约高效的基层管理体制。

按照《中共中央关于深化党和国家机构改革的决定》有关要求，深化镇街行政管理体制改革。充分发挥镇街党委（党工委）领导核心作用，加强党的全面领导，强化党组织统筹协调功能，夯实党在基层的执政基础。优化机构和职能配置，整合机构编制资源，完善镇街组织架构体系，理顺区镇职责关系，优化事业站所管理体制。

加快转变政府职能，强化服务功能，统筹推进机构改革和审批服务便民化改革。加强权责清单管理，有效规范和约束行政权力运行。持续开展“减证便民”行动，减少盖章、审核、备案、确认等各种烦琐环节和手续。加快推进部门政务信息联通共享，着力提升“互联网+政务服务”水平。推进供水、供电、供气等人民群众经常打交道的公共事业部门便民化改革，最大限度方便企业群众办事。

（五）强化机构编制管理刚性约束

强化党对机构编制工作的集中统一领导。全面清理限额外行政机构，规范管理合署办公机构、挂牌机构、临时机构、派出机构、议事协调机构及其办事机构。党政机关合署办公的，实行一套工作机构、两个机关名称。挂牌机构不得设为实体机构。合署办公机构、挂牌机构不增加领导职数。议事协调机构一般不单设办事机构，具体工作由相关部门承担。联席会议不挂牌子、不刻公章、不单独行文。临时机构要在阶段性、临时性任务完成后及时撤销。精简整合规范各类派出机构。统一规范内设机构规格和名称，加大内设机构综合设置力度。

强化编制总量控制，严禁擅自增加编制种类、超编进人、超职数配备领导干部。统筹使用各类编制资源。全面清理取消擅自设置的机构和岗位、擅自配备的职务。严格控制编外聘用人员，从严规范适用岗位、职责权限和各项管理制度。坚决整治上级部门通过划拨经费、项目审批、考核督查、评比表彰等方式，要求下级增设机构、提高规格、增加人员编制或领导职数等“条条干预”行为。加大机构编制违法违纪行为查处力度，切实维护机构编制管理的严肃性和权威性。

四、组织实施

（一）加强组织领导。区委深化机构改革工作领导小组具体负责全区机构改革的组织领导、总体设计、统筹协调和督促落实，各有关部门要相应建立领导和协调机制，组建工作专班，明确责任主体和工作进度，抓好本部门机构改革组织实施工作。区委主要负责同志要牵头挂帅，靠前指挥，当好改革的“施工队长”，及时研究解决改革遇到的突出问题，协调解决重大事项，督促改革工作有序推进。相关职能部门要积极发挥作用，形成工作合力。

（二）细化工作进度。坚持蹄疾步稳、紧凑有序推进改革。要严格按照省的时间要求抓好改革方案起草、报送和改革落实各项工作。区级机构改革于2019年3月底前基本完成。

（三）稳妥有序推进。全面贯彻“先立后破、不立不破”原则，有组织、有步骤、有纪律推进机构改革，把握好改革发展稳定关系，确保机构改革期间各项工作连续稳定，防止出现空档期。深入做好思想政治工作，密切关注干部职工思想动态，稳定好干部职工队伍，做到思想不乱、工作不断、队伍不散、干劲不减。提前谋划和统筹做好相关政策研究及保障工作，明确涉改部门领导班子调整配备、人员转隶、资产划转、集中办公、富余人员安排、离退休干部管理服务等方面的具体措施和办法。要提前研究涉改部门的机构编制职数框架，为部门组建和制定“三定”规定打好基础。加强宣传和舆论引导，凝聚改革共识，坚定改革信心，为改革顺利开展营造良好环境。

（四）严明纪律规矩。按照中央和省要求，严格执行机构改革政治纪律、组织纪律、机构编制纪律、干部人事纪律、财经纪律、保密纪律，严肃查处机构改革过程中的违规违纪和“条条干预”问题。党委（党组）主要负责同志要当好第一责任人，对中央和省明确的改革任务要坚决落实到位，涉及机构变动、职责调整的部门，要服从大局，确保机构、职责、队伍等按要求按时限调整到位，不允许迟滞拖延，不允许搞变通，不允许突击提拔和调整干部。将机构改革实施情况纳入重大决策部署督察任务和巡察范围进行督促检查，严肃查处违纪违法行为。

附件：1. 中共韶关市武江区委机构设置表
　　　2. 韶关市武江区人民政府机构设置表

附件1

中共韶关市武江区委机构设置表

表1

纪律检查委员会监察委员会机关	办公室	组织部	宣传部	统一战线工作部	政法委员会	全面深化改革委员会办公室（设在办公室）	全面依法治区委员会办公室（设在区司法局）	国家安全委员会办公室（设在办公室）	网络安全和信息化委员会办公室（设在宣传部）	机构编制委员会办公室	审计委员会办公室（设在区审计局）	农村工作办公室（设在区农业农村局）	直属机关工作委员会	巡察工作领导小组办公室

说　明：

韶关市武江区委设置纪检监察机关1个，计入机构限额的工作机关8个（设在相关部门的区委议事协调机构的办事机构不计入机构限额）。其中，纪律检查委员会与监察委员会合署办公，实行一套工作机构、两个机关名称；办公室挂保密委员会办公室、区国家保密局、机要局、区密码管理局、区档案局牌子；组织部挂老干局，区公务员局牌子；宣传部挂区政府新闻办公室、区精神文明建设委员会办公室、区新闻出版局（区版权局）、区互联网信息办公室牌子；统一战线工作部挂区民族宗教事务局、区台港澳事务局牌子。

附件2

韶关市武江区人民政府机构设置表

表2

办公室	发展和改革局	教育局	工业和信息化局	民政局	司法局	财政局	人力资源和社会保障局	自然资源局	住房和城乡建设局	农业农村局	文化旅游体育局	卫生健康局	退役军人事务局	应急管理局	审计局	市场监督管理局	统计局	医疗保障局	城市管理和综合执法局	政务服务数据管理局

说　明：

韶关市武江区人民政府设置工作部门21个。其中，办公室挂外事局、信访局牌子；发展和改革局挂粮食和物资储备局牌子；工业和信息化局挂科学技术局、商务局牌子；自然资源局挂林业局牌子；住房和城乡建设局挂人民防空办公室、交通运输局、水务局牌子；农业农村局挂扶贫开发办公室牌子；市场监督管理局挂知识产权局牌子。民族宗教事务局列入政府工作部门序列，不计入机构限额。

韶关市武江区人民政府办公室关于印发《韶关市武江区打好污染防治攻坚战三年行动计划（2018—2020年）》的通知

韶武府办〔2019〕10号

各镇人民政府、街道办事处，区府直属各单位及驻区有关单位：

经区政府同意，现将《韶关市武江区打好污染防治攻坚战三年行动计划（2018—2020年）》印发给你们，请认真贯彻执行。

韶关市武江区人民政府办公室

2019年5月7日

韶关市武江区打好污染防治攻坚战三年行动计划（2018—2020年）

为深入学习贯彻习近平总书记重要讲话精神和习近平生态文明思想，落实中央《关于全面加强生态环境保护坚决打好污染防治攻坚战的意见》要求，全面加强生态环境保护，坚决打好污染防治攻坚战，加快推进生态文明建设，努力建设美丽武江，现结合我区实际制定本计划。

一、总体要求

（一）指导思想

全面贯彻党的十九大精神，以习近平新时代中国特色社会主义思想为指导，深入贯彻习近平总书记重要讲话精神，统筹推进“五位一体”总体布局和协调推进“四个全面”战略布局，坚持保护优先，强化问题导向，突出改革创新，注重依法监管，推进全民共治，围绕“四减四增”，坚决打赢蓝天保卫战和打好水源地保护、劣V类水体消除、城市黑臭水体治理、农业农村污染治理，集中力量解决突出生态环境问题，改革完善生态环境治理体系，推动形成绿色生产生活方式，实现生态环境质量持续改善，更好地满足人民日益增长的优美生态环境需要。

（二）总体目标

到2020年，完成国家下达的总量减排任务，主要污染物排放总量大幅减少，生态环境质量总体改善，实现环境质量状况、绿色发展水平、生态环境治理能力走在全市前列。

大气环境质量方面。全区空气质量优良天数比例达到92.5%，PM2.5控制在33微克/立方米以下；基本消除重污染天气，空气质量达到国家二级标准（PM2.5低于35微克/立方米）。

水环境质量方面。优良水体比例明显提升。地表水国考断面水质优良比例达到84.5%以上；劣V类水体和城市建成区黑臭水体基本消除。

土壤环境质量方面。基本摸清土壤环境质量状况，有效防控土壤环境风险，保障农产品质量及人居环境安全，受污染耕地安全利用率达到87%左右，污染地块安全利用率不低于90%。

污染物减排方面。化学需氧量、氨氮、二氧化硫和氮氧化物排放量分别相对于2015年下降10.4%、11.3%、5.4% 和3%。挥发性有机物排放量相对于2015年下降18%。

二、全面加强党对污染防治攻坚战的领导

（一）完善领导体制机制

充分发挥污染防治攻坚战指挥部的作用，统筹协调处理污染防治工作中的重大问题，指导和督促各镇、街、部门落实中央决策部署和省、市的工作安排。落实领导干部生态文明建设责任制，严格实行党政同责、一岗双责。各级党委和政府必须坚决扛起生态文明建设和生态环境保护的政治责任，把加强生态环境保护和打好污染防治攻坚战摆到突出位置，压实责任，层层抓好落实。党委和政府主要负责同志是污染防治攻坚战的第一责任人，其他有关领导成员在职责范围内承担相应责任。建立健全污染防治攻坚战领导机制，制定具体的工作方案，明确责任、目标、任务、措施，强化督导督查，确保污染防治攻坚战顺利推进。充分调动基层党组织的积极性、主动性和创造性，把基层党组织建设成为坚强战斗堡垒，为打好污染防治攻坚战凝聚强大共识和合力。（区委组织部、区委编办、区住建局、区农业农村局牵头）

（二）强化考核激励

改革完善党政领导干部政绩考核体系，将加强生态环境保护和打好污染防治攻坚战情况纳入各级党政领导班子年度述职考核范围，研究制定污染防治攻坚战成效考核办法，建立科学合理的考核评价体系，考核结果作为各级领导班子和领导干部综合考核评价奖惩任免的重要依据，注重选配推进污染防治攻坚战工作得力、实绩突出的干部。加强正向激励，对污染防治攻坚战成效显著的地方，区级财政资金将进行奖励。强化量化刚性问责，对在污染防治攻坚战中失职失责、任务完成严重滞后的，约谈主要负责人，同时责成其向区委和区政府作出深刻检查；对损害生态环境的领导干部依纪依法严格问责、终身追责。（区住建局牵头，区纪委监委、区委组织部、区财政局、区人社局落实）

（三）强化监督合力

纪检监察机关要突出抓早抓小，把加强监督贯穿污染防治攻坚战全过程，提供坚强纪律保障。各级人大、政协要充分发挥监督作用，把生态文明建设和生态环境保护作为重点工作，积极建言献策。各级政府要主动接受社会监督，政府网站应及时公布本地区生态环境保护政策和污染防治行动计划，积极回应群众诉求。开展领导干部自然资源资产离任审计，强化资源利用和生态环境保护领域的审计监督。健全人大、政协及纪检监察机关和审计等部门的信息共享机制，形成监督合力，实现监督长效化。（区住建局牵头，区纪委监委、区人大常委会办公室、区政协办公室、区委宣传部、区审计局落实）

（四）加强宣传引导

及时报道生态环境保护成效做法、存在问题及整改情况，增强群众对生态环境保护工作的认同和支持。强化舆论引导和舆情研判，牢牢把握话语权和主导权。加快构建生态环境保护行动体系，引导社会力量投身生态环境保护，让每个人都成为生态环境的保护者、建设者、受益者，推动形成人人参与生态环境保护的良好氛围。（区委宣传部牵头，区住建局、区文旅体局落实）

三、突出抓好水污染治理

（一）加强水源地环境保护

1.工作目标：全力确保饮用水水源安全，市级集中式饮用水水源水质全部达到或优于IE类。到2019年11月底，完成饮用水水源保护区内环境违法问题清理整治。

2.工作重点：加快推进饮用水水源保护区规范化建设，配合市生态环境局在边界设立明确地理界标和警示标志。2019年11月底前，完成饮用水水源保护区内环境违法问题清理整治。建立健全饮用水水源保护区日常巡查长效机制，杜绝已整改问题死灰复燃，实现精准管理。（区住建局牵头，区城市管理和综合执法局、区农业农村局、各镇落实）

（二）强化优良水体保护

1.工作目标：到2020年，优良水质比例达到84.5%，确保有国考断面水质达到优良，优质水体比例有所提升。

2.工作重点：加强水陆统筹，强化源头控制，突出上下游、干支流水污染联防联治，分流域、分区域系统推进水污染防治。全区组织开展污染专项治理，推动我区水生态环境持续改善。（区住建局牵头，区农业农村局、各镇街落实）

（三）基本消除黑臭水体

1.工作目标：到2020年，全区城市建成区基本消除黑臭水体。

2.工作重点：综合采取控源截污、内源治理、生态修复、活水循环等措施，清理整治黑臭水体沿岸排污口及沿岸垃圾、水面漂浮物、河床底泥，严格控制生活污水、工业废水、农业废水等直排入河。对群众举报的黑臭水体，及时核实、抓紧整治。到2020年，全区城市建成区黑臭水体消除比例达到90%以上，建立健全长效机制，确保整治效果长期保持。（区城市管理和综合执法局牵头，区住建局、区农业农村局、区发改局、区自然资源局、各镇街落实）

（四）加快推进污水处理设施建设

1. 工作目标：2019年，全区建制镇实现污水处理设施全面覆盖。到2020年，城区污水处理率力争达到90%。

2. 工作重点：着力完善配套污水管网建设，到2020年，建制镇新增配套污水管网11.45公里，确保管网与污水处理设施联通。加快提升污水处理能力，到2020年，新建镇级生活污水处理设施3座，新增日处理规模0.43万吨。新建、改建和扩建城镇生活污水处理设施的出水，全面执行城镇污水处理厂污染物排放标准（GB18918—2002）一级A标准及广东省地方标准《水污染物排放限值》（DB44/26—2001）的较严值。因地制宜在排放口前建设人工湿地深度处理出水。（区住建局牵头，区发改局、区自然资源局、各镇人民政府落实）

四、坚决打赢蓝天保卫战

（一）加强施工工地和运输扬尘管理

1. 工作目标：所有纳入监管的施工工地全部满足“六个100%”。

2. 工作重点：督促所有纳入监管的施工工地严格落实现场100%围蔽、砂土100%覆盖、路面100%硬地化、现场100%洒水压尘、出工地车辆100%冲净车轮车身、暂不开发的场地100%绿化等扬尘管控措施，提高施工现场围蔽降噪功能，确保文明施工。制定车辆密闭技术规范，推进所有渣土运输车、泥头车、运砂车、垃圾收运车等进行改造或更新，实现全密闭化运输，严禁轮胎和车身带泥上路，严禁超载和出现洒落。（区住建局牵头，区城市管理和综合执法局、区市场监管局、市公安局武江分局、区自然资源局、各镇街落实）

（二）全面禁止露天焚烧

1. 工作目标：基本无露天焚烧和乱放烟花爆竹现象。

2. 工作重点：加强露天焚烧、烟花爆竹禁限放监管，依法查处露天焚烧和乱放烟花爆竹等违法行为。推行“文明、绿色、环保”的节日活动和宗教活动，落实文明敬香，减少露天焚烧祭祀。（区民宗局牵头，市公安局武江分局、区住建局、区农业农村局、区林业局、各镇街落实）

五、扎实开展土壤污染防治

（一）开展土壤污染状况详查

1. 工作目标：到2020年，基本摸清全区土壤环境质量状况。

2. 工作重点：2019年底前，完成全区农用地土壤污染状况详查，并协同开展食用农产品质量调查。以有色金属矿采选、有色金属冶炼等12个行业为重点，开展全区重点行业企业用地土壤污染状况调查，2019年底前，完成在产企业用地土壤污染状况调查。2020年年底前，完成重点工业园区用地土壤污染状况调查。（区农业农村局牵头，区住建局、区发改局、区工信局、区自然资源局、区林业局、各镇街落实）

（二）严格建设用地准入管理

1. 工作目标：到2020年，全区污染地块安全利用率不低于90%。

2. 工作重点：将建设用地土壤环境管理要求纳入城市规划和供地管理。依托全国污染地块土壤环境管理信息系统，建立疑似污染地块名录，污染地块名录、调查评估、风险管控、治理修复及其修复效果评估结果向社会公开。建立国土资源、环境保护、住房城乡建设等部门间的信息沟通机制，严格污染地块再开发利用准入管理。（区自然资源局牵头，区住建局、区农业农村局、各镇街落实）

六、加强固体废物综合管理

（一）加强一般工业固体废物资源化利用

1. 工作目标：到2020年，全区工业固体废物资源化利用率达到75%以上。

2. 工作重点：引导和促进固体废物综合利用行业规范发展，推进“城市矿产”示范基地建设，全面加强一般工业固体废物资源化利用。充分利用工业窑炉、水泥窑等设施消纳尾矿、粉煤灰、炉渣、冶炼废渣、脱硫石膏等工业固体废物，构建以水泥、建材、冶金等行业为重点的工业固体废物综合利用系统，提升工业“三废”资源化利用水平。加快建设一批水泥窑协同处置工业固体废物项目。（区工信局牵头，区发改局、区自然资源局、区住建局、各镇街落实）

（二）推进生活垃圾无害化处理和分类回收

1. 工作目标：到2020年，城市生活垃圾无害化处理率达到98%以上，村庄保洁覆盖面达到100%。

2. 工作重点：全面推进生活垃圾无害化处理项目建设、存量生活垃圾治理，差别化推进城镇和农村生活垃圾分类工作，加快建立分类投放、分类收集、分类运输、分类处理的生活垃圾处理系统，到2020年年底，国家生态文明先行示范区城市生活垃圾回收利用率达到35%以上。积极倡导绿色生活方式，组织开展快递业产生的废物减量化行动，减少白色污染。（区城市管理和综合执法局牵头，区住建局、区发改局、区工信局、区自然资源局、各镇

街落实）

（三）严厉打击非法转移倾倒固体废物行为

1. 工作目标：坚决遏制固体废物非法转移倾倒态势。

2. 工作重点：以涉固体废物行业企业为重点，聚焦危险废物产生、储存、转移、利用、处置环节，监控重点固体废物流向，加强内河以及码头等场所的监管。加强公安机关及住房城乡建设、交通运输等相关部门的分工协作，建立陆上堵、水上查的联防联控机制。开展打击固体废物环境违法行为专项督查，加大对非法转移倾倒固体废物、不按规定堆存固体废物、存在较大环境风险 的环境违法案件的督办查处力度。（区工信局牵头，市公安局武江分局、区自然资源局、区住建局、区农业农村局、各镇街落实）

七、大力推进农业农村污染治理

（一）推进农村“厕所革命”

1. 工作目标：到2020年，全区农村无害化卫生户厕普及率达到100%，全面普及乡村旅游区等公共厕所。

2.工作重点：加快推进农村厕所改造，按照群众接受、经济适用、维护方便、不污染公共水体的要求，大力开展农村户用卫生厕所建设和改造，推广农村完全资源化利用厕所，同步实施粪污治理，全面普及乡村旅游区等公共厕所。建立健全农村无害化卫生厕所长效管护机制。有效衔接生活污水处理，推进厕所污水和粪便有效处理或资源化利用。（区卫生健康局牵头，区住建局、区农业农村局、区文旅体局、各镇落实）

（二）强化畜禽养殖污染治理

1. 工作目标：到2020年，全区畜禽粪污资源化利用率达到75%以上，规模化养殖场粪污处理设施装备配套率达到95%以上。

2. 工作重点：实行畜禽养殖总量与区域双控制，严格执行禁养区环境监管，逐步扩大劣V类水体禁养区范围。推行现代化高效规模养殖场，减少散养户数量。运用信息化手段加强监管，规模化生猪养殖场实施在线智能化防控并纳入当地农业和环境保护部门监管平台。加快实施水产养殖污染防治。（区农业农村局牵头，区发改局、区住建局、各镇落实）

（三）严格控制农业面源污染

1. 工作目标：到2020年，全区测土配方施肥技术覆盖率达到90%以上，主要农作物化肥、农药利用率达到40%以上，实现化肥、农药使用量零增长。

2. 工作重点：大力推广测土配方施肥，加快高效缓释肥料、液体肥料、水溶肥料等高效新型肥料的应用，开展化肥深施、机械施肥试点，不断提高肥料利用率。研究利用补贴方式鼓励引导农民推进秸秆还田、种植绿肥、增施有机肥和土壤调理剂，合理调整施肥结构，促进化肥减量增效。全面推行高效、低毒、低残留农药及生物农药和先进施药机械，推进病虫疫情统防统治和绿色防控。深入实施世界银行贷款农业面源污染治理项目，大力推广环境友好型种植业，探索对种植农户使用环境友好型化肥、农药给予补贴的机制，科学构建基层技术推广队伍，实现种植业生产减少化肥、农药使用量和对环境的污染。（区农业农村局牵头，区工信局、区住建局、各镇落实）

八、调整优化产业结构

（一）依法依规推动落后产能退出

1. 工作目标：利用综合标准，促使一批落后产能依法依规关停退出。

2. 工作重点：全面落实《关于利用综合标准依法依规推动落后产能退出的指导意见》，严格能耗、环保、安全、质量、技术方面的常态化执法和强制性标准实施，促使一批落后产能依法依规关停退出。严格执行节约能源法，对达不到强制性能耗限额标准要求的产能，限期整改；逾期未整改或经整改仍未达标的，依法关停退出。严格执行环境保护法律法规，对超过大气和水等污染物排放标准排污、违反固体废物管理法律法规，以及超过重点污染物总量控制指标排污的企业，责令采取限制生产、停产整治等措施；情节严重的，报经有批准权的人民政府批准，责令停业、关闭。严格执行安全生产法，对安全生产条件达不到相关法律、行政法规和国家标准或行业标准要求的产能，立即停产停业整顿；经停产停业整顿仍不具备安全生产条件的，予以关闭；有关部门应当吊销其相关证照。严格执行产品质量法，对相关产品质量达不到强制性标准要求的产能，依法查处并责令停产整改。（区工信局牵头，区发改局、区财政局、区人社局、区自然资源局、区住建局、区农业农村局、区市场监管局、各镇街落实）

（二）开展“散乱污”工业企业（场所）综合整治

1. 工作目标：2019年年底前，基本完成全区“散乱污”工业企业（场所）综合整治工作。

2. 工作重点：通过关停取缔、整合搬迁、整改提升等措施，对各类“散乱污”工业企业（场所）实施分类处置，2018年底前，完成城市交界处、工业集聚区、村级工业园“散乱污”工业企业（场所）整治，完成排查清单整治任务的40%；2019年底前，完成“散乱污”工业企业（场所）专项整治。完善长效监管机制，及时复查巩固整治成果，2020年开展全区“散乱污”工业企业（场所）综合整治“回头看”，防止反弹回潮。（区住建局牵头，区城市管理和综合执法局、区自然资源局、区发改局、区工信局、区市场监管局、各镇街落实）

（三）加快工业绿色化循环化升级改造

1. 工作目标：全区绿色低碳循环发展水平大幅提升。

2. 工作重点：以传统工业绿色改造升级为重点，深入推进高耗能设备系统和流程工业系统节能改造，推进万企清洁生产审核行动，加快构建绿色制造体系，实现制造业高效清洁循环低碳发展。实施百园循环化改造行动，通过集中生产、集中管理、集中治污等措施，推动各类省、市级工业园区循环化改造升级。推动家具等行业污染工艺使用“共性工厂”，实现同类企业污染物集中处理。（区工信局牵头，区发改局、区住建局、区市场监管局、各镇街落实）

（四）大力发展低碳环保产业

1. 工作目标：尽快形成一批具有竞争力的节能环保品牌和龙头企业。

2. 工作重点：大力发展以低碳为特征的新兴产业，形成以高科技产业和现代服务业为主的低碳产业体系。实施节能环保产业重大技术装备产业化工程，推动低碳循环、治污减排。鼓励环保企业优化联合，加快培育一批具有竞争力的节能环保品牌和龙头企业。推动节能环保技术咨询、系统设计、设备制造、工程施工、运营管理等专业化服务综合发展，促进环保产业链上下游整合，积极发展环境服务综合体。依托现有生态工业示范园区、循环化改造试点园区、循环经济工业园等平台，在地区形成以资源综合利用为特色的产业集聚带。（区工信局牵头，区住建局、区市场监管局、各镇街落实）

九、加强组织实施

（一）夯实各方责任。深入研究我区污染防治工作的突出短板，明确时间表、路线图、任务书，进一步压紧压实责任。区住建局定期向区污染防治攻坚战指挥部报告工作进展情况。各级党组织和政府对本行政区域的生态环境质量负总责。各相关部门要履行好生态环境保护职责，按一岗双责的要求抓好工作，各牵头单位在推进工作中，可根据实际需要调整落实单位。各部门要认真落实《广东省生态环境保护工作责任清单》，做到守土有责、守土尽责、分工协作、共同发力。综合运用经济、法律以及必要的行政手段，健全约束和激励机制，推动企业履行主体责任。（区住建局牵头，区污染防治攻坚战指挥部其他成员单位落实）

（二）加强督察。持续抓好中央环境保护督察及“回头看”反馈意见整改落实。健全“回头看”机制，通过 督察、交办、巡查、约谈、专项督察，推动中央环境保护督察整改和污染防治攻坚战各项任务完成。整合环境保护及相关领域污染防治和生态保护职责、队伍，统一实行生态环境保护。依法整治污染环境、破坏生态的违法犯罪行为，充分发挥刑事司法的威慑作用；依法监督环境资源行政行为，支持行政机关依法履行职责；依法审理与污染防治攻坚战密切相关的环境民事案件，稳妥推进环境公益诉讼、生态环境损害赔偿诉讼。在重点区域、重点流域开展多部门联合执法，依法从严从重查处环境违法行为，对涉嫌违法违纪的启动“一案双查”。（区住建局牵头，区委编办、区自然资源局、区农业农村局、区林业局、区市场监管局、区法院、区检察院落实）

（三）严格准入标准。逐步收严重点行业、重点污染物、重点区域和流域污染物排放标准，在钢铁、石化、水泥、化工、有色金属冶炼等行业执行大气污染物特别排放限值，在矿产资源集中开发区实施重点污染物特别排放限值。严格环保准入，实施生态环境保护清单式管理，完善环境分区管控，加快实施生态保护红线、环境质量底线、资源利用上线和环境准入负面清单。（区住建局牵头，区发改局、区自然资源局、区市场监管局落实）

（四）落实资金保障。资金投入向污染防治攻坚战倾斜，坚持投入同攻坚任务相匹配，强化污染防治、重大环保基础设施建设等资金保障。逐步建立常态化、稳定的财政资金投入机制，积极拓宽环保投融资渠道，落实国家支持节能环保的税收政策，实施环境保护税法，完善征收管理制度。充分运用市场化手段，完善资源环境价格机制，推进社会化生态环境治理和保护，采取多种方式支持政府和社会资本合作项目。（区财政局牵头，区发改局、区工信局、区住建局、区税务局落实）

附件：武江区打好污染防治攻坚战三年行动计划工作任务清单

武江区打好污染防治攻坚战三年行动计划工作任务清单

表1

序　号	任务内容	任务措施	牵头单位	责任单位
1	突出抓好水污染治理	加快推进饮用水水源保护区规范化建设，配合市生态环境局在边界设立明确地理界标和警示标志。2019年11月底前，完成饮用水水源保护区内环境违法问题清理整治	区住建局	区城市管理和综合执法局、区农业农村局、各镇
2		加强水陆统筹，强化源头控制，突出上下游、干支流水污染联防联治，分流域、分区域系统推进水污染防治。全区组织开展污染专项治理，推动我区水生态环境持续改善	区住建局	区农业农村局、各镇街
3		到2020年，全区城市建成区黑臭水体消除比例达到90%以上，建立健全长效机制，确保整治效果长期保持	区城市管理和综合执法局	区住建局、区农业农村局、区发改局、区自然资源局、各镇街
4		着力完善配套污水管网建设，到2020年，建制镇新增配套污水管网11.45公里，确保管网与污水处理设施联通。加快提升污水处理能力，到2020年，新建镇级生活污水处理设施3座，新增日处理规模0.43万吨	区住建局	区发改局、区自然资源局、各镇
5	坚决打赢蓝天保卫战	督促所有纳入监管的施工工地严格落实现场“六个100%”扬尘管控措施，提高施工现场围蔽降噪功能，确保文明施工	区住建局	区城市管理和综合执法局、区市场监管局、市公安局武江分局、区自热资源局
6		加强露天焚烧、烟花爆竹禁限放监管，依法查处露天焚烧和乱放烟花爆竹等违法行为。推行“文明、绿色、环保”的节日活动和宗教活动，落实文明敬香，减少露天焚烧祭祀	区民宗局	市公安局武江分局、区住建局、区农业农村局、区自然资源局（区林业局）、各镇街
7	扎实开展土壤污染防治	2019年年底前，完成全区农用地土壤污染状况详查，并协同开展食用农产品质量调查。2019年年底前，完成在产企业用地土壤污染状况调查。2020年年底前，完成重点工业园区用地土壤污染状况调查	区农业农村局	区住建局、区发改局、区工信局、区自然资源局（区林业局）、各镇街
8		将建设用地土壤环境管理要求纳入城市规划和供地管理。到2020年，全区污染地块安全利用率不低于90%	区自然资源局	区住建局、区农业农村局、各镇街
9	加强固体废物综合管理	引导和促进固体废物综合利用行业规范发展，到2020年，全区工业固体废物资源化利用率达到75%以上	区工信局	区发改局、区自然资源局、区住建局、各镇街
10		全面推进生活垃圾无害化处理项目建设、存量生活垃圾治理，差别化推进城镇和农村生活垃圾分类工作	区城市管理和综合执法局	区住建局、区发改局、区工信局、区自然资源局、各镇街
11		开展打击固体废物环境违法行为专项督查，加大对非法转移倾倒固体废物、不按规定堆存固体废物、存在较大环境风险 的环境违法案件的督办查处力度	区工信局	市公安局武江分局、区自然资源局、区住建局、区农业农村局、各镇街

续表1

序　号	任务内容	任务措施	牵头单位	责任单位
12	大力推进农业农村污染治理	建立健全农村无害化卫生厕所长效管护机制。到2020年，全区农村无害化卫生户厕普及率达到100%，全面普及乡村旅游区等公共厕所	区卫生健康局	区住建局、区农业农村局、区文旅体局、各镇
13		实行畜禽养殖总量与区域双控制，严格执行禁养区环境监管，逐步扩大劣V类水体禁养区范围。到2020年，全区畜禽粪污资源化利用率达到75%以上，规模化养殖场粪污处理设施装备配套率达到95%以上	区农业农村局	区发改局、区住建局、各镇
14		大力推广测土配方施肥，到2020年，全区测土配方施肥技术覆盖率达到90%以上，主要农作物化肥、农药利用率达到40%以上，实现化肥、农药使用量零增长	区农业农村局	区工信局、区住建局、各镇
15	调整优化产业结构	利用综合标准，促使一批落后产能依法依规关停退出。严格执行节约能源法，对达不到强制性能耗限额标准要求的产能，限期整改；逾期未整改或经整改仍未达标的，依法关停退出	区工信局	区发改局、区财政局、区人社局、区自然资源局、区住建局、区农业农村局、区市场监管局、各镇街
16		2019年底前，完成“散乱污”工业企业（场所）专项整治。完善长效监管机制，及时复查巩固整治成果，2020年开展全区“散乱污”工业企业（场所）综合整治“回头看”，防止反弹回潮	区住建局	区城市管理和综合执法局、区自然资源局、区发改局、区工信局、区市场监管局、各镇街
17		深入推进高耗能设备系统和流程工业系统节能改造，推进万企清洁生产审核行动，加快构建绿色制造体系，实现制造业高效清洁循环低碳发展	区工信局	区发改局、区住建局、区市场监管局、各镇街

韶关市武江区人民政府办公室关于印发《2019年武江区老旧小区示范改造工作实施方案》的通知

韶武府办〔2019〕15号

新华、惠民街道办事处，区府直属及驻区有关单位：

根据《韶关市人民政府办公室关于印发2019年韶关市区老旧小区示范改造工作方案的通知》（韶府办〔2019〕40号）文件精神和工作要求，结合我区实际，制定《2019年武江区老旧小区示范改造工作实施方案》，现印发给你们，请认真抓好落实。落实中遇到的问题，请径向区住建局（区老旧办）反映。

韶关市武江区人民政府办公室

2019年5月30日

2019年武江区老旧小区示范改造工作实施方案

根据市委、市政府工作部署及区委、区政府工作安排，按照《2019年韶关市区老旧小区示范改造工作方案》等相关要求，为全面推动我区老旧小区居住品质的改造工作，总结西河镇坝厂新村、新华街道织布厂西区宿舍及合成氨厂宿舍（合并改造）、惠民街道市一建宿舍等试点成功经验，结合实际，制定本实施方案：

一、工作目标

按照《2019年韶关市区老旧小区示范改造工作方案》的要求，坚持以为民惠民为出发点，先民生再提升，运用“共同缔造”理念，重点解决老旧小区建筑物破损、环境脏乱差、市政设施不完善及管理机制不健全、社区治理体系不完善等问题。通过一年的示范改造工作，改造完成辖区12个试点老旧小区的目标，使武江区老旧小区的居住品质得到改善，社区治理体系趋向完善，群众幸福感、满意度进一步提升。进一步建立常态化的老旧小区改造工作机制，让更多老旧小区居民共享改革发展成果。

二、工作要求

（一）改造对象。本方案示范改造的老旧小区主要是指2000年以前建成、环境条件差、配套设施不齐全或破损严重、无障碍设施建设缺失、管理服务机制不健全、群众反映强烈的住宅小区。

（二）民意为先。示范改造的老旧小区必须要有强烈的改造意愿，居民支持率不低于90%，在示范改造工作全程贯穿共同缔造的理念和方法，通过宣传发动，让居民愿意拆除违建、让出用地、投工投劳投资，小区的相关单位积极参与改造过程。对不能形成共同缔造氛围的小区，坚决不纳入改造范围，共同缔造以奖代补部分、居民自筹资金部分资金到位率不低于90%。同时，改造内容要充分尊重民意，建什么、怎么建、怎么管要从居民所需所盼入手，主动适应居民个性化、差异化的需求，补齐基础设施和公共服务配套的短板，适度提升小区环境，改善居民生活品质。

（三）因地制宜。要加强引导，结合海绵城市、地方特色及小区特点，汇集民众智慧，科学编制高水平改造提升方案。改造过程中要本着“花小钱、办大事、利管理”的原则，将钱花在刀刃上，尽量选择经济实用的本土建材或小区中可利用的废弃物，力求小区改造有特色、有实效。

（四）建管并重。要在建设之初就考虑后续管理问题，要引导成立业主委员会或业主自管小组，创新社会管理模式，特别要创新物业管理模式，推广菜单式购买社会服务与自治相结合的方式，实现小区管理的规范持续。

三、主要任务

（一）发动群众到位。镇街、社区要通过扎实到位的宣传发动工作，让居民知晓老旧小区改造政策，认同“共同缔造”理念，期盼改造成效，积极主动参与老旧小区示范改造，切实把群众改造意愿高、积极性强、基础条件合适的老旧小区筛选出来作为示范改造小区。对改造代价大、改造成效不明显的小区慎重纳入，对可通过棚改、三旧改造、土地收储等方式进行拆迁安置的小区原则上不纳入老旧小区改造。

（二）改造内容明确。老旧小区改造是补短板的民生实事，重在解决当前小区环境脏乱差、基础设施缺失、老化的短板问题。改造内容主要包括市政配套设施、小区公共环境、建筑物本体、公共服务设施等，并结合海绵城市、垃圾分类、无障碍及适老设施的建设要求对公共部分进行有针对性的改造。改造标准要契合实际，不宜过高，要科学合理控制改造的投资规模，对投入资金多的改造内容，尤其是大型隐蔽工程应论证后实施。凡涉及个人部分的各类改造内容，按照“共同缔造”原则，由居民达成共识后再进行改造。改造的具体内容、标准及分类参照2018年试点工作相关政策执行。

（三）改造质量保证。老旧小区改造是民生实事，是民心工程，要高度重视改造质量。一是注重改造规划设计方案质量，要借助专业技术力量，结合群众智慧，因地制宜开展设计，从小处着手，从细节出发，融入小区特色，走足程序，确保方案质量；二是注重工程质量安全，要合理选择建设模式，选好施工队伍，对施工过程加强质量安全监管，做好工程的竣工联合验收工作。

（四）改造效果明显。老旧小区示范改造要突出改造成效，改善老旧小区居民的居住环境和生活品质，提高群众获得感、幸福感、安全感。示范改造的老旧小区改造，要达到以下基本效果：一是小区改造前后环境对比明显，群众关切的问题要得到解决，小区干净整洁有序。二是小区改造落实“共同缔造”理念，居民出资参与改造，营造文化元素等软环境氛围。

（五）长效机制建立。老旧小区示范改造要建立长效管理机制并运作顺畅，业主委员会或居民自我管理组织应当在改造前成立，带领引导居民对改造需求、后续物业服务等进行“点菜”，并组织居民参与工程质量安全的群众监督工作。街道办事处要加强对业主大会、业主委员会的指导，同时强化社区党组织对业主委员会或居民自我管理组织的领导。改造过程中要同步建立小区环境卫生保洁制度、居民公约、小区议事规则等各项制度，并实际运作有效。

四、资金筹集

（一）改造资金筹集

老旧小区改造资金可由居民出资、管线经营单位投资、财政以奖代补、多元化社会资本投入等方式筹集。小区红线范围内改造的资金由全体居民共同承担，居民出资来源包括住宅专项维修资金、公共收益、捐资等资金，2019年财政按照“共同缔造”原则对老旧小区示范改造实行以奖代补。其中，对基本完善类项目（其中供水、供电、供气、弱电除外）的财政奖补标准原则上不超过该类项目改造费用的70%。优化提升类项目的财政奖补标准原则上不超过该类项目改造费用的20%（加装电梯的以奖代除外）。供水、供电、供气、弱电的以奖代补标准，延续2018年的试点工作政策标准。经论证后应实施的雨污分流工程费用，示范改造涉及的方案编制、造价咨询等前期及技术服务性费用，由财政全额承担。

1. 根据政策由居民出资承担的资金必须到位后，财政以奖代补部分才能予以配齐。老旧小区改造结合三供一业进行的，如三供一业资金可满足居民改造需求的，应当在三供一业资金范畴内解决。在三供一业之外实施的老旧小区改造，三供一业资金不得作为居民出资，且居民出资到位后，财政以奖代补部分才予以配齐。

2. 管线单位向居民收取的初装费等相关费用，应在改造前向小区居民公布，有关优惠按试点工作的标准执行，属于政策性低保户和困难户的，各经营单位按政策给予入户初装费用减免优惠。

此次2019年老旧小区示范改造，涉及由财政承担的资金，原则上由市、区财政按7：3分担，市、区财政在最高限额1.5万元/户内按比例进行承担。市级、区级对加装电梯的奖励不在最高限额内。

五、工作步骤

（一）项目启动（2019年1月1日至2019年3月30日）

要充分利用报纸媒体、宣传栏、微信平台等各种媒介，加大老旧小区共同缔造的宣传力度，街道、社区协助改造工作意愿强烈小区成立业委会或自管小组，并组织相关部门、街道、社区干部、业委会及自管小组、物业公司负责人等参观学习试点小区做法、典型案例，收集小区简介基本情况。区老旧办、区住建局要加强对具体负责改造工作干部的业务培训，使之充分了解共同缔造项目以奖代补的精髓，掌握老旧小区改造提升工作的目标、内容、流程、方法、步骤等。

（二）项目生成（2019年3月31日至2019 年6月30日）

1. 项目征集。业委会或自管小组征集小区居民对改造内容的意见后，由社区居委会通过听评会的形式统一居民意见，收集经专有部分占建筑面积三分之二以上的业主且占总户数三分之二以上的业主同意签署的《居民出资承诺书》，并且以小区为单位统筹收取的诚意金不低于1000元/户，同时交纳诚意金的户数比例不小于90%（诚意金由居委会代管），协助小区完善审批材料提交街道提出改造申请。

2. 制定初步方案。街道可通过购买服务的方式提供方案设计造价咨询服务，改造方案应包括设计方案、工程预算、资金筹集方案、长效管理和社区治理体系建设等一系列内容。应按“一进小区形成共识，二进小区形成初稿，三进小区形成定稿”的“三进三成”模式开展改造方案编制。街道要组织设计单位现场观摩学习、借鉴试点项目的先进经验，按照“花小钱、办实事、节约实用”的原则，以小区居民意愿为主，结合小区实际进行方案设计。

3. 改造方案确认。改造方案编制完成，经小区“双三分之二”以上业主同意后，应在小区公示，并由小区业主委员会或自管小组签字确认，书面向社区民委会提出改造申请。

4. 确定改造项目。社区居民委员会对申请项目进行汇总上报街道，街道综合考虑项目自筹资金承诺比例、居民参与度和积极性等因素进行初审，通过后统一上报区老旧办。区老旧办按照“先急后缓、统筹平衡、分步实施”的原则，对申报项目进行论证评审，上报区政府对老旧小区改造示范项目改造方案进行审批。优先改造市政设施基础较差、改造较迫切、群众参与度较高、意见较统一、居民自筹资金到位率高的项目。并将审批通过后的方案报市老旧办备案，以备案后的方案为依据即可向区发改部门立项。

（三）项目实施（2019年7月1日至2019 年10月30日）

老旧小区改造工作由街道负责具体组织实施。参按照试点小区经验做法，鉴于老旧小区改造试点工作的特殊性，具体根据有关规定可以采取灵活方式确定建设（代建）、施工、监理、设计单位。具体按照《2019年韶关市区老旧小区示范改造工作方案》执行，工程投资预算需经区财政审核中心审核。燃气、水务、供电和弱电（通信、有线电视）等管线改工程由其管线单位负责改造。各管线单位与涉及“三供一业”改造小区应按照项目所在街道、代建单位的统筹协调，与其他改造工程同步设计、施工。管线部分若涉及财政奖补资金的，应由管线部门和街道签订资金奖补协议，其工程投资预算需经区财政审核中心审核。建设（代建）单位应将老旧小区改造提升项目纳入固投和建安产值统计范围，对投资额较小的项目可合并打包，确保项目应统进统。

（四）巩固阶段（2019年11月1日至2019年11月30日）工程实施完毕后，进一步完善巩固，构建创新社区治理的长效模式。

1. 组织竣工验收，移交管理。项目完工后，经小区业主委员会或居民自治小组验收通过并签字确认后，由代建单位按照竣工验收程序，提供相关资料向街道提出初步验收申请，组织进行交验并移交管理。

2. 推动业主自治，实现“三完善”。各街道要推动成立业主委员会或业主自治小组，完善组织队伍，完善社区服务，完善共建机制，实现“三完善”。

3. 建立健全物业管理。改造后，小区的管理和维护应由业主自行负责。街道要鼓励、指导小区引入物业服务管理或建立自治管理，健全小区管理各项制度、严禁违章搭盖，从空中走线等行为，保障改造提升成果。街道要积极探索创新老旧小区的物业管理新模式，协助做好基本服务工作。

4. 健全维修资金归集机制。街道、社区要加强宣传指导，建立、归集房屋专项维修资金，包括首期专项维修资金和日常专项维修资金，为房屋后续维修提供资金保障。在不影响规划的前提下，在改造中可根据小区实际增设业主委员会活动用房、岗亭、收费停车场等可产生持续性收益的设施，经营收入作为公共收益，纳入专项维修资金。

（五）总结阶段（2019年12月1日至2019年12月31日）

通过召开现场会、座谈会、专家评审会等方式，全面总结示范改造项目改造经验，对存在问题及时进行分析，查找原因，加以改进完善。老旧小区改造后，区老旧办、各街道要进行总结和评估，特别要提炼有创新的工作机制和工作经验，建立老旧小区改造的长效机制和规范制度。

六、组织保障

（一）强化组织领导。老旧小区改造，要与城市提升、片区改造、全国文明城市创建、历史文化名城创建等相结合，并积极强化基层治理、社区网格化治理等工作融合，依托区老旧办统一协调推进。区老旧办负责协调新华街、惠民街、区住建局、区发改局、区经信局、区财政局、区委宣传部、区信访局、区城市管理和综合执法局、区公安分局、区民政局等相关部门做好老旧小区改造工作；要建立健全工作机制，制定区级老旧小区示范改造工作实施方案，负责推动落实。区老旧办协调供水、供电、供气、通信、有线电视等管线经营单位应指定专人负责，配合街道协同设计、施工等。区老旧办、街道、社区可安排前期组织工作经费，用于入户调查、组织指导居民开展好改造提升工作，可采用政府购买服务的方式实施。

（二）严格任务考核。区老旧办要加强对街道各部门工作落实的巡查督查，建立健全考评制度，各单位要落实限期反馈制度，促进各项工作落到实处。老旧小区改造完成后，区老旧办按照年度计划，从改造户数、改造内容、改造标准、长效管理机制建立情况等方面对各街道进行综合考核。

（三）加强资金监管。要深刻认识和把握“美好小区、共同缔造”的内涵实质，充分发挥财政资金的杠杆作用，实施“以奖代补”，激发群众参与热情。老旧小区改造奖补资金要列入区及街道财政预算，财政、审计部门会同有关部门建立健全“以奖代补”资金监管机制，确保资金用到实处。

（四）加大宣传引导。加大宣传力度，扩大宣传覆盖面，全方位、多角度、宽领域宣传老旧小区改造提升的重要意义、方法步骤和改造成效，切实做到网络上有内容、电视上有图像、广播里有声音、报纸上有文章，做到家喻户晓，人人皆知，形成领导重视、社会支持、群众参与的浓厚氛围。

附件：武江区2019年老旧小区示范改造候选小区名录

武江区老旧小区示范改造候选小区名录

表1

序　号	所属行政区	所属街道及居委	小区名称	地　址	栋　数	户　数	小区基本情况	最终落地实施的可能性
1	武江区	惠民街道东岗岭社区居委	汽配公司宿舍	工业东路20号	3	52	小区位于工业东路20号，建造于60年代，建筑面积约3068平方米，占地面积约3734平方米，建有1号2号3号三栋楼房，1栋建于60年代两梯4户5层高共16户，2栋建于70年代三梯5户5层共16户，3栋建于80年代末两梯4户9层高共20户，其中1栋1层、2栋1层2层、3栋1—4层同一私人老板购买后用于出租，总户数52户，常住人口约233人，党员人数约15人，老人小孩约125人，其中42户的房改房的产权中尚有20%属公司所有，10户的房改房产权私人所有，现小区无物业管理，由居民自行管理	小区居民参与度较高，落地实施可能性较大
2	武江区	惠民街道新村社区居委	茶叶公司宿舍	新华北路7号	2	71	茶叶公司宿舍始建于1982年，共建筑面积约 7800平方米，占地面积约1900平方米。茶叶公司宿舍共有 2 栋楼，其中 1 栋 8 层， 2栋 6层，约52户，常住人口数约208人。以1+3或2+3家庭模式为主、均是单位房改房，宿舍内无物业无值班。自提垃圾下楼至环卫设的垃圾桶处。	小区居民参与度较高，落地实施可能性较大
3	武江区	惠民街道新村社区居委	土产公司宿舍	新华北路5号	2	52	土产公司宿舍始建于1980年，共建筑面积约 4800平方米，占地面积约1900平方米。共有2 栋楼，其中1栋7层， 2栋7层，约71户、常住人口数约284人。以1+3或2+3家庭模式为主、均是单位房改房，宿舍内无物业无值班。自提垃圾下楼至环卫设的垃圾桶处。	小区居民参与度较高，落地实施可能性较大

续表1

序　号	所属行政区	所属街道及居委	小区名称	地　址	栋　数	户　数	小区基本情况	最终落地实施的可能性
4	武江区	惠民街道群康居委居委	饮服公司宿舍	新华北路74号	4	108	饮食公司宿舍隶属惠民街道群康社区居委会管辖范围，位于武江区新华北路（新）74号，该宿舍1栋始建于1979年，4栋始建于1984年，东、西楼建于1991年。共建筑面积约9500平方米，占地面积约3200平方米、共有4栋楼，其中1栋5层，4栋6层，东、西楼各9层，总户数108户、常住人口数320人左右。以1+3或2+3家庭模式为主、均是单位房改房，宿舍内无物业无值班。自提垃圾下楼至环卫设的垃圾桶处。	小区居民参与度较高，落地实施可能性较大
5	武江区	武江北社区居委会	果菜供销公司	光孝路14号	1	30	果菜供销公司宿舍隶属惠民街道武江北社区居委会管辖范围，位于光孝路14号，该宿舍区建于20世纪60—70年代，总面积约600平方米，共有1栋楼，30户，100多居民，是属早期关停并转企业单位宿舍。小区无管理	小区居民参与度较高，落地实施可能性较大
6	武江区	侨新社区居委会	棉纺厂宿舍	工业中路17号	4	158	棉纺厂宿舍隶属惠民街道侨新社区居委会管辖范围，位于武江区工业中路17号，该宿舍1栋始建于1987年，3栋始建于1999年，4、5栋始建于2000。共建筑面积约3200平方米、占地面积约 4000平方米、共有4栋楼，其中1、4、5栋为9层，3栋为10层，总户数134户、常住人口数600人左右。以1+3或2+3家庭模式为主、均是单位房改房，宿舍内无物业无值班。自提垃圾下楼至环卫设的垃圾桶处。	小区居民参与度较高，落地实施可能性较大
7	武江区	新华街	核工业二九〇研究所宿舍	工业东路33号	6	104	排污排水管堵塞、外墙脱落、地面破损、绿化不足	小区居民参与度高、落地实施可能性较大

续表1

序号	所属行政区	所属街道及居委	小区名称	地址	栋数	户数	小区基本情况	最终落地实施的可能性
8	武江区	新华街	省五建四工区宿舍	沙洲路32号	14	328	排污排水管堵塞、外墙脱落、地面破损、绿化不足	小区居民参与度高、落地实施可能性较大
9	武江区	新华街	粉末冶金厂宿舍	新华南路18号	5	176	排污排水管堵塞、外墙脱落、地面破损、绿化不足	小区居民参与度高、落地实施可能性较大
10	武江区	新华街	韶关市食品厂	武江南路104号	3	103	地面破损、基础设施不完善、电线乱拉乱搭、楼道昏暗	仅有一栋楼居民支持，可改一栋楼
11	武江区	新华街	韶关市米制品实业公司	新华南路桥西巷21号、芙蓉东路3号	3	80	环境卫生较差、地面破损、无绿化	小区居民出资意愿较低、落地实施可能性较低
12	武江区	新华街	韶关市东南钨冶企业有限公司	惠民南路143号	1	33	环境卫生杂乱、基础设施不完善、无绿化、缺乏管理	小区居民出资意愿较低、落地实施可能性较低

关于印发《2019年度武江区供给侧结构性改革系列工作方案》的通知

韶武府办〔2019〕16号

各镇（街），区府直属及驻区有关单位：

《2019年度武江区供给侧结构性改革改造提升传统产业工作方案》《2019年度武江区供给侧结构性改革发展新兴支柱产业培育经济发展新动能工作方案》《2019年度武江区供给侧结构性改革降成本工作方案》《2019年度武江区供给侧结构性改革补短板工作方案》《2019年度武江区供给侧结构性改革打造政务服务高地工作方案》已经区政府常务会议通过，现印发给你们，请认真贯彻执行。

韶关市武江区人民政府办公室

2019年7月31日

2019年武江区供给侧结构性改革改造提升传统产业工作方案

为深入推进供给侧结构性改革，加快推动我区2019年传统产业改造提升，根据《韶关市武江区人民政府办公室印发武江区关于深化供给侧结构性改革加快经济振兴发展三年行动计划及五个行动计划的通知》（韶武府办〔2018〕18号）精神，制定本工作方案。

一、目标任务

以供给侧结构性改革为主线，改造提升传统产业，以创新驱动、融合拓展、绿色生态为主攻方向，立足全区传统产业发展实际，大力推进传统产业提质增效，推动我区传统产业向创新型、效益型、集约型、环境友好型发展。

二、工作措施和责任分工

（一）实施优质重点企业“倍增”计划。1. 将“倍增计划”试点企业纳入市领导挂点联系企业范畴。2. 加强对“倍增计划”试点企业的跟踪与协调服务，协调解决企业在生产经营中存在的困难和问题，全力以赴促进企业倍增。3. 结合工业增加值、税收等指标对试点企业2018年运营情况进行综合研判，对于未能实现相应规模或效益增长的企业，在2019年7月底前启动预警机制和替换机制。4. 积极遴选辖区内优质企业，推荐其进入市“倍增计划”试点企业考察名单。（区工信局，排名首位的为牵头单位，下同）

（二）继续实施新一轮工业技改。贯彻落实市工业技改三年行动，支持企业技术改造和技术创新。严格按照《韶关市人民政府办公室关于印发韶关市推动工业企业技术改造促进产业转型升级三年行动方案（2018—2020年）的通知》（韶府办〔2018〕36号）要求，配合我区实际，引导传统优势产业企业通过技术改造和技术创新转型升级，力争2019年12月底前引导8家以上工业企业开展技术改造和技术创新工作。（区工信局）

（三）积极参与大湾区产业分工。引导大湾区优势行业、龙头企业向韶关功能性转移。1. 围绕装备制造开展全产业链招商，通过招商小分队和协会进行精准招商，力争年内引进装备制造项目1个以上。2. 大力宣传珠西扶持政策，发挥珠西扶持资金作用，推动我区装备制造业快速发展。3. 贯彻落实市级装备制造业首台（套）政策，组织辖区内符合申报条件的本地液压件、发配电设备、矿山工程机械等关键部件、成套装备及整机设备制造企业申报相应的扶持。（区工信局、甘棠工业园管理中心、区发改局）

（四）加快推进装备制造业发展。1. 依托宏大、韶瑞、源昊等现有装备制造业龙头企业，加大企业技改创新力度，提高发展水平，加快装备制造产业发展，全年装备制造业增加值增长8%以上。2. 加强项目服务，力促2019年底前深圳汉威特项目动工建设。（区工信局、甘棠工业园管理中心、区发改局）

（五）推进绿色低碳循环发展。推进重点企业清洁生产，落实重点行业企业清洁生产审核，力争全年完成清洁生产审核企业10家。（区工信局）

（六）贯彻落实“省实体经济十条（修订版）”，减轻企业负担。组织做好“省实体经济十条（修订版）”等政策的宣讲培训工作，努力实现“三覆盖”（即覆盖到基层部门工作人员、覆盖到大中小企业、覆盖到中小企业管理人员和财务人员）。（区工信局、区发改局、区财政局、区税务局、区人社局、区金融办）

（七）加强市场主体培育，建立完善高成长小微企业名录库，鼓励小微工业企业上规模，力争新增规模以上工业企业5家。1. 贯彻落实市促进小微工业企业上规模相关政策，开展2019年新增上规企业培育工作，力争新增规模以上工业企业5家。2. 建立完善高成长小微企业名录库，开展省高成长中小企业推荐工作。（区工信局）

（八）推进制造业重点领域两化融合。组织开展工业企业两化融合贯标试点工作，组织1家以上工业企业申报两化融合贯标试点。继续落实市级支持企业“上云上平台”加快发展工业互联网的奖补政策，组织辖区内企业申报“上云上平台”服务券。（区工信局）

（九）加大工业机器人推广应用力度。按时完成“广东省工业互联网服务平台”中我区工业企业申请“上云上平台”服务券的审核工作。充利用好省级财政资金和市级财政资金，推动工业企业特别是被列入“倍增计划”的企业实施“机器换人”。〔区工信局〕

（十）促进产业转移园提质增效。2019年园区产业园固定资产投资7亿元，规上工业增加值增长13%。贯彻落实园区三年提升计划，加大园区基础设施投入，积极配合市莞韶园开展甘棠园区东片区基础设施建设。（区工信局、甘棠工业园管理中心）

2019年武江区供给侧结构性改革发展新兴支柱产业培育经济发展新动能工作方案

为深入贯彻落实区委、区政府关于深化供给侧结构性改革加快经济振兴发展的决策部署，加快发展新兴支柱产业，根据《韶关市武江区人民政府办公室印发武江区关于深化供给侧结构性改革加快经济振兴发展三年行动计划及五个行动计划的通知》（韶武府办〔2018〕18号）精神，制定本工作方案。

一、总体要求

牢固树立和贯彻落实创新、协调、绿色、开放、共享的发展理念，主动适应和引领经济发展新常态，以新兴产业崛起为契机，大力推进我区先进装备制造、旅游文化、大数据、商贸物流、医药健康、现代特色农业等六大新兴支柱产业发展，构建新兴产业体系，进一步优化产业结构，培育经济发展新动能。

二、工作目标

到2019年底，全区科技研发投入加大，新兴产业企业创新能力加快提高，先进装备制造、旅游文化、大数据、商贸物流、医药健康、现代特色农业等六大新兴支柱产业企业数量有所提升，新兴支柱产业体系初步建立，新兴支柱产业增加值占GDP比重进一步提高，在经济社会发展中的位置更加突出。

三、主要任务及责任分工

（一）发展先进装备制造业。充分利用我区良好的工业基础，培育现有装备制造企业，引导企业投资扩产，壮大生产规模。大力引进国内外先进装备制造优势企业，优化产业布局，完善产业链。加大研发投入，加强核心关键技术攻关，提高企业的产品自主研发能力。全面加强与珠三角企业的产业合作，深度融入珠江西岸先进装备制造产业分工体系。积极配合莞韶园管委会开展韶关高新区创建工作。加快推进装备制造公共检测平台建设，确保中广测紧固件公共检测平台对外全面提供服务，力争核工业二九〇研究所通过省重点实验室认定。加大项目储备力度，落实省珠西产业带扶持政策。贯彻落实市级装备制造业首台（套）政策，积极组织符合申报条件的本地液压件、发配电设备、矿山工程机械等关键部件、成套装备及整机设备制造企业进行资金申报。发挥金融工程的作用，通过区属国有企业资金入股优质制造企业的方式，撬动银行资本参与企业混合制改革，大幅提升企业的融资能力和企业创新力。（区工信局、区发改局，区金融办，甘棠工业园管理中心，西联镇，辖区金融机构。排名首位的为牵头单位，下同）

（二）发展旅游文化业。大力发展全域旅游，力争2022年纳入“广东省全域旅游示范创建单位”名单。强化乡村旅游名镇、名村、民宿和驿站品牌建设，重点打造1个省定贫困村市级示范村农旅产业，配合举办第二届全国农民丰收节和策划举办乡村旅游季活动。加快文旅、文体旅融合。推进旅游厕所、标识标牌、咨询点、旅游服务中心等设施建设，完成新建和改扩建旅游厕所3座。（区文旅体局）

（三）发展大数据产业。依托韶关市电力保障能力强、成本低，处于南北信息通讯干线节点的优势，大力推进大数据交易平台、电子商务、软件服务业、创业创新等大数据相关产业发展，积极配合市级部门推进华南数谷大数据产业园区建设。切实履行属地职责，强化征拆等工作，保障智慧城市、教育组团、广东联通BPO等项目建设。（区工信局、区政务服务数据管理局、区征收中心、西联镇）

（四）发展现代物流业。加强龙头企业培育引进，推进物流业平台化、信息化、集约化，大力发展现代物流，促进企业物流成本降低。提升发展现有商贸物流产业。重点打造好广东雪印集团公司冷链物流项目。加强物流标准化建设，加快推进以托盘标准化为突破口的物流标准化试点；推进物流信息化建设，鼓励支持社会资本投资建设大型专业批发市场和商贸物流企业；大力发展配送中心、直达供货、连锁经营等新型物流业态，实现生产、交易、仓储、配送一体化；着力改变商贸物流方式，推动有条件的运输、仓储和代理等企业向第三方物流企业发展。到2019年，全区社会消费品零售总额年增长8%左右。〔区工信局、区发改局、区自然资源局、区市场监督管理局〕

（五）发展医药健康业。发挥我区制药产业优势，重点支持独家品种、专利产品、特色重要品种发展。积极推动企业增资扩产，推进利民制药厂打造国内高端液体制剂基地，推进岭南制药厂打造广东省抗癌药物生产基地。发挥现有化妆品产业基础作用，加大对萱嘉生物安幕茵系列的开发和市场开拓力度，打造一批具有武江生态品牌影响的化妆品。支持药品生产经营企业兼并重组，引入知名品牌，鼓励上市公司通过兼并重组在我区设立企业或总部，引导实施“互联网+药品流通”，推进线上线下融合发展，培育新兴业态。2019年新增投资额超亿元医药健康产业项目1—2个，打造一批快速发展的中小型企业梯队，形成发展稳健的产业格局。[区市场监管局、区工信局、甘棠工业园管理中心、各镇（街）]

（六）发展现代特色农业。全面推进我区农村集体产权制度改革，开展土地经营权入股发展农村产业化经营试点工作。在坚持农村土地集体所有的前提下，稳定农户承包权、放活土地经营权，形成所有权、承包权、经营权三权分置，经营权有序流转的格局。进一步推进农业供给侧结构性改革，大力发展“一村一品、一镇一业”，重点围绕优质稻、蔬菜、水果、花卉、畜禽等特色产业，通过政策扶持和项目引导，加速培育一批产业关联度大、技术水平高、带动能力强的“全产业链”农业龙头企业，吸引更多的社会资金投资我区农业。大力鼓励新型经营主体积极开展绿色、有机、无公害农产品标准认证，进一步促进农产品的提质增效。大力发展农产品精深加工，引导有条件的农业企业围绕粮油、果菜、中药材、肉奶蛋类、水产品加工等行业延长产业链，大力发展农产品加工业。依托猪八戒网，加快完善农村电子商务服务体系，促进农产品电子商务发展。大力推进武江龙归粮仓乡村振兴培训中心、武江区食用菌现代农业产业园等项目建设。（区农业农村局）

四、保障措施

（一）加强组织领导。各地、各部门要充分认识培育新兴支柱产业的重要性，采取有效措施，加快发新兴支柱产业。牵头单位要切实加强组织引导，精心部署；各配合单位要积极配合，通力合作，扎实推进，务求取得实效。

（二）强化分工落实。各有关单位要根据责任分工，强化落实，合力开展新兴支柱产业发展工作。要研究制定具体的工作推进方案和措施，提出具体目标要求和计划，并抓好贯彻落实。

（三）强化工作督导。各牵头单位要定期督导，梳理汇总工作推进情况，及时解决存在问题和困难，确保各项措施落地生根，确保各项工作落实到位，推进我区新兴支柱产业快速发展。

2019年武江区供给侧结构性改革降成本工作方案

为进一步推进我区供给侧结构性改革降成本工作，根据《韶关市武江区人民政府办公室印发武江区关于深化供给侧结构性改革加快经济振兴发展三年行动计划及五个行动计划的通知》（韶武府办〔2018〕18号）精神，制定本工作方案。

一、主要任务及责任分工

（一）全面落实减税政策。继续推进实施营业税改征增值税改革，简化增值税税率结构，抓好相关政策后续管理，确保纳税人充分享受改革红利。积极落实国家各项惠企减税政策，认真执行国家出台的扶持小微企业发展的减免税政策，减征增值税小规模纳税人“六税两费”，扩大享受企业所得税优惠的小型微利企业范围，提高科技型中小企业研发费用税前加计扣除比例，全面实施修改后的个人所得税法及其实施条例，落实好六项专项附加扣除政策，减轻居民税负。（区税务局、区财政局、区发改局、区工信局，排名首位的为牵头单位，下同）

（二）进一步加大涉企行政事业性收费减免力度。坚持现行省定涉企行政事业性收费“零收费”。严格执行中央和省的涉企行政事业性收费减

免事项。（区发改局、区财政局、区税务局、区司法局）

（三）严格规范涉企经营服务性收费。进一步清理各类电子政务平台服务收费，严禁依托电子政务平台捆绑服务并收费，不得以技术维护费、服务费、电子介质成本费等名义向企事业单位和个人收取任何经营服务性费用。查处和清理各种与行政职能挂钩且无法定依据的中介服务收费。（区发改局、区财政局、区工信局、区市场监管局）

（四）全面实施涉企收费目录清单管理。继续清理规范涉企收费，按省、市要求完善收费目录清单管理制度，对涉企行政事业性收费、政府性基金、经营服务性收费和行政审批前置中介服务收费等实行涉企收费清单制度，编制收费项目清单，明确项目名称、设立依据、收费标准，涉企收费项目清单之外再无行政机关或具有公共事务管理职能的组织收取的行政事业性收费和政府性基金等涉企收费。涉企收费项目清单在各级价格主管部门网站公开，接受社会监督。加强涉企收费监督管理，畅通企业举报渠道，完善查处机制，制止乱摊派、乱收费等违规行为，坚决取缔违规收费项目。（区发改局、区财政局、区市场监管局）

（五）严格落实政府性基金减免政策。落实好已明确的减免政府性基金等政策，清查取消违规设立的政府性基金。（区财政局、区发改局、区自然资源局、区住建局、区农业农村局、区税务局）

（六）全面清理规范行业协会、商会和第三方评估组织收费。积极稳妥推动行业协会、商会与行政机关脱钩，厘清行业协会、商会与行政机关职能边界，清理行业协会、商会强制企业付费参加考核评比、表彰、赞助捐赠等项目的违法违规行为。加强对行业协会、商会和第三方评估组织涉及行政审批前置的评估、咨询、鉴定等中介服务收费和经营服务性收费的专项检查，及时发现和处理行政机关违规指定行业协会、商会和第三方评估组织开展审批前置中介服务，以及依靠代行政府职能或利用行政资源强制收费等行为。（区民政局、区发改局、区政务服务数据管理局）

（七）积极运用政府置换债券减轻企业债务成本。积极利用已下达的地方政府置换债券，降低公共基础设施项目成本，减少利息支出，缓解相关企业偿债压力。（区财政局）

（八）深入推进公平竞争市场环境建设。清理和废除自行制定的影响统一市场形成的限制性规定，保障各类市场主体在投资核准、政府扶持、参与政府投资项目等方面享受同等待遇。取消限制民间投资进入自然资源开发、环境保护、能源、交通、市政公用事业等领域的相关政策，简化外商投资企业设立程序。加快推进市场准入负面清单制度。健全经营者自主定价领域的市场规则。组织实施公平竞争审查制度。（区市场监管局、区发改局、区工信局）

（九）深化“放管服”改革。简政放权、放管结合、优化服务同步推进，提高政府公共服务能力和水平，为企业提供优质公共服务和公共产品。深化行政审批制度改革，精简行政审批事项。根据省、市的工作部署和行政许可事项通用目录调整情况，印发区级行政许可事项目录和调整事项目录。深化“一门式一网式”政务服务模式，全面推广“马上办、网上办、就近办、一次办”，提高政务服务效能。依法规范每项行政审批事项申请材料、审批条件、裁量基准、办理时限，坚决去除各类无谓的证明和烦琐的手续。研究推广对符合条件且不需要新增建设用地的技术改造项目实行承诺备案管理。规范涉企行政检查行为，落实“双随机”抽查机制，建立随机抽查事项清单。（区政务服务数据管理局、区工信局、区发改局、区市场监管局）

（十）巩固行政审批中介服务事项清理规范工作成果。严格执行行政审批中介服务事项清单管理制度，凡未纳入我区保留目录的中介服务事项，各部门一律不得实施。根据国家和省的最新清理情况，结合我区实际，继续加大清理规范行政审批中介服务事项工作力度。继续完善中介服务“网上超市”建设，切实降低企业制度性交易成本。（区政务服务数据管理局、区发改局）

（十一）全面加快社会信用体系建设。利用好全国信用信息共享平台及企业信用信息公示系统、广东省中小微企业信用信息和融资对接平台，加强信用信息归集、共享、公开和使用。开展守信联合激励和失信联合惩戒，在行政管理、公共服务、市场交易和投融资等领域对守信企业实施优惠便利措施，对失信企业依法严格限制和约束。将注册登记、行政审批、行业主管部门作出的行政许可和行政处罚等信息归集到相应企业名下，依法予以公示。促进知识产权交易流通，加强知识产权保护，建立重点企业知识产权保护直通车制度，加大对专利、注册商标、商业秘密等方面知识产权侵权假冒行为的打击力度，降低企业维权成本。（区发改局、区金融办、区市场监管局、区工信局）

（十二）积极推动降低服务收费标准。整合建立统一的公共资源交易平台体系，依法确定收费范围，规范服务收费行为。行政审批中介服务项目收费实行市场调节价为主、政府定价为辅的监管方式，对市场发育成熟、价格形成机制健全、竞争充分规范的行政审批中介服务，一律通过市场调节价格，最大限度地缩小政府定价范围。加强经营服务性收费监管，对少数存在垄断的收费项目，加强成本监审，完善定价机制。（区发改局、区财政局、区自然资源局、区住建局）

（十三）促进国有企业相关问题解决。全面推进国有企业职工家属区“三供一业”分离移交。按照国家和省的有关政策及工作部署，稳步推进国有企业退休人员实行社会化管理工作。（区财政局、区人社局、区教育局、区公安分局、区民政局、区住建局、区卫生健康局）

（十四）统筹降低企业社保缴费比例。落实国家和省降低企业社保缴费比例要求，促进建立更加公平可持续的社保制度。依照市的工作部署，2018年5月1日至2019年12月31日期间，城镇职工基本医疗保险单位缴费率下调至5.5%。认真执行省、市确定的我区企业职工养老保险单位费率14%和第四类片区缴费费基标准。2019年1月1日至2020年12月31日期间，在现行工伤保险八类行业基准费率和浮动费率政策的基础上，用人单位工伤保险现行缴费费率再统一阶段性下调20%。进一步做好铁路、公路、水运、水利、能源、机场工程建设项目参加工伤保险工作。按照国家部署，推进生育保险与基本医疗保险合并实施。（区人社局、区财政局、区税务局、区医疗保障局）

（十五）认真落实降低企业住房公积金缴存比例政策。继续执行降低住房公积金缴存比例政策，对住房公积金缴存比例高于12%的一律予以规范调整，不得超过12%。生产经营困难企业除可降低缴存比例外，还可依法申请缓缴住房公积金，待效益好转后再提高缴存比例或恢复缴存并补缴缓缴的住房公积金。（区住建局、区发改局、区财政局）

（十六）提升公共就业服务水平。加强公共就业服务，构建高质高效公共就业服务平台，落实失业保险支持企业稳定岗位政策。免费为企业提供网上招聘服务，结合企业用工需求，有针对性地举办各类招聘活动，降低劳动力自由流动成本，加快形成统一开放、竞争有序的劳动力市场体系。（区人社局、区财政局）

（十七）加快实施能源领域相关改革。持续落实2017年基本放开竞争性领域和环节价格管制要求，形成充分竞争的机制，使能源价格充分反映市场供求变化，提高价格灵活性。（区发改局）

（十八）合理降低企业用电成本。认真贯彻落实国家和省的电价政策，按照省市的部署和要求，不断提升能源利用效率和用户用能水平。（区发改局）

（十九）协助市自然资源局进一步完善土地供应制度。积极推进工业用地长期租赁、先租后让、租让结合供应，灵活确定工业用地的供应方式和使用年限，鼓励以租赁方式使用土地，工业用地的使用者可在规定期限内按合同约定分期缴纳土地出让价款，降低工业企业用地成本。保障物流业用地供应，科学合理确定物流用地容积率。（区自然资源局、区财政局、区住建局）

（二十）大力推进流通标准化建设。继续配合市级省物流标准化试点城市后续工作，促进物流业降本增效。（区工信局、区发改局、区市场监管局）

（二十一）大力发展运输新业态。支持重大物流基地、城乡物流配送中心建设，完善全区物流综合服务网络。（区发改局、区工信局）

（二十二）全面清理规范工程建设领域保证金。开展建筑业缴纳各种保证金情况摸查，按照既有利于减轻企业负担、又能形成新约束机制的原则，制定切实可行的规范工程建设领域保证金政策措施。清查向企业收取保证金应返未返行为，按照“谁收取、谁返还”原则，分类制定切实可行的还款计划。（区住建局、区发改局、区财政局、区人社局、区司法局）

（二十三）鼓励企业充分利用信息技术手段降低成本。大力支持电子商务应用创新；加强先进技术推广应用和企业目标成本管理。（区工信局、区发改局、区财政局）

二、保障措施

（一）大力支持创新活动。加快实施创新驱动发展战略，深入推进大众创业、万众创新，加强科技创新、管理创新、机制创新、营销创新和商业模式创新。发展新兴产业，加大对企业创新活动的支持，提高创新资源产出率和全要素生产率。

（二）充分发挥“互联网+”作用。充分运用互联网、物联网、云计算等新一代信息技术，改进生产经营模式。通过“互联网+协同制造”，提升企业运营效率，降低运营成本。通过“互联网+高效物流”，提升运输效率，降低物流成本。通过“互联网+政务服务”，实现部门间数据共享，提高服务效率，降低交易成本。支持企业利用电子商务拓展市场、降低生产经营成本。

（三）有效降低监管成本。加强反垄断、反不正当竞争、知识产权保护、质量安全监督等市场监管；充分运用大数据手段，加强对市场主体的监管，提高监管效率。整合优化执法资源，有效避免多层多头重复执法。

（四）全面加强和改善公共服务。加强政府公共服务平台建设，扩大覆盖面，延伸服务终端，优化服务流程，提升服务效能。推广政府购买服务方式，吸引社会资本参与提供公共服务。深化户籍制度改革，实行居住证制度全覆盖，将异地务工人员纳入当地教育、基本医疗卫生等公共服务覆盖范围。

（五）积极调整优化产业布局。加强规划引导，综合考虑资源、市场等因素，加快经济结构调整，优化产业布局。加大对新区、开发区等功能性平台建设支持力度，加强公共基础设施和服务平台建设，完善产业链、物流链，提高产业发展的配套、协作和集约化水平。

（六）分行业有序推进降本增效。增强降成本工作的针对性，根据行业特点，研究制定具体政策措施，加快实施转型升级降本增效专项行动，有序推出并切实落实我市各重点行业的转型升级降本增效方案。

（七）严格规范行政检查行为。各有关部门要全面清理进企检查项目，进一步规范检查行为。法律法规规章规定必须进企检查的，检查实施单位要在年初制定计划，严格按计划实施，最大限度减少企业接受检查的时长和频次。确需实施临时检查的，检查实施单位要严格依法依规进行。

2019年武江区供给侧结构性改革补短板工作方案

为进一步推进我区供给侧结构性改革补短板工作，促进我区经济社会发展，根据《韶关市武江区人民政府办公室印发武江区关于深化供给侧结构性改革加快经济振兴发展三年行动计划及五个行动计划的通知》（韶武府办〔2018〕18号）精神，制定本工作方案。

一、总体要求

牢固树立并贯彻落实创新、协调、绿色、开放、共享发展理念，统筹把握好当前和长远、力度和节奏、主要矛盾和次要矛盾、政府和市场的关系，坚持问题导向、精准施策，重点在产业园区发展、公共服务平台建设、加快项目落地、城市扩容提质、基础设施建设、人才培养使用等领域，加大有效投资力度，强化项目支撑，创新体制机制，补齐振兴发展面临的突出短板，助推产业集聚发展，为我区深化供给侧结构性改革与全国同步全面建成小康社会提供支撑。

二、主要任务与责任分工

（一）补齐产业园区短板。

针对园区发展空间不足、基础设施不完善、土地利用率不高、服务企业效率不高等问题，加快产业共建平台建设，提升园区配套管理能力，理顺园区管理体制，加大对园区开发公司的扶持力度，强化土地征拆和闲置土地回收，推行园区项目审批“代办制”，着力补齐产业园区短板。

1. 加快产业共建平台建设。配合莞韶园做好创建国家级高新区工作，推进一区多园，实行各自独立核算，功能差异定位，统一政策，充分发挥各个园区积极性，促进园区扩能增效，完善园区内企业配套。配合推进“华南数谷”大数据产业园建设，完成园区空间规划编制，加快华为项目建设，积极吸引大数据龙头企业和骨干企业落地。配合谋划建设好珠江东岸产业合作区，以甘棠园区东片区为依托重点发展生物医药等科技含量较高、市场前景广阔的产业。（甘棠工业园管理中心、区工信局、区发改局、西联镇政府。排名首位的为牵头单位，下同）

2. 加大园区开发公司的扶持力度。推动园区开发公司实行现代企业管理制度，努力提升经营水平，鼓励运用市场化运作手段，依法参与土地一级市场开发，吸引银行、企业及社会资金共同开发建设工业园区。（甘棠工业园管理中心、区工信局、区发改局）

3. 强化征地拆迁和园区闲置土地回收。充分调动一线征拆人员积极性，加快征地拆迁进度，做好土地储备工作。根据市自然资源局下发的疑似闲置土地清单，加强土地利用动态巡查，为市自然资源局作出闲置土地认定和处置提供有力依据，为招商引资和新项目落地腾出空间，突破园区发展的土地瓶颈制约。（西联镇政府，区征收中心、区自然资源局、区财政局、甘棠工业园管理中心）

4. 推行园区项目审批“代办制”。为企业办理所有落地手续提供“绿色通道”，实行项目投资限时办结制度，建立签约项目台账制度、挂钩制度、督查制度，有效提高项目的履约率、动工率和投产率。（区发改局、区自然资源局、区住建局、甘棠工业园管理中心、西联镇政府）

（二）补齐公共服务平台短板。

针对我区研发服务、科技企业孵化、计量检测等产业公共服务平台数量少、服务水平低的问题，大力营造良好创新环境，加快研发机构建设，完善孵化育成体系，建设省级计量检测中心，着力补齐公共服务平台短板。

1. 营造良好的创新环境。加大财政科技投入，通过政府财政资金，引导传统产业加强自主创新及核心关键技术攻关力度。加强与珠三角创新对接及省内外高等院校、科研院所的全面合作，引进外部创新资源，促进协同创新。加强科技政策解读，培养企业经营管理者创新意识，促进企业由政府推动变为主动开展自主创新。（区工信局、区财政局）

2. 加快研发机构建设。加大重点骨干企业科技创新扶持力度，实行领导挂点、一对一帮扶，实现总产值5亿元以上工业企业研发机构全覆盖，1亿元以上工业企业研发机构覆盖率达20%以上。（区工信局、区发改局）

3. 加快科技孵化器（众创空间）建设。加快引进国内知名孵化器运营机构，快速提升我区孵化器运营管理水平，加快建设专业型孵化器，积极协助市做好莞韶双创（装备）中心建设及黄沙坪创新园引进生产性服务业项目进驻孵化等工作。（区工信局）

4. 配合建设省级产业计量测试中心。鼓励企业参与行业国际标准制定，探索新技术新产品新业态等计量、标准、认证直通车制度。以装备制造业为重点，鼓励企业积极采用国际标准和国外先进标准。共同推进计量测试中心建设、配合开展中科院韶关实验室国家级监测平台、广东省液压件产业计量测试中心申报筹建工作。（区市场监管局）

（三）补齐项目前期短板。

加快完善项目前期工作等机制体制，做好“多规合一”工作，强化项目建设要素保障，进一步深化“放管服”改革力度。

1. 强化项目建设要素保障。根据现行土地利用总体规划和永久基本农田划定成果，加强重点项目“多规合一”，做到土地利用总体规划与城乡规划、国民经济和社会发展规划相衔接，引导用地项目在规划区内选址，减少不必要的规划调整。积极协助区征收中心加强土地收储工作，提前梳理项目用地存在问题，及时完成征拆、解决经济与法律纠纷，协助辖区政府提前实施围闭、三通一平等熟地化工作，避免项目引进时才启动。区征收中心完善征地拆迁激励机制，调动征拆干部的工作积极性。（区自然资源局、区征收中心、区发改局、区住建局、各镇政府、街道办事处）

2. 加大“放管服”改革力度。学习借鉴珠三角的先进服务理念，探索制定项目审批“绿色通道”，提高项目审批效率。争取省进一步下放项目审批权限，减少需上报省审批的事项。简化审批事项中的审批要点，推广申报材料标准化，压减材料审查自由裁量权。进一步深化“一门式一网式”政府服务模式改革，整顿清理“红顶中介”，清理投资项目审批中介服务事项，推广“网上中介超市”。（区政务服务数据管理局、区发改局）

（四）补齐城乡发展短板。

加快城市扩容提质和乡村发展，不断夯实城乡发展基础，促进城乡融合发展。

1. 加快新能源汽车充电基础设施建设。建设或预留公交、环卫等公共服务领域，大型商场、文体场馆等城市公共场所及用户居住地充电设施，完善专业化服务与自行充电相结合的充电设施网络，在具备条件的政府机关、公共机构和企事业单位内部建设充电基础设施。（区发改局、区工信局、区住建局、区自然资源局、区市场监管局、相关镇街）

2. 进一步完善新区配套基础设施和老城区扩容提质建设。以芙蓉新区核心区、园区、成片开发区域为重点，新建主干道同步建设地下综合管廊。老旧城区结合“三旧”及棚户区改造、道路改扩建、河道治理、地下空间开发等稳步推进。建设芙蓉新城芙盛路、九龄路、人民路、梅关路等芙蓉新城管廊和道路工程。稳步推进市政工程项目，加快建设韶州大道、铜鼓大道等芙蓉新城路网工程，推进建设上饶路、金凤大桥，加快推进惠民路“白改黑”工程，建设垃圾中转站、公厕升级改造等市政基础设施。（区城市管理和综合执法局、区自然资源局、相关镇街0

3. 提高水利防灾减灾和水安全保障能力。继续推进中小河流治理；配合推进南水水库供水工程、供水厂和配套管网建设，提高供水质量和普及率。建设农村水利保障体系，推进大中型骨干灌区续建配套与节水改造和小型农田水利建设，大力发展高效节水灌溉。（区住建局、区农业农村局、区城市管理与综合执法局、相关镇街）

4. 推进教育基础设施建设。加快推进教育路幼儿园、金福园小学教学楼、车头小学、太阳城配套第二小学、御龙湾小学、市第九中学教学综合楼、龙归中心小学食堂、第十五中学安全隐患改造、江湾中心幼儿园、新建龙归中学宿舍楼、学校运动场改造等新建、迁建、扩建、改造项目，积极推进基础教育资源均衡配置，不断完善区域教育配套设施，稳步推进我区教育资源整合。（区教育局）

5. 持续加大医疗卫生投入。配合市卫生健康局加快推进市妇幼保健计划生育服务中心、韶关市第一人民医院迁建、韶关前海人寿医院、粤北二院传染病综合大楼等项目建设。大力推进基层医疗机构建设，加快推进社区卫生服务中心和镇卫生院建设。加快村卫生站公建规范化建设，2019年建设16间村卫生站，实现公建村卫生站全覆盖。（区卫生健康局、各镇街）

6. 大力提升农村发展能力。推进农业产业园建设，发展特色优质农产品；推进农村人居环境综合整治，打造精品线路和样板村，发展休闲观光旅游业；推进农村集体产权制度改革，提高农村经济发展水平；推动农村土地流转，加快农业规模化、集约化、特色化发展。（区农业农村局、区住建局、各镇人民政府）

7. 加强环境污染治理。加快农村生活污水和垃圾处理。因地制宜，采取分散和集中相结合的方式处理生活污水，加快推进农村生活污水处理设施建设。实行农村生活垃圾处理减量化、资源化、无害化全过程控制和管理，推行“分类收集、定点投放、分拣清运、回收利用”，确保2019年底行政村村庄保洁覆盖率达到100%，90%以上农村生活垃圾得到有效处理。大力解决大气、水、土壤污染，切实解决畜禽养殖污染问题。（区住建局、区农业农村局、相关镇）

（五）补齐交通通讯等重要基础设施短板。

补齐交通基础设施短板，强化区域性交通基础设施建设。大力提升通信基础设施覆盖的广度和深度。

1. 加快“四好”农村公路建设。2019年计划投资0.23亿元，优化农村公路网络，进一步提升农村公路通达性，提高我区农村公路通行能力和路况水平。继续推进我区通建制村“畅反不畅”、通200人以上自然村道路路面硬化建设、县乡公路安全生命防护、危桥改造工程，优先实施对农村公路中较窄路面道路的拓宽改造工程。〔区公路站、相关镇〕

2. 加快信息基础设施项目建设。重点推进无线宽带城市建设，加快城市4G网络规模化应用和实施4G网络入乡进村工程，提升城乡4G覆盖能力。积极做好5G网络基站的建设工作，为我区未来建设智慧工厂、智慧车站等行业应用提供支撑。大力推进光纤网络与农村地区光纤入户工程。加快建设骨干光缆环，深入实施城镇信息基础设施和宽带乡村建设工程，大幅提升我区光缆网络覆盖密度和网间带宽。（区工信局、区发改局、区财政局、区住建局、相关镇街）

（六）补齐人才短板。

针对我区技术人才供给与市场需求矛盾、创新创业人才不足、人才服务环境有待改善等问题，加大力度引进培养创新创业人才，完善人才干事创业激励机制，补齐人才短板。

1. 加大力度引进培养创新创业人才。落实“双百”人才政策，落实扶持产业科技人才新政，用好省、市人才发展专项资金，紧紧围绕产业科技发展需要，大力引进培养紧缺适用人才和高层次人才。落实高校毕业生来韶在韶就业、加快新时代博士和博士后人才创新发展等实施意见，积极宣传扶持产业科技人才政策，鼓励重点企业与高校联合定向培养各类人才尤其是技能人才，开展高校毕业生留韶就业行动，做大人才增量。（区人社局、区工信局）

2. 大力实施人才强区战略。配合举办企业人才活动周等系列人才活动，发动区内企业等单位积极申报“珠江人才计划”“广东特支计划”“扬帆计划”等省级重大人才工程项目。建设人才驿站，做好人才引进培养工作。（区人社局、区工信局）

3. 完善人才创业就业激励机制。开展形式多样的就业创业政策宣传；加强创业培训，提高劳动者创业能力与水平，落实创业担保贷款和创业扶持补贴政策，着力解决初创企业资金难题；深入实施“粤菜师傅”工程，加快全区“粤菜师傅”培育平台建设，开展粤菜师傅职业技能培训，培育一批烹饪技能人才；加强扶持技能晋升培训政策宣传力度，全面落实技能培训补贴政策；落实好社保补贴、岗位补贴、培训鉴定补贴、职业介绍补贴等扶持政策，支持劳动者灵活就业、流动就业和稳定就业。（区人社局、区文旅体局）

4. 加大机关事业单位公开招录（聘）力度，不断完善事业单位聘任制度。加快实施《韶关市武江区机关事业单位人才资源开发与配置三年规划（2018—2020）》，有计划性地开展机关、事业单位工作人员招录（聘）工作，全面提升武江区干部队伍整体素质；积极做好人才服务工作，及时掌握全区重点领域人才，本地培养人才、外地引进人才等人才信息。（区委组织部、区委编办、区人社局、区教育局、区卫健局）

三、保障措施

（一）加强组织领导。各有关部门要成立由分管负责同志任组长的领导机构，形成上下联动、协同合作、强力推进的工作机制。围绕目标任务，制定节点计划，细化推进举措，明确责任主体，强化保障措施，确保补短板各项工作高效、有序、有力开展。

（二）落实工作责任。区有关部门要及时研究补短板工作落实中的突出问题，制定产业、金融、财政、用地、用电等配套政策，建立重点工作任务台账，完善工作动态跟踪机制，完善工作推进机制和政策环境，确保补短板各项任务顺利推进。

（三）强化督查督办。各牵头部门要对工作落实情况实行全过程跟踪督查，并于每季度结束后5个工作日内汇总推进落实情况报送区发改局，由区发改局汇总后报区政府。

附件：武江区2019年供给侧结构性改革补短板重大项目情况表

附件：

武江区2019年供给侧结构性改革补短板重大项目情况表

表1　　　　单位：亿元

序　号	项目名称	建设内容及规模	建设起止年限	总投资	2019年投资计划	责任单位
	总计（43项）			187.25	45.04	
一	补齐产业园区短板（10项）					
1	武江区新蓝天高端纺织材料生产项目	占地面积60亩，建筑面积80000平方米。建设厂房及配套设施	2019年—2020年	3.5	0.5	区工信局
2	武江区环凯公司微生物安全快速检测与高效控制产品项目	建筑面积约7.4万平方米，建设生产车间、仓库及其他配套设施	2019年—2020年	3	0.5	区工信局
3	莞韶双创中心	总建筑面积6.8万平方米，建设厂房两栋、宿舍一栋	2019—2020年	5	1.2	区工信局
4	白云电器（韶关）智能电网装备产业基地	占地面积210亩，建设面积9.37万平方米，生产智能电网三箱、钣金、配电变压器等产品	2019—2020年（第一期）	7.4	2.5	团区委
5	广州发展韶关武江光伏发电项目	项目占地2000亩装机88万千瓦。总投资35000万元	2019年—2020年	3.5	3.5	龙归镇
6	印雪精舍旅游配套设施项目（黄沙坪“互联网+”小镇项目）	占地面积60.2亩，建筑面积2.6万平方米，地上最高四层，地下一层，总客房数139间，停车位155个	2016—2020年	2.11	0.56	区发改局
7	莞韶城三期（龙归片）基础设施项目	道路、给排水管网等建设以及场地平整	2017—2021年	21.5	1	龙归镇
8	莞韶产业园沐溪-阳山片区基础设施建设项目	场地平整、道路建设及景观提升	2017—2019年	4.7	1	西联镇
9	莞韶产业园甘棠生物制药产业园基础设施项目	征地拆迁、场地平整、道路、管网等基础设施建设	2019年—2020年	3.2	1.5	西联镇甘棠工业园管理中心
10	莞韶产业园保障房（两限房）及配套公建项目	占地面积为62亩，建筑面积为16.8万平方米。建设住宅、商业及配套设施	2018年—2020年	3.95	2.4	区住建局
二	补齐城乡发展短板（32项）					

续表1

序　号	项目名称	建设内容及规模	建设起止年限	总投资	2019年投资计划	责任单位
1	韶州公园建设项目	占地面积3718.05亩，建设道路、绿化、园建及配套设施	2018—2020年	2.13	1.1	区城管局
2	韶州文化广场	建筑面积24.9万平方米，建设市民活动中心、图书馆、美术馆、展览馆、档案馆、剧院及公用地下车库等	2019—2022年	27.7	2	区文旅体局
3	武广客运专线韶关综合客运枢纽	占地约219亩，总建筑面积约为16.5万平方米，建设长途客运站房及生活附属用房、旅游集散中心及其配套附属用房、换乘设施、站前广场、停车场等	2015—2019年	9.86	0.75	区政协办 区征收办
4	烟厂内涝点整治工程	武江区烟厂及周边区域，面积约58.64公顷；福林路，道路横断面20米，长约513米；西岸村道路，设计横断面12米，长363米。道路建设内容包括道路工程、给排水工程、通信工程、交通工程、照明工程、绿化工程、支护工程等	2019—2020年	0.52	0.52	区城管局
5	★5号路等10条新区路网建设项目	包含5号路、12号路、14号路东段、20号路、29号路、15号路、22号路、27号路、33号路等道路，全长19.2公里	2018—2020年	11.96	1.84	西联镇
6	惠民路断面改造提升工程项目	全长约3.26千米，道路红线30—34米，建设内容包括路基、路面、路灯等工程	2019年	0.66	0.66	区城管局
7	南水水库供水工程水厂工程部分	建设取水隧道，铺设输水管道，扩建西河二水厂，完善市区供水管网	2018—2020年	6.34	1	区城管局
8	北江航道“五改三”项目	在孟洲坝新建一个按三级航道要求的二线船闸	2016—2019年	12.5	1.5	西联镇 区住建局
9	武江区村镇生活垃圾和污水处理设施建设项目	建设3个乡镇污水处理厂及配套管网、3个镇区农村生活污水处理设施及配套管网、2座生活综合减量站及配套工程，购置生活垃圾运输车	2018—2019年	1.34	0.64	区住建局

续表1

序　号	项目名称	建设内容及规模	建设起止年限	总投资	2019年投资计划	责任单位
10	芙蓉新城管廊和道路建设项目	建设芙蓉新城芙盛路、九龄路、人民路、梅关路、滨江路延长线，道路全长11.4公里	2016—2020年	8.41	1.48	西联镇 区委政法委
11	芙蓉新城新白线道路工程	道路长7.268公里，宽40米，双向六车道	2017—2020年	6.15	1.30	西联镇 区委政法委
12	原武江区市政PPP工程（压缩后项目）	韶关大道北、朝阳路断面改造及芙蓉大道北及高架桥、金凤桥、教育西路	2018—2021年	待定	5	区住建局
13	北江桥西桥头交通节点整治工程	新建匝道长303.46米，宽12米，以及人行天桥两座	2018—2019年	1.31	1.30	区城管局
14	韶关市第一人民医院迁建项目	建筑面积13.2万平方米，设置病床980张，建设门诊楼、医技楼、住院楼、专家综合楼、道路广场、绿化、公用工程及配备医疗专用设备等	2018—2025年	10	1	区卫健局
15	粤北二院传染病综合大楼项目	建筑面积约4.2万平方米，建设传染病综合大楼及基础配套设施等	2018—2019年	3.59	1.86	区卫健局
16	韶关市妇幼保健计划生育服务中心项目	建筑面积8.1万平方米，建设妇产综合楼、儿童医院综合楼、儿童保健中心等	2017—2019年	5.55	2.03	区卫健局
17	前海人寿（韶关）医院建设项目	建筑面积17.28万平方米，建设三级甲等综合医院、公寓楼、活力楼及护理公寓等，共计1540床位	2018—2021年	13.92	2.50	区卫健局
18	沙洲尾社区卫生服务中心建设项目	建设沙洲尾社区卫生服务中心，建筑面积1674.4平方米。	2018—2019年	0.075	0.073	区卫健局
19	芙蓉新区社区卫生服务中心建设项目	建设芙蓉新区社区卫生服务中心，建筑面积1625平方米。	2018—2019年	0.085	0.084	区卫健局
20	西联镇卫生院建设项目	新建西联镇卫生院，规模待定	2018—2020年	待定	待定	区卫健局
21	西河镇卫生院建设项目	新建占地面积2666平方米的卫生院	2018—2020年	0.07	0.07	区卫健局
22	韶关市委党校红色教育基地建设项目	占地面积约104亩，建设学员综合楼、食堂及配套辅助用房等	2019年	2	1	区委组织部
23	车头小学	建设教学辅助用房、运动场、体育馆、体育馆地下停车场、多功能会议厅、校园绿化、围墙、校门、家长接送风雨亭等	2019—2020年	1.12	0.50	区教育局

续表1

序　号	项目名称	建设内容及规模	建设起止年限	总投资	2019年投资计划	责任单位
24	韶关市育威中等职业学校迁建工程	占地面积76.23亩，建筑面积8.7万平方米，其中新建面积6.2万平方米，装修改造面积2.5万平方米	2018—2019年	3.1	1.5	区教育局
25	武江区金福园小学教学综合楼工程	教学综合楼建设地下1层，地上6层，总层高23.8米，总建筑面积4745.98平方米	2019年	0.14	0.14	区教育局
26	教育路幼儿园	占地面积2442平方米，新建4层8班幼儿园规模；规划建筑面积约为4357平方米	2019—2020年	0.18	0.03	区教育局
27	太阳城配套第二小学	占地面积约为27965.64平方米，设置有音乐室、书法室、舞蹈室、阅览室等配套教学场所以及食堂、设备用房等功能空间，规划总建筑面积约12782.79平方米	2018—2019年	0.1	0.1	区教育局
28	御龙湾小学	占地面积约12000平方米，五层24班小学教学楼，规划建筑面积约为8646平方米，由欧浦置业公司进行建设并全面装修	2019年	0.08	0.08	区教育局
29	市九中学教学综合楼	在校内东面建一栋综合楼，占地面积约614平方米，总建筑面积约3145平方米	2019—2020年	0.1	0.01	区教育局
30	第十五中学安全隐患改造	对十五中校内运动场地面沉降及校门围墙出现的大裂缝进行改造	2019	0.0235	0.0235	区教育局
31	江湾中心幼儿园	规划红线范围面积为4197平方米，建筑面积3043.29平方米，新建建筑物一栋3层9个班公办幼儿园	2019—2020年	0.1	0.02	区教育局
32	学校运动场改造项目	华泰小学运动场改造项目、金福园小学运动场改造项目	2019年	0.043	0.043	区教育局
三	补齐交通通讯等重要基础设施短板（1项）					
1	韶关市“四好农村路”建设项目（武江）	新增错车道、公路安全防护设施、破碎路面挖补	2019年	0.23	0.23	区公路站

2019年武江区供给侧结构性改革打造政务服务高地工作方案

为贯彻落实市委市政府和区委区政府关于深化供给侧结构性改革的决策部署，切实做好我区“提高行政效率，打造政务服务高地”工作，更快更好地促进企业注册、投资项目、投资审批等事项落地，根据《韶关市武江区人民政府办公室印发关于武江区关于深化供给侧结构性改革加快经济振兴发展三年行动计划及五个行动计划的通知》（韶武府办〔2018〕18号）精神和《2019年韶关市供给侧结构性改革打造政务服务高地工作方案》，结合实际，制定本工作方案。

一、工作目标

创新政府管理和服务方式，推进体制、机制和管理手段不断完善，将我区打造成政务服务高效、营商环境优良、监督体系健全的政务服务高地，为提升我区经济发展，深化供给侧结构性改革，加快企业注册、投资项目、投资审批等事项落地，建设服务型政府打好坚实基础。

二、重点任务与政策措施

（一）全面提升行政审批效率

1. 加快推进行政审批改革。

（1）继续对行政许可事项目录实行动态管理。根据国家和省市改革调整情况以及广东省行政许可事项通用目录的更新情况，对我区的行政许可目录进行调整，适时制定《武江区行政许可事项目录（2019年版）》。（区政务服务数据管理局）

（2）加强权责清单管理。根据省市的部署，按照法律法规的立改废释以及机构改革职能调整，依托“十统一”平台，调整区级政府工作部门权责清单，明确政府权力和责任“台账”。（区政务服务数据管理局）

（3）巩固行政审批中介服务事项清理规范工作成果。严格执行行政审批中介服务事项清单管理制度，凡未纳入我区保留目录的中介服务事项，各部门一律不得实施。根据省和市的最新清理情况，结合我区实际继续清理规范行政审批中介服务事项工作力度。配合市做好完善中介服务“网上超市”建设，切实降低企业制度性交易成本。（区政务服务数据管理局、区发改局，排名首位的为牵头单位，下同）

2. 加快推进“一门式一网式”政务服务改革。

（1）大力推进“一门办”。将面向企业和群众、依申请办理的行政权力和公共服务事项基本进驻实体服务大厅集中办理，2019年基本实现“应进必进”，重点推进企业群众办理较多的公安、社保、税务等业务进驻大厅办理。加强大厅管理，建立和完善前台和后台工作机制，建立综合窗口和业务部门工作人员管理制度、窗口与部门联动协作制度、服务流程等制度，规范平台运作。整合更多单位和事项进驻到综合服务窗口，2019年实现进驻大厅事项70%以上“一窗受理”。继续推行事项同办联办服务，以群众和企业办理“一件事情”为标准再造流程，实行同办联办服务“一次办好”。（区政务服务数据管理局、区直有关单位）

（2）加快推进一网式改革。按省市统一部署，配合推进韶关市“一门式一网式”政务服务信息系统提升改造，升级优化系统功能。配合开通粤省事韶关专版，推动我区高频政务服务事项进驻“粤省事”，提升优化我区政务服务环境。进一步梳理规范区镇村政务服务事项，持续推进政务服务事项进驻省政务服务事项“十统一”标准化梳理系统和“一门式一网式”政务服务信息系统，深入开展网上办事应用。继续推进政务服务系统和中省垂直业务系统对接，加强信息数据的互联互通，避免重复录入。大力推行“互联网+政务服务”，推进企业专属网页和市民个人网页、电子证照、政务信息资源共享平台等系统推广应用工作。（区政务服务数据管理局、各镇（街道）、区委网信办、区直有关单位）

（3）深化区镇村“一门式一网式”政务服务模式改革。推进更多事项进驻到区、镇、村实体服务大厅办理，不断丰富镇村平台服务内容，实施区级窗口前移，将更多事项委托授权至镇村平台办理。进一步规范镇村服务事项，做到全区镇村事项名称、材料、流程基本统一，推进镇村办理事项规范化、标准化。进一步推动区镇村三级政务服务平台服务模式改革，将大部分事项整合到各级综合服务窗口实行“一窗通办”，建立完善镇村综合服务窗口运作机制，打通服务群众“最后一公里”。协助配合推行“全市通办”服务模式，打破区域限制，让群众就近能办、异地可办，实现全市一体化政务服务体系。（区政务服务数据管理局、各镇（街道）、区直有关单位〕

3. 加快推进项目投资审批改革。

（1）推进项目审批制度改革。严格落实《韶关市人民政府办公室关于印发韶关市进一步优化建设工程项目审批流程改革实施方案的通知》（韶府办〔2018〕39号）文件精神。推广申报材料标准化，压减材料审查自由裁量权。（区发改局、区自然资源局、区住建局、区政务服务数据管理局、区直有关单位）

（2）完善协调工作机制。成立项目建设指挥部，建立投资项目快速协调机制，及时解决推进项目过程中遇到的各类问题，出台相关政策文件，明确具体解决办法。（区发改局）

（3）整合扩大工程建设项目综合服务窗口。根据区委、区政府相关工作要求，整合扩大工程建设项目综合服务窗口，建立“一窗受理，集成服务”模式。将相关业务按“前台综合受理，后台分类审批，窗口统一出件”的运作模式，为工程建设项目提供一次性综合咨询、统一受理、统一出件服务。进一步梳理投资项目事项标准，并逐步实现标准化。加强综合服务窗口人员业务培训，组建“一张表单”、“一套机制”审批服务专业队伍。（区政务服务中心、区直有关部门）

4. 加快推进商事制度改革

（1）推进“多证合一”改革。按照全国统一的“多证合一”改革涉企证照事项目录，加强与社保、税务等部门信息共享，把属于信息采集、记载公示、管理备案类的各种证整合到营业执照上。（区市场监管局）

（2）进一步优化审批服务。减少办证环节，压缩开办企业时间，降低市场准入制度性成本。实行标准化服务和限时办结承诺。加强办证窗口标准化管理，按照国家和省的调整而调整更新行政许可事项办事指南和业务手册，对现有企业登记注册流程进行再梳理，进一步简化优化，切实做到“三个统一”，即登记流程统一、材料标准统一、审批标准统一，使群众对企业设立、变更、注销的各个步骤及流程“一看就明白、一办能办成”。（区市场监管局）

（3）大力推广全程电子化商事登记和电子营业执照应用。加大力度推广全程电子化商事登记，积极引导企业和群众网上办照，在实现区域、业务、主体类型全覆盖的基础上，全面提高“网办率”，实现“互联网+”环境下的“一照走天下”。（区市场监管局）

（4）加快推进市场主体各项业务登记便利化。实行住所及经营场所登记改革，推行“住所信息申报”的商事主体住所管理模式，实行新业态企业集群注册，允许“一址多照”及“住改商”。在省的统一部署下，不断完善市场退出机制，简化市场退出手续。（区市场监管局）

（5）健全市场监管部门与关联审批部门沟通协调新机制。利用平台加强商事登记与审批部门之间的工作衔接和数据互通，按照《广东省市场监管条例》要求，配合引导推动各部门按职责实施行政许可和加强事中事后监管。（区市场监管局）

（二）全面提升服务企业水平

1. 切实优化惠企政策

（1）继续做好宣贯培训工作。组织做好“省实体经济十条（修订版）”等政策的宣讲培训工作，努力实现“三覆盖”（即覆盖到基层部门工作人员、覆盖到大中小企业、覆盖到中小企业管理人员和财务人员）。（区工信局）

（2）贯彻落实支持科技创新、有效投资、生态经济、外贸企业、民生经济、高级企业管理人才等税费优惠政策和各项小微企业普惠性税收减免政策；充分发挥企业所得税优惠政策的引导作用，积极落实高新技术企业优惠政策、软件企业优惠政策和研发费用加计扣除政策等创新优惠政策；推进个人所得税改革，落实好个人所得税专项附加扣除政策；持续推进办税（费）便利化改革，简化纳税人办税流程，提升办税便利化水平。（区税务局）

2. 搭建沟通服务渠道。一是建立健全政企双方网络互动平台。持续推广“政企通”微信平台，实时全程展示诉求处理动态。二是抓好挂点联系帮扶。建立提升服务企业能力、优化营商环境工作机制，继续做好2019年区领导挂点联系企业工作，区四套班子成员和区直相关部门定期走访，深入所挂点联系企业开展调查研究，了解企业的运营情况，倾听企业的意见建议，协调解决企业生产经营过程中遇到的困难和问题，主动帮助协调解决问题。（区工信局）

3. 提高公共服务供给效率。根据实际需要和财力状况，在城镇供水、污水垃圾处理、水利设施、公路水路基础设施、医疗机构、养老服务机构、教育机构、文化设施、体育设施等传统基础设施和公共服务领域，开展政府和社会资本合作（PPP），优先通过招标、竞争性谈判等竞争性方式引进社会资本，鼓励通过市场化方式进行运营管理，扩大公共产品和服务供给。清理规范行政审批中介服务，配合推进中介服务市场化改革，推广使用“中介服务超市”。加快事业单位分类改革，有序推进行政审批部门与需开展中介服务的所属事业单位脱钩，破解“红顶中介”问题。（区发改局、区委编办、区财政局、区政务服务数据管理局、区自然资源局、区住建局、区直有关单位）

4. 增加金融有效供给。集中资源着重培育重点企业。规范制造业小微企业贷款贴息工作，缓解制造业小微企业融资难题。协助上级金融部门培育上市企业。（区金融办、区工信局）

（三）全面完善政府购买服务

1. 完善购买服务工作机制。加强与上级主管部门沟通，根据机构改革有关要求及市相关工作部署，建立健全购买服务监管规则、绩效评价制度和操作性强的配套措施及工作流程等，形成上下结合的政策体系。将政府购买服务资金列入财政预算予以保障。加强资金管理，强化部门支出责任，加强成本效益分析，注重结果应用。制定我区社会组织发展专项规划，推进政府购买服务向制度化规范化发展。（区财政局、区民政局、区直有关单位）

2. 培育发展社会组织。结合武江区城乡社区发展、扶贫助困、精神文明建设等方面的服务需求，着力培育发展一批开展为民服务、公益慈善、邻里互助、文体娱乐等活动的社会组织。大力培育发展社区社会组织，对加强社区治理体系建设、推动社会治理重心向基层下移、打造武江区共建共治共享的社会治理格局。（区民政局）

三、保障措施与督查考核

（一）加强组织领导。牵头单位和各责任单位要组成打造政务服务高地工作小组，研究为供给侧结构性改革助力的政务服务改革工作，重点结合“放管服”改革，制定配套制度和措施，总结推广先进经验。

（二）保障政策措施落实。各项政策的制定要体现民主性、科学性、可操作性。各责任单位要积极推动政策的实施，确保政策措施的有效落实。

（三）保障服务措施落实。各责任单位要按照责任分工的时间进度要求，及时制定各项重要项目内容的具体措施。各有关部门要各司其职，各负其责，加强协调配合，形成工作合力。

（四）严格督查考核。区委督查室将按照上级的统一部署，对提高行政效率、打造服务高地工作情况开展专项督查。各责任部门要将该项工作纳入年度重点工作，确保工作按期完成，取得实效。

韶关市武江区人民政府办公室关于印发《韶关市武江区加快构建现代公共文化服务体系实施方案》的通知

韶武府办〔2019〕24号

各镇人民政府、街道办事处，区府直属各单位及驻区有关单位：

《韶关市武江区加快构建现代公共文化服务体系实施方案》经区政府同意，现印发给你们，请认真遵照执行，执行中遇到问题请径向区文旅体局反映。

韶关市武江区人民政府办公室

2019年12月24日

韶关市武江区加快构建现代公共文化服务体系实施方案

根据省委办、省政府办《关于加快构建现代公共文化服务体系的实施意见》（粤办发〔2015〕17号）及市政府办《韶关市贯彻广东省〈关于加快构建现代公共文化服务体系的实施意见〉工作方案》（韶府办〔2016〕10号）和《韶关市加快推进基层公共文化设施建设实施方案（2019—2020年）》（韶府办〔2019〕43号）文件精神，为贯彻落实中央和省、市有关加快构建现代公共文化服务体系文件精神，推动我区公共文化服务均等化、标准化、社会化、数字化发展，加快推进我区现代公共文化服务体系建设，特制定本实施方案。

一、指导思想

以习近平新时代中国特色社会主义思想为指导，深入贯彻落实党的十九大和十九届二中、三中、四中全会精神，牢牢把握社会主义先进文化前进方向，牢固树立以人民为中心的工作导向，以改革创新为动力，以基层为重点，按照公益性、基本性、均等性、便利性、渐进性的要求，依循“全覆盖、保基本、促完善、可持续”的基本思路，充分发挥文化引领风尚、教育人民、服务社会、推动发展的功能，推动实施文化名城战略，全面开创我区文化建设新局面。

二、总体目标

深入贯彻广东省《关于加快构建现代公共文化服务体系的实施意见》《韶关市贯彻广东省〈关于加快构建现代公共文化服务体系的实施意见〉工作方案》，以完善设施为抓手，实现设施网络全覆盖；以标准化建设为抓手，实现服务供给全覆盖；以志愿服务为抓手，实现社会参与全覆盖；以数字平台为抓手，实现文化传播全覆盖。到2020年，基本建成覆盖城乡、便捷高效、普惠均等、群众满意的现代公共文化服务体系，全区每万人拥有室内公共文化设施面积1200平方米以上，城市建成“十分钟文化圈”、农村建成“十里文化圈”。

三、重点任务

（一）完善设施网络。将公共文化设施建设纳入我区城乡建设规划，区级公共图书馆、文化馆、博物馆、乡镇（街道）综合文化站、行政村（社区）基层综合性文化服务中心等公共文化设施严格按照国家、省相关标准进行规划建设提升。并根据省文化厅《关于做好2016年图书馆、文化馆总分馆建设试点工作的通知》（粤文公〔2016〕53号）要求，为加快推进文化馆、图书馆总分馆试点建设，建立区级馆为中心馆，乡镇（街道）综合文化站为分馆，以村（社区）综合性文化服务中心为服务点的新格局服务体系。

公共文化设施的建设标准和建设要求如下：

——区：建成图书馆、文化馆、博物馆等公共文化设施。到2020年，图书馆、文化馆达到国家二级馆标准，博物馆达到国家三级馆标准。

——乡镇（街道）：建有集文化娱乐、书报刊借阅、电子信息阅览、广播影视、宣传教育、科普培训、体育健身和青少年校外活动于一体的综合文化站，建筑面积不少于500平方米，中心镇综合文化站建筑面积不少于1000平方米。中心镇要建有3000平方米以上的全民健身广场。到2020年，全区所有乡镇（街道）综合文化站达到省二级站以上标准。

——行政村（社区）：按照“五个有”标准，即有一个不少于200平方米的综合文化活动室、有一个农家书屋或社区书屋、有一个不少于500平方米的文体广场、有一个文化信息共享工程服务网点或电子阅览室、有一个宣传橱窗或阅报栏，同时配置必要的文化活动和体育健身器材，建设农村文化设施。到2020年，全区所有行政村（社区）达到“五个有”标准，农村文化室建设逐步向自然村延伸，基本建成综合文化服务中心。

推动基层综合性文化服务中心成为管理规范、运行高效、活动丰富、持续发展的综合平台，形成标准化、特色化、数字化三元服务空间，村（社区）党组织、社会组织、社工专业人才三方联动格局，文化服务、公益服务、便民服务三项服务相融合的“三三三”综合性文化服务中心建设模式。通过加快推进基层公共文化设施建设，确保2020年我区“三馆一站一中心”全部建成达标升级和全覆盖提升。

（二）丰富文化生活。引导群众在文化建设

中自我表现、自我教育、自我服务，培养全民热爱文化艺术、参与文化活动的高雅志趣。深入开展全民阅读活动，推动全民阅读进家庭、进社区、进校园、进农村、进企业、进机关、进军营。开展“图书馆宣传周”、“4·23”世界读书日、“中华经典诵读”、“南国书香节”等活动。围绕国家重大纪念日、传统节日、民俗节庆、文化主题日等，组织开展“我们的节日”系列民俗活动。大力打造群众文化活动品牌，打造1—2项影响较大的文化活动品牌。培育和支持红色文化、社区文化、民族文化、乡土文化、校园文化、企业文化、军旅文化、家庭文化建设，形成积极健康、多姿多彩的社会文化形态。

（三）提升服务效能。规范和完善公共图书馆、文化馆（站）、博物馆等各类公共文化设施服务标准。继续推进公共图书馆、文化馆（站）、博物馆等公共文化设施免费开放，建立健全公示制度，公开服务时间、内容和程序，在窗口接待、场所引导、资料提供以及内容讲解等方面，创造良好的服务环境。公共图书馆每周开放时间不少于56小时，文化馆（站）、博物馆等每周开放时间不少于42小时。

（四）丰富产品供给。开展文化进校园、进社区、进企业、进军营，送戏、送书、送电影下乡入企等活动和优秀出版物推荐活动。扶持公共数字文化资源建设，提高数字文化产品和服务供给能力。实现公共文化设施内免费无线网络全覆盖。

（五）弘扬传统文化。完成我区文化资源普查的基础上，全面了解和掌握我区文化资源现状，推动传统文化资源创造性转化和创新性发展，让传统文化活在当下。

（六）建设数字平台。采取“政府主导、社会参与、市场运营、全民共享”的建设运营新模式，按照“整合、共享、均等、便利”的原则，创新公共文化服务手段，以数字化、网络化整合全区公共文化资源，实现全区公共文化信息“在线”（专网平台）、“在手”（移动终端）、“在场”（定点设置触摸屏）、“在云端”（广东公共文化云）等多种形式的共享，方便群众通过不同方式体验和享受文化服务。

（七）推进志愿服务。区、镇（街）二级文化主管部门成立文化志愿服务队伍，健全文化志愿服务工作办公室，统筹协调、指导管理辖区文化志愿者服务工作，保障基层文化志愿服务活动开展。以公共文化机构为依托，设立文化志愿者服务基地，建立文化志愿者注册招募、培训辅导、服务记录、管理评价和激励机制，规范文化志愿者管理，提升志愿服务水平。发挥高等院校学生、离退休老同志、社会文化从业人员作用，壮大队伍规模。谋划建立文化志愿服务联盟，打造文化志愿服务品牌，到2020年，实现每万人拥有8名文化志愿者的目标。

（八）完善购买服务。落实《广东省人民政府办公厅关于印发政府向社会力量购买服务暂行办法的通知》（粤府办〔2014〕33号），鼓励以政府向社会力量购买服务方式，提供公共文化规划和政策研究、宣传服务、公共文化基础设施管理与维护服务、群众性文化活动组织与实施、公共文化资讯收集与统计分析、公益文艺演出、公益性艺术品创作、优秀传统文化与非物质文化遗产保护及传承传播、群众科学技术文化普及推广等工作，逐步拓展政府购买公共文化服务的领域和范围。到2020年，基本建立比较完善的政府向社会力量购买公共文化服务体系。

（九）建立评价机制。完善我区公共文化服务评价指标，建立公共文化机构绩效评价制度，加强对重大文化项目资金使用、实施效果、服务效能等方面的监督和评估。建立公共文化服务第三方评价机制，增强公共文化服务评价的客观性和科学性。

（十）实施人才工程。研究制定我区加强文化人才队伍建设的措施，实施高层次文化人才引进工程、文化名家工程、基层文化人才培养工程、文化艺术专业技术人才知识更新工程、非物质文化遗产保护管理和专业人才培养工程、优秀青年文化艺术人才支持工程等，推动各类文化人才队伍协调发展。完善人才培养开发、评价发现、选拔任用、流动配置、激励保障机制，深化职称评审改革，为优秀人才脱颖而出、施展才干创造有利制度环境，初步形成“高端专业人才领军、基层文化干部统筹、群众文化队伍支撑”的格局。

四、实施步骤

构建普惠型公共文化服务体系，保障人民基本文化权益，分以下三个阶段和步骤实施：

（一）制定方案阶段（2019年12月）

区文旅体局根据上级有关文件精神，制定《韶关市武江区加快构建现代公共文化服务体系的实施方案》。

（二）组织实施阶段（2019年12月—2020年6月）

严格对照韶关市武江区基本公共文化服务实施标准（见附件），对各级文化场所查漏补缺，于2020年6月完成建设任务。建立起完善的公共文化设施体系，区图书馆、文化馆达到国家二级馆以上标准；所有乡镇（街道）综合文化站达到省二级站以上标准；基层建成综合性文化服务中心；建立起有力的公共文化保障体系，财政投入不断增加，社会力量参与积极，逐步形成政府主导、社会参与的格局，满足公共文化服务体系建设的需要。

（三）实现目标阶段（2020年6月—2020年12月）

到2020年底，建成设施齐全、分布均衡、产品丰富、服务优质、保障充分的公共文化服务体系，基层综合性文化服务中心全部建成并达标，全区形成城市建成“十分钟文化圈”、农村建成“十里文化圈”的生动格局。

五、主要措施

（一）加强组织领导。建立由各镇（街）、组织、宣传、文旅体、发改、工信、教育、民政、财政、人社、总工会、团委、妇联、残联等单位参加的公共文化服务体系建设协调机制，统筹推进我区现代公共文化服务体系建设。

（二）加大投入力度。落实“两个1%”（区财政文化事业经费占财政总支出的比重达到1%以上、城市住房开发投资中提取不低于1%的经费用于社区公共文化设施建设），不断加大投入，支持建设公共文化设施和实施文化惠民工程。区财政要将基本公共文化服务项目所需资金纳入年度经费预算，保障公共文化服务体系建设和运行。

（三）推进达标建设。

按照国家、省制定的标准和要求，大力推进文化设施达标建设，必须在规定的时限内完成达标建设任务。通过整合各类资源、设立分场馆、延伸服务区域等方法，促进达标建设；农村文化设施达标建设要充分利用闲置校舍、祠堂宗庙及其他资源，共建共享，促进达标。

（四）加强队伍建设。严格执行人员编制标准，确保公共文化事业正常运作和发展。加强基层公共文化服务队伍培训，到2020年，确保乡镇（街道）、村（社区）文化骨干培训两次以上。

附件：韶关市武江区基本公共文化服务实施标准（2019—2020年）

韶关市武江区基本公共文化服务实施标准

（2019—2020年）

一、服务内容与项目

表1

内　容	标　准
场馆建设	1.各街道、乡镇规划建设与辖区经济发展水平、人口状况和服务要求相适应的公共文化设施。到2020年，每万人室内公共文化设施面积不少于1200平方米，服务半径不低于城市“十分钟文化圈”、农村“十里文化圈”
	2.按照标准提升公共图书馆、文化馆、博物馆、公共体育场（馆）等
	3.乡镇（街道）按照标准提升综合文化站、文体广场（全民健身广场）等
	4.按照标准在村（社区）（村指行政村，下同）提升综合文化服务中心、文体广场（全民健身广场）等
	5.为公共文化场馆免费开放配置必要的器材设备和文化资源
	6.公共博物馆等依据标准进行规划提升
	7.各级公共文化场馆为残障人士配置无障碍设施，有条件的配备安全检查设备
	8.根据基层实际，设立公共文化服务自助设施设备
场馆开放	9.公共图书馆、文化馆（站、室）、博物馆（非文物建筑及遗址类）等公共文化设施免费开放，基本服务项目健全。公共文化设施免费开放实行错时开放，错时开放时间不少于总开放时间的三分之一

续表1

内　容	标　准
图书报刊	10.县级以上按照标准设立公共图书馆，乡镇（街道）、村（社区）设立公共图书馆（室），配备图书、报刊和电子书刊，并免费提供借阅服务
	11.人均公共藏书不少于1.2册。每个村（社区）综合文化服务中心（含农家书屋）藏书量不少于1200种、1500册。民族地区公共图书馆（室）提供一定数量的少数民族语言文字读物
	12.县级公共图书馆、乡镇（街道）综合文化站（室）藏书年新增不少于人均0.03册。每个村（社区）综合文化服务中心（含农家书屋）藏书年新增不少于60种、100册
	13.县级以上公共图书馆为视障人士配置盲文书籍或有声读物，县级以下公共图书馆（室）采取其他方式为视障人士提供阅读服务
	14.各级政府每年举办的全民阅读活动不少于1次，每次持续时间不少于2天
	15.在城镇主要街道、公共场所、居民小区等人流密集地点设置阅报栏或电子阅报屏，提供时政、“三农”、科普、文化、生活等方面的信息服务。每个村（社区）设置阅报栏或电子阅报屏不少于1处，每天更新报刊不少于2份
文艺演出	16.每年为农村乡镇居民提供不少于5场文艺演出，其中地方戏曲不少于1场
文体活动	17.城乡居民依托村（社区）综合文化服务中心、文体广场、公园、健身路径等公共设施就近方便参加各类文体活动。每年每个村（社区）举办文体活动不少于2次
文艺培训	18.提供基础性的文化艺术知识普及和培训服务，培养居民健康的文艺爱好。每年文化馆提供5个、乡镇（街道）文化站提供3个、村（社区）综合文化服务中心提供1个以上类别文艺培训
陈列展览	19.公共博物馆常年设有1项以上的基本陈列，每年举办专题陈列展览不少于2次
免费上网	20.公共图书馆、文化馆（站、室）建立公共电子阅览室并配置一定数量的上网设备和数字文化资源，免费提供上网服务
	21.公共文化设施内提供免费无线上网服务
人员配置	22.区级公共文化机构按照职能和当地人力资源社会保障、编办等部门核准的编制数配齐工作人员
	23.乡镇（街道）综合文化站每站配备有编制人员1至2人，规模较大的乡镇（街道）适当增加。从业人员应具备公共文化体育服务的知识技能。村（社区）综合文化服务中心设有由政府购买的公益文化岗位
业务培训	24.区级公共文化机构从业人员每年参加脱产培训时间不少于15天，乡镇（街道）和村（社区）文化专兼职人员每年参加集中培训时间不少于5天

二、标准实施

（一）本标准是根据省市实施标准制定的区级标准。以乡镇（街道）为基本单位制定实施方案，建立省级指导标准、市级标准、区级实施方案相衔接的标准体系。

（二）区基本公共文化服务实施标准从2019年起开始实施，各相关部门根据职能职责和任务分工，制定具体实施方案。各乡镇（街道）根据区级标准以及本地制定的实施方案，明确具体的落实措施、工作步骤和时间安排，确保标准实施工作科学、规范、有序开展。全区要在2020年前基本达到区级标准。

附 录

2019年中共韶关市武江区委文件目录选

表25

序 号	文件名称	文 号	发文单位	发文时间
1	中共韶关市武江区委关于武江区2018年工作总结及2019年工作计划的报告	韶武委〔2019〕1号	区委	2019年1月31日
2	关于彭波同志职务任免审议结果的报告	韶武委〔2019〕2号	区委	2019年2月20日
3	武江区关于市委主要领导（3月）批示落实情况的报告	韶武委〔2019〕10号	区委	2019年4月12日
4	武江区关于深入推进基层派出所规范化建设的情况报告	韶武委〔2019〕11号	区委	2019年4月22日
5	武江区委关于韶关市第一人民医院迁建项目征拆工作的情况报告	韶武委〔2019〕12号	区委	2019年4月28日
6	中共韶关市武江区委关于调整区委常委分工的通知	韶武委〔2019〕13号	区委	2019年5月5日
7	关于学习贯彻李红军书记《实施东进南拓西融北优城市发展战略奋力建设北部生态发展区核心城市——关于韶关中心城区发展的战略思考》的情况报告	韶武委〔2019〕15号	区委	2019年5月29日
8	武江区关于韶州公园北广场踏月桥栏杆开裂问题的调查整改情况报告	韶武委〔2019〕16号	区委	2019年6月24日
9	武江区关于加强干部队伍作风建设的情况报告	韶武委〔2019〕17号	区委	2019年7月26日
10	中共韶关市武江区委关于2019年上半年工作总结和下半年工作计划的报告	韶武委〔2019〕18号	区委	2019年7月29日
11	中共韶关市武江区委关于成立项目指挥部抓项目建设的报告	韶武委〔2019〕21号	区委	2019年12月31日

2019年中共韶关市武江区委及办公室文件目录选

表26

序　号	文件名称	文　号	发文单位	发文时间
1	关于成立中共韶关市武江区委深化机构改革工作领导小组监督口专项小组的通知	韶武委办〔2019〕1号	区委办	2019年2月27日
2	关于成立中共韶关市武江区委深化机构改革工作领导小组区委办口专项小组的通知	韶武委办〔2019〕2号	区委办	2019年2月27日
3	中共韶关市武江区委办公室关于印发区委全面深化改革委员会专项小组成员名单的通知	韶武委办〔2019〕3号	区委办	2019年4月10日
4	关于调整区委办班子成员分工的通知	韶武委办〔2019〕4号	区委办	2019年4月17日
5	中共韶关市武江区委办公室印发《武江区关于全面深入开展〈粤港澳大湾区发展规范纲要〉学习培训工作方案》的通知	韶武委办〔2019〕5号	区委办	2019年6月5日
6	关于叶龙涛同志任职的通知	韶武委办〔2019〕7号	区委办	2019年7月23日
7	中共韶关市武江区委办公室关于印发《区委“不忘初心 牢记使命”主题教育领导小组组成人员主要职责及工作制度》的通知	韶武委办〔2019〕8号	区委办	2019年7月29日
8	中共韶关市武江区委办公室 韶关市武江区人民政府办公室关于印发《韶关市武江区创建第十一届全国广东省双拥模范城工作实施方案》的通知	韶武委办〔2019〕9号	区委办	2019年8月2日
9	关于调整武江区关心下一代工作委员会领导成员的通知	韶武委办〔2019〕11号	区委办	2019年9月16日
·10	关于董素梅同志职级套转的通知	韶武委办〔2019〕12号	区委办	2019年11月18日

2019年中共韶关市武江区委办公室文件目录选（明电）

表27

序　号	文件名称	文　号	发文单位	发文时间
1	武江区党政领导班子、人大、政协主要领导每月工作安排互通报备实施方案	韶武委办发电〔2019〕1号	区委办	2019年1月8日
2	关于做好2019年春节期间拥军优属工作的通知	韶武委办发电〔2019〕2号	区委办 区政府办	2019年1月10日

续表27

序　号	文件名称	文　号	发文单位	发文时间
3	关于召开中国共产党韶关市武江区第九届委员会第六次全体会议的通知	韶武委办发电〔2019〕3号	区委办	2019年1月14日
4	关于印发《武江区2019年春节前送温暖慰问、座谈会、安全及消防检查等系列活动安排》的通知	韶武委办发电〔2019〕5号	区委办 区政府办	2019年1月21日
5	关于做好2019年度区委常委会会议重要议题申报工作的通知	韶武委办发电〔2019〕6号	区委办	2019年1月22日
6	关于召开武江区2018年度镇（街）和区直党（工）委书记抓基层党建工作述职评议会的通知	韶武委办发电〔2019〕7号	区委办	2019年1月25日
7	关于开展“清洁武江齐动手 文明和谐迎新春”主题活动的通知	韶武委办发电〔2019〕9号	区委办	2019年1月28日
8	关于参加武江区新时代文明实践中心建设工作启动仪式暨韶州公园开园仪式的通知	韶武委办发电〔2019〕10号	区委办	2019年1月29日
9	关于进一步引导和鼓励高校毕业生到基层工作的实施方案	韶武委办发电〔2019〕11号	区委办	2019年1月31日
10	关于支持农民工等人员返乡下乡创业工作的实施方案	韶武委办发电〔2019〕12号	区委办	2019年1月31日
11	关于做好区人大代表、区政协委员视察有关工作的通知	韶武委办发电〔2019〕13号	区委办	2019年2月12日
12	关于做好2018年度镇（街）和部门绩效评价自评工作的通知	韶武委办发电〔2019〕14号	区委办	2019年2月14日
13	关于召开中国共产党韶关市武江区第九届委员会第七次全体会议的通知	韶武委办发电〔2019〕15号	区委办	2019年2月14日
14	关于召开武江区2019年“狠抓落实 走在前列”干部大会的通知	韶武委办发电〔2019〕16号	区委办	2019年2月16日
15	关于参加全省实施乡村振兴战略工作推进会的通知	韶武委办发电〔2019〕17号	区委办	2019年2月19日
16	关于做好区级机构改革中档案工作的通知	韶武委办发电〔2019〕18号	区委办 区政府办	2019年2月19日
17	关于做好区级机构改革有关事项的通知	韶武委办发电〔2019〕19号	区委办 区政府办	2019年2月20日
18	关于征求《关于推动狠抓落实的十条意见（试行）意见并制定相应具体实施意见的通知》	韶武委办发电〔2019〕20号	区委办	2019年2月21日
19	关于印发《韶关市武江区党政机关机构改革办公用房调配方案》的通知	韶武委办发电〔2019〕21号	区委办 区政府办	2019年2月21日
20	关于召开中国共产党韶关市武江区第九届纪律检查委员会第四次全体会议的通知	韶武委办发电〔2019〕22号	区委办	2019年2月22日
21	关于召开省环境保护督察组对韶关市督察情况反馈会的通知	韶武委办发电〔2019〕23号	区委办	2019年2月26日

续表27

序　号	文件名称	文　号	发文单位	发文时间
22	关于上报2019年以区委、区政府名义召开的全区性会议和全区重要政务活动安排计划的通知	韶武委办发电〔2019〕24号	区委办	2019年2月27日
23	关于做好武江区机构改革部门挂牌相关工作的通知	韶武委办发电〔2019〕25号	区委办	2019年3月1日
24	关于成立韶关市武江项目建设指挥部的通知	韶武委办发电〔2019〕26号	区委办	2019年3月1日
25	关于召开武江区政法工作会议暨扫黑除恶专项斗争领导小组全体成员（扩大）会议的通知	韶武委办发电〔2019〕27号	区委办	2019年3月4日
26	关于做好近期强对流天气防御工作的紧急通知	韶武委办发电〔2019〕28号	区委办 区政府办	2019年3月5日
27	关于印发《区委区政府2019年工作任务分解责任清单》的通知	韶武委办发电〔2019〕29号	区委办	2018年3月6日
28	关于做好全区实施乡村振兴战略工作推进会筹备工作的通知	韶武委办发电〔2019〕31号	区委办	2019年3月7日
29	关于组织机关干部开展义务植树活动的通知	韶武委办发电〔2019〕32号	区委办	2019年3月11日
30	关于参加广东省传达贯彻习近平总书记重要讲话精神暨全国“两会”精神干部大会的通知	韶武委办发电〔2019〕33号	区委办	2019年3月14日
31	关于严格落实经济普查成员单位职责的通知	韶武委办发电〔2019〕34号	区委办	2019年3月18日
32	关于印发《2019年以区委或区委、区政府名义召开的全区性会议和全区重要政务活动安排》的通知	韶武委办发电〔2019〕35号	区委办	2019年3月18日
33	韶关市武江区扬尘整治百日攻坚方案	韶武委办发电〔2019〕36号	区委办	2019年3月19日
34	关于印发《武江年鉴（2019）编纂方案》的通知	韶武委办发电〔2019〕37号	区委办	2019年3月14日
35	关于召开2019年芙蓉新城征拆交地“大决战”动员大会的通知	韶武委办发电〔2019〕38号	区委办	2019年3月18日
36	关于召开全区宣传思想工作会议的通知	韶武委办发电〔2019〕39号	区委办	2019年3月21日
37	关于每日报送落实《区委常委2019年工作要点及责任分工安排》情况的通知	韶武委办发电〔2019〕40号	区委办	2019年3月26日
38	关于参加全市实施乡村振兴战略工作推进电视电话会议武江区分会场会议的通知	韶武委办发电〔2019〕41号	区委办	2019年3月27日
39	关于调整武江区爱国卫生运动委员会成员的通知	韶武委办发电〔2019〕42号	区委办 区政府办	2019年3月27日
40	关于召开全区应急管理工作会议的通知	韶武委办发电〔2019〕43号	区委办 区政府办	2019年3月28日

续表27

序　号	文件名称	文　号	发文单位	发文时间
41	关于召开区委理论学习中心组专题研讨扩大会议的通知	韶武委办发电〔2019〕44号	区委办	2019年3月29日
42	关于进一步加强党政机关境内举办展会活动管理工作的通知	韶武委办发电〔2019〕45号	区委办	2019年3月29日
43	关于印发修订后的《区委政府2019年工作任务分解责任清单》的通知	韶武委办发电〔2019〕46号	区委办	2019年4月3日
44	关于召开2019年全区组织工作会议的通知	韶武委办发电〔2019〕47号	区委办	2019年4月4日
45	关于切实做好当前森林防火工作的紧急通知	韶武委办发电〔2019〕48号	区委办 区政府办	2019年4月4日
46	关于成立武江区保障性住房审计发现问题整改落实工作领导小组的通知	韶武委办发电〔2019〕49号	区委办	2019年4月4日
47	关于报送我区落实《市委书记调研纪要》进展情况的通知	韶武委办发电〔2019〕50号	区委办	2019年4月8日
48	关于召开武江区实施乡村振兴战略工作现场推进会的通知	韶武委办发电〔2019〕51号	区委办	2019年4月8日
49	关于印发《武江区党政班子和人大、政协主负责同志2019年度驻镇住村安排》的通知	韶武委办发电〔2019〕52号	区委办	2019年4月10日
50	关于召开2019年全区统战工作会议的通知	韶武委办发电〔2019〕53号	区委办	2019年4月11日
51	关于印发《关于建设武江区“担当落实 走在前列”进行时常态化通报的制度》的通知	韶武委办发电〔2019〕54号	区委办	2019年4月16日
52	关于印发《武江区建立“6+4”领导干部带头抓项目机制实施意见》的通知	韶武委办发电〔2019〕55号	区委办	2019年4月16日
53	关于印发《武江区“十百千”干部培训工程实施方案》的通知	韶武委办发电〔2019〕56号	区委办	2019年4月16日
54	关于召开武江区2019年关工委工作会议的通知	韶武委办发电〔2019〕57号	区委办	2019年4月17日
55	关于参加全区公安派出所所长座谈会的通知	韶武委办发电〔2019〕58号	区委办	2019年4月18日
56	关于印发《武江区纪委监委加强“担当落实 走在前列”日常监督工作的实施意见》的通知	韶武委办发电〔2019〕59号	区委办	2019年4月19日
57	关于举办武江区科级以上领导干部学习贯彻《粤港澳大湾区发展规划纲要》专题研讨班的通知	韶武委办发电〔2019〕61号	区委办	2019年4月29日
58	关于成立2019年武江区侨联换届选举工作领导小组的通知	韶武委办发电〔2019〕62号	区委办 区政府办	2019年5月6日
59	关于成立龙归镇冲下村创建韶关样板村工作领导小组的通知	韶武委办发电〔2019〕63号	区委办	2019年5月6日
60	关于召开武江区生态环境保护大会的通知	韶武委办发电〔2019〕64号	区委办 区政府办	2019年5月8日

续表27

序　号	文件名称	文　号	发文单位	发文时间
61	关于对区直单位领导干部办公室用房清理整改情况开展专项检查的通知	韶武委办发电〔2019〕65号	区委办	2019年5月14日
62	关于从严控制区各类会议参加人员范围的通知	韶武委办发电〔2019〕66号	区委办 区政府办	2019年5月28日
63	关于接受2009-2011年度机关文书档案进馆的通知	韶武委办发电〔2019〕67号	区委办	2019年5月30日
64	关于开展学习贯彻韶关中心城区发展战略“深调研”活动安排的通知	韶武委办发电〔2019〕68号	区委办	2019年5月31日
65	关于参加广东扶贫济困日活动动员电视电话会议的通知	韶武委办发电〔2019〕69号	区委办	2019年6月2日
66	关于报送上半年工作总结和下半年工作计划的通知	韶武委办发电〔2019〕70号	区委办	2019年6月3日
67	关于调整武江区全面推行河长工作领导小组及办公室组成人员的通知	韶武委办发电〔2019〕71号	区委办	2019年6月6日
68	关于召开我区保密工作会议的通知	韶武委办发电〔2019〕72号	区委办	2019年6月6日
69	《武江区关于开展“镇（街）村（社区）点单，部门报到”活动的实施方案》的通知	韶武委办发电〔2019〕75号	区委办	2019年6月12日
70	武江区关于建立季度红黄旗制度以及设立攻坚克难奖和创新创优奖的实施方案	韶武委办发电〔2019〕76号	区委办	2019年6月12日
71	关于调整韶州公园项目建设工作指挥部组成人员的通知	韶武委办发电〔2019〕77号	区委办	2019年6月13日
72	关于举办武江区防范化解重大风险工作会议暨正科级以上领导干部坚持底线思维着力防范化解重大风险专题研讨班的通知	韶武委办发电〔2019〕78号	区委办	2019年6月13日
73	关于做好当前强降雨防御工作的紧急通知	韶武委办发电〔2019〕79号	区委办 区政府办	2019年6月14日
74	关于印发《武江区处置在市委、市政府机关及周边地区非正常上访人员的工作方案》的通知	韶武委办发电〔2019〕80号	区委办 区政府办	2019年6月20日
75	关于武江区2018年度镇（街）和部门绩效考核结果的通报	韶武委办发电〔2019〕81号	区委办	2019年6月21日
76	关于做好近期防汛工作的紧急通知	韶武委办发电〔2019〕82号	区委办 区政府办	2019年6月23日
77	关于进一步做好近期防汛工作的通知	韶武委办发电〔2019〕83号	区委办	2019年6月23日
78	关于印发2018年韶关市武江区机关绩效考核奖励金发放意见的通知	韶武委办发电〔2019〕84号	区委办	2019年6月24日
79	关于参加全市脱贫攻坚工作推进会暨2019年韶关市“广东扶贫济困日”活动启动仪式的通知	韶武委办发电〔2019〕85号	区委办 区政府办	2019年6月25日

续表27

序　号	文件名称	文　号	发文单位	发文时间
80	关于参加韶关市武江区2019年“广东省扶贫济困日”捐款仪式的通知	韶武委办发电〔2019〕86号	区委办 区政府办	2019年6月25日
81	关于开展纪念建党98周年暨“七一”系列活动的通知	韶武委办发电〔2019〕87号	区委办	2019年6月25日
82	关于参加全省打好污染防治攻坚战工作推进电视电话会议的通知	韶武委办发电〔2019〕88号	区委办	2019年6月27日
83	关于召开武江区庆祝中国共产党成立98周年暨“七一”表彰大会通知	韶武委办发电〔2019〕89号	区委办	2019年6月28日
84	关于印发《武江区领导干部担当落实 创先争优“头雁作用”民主测评实施方案（试行）》的通知	韶武委办发电〔2019〕91号	区委办	2019年7月2日
85	关于加快农村破旧泥砖房排查和拆除工作的紧急通知	韶武委办发电〔2019〕92号	区委办	2019年7月3日
86	关于印发《关于加快推动2019年下半年县域发展工作方案》的通知	韶武委办发电〔2019〕93号	区委办	2019年7月15日
87	关于印发《关于解决形式主义突出问题为基层减负的若干举措》的通知	韶武委办发电〔2019〕94号	区委办	2019年7月15日
88	关于开展庆祝建军92周年和拥军优属活动的通知	韶武委办发电〔2019〕95号	区委办	2019年7月15日
89	关于印发《武江区村带村结对帮扶工作试点方案》的通知	韶武委办发电〔2019〕96号	区委办	2019年7月15日
90	武江区2019年农村人居环境整治村庄清洁行动春季战役综合考评情况通报	韶武委办发电〔2019〕97号	区委办	2019年7月17日
91	关于召开武江区农村破旧泥砖房排查拆除暨脱贫攻坚工作现场会推进会的通知	韶武委办发电〔2019〕98号	区委办 区政府办	2019年7月17日
92	关于印发《武江区2019年重大支撑项目实施方案》的通知	韶武委办发电〔2019〕99号	区委办 区政府办	2019年7月17日
93	关于开展农村破旧泥砖房排查和拆除工作督导检查的通知	韶武委办发电〔2019〕100号	区委办	2019年7月18日
94	关于《关于加快推动2019年下半年县域发展工作方案》的补充通知	韶武委办发电〔2019〕101号	区委办	2019年7月23日
95	关于调整《武江年鉴》审稿组及分工的通知	韶武委办发电〔2019〕102号	区委办	2019年7月23日
96	关于召开区委理论学习中心组学习（扩大）会议的通知	韶武委办发电〔2019〕103号	区委办	2019年7月24日
97	关于印发《关于进一步加强和规范我区因公临时赴港澳管理工作的实施意见》的通知	韶武委办发电〔2019〕104号	区委办 区政府办	2019年7月26日
98	关于做好全市迎国检工作暗访武江区存在问题整改工作的通知	韶武委办发电〔2019〕105号	区委办 区政府办	2019年7月26日
99	关于参加全市教育大会的通知	韶武委办发电〔2019〕106 号	区委办 区政府办	2019年8月7日

续表27

序　号	文件名称	文　号	发文单位	发文时间
100	关于上半年开展“镇（街）村（社区）点单干部报到”的情况通报	韶武委办发电〔2019〕107号	区委办	2019年8月7日
101	关于召开武江区人居环境整治暨龙归镇破旧泥砖房拆除集中攻坚大会的通知	韶武委办发电〔2019〕108号	区委办	2019年8月8日
102	武江区重点推动龙归镇破旧泥砖房拆除集中攻坚督查的通知	韶武委办发电〔2019〕109号	区委办	2019年8月8日
103	关于参加2019年度全国高等院校大学生乡村规划方案竞赛启动仪式的通知	韶武委办发电〔2019〕110号	区委办 区政府办	2019年8月11日
104	关于印发《关于进一步加强审计整改工作的实施意见》的通知	韶武委办发电〔2019〕111号	区委办 区政府办	2019年8月15日
105	关于印发《武江区网格化管理工作实施细则（试行）》的通知	韶武委办发电〔2019〕112号	区委办 区政府办	2019年8月16日
106	关于召开中国共产党韶关市武江区第九届委员会第八次全体会议的预通知	韶武委办发电〔2019〕113号	区委办	2019年8月17日
107	关于开展“市容环境大扫除 干干净净迎国庆”专项整治行动的紧急通知	韶武委办发电〔2019〕114号	区委办	2019年8月20日
108	关于召开中国共产党韶关市武江区第九届委员会第八次全体会议的通知	韶武委办发电〔2019〕115号	区委办	2019年8月21日
109	关于在农村破旧泥砖房拆除工作中注意收集有保存价值老物件的通知	韶武委办发电〔2019〕116号	区委办 区政府办	2019年9月3日
110	关于进一步加强党委对脱贫攻坚工作、农村破旧泥砖房拆除工作领导的通知	韶武委办发电〔2019〕117号	区委办	2019年9月3日
111	关于召开全区教育大会的通知	韶武委办发电〔2019〕118号	区委办 区政府办	2019年9月4日
112	关于召开武江区农村破旧泥砖房拆除、防风防汛、脱贫攻坚“回头看”补短板强弱项工作现场推进会的通知	韶武委办发电〔2019〕119号	区委办	2019年9月4日
113	关于召开全区“不忘初心、牢记使命”主题教育部署会议的通知	韶武委办发电〔2019〕120号	区委办	2019年9月10日
114	关于召开区委人大工作会议的通知	韶武委办发电〔2019〕121号	区委办	2019年9月11日
115	关于印发《落实区委九届八次全会工作要点责任分工方案》和《落实市委十二届十次全会重点工作武江牵头任务责任分工方案》的通知	韶武委办发电〔2019〕122号	区委办	2019年9月17日
116	关于召开“不忘初心、牢记使命”主题教育区领导同志集中学习研讨开班动员会议的通 知	韶武委办发电〔2019〕123号	区委办	2019年9月17日
117	关于印发《武江区协办首届韶商大会暨武江区分会场工作方案的通知》	韶武委办发电〔2019〕124号	区委办 区政府办	2019年9月18日
118	关于印发《2019年武江区镇（街）和部门绩效评价实施方案》的通知	韶武委办发电〔2019〕125号	区委办	2019年9月19日

续表27

序 号	文件名称	文 号	发文单位	发文时间
119	关于召开“不忘初心、牢记使命”主题教育区领导同志集中学习研讨小结会议的通知	韶武委办发电〔2019〕126号	区委办	2019年9月23日
120	关于召开武江区创建“五好”基层关工委工作经验交流现场会的通知	韶武委办发电〔2019〕127号	区委办	2019年9月24日
121	关于组织参加全省机关党的建设工作电视电话会议的通知	韶武委办发电〔2019〕128号	区委办	2019年9月24日
122	关于组织机关干部参加韶关市9.30烈士公祭活动暨向烈士纪念碑敬献花篮仪式的通知	韶武委办发电〔2019〕129号	区委办	2019年9月25日
123	关于举办“不忘初心 与国同梦”庆祝中华人民共和国成立70周年文艺演出的通知	韶武委办发电〔2019〕130号	区委办	2019年9月26日
124	关于切实加强火灾安全隐患排查整治的紧急通知	韶武委办发电〔2019〕131号	区委办 区政府办	2019年9月28日
125	关于参加2019年韶关市迎国庆·莲花大道自行车骑行活动的通知	韶武委办发电〔2019〕132号	区委办	2019年9月29日
126	关于举行升国旗活动及组织集中收看首都各界庆祝中华人民共和国成立70周年大会现场直播工作的通知	韶武委办发电〔2019〕134号	区委办 区政府办	2019年9月30日
127	关于举办武江区“不忘初心、牢记使命”主题教育警示教育会暨全区2019年领导干部党章党规党纪教育培训班的通知	韶武委办发电〔2019〕135号	区委办	2019年10月7日
128	关于报送武江区地方志资料年报的通知	韶武委办发电〔2019〕136号	区委办	2019年10月11日
129	中共韶关市武江区委办公室 韶关市武江区人民政府办公室关于印发《区领导协调推进工业和技改投资项目建设工作方案》的通知	韶武委办发电〔2019〕137号	区委办 区政府办	2019年10月24日
130	关于组织参加首届韶商大会武江分会场活动的通知	韶武委办发电〔2019〕138号	区委办	2019年10月25日
131	关于全面清理规范我区“一票否决”和签订责任状事项的通知	韶武委办发电〔2019〕139号	区委办 区政府办	2019年10月30日
132	关于开展武江区创建基层“五好”关工组织考核验收的通知	韶武委办发电〔2019〕140号	区委办	2019年11月8日
133	中共韶关市武江区委办公室 韶关市武江区人民政府办公室关于印发《武江区龙归产业园征地拆迁工作实施方案》的通知	韶武委办发电〔2019〕141号	区委办 区政府办	2019年11月14日
134	关于抽调青年干部参与中国城市规划学会乡村规划与建设学委会年会（韶关武江）的通知	韶武委办发电〔2019〕142号	区委办	2019年11月26日
135	关于做好2019年度规划学会乡村委年会有关工作的通知	韶武委办发电〔2019〕143号	区委办	2019年11月29日
136	关于召开全省生活垃圾分类工作推进会的通知	韶武委办发电〔2019〕145号	区委办	2019年12月6日

续表27

序　号	文件名称	文　号	发文单位	发文时间
137	关于切实加强森林防灭火工作的紧急通知	韶武委办发电〔2019〕146号	区委办	2019年12月9日
138	关于对全区森林防灭火工作开展督导检查的通知	韶武委办发电〔2019〕147号	区委办	2019年12月12日
139	关于进一步做好森林防火工作的紧急通知	韶武委办发电〔2019〕148号	区委办	2019年12月12日
140	中共韶关市武江区委办公室印发《关于围绕学习贯彻党的十九届四中全会精神开展调研的工作方案》的通知	韶武委办发电〔2019〕149号	区委办	2019年12月23日
141	关于召开区委理论学习中心组学习（扩大）会议的通知	韶武委办发电〔2019〕150号	区委办	2019年12月23日
142	关于举行广东微生物研究所项目开工仪式的通知	韶武委办发电〔2019〕151号	区委办 区政府办	2019年12月26日
143	中共韶关市武江区委办公室 韶关市武江区人民政府办公室关于做好2020年元旦春节期间有关工作的通知	韶武委办发电〔2019〕152号	区委办	2019年12月27日
144	关于印发《韶关市武江区生活特殊困难离退休干部帮扶实施方案（试行）》的通知	韶武委办发电〔2019〕153号	区委办	2019年12月27日
145	关于举行2020年武江区乡村振兴徒步行活动的通知	韶武委办发电〔2019〕154号	区委办 区政府办	2019年12月30日
146	关于切实做好森林防灭火工作的紧急通知	韶武委办发电〔2019〕155号	区委办	2019年12月31日

2019年韶关市武江区人民政府及办公室文件（明电）目录一览表

表28

序　号	文件名称	文　号	发文单位	发文时间
1	关于调整领导班子成员分工的通知	韶武府〔2019〕1号	区政府	2019年3月12日
2	关于调整部分领导班子成员分工的通知	韶武府〔2019〕2号	区政府	2019年4月19日
3	关于调整部分领导班子成员分工的通知	韶武府〔2019〕3号	区政府	2019年5月27日
4	关于印发《韶关市武江区全面开展工程建设项目审批制度改革实施方案》的通知	韶武府〔2019〕4号	区政府	2019年11月7日

续表28

序 号	文件名称	文 号	发文单位	发文时间
5	印发《关于在市场监管领域全面推行部门联合“双随机、一公开”监管的实施方案》的通知	韶武府〔2019〕5号	区政府	2019年11月8日
6	关于2019年度计划生育考核结果的通知	韶武府〔2019〕6号	区政府	2019年12月24日
7	关于调整部分领导班子成员分工的通知	韶武府〔2019〕7号	区政府	2019年12月25日
8	关于印发《韶关市武江区养殖水域滩涂规划（2017—2030年）》的通知	韶武府办〔2019〕1号	区政府办	2019年1月11日
9	关于印发《韶关市武江区幼儿园和中小学建设专项规划（2018—2022年）》的通知	韶武府办〔2019〕2号	区政府办	2019年1月24日
10	关于印发韶关市武江区处置森林火灾应急预案的通知	韶武府办〔2019〕3号	区政府办	2019年3月28日
11	关于印发《2019年区政府为民办实事项目责任分工》的通知	韶武府办〔2019〕4号	区政府办	2019年4月7日
12	关于印发《武江区河湖“清四乱”问题清理整治工作方案》的通知	韶武府办〔2019〕6号	区政府办	2019年4月8日
13	关于印发《武江区贯彻落实中央环境保护督察“回头看”及固体废物环境问题专项督察暨省级环境保护督察反馈意见整改方案》的通知	韶武府办〔2019〕7号	区政府办	2019年5月8日
14	关于印发《武江区水污染防治攻坚战2019年实施方案》的通知	韶武府办〔2019〕8号	区政府办	2019年5月8日
15	关于印发《武江区打赢蓝天保卫战2019年工作方案》的通知	韶武府办〔2019〕9号	区政府办	2019年5月8日
16	关于印发《韶关市武江区打好污染防治攻坚战三年行动计划（2018—2020年）》的通知	韶武府办〔2019〕10号	区政府办	2019年5月8日
17	关于印发《武江区2019年实施河长制工作要点》的通知	韶武府办〔2019〕11号	区政府办	2019年5月8日
18	关于印发《武江区山水林田湖草生态保护修复工程工作方案》的通知	韶武府办〔2019〕12号	区政府办	2019年5月8日
19	关于印发《韶关市武江区创建国家森林城市实施方案（2018—2021年）》的通知	韶武府办〔2019〕13号	区政府办	2019年5月8日
20	关于印发芙蓉山及其周边违法违规用地及毁林开荒违法行为集中整治方案的通知	韶武府办〔2019〕14号	区政府办	2019年5月20日
21	关于印发《2019年武江区老旧小区示范改造工作实施方案》的通知	韶武府办〔2019〕15号	区政府办	2019年5月30日
22	关于印发《2019年度武江区供给侧结构性改革系列工作方案》的通知	韶武府办〔2019〕16号	区政府办	2019年7月31日
23	关于印发区政府向区人大常委会报告国有资产管理情况的任务分解方案的通知	韶武府办〔2019〕18号	区政府办	2019年8月19日
24	关于印发2019年武江区食品安全重点工作安排的通知	韶武府办〔2019〕19号	区政府办	2019年9月30日

续表28

序　号	文件名称	文　号	发文单位	发文时间
25	关于印发武江区加快现代农业产业发展扶持政策的通知	韶武府办〔2019〕20号	区政府办	2019年10月31日
26	关于印发《武江区扶持建筑业加快发展的若干措施》的通知	韶武府办〔2019〕21号	区政府办	2019年10月31日
27	关于印发《武江区食品安全事故应急预案》的通知	韶武府办〔2019〕23号	区政府办	2019年12月19日
28	关于印发《韶关市武江区加快构建现代公共文化服务体系实施方案》的通知	韶武府办〔2019〕24号	区政府办	2019年12月24日
29	关于印发《韶关市武江区全域自然村集中供水工作实施方案》的通知	韶武府办〔2019〕25号	区政府办	2019年12月31日
30	关于印发《韶关市武江区农村供水工程建后运行管理方案》的通知	韶武府办〔2019〕26号	区政府办	2019年12月31日
31	关于做好迎接市消安委对全区“三合一”场所专项整治行动考评验收工作的通知	韶武府办明电〔2019〕1号	区政府办	2019年1月10日
32	关于征求《韶关市武江区政府系统政务公开动态扩展机制》（征求意见稿）和《韶关市武江区政府系统依申请公开促进依法行政工作机制》（征求意见稿）意见的通知	韶武府办明电〔2019〕2号	区政府办	2019年1月18日
33	关于召开全区道路交通安全工作联席会议的通知	韶武府办明电〔2019〕3号	区政府办	2019年1月24日
34	关于印发《武江区疑似失学儿童情况核查和劝返复学工作实施方案》的通知	韶武府办明电〔2019〕4号	区政府办	2019年2月1日
35	关于印发《韶关市武江区政府系统政务公开动态扩展机制》和《韶关市武江区政府系统依申请公开促进依法行政工作机制》的通知	韶武府办明电〔2019〕5号	区政府办	2019年2月14日
36	关于报送2018年度行政许可实施和监督管理情况年度报告的通知	韶武府办明电〔2019〕6号	区政府办	2019年2月15日
37	关于报送2018年度消防工作考核台账资料的通知	韶武府办明电〔2019〕7号	区政府办	2019年2月16日
38	关于挂牌督办全区火灾高风险区域的通知	韶武府办明电〔2019〕8号	区政府办	2019年3月5日
39	关于印发西联镇上庙背村火灾高风险区域整治工作方案的通知	韶武府办明电〔2019〕9号	区政府办	2019年3月18日
40	关于召开森林防灭火暨化工企业安全生产工作会议的通知	韶武府办明电〔2019〕10号	区政府办	2019年3月25日
41	关于印发《武江区巩固国家卫生城市整治工作方案》的通知	韶武府办明电〔2019〕11号	区政府办	2019年3月25日
42	关于印发《韶关市武江区为烈属、军属和退役军人等家庭悬挂光荣牌工作实施方案》的通知	韶武府办明电〔2019〕12号	区政府办	2019年3月26日
43	韶关市武江区人民政府办公室关于印发《武江区城区“门前三包”实施方案》的通知	韶武府办明电〔2019〕13号	区政府办	2019年4月12日

续表28

序　号	文件名称	文　号	发文单位	发文时间
44	关于印发推进全区医保即时结算终端服务延伸至村卫生站工作实施方案的通知	韶武府办明电〔2019〕14号	区政府办	2019年4月17日
45	关于印发《武江区高速公路两侧“小广告”专项整治行动工作方案》的通知	韶武府办明电〔2019〕15号	区政府办	2019年4月18日
46	关于调整武江区流浪乞讨人员救助管理工作联席会议制度成员的通知	韶武府办明电〔2019〕16号	区政府办	2019年4月26日
47	关于印发广东省行政执法证件管理系统部分用户调整变更操作指引的通知	韶武府办明电〔2019〕17号	区政府办	2019年4月28日
48	关于印发武江区2019年国民体质测定工作方案的通知	韶武府办明电〔2019〕18号	区政府办	2019年4月28日
49	关于印发武江区2019年土壤污染综合防治先行区建设工作计划的通知	韶武府办明电〔2019〕19号	区政府办	2019年4月29日
50	关于印发武江区关于开展全省农村集体产权制度改革试点县（区）工作实施方案的通知	韶武府办明电〔2019〕20号	区政府办	2019年5月7日
51	关于印发《武江区开展违法出租转让集体土地行为整治专项行动工作方案》的通知	韶武府办明电〔2019〕21号	区政府办	2019年5月8日
52	关于印发《武江区农村人居环境整治村庄清洁行动春季战役奖补激励办法》的通知	韶武府办明电〔2019〕22号	区政府办	2019年5月9日
53	关于全力抓好省市政府工作报告工作要点贯彻落实的通知	韶武府办明电〔2019〕23号	区政府办	2019年5月10日
54	关于印发《武江区进一步加强餐饮、住宿业大个体培育挖潜工作实施方案》的通知	韶武府办明电〔2019〕24号	区政府办	2019年5月20日
55	关于印发《韶关市武江区新型乡村助农服务示范体系建设工作方案》的通知	韶武府办明电〔2019〕25号	区政府办	2019年5月23日
56	关于调整韶关市武江区粮食安全责任考核工作领导小组的通知	韶武府办明电〔2019〕26号	区政府办	2019年5月28日
57	关于印发《韶关市武江区2019年度卫生计生工作任务分解表》的通知	韶武府办明电〔2019〕27号	区政府办	2019年5月28日
58	关于印发《武江区2019年地质灾害防治方案》《武江区突发性地质灾害应急预案》的通知	韶武府办明电〔2019〕28号	区政府办	2019年6月10日
59	关于印发2019年全区经济增长指标及任务分解的通知	韶武府办明电〔2019〕29号	区政府办	2019年6月11日
60	关于成立武江区环卫作业服务市场化工作领导小组的通知	韶武府办明电〔2019〕30号	区政府办	2019年6月18日
61	关于印发武江区预防误食有毒野生植物中毒防控宣传工作方案的通知	韶武府办明电〔2019〕31号	区政府办	2019年6月18日
62	关于印发《韶关市武江区卫生专业技术人才队伍建设若干措施实施方案（试行）》的通知	韶武府办明电〔2019〕32号	区政府办	2019年6月18日
63	关于印发《北江左岸武江区西河镇白芒大村飞地民房整治方案》的通知	韶武府办明电〔2019〕33号	区政府办	2019年6月24日

续表28

序　号	文件名称	文　号	发文单位	发文时间
64	关于印发《韶关市武江区2019年卫片执法工作方案》的通知	韶武府办明电〔2019〕34号	区政府办	2019年6月24日
65	关于成立武江区工业园区规划编制领导小组的通知	韶武府办明电〔2019〕35号	区政府办	2019年6月26日
66	关于调整武江区公民无偿献血委员会成员的通知	韶武府办明电〔2019〕36号	区政府办	2019年6月26日
67	关于印发《武江区畜禽养殖特别管控区划定方案》的通知	韶武府办明电〔2019〕37号	区政府办	2019年6月26日
68	关于设立韶关市武江区社区学院的通知	韶武府办明电〔2019〕38号	区政府办	2019年7月1日
69	关于开展2019年上半年消防工作暨“防风险保平安 迎大庆”专项行动督导检查的通知	韶武府办明电〔2019〕39号	区政府办	2019年7月4日
70	关于开展“三合一”场所消防安全检查的通知	韶武府办明电〔2019〕40号	区政府办	2019年7月4日
71	关于进一步推进城乡一体化住户调查电子记账工作的通知	韶武府办明电〔2019〕41号	区政府办	2019年7月11日
72	关于调整韶关市武江区社区教育工作领导小组成员的通知	韶武府办明电〔2019〕42号	区政府办	2019年7月17日
73	关于成立终止托管新华街道社区卫生服务中心工作领导小组的通知	韶武府办明电〔2019〕43号	区政府办	2019年7月18日
74	关于征求《武江区关于加快推进“四好农村路”建设的实施方案（征求意见稿）》意见的通知	韶武府办明电〔2019〕44号	区政府办	2019年7月18日
75	关于调整武江区社区教育工作指导委员会成员的通知	韶武府办明电〔2019〕45号	区政府办	2019年7月19日
76	关于印发韶关市武江区畜禽养殖特别管控区清理整治工作方案的通知	韶武府办明电〔2019〕46号	区政府办	2019年7月26日
77	关于成立武江区农村集中供水工作领导小组的通知	韶武府办明电〔2019〕47号	区政府办	2019年7月29日
78	关于印发《武江区垦造水田后续管护实施方案》的通知	韶武府办明电〔2019〕48号	区政府办	2019年8月7日
79	关于开展“市容环境大扫除干干净净迎国庆”专项整治行动的通知	韶武府办明电〔2019〕49号	区政府办	2019年8月14日
80	关于印发《武江区2019年度企业职工基本养老保险扩面征缴工作实施方案》的通知	韶武府办明电〔2019〕50号	区政府办	2019年8月22日
81	关于调整韶关市武江区社会保险扩面征缴工作领导小组的通知	韶武府办明电〔2019〕51号	区政府办	2019年8月22日
82	关于成立武江区“中国农民丰收节”暨生态农业博览会工作领导小组的通知	韶武府办明电〔2019〕52号	区政府办	2019年8月22日
83	关于印发《武江区2019年度农村危房改造验收工作方案》的通知	韶武府办明电〔2019〕53号	区政府办	2019年8月26日

续表28

序　号	文件名称	文　号	发文单位	发文时间
84	关于调整武江区退役士兵安置工作领导小组成员的通知	韶武府办明电〔2019〕54号	区政府办	2019年8月27日
85	关于印发韶关市武江区2019年提升开办企业便利度行动方案的通知	韶武府办明电〔2019〕55号	区政府办	2019年8月28日
86	关于调整武江区电网建设协调领导小组的通知	韶武府办明电〔2019〕56号	区政府办	2019年8月30日
87	关于印发武江区城乡居民保险费征缴工作实施方案的通知	韶武府办明电〔2019〕57号	区政府办	2019年8月30日
88	关于印发《2019年“中国农民丰收节”暨武江第二届生态农业博览会工作方案》的通知	韶武府办明电〔2019〕58号	区政府办	2019年9月2日
89	关于调整武江区消防安全委员会组成人员的通知	韶武府办明电〔2019〕59号	区政府办	2019年9月5日
90	关于召开全区2019年第四季度防范重特大生产安全事故暨消防及秋冬森林防灭火工作会议的通知	韶武府办明电〔2019〕60号	区政府办	2019年9月24日
91	关于实行公文回复意见时间超期及不规范公文退文通报制度的通知	韶武府办明电〔2019〕61号	区政府办	2019年10月11日
92	关于进一步规范公文报送和办理工作的通知	韶武府办明电〔2019〕62号	区政府办	2019年10月11日
93	关于成立韶关市武江区疾病联防联控工作领导小组的通知	韶武府办明电〔2019〕63号	区政府办	2019年10月12日
94	关于调整“双随机、一公开”工作领导小组成员的通知	韶武府办明电〔2019〕64号	区政府办	2019年10月23日
95	关于印发韶关市武江区“十四五”规划编制工作方案的通知	韶武府办明电〔2019〕65号	区政府办	2019年10月23日
96	印发《关于稳定全区工业经济增长的工作措施》的通知	韶武府办明电〔2019〕66号	区政府办	2019年10月30日
97	关于成立武江区老龄工作委员会的通知	韶武府办明电〔2019〕67号	区政府办	2019年10月31日
98	关于印发《武江区2019年度河湖管理范围划定实施方案》的通知	韶武府办明电〔2019〕68号	区政府办	2019年11月20日
99	关于印发《武江区村庄保洁员队伍管理实施方案》的通知	韶武府办明电〔2019〕69号	区政府办	2019年11月21日
100	关于印发《武江区学前教育管理联席会议制度》的通知	韶武府办明电〔2019〕70号	区政府办	2019年12月4日

索 引

主题索引

说 明

一、本索引采用主题分析法，款目按汉语拼音字母（同音字按声调）顺序排列。
二、文中的类目题、分目题用黑体字标明，其余用书宋体字排印。
三、索引款目后的数字表示内容所在的页码，数字后的拉丁字母（a、b、c）表示栏别（即版面的1、2、3栏）。
四、本索引对《2019年武江区大事记》《先进单位·个人》《文件辑录》《附录》等类目不作内容主题分析。

D

E

F

G

M

N

P

T

W

X

数 字

彩版索引

表格索引